Wilhelm Adolf Schmidt

Geschichte der deutschen Verfassungsfrage

1812 - 1815

Wilhelm Adolf Schmidt

Geschichte der deutschen Verfassungsfrage
1812 - 1815

ISBN/EAN: 9783743300552

Hergestellt in Europa, USA, Kanada, Australien, Japan

Cover: Foto ©ninafisch / pixelio.de

Manufactured and distributed by brebook publishing software
(www.brebook.com)

Wilhelm Adolf Schmidt

Geschichte der deutschen Verfassungsfrage

Geschichte

der

Deutschen Verfassungsfrage

während

der Befreiungskriege und des Wiener Kongresses

1812 bis 1815.

Von

Wilhelm Adolf Schmidt.

Aus dessen Nachlaß herausgegeben

von

Alfred Stern.

Stuttgart

G. J. Göschen'sche Verlagshandlung

1890.

Druck der Hoffmann'jchen Buchdruckerei in Stuttgart.

Vorwort des Herausgebers.

Das Werk, welches hiermit aus dem Nachlaß des in Jena am 10. April 1887 verstorbenen Wilhelm Adolf Schmidt herausgegeben wird, hat den ausgezeichneten Forscher lange Zeit, allem Anscheine nach vom Beginne der siebziger Jahre bis gegen Ende seines Lebens, beschäftigt. Es haben sich mannigfache Bruchstücke seiner Vorarbeiten, Korrespondenzen über benutzte Archivalien, Auszüge aus der gedruckten Litteratur, einzelne flüchtig hingeworfene Urteile, sogar Fragmente zu einer Vorrede unter seinen Papieren vorgefunden. Dies alles erlaubt, einen Blick in seine Werkstatt zu thun. Man versteht es, daß das ehemalige Mitglied des Frankfurter Parlamentes, der Verfasser der Bücher „Preußens deutsche Politik" und „Geschichte der preußisch-deutschen Unionsbestrebungen seit der Zeit Friedrichs des Großen" sich zu einem ebenso bedeutenden wie verwickelten Thema hingezogen fühlte. Man kann verfolgen, wie er alles bisher darüber Veröffentlichte sich zu eigen zu machen suchte, außerdem aber ungedruckte Dokumente von hohem Werte, größtenteils aus dem geheimen Staatsarchive zu Berlin, daneben aus dem Nachlasse des Hilbburghausenschen Ministerialvorstandes K. E. Schmid, herbeizuziehen wußte. Man bemerkt, daß das Erscheinen des ersten Bandes von H. von Treitschkes deutscher Geschichte ihn anregte, seine Untersuchungen zu Ende zu führen, und zu wichtigen Streitfragen entschieden Stellung zu nehmen. Schmidt hat sich gelegentlich mit dem Gedanken getragen, in einem letzten Kapitel noch einen chronologischen Überblick über die Verfassungsgeschichte der deutschen Staaten nach 1815 folgen zu lassen. Er hat diesen Gedanken jedoch im Verlaufe seiner Arbeit wieder aufgegeben.

Das Manuskript gelangte, nachdem sich Herr Professor Ulmann in Greifswalde eine Zeitlang mit demselben beschäftigt hatte, in die Hand des Unterzeichneten, welcher der vertrauensvollen Aufforderung der Witwe von W. A. Schmidt, sich der Herausgabe zu unterziehen, gern entsprach. Es erschien fast völlig druckfertig, sorgfältig in einzelne Abschnitte eingeteilt und mit einem Inhaltsverzeichnis versehen. Nur einige Lücken, die durch Einfügung bereits gedruckter Dokumente ausgefüllt werden sollten, waren stehen geblieben. Unter diesen Umständen war dem Herausgeber seine Aufgabe von selbst vorgezeichnet. Er hatte das Ganze zu revidieren und das Fehlende zu ergänzen, aber er durfte an dem Texte des Werkes so gut wie gar keine Änderung vornehmen. Da sich jedoch die historische Litteratur der letzten Jahre vielfach mit dem Gegenstande dieses Werkes berührt hat, so mußte auf sie verwiesen werden. Hier war anzuführen, wo inzwischen etwas von den Archivalien, die Schmidt vorgelegen hatten, bekannt geworden war. Auch war hier die Aufmerksamkeit des Lesers auf mannigfaltige neue Funde, die in jüngster Zeit ans Tageslicht getreten sind, zu lenken. Einiges sonst konnte aus eigener Kenntnis des Herausgebers zugefügt werden. Alle diese verschiedenartigen Zusätze sind durch eckige Klammern kenntlich gemacht worden.

Kein Zweifel, daß Schmidt von Veröffentlichungen wie der des Steinschen Tagebuches während des Wiener Kongresses u. a. m. einen reichen Gebrauch gemacht haben würde. Zumal die Abschnitte, welche sich auf die polnisch-sächsische Krisis beziehen, würden dadurch gewonnen haben. Sie gänzlich umzuarbeiten erschien indessen bei genauer Erwägung nicht rätlich. Das individuelle Gepräge des Verfassers, das sie tragen, wäre damit verloren gegangen. Hier, wie in allen übrigen Teilen des Werkes, wird man in ihm den gewissenhaften Forscher wieder erkennen. Er ist bemüht, sich der geistreich schillernden Phrasen, der bestechenden Kraftausdrücke und Superlative, der vorschnellen Aburteilung der Vergangenheit durch Übertragung unrichtiger Maßstäbe zu enthalten. Dafür aber wirkt er durch die Sicherheit und Unerbittlichkeit der Methode, gegenüber äußerlich glänzenden, in Wahrheit widerspruchsvollen und unzulänglichen Künsten historiographischer Rhetorik, außerordentlich heilsam. In dieser Hinsicht mag seine Arbeit namentlich auch den Anfängern auf dem Gebiete der Geschichtswissenschaft, als ein Muster umsichtiger Untersuchung, zum Studium empfohlen sein. Daß sie weit über den Kreis der Fachgenossen hinaus Beachtung verdient, wird schon ein Blick auf ihren reichen Inhalt lehren.

Zürich, 24. Mai 1890.

Alfred Stern.

Inhalt.

I. Alexander und Stein. Insurrektionsplan.

Je tiefer die Schmach Deutschlands in den ersten zwölf Jahren unsers Jahrhunderts war, desto zuversichtlicher war auch die Überzeugung jedes wahren Patrioten, daß früher oder später ein entscheidender Anlaß sich darbieten werde zur Wiedererhebung und Selbstbefreiung des deutschen Volkes. Und ein solcher Anlaß bot sich 1812 dar.

Als Rußland in den ersten Monaten des genannten Jahres durch eine halbe Million Streiter unter Napoleons Führung an seinen Westgrenzen sich bedroht sah: da mußte Kaiser Alexander sich wohl sagen, daß dieser gewaltige Anprall des Westens gegen den Osten zu den Unmöglichkeiten gehört hätte, wenn das Centrum Europas, wenn Deutschland ein festes, einheitliches und von Frankreich unabhängiges Machtgefüge gewesen wäre. Er war überhaupt eben damals, wie Graf Münster in einer noch ungedruckten Denkschrift ihm nachrühmt, „überzeugt, daß der politische Zustand Deutschlands von mächtigem Einfluß auf die Ruhe des Restes von Europa sei"*).

Daher nahm er sich schon vor dem Ausbruch des Krieges vor, falls er in dem Riesenkampfe obsiege, für die Befreiung Deutschlands vom napoleonischen Joch und für eine kraftvolle Gestaltung desselben zu wirken, natürlich nicht sowohl Deutschlands, als um seiner selbst willen. Daher faßte er anfangs sogar die Eventualität ins Auge, den feindlichen Angriff nicht abzuwarten, sondern seinerseits die deutschen Grenzen zu überschreiten und sogleich auf deutschem Boden die Entscheidung herbeizuführen. Daher

---

*) Münster in der unten skizzierten Denkschrift vom Oktober 1813.

auch berief er schon unterm 27. März 1812 durch einen eigen=
händigen Brief den Freiherrn vom Stein aus Prag als Berater
zu sich, weil „es sich darum handle, Europa vor der Barbarei
und der Knechtschaft zu retten". Und daher endlich setzte er, als=
bald nach dessen verspäteter Ankunft im Juni, ein „deutsches
Comité" ein, um unter Steins Leitung auf Deutschlands Erhebung
und Befreiung hinzuwirken.   Stein hatte den Brief des Kaisers
erst am 19. Mai erhalten, war nach erlangten Pässen am 27. Mai
abgereist und am 12. Juni in Wilna eingetroffen, wenige Tage
bevor sich die napoleonischen Heerscharen nach Rußland hineinwälz=
ten. Wenn Treitschke 1, 395 zufällig die Berufung Steins durch
Alexander unerwähnt läßt, so darf dies nicht den Glauben er=
wecken, als ob der erstere aus eigenem Antrieb „nach Rußland eilte".

Inzwischen hatten sich Preußen und Österreich an Frankreich
angeschlossen; jenes gezwungenerweise, insofern ihm nur die Wahl
blieb zwischen Bündnis und Vernichtung; dieses freiwillig, inso=
fern ihm die Wahl gestellt war zwischen Bündnis und Neutralität.

Da dergestalt die sämtlichen deutschen Staaten mit Einschluß
von Preußen und Österreich den Russen feindlich gegenüberstan=
den: so war ein Verhandeln über Deutschlands Zukunft mit ihnen
selber von seiten Alexanders und seines deutschen Comités oder
Steins zu dieser Zeit unmöglich.   Deshalb sahen diese sich dar=
auf angewiesen, mit fremden Mächten über die deutschen Inter=
essen sich zu beraten; und zwar mit England und Schweden, deren
Allianz mit Rußland im Werke war.   Jenes war ja überdies
durch die Hoffnung auf Wiedererlangung Hannovers, dieses durch
Schwedisch=Pommern an den Interessen Deutschlands näher beteiligt.

Nach Perz 3, 91 und 604 wären die ersten amtlichen Eröff=
nungen über Alexanders „Absichten" für die „Befreiung Deutsch=
lands" und über den ganzen „Plan der „Emanzipation" des=
selben an den Grafen Münster in England unterm 30. Juni
erfolgt.   Dies bisher geltende Datum ist nicht korrekt, denn nach
der Angabe des Grafen Münster selbst, in jener ungedruckten
Denkschrift fand diese Eröffnung unterm „2. Juli" 1812 statt*).

---

*) Damit stimmt auch Münsters Schreiben vom 3. Nov. Perz 3, 187.

Die Verschiedenheit der Data erklärt sich sehr einfach. Pertz be=
nutzte das Konzept, das Stein unterm 30. Juni zur Begutachtung
an Kaiser Alexander übersandte; dieser billigte es mittels Hand=
schreibens (Pertz 607) wahrscheinlich am 1. Juli, und nun wurde
die Depesche ohne Zweifel unterm 2. Juli expediert.

Seitdem nahmen die „vertraulichen Mitteilungen" über den
„politischen Zustand von Deutschland" zwischen Rußland, Eng=
land und Schweden einen ununterbrochenen Fortgang.

Stein betrieb in stetem Einverständnis mit Alexander vor=
zugsweise eine bewaffnete Insurgierung Deutschlands und zunächst
der norddeutschen Bevölkerung, ohne alle Rücksicht auf die deut=
schen Fürsten mit Einschluß des Königs von Preußen. Ein russi=
sches Heer sollte im günstigen Augenblick in die preußischen Ost=
provinzen eindringen; ein schwedisches an der Ostseeküste bei Lübeck
landen und sich Mecklenburgs, Pommerns und der Marken bemäch=
tigen; und ein englisches sollte von der Nordsee bei Emden aus
das Land zwischen Elbe und Rhein erobern und insurgieren. Denn
die vordringenden Heere sollten in den eroberten Landstrichen
„Truppen ausheben, die Einrichtung der Behörden ändern und
alle Federn in Bewegung setzen, um die Leidenschaften der Menge
zu reizen und zu erheben". Ein „Centralausschuß", durch den
„Anführer der Ausrüstung" gebildet, aus den einflußreichsten Per=
sönlichkeiten und daher auch zugleich „natürlich aus den Fürsten"
der „von den Franzosen besetzten Länder" sollte die „politischen
und militärischen Geschäfte leiten", die „bewaffnete Masse orga=
nisieren" u. s. w.*). Diese Bemerkungen über den zu bildenden
Centralausschuß wurden von Stein im Hauptquartier zu Drissa
niedergeschrieben, also nicht vor dem 8. Juli, aber jedenfalls noch
in diesem Monat**).

Münster in der schon erwähnten Oktober=Denkschrift (siehe
unten) sagt, daß schon „kurze Zeit" nach jenen ersten Mitteilungen

---

*) Pertz 3, 87 ff. 91 f. 96 ff. 139. 153. 239 f. Ompteda 2, 321.
**) Pertz 3, 96. 98. 100. [Die bei Pertz 3, 96 angeführte Denkschrift
im Nassauer Archiv trägt die Überschrift von Steins Hand: „Quartier général
Drissa le 11 juillet nouv. style 1812." Vgl. „Aus der Vorgeschichte des
Krieges von 1813." Hist. Z. S. 63, 272 ff.]

russischerseits ein „Memoire" ergangen sei, das eine „Skizze der
Maßregeln enthielt, die Rußland in Betreff der Verwaltung
derjenigen deutschen Provinzen anzuwenden vorschlug, welche die
verbündeten Armeen occupieren würden". Dieses „Memoire" ist
unfehlbar Steins Denkschrift vom 18. September 1812 „über die
Bildung eines Verwaltungsrates für Deutschland", die Pertz 3,
144 ff. mitteilt, und die nach Alexanders Billigung sofort an
England und Schweden übermittelt wurde.

Infolge dieser Aktionspläne mußte natürlicherweise auch die
künftige Gestaltung Deutschlands zwischen den drei Mächten in
Frage kommen. Graf Münster fragte von England aus schon
unterm 27. Juli 1812 bei Stein ausdrücklich an, „was man für
Pläne für Deutschland entworfen werde"*). Und Stein war kühn
genug, an eben jenem 18. September, trotz des immer noch siegreichen Vordringens der napoleonischen Heere, in seiner vielbe-
sprochenen und dennoch jetzt fast zur Mythe gewordenen Denkschrift „über Deutschlands künftige Verfassung" die Frage ausführlich zu beantworten. Diese Denkschrift wurde ebenfalls von
Alexander genehmigt und den beiden anderen Kabinetten mitgeteilt**). Bei ihrer großen Bedeutung für die heutige Geschichts-
auffassung geben wir, obgleich sie bereits bei Pertz gedruckt vorliegt, ihren Wortlaut hier wieder, zumal sich die Frage daran
knüpfen wird: Hat Stein kraft dieser Denkschrift, wie man vielfach glaubt, den deutschen Einheitsstaat als Ideal aufgestellt?

---

*) Pertz 3, 608.
**) Pertz 3, 110 ff. 151.

II. Steins Denkschrift über Deutschlands künftige Verfassung, vom 18. Sept. 1812.

„Das Los der Waffen wird über Deutschlands Schicksal und über die Verfassung entscheiden, welche es erhalten soll. Das allgemeine Beste Europas erheischt die Auflösung des Rheinbundes, aber man muß sich dann entscheiden, was an die Stelle des gegenwärtigen Zustandes treten soll. Einige Leute reden von Herstellung der alten Reichsverfassung, aber ich frage: welcher? Der auf den westfälischen Frieden gegründeten, oder der des Jahres 1802, welche Frankreich mit Anmaßung vorgeschrieben und die Fürsten Deutschlands mit Knechtsinn herbeigerufen haben? Die Ruhe Europas erheischt, daß Deutschland so eingerichtet sei, daß es Frankreich widerstehen, seine Unabhängigkeit erhalten, England in seine Häfen zulassen, und der Möglichkeit französischer Einfälle in Rußland zuvorkommen könne*). Diesen Zweck kann man erreichen:

1) entweder durch Vereinigung Deutschlands zu einer Monarchie**),
2) oder wenn man es nach dem Laufe des Main zwischen Preußen und Österreich teilt***),

---

*) Dies entsprach ganz den Intentionen Alexanders.

**) d. h., wie das Weitere lehrt, durch Wiederaufrichtung des Kaiserreichs, womöglich nach dem Muster der „alten Monarchie" des 10. bis 13. Jahrhunderts, auf keinen Fall aber nach der Verfassung des westfälischen Friedens oder einer späteren.

***) Er meint durch Anschließung der norddeutschen Länder an Ersteres, der süddeutschen an Österreich.

3) oder indem man in diesen beiden großen Teilen einige Länder, wie z. B. Hannover u. a., unter einem Bündnis mit Österreich und Preußen bestehen läßt.

Jede dieser Einrichtungen würde Deutschland mehr Kraft geben. Die Herstellung der alten deutschen Verfassung hingegen*) halte ich für unmöglich und wenig wünschenswert. Diese Verfassung war nicht das Ergebnis des Willens einer durch Erfahrung und Kenntnis ihres wahren Vorteils aufgeklärten Nation; sie verdankt ihren Ursprung den verderblichen Ränken der ehrgeizigen Päpste, der Treulosigkeit und dem aufrührerischen Geiste der deutschen Fürsten, dem Einfluß der fremden Mächte.

Deutschland bildete im 10., 11., 12. und 13. Jahrhundert ein mächtiges Reich, welches aus einem zahlreichen Adel von verschiedenen Klassen, einer achtungswerten Geistlichkeit und einer Menge kleiner Eigentümer bestand. Der mächtigste Mann war Unterthan des Kaisers, und der kleinste freie Eigentümer hing unmittelbar von ihm ab.

Die Monarchie fiel**), und es bildeten sich allmählich Mittel- und Grundherrschaften, durch die kurze Dauer der Kaiserhäuser, die Teilnahme der Kaiser an den Angelegenheiten Italiens, ihre Kämpfe mit den Päpsten und den großen Gemeinden. Daher die Wählbarkeit der Krone, die Veräußerung der Reichsgüter, die Erblichkeit der Lehen, die Anmaßung des vom Herrscher anvertrauten Ansehens durch die öffentlichen Beamten, der Ursprung der Landeshoheit, die Unterdrückung der kleinen Eigentümer durch die großen. Eine kleine Zahl Fürsten maßte sich das Recht der Kaiserwahl an, und benutzte es, um sich ein größeres Ansehen zuzuwenden; und da die Kaiser ihr Ansehen vernichtet sahen, so fingen sie an, sich ausschließlich mit dem Vorteil ihrer Erblande zu beschäftigen und Deutschlands Vorteile zu vernachlässigen. So kam

---

*) d. i. „der alten auf den westfälischen Frieden gegründeten Reichsverfassung."

**) Er will sagen: der Verfall trat infolge von Ursachen ein, die sich schon in jenem Zeitalter anbahnten und seitdem, d. i. seit der Mitte des 13. Jahrhunderts immer schroffer entwickelten.

es, daß die großen Angelegenheiten des Volkes ehrgeizigen Neben=
absichten geopfert wurden *).

Deutschland ward in zwei Jahrhunderten durch die Religions=
kriege erschüttert; die Thorheit der Fürsten zog die Fremden in
seinen Busen; sie wurden dafür durch den Verlust mehrerer schönen
Länder, durch eine dreißigjährige Verwüstung des Landes bestraft;
man gab ihnen durch den westfälischen Frieden eine mißge=
bildete Verfassung, welche den Keim einer steten Erschütterung
und allmählichen Auflösung enthielt. Die Furcht vor den Türken
und Franzosen belebte den Volksgeist wieder, man bekämpfte die
Feinde während 40 Jahren, die österreichische Macht befestigte sich
durch die Eroberung von Ungarn, sie erhielt einen vorwiegenden
Einfluß in Deutschland.

Preußen erhob sich, Österreich verband sich mit Frankreich;
ein langer Friede hob die Nationaleifersucht auf; die Einheit
ward gelöst, die Bürgerkriege von 1740 und 1756 erbitterten
die Gemüter und bereiteten Deutschlands Fall vor.

Das ist der Abriß der unglücklichen Geschichte dieses großen
Landes. Wollen wir nach solchen Erfahrungen das alte Gebäude
einer fehlerhaften Verfassung wiederherstellen? können wir es?

Wenn wir ernstlich diesen Plan haben, so müßte man
Österreich seinen Einfluß, seine Obergewalt wiedergeben, Preußen,
Bayern verkleinern, die geistlichen Fürsten, die Reichsritterschaft,
die Reichsstädte, die Reichsgerichte wiederherstellen. Denn nur
mittels dieser Federn war es dem Kaiser möglich, eine so un=
vollkommen eingerichtete Regierung, wie das Deutsche Reich war,
in Bewegung zu setzen.

Aber wenn ein solcher Plan ausgeführt werden könnte,
wenn es möglich wäre, den Widerstand dagegen zu besiegen,
so würde es weiser sein, die Umstände zu Ausführung von Ent=
würfen zu benutzen, welche den großen Angelegenheiten der Na=
tion im allgemeinen mehr entsprechen.

Denn die Herstellung der alten Verfassung würde jedenfalls

----

*) Hier ist also die Zeit bis zum 16. Jahrhundert oder bis Karl V.
umschrieben.

einen sehr unvollkommenen Zustand der Dinge ergeben; Deutsch=
land würde Frankreich nur einen schwachen Widerstand entgegen=
setzen können; es würde zwischen Mittel= und Grundherrschaften
zerstückelt*), deren Dasein jedes Gefühl der Würde eines großen
Volkes, den kriegerischen Geist zerstört, die Aufmerksamkeit von den
Angelegenheiten der Nation auf die eines kleinen Landes, auf die
Bewegungen der kleinen Höfe ablenkt, deren Vervielfältigung für
die Sitten und für eine stolze unabhängige Haltung des Einzel=
nen verderblich ist.

Noch unvollkommener ist die von Frankreich vorgeschrie=
bene Verfassung von 1802, weil sie durch Zerstörung der geist=
lichen Fürsten und Reichsstädte und Vergrößerung einiger Fürsten=
häuser den Kaiser aller Mittel des Einflusses und aller Federn
zur Handhabung der Regierung beraubte.

Statt die deutsche Verfassung des westfälischen Friedens her=
zustellen, würde es dem allgemeinen Besten Europas und dem be=
sonderen Deutschlands unendlich angemessener sein, die alte
Monarchie**) wieder aufzurichten, ein Reich zu bilden,
welches alle sittlichen und physischen Bestandteile der Kraft, Frei=
heit und Aufklärung enthielte, und dem unruhigen Ehrgeiz
Frankreichs widerstehen könnte. Ein solcher Zustand der Dinge
würde dem Volke das Gefühl seiner Würde und seiner Unabhän=
gigkeit wiedergeben, seine Kräfte würden nicht in Beschäftigung
mit kleinen Territorialangelegenheiten verfplittert, sondern sich
denen der Nation im Ganzen zuwenden; außerdem ist das den
Wünschen fast der Gesamtheit entsprechend, seitdem sie un=
würdig von denen verraten ist, welche verstehen mußten, für sie
zu sterben, seitdem sie in den Fürsten nur noch Feige sieht, welche
das Blut ihres Volkes verkaufen, um ihr schamvolles Dasein zu
verlängern; ebenso müßten es die Fürsten wünschen, weil eine
solche Ordnung der Dinge ihr eigenes Dasein sichern, ihnen
die edle Aufgabe anweisen würde, die Ratgeber eines großen
Volkes zu sein***), statt der erblichen Präfekturen, welche sie jetzt

---

*) nämlich zwischen vielen Hunderten.
**) d. i. des 10. bis 13. Jahrhunderts.
***) Nämlich auf den Reichstagen.

einnehmen, ungewiß in der Dauer, wenig ehrenvoll wegen der Kleinheit ihres Wirkungskreises.

Die Wiederherstellung der alten Monarchie ist unmöglich*); aber selbst dann würde die Teilung Deutschlands zwischen Öster= reich und Preußen der Herstellung der alten Verfassung (des westfälischen Friedens) vorzuziehen sein, selbst wenn man**), um die Eigenliebe zu schonen, die Länder der vertriebenen Fürsten bestehen lassen müßte, indem man sie mit dem Teile Deutsch= lands, worin sie eingeschlossen sind, in ein Bundesverhältnis brächte." ***)

———

Hiernach sieht man: Stein stellte in dieser Denkschrift die anfangs aufgezählten drei Eventualitäten gewissermaßen zur Auswahl auf. Unter der ersten, „Vereinigung Deutschlands zu einer Monarchie", verstand er ausdrücklich nicht die Gestalt der Reichsverfassung von 1648, die er für „wenig wünschens= wert" und „sehr unvollkommen" erklärt, noch gar die „Verfas= sung von 1802", die er als „noch unvollkommener" bezeichnet, sondern vielmehr die „alte Monarchie" des „10. bis 13. Jahr= hunderts", deren „Wiederaufrichtung" ihm „unendlich ange= messener" erscheint, in welcher selbst der „mächtigste Mann", d. h. der größte Vasall „Unterthan des Kaisers war", und welche selbst „die Fürsten wünschen müßten", um „ihr eigenes Da= sein zu sichern". Mit keiner Silbe erwähnt er einer andern monarchischen, wenn auch nur idealen oder theoretischen Ein= heitsform.

Wie man daher auch über den Inhalt der Denkschrift im

———

*) Besonders wegen des Dualismus von Österreich und Preußen.

**) Die Konstruktion ist mißraten; es sollte heißen: „aber der Her= stellung d. a. B. würde die Teilung v. Deutschland zw. Ö. u. Pr. selbst dann vorzuziehen sein, wenn man u. s. w."

***) Der noch folgende Absatz, eine Rechtfertigung der gebrauchten starken Ausdrücke, ist ein Zusatz zu der im April 1813 dem Staatskanzler Hardenberg von Stein mitgeteilten Abschrift.

Einzelnen urteilen mag: Eins steht fest, daß Stein unter „Ver=
einigung Deutschlands zu einer Monarchie" hier auf keinen Fall
den wirklichen Einheitsstaat verstand. Und doch hat gerade
dies in neuester Zeit Treitschke mit ungewöhnlicher Zuversicht und
mit ungewöhnlichem Nachdruck behauptet. Deshalb ist es uner=
läßlich, näher darauf einzugehen. Denn in der That wäre es
von der größten Bedeutung, wenn Stein als der Vorkämpfer
des deutschen Einheitsstaates dargestellt werden dürfte.

III. a) Untersuchung über die Frage: Hat Stein in der Septemberdenkschrift oder überhaupt je den deutschen Einheitsstaat als Ideal aufgestellt?

Treitschke (1, 398) führt jene drei von Stein aufgestellten Eventualitäten nicht wörtlich, sondern umschreibend ein, indem er sagt: „Im September entwarf er Pläne für Deutschlands künftige Verfassung — das Idealste und Verwegenste, was je zuvor über deutsche Politik gedacht worden. Und dies bildet, nächst seiner Teilnahme an der Umgestaltung Preußens und der Befreiung Europas, das dritte welthistorische Verdienst des Mannes: er hat früher und schärfer als irgend ein Staatsmann die Einheit Deutschlands, ohne Phrasen und Vorbehalte, als das höchste Ziel deutscher Staatskunst aufgestellt... Jede Rücksicht auf die Dynastie schien ihm unwürdig; als ob es in Deutschland darauf ankäme, ob ein Mecklenburg oder Bayern existiere. ... Jetzt, da der gesamte Länderbestand Europas ins Wanken kam, meinte er selbst das Höchste erreichbar: eine große Monarchie von der Weichsel bis zur Maas.... Sei dies nicht möglich, so sollte man Deutschland nach dem Laufe des Mains zwischen Österreich und Preußen teilen u. s. w." Gewiß wird niemand in diesen Sätzen, den letzten ausgenommen, den Inhalt der September-Denkschrift wiedererkennen.

Daß hier aber wirklich Stein als der erste Bekenner und Vertreter des Einheitsstaats, des Unitarismus im strengsten Sinne des Wortes, dargestellt werden soll, liegt auf der Hand. Sind doch die gebrauchten Ausdrucksweisen weder auf irgend eine Verfassungsform der Vergangenheit Deutschlands, noch auf die der Gegenwart, auf den dynastiereichen Bundesstaat anwendbar! Stellt doch weder die von Stein gepriesene „alte Monarchie des 10. bis 13. Jahrhunderts" noch das heutige Deutsche Reich, so sehr wir uns seiner mit Recht erfreuen, den Superlativ des Idealen und Verwegenen dar, oder eine „Einheit ohne Phrasen und Vorbehalte".

In welchen Worten der September=Denkschrift diese Charakteristik auch nur eine Anknüpfung finden könnte, ist nicht erkennbar. Steht es doch von vornherein fest, daß Treitschke mit der Einheitsform, wie er sie im Sinne hat, nicht die von Stein gefeierte alte Monarchie des 10. bis 13. Jahrhunderts gemeint haben kann. Denn nicht nur bezeichnet er jene als die idealste und verwegenste Form, was diese durchaus nicht war; sondern er stellt auch in Abrede, daß jene je „früher von irgend einem Staatsmann aufgestellt" worden sei, während diese bereits Jahrhunderte hindurch in Wirksamkeit bestanden hatte.

Und doch bezeichnet Treitschke (S. 399) Steins „Wünsche" als „unitarisch" und versichert noch S. 683 ausdrücklich, daß in „Steins Augen der Einheitsstaat (in jenem „verwegensten" Sinne) immer das Ideal blieb".

Also im „September" 1812 und „immer" wäre der „Einheitsstaat" das „Ideal" Steins gewesen!

Diese in den Lesern erweckte Vorstellung steht nun aber nicht nur mit dem Inhalt der September=Denkschrift, sondern überhaupt mit der ganzen Denkweise Steins, soweit sie in den Quellen zum Ausbruck gekommen, in scharfem Widerspruch. Denn dieser hat hiernach 1) nie den Einheitsstaat für „erreichbar" erklärt; er hat auch 2) nie denselben als sein „Ideal" und als „das höchste Ziel deutscher Staatskunst aufgestellt"; er hat 3) niemals daran gedacht, alle Dynastien in Deutschland bis auf eine einzige zu beseitigen. Die näheren Beweismomente sind folgende:

1) Gerade in der Zeit, wo Stein den Einheitsstaat als höchstes Ziel verkündet haben soll, und noch zwei Monate früher, im Juli 1812, erklärte er, wie wir schon sahen: Der Centralausschuß der

zu erobernden deutschen Länder „besteht natürlich aus den Für=
sten und den Männern, welche den größten Einfluß haben". Und
in der „Denkschrift über die Bildung eines Verwaltungsrates für
Deutschland" vom 18. September desselben Jahres, also vom
gleichen Tage wie die obige Denkschrift, räumt er in dem Cen=
tralausschuß, der vier Mitglieder zählen soll, nicht weniger als
drei Stellen deutschen Fürsten ein; nämlich je eine dem Prinz=
Regenten von England und dem Kronprinzen von Schweden, als
den Vertretern von Hannover und Schwedisch=Pommern,
und eine „den vertriebenen Fürsten gemeinschaftlich"; das vierte
Mitglied soll natürlich der Kaiser von Rußland ernennen. Als
Erwählten des letzteren denkt er sich selbst; als Vertreter Eng=
land=Hannovers wünscht er den Grafen Münster*).

2) Die September=Denkschrift sodann über Deutschlands künf=
tige Verfassung, die Treitschke ganz speciell als ein Bekenntnis
des Einheitsstaates geltend macht, zeigt uns Stein vielmehr, wie
wir sahen, als entschiedenen Lobredner der „alten Monarchie"
des „10. bis 13. Jahrhunderts". Ja er schwärmt für sie wie
für ein hohes und höchstes Ideal glanzvoller Macht und Herr=
lichkeit, obgleich sie, bei der stets wachsenden Macht der großen
Vasallen, nach seiner wie nach allgemeiner Überzeugung natürlich
nichts weniger als ein wirklicher Einheitsstaat war. Denn daß
die „Monarchie" als höchste Spitze noch keineswegs für den Ein=
heitsstaat zeugt: das bewies Deutschland bis auf das Jahr 1806,
und Frankreich bis auf das Ende des 15. Jahrhunderts, wo es
erst zum Einheitsstaat erwuchs. Wenn daher Stein „die alte
Monarchie wieder aufrichten" möchte, weil das heiße „ein
Reich bilden, welches alle sittlichen und physischen Bestand=
teile der Kraft, Freiheit und Aufklärung enthielte", welches
„den Wünschen fast der Gesamtheit entsprechen würde", und
welches selbst „die Fürsten wünschen müßten", um „ihr eigenes
Dasein zu sichern": so sieht man, daß auch in seiner ersehnten
„Monarchie" die territorialen erblichen „Fürsten" eine große Rolle
spielen sollten, zwar nicht als Souveräne, wohl aber als einfluß=
reiche mächtige Vasallen des Kaisers.

---

*) Perz 3, 146. 153.

Und wie nun im „September 1812", so war „immer", d. h. vorher und nachher nicht der „Einheitsstaat", sondern jene „alte Monarchie" und deren „Wiederaufrichtung" Steins „Ideal".

3) Schon ein ganzes Jahr zuvor, am 6. Oktober 1811, zu einer Zeit wo vollends noch den Zukunftsphantasien der Spielraum frei und Steins Ingrimm gegen die deutschen Fürsten ein schrankenloser war, ging er dennoch in seiner Sehnsucht nach Einheit nicht über jenes Ziel hinaus. Damals schrieb er nämlich an Münster (s. Pertz 3, 45 ff.):

„Der allgemeine Unwille hat in Deutschland die Bande, die den Unterthanen an den Fürsten knüpften, gelöst. Er sieht in ihnen entweder feige Flüchtlinge, die nur für ihre Erhaltung besorgt, sich durch Flucht retteten, taub gegen die Forderungen der Ehre und Pflicht, oder betitelte Sklaven und Untervögte, die mit dem Gut und Blut ihrer Unterthanen eine hinfällige Existenz erbetteln. Daher entsteht der allgemeine Wunsch nach einer Verfassung, auf Einheit, Kraft, Nationalität gegründet. Jeder große Mann, der sie herzustellen fähig wäre, würde der Nation . . . willkommen sein. Die Individualität der Fürstenhäuser selbst ist herabgesunken, durchaus herrscht in ihnen Erbärmlichkeit, Schwäche, niederträchtige kriechende Selbstsucht."

„Was soll aber die Stelle des Alten ersetzen? Könnte ich einen Zustand wieder herzaubern, unter dem Deutschland blühte, so wäre es der unter unseren großen Kaisern des 10. bis 13. Jahrhunderts, welche die deutsche Verfassung durch ihren Wink zusammenhielten (!) und vielen fremden Völkern Schutz und Gesetze gaben."

„Läßt sich aber ein solcher Zustand erwarten, hat nicht Religion, Sprache, Verschiedenheit der Civilisation, Temperament eine unglückliche Spaltung verursacht? Läßt sich diese heben? Aber gesetzt, der alte deutsche Staatenbund unter einem gemeinschaftlichen Oberhaupt würde wieder hergestellt, soll das auf den Basen des westfälischen Friedens geschehen? . . . muß das Bundesverhältnis nicht fester geschlossen werden, und das kindische Puissanzieren der einzelnen Teile aufhören?" . . .

„Die Befreiung von Deutschland wird man ohne Öster-

reichs Mitwirkung nicht erreichen, da dieses allein durch Streitkräfte und Einfluß auf das südliche Deutschland zu wirken im
stande ist, dessen Bewohner Regsamkeit genug haben, um sich über
die Berechnungen der Selbstsucht zu erheben und durch Gefühle
hinreißen zu lassen." . . .

„Auf freiwillige plötzliche ausgebreitete zugleich ausbrechende
Insurrektion kann man bei dem Phlegma der nördlichen Deutschen, der Weichlichkeit der oberen Stände, dem Mietlingsgeist der
öffentlichen Beamten nicht rechnen; man wird vielmehr, wenn
es unter dem Schutz einer Armee geschehen kann, Volksbewaff-
nung, Bildung von Landwehrbataillons, Rekrutenstellung befehlen, und den Adel mit Degradation, den Beamten mit Tot-
schießen, wenn sie Lauigkeit und Schlaffheit beweisen, bestrafen
müssen *)."

Es kommt hier nicht darauf an, die vielfach irrigen Urteile
in dieser Ausführung, namentlich die fast gehässige Geringschätzung
Norddeutschlands oder Preußens zu widerlegen, sondern nur zu
zeigen, daß das Einheitsideal Steins von jeher nicht der Einheitsstaat, sondern die Reichseinheit des 10. bis 13. Jahrhunderts war.

4) Wiederum ein Jahr später, Ende August 1813, erklärte
er in voller Übereinstimmung mit den Äußerungen der beiden Vor-
jahre **): „Das Wünschenswerte wäre ein einziges selbständiges Deutschland, wie es vom 10. bis 13. Jahrhundert unsere
großen Kaiser kräftig und mächtig beherrschten. Die Nation würde
sich zu einem mächtigen Staate erheben, der alle Elemente der
Kraft, der Kenntnisse und einer gemäßigten und gesetzlichen Freiheit in sich faßte. Dieses schöne Los ist ihr nicht beschieden,
auf anderen Wegen muß sie u. s. w." Denn auch hier erklärt er
dieses „Wünschenswerte", dieses „schöne Los", diesen Zustand der
„Blüte", den er so gern „wieder hervorzaubern" möchte, dieses
„unendlich angemessenere" als alles andere, nicht für „erreichbar",
sondern gerade umgekehrt für „unausführbar".

---

*) Das hier über Österreich und Norddeutschland Gesagte trat fast
wörtlich schon in dem Schreiben vom 17. Sept. 1811 auf; s. Pertz 3, 20 f.
**) S. Ompteda, Pol. Nachlaß 3, 226.

5) Nicht an eine Beseitigung aller Fürsten oder Dyna=
stien dachte Stein, wie wir schon unter 1) und 2) gesehen, son=
dern nur an eine Verminderung derselben, wie zumal ein Vor=
gang im April 1813 des Näheren zeigt. Und doch hielt er da=
mals noch so fest an seiner September=Denkschrift, daß er sie nun
erst dem Staatskanzler Harbenberg mitteilte. Also war es noch
damals seine Meinung, daß eine Verwirklichung seines Ideals,
die „Wiederaufrichtung der alten Monarchie des 10. bis 13. Jahr=
hunderts", das „Dasein der Fürsten sichern" würde. Und in dem
gleichen Monat April gab er, Gagern gegenüber, im Fall der
Wiederherstellung des Kaisertums die Zahl der zu belassenden
deutschen Fürsten auf „15 bis 16" an (s. Pertz 3, 665).

Fragt man, welches die 15 bis 16 Staaten sind, die Stein
auf deutschem Boden übrig lassen wollte, so darf man darüber
in Anbetracht seiner sonstigen Äußerungen vorher und nachher,
insbesondere im Hinblick auf sein drei Monate später, im August
1813 verfaßtes Memoire, folgendes Verzeichnis aufstellen: 1) Öster=
reich; 2) Preußen; 3) Hannover; 4) Bayern; 5) Württemberg;
6) Baden; 7) Kurhessen; 8) Hessen=Darmstadt; 9) Braunschweig;
10) Oldenburg; 11) ein Teil des Herzogtums Berg als Ersatz=
staat für das mecklenburgische Haus; 12) Nassau; 13) das Für=
stentum Ansbach für einen österreichischen Erzherzog; 14) Weimar
und etwa noch 15) Meiningen oder Coburg, und 16) ein eini=
ges Anhalt. Danach würden dem Untergange durch Annexion
von ihm etwa bestimmt gewesen sein: 1) ausdrücklich „Kursach=
sen", sowie 2) Holstein und 3) das territoriale Mecklenburg (durch
Annexion an Preußen); 4) Nassau=Weilburg; 5) Nassau=Oranien;
6) Gotha; 7) und 8) zwei der drei Herzogtümer Anhalt; 9) Hohen=
zollern=Hechingen und 10) Hohenzollern=Sigmaringen; 11) Son=
dershausen; 12) Rudolstadt; 13) Waldeck; 14) Greiz; 15) Schleiz;
16) Lobenstein; 17) Ebersdorf; 18) Detmold; 19) Schaumburg;
20) Liechtenstein.

6) Ferner darf schon hiernach behauptet werden: Nicht so=
wohl auf eine Beseitigung der Fürsten kam es ihm an, als auf
eine Beseitigung ihrer unbeschränkten, im Laufe der Zeit erlang=
ten, d. i. „usurpierten" Souveränität oder Oberherrlichkeit.

Daher erklärte er schon im Juli 1812: „Dem Glück und der Freiheit der deutschen Nation sind die Fürsten so gut als die letzten ihrer Unterthanen das Opfer ihres Vorteils zu bringen verpflichtet, da sie niemals Oberherren, sondern Glieder und Unterthanen des Kaisers und Reiches gewesen sind, und die durch den Rheinbund ihnen gegebene Souveränität nichts als eine Usurpation ist *)." Daher sagte er ferner in einer neuen, an Kaiser Alexander gerichteten Denkschrift vom 17. November 1812 über die „den Fürsten gegenüber" in Deutschland zu beobachtende Haltung: man müsse „die Regierungen überwachen, leiten und in gewissen Fällen sich ihrer bemächtigen. ... Diejenigen Fürsten, welche sich der allgemeinen Sache anschließen, müssen ... sich nur mit wohlbenkenden Männern umgeben und ihre Streitkräfte in die Hände der Verbündeten geben. ... Besonders bei dem König von Preußen wird man darauf bringen, daß er sein Ministerium aus Männern bilde, welche die Reinheit ihrer Grundsätze und die Kraft ihrer Charaktere erprobt haben ...; daß er diesen feigen und verächtlichen Haufen entferne, der, weit entfernt, ihn gegen die Schwäche zu hüten und zu stählen, dieser unglücklichen Anlage nachzugeben vorzieht; und daß er dadurch den Verbündeten, welche ihn schützen und stützen, eine Gewähr seines politischen Betragens gebe. Was die übrigen Fürsten betrifft, so haben sie kein Recht, die Beibehaltung oder Wiederherstellung ihrer Oberherrlichkeit zu verlangen ... Selbst die vertriebenen Fürsten haben kein Recht, ihre Wiedereinsetzung zu verlangen, da es ausschließlich von den verbündeten Mächten abhängt, welchen Gebrauch sie von ihren Erfolgen machen wollen" **). Daher forderte er endlich in unzweideutigster Weise im August 1813: „Die Souveränität oder die Despotie der 36 Häuptlinge gehe unter und gestalte sich um in eine den Bedürfnissen und Wünschen der Nation angemessen umgeformte Landeshoheit ***)."

7) Freilich schaltet Treitschke S. 398 in jene Umschreibung der September-Denkschrift, um die Auslegung der ersten Eventua-

---

*) Pertz, 3, 98.
**) Pertz, 3, 214 f.
***) Ompteda, Pol. Nachl. 3, 227.

lität (Vereinigung zu einer Monarchie) im einheitsstaatlichen Sinne zu stützen, die Worte ein: „Wer ihm von Schonung der althergebrachten Zersplitterung redete, dem erwiderte er: einen solchen Zustand wiederherstellen, ist gerade so, als wollte man darauf bestehen, daß ein toter Mann auf seinen Beinen stehen solle, weil er es thun konnte, so lange er noch lebte." Allein einmal ist dieser Ausspruch gar nicht der September = Denkschrift, sondern stillschweigend der eben angeführten November=Denkschrift entnommen; sobann ist es nicht ein Ausspruch Steins, sondern des Engländers Paisley, der gar nicht speciell von Deutsch= land redet, sondern überhaupt von den „Thronen der kleinen Staaten, in welche Europa jetzt geteilt ist"; endlich soll mit jenen Worten nicht sowohl die Zersplitterung, d. i. das Dasein kleiner Staaten bekämpft werden, obgleich Stein wie Paisley deren Verminderung wünschte, als vielmehr eben die Oberherr= lichkeit derselben. Beide haben, wie sich mit Sicherheit ergiebt, nicht etwa mediatisierte oder von einer höheren Autorität ab= hängige Staaten im Sinn, denen es in Kriegszeiten gar nicht freistehen würde, wem sie folgen wollen; sondern nur kleine souveräne Staaten, „die Unterabteilungen des Festlandes in ihrem jetzigen Zustande", welche als solche Herren ihrer Streit= kräfte sind und „unvermeidlich im Kriege dem Stärkern folgen". Was Deutschland betrifft, so denken beide also vorzugsweise an die souveränen Rheinbundstaaten. Und daher sagt auch Paisley von dem Wortlaut Treitschkes abweichend: „einen solchen Zustand zu stützen und wiederherzustellen, ist gerade so u. f. w." Der Ausspruch Paisleys schließt sich bei Pertz den oben ange= führten Worten Steins unmittelbar an (S. 216). Der Vor= behalt des letztern, daß dem „Rheinbund" gegenüber, kraft des „Eroberungsrechtes", das „Los Deutschlands zu seiner Zeit nach dem wahren Vorteil des Volkes und Europas festzusetzen" sei (216 f.), sollte denn auch keineswegs die Beseitigung aller mitt= leren und kleineren Staaten, und am allerwenigsten Hannovers, vorbehalten, sondern eben nur auf alle Fälle die Beseitigung ihrer unbeschränkten Oberherrlichkeit, sowie die Entscheidung darüber, welche von ihnen fortbestehen sollten und in welchem Umfange.

8) Treitschke schaltet ferner in die Umschreibung des Inhalts der September=Denkschrift die schon angeführten Worte ein: „Jede Rücksicht auf die Dynastien schien ihm unwürdig: als ob es in Deutschland darauf ankäme, ob ein M e c k l e n b u r g oder B a y e r n existiere;" sowie auch als Meinung Steins die Worte: „Sollte dieser Krieg dahin führen, daß die alten Streitigkeiten der deut= schen Montecchi und Capuletti wieder auflebten, dann wäre der große Kampf mit einem Possenspiele beendigt;" und er macht den Zusatz: „Sein Ziel war die Einheit und, ist sie nicht mög= lich, ein Auskunftsmittel, ein Übergang." Alle diese Aussprüche, soweit sie begründet sind, gehören ebenfalls g a r n i c h t d e r S e p= t e m b e r = D e n k s c h r i f t an, sondern sind stillschweigend, mit Aus= nahme des Satzes über Mecklenburg und Bayern, aus einem Briefe Steins an Münster vom 1. Dezember 1812 entnommen. Auch sie aber können nicht für das Ideal des Einheitsstaates zeugen, wie der Zusammenhang lehrt. Münster, der Hannover durch Vergrößerung zu einer Macht ersten Ranges erhoben, Preußen aber durch noch weitere Verkleinerung zu einer solchen „zweiten oder dritten Ranges" herabgedrückt zu sehen hoffte, hatte nämlich unterm 3. November 1812 im Hinblick auf den projektierten vierköpfigen Verwaltungsrat mit „unumschränkter Gewalt" an Stein geschrieben: „Ein viereiniger Diktator hat manches Bedenkliche; indessen glaube ich, daß unsere beiden Köpfe unter einen Hut passen würden — wenn ich gleich nicht schwören wollte, daß Sie den P r e u ß e n und ich den H a n n o v e r a n e r ganz würden ablegen können *)."

Durch diese Äußerung wurde Stein in hohem Grade ge= reizt und schrieb in dieser gereizten Stimmung sofort am 1. De= zember 1812 an Münster zurück: „Es ist mir leid, daß Ew. Excellenz in mir den P r e u ß e n vermuten und in sich den Han= noveraner entdecken — ich habe nur ein Vaterland, das heißt Deutschland, und da ich nach a l t e r V e r f a s s u n g nur i h m und keinem b e s o n d e r n T e i l desselben angehörte (nämlich als unmittelbarer Reichsritter), so bin ich auch nur ihm, und

---

*) Pertz 3, 188 ff.

nicht einem Teil desselben von ganzem Herzen ergeben. Wir
sind die Dynastien in diesem Augenblick großer Entwicklung
vollkommen gleichgültig, es sind bloß Werkzeuge; mein
Wunsch ist, daß Deutschland groß und stark werde, um seine
Selbständigkeit, Unabhängigkeit und Nationalität wieder zu er=
langen, und beides in seiner Lage zwischen Frankreich und Ruß=
land zu behaupten;... es kann auf dem Wege alter zerfallener
und verfaulter Formen (d. h. wie sie bis 1806 bestanden, und
wie sie Münster vorderhand als rechtlich fortbestehend anerkannt
wissen wollte), nicht erhalten werden.... Mein Glaubens=
bekenntnis finden E. E. in der Anlage*), es ist Einheit; ist
sie nicht möglich, ein Auskunftsmittel, ein Übergang (d. i.
Teilung Deutschlands zwischen Österreich und Preußen). Setzen
Sie an die Stelle Preußens was Sie wollen, lösen Sie
es auf, verstärken Sie Österreich mit Schlesien und der
Kurmark und dem nördlichen Deutschland mit Ausschluß der
Vertriebenen, reduzieren Sie Bayern, Württemberg und Baden,
als die von Rußland begünstigten, auf das Verhältnis vor 1802,
und machen Sie Österreich zum Herrn von Deutschland — ich
wünsche es; es ist gut, wenn es ausführbar ist; nur denken Sie
nicht an die alten Montaigues und Capulets (d. i. an ein
Bündel souveräner Staaten, wie es Münster allerdings vor=
schwebte, und wobei es leicht wieder zu zerfleischenden deutschen
Bürgerkriegen kommen konnte) ... soll sich der blutige Kampf,
den Deutschland 20 Jahre unglücklich bestanden, und zu dem es
jetzt wieder aufgefordert wird, mit einem Possenspiel endigen,
so mag ich wenigstens nicht teil daran nehmen, sondern kehre in
das Privatleben freudig und eilig zurück**)."

---

*) Damit ist ohne Zweifel eine Kopie der September=Denkschrift „über
Deutschlands künftige Verfassung" gemeint, die anscheinend bis dahin nur
durch den russischen Gesandten Graf Lieven und durch Lord Walpole in
England bekannt wurde (Pertz 3, 151. 201). Dafür spricht auch der Um=
stand, daß Münster in seiner Oktober=Denkschrift von 1813 am gehörigen
Orte nur des gleichzeitigen Memoire über die „Verwaltung" der occupierten
Länder gedenkt.
**) Pertz, 3, 226 f.

Hier sieht man wiederum auf das deutlichste, und vielleicht noch deutlicher als zuvor, daß das „Glaubensbekenntnis" Steins zwar die „Einheit" war, aber nicht im Sinne des Einheitsstaates, sondern im Sinne der „alten Monarchie". Österreich wird als „Herr von Deutschland" gedacht, aber unter ihm sollen als Vasallenstaaten namentlich noch bestehen bleiben: ein sehr verkleinertes Preußen, ferner die „reduzierten" Staaten Bayern, Württemberg und Baden und natürlich ebenso das nichtgenannte Hannover. Beiläufig sieht man also auch, daß die bloße „Existenz" Bayerns und einer bayerischen Dynastie hier, so wenig wie anderwärts, in Frage gestellt wird. Die Erwähnung Mecklenburgs bei Treitschke stammt aber allem Anschein nach aus der Denkschrift vom August 1813, wo Stein zwar das Land Mecklenburg mit Preußen vereinigen, dessen Herzöge aber a u ch ferner als regierende Dynastie im Herzogtum Berg „existieren" lassen will*). Das also ist ungefähr der Inhalt von Steins „Wünschen", die Treitschke als „unitarische" bezeichnet, die aber in Wahrheit wesentlich nur gerichtet waren auf Verminderung der Fürstenzahl, auf Konzentrierung der Machtbefugnisse und damit auf die Beseitigung der unbegrenzten territorialen Souveränität.

9) Endlich schaltet Treitschke in die Umschreibung der ersten September-Eventualität Steins („Vereinigung zu einer Monarchie"), um die Deutung im einheitsstaatlichen Sinne zu stützen, die oben nur zum Teil angeführten Worte ein: „Jetzt, da der gesamte Länderbestand Europas ins Wanken kam, meinte er selbst das Höchste erreichbar: eine große Monarchie von der Weichsel bis zur Maas, ebenso Italien zu einer geschlossenen Masse verbunden — ganz Mitteleuropa zurückgeführt in einen Zustand der Kraft, der Widerstandsfähigkeit."

Daß sich auch für diese letzteren Momente keine Anknüpfungspunkte in der September-Denkschrift vorfinden, braucht nicht gesagt zu werden. Daß Stein sich als Grenzen des neuen Deutschlands gegen Frankreich die Vogesen und die Maas damals dachte,

---

*) Ompteda, Pol. Nachl. 3, 230.

ist allbekannt (s. Pertz 3, 202). Das übrige ist ohne Zweifel frei nach dem Schreiben an Pozzo di Borgo vom 7. November 1812 gemodelt. In demselben (s. Pertz 3, 209 f.) setzt Stein allerdings zunächst auseinander, wie alle Dinge im Schwanken sind, „wie die Ereignisse einander mit betäubender Schnelligkeit folgen", wie „nichts ausgemacht, die Verhältnisse fließend" sind; er fragt: „welchen Gebrauch wird man von den Erfolgen machen? welcher Partei Meinung wird angenommen werden? wer wird die Grundlagen der neuen politischen Ordnung Europas vor= bereiten, und welche hat man sich vorgesetzt?" Dann fährt er fort: „Wenn es nur auf wünschen und raten ankommt, so scheint es mir, daß es am nützlichsten wäre, daß Rußland Preußen zwinge sich zu vereinigen, Österreich mit fortziehe, England seine Landung beschleunige . . .; daß man sich vereinige über eine politische Ordnung, welche die Ruhe Europas gewährleiste gegen den französischen Ungestüm." Er empfiehlt zu dem Ende „eine Einrichtung Deutschlands und Italiens, die sie zu großen Massen bilde". Und er empfiehlt nun namentlich, auf die Eventualitäten seiner September=Denkschrift zurückkommend, „daß man Deutschland zu einem großen Reiche bilde oder zwischen Preußen und Österreich teile und als Vasallen der um= schließenden Reiche einige umschlossene Länder wie Hannover bestehen lasse". Und, wie im September, hebt er hervor: „Jeder dieser Plane ist besser als die Verfassung des west= fälischen Friedens oder die von 1802", mit dem Zusatz: „weil man dadurch eine größere Masse von Kraft und Wider= standsmitteln vereinigt".

Es leuchtet ein, daß Stein auch hier unter dem „großen Reiche" gar nichts anders verstehen kann, als was er zuvor im September, nachher im April und im August anpries: die „Wiederaufrichtung der alten Monarchie" nach dem Muster des „10. bis 13. Jahrhunderts", mit mindestens fünf „Vasallen"= Ländern: Preußen, Hannover, Bayern, Württemberg und Baden, wie sich unter 8 schließlich ergab.

Da ihm nun aber eine solche „Einheit", eine solche „Ver= einigung Deutschlands zu einer Monarchie", als „unmöglich" erscheint, und zwar wegen des Dualismus von Österreich und Preußen: so empfiehlt er eben als „Auskunftsmittel" die Tei= lung zwischen beiden. Den lockeren Formen der Einheit zieht er also lieber die Zweiheit vor, um wenigstens den Haupt= zweck, die Konzentrierung der Kräfte, freilich in zwei Brennpunk= ten statt in einem Mittelpunkte, zu retten.

Wie sich Stein die Ausführung der zweiten Eventualität der September=Denkschrift (Teilung zwischen Österreich und Preußen nach der Mainlinie) vorstellte, darüber läßt er sich nicht näher aus. Seine desfallsige Meinung kannte man ja schon seit langen Jahren. Hatte er doch bereits am 10. Januar 1804 an den Fürsten von Nassau=Usingen in einem Briefe, der alsbald im Druck erschien, den Ausspruch gethan: „Sollen die wohlthätigen großen Zwecke, Deutschlands Unabhängigkeit und Selbständigkeit, erreicht werden: so müssen die kleinen Staaten mit den beiden großen Monarchien, von deren Existenz die Fortdauer des deutschen Namens abhängt, vereinigt werden; und die Vorsehung gebe, daß ich dieses glückliche Ereignis noch erlebe*)."

Diese Teilungsidee lag damals schon längst in der Luft. Wenigstens die Halbheit des Gedankens, der verfassungsmäßige Anschluß aller norddeutschen Staaten an Preußen war schon seit der Begründung der norddeutschen Neutralitätspolitik durch Preußen auf das eifrigste ventiliert worden, und zwar nicht bloß in den Denkschriften von Dohm und Massenbach in den Jahren 1800 und 1801, sondern überhaupt, früher und später, wie Manso als Zeuge sich ausdrückt: in den Kreisen „aller Vater= landsfreunde**)."

Daher stand denn auch Stein als Minister nicht an, im August 1806 die von Johannes Müller verfaßte Kollektiv=Denk= schrift an den König mit zu unterschreiben, die es für ein System der Weisheit erklärte, „die wichtigsten deutschen Staaten, beson= ders im Norden, der preußischen Monarchie anzuschließen"***). Und so erlebte er auch noch als Minister in demselben Jahre,

---

*) Pertz 1, 258.
**) Ad. Schmidt, Preußens deutsche Politik. 3. Aufl. S. 82 ff. 90 ff.
***) Pertz, 1, 348.

wenngleich zur Seite stehend, das preußische Projekt des nord=
deutschen Reichsbundes und Kaisertums, sowie die österreichische
im preußischen Hauptquartier durch Gentz abgegebene Erklärung:
„Sollte die Wiederherstellung der früheren Konstitution des
Reiches als unausführbar befunden werden, so müsse man
Deutschland in zwei große, durch eine immerwährende Al=
lianz vereinigte Konföderationen teilen, die eine unter der
Protektion Österreichs, die andere unter der Protektion Preußens[*]).‟

Andererseits kann nicht bezweifelt werden, daß Stein im
Jahre 1812 mit seiner Teilungsidee nach Nord und Süd gar
nichts anders zu erreichen gewillt sein konnte, als da und dort
dasjenige Maß von Konzentration herzustellen, welches er in
seinem Einheitsideal, d. h. in der „alten Monarchie des 10. bis
13. Jahrhunderts‟, verkörpert zu sehen glaubte; also nicht etwa
die Bildung zweier Einheitsstaaten, sondern die Bildung
zweier dergestalt gearteter „Monarchien‟, daß jede derselben, ab=
gesehen von einer Verminderung der kleinen Staaten, nach dem
Muster der „alten‟ Monarchie etliche größere Vasallentümer
als ihre unmittelbaren „Bestandteile‟ enthalte, wie aus der
Erläuterung der dritten Eventualität hervorgeht. Nach Treitschke
(S. 399) hätte Stein zwar in Betreff der zweiten Eventualität
der September=Denkschrift begehrt: „man solle die Rheinbunds=
fürsten als betitelte Sklaven und Untervögte des Eroberers
behandeln, auch die von Napoleon verjagten Fürsten nicht
wieder einsetzen‟. Das fordert aber Stein in Wahrheit nir=
gend. Er sagt nur an ganz anderen Stellen und in ganz an=
deren Zusammenhängen 1) im Oktober 1811: „Der Unwille in
Deutschland sieht in den Fürsten betitelte Sklaven und Unter=
vögte (s. oben S. 14), und 2) im November 1812, und im
Gegensatz zu „denjenigen Fürsten, welche sich der allgemeinen
Sache anschließen‟: „die übrigen Fürsten haben kein Recht, die
Wiederherstellung ihrer Oberherrlichkeit zu verlangen und selbst
die vertriebenen Fürsten haben kein Recht ihre Wiederein=
setzung zu verlangen‟ (s. oben S. 17).

---

[*]) Preußens deutsche Pol. S. 79 ff. 161.

Über die dritte Eventualität ließ sich Stein schon in der September-Denkschrift näher aus, wenn er sagte: „Die Teilung Deutschlands zwischen Österreich und Preußen würde selbst dann (der Reichsverfassung seit dem westfälischen Frieden) vorzuziehen sein, wenn man, um die Eigenliebe zu schonen, die Länder der vertriebenen Fürsten bestehen lassen müßte, indem man sie mit dem Teile Deutschlands, worin sie eingeschlossen sind, in ein Bundesverhältnis brächte." Noch näher, aber wunderlicher, sprach er sich darüber am 1. November 1812 dem britischen Kabinett gegenüber aus, die September-Denkschrift dahin erläuternd: „Nimmt man den dritten Plan, die Teilung Deutschlands zwischen Österreich und Preußen mit Beibehaltung einiger umschlossener Länder, an: so müssen Bayern, Württemberg und Baden auf die Gebiete und Würden vor 1802 beschränkt, in das Verhältnis großer Vasallen zu Österreich gesetzt werden und das Recht der Bündnisse und Gesandtschaften verlieren; aus dem übrigen würde ein Königreich Süddeutschland unter österreichischer Herrschaft gebildet und dieses eine Verfassung erhalten, da die wesentlichsten Bestandteile dieses Landes seit unvordenklichen Zeiten einen Grab von Freiheit genossen haben, deren völliger Verlust ihnen eine autokratische Regierung äußerst unangenehm machen würde. Auf gleiche Weise würde Norddeutschland eingerichtet: verfassungsmäßiges Königreich, große Vasallen Hannover, Hessen, Braunschweig, Oldenburg, abhängig vom Königreich, aber nicht dessen Bestandteile*)."

Hiernach empfahl also die Teilungsidee entweder zwei Monarchien, deren Vasallentümer „Bestandteile" des einen oder andern Reiches waren, oder zwei monarchisch zugespitzte Bundesstaaten, in denen die genannten Länder, wie es ausdrücklich heißt, „nicht Bestandteile" des führenden Staates, sondern Glieder eines „Bundes" waren.

Ziehen wir das Facit! Stein hat weder in der September-Denkschrift noch in früheren oder späteren Äußerungen den „Einheitsstaat" als sein „Ideal" aufgestellt, vielmehr immer nur

---

*) Pertz, 3, 201 f.

die „alte Monarchie des 10. bis 13. Jahrhunderts". Es würde
daher nicht zu billigen sein, wenn für den irrigen Glauben, daß
Stein der Vorkämpfer des deutschen Einheitsstaates gewesen sei,
nachhaltige Propaganda gemacht und dergestalt die Geschichte an
diesem Wendepunkte zur Legende gestaltet würde.

Etwas anderes freilich als die hier behandelte historische
Frage wäre die psychologische Frage, ob Stein wohl gleich
tausend und abertausend andern Patrioten gelegentlich einmal
von dem deutschen Einheitsstaate träumte? Das ist allerdings
nicht unmöglich, zumal bei seinem starken reichsritterschaftlichen
und deshalb an sich fürstenfeindlichen Bewußtsein, wie es auch
in den obigen Texten mehrfach zum Durchbruch kommt. Konnte
er es doch nie verwinden, daß seine reichsritterschaftlichen Besitzungen in die Landeshoheit Nassaus aufgegangen waren!
Schwärmte er doch bei jedwedem Anlaß mit wahrem Fanatismus
für die von den Fürsten unterdrückten reichsritterschaftlichen Freiheiten und Rechte! während er andererseits jede Gelegenheit wahr-
nimmt, um die „deutschen Fürsten" in fast wildem Zorne als
„Verräter", als „Feige", ja als „Niederträchtige", als „Lumpen-
gesindel" zu qualifizieren, und der russischen Kaiserin an der Hof-
tafel zuzurufen: Sie solle sich nicht „der Deutschen", sondern
ihrer „Vettern, der deutschen Fürsten, schämen" *). Allein während er dergestalt, gleich den fanatischen Reichsrittern früherer
Zeiten, die Fürsten gelegentlich zermalmen zu wollen schien,
nahm er doch zu allen Zeiten für den einen oder andern Teil
derselben offen Partei. Er schwärmte namentlich mit unaus-
gesetztem Eifer, wie kaum ein Zweiter, für die Interessen, für die
Befreiung, ja für Wiederherstellung der von den Rheinbund-
fürsten mediatisierten Fürsten und Grafen; er rief bald die Mittelstaaten gegen die Kleinstaaten, bald diese gegen jene zu Hilfe,
d. h. er stützte abwechselnd die einen und die anderen, — was
sich alles mit dem Ideal des Einheitsstaates nicht verträgt.

Wenn nun aber auch Stein wirklich einmal gelegentlich von
einem solchen träumte — in Wort und That kundgegeben hat

---

*) Perß. 3. 143. 175. 199.

er dies nie. Und darauf allein kommt es an. Denn unaus=
gesprochene und unbethätigte Gedanken haben nichts mit der Ge=
schichte zu thun.

Nun erübrigen indes noch zwei Bemerkungen.

Erstens. Gesetzt Stein hätte wirklich in der September=
Denkschrift oder anderwärts den Einheitsstaat als das „höchste
Ziel der deutschen Staatskunst aufgestellt": so läßt sich schwer
begreifen, warum Treitschke an Ernst Moritz Arndt tadelt, was
er soeben an Stein als „welthistorisches Verdienst" gepriesen
hat. Denn von dem erstern sagt er S. 675: „Der herrliche
Mann hatte über die wesentlichen staatsrechtlichen Begriffe noch
gar nicht nachgedacht. Er fordert einen Kaiser und einen
aus den Landboten der Provinzen gebildeten Reichstag, ohne
der Rechte der Fürsten auch nur zu gedenken." Das klingt
doch einmal, als ob er hier den Einheitsstaat geringer schätze wie
die fürstenreiche Kaiserzeit; und andererseits würde es nur be=
weisen, daß das „Verwegenste", was je „über deutsche Politik
gedacht worden", gerade nicht von Stein, sondern von Arndt
gedacht wurde. Indes verhält es sich auch hiermit anders, wie
wir unterm Februar 1814 sehen werden; auch Arndts Kaiserreich
ist kein Einheitsstaat, auch er gedenkt der Fürsten und ihrer
Rechte (s. XIV).

Zweitens. Denselben Fall gesetzt: so begreift man nicht,
wie Treitschke zu der Behauptung kommt, daß Stein dies ver=
meintliche Ziel des Einheitsstaates „früher als irgend ein Staats=
mann" aufgestellt habe. Wissen wir doch, um nur einiges an=
zuführen, daß schon im 11. Jahrhundert Konrad II. und Hein=
rich III. die Herstellung des erblichen Einheitsstaates durch Ver=
einigung aller Herzogtümer mit der Königs= und Kaiserkrone
erzielten! Und daß im 12. Jahrhundert Friedrich I. und Hein=
rich VI. dem gleichen Ideale huldigten! War nicht ferner die
Herstellung des Einheitsstaates in England, in Spanien und vor
allem in dem benachbarten Frankreich, seit dem Ausgange des
15. Jahrhunderts notwendig für Herrscher= und Staatsmänner
in Deutschland ein Sporn, auch hier dem Einheitsziele nachzu=
streben! Hat nicht im 16. Jahrhundert die fürstenfeindliche Reichs=

ritterschaft, voran Sickingen und Hutten, im Bunde mit den Städten und Bauernschaften, die Fürstenmacht brechen und die Kaisermacht erheben wollen! Legte nicht im 17. Jahrhundert gelegentlich Wallenstein das Bekenntnis ab, daß es in Deutsch= land überhaupt keiner Kurfürsten und Fürsten mehr bedürfe, son= dern nur Eines Herrn, gleichwie in Spanien und Frankreich! Und haben nicht im 18. Jahrhundert Männer wie der General Winterfeldt offen dem Wunsche Ausdruck gegeben, daß Friedrich der Große „ganz Deutschland erobern" und einen Einheitsstaat als erbliches Kaisertum begründen möge! Hat nicht 1806 Hein= rich von Bülow in seinen „Blicken auf zukünftige Begebenheiten" eben diese Verschmelzung von „ganz Deutschland" zu „Einem Staate" als Ideal aufgestellt, während er zur Zeit „wenigstens das halbe Deutschland unterworfen" und „alle kleineren Sou= veräne abgesetzt" wissen wollte*).

Übrigens scheint es Treitschke andererseits wieder mehrfach zu vergessen oder außer acht zu lassen, daß er Stein als den Bekenner des „Einheitsstaates" der „Einheit ohne Phrasen und Vorbehalte", d. i. doch der vollendeten oder vollständigen Einheit hingestellt hat. Dafür spricht sein obiges Urteil über Arndt. Dafür spricht, daß er den heutigen Zustand nicht nur als „Einheit Deutschlands unter Preußens Krone" (S. 678), sondern sogar als „Vollendung der nationalen Einheit" be= zeichnet (S. 677), während es sich doch nur um einen Bundes= staat handelt. Dafür spricht insbesondere, daß er S. 487 Stein in der Denkschrift vom August 1813 für die „vollständige Einheit der alten großen Kaiserzeiten" schwärmen läßt, wäh= rend doch in diesem Fall der von Treitschke geschilderte Einheits= staat nicht dessen Ideal gewesen sein kann. In Wahrheit drückt sich aber auch Stein, wie wir bereits sahen (S. 15 unter 4) und noch näher sehen werden (VII), nur dahin aus: „Das Wünschenswerteste wäre ein einziges selbständiges Deutsch= land, wie es vom 10. bis 13. Jahrhundert unsere großen Kaiser

---

*) Ich habe hierauf schon verwiesen, s. „Preußens deutsche Politik" S. 22. 91 (3. Auflg.). Treitschke 1, 54 bezieht den Wunsch Winterfeldts irrigerweise auf die „römische" Krone.

kräftig und mächtig beherrschten." Nur eben die Form der alten Monarchie ist es, die er in seinem „Glaubensbekenntnis" als die wünschenswerte „Einheit" bezeichnet, nicht etwas nie Dagewesenes.

Bei diesem Anlaß können wir nicht umhin, zugleich auch die viel ventilierte Frage zu berühren:

III. b) Hat Stein je die Vereinigung Deutschlands unter Preußens Führung als Ziel im Sinne gehabt?

Früher und noch lange nach dem Erscheinen des wesentlich erschöpfenden Werkes von Pertz ist es wohl niemanden eingefallen, eine Behauptung im obigen Sinne zu äußern. Pertz selbst hat eine solche nirgend gewagt. Bis zum Jahre 1870 sah man die Größe Steins mit Recht lediglich in seiner großartigen Reformgesetzgebung für Preußen, in seinem großartigen Glüheifer für die Befreiung Deutschlands und Europas von dem napoleonischen Joche, und endlich in seinem unablässigen Streben und Drängen nach einer starken und freisinnigen Neugestaltung Deutschlands. Erst seit der Errichtung des heutigen Deutschen Reiches und Kaisertums fühlte man sich versucht, ihn auch als Propheten und Vorkämpfer dieser heutigen deutschen Zustände erscheinen zu lassen. Zum Belege führen wir zwei Beispiele an.

Auf Grund einer brieflichen Äußerung Steins aus dem Jahre 1829 behauptete Mejer 1871 („Der Freiherr v. Stein über deutsche Einheit und deutsches Kaisertum. Rostock" S. 85 f.): derselbe habe „eine deutsche Einheit unter Führung Preußens im Sinne gehabt". Es ist aber in diesem Briefe (s. Gagern, Mein Anteil 4, 276) nichts weiter ausgedrückt, als der „Wunsch",

daß im Interesse „nicht für Preußen, sondern für Deutsch=
land", der „Zersplitterung" (nämlich im nördlichen Deutsch=
land) durch „eine festere Krystallisation" ein Ende gemacht werde.
Das ist einfach eine Parallelstelle zu jenem Briefe an den Fürsten
von Nassau=Usingen vom Jahre 1804 (s. oben S. 23), ebenso
wie zu der Erklärung vom Jahre 1826 (Gagern 5, 166 ff.):
„Mein Wunsch, Preußen vergrößert zu sehen, floß nicht aus
einer blinden Anhänglichkeit an diesen Staat, sondern aus
der Überzeugung, daß die Zerstückelung Deutschland schwächt."
Jene Deutung wäre auch vielleicht gleich ähnlichen Behauptungen
vergessen worden, hätte nicht im Jahre darauf, 1872, Sybel
in seiner Rede „Am Denkmal Steins" (Bonn, S. 4) zur Über=
raschung vieler versichert: Stein „erkannte mit vorausschauen=
der Einsicht schon inmitten des 18. Jahrhunderts den wirk=
lichen deutschen Zukunftsstaat" (d. h. Preußen). Dies
trifft indes weder auf das 18. noch auf das 19. Jahrhundert
zu. Alb. Duncker hat denn auch sofort 1873 entgegnet („Der Freiherr
vom Stein u. d. deutsche Frage auf d. Wiener Kongresse, Hanau"
S. 65): „An ein Deutschland ohne Österreich mit preußi=
scher Führung hat Stein noch nicht (d. h. niemals) ge=
dacht."

In der That ist es auf Grund der gesamten Materialien
nachweisbar, daß Stein nicht nur niemals an ein Deutschland
ohne Österreich gedacht, sondern auch bei der Idee einer „Ver=
einigung Deutschlands zu einer Monarchie", gleichviel in welcher
alten oder neuen Form, niemals Preußen, sondern immer nur
Österreich ins Auge gefaßt hat. So bei dem oben erwähnten
Anlaß (S. 21), und so auch bei allen ferneren Gelegenheiten,
deren wir keine übergehen werden. Die 1815 von Kapodistria
in seiner Denkschrift vorbehaltene Alternative „Österreich oder
Preußen" war ein russisches Manöver*), und ist nicht nach
der Hypothese von Pertz (4, 322, 320) auf Stein zurückzu-

---

*) So auch Const. Rößler, Eine Denkschrift v. Humboldt u. s. w. in
Ztschr. f. preuß. Gesch. u. Landeskunde IX. 1872. S. 80: „Diplomatisches
Aktionsmittel".

führen *). Zudem stützt sich Pertz, statt eines Aktennachweises, lediglich auf die möglichen Chancen des Wahlreichs (S. 596), nicht dessen eingedenk, daß Stein immer nur an eine Erbmonarchie dachte. Daß Kapodistria selbständig verfuhr, zeigt eben auch der Umstand, daß er im Gegensatz zu Stein auch die Wahl= monarchie zulassen wollte. Doch davon später.

Die Thatsache, daß Stein sich gar keine andere Spitze Deutsch= lands als eine österreichische zu denken vermochte, erklärt sich aus seinen Reichserinnerungen, aus seinem unverwüstlichen Respekt vor Österreich als dem durch Jahrhunderte geheiligten Oberhaupte Deutschlands, und vor allem aus seinem stolzen reichsritterschaft= lichen Bewußtsein, kraft dessen er sich zur Zeit des Reiches un= mittelbar dem Kaiser und nur ihm, d. h. dem Beherrscher Österreichs, unterthan wußte.

Daher sah er gerade in dem berufenen 18. Jahrhundert die „Fortschritte" von Österreichs Macht und Einfluß in Deutsch= land keineswegs mit feindseligen Augen an, sondern betrachtete sie vielmehr offenbar als mögliche Übergänge zu einer Konzen= trierung Deutschlands. Daher redet er mit Genugthuung davon, was wir bereits wahrnahmen (Seite 7), wie damals „die österreichische Macht sich befestigte" und „einen vorwiegenden Ein= fluß in Deutschland erhielt", während er andererseits „Preußen" beschuldigt, daß es „die Einheit gelöst" und durch die „Bürger= kriege von 1740 und 1756 Deutschlands Fall vorbereitet" habe. Und daher auch hat er 1785 die Mitwirkung an der Be= gründung des deutschen Fürstenbundes trotz der Autorität Fried= richs des Großen — das sollte man doch nicht vergessen — ent= schieden abgelehnt, unter dem Vorwand, daß er „mit den gewöhnlichsten Grundsätzen der Politik unbekannt sei". Den= noch übte er zugleich eine verurteilende Kritik gegen den Plan Friedrichs des Großen durch die Erklärung: daß es „eine dornige, schwierige Aufgabe sei, einen Hof mit überwiegendem Einfluß im Reiche (d. i. den österreichischen) in seinem Fortschritt auf= zuhalten"; wobei er überdies die „Mittel" der „Schwäche" zieh

---

und ohne weiteres von der „Gewißheit des Mißlingens" sprach.
Erst als er dergestalt auf dem besten Wege war, zu einer per-
sona ingrata zu werden und die Regierung ihm direkt „persön=
liche Rücksichten und Furcht vor dem Wiener Hofe" vorwarf, er=
achtete er es als eine „Ehrensache", nachträglich die Mission zu
übernehmen, die nun indes für ihn auf einen einzigen Hof, statt
mehrerer, auf den Mainzer beschränkt ward, mit dem ihn die
meisten Fäden verknüpften (Pertz 1, 38 ff.). Daß er sich wäh=
rend seiner Unterhandlungen von der Existenz „österreichischer
Eingebungen und Ränke" überzeugte (S. 68), vermehrte wohl
seine „entschiedene Abneigung gegen die Diplomatie" (S. 69, 75),
verminderte aber keineswegs seine Geneigtheit für Österreich. Da=
her wandte er sich von dem Fürstenbunde, während der Herzog
von Sachsen=Weimar, Karl August, sowie Johannes Müller u. a.
mit Eifer für eine großartige Entwicklung desselben wirkten, so=
fort und auf immer mit Gleichmut ab. Und daher war er auch
später, zumal seit 1804, angesichts des unabwendbaren Dualis=
mus von Österreich und Preußen, wohl bis zur Teilungsidee
nach Süd und Nord vorgeschritten, aber niemals darüber hinaus=
gegangen bis zu dem Gedanken einer preußischen Spitze Deutschlands.

Um so weniger, als er seit der furchtbaren Niederlage Preu=
ßens im Jahr 1806 sich mehr und mehr in eine Unterschätzung
Preußens hineinlebte. Sahen wir doch schon oben, wie er das
norddeutsche und damit das preußische Wesen mit auffallender
übellauniger Mißachtung charakterisierte (S. 15); wie er die
Bezeichnung als „Preuße" (d. i. als preußisch denkender Staats=
mann) mit Entrüstung zurückwies (S. 19), und an Münster die
Worte richtete: „Setzen Sie an die Stelle Preußens was
Sie wollen, lösen Sie Preußen auf, verstärken Sie Öster=
reich mit Schlesien und der Kurmark und dem nördlichen Deutsch=
land, und machen Sie Österreich zum Herrn von Deutschland — ich
wünsche es", — Worte, die ein wahrhaft preußischer Staatsmann
nie über die Lippen oder aus der Feder gebracht haben würde.
Auch stellte er die Streitbarkeit Österreichs, wie schon Const. Rößler
erkannte*), weit über diejenige Preußens. Daher rühmte er u. a.

---

*) Zeitschr. f. preuß. Gesch. u. Landeskunde 9, 79.

schon in jener September-Denkschrift (S. 7) die beharrlichen „40jährigen Kämpfe" Österreichs mit den „Türken und Franzosen". Daher ergriff er noch Ende Mai 1815 die Gelegenheit, dem Kaiser Franz seine Bewunderung darüber auszusprechen, daß Österreich „23 Jahre mit unerschütterlicher Beharrlichkeit" und bis zum „glücklichen Erfolge seiner Unternehmung" gegen Napoleon gekämpft habe (Pertz 4, 448). Daher erklärte er, wie wir noch näher sehen werden, um seine Inanspruchnahme der deutschen Kaiserwürde für Österreich zu rechtfertigen, unumwunden: „Preußen habe das höchste Interesse an einer starken Verfassung Deutschlands"; denn es „bedürfe zu seiner Verteidigung" der Streitkräfte desselben; „Österreich" dagegen „habe ein geringeres Interesse an Deutschland", d. h. es bedarf dessen nicht, es „bestehe sogar in ihm eine Tendenz zur Loslösung"; aber eben deshalb und weil andererseits „die Vereinigung Österreichs mit Deutschland für letzteres unerläßlich" sei, d. h. weil Deutschland mit Einschluß von Preußen notwendig Österreichs bedürfe: so müsse es durch „großen Einfluß", durch ein ihm „einzuräumendes Übergewicht", d. h. durch die deutsche Kaiserwürde dauernd, also eben erblich, an Deutschland gebunden werden.

Selbst noch lange nach dem Wiener Kongreß, in den zwanziger Jahren, als Stein mit der Politik Metternichs so zerfallen war, daß seine Vorliebe für Österreich mehr und mehr dahinschwand, war derselbe dennoch weit entfernt, in Bezug auf Deutschland eine künftige Bevorzugung Preußens vor Österreich vorauszusehen. Er erkannte zwar nunmehr bereitwillig bei Preußen den „Glanz eines großen politischen Ruhmes", den „Ruhm des siebenjährigen Krieges und Befreiungskrieges" an; aber als Motive seines früheren „Wunsches" für Vergrößerung Preußens führt er im Grunde neben der schädlichen Zerstückelung Deutschlands seltsamerweise nur den „Haß gegen die Fürsten" auf, der „dem reichsunmittelbaren Adel angeboren sei und aus seinem Kampf mit der Territorialhoheit fließe"*); mit keiner Silbe dagegen deutet

---

*) Briefe an Gagern vom 6. Mai 1822 und 1. Mai 1826.

er an, daß er sie wünsche, oder gewünscht habe, weil er in Preußen
den „wirklichen deutschen Zukunftsstaat erkenne", oder dessen Be=
ruf zur Einigung Deutschlands unter seiner Führung. Ebenso
macht er zwar die Bemerkung, daß durch „drei große Regenten
im 17. und 18. Jahrhundert" eine „große Gegenwart und der
Grund zu einer vielleicht größeren Zukunft gelegt wurde"*);
allein einmal ist das „vielleicht" nur die Bezeichnung von etwas
Möglichem, nicht von etwas zuversichtlich Erkanntem, und über=
dies bezieht es sich immer nur wieder auf den von ihm gewünsch=
ten Anschluß der kleinen norddeutschen Staaten an Preußen —
wie der süddeutschen an Österreich.

In den Jahren 1811 und 1812, ja bis in die Mitte des
folgenden blieb Stein in stetem Schwanken zwischen der Idee der
Reichseinheit und der Halbierung Deutschlands zwischen Öster=
reich und Preußen. Wenn er dabei diese einmal, wie wir sahen
(S. 20), als ein „Auskunftsmittel" oder einen „Übergang" be=
zeichnete, also doch wohl als einen Übergang zur Reichseinheit:
so kann man daraus, wie schon die Folgesätze lehren, nichts weiter
entnehmen, als die Erwartung, daß schließlich Österreich trotz allem
Herr werden dürfte über Preußen.

Bei jenem Schwanken und jener Denkart, die doch unter
Umständen bereit war, das Zusammenhalten des Ganzen preis=
zugeben, hätte es allerdings nahe gelegen, gewissermaßen als Ver=
mittlung eventuell an ein Deutschland unter österreichischer
Spitze neben einem getrennten Preußen, oder unter preußi=
scher Spitze neben einem getrennten Österreich zu denken;
wobei auch glimpflichen Falls die moderne Theorie eines engeren
und weiteren Bundes hätte Anwendung finden können. Für die
erstere Eventualität trat, wie wir sehen werden, im Dezember
1814 Metternich ein. Die zweite vertraten zwar in der Zeit von
1785 bis 1815 bald in größerem, bald in geringerem Umfange,
außer Friedrich dem Großen und Karl August, zahlreiche Staats=
männer, Politiker und Historiker, wie eben die Johannes Müller,
die Dohm, die Massenbach, die Bülow, die Manso, die Bret=

---

*) Brief an Gagern vom 9. Juni 1822.

ſchneiber, die Thon, die Gersdorf und viele andre*). Das waren
die Männer, die damals in Preußen den deutſchen Zukunftsſtaat
erkannten, gleichwie nachher die Paul Pfizer, die Max Schnecken=
burger u. ſ. w., nicht aber Stein**). Denn dieſer wollte eben
unter allen Umständen weder ein Deutſchland ohne Preußen, noch
ein Deutſchland ohne Öſterreich; und ſoweit ſtand er mit Harden=
berg und Wilhelm v. Humboldt auf gleicher Grundlage. Allein
gerade auf dieſer Grundlage entwickelten ſich zwiſchen ihnen die
Differenzen und die Schwierigkeiten

III. c) Prinzipielles Verhältnis Steins zu Hardenberg und Humboldt in der deutſchen Frage.

Hardenberg und Humboldt nämlich ſahen es ſo wenig wie
Stein für ihre Aufgabe an, fernhin die Zukunft vorauszu=
ſchauen; ihnen wie dieſem kam es vielmehr lediglich darauf an,
die trümmerhaft ſchwankende Gegenwart zu geſtalten.

Beide gingen, und zumal Hardenberg gleichwie Stein, von
einer Alternative, und zwar von derſelben Alternative aus,
nämlich: Reichseinheit oder Teilung zwiſchen Öſterreich und

---

*) Ich bemerke hier, daß die von mir in „Preußens deutſche Pol.“
3. Aufl. S. 91 ff. analyſierte anonyme Schrift „Deutſchland und Preußen,
von einem Nicht=Preußen, 1806“ von Brettſchneider herrührt, wie ich zunächſt
durch meinen Jenenſer Kollegen Prof. Grimm erfuhr.

**) Schneckenburger ſchrieb 1840: „Dem habsburgiſchen Kaiſerhauſe
dürfte keine bedeutende Rolle mehr zugemeſſen ſein in der Zukunft Deutſch=
lands. Dagegen erſcheint eine Ausdehnung Öſterreichs dem Laufe der Donau
nach ... als ſeine natürliche Bildungsaufgabe der künftigen Zeit. Und a. a. O.:
„Preußen iſt unzweifelhaft berufen, die Hegemonie zu bekleiden.“ S. Otto
Elben, Geſch. des Schwäb. Merkurs, 1885. S. 128 f.

Preußen. Von vornherein walteten jedoch Verschiedenheiten der Mittel und Wege ob. Hardenberg und Humboldt als praktische Staatsmänner wollten nur mit realen Faktoren rechnen; Stein, weil in keines Staates Diensten, ließ sich nur allzu leicht durch unpraktische Theorien und Ideale bestimmen. Jene beiden als preußische Staatsmänner vertraten mit demselben Recht voll und ganz die Interessen Preußens, wie Metternich die Inter= essen Österreichs, wie Wrede die Interessen Bayerns u. s. w.; Stein aber, weil er nicht als preußischer Staatsmann fungierte, nahm da, wo es ihm auf Durchsetzung seiner Ideen ankam, nicht den geringsten Anstand, in Plänen und Unterhandlungen die Inter= essen Preußens mit völliger Nichtachtung hintanzusetzen, ja sie rücksichtslos zu verletzen und preiszugeben. Man hat daher schon frühzeitig insbesondere über sein „mehr russisches als preußisches Auftreten geklagt"; man hat sogar gleich in Betreff seiner Über= hastung des Kalischer Vertrages ihn beschuldigt: „gerade er habe Preußen schwer geschädigt" *).

Und dazu kamen nun die Verschiedenheiten in den Zielen oder in den Zielpunkten der beiden Glieder jener Alternative. Hardenberg war ursprünglich, d. h. zur Zeit, als der Rheinbund von fernher drohte, auch seinerseits für Aufrechthaltung des Kaiser= reichs gewesen. Wir besitzen ja noch heute den „Entwurf zu einer neuen Verfassung des Deutschen Reichs", den er am 5. Februar 1806 niederschrieb. Der Kern desselben ist: Die noch erhaltenen Staaten des Deutschen Reiches bilden einen Bund unter einem Kaiser, der von den Wahlfürsten gewählt wird; das Reich wird in 6 Kreise geteilt und in 3 Konföderationen: eine öster= reichische, eine bayerische und eine preußische, mit 3 Kolle= gien **).

Hier ergab sich also eine erste unversöhnliche Differenz zwi= schen Hardenberg und Stein. Jener wollte eine Wahlmonarchie, wie sie bisher bestanden, so daß die Wahl auch Preußen treffen konnte; dieser wollte eine Erbmonarchie, die ein für allemal an

---

*) Maurenbrecher a. v. O. S. 45.
**) Hardenbergs Denkw. a. Ranke 5, 294 ff.

Österreich zu übertragen sei. Darein konnten preußische Staats=
männer wie Hardenberg und Humboldt nie und nimmermehr willigen.

Als es dann zur Proklamierung des Rheinbundes kam, zur
Abbankung des Kaisers Franz, zur Vernichtung des Deutschen
Reiches, zur Verhinderung des „norddeutschen Reichsbundes" und
zu dem Verzweiflungskampf Preußens gegen Frankreich und den
Rheinbund, und als selbst nach der heldenmütigen Schlacht bei
Eylau Österreich trotz seiner Ehrenpflicht für das Deutsche Reich
einzutreten, sich der Koalition gegen Napoleon entzog, — da
schloß Hardenberg am 26. April 1807 mit Rußland jenen Bar=
tensteiner Vertrag, in dessen fünftem Artikel gesagt wurde: Da
die Wiederherstellung des Deutschen Reichs in seine alte Schwäche
unzweckmäßig sei, so solle in Deutschland ein Staatenbund ge=
schaffen werden; die Leitung desselben hätten Preußen und
Österreich gemeinschaftlich zu übernehmen, und über die Be=
grenzung ihres Einflusses sich miteinander zu verstän=
bigen. Der Hauptzweck sollte der militärische, die gemeinsame
Verteidigung, die Aufrechthaltung der Unabhängigkeit Deutsch=
lands sein. Beide Mächte, Preußen und Österreich, sollten alle
Ursachen zur Eifersucht gegeneinander für immer hinwegräumen
und sich miteinander innig und dauernd verbinden.

Dieser Grundgedanke, der das Beste unter dem allein Mög=
lichen, und daher das Richtige und Praktische erzielte, blieb seit=
dem durch alle Zeiten, d. h. bis über den Wiener Kongreß hin=
aus, der Leitstern Hardenbergs und Humboldts in der deutschen
Frage. Daher schrieb Humboldt noch in seiner Denkschrift vom
30. September 1816 aus Frankfurt an Hardenberg: „Jeder Un=
parteiische wird zugeben, daß das Wahre und Eigentliche wäre,
daß Preußen und Österreich gemeinschaftlich den Bund
leiteten; denn Preußen kann sich, auch bei der größten An=
spruchslosigkeit, Österreich schon darum nicht unterordnen, weil
Österreichs politische Lage in Europa zu wenig enge mit Deutsch=
land verbunden ist, und Österreich kann ebensowenig Preußen nach=
stehen, wenn es nicht, was wiederum niemand wünschen kann,
gänzlich von Deutschland ausschiede*)."

---

*) Zeitschrift f. Preuß. Gesch. u. Landeskunde 9, 109.

Hieraus ergab sich nun ein weiterer Unterschied oder viel=
mehr Gegensatz zu den Zielpunkten Steins. Denn Stein hatte
bei der Eventualität einer Teilung zwischen Österreich und Preu=
ßen von jeher eine räumliche Teilung nach Nord und Süd oder
der Mainlinie im Sinn; Hardenberg und Humboldt eine Tei=
lung der Gewalt in der Leitung von Gesamtdeutschland, wo=
bei es natürlich geschehen konnte, daß manche der gemeinsamen
Kompetenzen, wie z. B. die militärische, räumlich nach Nord und
Süd abgegrenzt wurden. Mit anderen Worten: Stein wollte im
Teilungsfalle zwei getrennte Konföderationen mit je einer Spitze;
Hardenberg und Humboldt dagegen wollten, um die Einheit des
Ganzen zu wahren, eine einzige Konföderation mit doppelter
Spitze, b. h. mit gemeinsamer Oberleitung Österreichs und
Preußens, mit wesentlicher Gleichstellung beider.

Auch dieser Gegensatz erwies sich als unausgleichbar. Har=
denberg und Humboldt verwarfen die Steinsche Teilung in ein
österreichisches Süddeutschland und ein preußisches Nord=
deutschland; sie erklärten dieselbe, wie Humboldts Denkschrift von
1816 zeigt, geradezu für „unpopulär", weil dabei „von einem
Deutschland keine Rede mehr" sein könne*). Stein andererseits
wollte, falls es sich um ein Gesamtdeutschland ohne Kaisertum
handle, von einer Teilung der Gewalt, von einer gemein=
samen Leitung des Bundes durch die beiden Großmächte, von
einer Gleichstellung Preußens mit Österreich durchaus nichts
wissen.

Nicht daß er eine dualistische Leitung an sich für unzulässig
oder gar für unmöglich erachtet hätte! Denn das hieße die That=
sachen der alten und der neueren Geschichte leugnen; und über=
dies war ja in der deutschen Geschichte der Dualismus Öster=
reichs und Preußens eine historisch erwachsene reale Thatsache,
welcher Rechnung getragen werden mußte, wenn nicht der Dua=
lismus desto rascher zu einem immer schärferen Antagonismus
und zu offenem Bruch sich gestalten sollte. Mit Recht ist daher
gesagt worden: „Man wird immerdar zugeben müssen, daß in

---

*) Ebend. S. 109 f.

einem Bunde, von dem weder Preußen noch Österreich ausge=
schlossen sein kann, gar nichts übrig bleibt, als der Versuch
der gemeinschaftlichen Leitung*)." Was Stein zur Oppo=
sition gegen diese Gleichstellung beider Mächte veranlaßte, war
vielmehr wiederum seine angelernte Unterschätzung Preußens
und seine angeerbte Überschätzung Österreichs. Auch in einem
einheitlichen Bunde, gleichwie in einem einheitlichen Kaiserreich,
sollte nach ihm Preußen neben Österreich nicht eine koordinierte,
sondern eine subordinierte Stelle einnehmen. Das aktenmäßige
Detail wird zeigen, daß er in der That bei jedem Anlaß die
Gleichstellung Preußens mit Österreich zu bekämpfen und zu hin=
tertreiben eifrig bedacht war.

Man wird sich daher nicht wundern können, wenn Metter=
nich die so unklugerweise von Stein im voraus bekämpften und
erschütterten Zielpunkte Preußens desto leichter durch schlaue Ver=
heißungen, durch falsche Wechsel an die Zukunft zu beseitigen ver=
mochte. Und nicht zum Schaden Preußens nur, sondern weit
mehr noch zum Schaden Deutschlands überhaupt. Denn die Ziel=
punkte Hardenbergs und Humboldts, wenn sie auch nicht eine
den Wünschen der Nation voll entsprechende Lösung bewirken
konnten, wie sie nur durch kriegerische Entscheidungen, nicht durch
Pläne und Träume möglich war, hätten, von Stein erfolgreich
unterstützt statt bekämpft, wenigstens sicher die Geschichte des deut=
schen Bundes bei weitem minder öde und trostlos gestaltet. Die
nachträgliche Nichteinlösung jener Wechsel im Frühling und Som=
mer 1816, nicht einmal in der von Stein empfohlenen Abschwä=
chung der preußischen Ansprüche, machte nahezu mit seiner Er=
öffnung schon den deutschen Bund zu einem Todeskandidaten.

Endlich wäre noch einer wesentlichen Verschiedenheit zu ge=
denken. Hardenberg und zumal Humboldt gingen bei der For=
mulierung ihrer Verfassungspläne einfach, klar und logisch zu
Werke; Stein dagegen, mit einer Ausnahme, deren Formulie=
rungen er später selbst am meisten bekämpfte, verfuhr so gewun=
den, unklar und unlogisch, daß er dadurch geradezu Monstro=

---

*) Rößler, ebend. S. 78.

sitäten unb Karikaturen zu Tage förberte, bie zum Teil sogar seinen beutschen Patriotismus förmlich Lügen straften. Dahin gehört schon seine obige Formulierung ber britten Eventualität (S. 25). Dahin gehört überhaupt seine Idee ber Teilung Deutsch= lanbs in zwei getrennte Gemeinwesen, ein österreichisches unb ein preußisches, bie wir eben von Harbenberg unb Humbolbt als eine Vernichtung bes Begriffes „Deutschlanb" hatten verwerfen sehen (S. 38). Dahin gehört ferner, wie wir sehen werben (unten VII f.), Steins Kaiserplan vom August 1813, unb vor allem seine ganz unglaubliche Formulierung ber geographischen Definition bes beut= schen Bundes im Juli 1814 (siehe unten XX, XXII, XXIII unb XXIV), wonach, fast im geraben Gegensatz zu seiner „Tei= lung Deutschlanbs zwischen Österreich unb Preußen", alle öster= reichischen Länber rechts vom Inn samt ber Hauptstabt Wien unb alle preußischen Länber rechts von ber Elbe samt ber Haupt= stabt Berlin von Deutschlanb ausgeschlossen sein sollten. Doch alles Nähere müssen wir uns vorbehalten.

Wir lenken jetzt wieder in bie Reihenfolge ber Entwicklun= gen ein, bie uns zunächst fernab von Deutschlanb unb Preußen in bas Auslanb, nach Schweben unb Englanb führt.

IV. Die ungedruckte schwedische Denkschrift über Deutschlands künftige Verfassung vom Dezember 1812*).

Von ihr wissen wir nur wenig; Pertz und Treitschke kennen sie gar nicht. Sie war die Antwort auf Steins September-Denkschrift und rührte, wie dieser in seinem Memoire vom August 1813 sagt, vom „Kronprinzen" von Schweden her**). Ohne Zweifel ist sie identisch mit der „schwedischen" Denkschrift, deren Graf Münster in seinem ungedruckten Memoire vom Oktober 1813 gedenkt, und in welcher nach Münsters Angabe einerseits die von Stein im Namen Rußlands vorgeschlagenen Verwaltungsmaß-regeln im Falle siegreichen Vordringens in Deutschland erörtert, andererseits zugleich die „Grundsätze" dargelegt wurden, die „Schwe-ben in Betreff der künftigen Verfassung Deutschlands angenom-men zu sehen wünschte". In dieser Beziehung sprach sie sich namentlich dahin aus, „daß man auf eine Wiederherstellung der alten Verfassung, die bereits seit dem Lüneviller Frieden nicht mehr existierte, verzichten müsse". Vielmehr betonte sie nach Steins Ausdruck die „Notwendigkeit einer zu gebenden neuen Verfassung, welche die kaiserliche Gewalt verstärke", jedoch „ohne die Landes-hoheit gänzlich zu lähmen". Ferner empfahl sie im Hinblick auf die französische Revolution: „den Prinzipien, die alle sozialen Bande zerstört hätten, die einer ewigen Gerechtigkeit entgegenzu-setzen; man müsse die Moralität der Regierten sicherstellen durch die Dauerhaftigkeit der Regierungen; und um dahin zu gelangen,

---

*) S. unten Münsters Denkschrift vom Oktober 1813.
**) Ompteda 3, 227.

müsse man Deutschland eine solche Verfassung geben, die dem Volke Schutz gewähre vor der Unterdrückung der Fürsten, und dem Oberhaupte des Reiches eine genügend starke moralische und physische Macht verleihe, um das Gleichgewicht zwischen den deut= schen Staaten zu erhalten, während sie zugleich ihm genügende Mittel bieten würde zu ihrer Verteidigung gegen jedweden An= griff von außen". Endlich sprach sie sich nicht nur für die „Er= haltung" der alten freien Reichsstädte, sondern auch „für die Herstellung neuer" aus, und zwar zur „Belohnung für Vater= landsliebe".

Die schwedische Denkschrift wurde dem russischen und dem britischen Kabinett übersandt. Sie muß jedenfalls von Anfang Dezember datieren, da Münster sie noch im Laufe des Monats bei der seinigen benutzte*).

---

*) [S. einen Auszug aus der schwedischen Denkschrift in Steins Bericht an den Zaren vom 16. März 1813 über den deutschen Verwaltungsrat, mitgeteilt von Max Lehmann, Histor. Z. S. 59. S. 295—301. Man er= sieht daraus, daß „le prince royal s'offre, comme duc de la Poméranie, de se charger du fardeau de la couronne impériale."]

V. Münsters ungedruckte Denkschrift über Deutschlands künftige Verfassung vom 5. Januar 1813 *).

In England bekam Graf Münster, wie die spätere Oktober=
Denkschrift lehrt, vom Prinz=Regenten den Auftrag, die russische
und die schwedische Denkschrift miteinander „zu vergleichen, eine
Vermittlung der etwa darin befindlichen widerstrebenden Gesichts=
punkte zu versuchen, und die Grundsätze zu formulieren, die Seine
Königliche Hoheit seinem Allierten empfehlen zu müssen glaube,
sowohl in Betreff der Verwaltungsform der occupierten Provinzen
während des Krieges, wie in Betreff der Wiederherstellung einer
dauernden Ordnung in Deutschland“.

Graf Münster hatte schon seit 1809 sich mit dem Plane
getragen, alle geeigneten Chancen zu benutzen, um nicht nur Hanno=
ver wiederherzustellen, sondern es zu einem großen Welfenreiche
zwischen Elbe und Schelde zu erweitern, und endlich am 7. Dezem=
ber 1812, auf Grund der Siegesnachrichten aus Rußland, diesen
Plan dem Prinz=Regenten und dem englischen Ministerium vor=
gelegt **). Es war ihm ganz recht, wenn andererseits Rußland

---

*) S. unten Münsters Oktober=Denkschrift.

**) [In Steins Akten zu Nassau, Kopie 3 Folios französisch „Londres
ce 7. Dec. 1812“, darüber von Steins Hand: „Von Graf Münster an
Regenten“. Dies entscheidet gegen Oncken, Oesterreich und Preußen 2, 488.
s. auch Histor. Z. S. 59, 298. Indessen steht fest, daß Gneisenau die Ideen
Münsters teilte oder doch als Mittel, um auf die englische Regierung zu
wirken, benutzte, und die Vermutung läßt sich nicht abweisen, daß er sich
Ende 1812 selbst der Worte Münsters bedient habe. S. Pertz, Gneisenau
1, 569. 2, 439. 674. Historische Z. S. 62. 505. 514.]

ſeine Herrſchaft bis zur Weichſel ausdehne, ſo daß Preußen zwiſchen Weichſel und Elbe eingeengt werde. Die Staaten in Deutſchland ſollten vermindert, zu einigen größeren Maſſen zu= ſammengelegt, das wiederherzuſtellende Kaiſertum zwar verſtärkt, aber den Einzelſtaaten die Vorrechte des weſtfäliſchen Friedens belaſſen werden*).

Nach Pertz (S. 239) müßte man annehmen, daß Münſters Denkſchrift vom 7. Dezember 1812 „dem ruſſiſchen und dem ſchwediſchen Geſandten mitgeteilt worden" ſei. Dem iſt aber nicht ſo. Denn die dieſen zugeſtellte Denkſchrift wurde erſt „am Ende des Jahres 1812 verfaßt" und unterm „5. Januar 1813" ausgefertigt, und nahm überdies auf die ſchwediſche Dezember= Denkſchrift noch Rückſicht**). Augenſcheinlich iſt alſo nach dem Eintreffen dieſer letztern in London die Münſterſche vom 7. De= zember noch einmal umgearbeitet und dem Auftrage des Prinz= Regenten gemäß zu der vom 5. Januar geſtaltet worden.

Da das Memoire vom 5. Januar, das weder Pertz noch Treitſchke kennen, auf alle ſpäteren Verhandlungen von Einfluß blieb: ſo iſt ſchon deshalb die Anführung der wichtigeren Geſichts= punkte an dieſer Stelle gerechtfertigt***). Die Situation, in der es verfaßt wurde und in die Verhandlungen eingriff, die der Monate Dezember, Januar und Februar, macht es beſonders intereſſant, inſofern noch kein einziger deutſcher Staat dem ruſſiſchen Bündnis beigetreten war; Preußens Beitritt wurde zwar ſeit Ende Dezember erhofft, doch erſt mit dem 28. Februar definitiv erlangt.

Das Memoire ging von dem allgemeinen Grundſatz aus, daß man, „ſoweit die Intereſſen Europas und Deutſchlands im Beſondern es geſtatten würden, alles Geſetzmäßige wiederherſtellen müſſe und die Einrichtungen, die, obgleich durch den Strom der Revolution umgeſtürzt, neuerdings die Achtung genießen würden,

---

*) Pertz 3, 237 ff.
**) Stein bei Ompteda 3, 227, und unten Münſter Oktober 1813.
***) [S. einen Auszug aus Münſters Memoire vom 5. Jan. 1813 in dem erwähnten Berichte Steins an den Zaren vom 16. März 1813. Hiſt. Z. S. 59.]

welche weise Nationen den Gewohnheiten und Gesetzen zugestehen, die seit den entferntesten Zeiten bestanden haben". Indem dann dieser Grundsatz auf Deutschland näher angewandt wurde, hieß es: „Der wesentliche Charakter der deutschen Verfassung ist der eines Bundes verschiedener Staaten unter einem wählbaren Ober=haupte . . . Man würde also empfehlen, diese deutsche Verfassung als n o ch b e s t e h e n d zu proklamieren und demgemäß den Rhein=bund als u n g e s e t z l i ch und diejenigen Fürsten, die bei ihm beharren würden, als den durch die Verfassung verhängten Strafen verfallen. Indem man dieser Erklärung hinzufügte, daß man sich später verständigen werde über die durch die Ereignisse nötig ge=wordenen Abänderungen, würde man die Hände freibehalten für alle notwendig einzuführenden Einrichtungen."

„Wenn die schwedische Denkschrift sage, daß man darauf verzichten müsse, die alte Verfassung wiederherzustellen: so habe sie nur sagen wollen, daß man sie nicht m i t a l l e n i h r e n a l t e n F e h l e r n wiederherstellen dürfe. Und in diesem Sinne könne man nur ihrer Forderung Beifall schenken: die Grundsätze einer ewigen Gerechtigkeit denen entgegenzusetzen, die alle sozialen Bande zerstört hätten; die Moralität der Regierten sicher zu stellen durch die Dauerhaftigkeit der Regierungen; Deutschland eine solche Ver=fassung zu geben, die dem V o l k e S ch u tz g e w ä h r e vor der U n t e r d r ü ck u n g d e r F ü r s t e n, und dem Oberhaupte eine genügend starke moralische und physische Macht verleihe, um das Gleichgewicht zwischen den deutschen Staaten zu erhalten, und ihm zugleich ausreichende Mittel biete zu ihrer Verteidigung gegen jedweden Angriff von außen."

Münster fordert daher: „die kleineren Souveräne dürfen nicht mehr selbständig sein in m i l i t ä r i s ch e r B e z i e h u n g und den a u s w ä r t i g e n Mächten gegenüber. Die Vereinigung deutscher Provinzen mit fremden Monarchien — nicht wie Hannover mit England, wo die Union nur eine personelle ist, sondern — wie Österreich mit Ungarn, Brandenburg mit Preußen, Holstein mit Dänemark, ist ein Uebel." Münster läßt den Wunsch durchblicken, daß diesem Übel abgeholfen und wo möglich „für die Zukunft vorgebeugt" werde.

„Das Mittel — fährt er fort — um dem Oberhaupt des Reiches eine hinreichend starke moralische und physische Gewalt zu geben, kann auf zwei Weisen erreicht werden: entweder indem man dieses Oberhaupt erblich macht und ihm das ausschließliche Recht des Krieges und Friedens im Reiche zuerkennt; oder indem man ein System des Gleichgewichts herstellt, um zu verhindern, daß irgend eine Macht existiere, die ungestraft den Gesetzen des Bundes trotzen könne."

„Der erstere Gedanke würde eine fast unübersteigliche Schwierigkeit finden. Österreich ist die Macht, die man ohne Zweifel zu der Kaiserkrone berufen würde, die es mit geringer Unterbrechung Jahrhunderte hindurch getragen. Werden die anderen Mächte ihm den ungeheuern Zuwachs des Deutschen Reiches zugestehen? Die Erwerbung der erwähnten Rechte würde jedoch ein Äquivalent dafür sein; denn sie würde notwendig dahin führen. Würde man andererseits voraussetzen dürfen, daß Staaten, die seit den entferntesten Zeiten der Unabhängigkeit genossen, wie Bayern, Sachsen *), Brandenburg, nicht einen solchen Gedanken auf das äußerste bekämpfen würden? Und würde man einen solchen Zustand der Dinge herbeiführen wollen in einem Augenblicke, wo man die Ordnung und die Ruhe wiederherzustellen wünscht?"

Demnach sei ein anderer, der zweite Weg nötig, die Herstellung eines Systemes des Gleichgewichts, und zwar durch Vereinigung der zahlreichen deutschen Staaten in einige größere Massen. „Der Gedanke — sagt Münster — Deutschland in größere Massen zu vereinigen, ist oftmals vorgetragen worden. Die Säkularisierung der geistlichen Staaten hat das Werk begonnen und Bonaparte hat es zum Teil fortgesetzt in seiner Bildung des Rheinbundes . . . Es scheint, daß die Vereinigung zu großen Massen, in denen die einverleibten Staaten ihre Rechte bewahren würden, mit Ausnahme derjenigen jener ephemeren Souveränität und mithin desjenigen, eine Armee oder auswärtige

---

*) Es ist zu beachten, daß Sachsen damals noch nicht unter der Anklage des Verrates stand, die sich erst mit der Rückkehr des Königs zu Napoleon nach Dresden am 12. Mai 1813 anbahnte.

Beziehungen für sich allein zu unterhalten, dem Zweck entsprechen würde und vor allem den Wünschen der deutschen Nation. Die souveränen Mitglieder des Bundes (also die Häupter der „großen Massen") könnten selbst über gewisse Modifikationen in der Aus= übung ihrer Souveränitätsrechte übereinkommen, z. B. keine Kriege zu unternehmen oder besondere Verträge zu schließen, die nicht die Sanktion des allgemeinen Reichstags erhielten."

Schon das hier Angeführte rechtfertigt die spätere Angabe Steins: „Münster schlage in seinem Memoire vom 5. Januar 1813 vor, den Ständen das Recht des Friedens und Krieges zu nehmen und es dem Reichstage zu übertragen *)." Die Zahl der Stände d. h. der „souveränen Mitglieder des Bundes" oder der „großen Massen" gibt Münster nicht an; da er aber, abgesehen von dem für ihn selbstverständlichen Hannover, ausdrücklich Österreich, Bayern, Sachsen und (an letzter Stelle) Brandenburg aufführt, so dachte er sich deren mindestens fünf. Schließlich führt derselbe noch aus:

„Unter den Mitteln, dem Deutschen Reiche als solchem mehr Macht zu geben, würde man noch vorschlagen dasjenige der Garantieleistung von seiten Englands, Rußlands und Schwedens; die Errichtung einer stehenden Reichsarmee, zusammengesetzt aus den Kontingenten der souveränen bleibenden Fürsten; und die Errichtung einer Linie von Reichsfestungen, von der Art wie es ehemals Kehl und Philippsburg waren. Die Reichstruppen könnten als Garnisonen in diesen Festungen dienen und in den Reichsstädten, wenn man deren bestehen lassen oder deren neue zur Belohnung des Patriotismus errichten will, wie es Schweden vorgeschlagen hat. Die frühere Reichsarmee, in der die Kon= tingente manchmal zwei bis drei Mann betrugen, mit ungleicher Ausrüstung, war nur eine Harlekinade. Dagegen eine stehende Armee, unter einem von dem Kaiser und dem Reichstage ernannten Oberfeldherrn, würde Respekt einflößen und dem Kaiser die nötige Macht verleihen. Die vorgeschlagene Garantie ist analog der des westfälischen Friedens; Frankreich bleibt natürlich ausgeschlossen; Schweden hat verdient, neuerdings diese Rolle der Garantie zu

---

*) Ompteda 3, 227.

übernehmen; Rußland hat sie seit dem Teschener Frieden ver=
langt ... Nichts übrigens würde diesem Verteidigungssysteme mehr
Festigkeit geben, als wenn man mit ihm Holland und die Schweiz
verbände. Diese beiden Länder würden die Grenze Deutschlands
gegen Frankreich decken."

Das Januar=Memoire wurde, wie Münster in der Oktober=
Denkschrift (s. unten) ausdrücklich bekundet, „den Gesandtschaften
von Rußland und Schweden mitgeteilt". Dasselbe sagt er auch
in seiner an Stein gerichteten Nachschrift vom 5. Januar bei Pertz
(3, 244); nur daß dieser (S. 240), da er weder das Januar=
Memoire noch die Oktober=Denkschrift Münsters kennt, diesen
fälschlich, wie sich aus dem Obigen ergiebt, der grundsätzlichen
Meinung beschuldigt, als ob „alle kleinen Fürsten in ihren
Souveränitätsrechten anzuerkennen" seien, und „ohne
Gewähr der Unterthanenrechte", so daß er eines Besseren erst
später „durch die Erfahrung belehrt worden" sei.

Schweden gab auf das Januar=Memoire, wie Münster im
Oktober bezeugt, eine „sehr befriedigende Antwort". Mit Stein
wußte er sich nicht in vollem Einklang. Dessen aufgeregtes
heftiges Schreiben vom 1. Dezember 1812, worin derselbe deut=
lich genug die Souveränität aller mittleren und kleineren Staaten
als „Possenspiel" erklärte, hatte auch ihn zur Fortsetzung der
polemischen Kontroverse gereizt. Daher begleitete er sein Memoire
unterm 4. Januar mit einem Briefe an Stein, worin er namentlich
dessen Äußerungen vom 1. Dezember sowie dessen Verfassungsvor=
schläge bekämpft, und die seinigen befürwortet*). Unter anderem
sagt er: „Ein Possenspiel soll gewiß nicht aus unserem Kampf
hervorgehen ... Ich glaube, daß der Weg der Verbesserung, den
ich vorschlage, uns zum Zweck führen kann, und daß bei E. E.
Umwälzungs=Vorschlägen die Gefahr eintreten würde, alles zu ver=
lieren. Sie sagen, daß Ihnen die Dynastien gleich sind; mir
sind sie es nicht." Und nun preist er den Freiheitssinn des „Guel=
fischen Hauses", mit dem Zusatz: „Vergleichen Sie damit den
Preußischen Prügel und Ladestock! Ich verehre Friedrich den

—

*) S. Pertz 3, 240 ff.

Großen, aber er hat den Ruin Deutschlands durch seine Vergrößerung herbeigeführt, und den seines Staats dadurch, daß er einen Körper gezeugt hat, den nur ein großer Geist beleben konnte, der mit ihm schied. Als ich dem Regenten die erwähnte Stelle Ihres Briefes zeigte, sagte er: wenn Stein die Dynastien gleichgültig sind, warum nennt er nicht uns statt Preußen? Die Frage möchte auch ich thun."

Damit will Münster sagen: „warum empfiehlt Stein „Teilung zwischen Österreich und Preußen", warum nicht „Teilung zwischen Österreich und Hannover"? Und nun bekämpfte er auf das entschiedenste alle Vorschläge Steins; sowohl die Einheitsidee, kraft deren derselbe die Herrschaft Österreichs über ganz Deutschland unter Aufhebung der Souveränität der Einzelstaaten als wünschbar erachtet hatte, wie insbesondere die Teilungsidee.

„Ich bitte E. E. zu bedenken — fährt er fort — daß wir uns bei meinen Vorschlägen die Hände nicht binden, um alle nützlichen Veränderungen hervorzubringen, daß aber der Ihrige, Österreich mit ganz Deutschland zu bereichern, ganz Europa, inklusive Deutschland, gegen sich haben wird; und der zweite, Deutschland zwischen Österreich und Preußen zu teilen, gewiß Rußland, England und Schweden, und alle Norddeutschen, die nicht an die Regierungssucht des preußischen Systems gewöhnt sind." „Preußens Macht lebt nur noch in der Erinnerung. Sie mag zwischen der Weichsel und Elbe als Macht der zweiten oder dritten Größe aufstehen. Warum sollte Rußland nicht die Weichsel als Lohn seiner Thaten erhalten? warum sollte Preußen die in früheren Friedensschlüssen abgetretenen Besitzungen zurück erhalten, um den Kreis seiner Vexationen auszudehnen und um mit Frankreich zu intrigieren. Bedenken E. E. dagegen, was ich über die Bildung eines großen Staats zwischen Elbe und Rhein aus herrenlosen Besitzungen gesagt habe."

Und zum Schlusse sagt er: „Ich habe mich nur rechtfertigen wollen, daß ich auf kein Possenspiel denke, wenn ich dagegen bin, daß unter den jetzigen Umständen die Vereinigung Deutschlands unter Einen oder unter Zween Herren versucht werde."

VI. Historische Übergänge.

Um eben die Zeit, da Münster sein Memoire und seinen Brief an Stein absandte, hatte sich die Situation schon völlig verschoben und eine Thatenentwicklung begonnen, die in raschester Folge Wandlung an Wandlung reihte. Und bedeutsam genug war es gerade Preußen, dem Münster die Herabbrückung zu einer Macht dritten Ranges zugedacht hatte, das zuerst und in maß= gebender Weise Wandel schuf, und dergestalt plötzlich wieder zu einer Macht ersten Ranges sich erhob.

Am 30. Dezember 1812 hatte York die Kapitulation mit Rußland geschlossen, der General Massenbach am folgenden Tage beitrat. Am 28. Februar 1813 erfolgte der Vertrag von Kalisch, wodurch Preußen in die vorderste Kampflinie gegen Napoleon eintrat, und dessen ausgesprochener Zweck war: die Befreiung Europas, zumal Deutschlands, und die Wiederherstellung Preußens in seinem alten Machtumfang von 1806, mit Ausnahme der alten Besitzungen des Hauses Hannover. Am 16. März erging die preußische Kriegserklärung. Am 19. setzte Stein mit Nessel= rode, Hardenberg und Scharnhorst in Breslau die Bestimmungen über die vorläufige Verwaltung der zu befreienden Länder fest, wobei man aus Rücksicht für Österreich nur die norddeutschen ins Auge faßte. Nach diesen Bestimmungen sollte zunächst ein Auf= ruf verkünden: daß „die beiden Mächte keinen anderen Zweck hätten, als Deutschland dem Einfluß und der Herrschaft Frank= reichs zu entziehen, und die Fürsten und Völker zur Mit= wirkung für die Befreiung ihres Vaterlandes einzuladen. Jeder deutsche Fürst, der in einem bestimmten Zeitraum dieser Auf= forderung nicht entspreche, sollte mit dem Verlust seiner Staaten

bedroht werden". Demgemäß wurde am 25. der ebenfalls in
Breslau festgestellte Aufruf von Kalisch aus im Namen des Kaisers
von Rußland und des Königs von Preußen durch die Heerführung
erlassen. In demselben wurde „den Fürsten und Völkern
Deutschlands die Rückkehr der Freiheit und Unabhängigkeit
(d. h. natürlich von Frankreich oder dem Auslande) angekündigt",
sowie die „Wiedergeburt eines (sic) ehrwürdigen Reiches". Und
zugleich gelobte darin der Kaiser von Rußland, daß die „Verfassung" des „wiedergeborenen Deutschland" ein „Werk" sei, das
dem „fremden Einfluß" entzogen werden müsse, dessen „Gestaltung
ganz allein den Fürsten und Völkern Deutschlands anheimgestellt bleiben solle; je schärfer in seinen Grundzügen und Um-
rissen dies Werk heraustreten werde aus dem ureigenen Geiste
des deutschen Volkes, desto verjüngter, lebenskräftiger und in
Einheit gehaltener wird Deutschland wieder unter Europas Völkern
erscheinen können"*).

Ungeachtet der Mitwirkung Steins sehen wir also auch hier
der „Fürsten" in einer Weise gedacht, welche zeigt, daß er keineswegs deren vollständige Beseitigung erzielte. Die übrigen Ausdrücke in betreff der künftigen Verfassung sind nichtssagend, elastisch
und vieldeutig. Zwar durfte die Phrase von der „Wiedergeburt
eines ehrwürdigen Reiches" durch achtlose Leser als Verkündigung
der Wiederherstellung des alten Kaiserreiches gedeutet werden.
Indes, dann hätte es heißen müssen „Wiedergeburt des e. R.",
während der unbestimmte Artikel einer solchen Deutung eher
entgegensteht und vielmehr die Neugeburt eines e. R. in Aussicht
stellt. Wenn später die Abgeordneten der 31 „souveränen Fürsten
und freien Städte" in ihrer Note vom 20. Dezember 1814 be-
haupteten: der Kalischer Aufruf habe den deutschen Völkern die
„Wiedergeburt ihres ehrwürdigen Reiches" angekündigt**), so
war dies eben einfach eine Fälschung. Stein hielt eine solche
Deutung nicht für geboten. Denn auch er berief sich in seiner
Denkschrift vom 4. November 1814 auf jenen Passus, freilich in

---

*) Pertz 3, 303 f. 312 ff. 319 ff.
**) Klüber 1. 89.

der ungefälschten Form (W. eines e. R.), um durch diese Erinne=
rung bringend die Annahme — nicht der alten Reichsverfassung,
sondern eines nichtmonarchischen Bundesprojektes zu empfehlen*).
Immerhin mag man die elastischen Ausdrücke mit Wohl=
bedacht gewählt haben. War doch alles noch im März in der
Schwebe! Nichts verbürgte die österreichische Allianz, nichts den
endlichen Sieg! Von der künftigen Verfassung Deutschlands ließ
sich nur in Worten reden, die auf sehr verschiedene Eventualitäten
anwendbar waren, wie sie namentlich Stein in seiner September=
Denkschrift erörtert hatte. Bei den Eventualitäten der Kaiseridee
ließ sich überdies ebensosehr an die Wiedererrichtung „eines ehr=
würdigen Reiches" ohne Österreich wie mit Österreich, unter
Wahlkaisern wie unter Erbkaisern, unter preußischer wie
unter österreichischer Spitze denken. Daß alle derartigen
Möglichkeiten den Verfassern des Aufrufs ebenfalls vorschwebten,
dafür spricht das „Wahlkaiserprojekt", das Hardenberg als preußi=
scher Minister im Februar 1806 für ganz Deutschland mit Ein=
schluß Österreichs vorschlug**); und nicht minder die Empfehlung
des Friedericianischen Systems, „die wichtigsten deutschen Staaten,
besonders im Norden, der preußischen Monarchie anzuschließen",
durch die Prinzen=Adresse vom August 1806, die auch Stein als
preußischer Minister unterschrieben hatte***).

Auf der anderen Seite durfte unter der „verjüngten, lebens=
kräftigen" Gestalt auch ein nach Süd und Nord geteiltes öster=
reichisch=preußisches Protektorat verstanden werden, wie es Stein
seit 1804 und neuerdings wieder im September 1812 speciell
empfohlen hatte, zumal es wohl möglich gewesen wäre, die beiden
Teile durch ein Band der „Einheit" zusammenzuhalten. Harden=
berg hatte sich dieser Eventualität schon in seinem Wahlkaiserprojekt
zugewandt, insofern er darin ganz Norddeutschland der preußischen
Konföderation zuwies; und er hatte dann, gleich wie Stein, den
Haugwitzschen „nordischen Reichsbund", trotz der persönlichen Feind=
schaft gegen den Urheber, nicht nur gebilligt, sondern als „weise"

---

*) Pertz 4, 147.
**) Hardenberg, Denkw. 5, 204. ff. Vgl. 2, 453 f.
***) Pertz 1, 348.

bezeichnet *). Selbst der Wiener Hof hatte ja damals diesem nordischen Bunde den „allergrößten Beifall" gezollt; Kaiser Franz hatte sogar seine „Freude" darüber geäußert, daß derselbe „durch seine Abdikation als Kaiser von Deutschland erleichtert werde" **).

Und Gentz hatte als österreichischer Unterhändler im preußischen Hauptquartier die Erklärung abgegeben: „Sollte die Wiederher= stellung der früheren Konstitution des Reiches als unausführbar befunden werden, so müsse man Deutschland in zwei große durch eine immerwährende Allianz vereinigte Konföbera= tionen teilen, die eine unter der Protektion Österreichs, die andere unter der Protektion Preußens." Gleicherweise hatte Rußland schon im Bartensteiner Vertrage vom 26. April 1807 die Bestimmung vertreten, daß in Anbetracht der Unzweckmäßigkeit einer Wiederherstellung der alten schwachen Reichsverfassung ein Staatenbund in Deutschland geschaffen werden solle, dessen Leitung zum Zwecke gemeinsamer Verteidigung Preußen und Österreich, jedes innerhalb bestimmter Grenzen, und auf Grund gegenseitiger Verständigung, zu übernehmen hätte.

Daß Stein auch zur Zeit des Kalischer Aufrufs der Teilungs= idee noch ergeben war, beweist die Thatsache, daß er nun erst, im April 1813 dem Staatskanzler Hardenberg eine Kopie der Denkschrift vom 18. September 1812 übergab, worin er die „Teilung Deutschlands zwischen Österreich und Preußen" bei England und Schweden befürwortet hatte, und die er jetzt mit jenem Schlußsatz versah, der die im Text enthaltenen „starken Ausdrücke" gegen die Fürsten gewissermaßen entschuldigte.

Ein geteiltes österreichisch=preußisches Protektorat konnte übri= gens auf mehr als eine Weise verwirklicht gedacht werden; nicht nur als zwei Konföderationen mit einem österreichischen Pro= tektorat für das südliche Deutschland und einem preußischen für das nördliche, oder als eine Konföberation mit einem nach Nord und Süd geteilten Protektorate, wie sie der Bartensteiner Vertrag im Auge zu haben schien, sondern namentlich auch als

---

*) Hardenberg, Dentw. 3. 83.
**) Ebend. 3, 149.

ein gemeinsames Protektorat beider Mächte über das ganze
Deutschland, dergestalt daß Österreich und Preußen gewissermaßen
als Konsuln oder Duumvirn die oberste Gewalt gemeinschaftlich
dargestellt hätten. Die grundsätzliche Alternative, die diesen verschiedenen Richtungen entsprach, war kurz ausgedrückt: Entweder
zwei Hälften unter je einer Spitze, oder das Ganze unter
zwei Spitzen. Die letztere Eventualität gelangte damals anscheinend noch nicht einmal andeutungsweise zum Ausdruck. Die
erstere dagegen, die Teilungsidee nach der Mainlinie, nahm Hardenberg gar keinen Anstand, obgleich Österreich noch nicht dem
Bündnis beigetreten war, auch seinerseits gelegentlich zur Sprache
zu bringen, sowohl Metternich wie dem britischen Kabinett gegenüber. In Bezug auf das letztere äußerte sich namentlich darüber
Hardenberg selbst gegen Ompteda, und Gneisenau gegen Castlereagh. Allein Münster, in Übereinstimmung mit seinen obigen
Kundgebungen vom Januar, protestierte sofort dagegen auf das
schärfste unterm 13. und 14. April, indem er erklärte: der Prinz-
Regent werde „auf keinen Fall" in ein norddeutsches Protektorat Preußens willigen, das ihn zum Vasallen Preußens machen
würde*).

Im Hauptquartier war man indes anscheinend übereingekommen, nähere Beratungen über Deutschlands künftige Verfassung
bis zu günstigerer Zeit zu verschieben. Dies läßt sich auch vielleicht aus Omptedas Bericht an Münster vom 23. März schließen**).
Doch vertrat Stein privatim noch im April Gagern gegenüber
die Unzulässigkeit einer Wiederherstellung der alten Reichsverfassung, die dieser wünschte, und dagegen die Notwendigkeit einer
„Vereinigung Deutschlands unter Preußen und Österreich". Er
sprach die Überzeugung aus, daß der Kaiser ohne „Macht und
Ansehn" bleiben würde, obgleich er eben bei diesem Anlaß die
Zahl der „übrig" zu lassenden deutschen Fürsten auf „15 bis
16" taxierte***). Und ebenso vertrat er im Mai jedem gegenüber
energisch das norddeutsche Protektorat Preußens, indem er er-

---

*) Ompteda 3, 74. 80. 86.
**) Ebend. 3, 49 f. Vgl. S. 131.
***) Pertz 3, 340. 664 f. Vgl. oben S. 16.

klärte: Eine Garantierung der Integrität Sachsens durch Öster=
reich, wie sie damals in Rede stand, sei eine Einmischung in die
Angelegenheiten Norddeutschlands, über die keine Macht das Recht
habe mitzureden außer Rußland und Preußen*).

Nicht uninteressant ist nach dem allen der Bericht Omptedas
an Münster vom 13. Juni aus Reichenbach. Er hatte den
„wiederholten Befehlen zufolge" dem Staatskanzler Hardenberg
die Erklärungen gegen das österreichisch=preußische Protektorat
überbracht und die Versicherung erhalten: „daß von diesem Pro=
jekt gar nicht weiter die Rede gewesen sei, und daß es bei der
dermaligen Lage der Dinge auch gar nicht möglich sei, sich mit
irgend einem Projekte zu beschäftigen, das auf die künftige Re=
gulierung der deutschen Angelegenheiten Bezug habe . . . Ehe
man daran denken könne, würde es notwendig sein, daß Preußen
und Österreich darüber in Kommunikation träten, zu der aber
jetzt weder die Zeit noch die Umstände geeignet wären". Dann
meldet Ompteda: „Ein gewisser Herr von Gagern will sowohl
aus dem Munde des Grafen Metternich, als aus dem Munde
des Kaisers Franz selbst Äußerungen vernommen haben, nach
welchen das Haus Österreich die Idee noch n i c h t sollte aufgegeben
haben, wenn es die Umstände erlauben und unter Modifikationen
. . . den Platz wieder einzunehmen, den es ehemals in Beziehung
auf Deutschland behauptete". Aber Hardenberg „widersprach
dieser Angabe auf das lebhafteste und versicherte, daß sie den
früher geäußerten Ideen des Grafen Metternich gerade zuwider
und unrichtig sei". Es hatte das britisch=hannoverische Kabinett
auch beunruhigt, daß in der Konvention vom 19. März über
die Verwaltung der zu befreienden deutschen Länder nur die nörd=
liche Abteilung Deutschlands ins Auge gefaßt war, wie wenn die
Verwaltung der südlichen Österreich überlassen werden solle, und
man hatte darin einen „Vorboten des intendierten geteilten Pro=
tektorates" gewittert. Doch beschwichtigt Ompteda dies Bedenken
durch die Erklärung: Diese Bestimmung „scheine bloß eine Lock=
speise für Österreich gewesen zu sein, um bei dem gehofften Bei=

---

*) Ompteda 3, 99.

tritt dieser Macht ihr in dem südlichen Deutschland eben die
Ressourcen zu überlassen, deren Preußen und Rußland sich im
nördlichen Deutschland zur Führung des Krieges bedienen
wollten" *).

Am 14. und 15. Juni kamen zwischen Preußen, Rußland
und England die Reichenbacher Verträge zustande, auf deren
Inhalt wiederum Stein entschiedenen Einfluß geübt hatte. Sie
dienten namentlich in Bezug auf die vom britisch-hannoverschen
Kabinett gefürchteten Projekte zur Beruhigung, indem sie, entsprechend dem Vertrage von Kalisch, die Wiederherstellung nicht
nur Preußens, sondern auch Hannovers und Braunschweigs verbürgten.

Endlich trat auch Österreich dem Bündnis bei, erklärte am
12. August den Krieg an Napoleon und schloß am 9. September die definitiven Teplitzer Verträge ab. Die Hauptbestim-
mungen waren: Wiederherstellung der österreichischen und der
preußischen Monarchie nach dem Maße von 1805; Auflösung
des Rheinbundes und gänzliche und absolute Unabhängigkeit der zwischen Österreich, Preußen, Rhein und Alpen
liegenden Staaten; Wiederherstellung Hannovers und Braunschweigs u. s. w. Die von Österreich vertretene Ausdrucksweise:
indépendance entière et absolue konnte verhängnisvoll werden
und wurde es.

Die Zeit des vorangegangenen Waffenstillstandes und der
Verhandlungen Österreichs mit Frankreich und mit den Alliierten
hielt Stein für geeignet, um einen weiteren Schritt in der Frage
der künftigen Verfassung Deutschlands zu unternehmen. Noch
ehe das Hauptquartier von Prag nach Teplitz verlegt wurde,
übergab er einerseits dem Kaiser Alexander Ende August eine
französische Denkschrift über diesen Gegenstand, die er außerdem
nur dem Lord Castlereagh und zwar zu seiner „ausschließlichen" Kenntnis zugehen ließ, d. h. mit Übergehung Münsters,
weil er sich, wie er zu Ompteda äußerte, „vor dessen scharfer
Kritik und zu großer Vorliebe für eine ausgedehnte Territorial-

---

*) Ebend. S. 131 f.

Landeshoheit fürchte". Doch las er sie Ompteda vor. Andererseits legte er seine besfallsigen Ideen „noch ausführlicher" in einem deutschen Memoire dar, das zunächst für den Staatskanzler Hardenberg bestimmt war, aber ohne Zweifel auch dem Grafen Metternich mitgeteilt wurde, und dem wir uns nunmehr zuwenden wollen *).

---

*) Ompteda 3. 219 f.

VII. Stein's Memoire über eine deutsche Verfassung,

Prag, Ende August 1813.

Von diesem überaus merkwürdigen Memoire hatte Pertz keine Ahnung; was er von Steins damaligen „Wünschen" sagt (3, 415 f.), besteht aus einem einzigen Satze, wonach Stein die Meinung ausgesprochen habe: „eine Teilung in zwei große Massen, Öster= reich und Preußen, sei nicht möglich," und deshalb die „Wiederherstellung der Kaiserwürde" zu empfehlen. In der That ist damit das Richtige getroffen. Denn nachdem Stein selbst die Wiederherstellung der alten Monarchie des 10. bis 13. Jahr= hunderts, sein Ideal, für unausführbar erklärt hatte, und nach= dem andererseits auch die Teilungsidee und das norddeutsche Pro= tektorat Preußens durch das unbedingte Veto des britisch=han= noverschen Kabinetts unausführbar geworden war, sah er sich auf der Skala seiner Septemberwünsche auf die letzte Sprosse zurück= gedrängt, auf die Reichsverfassung des dreißigjährigen Krieges. Diese in verbesserter Gestalt, wie er meinte, zu empfehlen, war die Aufgabe seines neuen Memoire. Den Text desselben hat uns erst der „Politische Nachlaß" Omptedas 1869 zugeführt*). Omp= teda selbst erzählt, daß ihm erst auf sein „wiederholtes Eindrin= gen" und „nach langem Widerstande" von Stein eine „Abschrift versprochen" wurde, um sie an Münster gelangen zu lassen, und daß er sie schließlich „eigenhändig" machte**).

Aus Ompteda hat ohne Zweifel Treitschke entnommen, was

---

*) 3, 224 ff. [Vielfach damit übereinstimmend ist die Aufzeichnung Steins vom 21. November 1813, welche P. Bailleu in der Histor. Z. S. 46, S. 191, 192 mitgeteilt hat.]

**) Ebend. S. 220.

er S. 487 f. über den Inhalt des Memoire aussagt. Aber diese Aussage ist so unvollständig und daher zum Teil so leicht zu Mißverständnissen Anlaß gebend, daß es sich um so mehr empfiehlt, den so wenig bekannten Text des Aktenstücks hier vollständig wiederzugeben. Der leichteren Vergleichung halber habe ich die Absätze desselben paragraphiert; denn wir werden nachher mehrfach auf die einzelnen Paragraphen verweisen müssen.

Steins Memoire.

Prag am Ende August 1813.

„§ 1. Gerecht und bescheiden ist der Wunsch jedes Teutschen, das Resultat eines zwanzigjährigen blutigen Kampfes sey für sein Vaterland ein beharrlicher Zustand der Dinge, der dem Einzelnen Sicherheit des Eigenthums, der Freiheit und des Lebens, der Nation Kraft zum Widerstande gegen Frankreich als ihrem ewigen, unermüdlichen, zerstöhrenden Feind verschaffe.

§ 2. Es ist von der größten irdischen Angelegenheit die Rede. 15 Millionen gebildeter, sittlicher, durch ihre Anlagen und den Grad der erreichten Entwickelung achtbarer Menschen, die durch Gränzen, Sprache, Sitten und einen innern unzerstörbaren Charakter der Nationalität mit zwei anderen großen Staaten verschwistert sind. Der Gegenstand der Erwägung ist also wichtig, der Moment verhängnißvoll, Zeitgenossen und Nachwelt werden strenge diejenigen beurtheilen, die zu der Lösung der Aufgabe berufen durch ihre Stellung im Leben, ihr nicht alle Kraft und allen Ernst widmen.

§. 3. Die alte Verfassung Teutschlands versicherte jedem seiner Einwohner Sicherheit der Person und des Eigenthums; in den größeren geschlossenen Ländern (territoriis clausis) verbürgten beides Stände, Gerichtsverfassung, in denen übrigen die Reichsgerichte, die Oberaufsicht des Kaisers. Die Willkühr der Fürsten war durchaus in der Abgaben-Erhebung, in ihrem Verfahren gegen die Person ihrer Unterthanen beschränkt. Alle diese Schutzmauern sind eingerissen, 15 Millionen Teutsche sind der Willkühr von 36 kleinen Despoten Preis gegeben, und man verfolge die Geschichte der Staatsverwaltung in Baiern, Würtemberg und Westphalen, um sich zu überzeugen, wie es einer Neuerungssucht, einer tollen Aufgeblasenheit und einer gränzenlosen Verschwendung und thierischer Wollust gelungen ist, jede Art des Glücks der beklagenswerthen Bewohner dieser einst blühenden Länder zu zerstöhren.

§ 4. Die Folgen eines solchen Zustandes werden fortschreitend verderblicher. Nahm die ältere Zerstückelung Teutschlands seinem Bewohner das Gefühl der Nationalität, verminderte sie das seiner Selbstständigkeit, gab sie ihm einen kleinlichen vom Interesse des Vaterlandes abgewendeten Blick, so behielt er, der unter dem Schutze der Gesetze lebte, doch Sittlichkeit, ein Gefühl seiner persönlichen Würde. Beides wird aber schnell untergehen in diesen kleinen Despotien, wo er der Laune des Regenten und seiner Günstlinge Preis gegeben und unwiderbringlich verlohren ist, sobald er es nur im geringsten wagt seine Fesseln zu lösen, sich zu erheben. Der Teutsche wird also fortschreitend schlechter, kriechender, unedler werden, die Entfremdung der verschiedenen Länder mit jedem Jahre wachsen, sollte die gegenwärtige Zerstückelung durch einen zukünftigen Friedensschluß beseitigt werden.

§ 5. Durch die Erhaltung dieser kleinen Despotien bleibt ferner der überwiegende Einfluß Frankreichs auf Teutschland fortdauernd, wird gleich der Rheinbund formell aufgelöset. Denn es gränzen mehrere dieser kleinen Souverains, als Baden, Würtemberg, Darmstadt, u. s. w. unmittelbar mit Frankreich, an das sie die Furcht fesselt. Die mehr zurückliegenden, als Baiern und Sachsen, sehen aus Eifersucht gegen ihre mächtigeren Nachbaren Frankreich als ihren Beschützer an, das durch die mehrere Gewandheit seiner diplomatischen Agenten, durch seine bisher begründeten Verbindungen, durch anscheinende Vortheile die es momentan anzubieten im Stande ist, einen Grad von Einfluß behaupten kann, der denen übrigen Mächten aus mehreren Gründen unerreichbar sein wird.

§ 6. Die Fortdauer der Zerstückelung Teutschlands in 36 Despotien ist folglich verderblich für die bürgerliche Freiheit und für die Sittlichkeit der Nation, und verewigt den überwiegenden Einfluß Frankreichs über eine Bevölkerung von 15 Millionen zum Nachtheil für sie selbst und für die Ruhe der übrigen Mächte Europens. Benutzen die an der Spitze der teutschen Angelegen= heiten stehenden Staatsmänner die Crise des Moments nicht um das Wohl ihres Vaterlandes auf eine dauerhafte Art zu befesti= gen, beabsichtigen sie nur auf eine leichte bequeme Weise einen Zwischenzustand herbeizuführen, durch welchen die nächsten Zwecke einer vorübergehenden Ruhe, einer etwas erträglichen Lage er= reicht werden, so werden Zeitgenossen und Nachwelt sie des Leicht= sinns, der Gleichgültigkeit gegen das Glück des Vaterlandes mit Recht anklagen und als daran schuldig brandmarken.

§ 7. Die Frage, welche Verfassung soll Teutschland erhal= ten, als Resultat des zwanzigjährigen Krieges, kann auf keine Art umgangen werden, das Wohl seiner Bewohner, das Interesse Europa's, die Ehre und Pflicht der die großen Angelegenheiten der Nationen leitenden Staatsmänner erfordert, daß man sie mit allem dem Ernste, der ihrem Umfange, und mit der tiefsten Be= sonnenheit die ihrer Heiligkeit gebührt, erwäge und Flachheit, Leichtsinn und Genußliebe entferne.

§ 8. Die Art der Auflösung der Aufgabe muß zwar das Erreichbare, aber auch das unter dieser Bedingung möglichst Voll= kommene befördern.

§ 9. Das Wünschenswerthe, aber nicht das Ausführbare, wäre ein einziges selbstständiges Teutschland, wie es vom 10.—13. Jahrhunderte unsere großen Kaiser kräftig und mächtig beherrschten. — Die Nation würde sich zu einem mächtigen Staate erheben, der alle Elemente der Kraft, der Kenntnisse und einer gemäßigten und gesetzlichen Freiheit in sich faßte. Dieses schöne Loos ist ihr nicht beschieden, auf anderen Wegen muß sie ihre innere gesellschaftliche Entwickelung zu erreichen suchen, die dieser entgegenstehende Hindernisse beseitigen, neue Einrichtungen und Verfassungen schaffen.

§ 10. Teutschland hat eine Richtung genommen zu einer Trennung in zwei größere Theile, in das nördliche und südliche. In dem ersteren besaß Preußen, in dem Letzteren Oesterreich ein Uebergewicht in den öffentlichen Angelegenheiten. Verschiedenheit der ursprünglichen Stämme seiner Bewohner, der Saßen und

Franken, der Sitten, der Religion, der Gemeinde=Einrichtungen veranlaßten und beförderten diese Trennung, und sie würde ohne Schwürigkeit in dem gegenwärtigen Augenblicke können ausge= führt werden. Ist es möglich, die Einheit der Nation zu erhal= ten, so hat dieses ohnstreitig einen großen Vorzug in Hinsicht auf Macht und innere Ruhe. In diesem Falle ist es nöthig, die Macht des Kaisers oder das Oberhaupt des Staates noch mehr zu verstärken. In wie fern ist aber dieses den Absichten der Verbündeten angemessen?

§ 11. Das was in der Folge gesagt wird von der Orga= nisation der Staatsverfassung des Ganzen, kann auch angewandt werden, wenn man sich Teutschland in zwei größere Bundes= staaten aufgelöset denkt, die sich an Preußen und Oesterreich an= schließen. —

§ 12. Bereits im December äußerte sich der tapfere und geistvolle Kronprinz von Schweden in einem dem Russischen Hofe mitgetheilten Memoire über die Nothwendigkeit einer Teutschland zu gebenden neuen Verfassung, die die Kaiserliche Gewalt ver= stärkt, ohne die Landeshoheit gänzlich zu lähmen. Auch der Churhannöversche Minister Graf Münster schlägt in seinem Me= moire d. d. 5. Januar 1813 vor, den Ständen das Recht des Friedens und Krieges zu nehmen und es dem Reichstage zu übertragen.

§ 13. Die Vernichtung der französischen Organisation und die Auflösung des Rheinbundes sind die ersten Bedingungen der Wiederherstellung der teutschen Freiheit.

„Diese trügerische Fessel, mit welcher der Allentzweiende
das erst zertrümmerte Teutschland, — umschlang, kann als
Wirkung fremden Einflusses länger nicht geduldet werden,"
sagt der verewigte Feldmarschall Kutusoff in dem Namens der verbündeten Mächte an die Teutschen den 25. März a. c. er= lassenen Aufruf.

§ 14. Mit ihr gehe die Souverainetät oder die Despotie der 36 Häuptlinge unter und gestalte sich um in eine denen Be= dürfnissen und Wünschen der Nation angemessen umgeformte Landeshoheit.

§ 15. Die Macht des Kaisers werde vergrößert, man setze ihn in den Stand eine Oberherrlichkeit auszuüben, indem man allen denjenigen Mitgliedern des Reichs, so nach dem Reichs= Deputationsschluß von anno 1803 unmittelbar waren, diese Eigenschaft wieder beilege, die Länder in die damahligen Gränzen einschränke, denn es waren die großen teutschen Staaten so sich durch Neutralitäts=Allianz=Verträge an Frankreich anschlossen und ihren Pflichten gegen Teutschland entzogen, nicht die kleineren die fest an der alten Verfassung hielten und von ihrer Erhaltung ihr Heil erwarteten. Die Vergrößerung einzelner Stände, die Aufhebung vieler Kleinen, waren Mittel deren Frankreich sich be= reits anno 1806 bediente, um den Einfluß des Kaiserlichen Hofes zu vernichten, und diesem Mittel muß um so kräftiger entgegen gewürkt werden als es in der Natur eines Bundes kleiner Staa= ten liegt, daß seinen Mitgliedern eine immer rege Neigung zur Unabhängigkeit und Vergrößerung beiwohnt, die nur durch ihre Kleinheit und ihr Unvermögen unschädlich gemacht werden kann.

Die Macht der Stände werde ferner geschwächt, man nehme ihnen das Recht Krieg und Frieden zu schließen und übertrage es dem Kaiser und dem Reichstage.

§ 16. Der Kaiser erhalte das Recht der exekutiven Gewalt, das heißt die Ober=Aufsicht über die Reichsgerichte, ihre Visita= tion, die unmittelbare Leitung der Verhältnisse mit fremden Mächten, der Militair=Angelegenheiten, der Reichskasse (NB. die Worte „der Reichskasse" waren von der Hand des Verfassers selbst wieder ausgestrichen).

Er ernenne die Generalität, den Generalstab, das Commis= sariat allein. In denen kleinen Staaten, so unter dreitausend Mann stellen, ordne er unmittelbar die militairische Organisation, in denen größeren übe er die Oberaufsicht aus.

Die allgemeinen Militair=Anstalten, als Festungen, Genie, Artillerie, Fuhrwesen leitet und ordnet er allein.

§ 17. Es wird ihm eine Civilliste und der Bedarf für das Kriegswesen, Reichsgerichte, Gesandtschaften anvertraut, aus diesen die Staatsbeamten, die er ernennt, besoldet. Das Reichs= Ministerium besteht aus dem Reichsfeldmarschall, dem Reichs=

canzler, der das conſtitutionelle und politiſche leitet, dem Reichs-Finanz-Miniſter, mit ihren Canzleien, mit ihren in den Territorien angeſtellten Unterbehörden. Der Kaiſer hat ſein eigenes von Oeſterreich verſchiedenes corps diplomatique.

§. 18. Die Staatsbeamten dürfen nur Teutſche ſein, ſie dürfen nicht in anderen Dienſten zugleich ſtehen.

§ 19. Der Sitz der teutſchen Verwaltungsbehörden iſt in Regensburg, nicht im kaiſerlichen Hoflager — hierhin wird der Reichshofrath verlegt — hier iſt der teutſche Hoſkriegsrath, der Reichs-General-Feldmarſchall, der Reichscanzler, die Reichskaſſe, u. ſ. w. und der Reichstag.

§ 20. Der Kaiſer und der Reichstag üben die geſetzgebende Gewalt aus, ihm wird von dem kaiſerlichen Prinzipal-Commiſſair die Nachweiſung über den Zuſtand der verſchiedenen Verwaltungszweige vorgelegt — zur Einſicht und Beurtheilung.

Auf dem Reichstage gilt die Stimmenmehrheit. Das jus eundi in partes und alle auf die Religionsverſchiedenheiten Bezug habende Einrichtungen, z. B. corpus catholicorum, Paritäten in den Deputationen u. ſ. w. werden aufgehoben, die Gleichheit der Anſprüche und Rechte der drei Religionspartheyen beſtätigt und ſchlechterdings gar kein Unterſchied zugelaſſen.

§ 21. Die Reichstagsmitglieder ſind Repräſentanten, keine Geſandte — es werden der Städtiſchen Bank noch Abgeordnete aus der Reichsritterſchaft, aus den Territorien nach der Stände-Wahl beigeordnet, wegen der verminderten Zahl der Reichsſtädte;

§ 22. Dem katholiſchen Religionstheil werden noch 27 Stimmen zugelegt, um ihn dem proteſtantiſchen gleich zu ſetzen;

§ 23. Münz- und Zollweſen gehört für den Reichstag. Alle Territorial-Zoll-Einrichtungen werden aufgehoben, und Gränz-, Land- und Seezölle für Rechnung des Reichs errichtet;

§ 24. Die Gegenſtände der Landeshoheit bleiben:

innere Landes-Polizei, Rechtspflege, Erziehung, Cultus, Militair und Finanzen, unter den oben bemerkten Beſchränkungen.

§ 25. Der Unterhalt der Fürſten wird auf die Domainen

angewiesen, die vom Lande verwilligten Abgaben werden zu den Reichsbedürfnissen verwandt.

§ 26. In denjenigen Territorien, die Landstände besitzen, werden sie beibehalten, die aufgehobenen wiederhergestellt und zweckmäßig organisirt, in den Ländern, wo sie nicht vorhanden waren, von neuem gebildet und ihnen eine Concurrenz bei der Provinzial-Gesetzgebung, bei der Abgabenbewilligung eingeräumt — sie wählen Reichstagsgesandte auf die dritte Bank. —

§ 27. Erhält Oesterreich die so verstärkte Kaiserwürde, so wird seine Macht bedeutend vermehrt. Es ist rathsam sie ihm anzuvertrauen, um sein Interesse an Teutschland zu binden, und wegen des langen Besitzes und der Gewohnheit der Völker.

§ 28. Aber auch Preußen darf Teutschland nicht entfremdet werden und es muß eine hinlängliche Kraft erhalten um zu dessen Vertheidigung mitzuwürken, ohne seine Kräfte zu überspannen und sein politisches Daseyn auf das Spiel zu setzen — es muß kräftig und selbstständig werden. In Preußen erhält sich der teutsche Geist freier und reiner als in dem mit Slaven und Ungarn gemischten, von Türken und Slavischen Nationen umgränzten Oesterreich, dessen Entwickelung daher auf jeden Fall erschwert würde, wären ihre Fortschritte auch nicht im XVII. und XVIII. Jahrhundert noch durch Geistesdruck und Intoleranz gestört worden.

§ 29. Ein tiefes Gefühl der Schwäche hielt Preußen von einer Theilnahme an entfernteren Kriegen zurück, es besaß nur 9 Millionen Menschen, 36 bis 38 Millionen Thaler Einkommen, eine Armee von $\frac{250}{m}$ Mann, das Einkommen war für auswärtige Kriege unzureichend, die Armee für die Bevölkerung zu zahlreich, wenn man als Grundsatz annimmt, 20,000 Mann auf eine Million zu rechnen — seine Provinzen lagen zerstreut und ein Theil seiner Unterthanen, die Polen, feindselig gesinnt.

§ 30. Preußen bleibt wegen seiner geographischen Lage, des Geistes seiner Bewohner, seiner Regierung, des Grades seiner erworbenen Bildung, ein für Europa, besonders für Teutschland, wichtiger Staat. Die Nothwendigkeit seiner Wiederherstellung ist

von Rußland, Oesterreich und England anerkannt, aber seine
Wiederherstellung ist, ohne seine innere Verstärkung, ohne Werth
und ohne wesentlichen Erfolg. Preußen hat seinen politischen
Indifferentismus, den es seit dem Baseler Frieden zeigte, theuer
gebüßt und seine Ansprüche auf den alten Waffenruhm und eine
achtbare Stelle unter den Nationen mit seinem edelsten Blute
wieder erkauft.

§ 31. Um Preußen abzurunden und zu verstärken müßte
man ihm Mecklenburg, Holstein, Chur-Sachsen einverleiben — über
beide letztere entscheidet das Eroberungsrecht.

§ 32. Die Herzöge von Mecklenburg entschädigt ein verhältnismäßiger Theil des Herzogthums Berg. —

§ 33. Anspach erhielte ein österreichischer Erzherzog —
Oesterreich gelangt zu dem Besitzstand von 1805 und zu der mit
Macht und Einfluß versehenen Kaiserwürde über eine Bevölkerung
von 10 Millionen Menschen, die nach Abzug der Preußischen
Vergrößerungen und seiner eigenen übrig blieben —

§ 34. Preußens Bevölkerung beträgt alsdann ohngefähr
11 Millionen Menschen, sein Verhältniß gegen Teutschland ist
das eines zur Mitsorge für seine Erhaltung verpflichteten Standes, und eines ewigen Garants seiner Verfassung und Integrität.
Teutschland verbürgt ein gleiches an Preußen, der casus foederis
ist ein Angriffskrieg von Auswärtigen.

§ 35. Oesterreich verbindet mit der Kaiserwürde die Eigen-
schaften eines Mitstandes und eines Garants von Teutschland
und Preußen.

§ 36. Wird dieser Bund von Teutschland, Oesterreich und
Preußen mit Treue beobachtet, mit Kraft vertheidigt, so ist seine
Macht hinreichend, die Ruhe und Integrität der teutschen Völker-
schaften zu gründen und dauerhaft zu erhalten, und vielleicht
unter günstigen Umständen Frankreich das Land zwischen Rhein
und Schelde wieder zu entreißen, um hier einen neuen Zwischen-
staat zu gründen, der Teutschlands Vormauer gegen seinen natürlichen Feind ist. Auch Rußland wird auf immer gegen eine In-
vasion gesichert, die seinen Grenz-Provinzen verderblich ist und

selbst seine Selbstständigkeit bedrohet, wenn der Angriff mit meh=
rerer Klugheit als anno 1812 geleitet wird, und wenn Frank=
reich fortdauernd alle seine Nachbarn in einer solchen gänzlichen
Abhängigkeit erhält, daß es ihre gesammten Streitkräfte durch
eine lange Folge von Jahren und nach einem richtig berechneten
Plane gegen Rußland anzuwenden vermag."

VIII. Treitschkes Angaben über dieses Memoire, mit besonderer Rücksicht auf die Frage: Wollte Stein ein deutsches Parlament?

Auf den ersten Blick, meine ich, wird jedermann wahrneh=
men, daß Stein hier bedacht ist, die gegensätzlichen Eventuali=
täten seiner September=Denkschrift von 1812 miteinander zu ver=
quicken, d. h. die Idee der Reichseinheit und die Teilungs=
idee, den Monarchismus und den Dualismus staatsrechtlich
in Einklang zu bringen. Dies Wagnis war ein so verzweifeltes,
daß man ihm auf Schritt und Tritt die Verlegenheit ansieht,
womit er sich durch die Schwierigkeiten hindurchwindet. Und sein
Resultat ist eine Verfassung, die doch wahrlich auch für jene Zeit,
vom Standpunkt der Einheitlichkeit aufgefaßt, kaum monströser
und haarsträubender gedacht werden konnte. Die Gesamtmaschine
erscheint als verwickelte Mißbildung, und in den Einzelheiten des
Räderwerkes wechseln Fortschritt und Reaktion, moderne Forde=
rungen mit feudalen, mittelalterlichen Zöpfen ab; ja bisweilen
überbietet er noch die Romantik des Mittelalters.

So z. B., wenn er § 21 in seinem reichsritterlichen Dünkel
noch im 19. Jahrhundert die Reichsritterschaft als solche in den
Reichstag eindrängen will, dem sie nie angehörte; während er zu=
gleich die Aufnahme von Abgeordneten der Territorialstände und
damit, freilich in der allerbescheidensten und seltsamsten Form,
einen Versuch moderner Ständedelegation empfiehlt. So ferner,
wenn er § 17 dem Oberhaupt als Kaiser von Deutschland und

als Kaiser von Österreich je ein „verschiedenes corps diplomatique" beiordnen will, wogegen er sehr korrekt dem Reichsmini=
sterium das Kriegswesen, die Finanzen, das Auswärtige und die
innere Reichsleitung (das „Politische" und „Konstitutionelle") zu=
weist. Den Reichstag will er zwar verbessern, wie § 20 zeigt;
aber die mittelalterliche Scheidung in drei Kollegien läßt er
bestehen, obgleich er den lapsus linguae begeht, dieselben als
„Bänke" zu bezeichnen, indem er § 21 von der „städtischen
Bank" redet und diese § 26 ausdrücklich die „dritte Bank"
nennt. Natürlich kann nur von einem Vergreifen im Ausdruck
die Rede sein; denn Stein mußte jedenfalls wissen, daß die „Bänke"
die Unterabteilungen der Kollegien waren. Die von ihm ge=
forderte Entscheidung durch „Stimmenmehrheit" bezieht sich daher
auch selbstverständlich nicht etwa auf den Reichstag als Plenum,
sondern auf jedes der drei gesondert abstimmenden Kollegien, in
welchen fortan nicht mehr wie früher statt der Stimmenmehrheit
das „jus eundi in partes" gelten soll - ein Recht, das den
Religionsparteien bei allen Beratungen im Kollegium zustand.
Was die Zusammensetzung der einzelnen Kollegien betrifft, so
spricht Stein nur von der des „dritten" oder des „städtischen"
Kollegiums, die er eben durch reichsritterschaftliche und territo=
rialständische Deputierte erweitert wissen will.

Blicken wir nun auf Treitschkes Angaben hin.

Zunächst sagt derselbe: Stein habe die Denkschrift „den Mo=
narchen übergeben". Ich weiß nicht, wodurch das belegt werden
kann; nach dem Obigen ist die Übergabe nur an Alexander und
nur in kürzerer französischer Form gewiß. Es wäre aber von
Bedeutung, zu erfahren, ob in der That die Denkschrift auch dem
Kaiser Franz und dem König Friedrich Wilhelm zu Gesicht kam;
denn die Lage der Dinge wäre dann noch viel charakteristischer, da
die Denkschrift alsbald allseits zu den Toten gelegt wurde.

Ferner bezeichnet Treitschke die Denkschrift Steins als „eines
der beredtesten und mächtigsten Werke seiner Feder", das sich in
„feierlichen Worten" und im „markigen Lapidarstile" bewege. Auf
mich hat vielmehr das Schriftstück, trotz vielmaliger Lektüre, stets
den Eindruck des Breiten, Schleppenden, Wiederholungsreichen

gemacht (siehe z. B. die wörtlichen Wiederholungen §§ 2, 6, 7);
gleichwie den Eindruck des Unklaren und Verworrenen. Und ich
habe dies alles auf die Rechnung der Verlegenheiten gesetzt, in
die ihn seine gewissermaßen mystische Aufgabe verwickelte.
Treitschke führt zuerst den wesentlichen Inhalt von § 2 an;
aber er hebt nicht die seltsame Thatsache hervor, daß hier sowie
anderwärts, namentlich §§ 6, 34, 35 und 36, Steins Ausdrucks-
und Auffassungsweise an die bedenkliche Vorstellung der „troisième Allemagne" erinnert. Nennt er doch schließlich (§ 36)
seine Verfassung einen „Bund von Deutschland, Österreich und
Preußen".

Nachdem sodann Treitschke den wesentlichen Inhalt von § 3
und 4 über die Verfassung des „alten Reiches", sowie über den
„Rheinbund" und dessen korrumpierende Wirkungen angegeben,
sagt er: „Darum muß mit dem Rheinbunde auch die Despotie
der 36 Häuptlinge verschwinden". Dies ist beim Mangel jedes
erläuternden Zusatzes entschieden angethan, den Leser zu dem
Glauben zu verleiten, als ob Stein die 36 Dynastien beseitigen,
ihre Staaten in einen Einheitsstaat aufgehen lassen will, zumal
im Hinblick auf die Auslegung, die der Verfasser der September-
Denkschrift Steins von 1812 gegeben hatte.*) Treitschke hat, wie
das nach jenem Satze folgende „Dann kommt er" beweist, zunächst den § 6 im Sinn. Hier sagt indes Stein nur: „Die
Fortdauer der Zerstückelung Deutschlands in 36 Despotien ist
verderblich für die bürgerliche Freiheit u. s. w.", was um so
weniger die Absicht involvieren kann, alle 36 verschwinden zu
machen, als ja ausdrücklich nach seiner schon im April geäußerten Meinung 15—16 fortbestehen sollten.**) Überdies sind die
fraglichen Worte in Wahrheit dem § 14 entnommen, sagen aber
hier ganz und gar nicht, was sie bei Treitschke zu sagen scheinen;
denn Stein schließt jedes Mißverständnis im Sinne des Einheitsstaates aus, indem er sich also ausdrückt: „Mit ihr (der Fessel
des Rheinbundes) gehe die Souveränität oder die Despotie der

---

*) S. oben S. 11.
**) S. oben S. 16.

36 Häuptlinge unter und gestalte sich um in eine .... ange=
messen umgeformte Landeshoheit".

Auf jenen Satz folgt: „Dann kommt er (Stein) auf seine
Petersburger Pläne zurück und verlangt, da die vollstän=
dige Einheit der alten großen Kaiserzeiten unmöglich sei,
die Bildung zweier großer Bundesstaaten, also daß Preußen
... auf 11 Millionen Einwohner verstärkt den Norden, Öster=
reich mit ... 10 Millionen den Süden beherrsche. In diesem
dualistischen Gemeinwesen sollen alle noch brauchbaren In=
stitutionen des alten Reichs wieder aufleben. Daher Wiederher=
stellung der Mediatisierten von 1806 ... und Verkleinerung der
Mittelstaaten ... Daher ferner Wiederaufrichtung des Kaiser=
tums für Österreich ... Heerwesen und auswärtige Politik ge=
bühren dem Reiche ...; desgleichen Münze und Zölle und Reichs=
gerichte. Ein Reichstag in Regensburg mit drei Bänken wie vor
Alters (!) ...; die Bank der Reichsstädte verstärkt durch Abge=
ordnete der Landtage, die in allen deutschen Staaten einzuberufen
sind. Ein solcher Bund könne vielleicht dereinst den Franzosen
das Land zwischen Rhein und Schelde wieder entreißen."

Nur im Vorübergehen bemerke ich, daß hier der Steinsche
lapsus „Bank" für „Kollegium" noch verschlimmert erscheint.
Denn hier wird ausdrücklich dem „Reichstag", statt der drei
Kollegien, die Summe von „drei Bänken" beigelegt, während
doch schon das Kollegium der Reichsstädte allein zwei Bänke
bildete, die rheinische und die schwäbische, und während das fürst=
liche Kollegium nicht nur eine weltliche, eine geistliche und eine
Querbank, sondern daneben auch noch vormals eine oberländische
und eine niederländische, später eine wetterauische, schwäbische,
fränkische und westfälische Grafenbank enthielt.

Hiervon abgesehen, darf wohl behauptet werden, daß die
obigen Sätze nicht ein zutreffendes Excerpt der §§ 8 bis 11 und
14 bis 36 darstellen und in ihrer syntaktischen Gliederung bei
dem Leser einen anders gearteten Eindruck erzeugen müssen,
wie das Original, das sie überdies an Unklarheit noch überbieten.
Namentlich spielt in ihnen die Bildung „zweier Bundesstaa=
ten" die Hauptrolle und die „Einheit" die Nebenrolle, während

bei Stein umgekehrt die „Einheit der Nation", die Aufrichtung
des „Kaisertums" das Hauptaugenmerk ist, wie § 10 im Ver=
hältnis zu § 11 lehrt. Daher beschäftigt sich denn auch Stein
mit der Konstituierung des Kaisertums in erster Linie und
ununterbrochen von § 12 bis 27, während von den „zwei Bun=
desstaaten" außer in § 11 gar nicht wieder die Rede ist, sondern
nur in §§ 28—31 und 34 von „Preußen", von seiner „Wich=
tigkeit", von der Notwendigkeit seiner „Abrundung und Verstär=
kung", von dem „Verhältnis" desselben zu „Deutschland", als
„eines zur Mitsorge für dessen Erhaltung verpflichteten Standes"
und von dem „casus foederis".

Die Verquickung des „dualistischen" Planes mit dem ein=
heitlichen „Kaisertum" stellt natürlich Treitschke nicht in Ab=
rede, aber ohne die geringste Rüge einzuflechten. Nur fügt er
im Schlußwort referierend hinzu (S. 488): „Wie Preußens
norddeutsche Hegemonie mit dem österreichischen Kaisertum
und dem Regensburger Reichstage sich vertragen, ob auch Preußen
zu Gunsten dieser Kaiserkrone auf seine Militärhoheit und auf
seine selbständige europäische Politik verzichten sollte — alle diese
verhängnisvollen Fragen lasse Stein unerörtert". Wie ganz
anders, d. h. mit wie strengem Urteil redet dagegen Treitschke bald
danach (S. 513) von Görres. Dieser „Romantiker", heißt es
hier, „suchte seine Kaiserträume wohl oder übel zu verschmel=
zen mit den dualistischen Plänen ...; doch selbst diesen ver=
schrobenen Gedanken einer zweifachen Hegemonie unter habs=
burgischer Oberhoheit u. s. w." Auch hier also mißt Treitschke
mit ungleichem Maße.

Während er es aber unterläßt, den gleichen Gedanken,
wenn es sich um Stein handelt, ebenfalls als einen verschrobenen
oder phantastischen oder nur unausführbaren zu qualifizieren, ver=
kündet er andererseits mit Nachdruck: „Große, zukunftsreiche
Gedanken" habe Stein „in dieser Denkschrift niedergelegt; so das
zweifache Verlangen nach landständischen Rechten und einem
deutschen Parlamente". Diese Lobpreisung muß schon des=
halb als eine sehr starke Übertreibung erscheinen, weil das ge=
dachte zwiefache „Verlangen" seit dem Beginn der Freiheitskriege

in der Luft lag, auch durch andere Stimmen weit energischer und selbst öffentlich vertreten wurde, während Steins Denkschrift ein nahezu völlig geheimes Aktenstück blieb. Ein einheitliches und volks= tümliches deutsches Parlament war sogar schon im Fortgange der französischen Revolution, zumal von der republikanisierenden Publi= zistik gefordert worden; ich erinnere nur an den „Entwurf einer republikanischen Verfassungsurkunde, wie sie in Teutschland taugen möchte", der im Jahre 1798 erschien. Die Hauptsache aber ist, daß die Behauptung Treitschkes der Wirklichkeit, d. h. dem In= halt der §§ 21 und 26 der Denkschrift nicht entspricht.

Reden wir zunächst von dem zweiten Punkte! Man kann doch unmöglich ernsthafterweise den § 21 als ein „Verlangen nach einem deutschen Palamente" deuten! Dieser Ausdruck er= weckt ja unvermeidlich in dem Leser ganz moderne Vorstellungen, da der Begriff in Deutschland ein ausschließlich moderner ist. Auch bezeichnet Treitschke selber den Gedanken vom Standpunkt des Jahres 1813 aus als einen „zukunftsreichen", also moder= nen. Der uneingeweihte Leser muß daher notwendig annehmen, Stein habe in der Denkschrift jenes „Verlangen" ganz ausge= sprochen, um so mehr als Treitschke S. 489 noch einmal kurzweg, d. h. auch hier ohne irgend eine Erläuterung, behauptet: Stein habe „die Forderung eines deutschen Parlamentes" aufgestellt. Daran hat aber Stein nicht im entferntesten ge= dacht; vielmehr hat er lediglich kraft § 21, wie ich schon angab, eine überaus bescheidene und überaus seltsame Art der Stände= belegation empfohlen, nämlich als einen äußerst kümmerlichen Annex in dem verwickelten Räderwerk des wiederaufzurichtenden alten Reichstags.

Treitschke selbst giebt zu (wenn wir überall den falschen Aus= druck „Bank" durch „Kollegium" ersetzen), daß Stein den Reichs= tag mit „drei" Kollegien „wie vor Alters" wiederherstellen und das „dritte" Kollegium, das „der Reichsstädte" durch „Abge= ordnete der Landtage verstärken" wollte. In dieser letzteren Beziehung verschweigt er aber, was für Stein die Hauptsache war; denn dieser, als fanatischer Reichsritter, forderte in erster Linie die Verstär= kung des Städtekollegiums durch „Abgeordnete aus der Reichs=

ritterschaft" und erst in zweiter Linie durch landständische
Delegierte.

Es war ihm also um einen wesentlich aristokratischen
und feudalen Zusatz zu der im Ganzen populären Vertre=
tung der Städte zu thun. Denn auch den Zuschnitt der Land=
stände dachte er sich ja bekanntlich durchaus feudal, so daß auch
die Delegierten der Landstände zum guten Teil durch Versamm=
lungen von Fürsten, Grafen, Reichsrittern und Abligen aller
Art gewählt worden wären. Ging doch in Bezug auf Land=
stände seine Ansicht dahin, daß im Grunde nur der „Geschlechts=
und Güter=Abel" oder die „Vereinigung der großen Grundeigen=
tümer" dem Regenten „Sicherheit verschaffe", während er dem
„Mittelstande" nichts geringeres als „neuernden Unternehmungs=
geist", „Eitelkeit", Trachten nach „Herabwürdigung der oberen
Stände" und Lust zu „Angriffen" gegen „die Person und die
Würde des Regenten" zuschrieb *).

Und welche Rolle hätten denn nun die landständischen Dele=
gierten in dem alten Reichstage mit seinen drei Kollegien, wie
ihn Stein wiederherstellen wollte, gespielt?

Zunächst nahm das dritte Kollegium, das städtische, dem
die ständischen Delegierten einverleibt werden sollten, im Verhält=
nis zu den beiden ersten Kollegien, dem kurfürstlichen und dem
fürstlichen, nur eine wesentlich untergeordnete Stellung ein.
Denn trotz des westfälischen Friedens erlangte es thatsächlich nie=
mals die sogenannte „Parifikation" oder die Gleichberechtigung.
Es besaß nicht viel mehr als ein Votum consultativum, oder
als das Recht den beiden höheren Kollegien zuzustimmen, wenn
überhaupt ein Reichsschluß zustande kommen sollte. Denn nur
dann erst kam die Meinung des städtischen Kollegiums in Frage,
wenn die beiden anderen sich zuvor über einen gemeinsamen
Beschluß vereinbart hatten.

Sodann aber hätten in diesem subordinierten Kollegium
der Reichsstädte die Delegierten der Landstände notwendig wieder=

---

*) Stein, Über die Vorteile einer Herrenbank in deutschen Ständever=
sammlungen, 12. Febr. 1816. Schon bei Pertz, Denkschriften S. 23 ff.

um eine sehr suborbinierte Rolle gespielt. Denn da selbst die
vier Grafenbänke in dem Fürstenkollegium, das nach Stein (§ 15)
die seit 1803 Mediatisierten wieder als „unmittelbare" in sich
aufzunehmen hatte, der Fülle der Virilstimmen gegenüber nur je
eine Kuriatstimme hatten: so hätte doch vollends im Kollegium
der Reichsstädte, wo diese bisher allein votiert hatten, sowohl
der Reichsritterschaft wie der Ständebelegation selbstverständlich
nicht mehr als ein paar Kuriatstimmen eingeräumt werden
können, den Virilstimmen der Reichsstädte gegenüber.

Das ist die einzig zulässige Folgerung aus der Denkschrift
Steins, der ja ausgesprochenermaßen die Rechte aller vormals
Unmittelbaren wiederherzustellen beeifert war, und der also auch
nicht ausnahmsweise die Rechte der unmittelbaren Reichsstädte zu
zerstören bedacht sein konnte. Das wäre aber geschehen, wenn
man mit ihnen die Reichsritter und die Ständebelegierten, die
bisher gar nicht zu Sat und Stimme berechtigt waren, durch
Verleihung von Virilstimmen gleichgestellt hätte. Hatte man
doch auch früher, wenn von Aufnahme der Reichsritterschaft unter
die Glieder des Reichstags die Rede war, immer nur an die Auf=
nahme in eine „Kurie" des Grafenstandes gedacht*). Und war
doch auch nachher noch Stein bereit, sogar der „Gesamtheit
der Fürsten, Grafen und Herren, die vormals die Reichs=
standschaft hatten, und deren Besitzungen eine Bevölkerung von
50 000 Seelen nicht erreichen", nur sechs „Kuriatstimmen"
gegenüber den Virilstimmen der Städte einzuräumen**). Aus
Steins Eifer für alles, was reichsunmittelbar gewesen war,
erklärte sich auch der Umstand, daß er die Zulassung einer Ver=
tretung der Reichsritterschaft viel ausdauernder betrieb, wie die
der Landstände***). Denn wenn auch beide als bisher Unberech=
tigte einander gleich waren, so besaß doch jene eben in Steins
Augen den stolzen Vorzug der Unmittelbarkeit, während die Land=
stände als solche nur eine mittelbare Kategorie, nur Unter=
thanen von unmittelbaren Gliedern des Reiches darstellten.

---

*) S. z. B. Majer, Teutsche Staatskonstitution, 1800. I, 133.
**) Pertz 4, sub 358.
***) S. z. B. ebend. S. 58 f.

Auf alle Fälle wäre also die Rolle, die nach Steins „Ver=
langen" die Abgeordneten der Landstände im Reichstage gespielt
hätten, eine im höchsten Grade untergeordnete und winzige ge=
wesen, ja eine geradezu beschämende, wenn man sie nach dem
stolzen Begriff eines „Deutschen Parlamentes" bemessen hätte.
Das hat aber auch dazumal niemand gethan, und Stein am
wenigsten; denn er hatte eben damals, sowie später, durchaus
kein Verlangen nach einem deutschen Parlamente. Es ist daher
zu bedauern, daß Treitschke diese stolze Bezeichnung, zumal ohne
Andeutung des Zusammenhanges, Lesern entgegengetragen hat,
die von diesem Zusammenhange keine Ahnung haben und nun
wirklich Stein für den Träger des „großen, zukunftsreichen Ge=
dankens" halten müssen.

Zwar ist Stein nachher, in seiner Denkschrift vom März
1814, die wir unten folgen lassen, diesem Gedanken insofern
etwas näher getreten, als er in der nun projektierten Bundes=
versammlung zu den „Abgeordneten der Fürsten und der Hanse=
städte" noch „Abgeordnete der Provinzialstände hinzufügen"
wollte. Aber einerseits hat es doch auch hier ohne den aller=
geringsten Zweifel, wie aus allen früheren und späteren Analo=
gien folgt, nur um einige Kuriatstimmen für die Delegierten
der Land=, nicht der „Provinzialstände" gehandelt. Und an=
dererseits hatte ja inzwischen vielmehr E. M. Arndt seinerseits
in der Schrift „Über künftige ständische Verfassungen in Deutsch=
land", die er im Winter 1813/14 in Frankfurt a. M. verfaßte
und herausgab, allerdings ein deutsches Parlament im heu=
tigen Sinne des Worts verlangt, einen „Reichstag" wesentlich
von der Art des jetzigen, zusammengesetzt aus den „Landboten"
der Provinzen Deutschlands ohne Beteiligung der Fürsten*). Nur
haben wir freilich gesehen (S. 27), daß Arndt trotzdem, ja eben
deshalb, von Treitschke bei diesem Anlaß die Rüge mangelhafter
staatsrechtlicher Begriffe erfährt. Ja noch früher, schon im Dezem=
ber 1813 hatte Humboldt am Schlusse der unten mitzuteilenden
Denkschrift, die eine Erwiderung auf die Steinsche August=Denk=

*) S. unt. XIV.

schrift war, für den Fall der Herstellung eines deutschen Kaiserreiches" wahre Reichsstände verlangt — offenbar im Gegensatz
zu den von Stein erkünstelten. Was er unter „wahren Reichsständen" verstand, hat er in Bezug auf Preußen später dargethan.

Übrigens darf daran erinnert werden, daß ein Parlament,
wie es Arndt damals für Deutschland verlangte, fünf Jahre zuvor
bereits durch den Freiherrn v. Vincke für Preußen verlangt worden war. Vincke in seiner Denkschrift vom 20. September 1808
hatte einen „Reichstag" oder, wie er zweimal sich ausdrückte,
ein „Parlament" begehrt, bestehend aus einer einzigen Kammer,
einem wahren Volkshause, ohne jeglichen Ständeunterschied, ohne
irgend eine „Rücksicht" auf den Adel, der sich nur, wie er sagte,
durch „Titel und Wappen" unterscheide und daher ein „leerer
Stand" sei, „welcher nicht zur Grundlage des Repräsentations-
systems dienen" könne. Vielmehr sollte als „Vertreter des Volkes" jedermann aus allen Schichten desselben wählbar sein, ohne
Unterschied der Geburt, des Vermögens und der Lebensstellung;
gewählt aber sollten sie werden durch die Provinzialstände, die
ihrerseits aus den Wahlen des Volkes hervorgehen sollten, auf
Grund eines überaus winzigen Census; denn zur Stimmberech-
tigung sollten genügen: 30 Thaler Reineinkommen aus freiem
Landeigentum, 50 Thaler aus Erbpachtsgründen, 60 Thaler aus
anderem Vermögen und 150 Thaler Besoldung *).

Nun noch ein Wort über die andere Behauptung Treitschkes,
wonach dem Freiherrn vom Stein nachgerühmt wird, in der August-Denkschrift auch den „großen, zukunftsreichen Gedanken"
eines „Verlangens nach landständischen Rechten niedergelegt"
zu haben. Abgesehen davon, daß landständische Rechte der man-
nigfaltigsten Art etwas Uraltes waren, daß man allüberall Verfassungen, Konstitutionen oder Landstände begehrte, ist doch wahrlich dasjenige Maß an landständischen Rechten, das Stein da-

---

*) Pertz, Denkschriften S. 2 ff., bes. S. 6. 8—10. [Vgl. hierüber, so-
wie über die Entwürfe Hippels und Rhedigers: Stern, Geschichte der preußischen Verfassungsfrage 1807—1815 in den Abhandlungen und Aktenstücken
zur Geschichte der preußischen Reformzeit. Leipzig 1885. S. 149—154.]

mals in § 26 verlangte, kaum der Rede wert. Glücklicherweise
ging er auch hierin später beträchtlich weiter; damals aber ging
er noch gar nicht über das vieldeutige und vielleicht eben des=
halb beliebte Wort einer „Konkurrenz"*) bei der „Provinzial=
gesetzgebung" (soll heißen: Landesgesetzgebung) und „bei der Ab=
gabebewilligung" hinaus. Ja er entzieht den Landständen ein
wichtiges Recht, indem er im § 25 den Fürsten die Domänen
zuwies, — eine Bestimmung, die er auch hartnäckig noch in der
Denkschrift vom 10. März 1814 festhielt. Mit Recht sagt daher
Pertz 3, 562: „Die Zuteilung der Domänen an die Fürsten war
eine Abweichung von dem alten und urkundlichen Rechte,
insofern nach diesem die Domänen nicht nur zur Bestreitung der
Kosten des landesherrlichen Hofes, sondern auch der Regierung
dienen, und nur wenn sie dazu erweislich nicht ausreichen, Steuer=
zuschüsse vom Lande gefordert werden können." Graf Münster
that denn auch alsbald entschiedenen Einspruch gegen diese Rechts=
entziehung, indem er in seiner Denkschrift vom 30. März 1814
erklärte: Steins Vorschlag in Betreff der Domänen sei „unzu=
lässig"; denn „in den meisten Ländern seien die Domänen wahre
Nationalgüter, die dazu dienen, die Kosten der Regierung zu
bestreiten u. s. w."

Jedenfalls gingen schon früher wie Stein und gleichzeitig
mit ihm andere in Bezug auf landständische Rechte viel weiter.
Vincke in jener Denkschrift von 1808 forderte für die preußischen
Land= oder Reichsstände, obgleich er es nur mit der „Organisa=
tion" derselben, nicht mit ihren Kompetenzen zu thun hatte,
dennoch gelegentlich neben der Beratung allgemeiner Gegen=
stände folgende Rechte: Beaufsichtigung der Verwaltung, Kontrolle
der Beamten, jährliche Zusammenberufung, Eröffnung und Schlie=
ßung durch eine Thronrede, Selbstwahl des Präsidenten mit Vor=
behalt der Bestätigung durch den König, unbeschränkte Redefrei=
heit und Öffentlichkeit der Sitzungen**). Auch die sogenannte
„interimistische Nationalrepräsentation" von einigen 40 gewählten

---

*) Auch Vincke a. a. O. S. 3 redet von der „Konkurrenz" einer land=
ständischen Versammlung.

**) Vincke a. a. O. S. 3. 10 f.

Mitgliedern, die am 10. April 1812 in Berlin eröffnet wurde, war doch nicht so „lahm" und „unfruchtbar", wie es nach Treitschke S. 378 f. scheinen könnte; in ihr wurde die Forderung nach dem Budgetrecht, nach der jährlichen Rechenschaftslegung über die Finanzen laut, wie sie denn auch schließlich den Haupt= anstoß zu dem Erlaß des Ediktes vom 22. Mai 1815 über die Berufung von Reichsständen gab*). E. M. Arndt aber nahm sogar in der obengenannten Schrift als ein Recht der Landstände die Ministerverantwortlichkeit in Anspruch (siehe unten).

Es ist denn auch, als ob Treitschke sich bewußt gewesen wäre, mit jenem Satze „Große, zukunftsreiche Gedanken u. f. w." zu viel, ja viel zu viel gesagt zu haben; denn er hängt demsel= ben wie zur Einschränkung die Worte an: „doch alles gährte noch roh und unfertig durcheinander". Indes nichtsdestoweniger wie= derholt er schon auf der folgenden Seite (489), wie bemerkt, neuerdings die völlig unbegründete und den Thatsachen durchaus widersprechende Behauptung: Stein habe damals „die Forde= rung eines deutschen Parlamentes" aufgestellt.

Übrigens reiht er an jene Worte noch zwei Sätze, die, gegen das österreichische Kaiserprojekt gerichtet, als wirkliche Ausstel= lungen und als die einzigen zu betrachten sind, aber auch ihrer= seits Anstoß erregen; nicht sowohl, weil sie unberechtigt wären, als weil sie wiederum mit den früheren Auslassungen nicht im Einklange stehen.

Er sagt nämlich zum Schlusse: „Der eigentliche Kern der deutschen Frage blieb dem ersten Mann der Nation noch völlig dunkel**). In seiner hochherzigen Begeisterung für die Größe der Ottonen und der Staufen wollte er den dreihundertjährigen Jammer jener Fremdherrschaft wiederherstellen, die den Verfall der alten Kaiserherrlichkeit herbeigeführt hatte."

Es scheint doch: Wenn Stein schon im September 1812 sich das „welthistorische Verdienst" erworben hatte, „schärfer

---

*) Stern in Sybels histor. Ztschr. 1882 [mit Erweiterungen in den Abhandlungen und Aktenstücken zur Geschichte der preußischen Reformzeit].

**) Auch S. 679 sagt er: Stein habe „die allgemeine politische Un= klarheit der Zeit geteilt".

als irgend ein Staatsmann das höchste Ziel deutscher Staats=
kunst aufgestellt zu haben, dann kann ihm unmöglich im Au=
gust 1813 „der Kern der deutschen Frage noch völlig dunkel
geblieben" sein oder umgekehrt: Wenn ihm „der Kern der deut=
schen Frage noch" im August 1813 „völlig dunkel geblieben"
war, so kann er unmöglich schon im September 1812 „das höchste"
Ziel deutscher Staatskunst mit solcher „Schärfe" erkannt und aufgestellt
haben, daß ihm dies als „welthistorisches Verdienst" anzurechnen
wäre. Und andererseits: Wenn Stein, wie Treitschke hier (S. 487 f.)
zugiebt, im August 1813 mit Rücksicht auf seine „Petersburger
Pläne" voll „Begeisterung" für die „Einheit der alten Kaiser=
zeiten" schwärmte: dann kann doch im September 1812 bei
eben diesen Petersburger Plänen sein „Ideal" nicht eine
„Einheit ohne Phrasen und Vorbehalte" gewesen sein, wie sie
nie zuvor „gedacht" oder „aufgestellt" worden (s. ob. S. 11).
In beiden Zeitpunkten und in beiden bezüglichen Denkschriften
schwärmt Stein gleichmäßig für die alten Kaiserzeiten
und nur für sie.

Darin aber hat Treitschke an dieser Stelle und S. 679
vollkommen recht, daß Stein sich über die deutsche Verfassungs=
frage durchaus nicht klar war, so daß er deshalb fortwährend
hin und her schwankte und daß er, der im September 1812 der
Reichsverfassung der letzten Jahrhunderte jede andere Even=
tualität vorgezogen hatte, dennoch im August 1813 die Wieder=
herstellung derselben erstrebte.

IX. Ferne und nahe Wirkungen der August-Denkschrift.

Wir können nicht von der Analyse der Augustdenkschrift scheiden ohne den Hauptpunkt, die Verquickung der Einheits= idee und der Teilungsidee, des Kaisertums und des Dua= lismus, mit den späteren staatsrechtlichen Entwicklungen bis auf den heutigen Tag in Beziehung zu setzen. Mit Recht hat Treitschke darauf hingewiesen, daß Stein in Rücksicht auf das Verhältnis Preußens zu dem von ihm geplanten deutschen Kaiser= reich viele „verhängnißvolle Fragen unerörtert lasse". Aber warum läßt er sie unerörtert? warum bemüht er sich mittels jener Verquickung einen unmöglichen Bau aufzuführen? warum bleibt er bei einem ganz verschrobenen und monströsen Resultate stehen? Offenbar weil er noch nicht die letzte Konsequenz seines Versuches zu ziehen wagte, der im Grunde ein Keim zu der späteren Theorie von dem engeren und weiteren Bunde ist, und zwar im Gegensatz zu der sogenanten Gagernschen Idee. Hatte diese ein sogenanntes Klein=Deutschland, ein preußisch= deutsches Kaiserreich als engeren Bund im weiteren Bunde mit Österreich erzielt: so hätte andererseits die Konsequenz der Steinschen Idee ebenfalls zu einem Klein=Deutschland, nur um= gekehrt zu einem österreichisch=deutschen Kaiserreich als engeren Bund im weiteren Bunde mit Preußen geführt. Der Unter= schied war nur: durch den Ausschluß Österreichs aus dem engeren Bunde schloß Gagerns Programm den mehr frembartigen und weniger deutschen Bruchteil aus; während der Ausschluß Preußens aus dem engern Bunde weit weniger frembartige und weit zahlreichere deutsche Elemente ausgeschlossen hätte.

Und das war es ohne Zweifel, was Stein instinktiv davon ab=
hielt, bis zu solcher radikalen Konsequenz vorwärts zu bringen,
und ihn daher in jenes unsichere Umhertasten nach einem un=
möglichen Ausweg drängte. Das war es aber andererseits auch,
was Humboldt in seiner noch ungedruckten und unbenutzten Denk=
schrift vom 23. Februar 1815, die wir unten mitteilen, im Gegen=
satz zu Stein zu der Ahnung hinführte, daß, wenn ein deutsches
Kaisertum errichtet werden solle, dies vom deutschen Standpunkt
aus eben nicht an Österreich übertragen werden dürfe und
daß, wenn ein Ausschluß erforderlich sei, dieser gerade Öster=
reich treffen müsse, dessen „politisches Interesse weit enger",
als mit Deutschland, „mit dem Osten Europas verbunden" sei.

Das denkwürdigste aber ist: Mehr und mehr drehte sich seit=
dem, je unerträglicher und unausgleichbarer der Dualismus er=
schien, die deutsche Frage um die Alternative: entweder ein öster=
reichisch=deutscher Bund ohne Preußen oder ein preußisch=
deutscher Bund ohne Österreich, gleichviel ob ohne oder mit
einem deutschen Kaiser an der Spitze. Jenen erstrebte, den
Spuren Steins folgend, zunächst Österreich, im Dezember 1814
und dann wieder 1863; jenen aber das deutsche Parlament 1848
und 1849, Preußen 1849—51 und mit Erfolg 1866—71. Nicht
Preußen also, sondern Österreich ging in dem Ringen um diese
Alternative vorauf. Und die Losung dazu hatte ihm die August=
Denkschrift Steins gegeben.

Nun erübrigt aber noch die Frage, wie zur Zeit ihrer
Geburt Steins August=Denkschrift aufgenommen wurde. Pertz,
obwohl er sie nicht kennt, meldet (3, 416): Hardenberg und Hum=
boldt hätten, Stein gegenüber, die Kaiseridee verworfen; Öster=
reich habe in Deutschland „einige zwanzig unabhängige
Fürstentümer, ohne Verbindung untereinander oder mit beiden
deutschen Großmächten" bestehen lassen wollen. Preußen habe
im August die Errichtung eines Deutschen Bundes vorgeschlagen"
und „Vereinigung der kleinen Fürstentümer mit Österreich und
Preußen"*), mit dem Zusatz: „Entwürfe dazu wurden von Stein

---

*) Dies würde an den Bartensteiner Vertrag erinnern.

und Humboldt ausgearbeitet, kamen aber erst im folgenden Jahre zur Beratung". Das ist wirr und zum Teil falsch. Pertz hatte eben hier kein genügendes Material vor sich; er kombinierte aus gelegentlichen Andeutungen. Preußen ging im August sicher nicht über mündliche Äußerungen in der gedachten Richtung hinaus. Entwürfe von Stein und Humboldt wurden damals gar nicht ausgearbeitet, sondern erst beträchtlich später und nach vielen Zwischenfällen, wie die Folge zeigen wird. Über Österreichs Ansicht liegen bei Ompteda einige Mitteilungen vor.

Zunächst meldete der hannoversche Gesandte am Wiener Hofe, Graf Hardenberg, spätestens am 11. August, also bevor Steins Denkschrift verfaßt war, an Münster in London: Österreich habe kein Gelüste mehr (n'ambitionne plus) nach der Kaiserkrone; ebensowenig stimme es dem preußischen Projekte einer Teilung des Protektorates von Deutschland zwischen ihm und Preußen bei; vielmehr wünsche es eine Garantie aller verbündeten Mächte, um die politische Existenz der souveränen Fürsten Deutschlands sicher zu stellen *).

Ferner hatte Ompteda im September Unterredungen mit dem Baron Binder und meldete darüber unterm 1. Oktober 1813 an Münster **): Graf Metternich, überhaupt das Wiener Kabinett halte es für „voreilig, sich schon jetzt" mit der künftigen Regelung der deutschen Angelegenheiten zu beschäftigen; denn daraus könnten „Beunruhigungen, Eifersüchteleien, Mißtrauen entstehen". Vielmehr müsse man die „Wendung der Kriegsereignisse abwarten, auch etwas dem Zufall anheimgeben", denn es sei „sehr wahrscheinlich daß aus dem Chaos selbst" und aus den „Zeitumständen und Bedürfnissen der Beteiligten" eine „angemessene Ordnung der Dinge hervorgehe".

Mit allen diesen Angaben über die Meinung Österreichs, und zumal über dessen abweisende Haltung gegen die Wiederherstellung des Kaiserreichs, stimmt nicht nur die Versicherung des Staatskanzlers Hardenberg im Juni (siehe oben S. 55), son-

---

*) Ompteda 3, 232. Das Datum folgt aus S. 231.
**) Ompteda 3, 213 ff.

dern vor allem auch die Depesche des hannoverschen Hardenberg
an das britische Kabinett, die bei Castlereagh (Correspondance
etc. III 1. 60—67) mitgeteilt ist. Da sie mir im Texte unerreichbar war, so folge ich der Inhaltsangabe bei Häusser,
Deutsche Gesch. 4, 368 ff. (2. Aufl.) 4, 378 ff. (3. Aufl.). Danach war Metternichs Ansicht: die Souveränität der deutschen
Fürsten zu beschränken sei bedenklich; sie werde von ihnen als
die kostbarste Errungenschaft betrachtet; eine Beschränkung derselben würde sie alle zu heimlichen Freunden Frankreichs machen;
ja ehe sie dies Gebäude ihres Ehrgeizes umstürzen ließen, würden
sie wahrscheinlich lieber alle Chancen des Kampfes an der Seite
des Schöpfers ihrer Souveränität bestehen wollen. Selbst wenn
es gelänge, die Herstellung des Reiches mit Einem Oberhaupte
durchzusetzen, würden hinterher erst recht die äußersten Schwierigkeiten sich geltend machen. Je mehr man mit Energie die Zügel
erfassen wolle, auf desto größeren Widerstand werde man stoßen.
Wie Napoleon zu verfahren, habe der Kaiser von Österreich weder
die Stärke noch den Willen. Wohl aber müßte er, wieder an die
Spitze des Reiches gestellt, besorgen, daß der ganze Stoß der
Franzosen gegen ihn sich wende. Auf jeden Fall sei es jeder
alten oder neuen Reichsverfassung vorzuziehen, und auch zur
Gründung einer besseren Ordnung in Deutschland genügend, wenn
man ein „sehr ausgedehntes System von Verträgen und Allianzen" herstelle, worin sich die einzelnen deutschen Fürsten etwa
verpflichteten: keine Verbindung mit dem Auslande gegen Deutschland einzugehen, einander ihre Staaten und ihre Souveränität
zu garantieren, fremde Invasionen und feindliche Angriffe deutscher Fürsten gemeinsam abzuwehren. Um den Nachteil allzu
vieler kleiner Staaten zu vermeiden, seien immerhin einige Me-
diatisierungen zulässig *).

---

*) [Man vergleiche Oncken: Österreich und Preußen im Befreiungskriege
Bd. 1. S. 357—359; Oncken: Das Zeitalter der Revolution 2. 895—898;
Metternichs nachgelassene Papiere Bd. 1. 131, 164 ff., 207; Denkschrift
Metternichs über den Deutschen Bund vom 10. Novbr. 1855 in der Histor.
Ztschr. Bd. 58 (1887); die Stellen aus dem Briefwechsel von F. Gentz mit
Metternich in dem Werke „Österreichs Teilnahme an den Befreiungskriegen",
1887, S. 100—103, 120, 127, 328].

Hiernach kann es allerdings nicht zweifelhaft sein, daß nicht nur Preußen, sondern auch Österreich der Kaiseridee entgegen war, wenn es auch zuweilen mehr bilatorisch sich verhielt. Es war schon seit der Niederlegung der deutschen Kaiserwürde 1806 entschlossen, sich ganz auf sich selbst zurückzuziehen und fortan seine Stärke lediglich in sich selbst zu suchen. Am unzweideutigsten gab übrigens Österreich seine Verwerfung der Kaiseridee durch die Thatsache kund, daß es im Rieder Vertrag am 8. Oktober die volle Souveränität Bayerns für die Zukunft anerkannte.

Was Hannover betrifft, so konnte Münster in London die August-Denkschrift Steins, die noch am 6. Oktober nicht in Omptebas Händen war, sondern frühestens erst am 7.*), nicht vor dem 22. Oktober erhalten, da immer noch bamals circa 15 Tage für die Beförderung zwischen London und dem Innern Deutschlands erforderlich waren **).

Inzwischen aber hatte Münster aus freiem Antrieb die deutsche Verfassungsfrage in einer Depesche vom 1. September besprochen, die wir hier einschalten. Von dem hannoverschen Gesandten in Wien, dem Grafen Hardenberg, an den sie gerichtet war, erhielt sie Ompteba am 6. Oktober in einer Abschrift, die sein Nachlaß mitteilt ***). Das nicht zur Sache Gehörige lassen wir weg.

---

*) Ompteba 3, 220.
**) Ebend. 231.
***) Ebend. 219, 232 ff.

X. Münster an Graf Hardenberg,
London 1. Sept. 1813.

„Or que l'Autriche s'est déclarée pour nous il devient important que nous sachions ses véritables vues relativement au sort futur de l'Allemagne. Vous m'avez instruit qu'elle n'ambitionne plus la couronne impériale, qu'elle n'adhère non plus au projet sinistre conçu par la Prusse de partager avec elle le protectorat de l'Allemagne, mais qu'elle voudroit une garantie de toutes les puissances alliées pour assurer l'existence politique des princes souverains de l'Allemagne.

Il faut croire, Mr. le comte, que ces idées souffriront quelques modifications par le changement qui a eu lieu dans le système politique de l'Autriche vis-à-vis de la France, tout comme elle est déjà revenue relativement au Tyrol sur l'opinion qu'il falloit laisser aux princes de la fédération Rhénane tout ce qu'ils ont reçu de Bonaparte pour avoir trahi l'empire et leurs coétats.

Quant à la dignité impériale Vous savez que la Russie et la Suède avoient songé à la rendre à l'Autriche. Vous vous rappelez également que lorsque l'Empereur François annonça au roi notre maître qu'il s'étoit démis de cette couronne, que Sa Majesté, en sa qualité de prince électeur de l'empire, fit répondre, qu'elle considéroit l'acte de cette rénonciation comme extorqué par la force, l'anéantissement de la constitution Germanique comme illégal, et qu'elle continueroit à regarder l'empire Germanique et son chef comme toujours existant de droit. Il est vrai que cette dignité a eu peu d'attrait depuis les actes qui ont préparé la ruine de l'empire; mais il faut songer aussi qu'il s'agit maintenant d'une reconstruction dans laquelle on saura éviter les écueils contre lesquels il a échoué et dont le plus évident étoit le manque d'union et le peu d'autorité du chef de l'empire.

Il est superflu de détailler à un homme d'état combien le sort de l'Allemagne doit influer sur celui de l'Europe en général. La cour d'Autriche a elle-même senti tout l'inconvénient d'un protectorat partagé, auquel le Prince Régent d'ailleurs ne consentiroit jamais. Il ne nous reste donc que l'alternative d'embrasser un système fédératif, ou celui de la souveraineté des princes de l'Allemagne. Il est dans la nature des choses que des Etats ne peuvent conserver l'indépendance que par leur force intrinsèque ou par un appui extérieur. Celui-ci est toujours précaire et les garanties cèdent à l'intérêt momentané des garants. — Des souverains si foibles seroient continuellement dans le cas de chercher un appui étranger et à donner dans toutes les intrigues diplomatiques. — L'union de l'Allemagne deviendroit de plus en plus nulle et le sort de ses habitans sous tant de petits princes qui voudroient tous imiter leurs grands rivaux, et qui pèseroient sans contrainte sur leurs sujets, deviendroit des plus misérables ou du moins très précaire. — Ce n'est pas là un état de choses qu'il faut présenter à une nation qu'on veut appeler à briser ses chaines.

Ajoutez à ces considérations que le système fédératif de l'Allemagne est celui sous lequel elle a été heureuse pendant tant de siècles, et qui convient le mieux à ses habitans; qu'au défaut de ce système nous la jetons dans le vague d'un nouvel ordre à former, que nous mettrons en mouvement une foule d'innovateurs, qui voudroient tout bouleverser et que finalement si nous ne déclarons pas l'existence de la constitution Germanique, que nous perdons tout argument légal pour déclarer la fédération du Rhin

illégale, et les princes, qui l'embrasseront dorénavant, sujets
aux peines décrétées par cette constitution.

On ne sauroit objecter, que ce système manqueroit de
force, car Bonaparte a fait de ces débris un instrument
pour subjuguer le monde.

Les principes ci-mentionnés sont l'esquisse de ceux que
le prince, en sa qualité de prince d'Empire a recommandé
à la Russie et à la Suède, laquelle s'y est conformée pour
la plupart des points.

Son Altesse Royale Vous charge de conférer à ce sujet
avec S. E. Mr. le comte de Metternich et de me faire part
des vues présentées de la cour impériale de Vienne."

Man ſieht, der Gedanke eines „geteilten Protektorates" und
demnach einer Hegemonie Preußens in Norddeutſchland war ein
ſo gewaltiges Schreckbild für Erfinder und Anhänger eines großen
Welfenreiches zwiſchen Elbe und Schelde, daß ſie ſich lieber un=
bedingt einem deutſchen Kaiſertum Öſterreichs unterwerfen wollten,
obgleich ſie zweifellos in erſter Linie die Bildung einiger Maſſen=
ſtaaten und deren Kollektivherrſchaft in Deutſchland erzielten.

Indem Ompteda die Meinungen Münſters in ſeiner De=
peſche vom 6. Oktober mit dem Inhalt der Steinſchen Denk=
ſchrift verglich, kam er zu folgendem Reſultat: „In denjenigen
Hauptpunkten, welche ein unter den deutſchen Fürſten zu ſtiften=
des gemeinſchaftliches Band und die Vermehrung der Auto=
rität des Reichsoberhauptes anlangen, treffen die Ideen des
Freiherrn vom Stein mit den von E. E. vorläufig geäußerten
merkwürdig zuſammen. In dem übrigen Detail der Reichs=
verfaſſung nähert ſich der Freiherr v. Stein, weit mehr als
ich es erwartete, der vorigen Reichsverfaſſung. Zuletzt aber
ſchließt er ſein Memoire mit Ideen, die allerdings große Auf=
merkſamkeit verdienen. Er geht nämlich von dem Grundſatz
aus, daß es für das Intereſſe Europas, inſonderheit aber Deutſch=
lands durchaus notwendig ſei, die Macht Preußens bedeu=
tend zu vermehren u. ſ. w."*)

*) Ompteda 3, 220.

Ompteda bezeichnet hier selbst die Meinungsäußerung Mün=
sters vom 1. September als eine „vorläufige". Denn natürlich
mußte Münster nach Empfang der Steinschen August=Denkschrift
diese eigens beantworten. Ehe dieselbe in der zweiten Hälfte des
Oktober eintraf, entspann sich zwischen ihm und Stein eine Korre=
sponbenz, aus der wir das Wichtigere hervorheben müssen.

XI. Korrespondenz zwischen Stein und Münster,

16. September und 8. Oktober 1813. *)

Stein an Münster, Prag, 16. September. . . . „Es ist von der größten Wichtigkeit, daß man sich über die deutschen Angelegenheiten bestimme. Von Metternich erwarten Sie keine großen Ansichten; er steckt sich das Ziel nahe, um auf die bequemste und kürzeste Art die Sache einstweilen auszuflicken . . . England muß mit Rußland und Preußen ernstlich auf die Erhaltung und Gründung einer festen Ordnung der Dinge in Deutschland bedacht sein, und ich wünsche E. E. Ideen darüber zu wissen. Kraft zum Widerstand nach außen, im Innern Sicherheit des Eigentums und des Lebens für den Einzelnen müssen die Hauptpunkte, Verstärkung der Macht des Kaisers, von Preußen, Verminderung der Macht der Stände, Zerstörung des Rheinbundes und aller französischen Einrichtungen müssen die Mittel sein. Gagerns Ansichten sind phantastisch.“

Hieraus ergiebt sich, daß Stein auch damals noch die Grundideen seiner August-Denkschrift festhielt, wenn er sie auch nur ganz summarisch andeutete. Ihm antwortete ohne noch — ich wiederhole es — die August-Denkschrift zu kennen

Münster, London, 8. Oktober. . . . „Ich finde nicht, daß unsere Sache im Rücken des Feindes (in Deutschland) mit der Lebhaftigkeit aufgenommen wird, die sie erregen sollte. Ich glaube, der Fehler liegt in einem Mangel bestimmter Erklärungen über das künftige Schicksal Deutschlands. Die Fürsten sind anfangs

---

*) Gedruckt bei Pertz, 3, 417 ss.

durch manche Äußerungen abgeschreckt worden, und diese Fürsten
halten ihre Unterthanen zurück, sich als Deutsche zu zeigen. Jetzt
droht den Unterthanen eine andere Gefahr."

„Österreich scheint die Kaiserwürde nicht zu wollen! Das hat
selbst Metternich an Aberdeen gesagt. Man glaubt im Wiener
Kabinett die deutschen Fürsten zu gewinnen, indem man ihnen
ihre von Bonaparte gegebenen Provinzen und besonders ihre
Souveränität zu lassen verspricht. . . . Kann es einen deutschen Fürsten geben, der nicht die limitierten Hoheitsrechte der
deutschen Konföderation dem nichtigen Titel einer unter Bona-
partes Tyrannei stehenden sogenannten Souveränität vorziehe?
Das Schicksal der Deutschen würde höchst zu beklagen sein, wenn
sie künftig dem Willen kleiner Despoten unterworfen sein sollten.
Beim gänzlichen Ruin der Finanzen in den mehrsten Ländern
würde ihr Los beklagenswert sein. Ich habe das Glück unter
einem Herrn zu stehen, der selbst diese Art der Souveränität
nicht will. Sollte sie für das arme Deutschland beliebt werden,
so wäre ich bereit, mich auf die Seite der Revolutionärs zu
schlagen."

„E. E. verlangen meine Meinung über die deutschen Angelegenheiten zu wissen. Sie ist Ihnen aus allen meinen früheren
Briefen und Memoiren bekannt. Ich kann sie aus Überzeugung
nicht ändern, und weil der Prinz-Regent von jener Meinung
nicht abgehen zu müssen glaubt." Er verweist dann auf sein
Schreiben an den Grafen Hardenberg vom 1. September oder,
wie er sich ausdrückt, auf den „Befehl" an denselben „sich mit
dem Grafen Metternich über die deutschen Angelegenheiten in
Kommunikation zu setzen", und fährt dann fort:

„Ich bin ganz E. E. Meinung, daß wir der Kaiserwürde
Wert und Gewicht beilegen müssen. Wir können die geistlichen
Staaten nicht herstellen, die ihr Einfluß gaben. Warum sollte
aber nicht ein größeres Gewicht durch eine militärische Einrichtung des Reiches hervorgebracht werden können? Was liegt
denn Außerordentliches in dem Gedanken einer permanenten Reichsarmee, die unter kaiserlichem Oberbefehl eine Reihe zu errichten-
der Reichsfestungen und Reichsstädte besetzen könnte. Eine solche

Einrichtung allein würde Intriguen der Stände mit fremden Mächten verhindern."

„Ich werde von neuem das englische Ministerium treiben, die deutschen Angelegenheiten zu befördern. Eigentlich sollte wohl der Antrieb von dorther erfolgen. Können E. E. denn nicht den Kaiser Alexander veranlassen, mit Preußen auf bestimmte Punkte zu kommen, und kann Stabion nicht auf seinen Kaiser wirken, damit er die Wichtigkeit dieses Gegenstandes einsehe? Ich kann mir leicht Bündnisse unter den bleibenden deutschen Staaten denken, die auch ohne Kaiserwürde eine Art der Konsistenz erlangen würden. Bei dergleichen Vereinigungen würden aber die Fürsten allein die kontrahierenden Teile sein und die Unter= thanen bloße Sklaven werden." *)

..... Diesen Brief gebe ich dem Herrn v. Gagern mit, dessen Ansichten mit den meinigen in den mehrsten Punkten über= einstimmen. Er scheint große Hoffnungen auf Bayern zu setzen ... Wenn nur Metternich die Bayern nicht ebenso wie Murat durch die Finger gehen läßt u. s. w."

Zwei bis drei Wochen später lief endlich die ausführliche Denkschrift Münsters vom Stapel.

---

*) Dieser Ausspruch ist seltsam! Als ob es nach den damals bestehen= den Intentionen mit der Kaiserwürde anders bestellt gewesen wäre! Auch mit derselben würden „die Fürsten allein die kontrahierenden Teile" ge= wesen und geblieben sein.

XII. Münsters ungedrucktes Memoire sur l'état futur de l'Allemagne,

London Ende Oktober 1813.*)

Diese ungebrudte Denkschrift, die Perz nicht kannte und auch Treitschke weder erwähnte noch benutzte, trägt kein Datum, beweist aber durch ihren Inhalt, daß sie der Zeit vom 24. bis 30. Oktober angehört. Denn 1) gedenkt sie des Rieder Vertrages vom 8. Oktober, dessen Kunde nicht vor dem 23. zu Münster gelangen konnte, und 2) gedenkt sie nicht der Schlacht bei Leipzig, deren erster Akt vom 16. Oktober spätestens am 31. in London bekannt sein mußte. Damit stimmt, daß die Denkschrift noch keine Kunde davon hat, daß der Rieder Vertrag ein Vorspiel zu ähnlichen Verträgen und namentlich zum Fulbaer Vertrage vom 2. November wurde. Da die Lage der Dinge sich alsbald voll= ständig veränderte, begnügen wir uns mit Ercerpierung dessen, was für Vergangenheit und Zukunft von bleibenderem Interesse war.

„Sur l'état futur de l'Allemagne.

Das Memoire hob also an: Dès le moment que Bona-parte attaqua la Russie, l'Empereur Alexandre sentit la nécessité etc. Dann werden die Anfänge der russisch=englisch=schwedischen Verhandlungen also skizziert:

L'Empereur de Russie, persuadé que l'état futur de l'Allemagne doit influer puissamment sur la tranquillité du reste de l'Europe, fit parvenir dès le 2. juillet 1812 des

---

*) Berliner Archiv, Wiener Kongreßakten, Rep. VI. No. 70. Pièces antérieures au congrès de Vienne.

communications confidentielles au gouvernement Britannique afin de s'occuper de concert avec lui de ce grand objet.

Kurze Zeit barauf erfolgte un mémoire contenant l'esquisse des mesures qu'elle proposait d'adopter pour l'administration des provinces Allemandes que les armées alliées occuperaient.

La Suède en fit autant, fich zugleich ausfprechend sur les principes qu'elle voudrait voir adopter relativement à la constitution future de l'Allemagne.

Nun warb ber Minifter beauftragt de comparer ces deux pièces, de tâcher de concilier les vues divergentes qui pourraient s'y trouver et de rédiger les principes que S. Altesse Royale croyait devoir recommander à ses alliés, tant pour la forme de l'administration des provinces occupées durant la guerre, que pour le rétablissement d'un ordre permanent en Allemagne.

Le mémoire qui fut composé en conséquence et approuvé par le Prince Régent fut communiqué au mois de Janvier 1813 au gouvernement Britannique et aux missions de Russie et de Suède. La cour de Suède fit une réponse très satisfaisante.

Après que l'accession de la Prusse eut amené un changement total dans ses rapports avec l'Allemagne, wurben Verträge gefchloffen qui devront nécessairement influer sur le sort futur de l'Allemagne. Dann führte ber Hinzutritt Öfterreichs neue Arrangements herbei. Mais tous ces arrangements ne nous ont pas rapproché d'un accord sur l'état futur de l'Allemagne.

Inbes eine Vorbereitung thue not. Qu'aurait-on gagné en détruisant la ligue Rhénane, si les différents états de l'Allemagne restaient dans la nécessité de chercher encore un appui étranger, ou s'ils se voyaient de nouveau exposés à ces dissensions internes qui ont déchiré l'Allemagne durant des siècles? . . . A moins que les puissances alliées ne s'accordent de bonne heure sur les bases du système qui devra être accepté pour l'Allemagne, elles se trouveront

gênées par les traités qu'elles feront avec les princes
qui voudront abandonner le parti de l'ennemi. Des raisons
majeures ont dicté celui conclu avec la Bavière, mais il
n'échappera pas à la sagesse des cabinets unis que dans
les cas où ces mêmes raisons n'opéreront pas avec la même
force, il ne serait pas convenable d'accorder à des princes,
qui se sont rendus complices de Bonaparte, en acceptant
les dépouilles de leurs coétats dans l'intention de l'aider
à enchaîner d'autres nations, les avantages qu'ils ont obtenu
dans une telle cause, ou de sanctionner leurs usurpations
faites sur les droits de leurs propres sujets. Wie soll man
zur Einheit gelangen, wenn man damit anfängt, die absolute
Unabhängigkeit der Staaten von Deutschland zu garantieren? On
ose espérer que cette indépendance absolue stipulée par
l'article secret du traité signé le 9. Sept. 13 entre l'Autriche
et la Russie, pour les états de l'Allemagne ne devra signifier
que l'indépendance de toute puissance étrangère, et c'est là
le sens qu'il faudra tâcher de donner au traité du 8. Octobre
par lequel la Bavière a stipulé son accession à la fédération.

On ne supposera pas que le Prince Régent d'Hanovre
opinerait pour diminuer ses propres droits, mais son Altesse
Royale désire donner l'exemple aux autres princes de
l'Allemagne qu'on ne doit pas sacrifier au phantôme de cette
prétendue souveraineté absolue le salut de la commune
patrie Germanique.

Auch müßten die unterdrückten Rechte der Unterthanen, der
Provinzialstände wieder hergestellt werden. Plusieurs princes
de la fédération Rhénane n'ont eu rien de plus pressé que
d'annuller tous ces liens réciproques, en s'autorisant de leur
prétendue souveraineté, et si on laisse exister ce phantôme,
les Allemands dans ces contrées n'auront de choix que
celui de se résigner au sort fatal qu'on leur aura préparé
ou de revendiquer leurs droits par une résistance qu'on
traiterait à tort de rebellion. Der Prinz-Regent ne peut
recommander avec trop d'empressement aux cours alliées
de ne point perdre de vue ces deux grands objets: celui

de réunir l'Allemagne (quand même ce ne serait que pour les parties non comprises dans les monarchies Autrichienne et Prussienne) dans un corps politique — secondement d'assurer les droits du peuple ainsi que ceux des princes entre eux.

Die Sicherheit Europas verlangt, daß Frankreich ein système militaire solide in Deutschland gegenüberstehe. Ferner ist es notwendig de pourvoir à la liberté du commerce intérieur . . .

On répétera ici les observations générales contenues dans le mémoire ci-dessus mentionné . . . Principe fondamental, de rétablir, autant que les intérêts de l'Europe et de l'Allemagne en particulier le permettront, tout ce qui est légitime et les institutions qui, malgré qu'elles aient été renversées par le torrent de la révolution jouiront de nouveau du respect que des nations sages accordent à des coutumes et à des lois qui ont existé depuis les temps les plus reculés . . .

Voici les passages de ce mémoire allégué qu'on croit devoir répéter, en rappelant cependant qu'il a été composé à la fin de l'an 1812.

Extrait du mémoire, sur les arrangements à proposer à l'Allemagne . . . Le caractère essentiel de la constitution Germanique est celui d'une fédération de differents états sous un chef électif . . . On recommanderait donc de proclamer la constitution Germanique comme existante — et comme une suite nécessaire de cette déclaration la fédération Rhénane illégale, et les princes qui persisteront à la défendre, sujets aux peines décrétées par la constitution. En ajoutant à cette déclaration qu'on s'accordera ensuite sur les changements que les événements rendront nécessaires . . . on gardera les mains libres pour tous les arrangements nécessaires à introduire . . . si la Suède dans son mémoire dit „qu'il faut renoncer à rétablir l'ancienne constitution qui déjà n'existait plus après la paix de Luneville" .. on a voulu dire: qu'il ne faudrait pas rétablir la constitution avec tous ses anciens défauts . . . Dans ce sens on ne saurait

qu'applaudir à l'idée „d'opposer des principes d'une justice
éternelle à ceux qui ont détruit tous les liens sociaux;
qu'il faudra assurer la moralité des gouvernés par la stabilité des gouvernements, et que pour y parvenir il faudrait
donner à l'Allemagne une constitution qui mette le
peuple à l'abri de l'oppression des princes et qui
donne au chef de l'empire une puissance morale et
physique assez forte pour maintenir l'équilibre parmi les
états Allemands; en même temps qu'elle lui fournira assez
de moyens pour la défendre contre toute attaque au dehors".
Die kleinen Souveräne dürfen nicht mehr ſelbſtänbig ſein in mili=
täriſcher Beziehung und ben auswärtigen Mächten gegenüber. Die
Bereinigung beutſcher Provinzen mit fremben Monarchien, nicht
wie Hannover mit Englanb, wo bie Union nur eine perſonelle
iſt, ſonbern wie Öſterreich mit Ungarn, Branbenburg mit Preußen,
Holſtein mit Dänemark, iſt ein Übel. Il sera moins aisé de
prévenir pour l'avenir ces inconvéniens.

Le moyen de „donner au chef de l'empire une
puissance morale et physique etc." peut s'obtenir de deux
manières, ou en rendant ce chef héréditaire et en lui
accordant le droit exclusif de la guerre et de la paix dans
l'empire; ou en rétablissant un système d'équilibre
pour empêcher qu'il n'existe pas de puissance qui puisse
braver impunément les lois de la ligue.

La première idée trouverait une difficulté presque in-
surmontable. L'Autriche est la puissance qu'on appelerait
sans doute à la couronne impériale qu'elle a portée avec
peu d'interruption pendant des siècles. Les autres puissances
voudraient-elles lui accorder l'accroissement immense de
l'empire Germanique? l'acquisition des droits mentionnés
y serait pourtant équivalente, car elle y conduirait nécessairement. Pourrait-on de l'autre côté supposer, que des
états qui ont joui de l'indépendance depuis les temps les
plus reculés, comme la Bavière, la Saxe*), le Brandebourg,

---

*) S. bie Note S. 46.

ne combattraient pas une telle idée à toute extrémité?
et est-ce là un état des choses qu'on voudrait amener,
au moment qu'on souhaite de rétablir l'ordre et la tranquillité?

Daher erscheint der andere Weg nötig . . L'idée de réunir
l'Allemagne en de plus grandes masses a été souvent proposée. La sécularisation des états ecclésiastiques a com-
mencé l'ouvrage et Bonaparte l'a en partie suivi dans sa
formation de la ligue Rhénane . . . Il semble que la
réunion en grandes masses où les états incor-
porés conserveront leurs droits, exceptés ceux
de cette souveraineté éphémère et par conséquent celui d'avoir une armée, ou des relations
étrangères à eux, répondrait au but, et surtout
aux voeux de la nation Allemande. Les membres
souverains de la ligue pourraient même convenir de certaines
modifications dans l'exercice de leurs droits de souveraineté
p. e. de ne pas entreprendre des guerres, ou de faire des
traités séparés qui n'obtiendraient pas la sanction de la
diète générale.

Parmi les moyens de donner plus de puissance à l'empire Germanique comme tel, on proposerait encore celui
des garanties de l'Angleterre, de la Russie et de la Suède:
l'établissement d'une armée de l'empire permanente, composée
des contingents des princes qui resteraient souverains, et
l'établissement d'une ligne de forteresses d'empire telles
qu'étaient autrefois Kehl et Philippsbourg. Les troupes
de l'empire pourraient servir de garnisons à ces forteresses
et aux villes impériales, si on veut en conserver ou en établir
de nouvelles pour prix de leur patriotisme, comme l'a proposé la Suède. Die frühere Reichsarmee, in der die Kontingente manchmal 2 bis 3 Mann, mit ungleicher Ausrüstung,
war nur eine Harlekinabe. Dagegen eine armée permanente,
sous un chef nommé par l'empereur et la diète, deviendrait respectable et donnerait à l'empereur la puissance nécessaire. Die vorgeschlagene Garantie ist analog der

des weſtfäliſchen Friedens, Frankreich bleibt natürlich ausgeſchloſſen; Schweden hat verdient, neuerbings dieſe Rolle der Garantie zu übernehmen; Rußland hat ſie ſeit dem Teſchener Frieden verlangt. Rien ne donnerait plus de stabilité à ce système de défense que de lui réunir la Hollande et la Suisse. Ces deux pays flanqueraient comme deux grands bastions la frontière de l'Allemagne vers la France . . ."

Inzwiſchen rückten nach der ſiegreichen Schlacht bei Leipzig die Heere der Verbündeten unaufhaltſam gegen den Rhein vor, und gegen Ende des Jahres, im November und Dezember, fanden ſich Stein, Humboldt und andere Staatsmänner wieder in Frank= furt a. M. zuſammen.

XIII. Wilhelm von Humboldts ungedruckte Denkschrift über die künftige Verfassung Deutschlands,

Frankfurt a. M. Dezember 1813, an Stein gerichtet. *)

Auch von der Existenz dieser bisher ungedruckten und über=
aus interessanten Denkschrift hat Pertz keine Ahnung; Treitschke
hat sie weder erwähnt noch benutzt, obgleich ohne sie der Gang
der Verfassungsangelegenheit und die Priorität der einzelnen
Verfassungsideen gar nicht zu erkennen ist. Alle Denkschriften
und Entwürfe, ja alle Auslassungen über die Verfassungsfrage bilden
eine zusammenhängende Kette von Ideen, die sich auseinander
entwickelten, indem jedes frühere Produkt allen Urhebern der
späteren bekannt wurde und demnach auf sie einzuwirken vermochte.

So sehen wir denn auch Humboldt bei Abfassung der nach=
folgenden Denkschrift in voller Kenntnis aller Auslassungen Steins,
Münsters und Metternichs. Als preußischer Gesandter beim
Wiener Kabinett befand er sich während des Waffenstillstandes
zu Prag im regsten Verkehr mit dem Staatskanzler Hardenberg,
dem Freiherrn vom Stein und dem Grafen Metternich. Steins
Kaiseridee wurde schon damals auch von ihm bekämpft. Dennoch
wurden, wie Pertz 3, 416 berichtet, Stein und Humboldt durch
das lange Zusammenleben in dieser Zeit miteinander sehr ver=
traut, so daß der letztere an die Prinzessin Luise schrieb: „Ich
hoffe, daß Stein von nun an bei uns bleibt, für den ich un=
endliche Achtung und Liebe hege". Der Verwaltungsplan für

---

*) Berl. Arch. ib. No. 70. [Zum Teil veröffentlicht von Oncken: Zeit=
alter der Revolution u. f. w. 2, 901 ff. 865.]

Deutschland wurde damals von beiden gemeinsam bearbeitet, wobei, wie bei allen anderen Anlässen, Humboldt alle Detailarbeit übernahm.

Wenn Pertz aber a. a. O. sagt: damals hätten auch „Stein und Humboldt Entwürfe ausgearbeitet" über Deutschlands künftige Verfassung, die „aber erst im folgenden Jahre zur Beratung kamen": so ist das, wie schon bemerkt, eine vollständige Irrung. Damals gelangte allerdings die ihm unbekannte August-Denkschrift zur Ausarbeitung und sofort auch zur Besprechung; wogegen Humboldt erst später und erst in Frankfurt die seinige entwarf. Der wahre Gehalt jener irrigen Nachricht ist ohne Zweifel, daß Stein ihn wie Münster ausdrücklich um eine ausführliche Darlegung seiner Ideen anging. Daraus erklärt es sich denn auch, daß Humboldt die Denkschrift an Stein richtete, wie die Anrede „l. F.", d. i. „lieber Freund", verbürgt.

Treitschke hat in seiner Charakteristik Wilhelm von Humboldts (S. 334 ff.) mitten unter Bethätigungen hoher Anerkennung, außer manchem andern ungerechten Tadel, auch das abfällige Urteil gefällt (S. 336): „Seine diplomatischen Denkschriften sind allesamt zu breit und zu scharfsinnig"; er „sieht den Wald vor lauter Bäumen nicht". Wohl dem, der ein so bedauerliches, ehrenrühriges und unbegreifliches Urteil nicht zu vertreten hat. Auf Humboldts Gesandtschaftsberichte aus Wien vor dem Beginn der Freiheitskriege, als man auf das schnödeste ihn umging, kann es sich doch nicht beziehen sollen! Denn es handelt sich ja in jenem Urteil um „Denkschriften", und das „allesamt" schließt überdies die alleinige Bezugnahme auf einzelne Schriftstücke aus. Nun trifft das Verdammungsurteil freilich nur die Gesamtheit der „diplomatischen" Denkschriften. Aber welche Denkschriften Humboldts zur Zeit der Freiheitskriege wären nicht diplomatischer Natur! Sie betreffen namentlich drei Fragen: die sogenannte sächsische, die deutsche Verfassungsfrage und die specielle Kaiserfrage. Keine einzige war frei von diplomatischen Gesichtspunkten, teils allen anderen Großmächten, teils einzelnen derselben, teils den größeren deutschen Mächten gegenüber.

In der erstern Frage wendet freilich Treitschke, indem er
sowohl in ebenso anzüglichen als zahlreichen Wendungen Harden=
berg wie Humboldt der „Blindheit" beschuldigt, das obige Ver=
dammungsurteil in seiner ganzen Ausdehnung an; indes kann
ich seine Auffassung der damaligen Situation nicht teilen, kraft
deren er wie Hardenberg und Humboldt als „Blinde", die „den
Wald vor lauter Bäumen" nicht sehen, so andererseits auch
Kaiser Franz, Metternich und Castlereagh als eingefleischte Böse=
wichter erscheinen läßt, Friedrich Wilhelm aber als den scharf=
sinnigsten aller Politiker. Ich halte vielmehr die damalige Auf=
fassung des Freiherrn vom Stein für die richtige, der die Politik
der preußischen Staatsmänner als eine vollkommen klare und
korrekte auf das eifrigste teilte und unterstützte, bis Friedrich
Wilhelm durch sein Dazwischenfahren die natürliche Entwicklung
der Situation störte und verdarb. Das ist auch in der neuern
Zeit u. a. die Auffassung Häussers. Und darnach würde denn
auch das Urteil über diesen Teil von Humboldts Denkschriften
anders lauten müssen, wie bei Treitschke. Übrigens wird der
Leser selbst zu urteilen in der Lage sein, da wir zwei dieser
Denkschriften in der sächsischen Frage unten folgen lassen.

Was die Denkschriften in der Verfassungsfrage überhaupt
und in der speciellen Kaiserfrage betrifft, so sind diese sämtlich
bis auf eine ungedruckt. Und da wir dieselben mehr oder min=
der vollständig unten mitteilen: so wird auch über sie der Leser
sich leicht ein Urteil zu bilden vermögen. Nach meiner Meinung
sind die Humboldtschen Denkschriften überhaupt denen aller übri=
gen Staatsmänner jener Zeit an politischem Scharfsinn, sach=
licher Gediegenheit und historischem Tiefblick bei weitem überlegen.

In der nachfolgenden Denkschrift ist von besonderem Inter=
esse, daß Humboldt, indem er sowohl die Kaiseridee im Sinne
Steins, wie die Teilungsidee Steins und Hardenbergs im Sinne
einer Scheidung nach Nord und Süd verwirft, seinerseits viel=
mehr zum erstenmal in unzweideutiger Weise — um mich des obi=
gen Ausdrucks zu bedienen (S. 38) — das Ganze mit zwei
gemeinsamen Spitzen empfiehlt; d. i. — wie Humboldt sich
ausdrückt — keine „Teilung der Gewalt", aber auch keine

„Unterordnung", sondern „gemeinschaftliche" Oberleitung von
Gesamt=Deutschland durch „Österreich und Preußen", also gleich=
sam eben als Konsuln oder Duumvirn. Man sehe besonders
außer der Einleitung der Denkschrift die Paragraphen 9, 11, 12
und 14. Es war dies eine Form, der nachher Hardenberg in
seinem Verfassungsentwurfe sich ebenso unzweideutig anschloß.

„Im Dezember 1813 vom St. M. von Humbold geschrieben *).

Frankfurt, im Dezember 1813.

Ich habe erst hier Zeit gefunden, l. F., mein Versprechen
zu erfüllen, Ihnen meine Gedanken über die künftige Verfassung
Deutschlands mitzuteilen. Auch habe ich gern abgewartet in
diesen Mauern zu sein. Hier wo die Spuren der ehemaligen
Einrichtungen noch Achtung genug einflößen, um ebensosehr vor
der Gleichgültigkeit gegen ihren Untergang, als vor dem Wahne
zu bewahren, ihre Wiederherstellung als leicht anzusehen, läßt es
sich mit mehr Ruhe und Ernst über die wichtigste Angelegenheit
reden, die ein Deutscher behandeln kann.

Der erste Vorwurf, den meine Vorschläge erfahren werden,
ist vermutlich der, daß man sie auf wandelbare Voraussetzungen
gegründet finden wird. Allein dieser Vorwurf trifft weniger mich,
als die Sache. Eine wahrhaft sichre Verbindung kann nur durch
physischen Zwang, oder moralische Nötigung zustande gebracht
werden. Die Politik ist aber gerade so angethan, daß sie auf
die letztere wenig rechnen kann, wenn sie nicht den ersteren im
Hintergrunde zeigt, und wie nötig und wirksam dieses Zeigen sei,
hängt immer gar sehr zugleich von der zufälligen Verknüpfung
der Umstände ab. Sie darf also nie auf Mittel denken, die
gleichsam absolut sichernd sein sollen, sondern nur auf solche,
welche sich jener Verknüpfung, sowie sie in sich wahrscheinlich ist,
am besten anschmiegen, und sie am natürlichsten beherrschen. In
die Möglichkeit einer Ungewißheit des Erfolges muß man sich
immer ergeben, und nicht vergessen, daß der Geist, welcher eine
Einrichtung gründet, immerfort notwendig ist, sie zu erhalten.

---

*) Wilhelm v. H. schrieb seinen Namen ohne t.

Brauchte man nichts Neues einzurichten, könnte man die Dinge so lassen, wie sie, nach der Auflösung des Unstatthaften, von selbst sein werden: so wäre es bei weitem vorzuziehen. Denn die Weltbegebenheiten gehen immer in dem Grade besser, in dem die Menschen nur negativ zu handeln brauchen. Allein hier ist dieses unmöglich; hier muß etwas Positives geschehen, erbaut werden, wo man gezwungen war niederzureißen. Da der Rheinbund aufgelöst ist, muß entschieden werden, was nunmehr aus Deutschland werden soll, und selbst wenn man keinerlei Art der Vereinigung wollte, wenn alle Staaten einzeln fortbestehen sollten, so müßte doch auch dieser Zustand zugerichtet und gesichert werden.

Wenn man aber über den zukünftigen Zustand Deutschlands redet, muß man sich wohl hüten, bei dem beschränkten Gesichtspunkte stehen zu bleiben, Deutschland gegen Frankreich sichern zu wollen. Wenn auch in der That der Selbständigkeit Deutschlands nur von dorther Gefahr droht, so darf ein so einseitiger Gesichtspunkt nie zur Richtschnur bei der Grundlegung zu einem dauernd wohlthätigen Zustand für eine große Nation dienen. Deutschland muß frei und stark sein, nicht bloß damit es sich gegen diesen oder jenen Nachbar, oder überhaupt gegen jeden Feind verteidigen könne, sondern deswegen, weil nur eine auch nach außen hin starke Nation den Geist in sich bewahrt, aus dem auch alle Segnungen im Innern strömen; es muß frei und stark sein, um das, auch wenn es nie einer Prüfung ausgesetzt würde, notwendige Selbstgefühl zu nähren, seiner Nationalentwicklung ruhig und ungestört nachzugehen, und die wohlthätige Stelle, die es in der Mitte der europäischen Nationen für dieselben einnimmt, dauernd behaupten zu können.

Von dieser Seite angesehen, kann die Frage nicht zweifelhaft sein, ob die verschiedenen deutschen Staaten einzeln fortbestehen *), oder ein gemeinschaftliches Ganzes bilden sollen? Die kleineren Fürsten Deutschlands bedürfen einer Stütze, die größeren einer Anlehnung, und selbst Preußen und Österreich ist es wohlthätig, sich als Teile eines größeren und, allgemein genommen,

---

*) Gegen die Metternichsche Idee.

noch wichtigeren Ganzen anzusehen. Dies aus großmütigem Schutz und bescheidener Unterordnung zusammengesetzte Verhältnis bringt eine größere Billigkeit und Allgemeinheit in ihre, auf ihr eigenes Interesse gerichteten Ansichten. Auch läßt sich das Gefühl, daß Deutschland ein Ganzes ausmacht, aus keiner deutschen Brust vertilgen, und es beruht nicht bloß auf Gemeinsamkeit der Sitten, Sprache und Litteratur (da wir es nicht in gleichem Grade mit der Schweiz und dem eigentlichen Preußen teilen), sondern auf der Erinnerung an gemeinsam genossene Rechte und Freiheiten, gemeinsam erkämpften Ruhm und bestandene Gefahren, auf dem Andenken einer engeren Verbindung, welche die Väter verknüpfte, und die nur noch in der Sehnsucht der Enkel lebt. Das ver= einzelte Dasein der sich selbst überlassenen deutschen Staaten (selbst wenn man die ganz kleineren größeren anfügte) würde die Masse der Staaten, die gar nicht oder schwer auf sich selbst ruhen kön= nen, auf eine dem europäischen Gleichgewicht gefährliche Weise vermehren, die größeren deutschen Staaten, selbst Österreich und Preußen, in Gefahr bringen, und nach und nach alle deutsche Nationalität untergraben.

Es liegt in der Art, wie die Natur Individuen in Nationen vereinigt und das Menschengeschlecht in Nationen absondert, ein überaus tiefes und geheimnisvolles Mittel, den Einzelnen, der für sich nichts ist, und das Geschlecht, das nur in Einzelnen gilt, in dem wahren Wege verhältnismäßiger und allmählicher Kraft= entwicklung zu erhalten; und obgleich die Politik nie auf solche Ansichten einzugehen braucht, so darf sie sich doch nicht vermessen, der natürlichen Beschaffenheit der Dinge entgegen zu handeln. Nun aber wird Deutschland in seinen, nach den Zeitumständen erweiterten oder verengerten Grenzen immer, im Gefühle seiner Bewohner, und vor den Augen der dienenden, Eine Nation, Ein Volk, Ein Staat bleiben.

Die Frage kann also nur die sein: wie soll man wieder aus Deutschland ein Ganzes schaffen?

Könnte die alte Verfassung wiederhergestellt werden *), so

---

*) Gegen Stein und Münster.

wäre nichts so wünschenswert als dies; und hätte nur fremde Gewalt ihre in sich rüstige Kraft unterdrückt, so würde sie sich wieder mit Federkraft emporheben. Aber leider war ihr eignes langsames Ersterben selbst hauptsächlich Ursache ihrer Zerstörung durch äußere Gewalt, und jetzt, wo diese Gewalt verschwindet, strebt keiner ihrer Teile anders, als durch ohnmächtige Wünsche, nach ihrer Wiedererweckung. Von enger Verbindung, von strenger Unterordnung der Glieder unter dem Oberhaupt, war durch das Losreißen dieses und jenes Teils ein locker zusammenhängendes Ganzes geworden, in dem, ungefähr seit der Reformation, alle Teile auseinanderstrebten. Wie soll daraus das entgegengesetzte Streben hervorgehen, dessen wir jetzt so bringend bedürfen?

Erwägt man die einzelnen Punkte, so wachsen alle Schwierig= keiten. Herstellung der Kaiserwürde, Beschränkung der Wahl= fürsten auf eine kleine Zahl, Bedingungen der Wahl, alles würde bei Haupt und Gliedern unendliche Hindernisse finden, und wenn alle überwunden wären, würde doch etwas Neues gebildet, nicht das Alte hergestellt sein. Denn niemand wird wohl an der Un= zulänglichkeit des ehemaligen Reichsverbandes zu der jetzt nötigen Sicherung unserer Selbständigkeit zweifeln. Selbst unter den alten Namen müßte man also neue Gestalten schaffen.

Es giebt nur zwei Bindungsmittel für ein politisches Gan= zes: eine wirkliche Verfassung, oder einen bloßen Verein. Der Unterschied zwischen beiden (nicht gerade an sich, aber für den gegenwärtigen Endzweck bestimmt) liegt darin, daß in der Ver= fassung einigen Teilen die Zwangsrechte ausschließend beigelegt werden, welche bei dem Verein Allen gegen den Übertreter zu= stehen. Eine Verfassung ist unstreitig einem Verein vorzuziehen; sie ist feierlicher, bindender, dauernder; aber Verfassungen gehören zu den Dingen, deren es einige im Leben giebt, deren Dasein man sieht, aber deren Ursprung man nie ganz begreift, und daher noch weniger nachbilden kann. Jede Verfassung, auch als ein bloß theoretisches Gewebe betrachtet, muß einen materiellen Keim ihrer Lebenskraft in der Zeit, den Umständen, dem National= charakter vorfinden, der nur der Entwicklung bedarf. Sie rein nach Prinzipien der Vernunft und Erfahrung gründen zu wollen,

ist im hohen Grade mißlich, und so gewiß alle wirklich dauer=
haften Verfassungen einen unförmlichen und keine strenge Prü=
fung ertragenden Anfang gehabt haben, so gewiß würde es
einer von Anfang herein folgerechten an Bestand und Dauer
mangeln.

Auf die Frage: Soll Deutschland eine wahre Verfassung
erhalten? läßt sich daher, meines Erachtens, nur so antworten.
Sprechen zu der Zeit, wo die Frage entschieden werden muß,
Haupt und Glieder aus, daß sie Haupt und Glieder sein wollen,
so folge man der Anzeige, und leite nur, und beschränke. Ist
das aber nicht, verlautet nichts als das kalte Verstandesurteil,
daß ein Band für das Ganze da sein muß: so bleibe man beschei=
den beim Geringeren stehen, und bilde bloß einen Staatenver=
ein, einen Bund.

Alle Verfassungen, deren Dauerhaftigkeit sich bewährt hat,
haben eine gewisse Form in ihrer Zeit vorgefunden, an welche
sie sich bloß anschlossen, wie sich leicht historisch erweisen ließe.
Nun aber giebt es in unserer Zeit gar keine Form, die einer
Verfassung Deutschlands zur Grundlage dienen könnte; vielmehr
sind alle sogenannten Konstitutionen durch die Erbärmlichkeit und
Zerbrechlichkeit der seit der französischen Revolution bis zum
Ekel wiederholten in gerechte Ungunst geraten. Dagegen ist die
vollkommene Ausbildung aller politischen Formen der Verbindung
der Staaten untereinander der neuesten Zeit eigentümlich, und
ein jetzt zu gründender Staatenverein wird sich daher auch besser
durch diese fest knüpfen lassen.

Fragt man mich nun, was eigentlich die bindenden und
erhaltenden Prinzipien in einer durch bloße Schutzbündnisse
gebildeten Vereinigung Deutschlands sein sollen, so kann ich
bloß folgende, allerdings wohl sehr starke, allein freilich meist
moralische nennen:

Die Übereinstimmung Österreichs und Preußens;

das Interesse der größeiten unter den übrigen deutschen
Staaten;

die Unmöglichkeit der kleineren gegen sie und Österreich und
Preußen aufzukommen;

den wieder erweckten und durch Freiheit und Selbständigkeit
zu erhaltenden Geist der Nation; und

die Gewährleistung Rußlands und Englands.

Die feste, durchgängige, nie unterbrochene Überein=
stimmung und Freundschaft Österreichs und Preußens
ist allein der Schlußstein des ganzen Gebäudes. Diese
Übereinstimmung kann ebensowenig durch den Verein gesichert,
als der Verein, wenn sie mangelte, erhalten werden. Es ist der
feste Punkt außerhalb des Bundes, der gegeben sein muß, um
ihn zu schließen; und da er durchaus ein politischer ist, ruht er
auch auf einem rein politischen Prinzip. Gerade aber indem man
in das Verhältnis Österreichs und Preußens schlechterdings nicht
mehr Verpflichtendes bringt, als jedes Bündnis enthält, und die=
selbe*) zur Grundlage der Wohlfahrt des gesamten Deutschlands
macht, welche ihre eigene in sich begreift, verstärkt man sie durch
das Gefühl der Freiheit und Notwendigkeit; wozu sich die Ab=
wesenheit alles Grundes zu einem ausschließenden Interesse ge=
sellt, da zwischen beiden Mächten weder Unterordnung noch
Teilung der Gewalt gestattet wird.

Die nach Österreich und Preußen größesten Staaten müssen
groß sein, damit sie sich über alles Mißtrauen und alle Furcht
vor ihren nächsten Nachbarn erheben, ihr Gewicht zur Verteidi=
gung der Unabhängigkeit des Ganzen fühlen und, frei von eigenen
Besorgnissen, nur die gemeinschaftlichen zu entfernen bedacht sind.
In diesem Fall können sich nur Bayern und Hannover be=
finden. Die mittleren, wie Hessen, Württemberg, Darmstadt u. a. m.
waren, müssen dagegen in ihren alten Schranken gehalten wer=
den. Ihre geringe Größe erlaubt nicht, sie über alle kleinliche
und einseitige Ansichten erhaben vorauszusetzen; und eine fremde
Macht muß daher ein großes Interesse finden, einen einzelnen
davon mit sich zu verbinden.

Da es natürlich ist, daß in einer Zeit, wie die gegenwär=
tige, ohne Rücksicht auf das Bestehende, alle Verhältnisse einer
neuen Prüfung unterworfen werden, so hört man jetzt oft die

---

*) D. i. die Übereinstimmung (Österreichs und Preußens).

zwiefache Behauptung: daß die kleineren Staaten in Deutschland ganz aufhören, und daß sie wenigstens vom Rhein und der französischen Grenze entfernt werden müssen. Da alle verbündeten Mächte gleich abgeneigt sind, in einem Augenblick der Wiederherstellung einer gerechten Ordnung der Dinge den Besitzstand alter, wenigstens ehemals mannigfach um Deutschland verdienter Fürstenhäuser anzutasten, so bedarf dieser Punkt nur um den Gegenstand von allen Seiten zu beleuchten betrachtet zu werden.

Die Verteidigung gegen fremde Macht könnte allerdings, insofern man Einheit unter den wenigen voraussetzen darf, bei einer Teilung Deutschlands in vier oder fünf große Staaten gewinnen*). Allein Deutschland hat, mehr als jedes andere Reich, offenbar eine doppelte Stelle in Europa angenommen. Nicht gleich wichtig als politische Macht, ist es von dem wohlthätigsten Einfluß durch seine Sprache, Litteratur, Sitten und Denkungsart geworden; und man muß jetzt diesen letzteren Vorzug nicht aufopfern, sondern, wenn auch mit Überwindung einiger Schwierigkeit mehr, mit dem ersteren verbinden. Nun aber dankt man jenen ganz vorzüglich der Mannigfaltigkeit der Bildung, welche durch die große Zerstückelung entstand, und würde ihn, wenn sie ganz aufhörte, großenteils einbüßen. Der Deutsche ist sich nun bewußt, daß er ein Deutscher ist, indem er sich als Bewohner eines besonderen Landes in dem gemeinsamen Vaterlande fühlt, und seine Kraft und sein Streben werden gelähmt, wenn er, mit Aufopferung seiner Provinzial-Selbständigkeit, einem fremden, ihn durch nichts ansprechenden Ganzen beigeordnet wird. Auch auf den Patriotismus hat dies Einfluß, und sogar die Sicherheit der Staaten, für welche der Geist der Bürger die beste Gewährleistung ist, möchte am meisten bei dem Grundsatz gewinnen, jedem seine alten Unterthanen zu lassen**). Die Nationen haben, wie die Individuen, ihre durch keine Politik abzuändernden Richtungen. Die Richtung Deutschlands ist ein Staatenverein zu sein, und daher ist es weder, wie Frankreich und Spanien,

---

*) Gegen Münster.
**) Am Rande Bleistift-Fragezeichen, wahrscheinlich von Stein herrührend.

in Eine Masse zusammengeschmolzen, noch hat es, wie Italien, aus unverbundenen einzelnen Staaten bestanden. Dahin aber würde die Sache unfehlbar ausarten, wenn man nur vier oder fünf große Staaten fortdauern ließe. Ein Staatenverein fordert eine größere Anzahl, und man hat nur zwischen der nun einmal unmöglichen (und, meiner Meinung nach, keineswegs wünschens= würdigen) Einheit, und dieser Mehrheit die Wahl. Zwar kann es wunderbar scheinen, wenn man gerade die Fürsten des Rhein= bundes beibehält, und wenn die Herstellung der Gerechtigkeit das Werk der Ungerechtigkeit und der Willkür bestätigt. Allein ein= zelne Änderungen können immer getroffen werden, und übrigens gewinnt in politischen Gegenständen das einmal Geschehene und seit Jahren Bestehende nicht abzuleugnende Ansprüche — einer der wichtigsten Gründe, sich Ungerechtigkeiten gleich von Anfang standhaft entgegenzusetzen.

Ob gerade die Grenze mit Frankreich durch große Staaten gebildet werden soll, scheint mehr eine militärische Frage. Allein die Sicherheit Deutschlands beruht auf der, durch die übrigen deutschen Fürsten vermehrten Stärke Österreichs und Preußens, und diese können es freier verteidigen, wenn sie, mehr entfernt stehend, durch eigene feste Grenzen gesichert, zwischen sich und dem Feinde ein ihrer Aufsicht und ihrem Einfluß unterworfenes Ge= biet haben. Auch die größesten Staaten verhindern nicht leicht, daß der Feind ihre Grenzen überschreite, wenn einmal der Krieg wirklich ausgebrochen ist, und ihre unmittelbare Berührung führt diesen leichter herbei. Alle großen Staaten haben daher gern minder bedeutende zwischen sich gelassen, und es kann immer kleine Staaten diesseits, und (wenn, wie es billig der Fall sein sollte, der Rhein wieder ein deutscher Fluß wird) auch jenseits des Rheins geben, wenn nur die Schweiz und Holland unab= hängig sind, man keine Angriffsfestungen auf dem Rheine selbst duldet, und ein paar feste Plätze zur Unterstützung allenfallsiger Kriegsoperationen anlegt.

Diese vorläufigen Betrachtungen werden hinreichend sein, die folgenden Vorschläge zur Bildung einer Vereinigung Deutschlands zu begründen.

1.

Alle deutschen Fürsten vereinigen sich durch ein gegenseitiges Verteidigungs-Bündnis zu einem politischen Ganzen.

Dies Bündnis ist eine vollkommen gleiche und freie Verbindung, wie sie von souveränen Fürsten geschlossen wird, und es findet unter den Mitgliedern desselben keine andere Verschiedenheit der Rechte statt, als welche sie selbst durch dasselbe freiwillig unter sich eintreten lassen.

2.

Der Zweck dieses Bündnisses ist die Erhaltung der Ruhe und Unabhängigkeit Deutschlands, und die Sicherung eines auf Gesetze gegründeten rechtlichen Zustandes in den einzelnen deutschen Staaten.

3.

Die Gewährleistung für dieses Bündnis wird von den großen Mächten Europas, namentlich von Rußland und England, übernommen *).

Da diese beiden Mächte und Österreich und Preußen, auch als nichtdeutsche Mächte, durch eigene Allianztraktate verbunden sind, so würden diese, in Rücksicht auf diese Garantie, noch einer erweiternden Bestimmung bedürfen, inwiefern auch ein nicht auf sie, sondern auf Deutschland unternommener Angriff zur Forderung einer Hilfe berechtigen solle.

4.

Diese Garantie bezieht sich jedoch nur auf die Beschützung Deutschlands gegen auswärtige Angriffe, und die garantierenden Mächte begeben sich aller Einmischung in die inneren Angelegenheiten Deutschlands.

Ohne diese Bestimmung würde das Bestreben eines oder des anderen deutschen Staates, sich einer der garantierenden Mächte gegen eine der größeren in Deutschland zu bedienen, dem man immer entgegensehen muß, zu sehr begünstigt werden. Die garantierenden Mächte müssen hierbei

---

*) Zu „Rußland" Bleistift-Bemerkung: „wohl allein," von Stein.

von unbedingtem Vertrauen in die Mäßigung Preußens und Österreichs ausgehen. Das Bemühen, Alles durchaus sichern und gegeneinander abwägen zu wollen, führt nur Klagen und Uneinigkeiten herbei.

5.

Die Garantie der gegenseitigen Rechte der einzelnen deutschen Staaten, sie mögen aus dem Bündnis selbst herfließen oder nicht, übernehmen Österreich, Preußen, Bayern und Hannover gemeinschaftlich, und mit durchaus gleichen Befugnissen. In Fällen, wo von den Rechten einer oder mehrerer dieser Mächte selbst die Rede ist, ruhen die aus der Garantie fließenden Rechte für diese, und es treten andere deutsche Staaten in ihre Stelle. Es werden zu diesem Behuf vier andere in bestimmter Folge im Bündnis eventuell bezeichnet.

Diese besondere Garantie der inneren Rechte ist notwendig, um dadurch eine schiedsrichterliche Vermittelung der Streitigkeiten der deutschen Fürsten untereinander zu erhalten. Bayern und Hannover dazu aufzunehmen, schließt sich an die oben ausgeführte Idee an, diese Staaten durch einen thätigeren Anteil in der Beförderung des gemeinschaftlichen Interesses reger damit zu verbinden.

6.

Das gemeinschaftliche Bündnis wird auf ewige Zeiten geschlossen, und jeder Teil thut Verzicht auf das Recht, je davon auszuscheiden.

Hierdurch würde sich dies Bündnis von gewöhnlichen Bündnissen unterscheiden, deren Dauer von der Willkür jedes Teils abhängt. Jeder, auch noch so feierlich vorher angekündigte Austritt würde als ein Bruch angesehen werden und berechtigen, dem Austretenden feindlich zu begegnen. Diese Bestimmung ist durchaus notwendig und auf keine Weise ungerecht. Denn das Ausschließen eines deutschen Fürsten aus einem, auf die Sicherung der Unabhängigkeit Deutschlands abzweckenden Bunde ist eine an sich widernatürliche, kaum denkbare, allein nie zu duldende Sache.

Bedingungen des Bündniffes.

Diefe betreffen Gegenftände des äußeren und inneren Staatsrechts und der Gefetzgebung.

Äußeres Staatsrecht.

7.

Jeder deutfche Fürft verbindet fich, mit einer verhältnis= mäßigen Anftrengung aller Kräfte feiner Staaten zur Verteidi= gung des gemeinfchaftlichen Vaterlandes thätig zu fein.

8.

Jeder fetzt daher die durch das Bündnis felbft zu beftim= menden Streitkräfte in Bewegung, fobald der Fall eines vater= ländifchen Krieges eintritt.

9.

Die Erklärung, ob und wann ein folcher Fall vorhanden fei, gefchieht durch Öfterreich und Preußen; fie kann nur von beiden Höfen gemeinfchaftlich ausgehen; im Fall deutfches Gebiet von fremden Truppen feindlich betreten wird, bedarf es einer folchen Erklärung nicht.

Da unter allen deutfchen Staaten nur Öfterreich und Preußen Mächte find, welche auch in den europäifchen Staatsverhältniffen den Ausfchlag geben können, fo kann das Recht der Kriegserklärung nur ihnen anvertraut wer= den. Das weiter unten (14) erwähnte der Friedensfchlie= ßung beruht auf dem gleichen Grunde. Dem Bündnis Be= ftimmungen für den Fall beizufügen, wo diefe beiden Mächte miteinander über einen fo wichtigen Punkt uneins wären, würde durchaus zwecklos fein. Ihre Übereinftimmung kann, wie fchon oben bemerkt worden, weder durch das Bündnis erzwungen, noch bei demfelben entbehrt werden.

10.

Jeder deutfche Fürft macht fich durch das Bündnis auf den Fall eines gemeinfchaftlichen Krieges zur Stellung einer gewiffen Truppenzahl, und zu gewiffen Leiftungen zu den Kriegsbedürf= niffen anheifchig.

Es verfteht fich von felbft, daß Preußen und Öfterreich nicht nach Maßgabe ihrer deutfchen Befitzungen, fondern ihrer gesamten Kräfte, und als europäische Mächte, an einem solchen Kriege teilnehmen. Denn die hauptsächlichste Bürg= schaft für die Dauer des deutschen Vereins liegt gerade in dem Umstande, daß Österreich und Preußen die Unabhän= gigkeit und Selbständigkeit Deutschlands als unzertrennlich von ihrer eigenen politischen Existenz ansehen. Von einem bloß lauen Anteile einer dieser beiden Mächte an einem Verteidigungskriege Deutschlands kann fernerhin nicht mehr die Rede sein.

11.

Es wird eine gewisse Truppenzahl bestimmt, welche den Staat, der sie als Kontingent stellt, berechtigt, aus seinen Truppen ein eigenes Armeekorps*) zu bilden. Die Truppen aller übrigen Fürsten werden in allgemeine Armeekorps vereinigt. Die Aufsicht im Krieg und Frieden über diese wird, nach zu treffender Übereinkunft Österreichs und Preußens, wo möglich deutschen Prinzen anvertraut.

12.

Jedem Fürsten, dessen Truppen ein eigenes Armeekorps bil= den, wird es selbst überlassen, die Streitkräfte seiner Staaten in verfassungsmäßigem Zustand zu erhalten. Diejenigen aber, deren Truppen Teile der allgemeinen deutschen Armeekorps ausmachen, ver= sprechen, sich auch in Friedenszeiten diejenige besondere Aufsicht auf die Militäranstalten gefallen zu lassen, ohne welche keine Ein= heit erhalten werden könnte. Diese Aufsicht wird von den Chefs dieser Armeen**) unter der Autorität derjenigen Macht***) aus= geübt, welche sie bestellt hat.

So notwendig eine solche Aufsicht bei den kleineren Für= sten ist, so unmöglich wäre sie bei den größeren. Der Ein= fluß, den man auch bei ihnen hierauf ausüben muß, kann nur ein allgemein politischer sein.

13.

Die gemeinschaftliche Militärverfassung Deutschlands, die Er= richtung von Landwehr und Landsturm, die vielleicht notwendige

---

*) Anmerkung von Stein mit Bleistift: 25000 Mann.
**) Anmerkung von Stein mit Bleistift: Corps.
***) D. i. nach § 11 Österreichs oder Preußens.

Anlegung gemeinschaftlicher Festungen, die Verteilung des Kom=
mandos im Kriege u. s. f. erfordert eine Menge anderer einzelner
Bestimmungen, teils in dem Bündnisse selbst, teils in eigenen
Regulativen, die hier, wo es nur auf die Hauptzüge ankommt,
übergangen werden.

14.

Das Recht der Friedensschließung bei einem gemeinschaft=
lichen Kriege steht allein Österreich und Preußen gemeinschaftlich
zu. Beide Mächte aber versprechen, nie einen Frieden oder an=
deren Vertrag einzugehen, durch welchen der Besitzstand oder die
Rechte eines in dem Bündnis begriffenen Fürsten geschmälert
würden.

Einige, oder alle deutsche Fürsten an diesem Rechte teil=
nehmen lassen zu wollen, würde ein durchaus vergebliches
Bemühen sein. Angelegenheiten dieser Wichtigkeit werden
immer nur durch den politischen Einfluß der Staaten auf=
einander entschieden werden; und Mächte wie Österreich
und Preußen werden und können sich in Dingen, von deren
Entscheidung ihre eigene und ganze, nicht bloß deutsche
Existenz abhängt, nie durch Verfassungen und Formen die
Hände binden lassen. Diese Formen würden bloß zum
Schein bastehen, umgangen und durchlöchert werden. Es ist
viel besser, geradezu stillschweigend einzugestehen, daß es keine
Wohlfahrt für die deutschen Fürsten giebt, als sich dem
wohlverstandenen und gemeinschaftlichen Interesse Österreichs
und Preußens zu unterwerfen und keine Politik, als durch
ihr Betragen und ihren Einfluß diese beiden Mächte immer
enger mit sich untereinander zu verbinden.

15.

Alle in dem Bündnis begriffene Fürsten versprechen keinerlei
Art von Vertrag oder Verbindlichkeit einzugehen, welche einem
in demselben enthaltenen Punkte zuwiderliefe.

16.

Diejenigen, welche bloß deutsche Länder besitzen, entsagen
dem Rechte, an auswärtigen Kriegen und überhaupt an anderen
als deutschen Bundeskriegen teilzunehmen; darauf . abzweckende

Bündnisse zu schließen, fremden Truppen den Eintritt in ihren Staaten zu gestatten oder die ihrigen in Sold zu geben.

Diese Beschränkung kann auch den größeren deutschen Fürsten, wie Bayern, nicht erlassen werden. Die Streit= kräfte Deutschlands dürfen für ein fremdes Interesse weder zersplittert noch geschwächt werden; und man muß jeden Vorwand entfernen, welcher Deutschland in Kriege ver= wickeln könnte, die nicht sein unmittelbares Wohl angehen. Es versteht sich, daß Hannover denselben Grundsätzen folgen muß.

17.

Alle deutschen Fürsten versprechen, ihre Streitigkeiten unter= einander durch gütlichen Vergleich beizulegen, wenn aber ein solcher nicht sollte zustande gebracht werden können, sich unbedingt dem schiedsrichterlichen Ausspruch der die innere Ruhe Deutschlands garantierenden vier deutschen Mächte, deren im vorigen (5.) er= wähnt worden ist, zu unterwerfen.

Die Art der Behandlung der Angelegenheiten, welche vor diesen schiedsrichterlichen Ausspruch gebracht werden, muß in dem Bündnis genau bestimmt werden. Es muß dadurch selbst die entfernteste Möglichkeit zu jeder inneren Fehde abgeschnitten sein. Die Streitigkeiten der einzelnen Staaten könnten zwar bei den garantierenden Fürsten auf mehr als Eine Weise ausgemacht werden; allein am besten wäre es, einen eignen Gerichtshof unter ihrer Aufsicht zu bestellen, bei welchem die anderen Fürsten auch Mitglieder haben könnten, dessen Aussprüche aber immer nur von jenen vier größeren Mächten vollzogen würden.

Inneres Staatsrecht.

18.

Obgleich jeder Fürst mit allen Souveränitätsrechten inner= halb seiner Staaten begabt wäre, so müßten doch in jedem deut= schen Staat Stände errichtet oder hergestellt werden.

Gut eingerichtete Stände sind nicht bloß eine nötige Schutzwehr gegen die Eingriffe der Regierung in die Privat= rechte, sondern erhöhen auch das Gefühl der Selbständig=

keit in der Nation und verbinden sie fester mit der Re=
gierung. Sie sind überdies eine altdeutsche Einrichtung
und nur in neueren Zeiten abgekommen oder zu einer leeren
Förmlichkeit geworden.

19.

Bei Bestimmung der Rechte der Stände müssen gewisse Grund=
sätze, als allgemein durch ganz Deutschland geltend, angenommen
werden; im übrigen aber muß die Verschiedenheit eintreten, welche
die ehemalige Verfassung der einzelnen Länder mit sich bringt.

Eine solche Verschiedenheit ist nicht allein durchaus un=
schädlich, sondern sie ist notwendig, um in jedem Lande
die Verfassung genau an die Eigentümlichkeit des National=
Charakters anzuschließen. Die der neuesten Zeit sehr eigne
Methode, allgemeine, theoretisch gebildete Reglements ganzen
Ländern vorzuschreiben und dadurch alle Mannigfaltigkeit
und Eigentümlichkeit niederzuschlagen, gehört zu den ge=
fährlichsten Mißgriffen, die aus einem unrichtig verstan=
denen Verhältnis der Theorie zur Praxis entspringen können.

Diejenigen Grundsätze, welche indes wirklich allgemein
gemacht werden müßten, würden eine genauere Ausführung
in dem Bündnisse selbst erfordern.

20.

Die Verhältnisse der mediatisierten Reichsstände bedürfen noch
außerdem eigner Festsetzungen.

Diese Verhältnisse müßten mehr nach staatsrechtlichen
Grundsätzen, als gerade mit historischer Rücksicht auf die
ihnen bei der Mediatisation, die nichts als eine Gewalt=
handlung war, gelassenen Rechte bestimmt werden. Es
muß hierbei notwendig die doppelte Frage entstehen: ob
es nicht besser sein dürfte, die mediatisierten Reichsstände
gänzlich den übrigen Landständen gleichzustellen? oder im
Gegenteil ihre Verhältnisse noch günstiger zu bestimmen,
und dann auch die kleineren unter den jetzt souverän ge=
lassenen Fürsten zu mediatisieren und größeren unterzu=
ordnen?

Das erstere wäre hart gegen eine schon höchst ungerecht

behandelte Klasse und würde wenig oder keinen Nutzen bringen.

Das letztere wird bei allen denen Beifall finden, welche wünschen, Deutschland bloß aus einigen großen Staaten bestehen zu sehen. Ich würde aus den im Anfange dieses Aufsatzes angeführten Gründen dagegen sein. Deutschland wird kein Staatenverein und das Wesentlichste, seine Einheit, leidet, wenn es bloß vier oder fünf Staaten zählt. Es läßt sich alsdann keine Garantie der inneren Rechte, kein gemeinschaftlicher Gerichtshof denken, und alle mediatifierte Fürsten würden sehr bald ihre Rechte gegen die Eingriffe der größeren Regierungen verlieren. Die gegenwärtigen Vorschläge beschränken aber schon dergestalt die Souveränitätsrechte der kleineren, jetzt bestehenden Fürsten, daß der gemeinschaftlichen Sicherheit keine Gefahr daraus erwachsen kann.

Die allgemeine Aufhebung der Mediatifation für alle, welche unter ihr gelitten haben, würde unübersteigliche Hindernisse finden.

21.

Eingriffe der Regierungen in die Rechte der Stände können von dem beeinträchtigten Teile den vier Mächten, welche die innere Garantie in Deutschland übernehmen, angezeigt werden, und es wird darüber von dem unter ihre Aufsicht gestellten Tribunale entschieden.

22.

Auf dem gleichen Wege kann auf Klagen der Stände über verschwenderische Regierungen ein temporäres Sequester ihrer Länder eingeleitet werden *).

23.

Es wird, nach der Bevölkerung, eine gewisse Normalgröße eines deutschen Staates bestimmt, von welcher es abhängt, ob die Civilprozesse seiner Unterthanen sollen innerhalb desselben durch alle Instanzen gehen können? oder ob die höchste Instanz außerhalb gesucht werden muß?

---

*) Bleistift-Fragezeichen, ohne Zweifel ebenfalls von Stein.

24.

Derjenige Staat, welcher nicht groß genug ist, um drei Civilinstanzen in sich selbst zu begreifen, muß auch seine Kriminal= urtel, sobald die erkannte Strafe einen zu bestimmenden Grad erreicht, einer fremden Revision unterwerfen.

Da kleinere Staaten schlechterdings nicht drei geschiedene und gehörig besetzte Gerichtshöfe zu unterhalten im stande sind, so ist diese Festsetzung durchaus notwendig, wenn Willkür vermieden werden soll.

25.

Ein solcher Staat kann ferner keine das bisher in ihm be= stehende Civil= und Kriminalrecht abändernde Verordnung er= gehen lassen, ohne dieselbe demjenigen, an dessen höchste Gerichts= höfe er die Appellation zugeben muß, zur Genehmigung vorzulegen.

Die Rechtspflege und die Gesetzgebung stehen in so enger Verbindung miteinander, daß diese Bestimmung schlechter= dings durch die vorige notwendig gemacht wird.

26.

Wenn derjenige Staat, welchem andere in Absicht der Appel= lation unterworfen sind, offenbare Unregelmäßigkeiten in den Gerichtshöfen dieser bemerkt, kann er durch die vier, die innere Ruhe Deutschlands garantierenden Mächte eine Revision derselben veranlassen.

27.

Um den kleineren Staaten auf eine bequeme und nicht kost= bare Weise eine höchste Instanz zu verschaffen, werden sie alle, nach ihrer geographischen Lage, einer jener vier größeren Mächte zugeteilt, welche alsdann jene Rechte über sie ausübt.

Viel besser als diese Einrichtung wäre die Anordnung eines eignen Gerichtshofes für alle Fürsten, von deren Staaten aus an andere appelliert werden müßte, wie ein solcher ehemals vorhanden war. Mit diesem müßte dann ein besonderer gesetzgebender Rat für ganz Deutschland verbunden sein, dessen Aussprüche für jene kleineren Fürsten verbindend wären und dessen Gutachten auch die größeren einholen könnten — ein Weg, auf welchem vielleicht nach

und nach eine allgemeine deutsche Gesetzgebung zustande
käme. Allein es ist sehr schwer, wenn kein Reichsober=
haupt vorhanden ist, einem solchen Gerichtshofe die ge=
hörige Konsistenz, Unabhängigkeit und Einheit zuzusichern.
Ob dieser Gerichtshof mit demjenigen, von welchem
oben (17.) die Rede war und der eigentlich nur publizistische
Fragen zu entscheiden haben würde, verbunden werden
könnte, erfordert genauere, nicht hierher gehörende Unter=
suchung.

Gesetzgebung.

In Rücksicht dieser würde ich, außer dem schon im Vo=
rigen (25. 27.) über die Civil= und Kriminalgesetzgebung
Gesagten, nur folgende Bestimmungen aufzunehmen vor=
schlagen.

28.

Jedem Unterthanen eines deutschen Staates steht es frei,
in einen anderen deutschen Staat auszuwandern, und es kann
ihm hierin keine Schwierigkeit entgegengestellt, noch ein Abzug
von seinem Vermögen auferlegt werden.

Diese Freiheit ist die Grundlage aller Vorzüge, welche
der Deutsche für seine individuelle Existenz aus der Ver=
bindung Deutschlands zu einem Ganzen zu ziehen vermag.

29.

Alle Verweisung von Verbrechern, Vagabunden und ver=
dächtigen Personen aus einem deutschen Staat in einen andern
hört von jetzt an gänzlich auf.

30.

Die Freiheit, auf fremden deutschen Universitäten zu stu=
dieren, ist allgemein und wird durch keine Bestimmung, auch
nicht durch die, wenigstens eine gewisse Zeit auf einer inländi=
schen gewesen zu sein, beschränkt.

Die Gleichmäßigkeit der Fortschritte der Geistesbildung
in dem gesamten Deutschland hängt vorzüglich von dieser
Freiheit ab, die auch in politischer Rücksicht wesentlich not=
wendig ist.

31.

Die deutschen Staaten schließen einen, allen ihren gegen=
seitigen Verkehr umfassenden Handelsvertrag, in welchem wenig=
stens das Maximum aller Eingangs= und Ausgangszölle im In=
nern von einem deutschen Staat in den andern bestimmt wird.
Die darin gemachten Festsetzungen können nur gemeinschaftlich
abgeändert werden.

Es ließe sich vielleicht auch in anderer Hinsicht ein Zu=
sammenwirken der deutschen Staaten in Finanz= und Han=
delsangelegenheiten denken und alsdann könnte eine gemein=
schaftliche deutsche Handels= und Finanzbehörde nützlich sein,
der es vielleicht möglich wäre, an den wegen der soliba=
rischen Obligationen der Fürsten angeordneten Comité,
welcher ohnehin bis 1821 bestehen muß, anzuschließen.

*   *   *

Dies, lieber Freund, wären etwa meine, hier erst flüchtig
hingeworfenen Vorschläge. Sie müssen aber nie vergessen, daß
dieser ganze Aufsatz nur ein Versuch ist, zu zeigen, was noch
geschehen kann, wenn einmal die Wiederherstellung einer Verfas=
sung mit einem wahren Reichs=Oberhaupte, wie ich glaube, un=
möglich ist. Könnte man dem deutschen Reich ein Oberhaupt
wiedergeben (welches aber, um nicht viel größere Nachteile herbei=
zuführen, genug Macht besitzen müßte, um sich des Gehorsams
zu versichern, und genug Achtung, um nicht zur Eifersucht und
zum Widerstande zu reizen), so müßten freilich die meisten Dinge
anders eingerichtet werden, als hier gesagt ist. Denn alsdann
müßten dem Oberhaupte auch wahre Reichsstände, mit größeren
sich auch auf die äußeren politischen Verhältnisse beziehenden
Rechten gegenüberstehen."

XIV. E. M. Arndt über künftige ständische Verfassungen in Deutschland.

Winter 1813/14.

Auf Steins Wunsch schrieb Arndt unter obigem Titel eine Flugschrift, die in klein Oktav, 88 Seiten stark, ohne Ortsangabe und nur mit der Jahrzahl 1814 erschien. Wir wissen aber, daß Arndt sie im Winter 1813/14 in Frankfurt a. M. verfaßte und herausgab. Wir dürfen sie in den Februar 1814 setzen, da sie ohne Zweifel der Denkschrift Steins vom 10. März voran=ging. Dafür zeugt, daß diese nicht mehr die Kaiseridee vertritt, von der allein aus Stein zu Arndts Schrift Veranlassung ge=geben haben kann, und dann der Umstand, daß Steins Denk=schrift mindestens in einem Punkte (im § 8) offenbar den An=regungen der Arndtschen Schrift folgte.

Wir erinnern uns, daß diese von Treitschke sehr abfällig beurteilt wurde, als ob Arndt „noch gar nicht über die wesent=lichen staatsrechtlichen Begriffe nachgedacht" habe (siehe oben S. 27 u. 76). Und doch bewegt sich derselbe im Grunde ganz in den gleichen Idealen und Anschauungen, wie bis dahin Stein. Wie hätte es auch anders sein können! Hatte er doch seit dem August 1812 in Petersburg mit Stein gemeinsam alle patrioti=schen Ideen gehegt und gepflegt! Er preist daher wie dieser die alte Monarchie des 10. bis 13. Jahrhunderts, indem er aus=führt: „In den ersten Jahrhunderten des Reiches waren die Fürsten nur ein Teil des Volkes und gleich allen übrigen des Kaisers Unterthanen." Die „Herzoge, Landgrafen u. s. w. waren Beamte des Kaisers und Reichs". „Späterhin . . . . verstanden die Reichsbeamten sich erblich zu machen und die Menschen, die

sie bisher im Namen des Kaisers und Reichs regiert hatten, als
ihre eigenen Unterthanen anzusehen und zu regieren." „Doch
blieb in allen kleinen und großen Landen des Vaterlandes neben
den Fürsten eine geheiligte Macht bestehen, nämlich Stände, ohne
deren Bewilligung und Einstimmung dieselben keine Geschäfte
und Unternehmungen von Wichtigkeit wagen, noch neue Einrich=
tungen und Gesetze machen durften." In der Folge aber seien,
„vorzüglich seit dem unseligen 30jährigen Kriege, die alten Ord=
nungen und Verfassungen des Vaterlandes immer mehr durch=
brochen und vernichtet" worden. Die „jüngsten Jahrzehnte"
hätten vollends „die noch übrigen wenigen Trümmer des alten
heiligen Reiches abgebrochen" u. s. w. (S. 21 ff.)

Hiernach wünscht er wie Stein nicht eine Beseitigung der
Fürsten, sondern nur „die Stellung aller deutschen Fürsten und
Lande unter Ein gemeinsames Oberhaupt, Kaiser oder König"
(S. 29). Ebenso begehrt er „die Stiftung großer Reichsgerichte"
mit einer solchen Zahl von „Ober= und Unterrichtern, daß die
geschwindeste Schlichtung der Zwiste möglich sei". Ebenso und
vor allem einen „Deutschen Reichstag". Diesen aber will er
moderner und konsequenter wie Stein gestalten. Er will ihm
nicht wie dieser nach der alten Reichsverfassung „drei" Kollegien
geben und nur dem „dritten", dem „städtischen", ein Häuf=
lein von Abgeordneten der Territorialstände „beiordnen"; viel=
mehr verlangt er, daß der ganze Reichstag — wie heute —
nur aus gewählten Volksvertretern oder aus „Landboten" be=
stehen solle, die jedoch im Anschluß an Stein „von den Ständen
der einzelnen Landschaften und Staaten des Reichs gewählt wer=
den" sollen. Dieser Reichstag hält „wenigstens die Hälfte des
Jahres Sitzungen" und wird „je alle fünf oder sechs Jahre
neu gewählt". Er hat „über die allgemeinen Angelegenheiten
des Vaterlandes zu ratschlagen" und natürlich auch über die
„Gesetze, welche für das ganze Reich gelten" sollen und „wobei
man so sehr wie möglich die alten deutschen Rechte und Satzungen
und die Eigenheiten und Bedürfnisse des Volkes und Landes im
Auge" zu halten hat. Den „Vorsitzer oder Sprecher ernennt der
Kaiser oder König". „Die Verhandlungen des Reichstags sind

die öffentlichsten, weil er das Palladium des Glücks und der
Freiheit sein soll." Und in Verbindung verlangt er „die un=
beschränkteste Preßfreiheit, ohne welche auch die bürgerliche Frei=
heit nicht bestehen kann; bei ihr liegen Gift und Gegengift des
menschlichen Geistes immer neben einander". Endlich: „Einerlei
Münze, Maß und Gewicht, Abschaffung der Abzugs=, Durch=
zugs= und Geleitsgelder, der inneren Land= und Stromzölle und
anderer Plackereien" (S. 29 ff.).

Daß Arndt „der Rechte der Fürsten nicht gedenke", trifft
nicht zu. Daß er die Fürsten oder ihre Vertreter zu dem Reichs=
tag nicht zulassen will, giebt er allerdings deutlich genug zu ver=
stehen; und ausdrücklich fordert er sogar, daß sie auch weder eine
ständige noch eine periodische Vertretung beim Reichsoberhaupt
haben sollen. Doch räumt er ihnen das Recht ein: ihre „beson=
deren Anliegen (an das Reichsoberhaupt) durch besonders ernannte
Gesandte zu besorgen, deren Anwesenheit aber nur für den
einzelnen Auftrag und nicht für immer ist" (S. 30). Er
möchte gern, gleichwie Stein, die Fürsten im Hinblick auf die
alte Monarchie als Unterthanen des Kaisers, als bloße Reichs=
beamte, wenn auch erbliche, angesehen wissen; doch in Bezug auf
die Verfassung der Einzelstaaten legt er ihnen, wie wir gleich
sehen werden, gar keine geringe Macht bei. Ob sie außerhalb
des Reichstags eine Rolle in der Reichsverfassung spielen sollen,
etwa in der Reichsregierung durch Delegation, — diese Frage
hatte er ein Recht unberührt zu lassen, da seine eigentliche Auf=
gabe gar nicht die Gesamtverfassung Deutschlands ist, sondern die
ständischen Verfassungen in demselben; doch liegt es auf der Hand,
daß er ihnen kraft jenes besonderen Gesandtschaftsrechtes
auch das Recht einräumte, über jede das Reich und den Reichs=
tag, die Reichsverwaltung und die Reichsgesetzgebung betreffende
Frage mit dem Reichsoberhaupt und dessen Organen zu verhan=
deln. An die Gesamtverfassung knüpft er nur an, weil sich unter
derselben, wie er sagt, „die einzelnen Herrschaften und Lande reihen,
die im Kleinen eine Ähnlichkeit des großen Bildes darstellen"
sollen, „d. h. auch in ihnen wird eine freie und menschliche Ver=
fassung begründet" (S. 32).

In Bezug auf diese Verfaffung der Einzelländer geht Arndt ebenfalls mit Stein Hand in Hand. Wie dieser will er an die Elemente der alten Landstände angeknüpft wissen und die Geist= lichkeit als solche, d. h. als Stand mit geringen Ausnahmen aus= schließen. Wie Stein und faft alle deutschen Staatsmänner jener Zeit betrachtet er Abel, Bürger und Bauern als die notwendigen drei Beftandteile der Landstände, nur daß er die Reihefolge: Abel, Bauer und Bürger aufftellt, weil er sie als Vertretung des großen Grundbesißes, des kleinen Grundbesißes und der Induftrie auf= faßt (S. 32. 71).

Arndt verlangt, wiederum wie Stein u. a., eine Reform des Abels oder, wie er sich ausdrückt, eine „Wiederherftellung und Reinigung des Abels, so daß er wieder als etwas Würdiges er= scheinen könne". Aber er schneidet zu dem Ende tiefer ins Fleisch wie Stein, seitdem dieser von der Abficht einer radikalen Ampu= tation, d. h. einer vollftändigen Abschaffung des Geburtsadels, wie er sie 1808 mit Gneisenau, Scharnhorft, Grolmann und Boyen plante *), zu seinem angeborenen Abelsstolz und seinen früheren ge= mäßigten Reformabfichten **) zurückkehrte. Die von Arndt empfoh= lene Reform ging dahin: „Nur solche Familien, die, von 15 000 Reichsthalern jährlicher Einkünfte auffteigend, Majorate besißen, werden als wirkliche adlige Familien angesehen, und ftellen durch die Familienhäupter als eigenen Landftand den Abel dar. Auch die jüngeren Söhne dieser Familien werden nicht als Abel betrachtet, sondern nur zum Bolke gerechnet. Aller andere Abel, außer diesem auf Grundbesiß ruhenden Majoratsadel, reich oder arm, alten Geschlechts oder in den leßten Jahrhunderten geftem= pelt, fällt dem Bolke zu und wird nach seinem Besiß oder Ge= werbe entweder zum Bauer= oder Bürgerftande gezählt." (S. 47, 50, 54.) Der Begriff des „Abels" ift hiernach also auf den engen Begriff jenes reichen Majoratsadels beschränkt, der nur Lords aber keine Junker als Abel duldet, und dem daher Arndt nicht ansteht, die „Rolle eines Vermittlers zwischen dem Bolke

---

*) Perß 2, 212.
**) Perß 2, 157 ff.

und den Fürsten, und zwischen den Fürsten und dem Oberhaupte des Reiches" zuzugestehen (S. 72).

Bauer „im weitesten Sinne des Wortes" ist nach Arndt „jeder Mann, der eigenen Grundbesitz hat", also auch der „Majoratsabel". Im engeren Sinne aber bilden den „Bauernstand" alle sonstigen Landbesitzer, „adlige und bürgerliche". Auch er, oder vielmehr der „Grundbesitz" bedarf einer Reform, und zwar durch „Ackergesetze", wobei die Majorate für Adel und Bauer befürwortet werden (S. 56 ff.).

Nicht minder empfiehlt Arndt eine Reform des Bürgerstandes, indem er besonders den Innungen, Zünften und Gilden in so eigentümlicher Weise das Wort redet, daß hier wenigstens ein ganz kleiner Ausschnitt Raum finden mag. „Damit, sagt er, bei der zu großen Flüchtigkeit und dem zu geschwinden Wechsel der Dinge im städtischen Leben, und bei der Wirkung, welche diese Art notwendig auf das Gemüt der Menschen haben muß, aller Grund von Sitte und Gesetz nicht erschüttert und endlich verschüttet, und der Mensch nicht in Wildheit und Unglück der Triebe hineingerissen würde — suchten alle wohlgeordneten Staaten ein Gegengewicht gegen diese zu große Leichtigkeit und Flüchtigkeit. Und auch unsere Vorfahren haben das gethan; sie schufen etwas, das die wilden Triebe zügeln und die flatterhaften Geister fesseln könnte: nämlich Innungen, Zünfte und Gilden. Ich weiß wohl, daß die Theorie der Freiheit unserer Tage diese Ordnungen als Gängelbande der Unmündigkeit verlacht und als Notbehelfe der Barbarei des Mittelalters verspottet hat, deren unselige Reste auf das geschwindeste weggeschafft werden müßten, damit die mündige Menschheit in ungefesselter und würdiger Freiheit wandeln könne; aber ich habe den Begriff von der mündigen Menschheit nicht, den gewisse Herren von ihr hegen. Ich weiß wohl, daß wir den Menschen, die vor tausend und vor zweitausend Jahren lebten, an Geist unendlich überlegen sind; aber daß unser Staat so ganz ohne Ballast auf gut Glück durch die Lüfte segeln und den Stürmen überlassen werden dürfe, das weiß ich nicht. Wie der Mensch nun einmal geschaffen ist, mit seinen Trieben und Leidenschaften und seinen Kräften und

Anlagen zwischen Himmel und Erde schwebend, schießt er durchaus in das Bodenlose und Maßlose hinein, wenn man ihm nicht
irgendwo einen Mittelpunkt giebt, wohin ihn eine unbewußte
Schwere nach langem Flattern immer zurückträgt; wenn man ihn
nicht irgendwo durch Sitte und Gebrauch befestigt, welche
immer besser halten, als alle geistigen Künste und Lehren. Wollen
wir also ein festes, frommes, ehrbares und gehaltenes Bürger-
wesen haben, so müssen wir unsere Bürgerschaften nach alter
Weise unserer Väter wieder in sichere Schranken von Innungen
und Zünften schließen. Aus diesen wiederhergestellten und er-
frischten Einrichtungen, welche echt germanischen Stammes
sind, räumen wir alles Nichtige und Tote weg, das für
unsere Zeit nicht paßt, alle unnützen Mißbräuche und
Hemmungen menschlicher Kräfte und Entwicklungen".
(S. 63 ff., 68 ff.)

Die genannten drei Stände bilden die Grundlage der Landstände in jedem einzelnen Lande des Reiches. Sie „haben in
allen Geschäften und Bedürfnissen des Landes die ratschlagende
und mitregierende Macht". Arndt versteht darunter augenfällig,
wie er an anderer Stelle sagt, die „Bewilligung und Einstimmung" zu allen „Geschäften und Unternehmungen von Wichtigkeit" und zu allen „neuen Einrichtungen und Gesetzen". Die „Räte
und Minister" des Fürsten sind ihnen „verantwortlich". „Geschieht Ungesetzliches und Frevelhaftes in Verordnungen und Ausführungen, so werden sie von den Ständen zur Rechenschaft gezogen und, wenn sie schuldig sind, bestraft". (S. 73, 13.)

Die „Fürsten" sind zwar vor allem „pflichtig gegen das
Allgemeine, gegen das Reich, ohne welches sie nichts sein würden"; sie stehen durchaus „unter" Kaiser und Reich. Aber sie
sind doch „Herrscher" in ihren „Staaten"; es steht ihnen in denselben „die ausführende Gewalt in den Grenzen zu, welche
durch die allgemeinen Gesetze Deutschlands bestimmt
sind"; ihre „Person" gilt als „heilig" und „unverletzlich", wogegen aber ihre „Räte und Minister verantwortlich sind". (S. 73, 74.)

So viel von Arndt. Mag man auch seine Meinungen,
selbst für jene Zeit, nicht teilen, wie auch ich es nicht vermag:

so kann man ihm doch das „Nachdenken" über diese Dinge nicht wohl absprechen. Auch kann ich nicht beistimmen, wenn Treitschke ferner sagt (S. 675): „Die wenigen politischen Sätze der Schrift liegen vereinzelt wie die Muscheln am Strande im dicken Sande moralischer, historischer, ethnographischer Betrachtungen". Ich glaube vielmehr, daß, wenn man von einseitigen Parteistand= punkten absieht, das Schriftchen mehr politischen Wert hat und von einer tieferen, allerdings auch moralischen und historischen Auffassung zeugt, als mancher dicke Band parlamentarischer Ver= handlungen. Ethnographisches kommt darin gar nicht vor.

XV. Denkschrift Steins über die deutsche Bundesverfassung,

Chaumont, 10. März 1814.

Inzwischen hatte die deutsche Verfassungsfrage eine ganz andere Wendung genommen. Um den Jahreswechsel waren die Heere der Verbündeten über den Rhein und in Frankreich vorgedrungen. Schon am 28. Januar 1814 setzten die Mächte in Langres bei Bestimmung der Grundlagen für die Friedensverhandlungen fest: Deutschland solle aus unabhängigen Fürsten bestehen, vereinigt durch einen Bund, der Deutschlands Unabhängigkeit verbürge. Bei den Friedensverhandlungen in Chatillon wurde Preußen, wie fast bei allen Anlässen, durch Humboldt vertreten. Als dann am 1. März die vier verbündeten Mächte zu Chaumont auf der Grundlage von Langres einen neuen Bund schlossen, wurde auch die obige Bestimmung in betreff einer künftigen Bundesverfassung Deutschlands erneuert, und ausdrücklich gesagt: „Die deutsche Bundesakte wird auf Grundlagen aufgeführt werden, welche dem Gesamtverein Kraft geben, und jeden Bundesstaat unter den Schutz einer Verfassung setzen, die seine staatliche und bürgerliche Freiheit gewährleiste. Die hohen Verbündeten werden den Abschluß dieser Akte beschleunigen, um die betreffenden Rechte der Mittelbargeworbenen, der Reichsritterschaft, sowie die der anderen Stände festzusetzen."

Diese Formulierung zeigt zur Genüge, daß sie unter Mitwirkung Steins erwuchs. Die Idee einer Teilung Deutschlands zwischen Österreich und Preußen, oder eines geteilten Protektorates, einer zwiefachen Hegemonie, fiel damit ebenso entschieden zu Boden, wie die Kaiseridee. Dennoch ergriff Stein ben nunmehrigen Grundgedanken, der bereits in der Denkschrift Münsters und insbesondere in derjenigen Humboldts einen Ausbruck gefunden, mit großem Eifer, so daß er schon am 10. und 11. März einen darauf basierten Verfassungsentwurf dem Staatskanzler Hardenberg, dem Grafen Münster und dem Kaiser Alexander überreichen konnte*). Man sieht es demselben an, daß Stein vorzugsweise seine eigene August-Denkschrift und mehr noch die Dezember-Denkschrift Humboldts vor Augen hatte. Das französische Original ist abgedruckt bei Pertz, Denkschriften S. 19 ff. und Leben Steins 3, 718 ff. Wir teilen ihn nach diesem letztern genaueren Abbruck mit. Eine Kopie desselben liegt auch den Humboldtschen Akten des Wiener Kongresses im Berliner Archiv bei. Nach Pertz 3, 558 und Treitschke S. 679 hat es den Schein, als ob erst mit diesem Memoire die August-Verhandlungen wieder aufgenommen wurden, obgleich die von ihnen freilich ignorierten Oktober- und Dezember-Denkschriften Münsters und Humboldts dazwischen lagen.

„Les Puissances Alliées sont convenues dans leurs traités que

l'Allemagne seroit un Corps politique fédératif.

Il est donc indispensable de s'occuper de l'organisation de ce corps, de fixer les rapports des parties qui le composent, les droits qu'on lui attribue, les obligations qu'il contracte, et de convenir sur l'organisation intérieure de ces parties integrantes même.

Il résulte là une constitution générale pour le Corps politique, et une particulière pour les états qui le forment**).

§ 1. Les Etats de l'Allemagne sont tenus à se soumettre aux modifications de leur souveraineté, que la constitution exigera, puisqu'ils ont, ou contracté cette obligation dans leurs traités d'admission, ou que ce ne sera qu'à cette

---

*) Pertz, 3, 558.
**) Wir paragraphieren auch dieses Memoire zur Erleichterung von Citaten.

condition que les puissances alliées leurs garantiront leur existence politique *).

§ 2. Tout Corps politique fédératif suppose u n e assemblée des états qui le compose, ou une diète qui statue sur les intérêts politiques, sur sa législation intérieure, sur ses institutions civiles et militaires, et un directoire, une magistrature qui dirige l'assemblée, qui veille à l'exécution de ses conclusions, à la conservation de ses institutions sociales, politiques, judiciaires ou militaires.

§ 3. Le développement de ces idées appartient à l'acte constitutionel, sa rédaction doit être l'objet du travail d'une Commission particulière, il suffit d'indiquer ici les idées élémentaires sur lesquelles il doit être basé.

§ 4. Le Directoire ne peut être choisi que parmi les membres les plus puissants de la fédération comme il doit avoir une force suffisante pour l'impulsion de l'action, le maintien de l'ordre. On ne peut donc le confier en Allemagne qu'à l'Autriche, la Prusse, la Bavière et l'Hanovre **).

§ 5. Ses attributions essentielles sont la direction de la diète, l'exécution de ses loix, la surveillance sur les institutions, sur le maintien des rapports avec les puissances étrangères, sur ceux, qui sont fixés entre les états de la fédération et entre les princes et les sujets ***).

§ 6. Il lui seroit délégué le droit de faire la guerre et la paix au nom de la fédération, et toutes les conséquences qui en découlent †).

§ 7. La d i è t e se composeroit des députés des Princes et de ceux des Villes Anséatiques, auxquels on ajouteroit pour avoir une représentation plus égale, des députés des états provinciaux.

---

*) Vgl. Humboldt § 1.
**) Humboldt § 5.
***) Humboldt § 17 u. § 31.
†) Humboldt § 9 u. 14.

§ 8. Ces députés n'auroient point de caractère diplomatique*), ils ne seroient point mandataires, et seront renouvellés périodiquement tous les 5 ans, par ⅕ chaque année.

§ 9. La diète ne seroit assemblée que pour six semaines annuellement.

§ 10. Ses **attributions** seroient: la législation fédérative, les impôts pour les besoins de la fédération, la décision des controverses entre les états fédératifs et entre les princes et leurs sujets; elle nomme un comité qui les décide et les fait exécuter**).

§ 11. Les institutions militaires formées en Allemagne, le nombre fixé de troupes de ligne, la Landwehr, le Landsturm, seront conservés sous les modifications que l'état de paix exige***).

§ 12. Le Directoire veillera à leur maintien par les revues etc., de même qu'aux places frontières †).

§ 13. Les recettes mises à la disposition du Directoire sont les douanes du Rhin, les douanes à établir le long de la frontière, et la côte, — les impôts extraordinaires que la diète accordera.

§ 14. Les douanes intérieures, les prohibitions de marchandises entre les différents états de la fédération seront abolis ††).

§ 15. Dans chaque Etat de la fédération seront formés des **Etats provinciaux**, qui s'assembleront annuellement pour voter sur les loix provinciales, sur les impôts destinés pour l'entretien de l'administration †††).

---

*) Erst schrieb Stein représentatif.

**) Vgl. Humboldt § 17, 21, 22.

***) Humboldt § 13.

†) Humboldt § 11, 12.

††) Zu § 13 u. 14 vgl. Humboldt § 31.

†††) Humboldt § 18, 19.

§ 16. Les domaines seront affectés à l'entretien de la maison du prince, les impôts aux objets mentionnés *).

§ 17. Les princes et comtes et la noblesse médiatisés feront partie des Etats — il leur seront attribués les droits de Standesherren **).

§ 18. Tout homme ne peut être jugé que par ses juges naturels, ne peut être détenu plus de 48 heures sans leur être présenté pour qu'ils décident sur les causes de son arrestation.

§ 19. Tout homme a le droit d'émigrer ***), de choisir le service civil ou militaire de l'Allemagne qui lui convient.

§ 20. Tout homme et toute corporation a le droit de faire imprimer les griefs contre l'autorité.

§ 21. (La propriété des ouvrages de la littérature et des arts est garantie aux auteurs, la contrefaction défendue et punie.) †)

§ 22. Il sera établi un comité pour rédiger un plan de constitution pour la fédération Germanique, qui sera composé:

du Baron de Humboldt, du Comte Solms-Laubach, de Mr. de Rademacher, comme rapporteur des affaires Allemandes, ou du Baron de Spiegel qui en possède une parfaite connoissance.

Le plan étant formé, les Puissances assembleront les envoiés des princes Allemands pour signer l'acte constitutionel, le Directoire se chargera de son exécution, de la convocation de la diète etc.

Ch. de Stein."

---

*) S. unten Bemerkungen.
**) Ebenda vgl. Humboldt § 20.
***) Humboldt § 28.
†) Eigenhändiger Zusatz im Concepte.

XVI. Bemerkungen
über die März-Denkschrift. Noch einmal Landstände und deutsches Parlament.

Zunächst ist zu beachten: 1) daß Stein das von Humboldt §§ 9, 11, 12, 14 aufgestellte Duumvirat Österreich und Preußen an der Spitze des Ganzen völlig preisgiebt; 2) daß er die Justizverfassung und die Heranbildung einer allgemeinen deutschen Civil- und Kriminalgesetzgebung, die Humboldt § 23 bis 27 behandelte, ganz übergangen hat; 3) ebenso das Bundesgericht, das Humboldt § 17, 20, 21, 22, 27 geltend machte; 4) ebenso das Recht des Sequesters, bei Humboldt § 22; 5) ebenso in den Bestimmungen der individuellen Rechte (§ 18 ff.) die Frage der Ausweisungen und die so wichtige des Universitätsbesuchs, die Humboldt § 29 und 30 behandelte. Alles das sind entschiedene Rückschritte.

Dagegen ist es eine Weiterbildung, natürlich abgesehen von der Frage des Duumvirats, wenn Stein die „vier deutschen Garantiemächte" Humboldts als Kollegium, gewissermaßen als Bundesrat konstituiert, unter dem Titel „Direktorium", und diesem die Bundesversammlung (diète) zur Seite stellt; ferner wenn er ohne weiteres die innere Zolleinheit verkündet (§ 14), die Humboldt in seinem § 31 nur durch einen allgemeinen Handelsvertrag und durch eine gemeinschaftliche Handelsbehörde anbahnen will; endlich wenn er ein paar individuelle Freiheiten aufstellt, die Humboldt noch nicht erwähnt hatte.

Drei Punkte erfordern eine besondere Beachtung.

I. Die „Rechte" der Landstände, die Stein im § 15 fordert, bleiben auch hier noch weit hinter den gleichzeitigen For-

berungen anderer zurück. Denn auch hier noch ist die „Kon=
kurrenz bei der Gesetzgebung und Abgabenbewilligung" im § 26
der August=Denkschrift nur durch ein „Abstimmen (voter) über
die Landesgesetze und über die zur Verwaltung bestimmten
Steuern" ersetzt. Dabei bleibt ungewiß, ob ein entscheidendes
oder nur, wie wahrscheinlich ist, ein gutachtliches Votum verlangt
wird, da sonst das erstere ausdrücklich geforbert werden mußte.
Aber noch mehr! Durch § 16 werden die Domänen, wie in der
August=Denkschrift, ausschließlich dem fürstlichen Hause zugewiesen
und damit nicht nur meist der Verwaltung wesentliche Beträge,
sondern auch den Landständen wesentliche Objekte der Abstimmung
entzogen (Vgl. oben S. 78).

II. Hier sehen wir deutlich durch § 17, wie sehr Stein be=
dacht war, die Landstände feubal und aristokratisch zu gestalten.
Ihm liegt vor allem daran, daß die mediatisierten Fürsten und
Grafen und die mediatisierte Reichsritterschaft Sitz und
Stimme in den Ländständen erhalten. Und baraus erklärt es
sich denn auch, daß er nicht ausdrücklich im § 7 für die Bundes=
versammlung, gleich wie in der August=Denkschrift § 21 für den
Reichstag, eine besondere Vertretung der Reichsritterschaft be=
gehrt. Denn

III. die Bundesversammlung bachte sich natürlich Stein
nicht gleich dem Reichstage in drei Kollegien oder Kammern ge=
spalten, sondern als eine einheitliche Versammlung der Abgeord=
neten der Fürsten und der Hanse=Städte. Wenn er nun
im § 7 verlangt, daß dieser noch, „um eine gleichmäßigere
Vertretung zu haben", Abgeordnete der Landstände „hinzuge=
fügt" würden: so leuchtet es doch ein, daß er nicht die Absicht
haben kann, wesentlich mehr zu fordern als im § 21 der August=
Denkschrift, und daß die angeführten Worte wesentlich gar keinen
andern Sinn haben können als den, neben den Fürsten und
Städten auch dem Abel, d. h. den mediatisierten Fürsten,
Grafen und Reichsrittern, eine Vertretung am Bundestage zu
verschaffen, indem ja darauf gerechnet werden konnte, daß bei den
Wahlen in den Landständen der Abel die Stimmen der Städter
und der Bauern nach sich ziehen würde.

Unmöglich aber kann Stein an etwas anderes als an Curiat-Stimmen für die Abgeordneten der Landstände gedacht haben. Nicht nur sprechen hierfür alle früheren und späteren Analogien (siehe oben S. 73 ff.), sondern auch die Thatsache, daß er selbst und andere Staatsmänner, nachdem die Vertretung der Landstände als solcher aufgegeben und nur noch die Vertretung der mediatisierten Fürsten, Grafen und Reichsritter, b. h. des von Stein befürworteten Hauptbestandteils der Landstände, festgehalten wurde, immer nur an „einige Curiat-stimmen" dachten. Daher erklärte er schon ein paar Monate später, im Juli, in seiner Note zu § 23 des Hardenbergschen Entwurfs: „Läßt sich eine Beiordnung von landständischen Depu-tierten nicht erreichen, so ist wenigstens die der mediatisierten unerläßlich, denen die Reichsritterschaft gleichzusetzen ist." Und diese Note bezieht sich auf die „sechs Curiatstimmen", die Hardenberg den „sämtlichen" vormals reichsständischen Fürsten, Grafen und Herren zugedacht hatte*). Und noch in der defini-tiven Bundesakte Art. 7 ist es in Aussicht gestellt, den mediati-sierten vormaligen Reichsständen „einige Curiatstimmen im Pleno" eventuell zuzuweisen.

Wenn mithin eventuell der obigen Hauptkategorie der Landstände „sechs Curiatstimmen" zugedacht waren: so darf man daraus folgern, daß die Landstände, wenn sie als solche zur Vertretung zugelassen worden wären, nicht mehr als nur höchstens etwa zwölf Curiatstimmen erlangt hätten.

Nun sollten zwar nach Steins § 8 die Abgeordneten jähr-lich zu ein Fünftel erneuert werden. Indes dies setzt keineswegs eine große Zahl von landständischen Abgeordneten voraus. Denn die Bestimmung bezieht sich für die Bundesversammlung, ebenso wie in der August-Denkschrift § 21 für die Reichsver-sammlung, auf alle Mitglieder derselben, die ja ausdrücklich „nicht einen diplomatischen Charakter" haben, „keine Ge-sandte" sein sollten. Man kann hypothetisch die Zahl der land-ständischen Abgeordneten bei 12 Curiatstimmen auf 36, 48 oder

---

*) Pertz 4, 58 f.

60 schätzen; aber sicher würden dann die Abgeordneten der Fürsten und Hansestädte in jedem dieser Fälle dennoch an Zahl überwogen und überdies den Curiatstimmen der ersteren gegenüber das Dreifache, Vierfache und Fünffache an Virilstimmen dargestellt haben.

Will man aber trotz allem behaupten, Stein habe den Abgeordneten der Landstände Virilstimmen zugedacht, so hindert doch nichts, nach der Analogie der engeren Bundesversammlung der definitiven Bundesakte anzunehmen: es habe deren nicht mehr als 10 oder 15 oder höchstens 20 gegeben. Der landständische Abgeordnete der sächsischen Herzogtümer z. B. konnte recht wohl abwechselnd von einer der fünf landständischen Versammlungen derselben gewählt werden; in den beiden Hessen oder den beiden Mecklenburg konnte ebenso der gemeinsame Abgeordnete entweder abwechselnd von dem einen und dem andern Teil gewählt, oder abwechselnd von dem einen Teil durch Kandidatenliste vorgeschlagen und von dem anderen bestimmt werden. Alljährlich wäre „ein Fünftel" ausgeschieden, also 2 oder 3 oder 4, und dergestalt die Gesamtheit „alle 5 Jahre erneuert" worden.

Pertz (3, 562) geht zu weit, indem er aufzählt, was alles hätte geschehen oder erspart werden können, wenn die „Aufnahme von Abgeordneten der Landstände in die Bundesversammlung" stattgefunden hätte, obwohl ihm die „Wichtigkeit" der Sache unbedenklich einzuräumen ist. Auf alle Fälle aber faßte er sie doch wesentlich ebenso auf, wie es oben geschehen ist, wenn er sagt: es würde keine „Ehrverletzung der fürstlichen Gesandten" gewesen sein, wenn „neben diesen" infolge „einer solchen Einrichtung gewaltsam unterdrückte deutsche Fürsten, Grafen und Herren" gesessen hätten: ein „Fürst von Fürstenberg", oder ein „Fürst von Hohenlohe", oder ein „Herr vom Stein". Das also ist es, nicht mehr und nicht weniger, was Pertz aus den §§ 7, 8 und 17 folgert.

Anders Treitschke S. 679. Er giebt zwar zunächst nur an: Stein habe einen „aus Abgeordneten der Fürsten und der Landtage gemischten Bundestag" verlangt. Aber bald darauf sagt er: es sei demselben nicht möglich gewesen „ein deutsches Par-

lament durchzusetzen"; und er motiviert dies namentlich durch
die „unbehilfliche Schwerfälligkeit einer allzu zahlreichen
Bundesversammlung" und durch die „Unziemlichkeit" für die
„Landesherren, ihre Vertreter unter der Überzahl der Volks=
abgeordneten verschwinden zu lassen". Aber zu allen diesen
Voraussetzungen geben die genannten drei Paragraphen keine Be=
rechtigung, geschweige eine Nötigung. Stein dachte eben gar
nicht an ein „deutsches Parlament", sonst hätte er gewiß,
was Treitschke vermißt, den „so naheliegenden Gedanken"
gehabt, „ein Staatenhaus für die Fürsten und ein Volkshaus
für die Vertreter der Nation" zu beantragen. Und eben deshalb
dachte er auch sicher nicht an eine „unbehilfliche, allzu zahl=
reiche" Versammlung, oder gar an eine „Überzahl der Volks=
abgeordneten". Zudem wären diese „Volksabgeordneten"
wesentlich, wie dargethan, wieder nichts anderes als mittelbare
Fürsten, Grafen, Herren und Reichsritter gewesen.
Endlich wurde allerdings für die Landesherren eine „Unziemlich=
keit" in dem Vorschlage Steins erblickt; aber nicht wegen des
vermeinten „Verschwindens unter der Überzahl" der land=
ständischen Abgeordneten, zu welcher Befürchtung auch nicht der
leiseste Grund vorhanden war, sondern — wie es Pertz richtig
hervorhebt — wegen des vermeintlich ehrverletzenden Neben=
einandersitzens, oder — wie es Graf Münster in der nach=
folgenden Denkschrift schärfer bezeichnet — wegen der unstatthaf=
ten „Parifikation der Unterthanen mit ihren Souveränen". Jeden=
falls wäre auch die Verwirklichung der Steinschen Märzidee
alles eher gewesen, als die Verwirklichung eines deutschen Par=
lamentes.

XVII. Münsters ungedruckte Denkschrift über die deutsche Verfassung.

Dijon 30. März 1814.*)

Auch diese Denkschrift kennt Pertz nicht, und Treitschke hat sie ebenfalls weder erwähnt noch benutzt. Sie ist wesentlich eine Antwort auf den Entwurf Steins vom 10. März. Die Kommunikation war damals sehr leicht. Beide Staatsmänner befanden sich Ende März in Dijon, wo Stein vom 25. März bis zum 6. April verweilte. Ich halte es für genügend, den Inhalt der Münsterschen Denkschrift zu skizzieren, die, wie meist, französisch geschrieben ist.

Münster erklärt: der Prinz-Regent wünscht vorläufig eine „Feststellung der persönlichen Rechte der Deutschen" und eine Feststellung des „Minimums der Privilegien, deren die Provinzial-stände in jedem deutschen Lande genießen sollen", sowie „Proklamierung dieser Rechte als einer provisorisch von den verbündeten Höfen sanktionierten Regel". Denn „die deutsche Nation habe für ihre Befreiung so viel gethan, daß sie heut verdient, daß man ihr Gerechtigkeit widerfahren lasse".

Die Denkschrift spricht sich für das vorgeschlagene „Direktorium" aus, will aber außer Österreich, Preußen, Bayern, Hannover auch Württemberg darin aufgenommen wissen, und zwar 1) weil der Kaiser von Rußland dies wünsche; 2) weil Württemberg sich, gleich wie Bayern, auf einen weniger beschränkten Vertrag stützen könne, als die anderen Fürsten des Rheinbundes; 3) weil der Kronprinz von Württemberg sich gegen den Feind

---

*) B. A. Ebend. No. 70.

sehr ausgezeichnet habe. Il serait donc peut-être prudent d'admettre le Wurtemberg au directoire. Mais je serais contre une extension ultérieure de ce privilège ... D'ailleurs le directoire tel qu'il est proposé comprend tous les électeurs qui ont existé avant la révolution française, exceptée la Saxe qui a perdu ses droits en trahissant l'Allemagne ... Mes instructions m'obligent à recommander aux Cours alliées de ne pas restreindre les droits des autres princes au delà de ce que le salut commun de l'Allemagne ne l'exigera.

Was ben schon im Januar unb im Oktober befürworteten Eintritt Hollands unb ber Schweiz *) betrifft, so müßte man, für ben Fall gleicher Rechte unb Pflichten, sie zum Direktorium des Bundes zulassen.

In Bezug auf bie Bundesversammlung (diète) erklärt sich Münster entschieden bagegen, baß zu ben Abgeordneten ber Fürsten auch Abgeordnete ber Provinzialstände, wie Stein wolle, hinzugezogen würden, wegen ber barin liegenben Ibee de mettre les sujets de pair avec leurs souverains. Höchstens, sagt er (im offenbaren Hinblick auf Humbolbts Dezember=Denkschrift §§ 17, 27 unb 31), könne nur von einer Teilnahme ber ersteren an bem projektierten neuen Gerichtshof ober an ber Verwaltung ber Finanzen bie Rede sein, falls eine allgemeine Kasse beliebt werbe. Jebenfalls sollte man vermeiden, bie Votanten zu sehr zu vermehren. Auch sei es nicht notwendig, eine allgemeine Kasse zu haben; bie Kosten für bie Bundesversammlung unb ben höchsten Gerichtshof könnten repartiert werben. Dann heißt es:

Ce qui est proposé relativement aux domaines des princes ne me paraît pas applicable. Dans la plupart des pays, les domaines sont de vrais biens nationaux **), qui servent à fournir les frais du gouvernement, dans ce cas on abandonnerait donc un revenu beaucoup trop considérable à l'entretien des Cours. Dans d'autres pays ce fonds est si

---

*) S. ob. S. 48 u. 99.
**) Gegen Stein § 16.

peu considérable que le prince qui s'y verrait réduit manquerait du nécessaire. Une certaine restriction devrait être
adoptée, mais un taux proportionnel au nombre de la population paraîtrait plus juste. De ce calcul il faudrait
excepter les possessions privées des princes (Chatullgüter).
La presse doit être libre, mais il faut prévenir la
licence par une mesure modérée; dire qu'il suffit de punir
le libelliste, après qu'il s'est rendu coupable, c'est comme
si on accordait à un incendiaire la permission de brûler
une maison, sauf à être puni après *). Le vulgaire aime
trop le scandale pour oser lâcher le pied aux écrivailleurs.
Tacite observe déjà, que les auteurs préféraient la calomnie
à l'adulation afin de paraître éviter le „fœdum crimen adu-
lationis", et il ajoute „obtrectationi falsa species libertatis
inest."

---

*) Das hat nur einen Sinn, wenn unter prévenir par une mesure
modérée etwa verftanben werben foll bie foforlige Hinterlegung eines Exem-
plars jeber Drudfchrift bei ber Behörbe, ober Preßfreiheit mit Cenfur.

XVIII. Humboldts ungedrucktes Mémoire préparatoire pour les conférences des cabinets alliés sur les affaires de l'Allemagne.

April 1814, Original. *)

(Von Pertz nicht gekannt, von Treitschke weder erwähnt noch benutzt.)

Wir müssen uns zunächst einige Data ins Gebächtnis zurück= rufen. Das Datum der Münsterschen Denkschrift, der 30. März, war auch das der Uebergabe von Paris; am folgenden Tage zogen die verbündeten Truppen in die französische Hauptstadt ein. Am 2. April war die wichtige Kunde noch nicht nach Dijon ge= langt. Alsbald aber brach alles nach Paris auf, auch Stein verließ Dijon zu dem Zweck am 6. April. Wenige Tage darauf, am 11. April erfolgte die Abbankung Napoleons in Fontaine= bleau; am 12. der Einzug des Grafen von Artois, am 23. der Abschluß des Waffenstillstandes. Die Friedensverhandlungen, an denen auch Humboldt sehr wesentlich beteiligt war, nahmen die nächste Zeit in Anspruch. Inzwischen muß das Memoire, das kein Datum trägt, entstanden sein, und zwar jedenfalls im April, weil einerseits sein Anfang und der Annex A sub 19 zeigt, daß ihm die Münstersche Denkschrift vom 30. März voranging und andererseits weil das Memoire selbst sub 3 einen Termin „vor dem 15. Mai" ansetzt, während es heißen würde „vor dem 15. dieses Monats" wenn das Schriftstück n i c h t vor dem 1. Mai geschrieben wäre.

---

*) Ebend. Nr. 70.

Das Memoire ist infolge von Beschlüssen geschrieben, die in einer Konferenz des Minister-Comités der verbündeten Höfe gefaßt wurden und namentlich für die drei „Wünsche" der Münstersterschen Denkschrift oder vielmehr des Prinz-Regenten sich aussprachen. Es ging jedenfalls in die Hände Hardenbergs, dem daher auch die begleitenden Anstriche und Fragezeichen zuzuschreiben sind. Denn es gehörte ohne Zweifel samt den Annexen A und B zu den Originalen, die Humboldt dem Staatskanzler Hardenberg teils in Dijon, teils in London mitteilte, ohne eine Kopie davon zu behalten; weshalb er sie am Ende seines unten folgenden Schreibens an Hardenberg de dato Wien den 31. August 1814 zurückverlangte.

Nach Humboldt sollte die verheißene Kundmachung an die deutsche Nation (Deklaration oder Proklamation) vor dem 15. Mai erscheinen, der Zusammentritt des Redaktions-Comités für die deutsche Verfassung am 1. Juli und der Abschluß seiner Arbeiten spätestens am 1. Dezember 1814 erfolgen.

Der Text des ganzen Memoire lautet:

„Il a été résolu dans une des dernières conférences du comité des ministres des Cours alliées:

de mettre dès à présent un terme aux mesures arbitraires que quelques princes de l'Allemagne se permettent contre leurs sujets, et en particulier contre leurs anciens co-états, les princes et comtes médiatisés;

de déterminer les droits personnels dont tout Allemand doit jouir, ainsi que ceux des médiatisés;

de fixer le minimum des privilèges qui doivent être accordés aux états provinciaux;

et de proclamer ces droits et pivilèges, comme une règle sanctionnée provisoirement par les cours alliées.

Rien ne saurait être plus sage que l'adoption d'une pareille mesure, rien de plus urgent que son exécution. L'édifice politique de l'Europe manquera de son principal fondement, autant que l'Allemagne ne possédera point une constitution forte par sa composition, et assurée par une distribution juste des droits entre ses différents membres;

il serait en vain de régler les rapports politiques des états,
si l'on n'avait pas soin en même temps d'attacher par la
justice et l'équité de la législation intérieure les nations
à leurs patries et à leurs gouvernements; la nation Allemande enfin a tout fait pour sa délivrance qu'elle mérite
aujourd'hui, que les cours alliées lui rendent justice, qu'elles
la prennent sous leur protection immédiate, et ne l'aban-
donnent point aux mesures arbitraires de ceux qui en partie
l'ont empêchée d'arriver plutôt au but glorieux où les efforts
généreux des souverains alliés l'ont conduite.

Il est nécessaire aussi de mettre fin tout de suite aux
abus qui se commettent journellement de la part de quelques
uns parmi les princes de l'Allemagne; on peut même dire
que les cours alliées ont l'obligation de le faire, parce
qu'en abolissant la confédération du Rhin elles peuvent
avoir l'air d'avoir annullé la dernière norme à laquelle les
parties lésées pouvaient encore recourir, et d'avoir ôté le
dernier frein qui aurait pu encore contenir le despotisme
des princes.

Quoique par ces raisons il soit impossible de différer
la publication de la déclaration destinée à fixer les droits
et les privilèges des sujets envers leurs gouvernements en
Allemagne jusqu'au moment où la constitution elle-même
sera entièrement réglée, il ne semble néanmoins pas
prudent de séparer ces deux travaux tout-à-fait l'un de
l'autre.

Les droits des sujets découlent de la constitution, et
varient d'après sa nature. Il n'est donc guères possible
de faire un travail solide sans avoir ces deux objets à la
fois devant les yeux. On pourrait donner lieu au reste à
des rapprochements également injustes et odieux, si l'on
voulait proclamer les droits des sujets sans parler en même
temps de la constitution qui doit régler ceux des princes.

Ceux parmi ces derniers qui ne verront dans une pareille
déclaration qu'un frein mis à leurs actes arbitraires, s'en
trouveront doublement offensés et effrayés, s'ils ignorent

entièrement quelles seront les bases de la constitution future,
et ils ne manqueront pas de représenter cette mesure comme
une tentative des cours alliées, ou de quelques unes d'entre
elles, de s'arroger un pouvoir absolu sur l'Allemagne
entière.

L'opinion de la nation Allemande enfin pourrait être
égarée par une déclaration isolée de ses droits. Ceux dont
la tête s'exalte facilement pourraient se croire dégagés de
tout lien envers leurs gouvernements; d'autres pourraient ne
pas trouver une garantie assez forte dans une déclaration
dénuée des institutions qui seules peuvent assurer l'exécution des principes proclamés. Tous enfin verraient avec
regret encore remis à une époque indéterminée ce à quoi
tendent tous leurs voeux, de voir fixé leur sort, de savoir à
qui et de quelle manière ils appartiendront. Car on ne
saurait assez répéter, qu'autant qu'il était sage et prudent
de laisser beaucoup de rapports politiques et sociaux en
suspens aussi longtemps que la grande lutte présentait une
issue incertaine, autant il est urgent maintenant *) de mettre
une prompte fin à tout état provisoire qui paralyse jusqu'au
sein des dernières familles chaque projet domestique, arrête
par là l'industrie nationale, inquiète les esprits, et met à
la place du zèle et du patriotisme une apathie et une in-
différence dangereuses.

Dans ces circonstances les cours alliées pourraient
obvier au double inconvénient exposé ici, en tenant la
marche suivante.

1.

Les souverains alliés pourraient, et ceci semble en
effet urgent et indispensable, convenir des principes qui
devraient servir de bases à ceux qui seront chargés de la
rédaction d'une constitution pour l'Allemagne.

Ce travail ne serait guères ni long, ni difficile. Les
souverains alliés ont déjà prononcé dans leurs traités mu-

---

*) Auch biefe Ausbrucksweife fpricht für ben April als Abfaffungszeit.

tuels, quelle doit être la forme de cette constitution en
général. Il ne s'agit plus que d'éclaircir un petit nombre
de questions fondamentales, et il ne reste après qu'un travail de détail à faire.

2.

Ces bases devraient être remises à un comité qui serait chargé de la rédaction définitive de la constitution,
ainsi que de l'acte fédératif, qu'il (qui!) devra être signé
par tous les princes de l'Allemagne.

Mais pour mieux s'assurer d'avoir en effet un travail
dont la bonté et la solidité répondît entièrement à l'importance de l'objet, pour lui donner plus de solemnité et
plus d'autorité, et pour réunir au but de dresser l'acte de
la constitution d'abord aussi celui de le rendre acceptable
aux princes et de le faire adopter par eux, il serait bon
de communiquer les bases de la constitution à ceux des
princes Allemands qui, conjointement avec la Prusse et
l'Autriche, doivent former le directoire de la diète future, de les faire reconnaître et signer par eux, et de les
inviter à envoyer chacun un ministre, accompagné d'un
conseiller versé dans le droit public de l'Allemagne, dans
une ville qu'on déterminerait, pour y faire le projet de la
constitution, et de son acte fondamental. Les puissances
garantes de la constitution future pourraient y envoyer également des ministres*) qui néansmoins ne prendraient point
de part immédiate et directe à la confection de la constitution qui ne peut être qu'un ouvrage national. Tout
autre ministre, député ou agent d'une puissance, ou d'un
prince quelconque, serait exclu de ces conférences, et même
du séjour dans la ville où elles se tiendraient.

Outre que ce comité serait chargé de la rédaction de
la constitution, il pourrait, jusqu'au moment où la diète
serait assemblée, servir de point central pour pourvoir,
selon la latitude des pouvoirs qu'on lui accorderait, ou

---

*) Angestrichen und mit einem Fragezeichen begleitet.

régler ou proposer de régler les affaires qui exigeraient une décision prompte et immédiate, soit définitive, soit provisoire. C'est ainsi que les principes proclamés dans la déclaration des droits recevraient une garantie de plus par l'existence d'une autorité à laquelle on pourrait recourir dans les cas, où ils seraient enfreints.

Ce comité se réunirait le 1. de juillet. Son travail principal, la rédaction de la constitution Germanique et de l'acte fédératif, devrait immanquablement être terminé le 1. décembre *) de cette année, mais le comité ne serait dissous qu'au moment où la diète future serait réellement assemblée. Il se servirait tant dans ses conférences, que dans ses pièces officielles uniquement de la langue Allemande, et de la Française seulement dans ses communications avec les ministres des puissances garantes **).

Le délai jusqu'au 1. juillet peut être nécessaire aux cours alliées pour donner plus d'étendue aux bases générales et sommaires dont elles conviendront immédiatement à présent, pour consulter d'autres personnes sur elles, enfin peut-être même pour faire revoir ces bases de nouveau par un comité préparatoire nommé uniquement par elles, et travaillant au quartier-général.

3.

Les cours alliées publieraient dès à présent la déclaration projetée. Pour adoucir cette mesure, et ne point diminuer dans la nation le respect qu'elle doit à ses souverains légitimes, il faudrait dire dans le préambule qu'elle se faisait de concert et d'un accord commun avec les principaux princes de l'Allemagne, consultés à cet égard; et pour cet effet il faudrait réellement la faire communiquer à quelques uns des princes, p. e. aux rois de Bavière et de Wirtemberg, mais sans permettre que pour cela le contenu de la déclaration fût changé, ou sa publication retardée considérablement. Elle devrait toujours

---

*) Zuerst stanb Oktober.
**) Hier wieder Strich unb Fragezeichen.

paraître avant le 15. de mai. Il serait énoncé dans cette déclaration:

a. que les Cours alliées s'ocuperaient incessamment de faire avoir à l'Allemagne une constitution aussi rapprochée que possible de l'ancienne*) et modifiée seulement selon l'exigence des rapports politiques du moment actuel, et des changements survenus dans ces dernières années, sur lesquels il serait impossible de revenir;

b. que d'après cette constitution tous les princes de l'Allemagne formeront une ligue Germanique (Deutscher Bund) dont ils seront membres souverains — que les affaires de la ligue seront réglées par une diète dont un nombre très rétréci de princes formera le directoire — qu'il y aura pour toute l'Allemagne une organisation militaire commune et un tribunal suprême — que des états provinciaux seront ou constitués ou rétablis dans chaque état particulier — que par ce moyen et par le tribunal de la ligue les droits de chaque Allemand seront assurés et garantis — qu'il sera établi une égalité parfaite entre tous les cultes**) — que la liberté de la presse sera protégée et assurée***) — qu'enfin la constitution aura des égards particuliers pour les princes et comtes médiatisés, et qu'elle aura soin de concilier leur intérêt particulier avec le bien-être général;

c. qu'un comité de ministres de l'Autriche, de la Prusse, de la Bavière et du Hanovre se réunira le 1. juillet à . . . . pour s'occuper de la rédaction de la constitution future, que son travail sera terminé immanquablement le 1. décembre, et tout de suite après sanctionné par leurs cours, muni de la garantie de la Russie et de l'Angleterre, et accepté par les autres princes de l'Allemagne;

d. mais que pour empêcher que des sujets d'une province Allemande quelconque ne soient même en attendant

---

*) Am Rande ein Fragezeichen.
**) Fragezeichen am Rande. Zuerst stand „liberté parfaite des cultes".
***) Fragezeichen. Diese Worte wieder ganz ausgestrichen.

lésés dans leurs droits par leur gouvernement qui, se croyant
affranchi de toute autorité supérieure par l'abolition de
l'ancienne constitution Germanique et de la confédération
du Rhin, pourrait oublier que cette abolition n'a point pu
anéantir ni les droits de chaque Allemand, ni la constitution particulière des différents états, les cours alliées
déclarent vouloir maintenir les principes renfermés dans
le présent acte qui seraient énoncés ensuite, et réprimer
toute tentative d'un gouvernement Allemand quelconque
de les enfreindre.

Il est à prévoir que cette déclaration et le projet de
la constitution elle-même trouveront une opposition sourde
auprès de plusieurs des princes Allemands. Mais elle ne
pourra point éclater, et les cours alliées ne pourront même
jamais faire un usage plus juste et plus bienfaisant des
forces que la providence a réunies entre leurs mains qu'en
les employant pour mettre une nation qui a acquis des
titres indubitables à leur protection, à l'abri d'un despotisme qui depuis les siècles les plus reculés a été étranger
à la constitution Allemande, et qui n'a osé lever le masque
qu'après que les catastrophes les plus malheureuses ont
renversé tous les boulevards de la liberté Germanique.

Conformément aux idées ci-dessus exposées, on a joint
au présent mémoire:

1. Les bases qui devraient servir de norme au comité
chargé de la rédaction de la constitution future (A).

2. Un exposé des droits qui seraient proclamés dans
la déclaration des cours alliées (B).

On a élevé la question: s'il ne serait pas bon d'inviter la Hollande et la Suisse à entrer dans la ligue Germanique?

La constitution de ces deux pays, entièrement différente de celle des états Allemands, ne semble point leur
permettre de faire proprement des parties de la ligue.

Mais il serait possible et extrêmement utile de les lier par des traités d'alliance conclus à perpétuité à l'Allemagne d'une manière plus intime et plus particulière que ne le seront les autres puissances Européennes.

Le point le plus important par rapport à la Hollande serait d'établir un système combiné de défense moyennant les places fortes des Pays-Bas et celles de l'Allemagne, de façon que les premières, en recevant en partie des garnisons Allemandes, servissent en même temps de barrières à l'Europe Germanique.

La Suisse n'abandonnera jamais facilement son système de neutralité, et on pourrait même le sanctionner à perpétuité par le traité à conclure, purvu que

a. elle s'engageât à garnir dans le cas de chaque guerre de la ligue Germanique avec la France ses frontières d'un nombre stipulé de troupes, de manière à empêcher réellement toute violation de son territoire;

b. qu'elle donnât une fois pour toutes un certain nombre de troupes à la solde de l'Allemagne, et promît de l'augmenter en cas de guerre; comme la Hollande a eu constamment l'usage de recevoir des troupes étrangères à sa solde, et la Suisse d'en donner, la première pourrait payer à l'Allemagne une certaine somme pour les troupes Allemandes qui feraient partie des garnisons des forteresses Hollandaises, et cette même somme pourrait servir à l'Allemagne pour en payer les troupes Suisses.

c. qu'elle renonçât au droit de donner des troupes à la solde d'un autre gouvernement quelconque.

—— —

Les questions, sur lesquelles les cabinets alliés doivent maintenant se décider, sont les suivantes:

1. s'ils approuvent la marche qu'on a proposé ici de tenir pour la confection de la constitution future?

2. s'ils approuvent, ou non, les bases proposées pour cette constitution, et si dans l'un ou l'autre cas ils croyent nécessaire de les soumettre de nouveau à la révision d'un

comité préparatoire nommé seulement par eux, et travaillant au quartier général? Dans ce cas il faudrait tout de
suite nommer ce comité;

3. s'ils approuvent qu'il soit publiée au nom de leurs
cours une déclaration dans le sens de celle proposée ici?
Dans ce cas il faudrait incessamment charger quelqu'un de
la rédaction de cette pièce, qui devait être écrite et publiée
en Allemand.

Von den beiben Anneren kann ich nur das wichtigere hervor=
heben, da ich sie nicht vollständig kopiert habe; die einzelnen
Punkte sind mehrfach etwas näher ausgeführt.

A. Bases qui pourraient servir de norme au comité
qui sera chargé de la rédaction de la constitution
Germanique.

1. Es wird ein deutscher Bund gebildet*).
2. Die Souveränetät der Mitglieder ist eine durch ihn be=
grenzte **).
3. Nennung der Mitglieder, darunter auch Schwedisch=
Pommern und Holstein qu'il faudrait, heißt es, revendiquer
à l'Allemagne ....
5. Der Zweck des Bundes ist non seulement la défense
de la patrie commune contre toute attaque extérieure,
mais aussi la garantie de tous les droits des différentes
classes et individus de la nation dans chaque état en
particulier ...
9. Nur Österreich, Preußen und Dänemark, weil zugleich
europäische Mächte, haben das Recht, mit fremden Höfen Allianzen
zu schließen u. f. w. ....
11. Es wird eine Bundesversammlung (diète) gebildet,
présidée par un directoire (Bundesausschuß).
12. Das Direktorium wird gebildet durch Österreich, Preußen,

---

*) S. Steins Entwurf, Einleitung.
**) Stein § 1.

Bayern und Hannover *); die beiden ersteren erhalten je 2 Stimmen, die beiden letzteren abwechselnd je 2 und 1 ....

15. Le directoire de la diète sera le pouvoir exécutif et décidera à lui seul, et sans consulter la diète, de la question de la guerre, de la paix et de tout ce qui appartient aux relations extérieures, à l'organisation militaire et aux moyens de défense de la ligue etc. ... **)

16 b. Die Bundesversammlung tritt alljährlich einmal zusammen***); das Direktorium ist permanent.

17 a. Es wird ein deutsches Bundesgericht gebildet ...

17 b. Insbesondere um zu entscheiden über Klagen der Unterthanen oder der Stände gegen ihre Regierung ....

19. Die Kosten für die Bundesversammlung, das Direktorium und das Gericht werden gedeckt durch Repartierung nach Art der alten Kammerzieler†).

20. Deutschland wird in 4 Kreise geteilt, deren jedem einer der Fürsten vorsteht, die das Direktorium bilden, mit der dreifachen Aufgabe: a) die Vollziehung der Beschlüsse der Bundesversammlung und des Direktoriums, b) die militärische Organisation und c) die Justizorganisation zu überwachen††).

21. Jedes Bundesmitglied ist verpflichtet, in Friedens= und Kriegszeiten eine bestimmte Zahl von regelmäßigen Truppen und Landwehr zu stellen und überdies verpflichtet zur Organisation des Landsturmes†††).

22. Tous les membres de la ligue qui ne siègent point au directoire seront soumis pour leur organisation militaire aux décrets du directoire de la ligue et à l'inspection de celui des princes qui préside leur cercle .... Mais ceux

---

*) Münsters Vorschlag in betreff Württembergs drang also noch nicht durch. S. Steins Entwurf § 4. Die folgende Stimmenverteilung ist neu.

**) Vgl. Stein § 6. 6. 2. u. 12.

***) Stein § 9.

†) Gegen Stein § 13, entsprechend dem Vorschlage Münsters.

††) Stein § 5. u. 2. Die Kreise sind neu, aber eine Folge der Mehrzahl der Direktoren.

†††) Stein § 11.

qui fournissant en temps de guerre en troupes régulières et en Landwehr 25000 hommes ou au delà *) auront le droit de former un corps d'armée séparé, commandé par un chef choisi par eux. Les troupes des autres se réuniront dans un corps d'armée du cercle, dont le chef sera nommé par le directoire.

23. Les états qui ont une population de 500000 hommes et au delà seront les seuls qui jouiront du droit de non appellando. Tous les autres seront soumis relativement à l'exercice de la justice à celui qui préside à leur cercle, en autant qu'ils devront: a) renvoyer les procès de leurs sujets en 3 instances au tribunal suprême de cet état; b) soumettre les sentences criminelles dès qu'elles portent la peine d'un emprisonnement de 10 ans ou une majeure, à la revision des tribunaux du même; c) reconnaître cette même revision pour toutes les ordonnances par lesquelles ils voudraient changer la liquidation, ou l'ordre judiciaire en matières civiles ou criminelles.

24. Chaque membre de la ligue Germanique s'engage à instituer ou à rétablir des états provinciaux dans ses états. Si ces états provinciaux n'ont été abolis qu'à l'époque où l'Empire Germanique était dissous, ils pourront prétendre de rentrer dans les mêmes droits qu'ils avaient alors, et les contestations sur la fixation de ces droits seront du ressort du tribunal de la ligue. Le minimum des droits des états provinciaux sera: a) que les impôts, tant directs qu'indirects, ne pourront être augmentés sans leur consentement; b) qu'aucune dette contractée par le gouvernement ne sera valide sans leur approbation;, c) que le gouvernement leur devra rendre compte annuellement de l'emploi qui aura été fait des deniers publics; d) qu'ils auront le droit de faire des représentations au gouvernement sur tous les abus qu'ils croiront découvrir dans la législation ou l'administration du pays.

---

*) Nach Steins Randbemerkung zu Humbolbts Dezember-Denkschrift, f. S. 114.

25. Si leurs griefs, touchant le maniement des deniers publics, ou la manière d'exercer la justice, ne sont point entendus, ils pourront les porter à la diète, qui pourra dans le premier cas aller jusqu'à mettre le pays sous séquestre, dans le second ordonner une revision générale de ses tribunaux.

26. Les princes et comtes médiatisés tiennent le premier rang parmi les états provinciaux du pays auquel ils appartiennent qui sont de la même classe qu'eux ... Les principes d'après lesquels leur sort sera réglé, sont les suivants a) qu'il n'existe point de subjection personnelle ni pour eux ni pour les membres de leur famille; b) baß fie nur bei Geri!tſhöfen eineſ Kreiſvorſtanbeſ unb in le$ter Inſtan$ beim hö!ſten Bunbeſgeri!t &#x1;lagbar ſinb, c) &#x1;eine Autonomie beſi$en, aber d) baſ Re!t ber Forterhebung ber Zehnten, Renten u. ſ. w. von ihren Unterthanen, unb e) &#x1;einen Auflagen unterliegen, bie ni!t au! ber Lanbeſſouverän trägt.

B. Exposé des droits de tout sujet Allemand en général et des princes et comtes médiatisés en particulier.

1) La constitution particulière des différents états de l'Allemagne n'a point été abolie, ni par la dissolution de l'Empire Germanique ni par celle de la confédération du Rhin et elle ne peut par conséquent point être changée par la seule autorité des princes.

2) Aucun Allemand ne peut être privé ni de sa liberté ni de ses propriétés sans une sentence prononcée par le tribunal compétent d'après les lois existantes. Toute arrestation d'un Allemand faite par mesure de police, ou par ordre supérieur doit être suivie dans les 24 heures d'une procédure formelle intentée par le juge compétent.

3) Le cours de la justice ne peut être interverti par l'ordre d'une autorité quelconque, et comme le souverain devient partie dans les causes où son intérêt pourrait être concerné, les tribunaux n'osent suivre aucun ordre qui leur

parviendrait ou de sa part ou de celle de son ministère dans une pareille cause.

4) La liberté de la presse ne sera limitée que par une censure juste et raisonnable. Il est permis à chaque Allemand d'imprimer ses ouvrages dans quel pays Allemand il le juge à propos, et aucun auteur ne peut être poursuivi ni puni que pour avoir enfreint les lois existantes pour la censure.

5) Il est généralement permis d'étudier à une université Allemande quelconque, sans qu'aucun gouvernement ne puisse y mettre obstacle.

6) Chaque Allemand peut entrer au service civil ou militaire de chaque autre état Allemand, et même de chaque puissance étrangère qui n'est point en guerre avec l'Allemagne.

7) Il est libre à tout Allemand d'émigrer d'un pays de l'Allemagne dans un autre, sans que le gouvernement puisse l'assujettir à autre condition de son émigration qu'au payement de l'impôt nommé Abzugsgelb, là où cet impôt n'est point encore aboli.

8) Les princes et comtes médiatisés ſtehen in keinem rapport de subjection.

9) Die Konventionen über dixmes, rentes et autres revenus, woburch bieſelben von ſeiten ber ſouveränen Fürſten abgelöſt ſinb, ſollen revibiert werben.

10) Die Familienpakte, Konventionen unb Stipulationen zwiſchen ben verſchiedenen Zweigen ber fürſtlichen Häuſer behalten ihre Gültigkeit, ihre einſeitige Abänberung ober Annullierung zur Zeit ber Auflöſung bes Reichs iſt ungültig.

Das Bemerkenswerteſte iſt nun bies. Nachbem Stein einmal, wie wir ſahen (S. 131), in ſeiner März=Denkſchrift bas von Humbolbt ben beiben beutſchen Großmächten zugebachte Duum= virat preisgegeben unb bie Fülle ber Macht, namentlich auch bas Kriegs= unb Friebensrecht ſowie bie militäriſche Oberleitung, bem Viererbirektorium zugeteilt hatte, glaubte Humbolbt offenbar, ber

außerordentlichen Autorität dieser Steinschen Denkschrift gegen=
über, um so mehr als inzwischen Graf Münster im Namen Eng=
land=Hannovers ihr hierin beigetreten war, sich gewissermaßen
genötigt, nunmehr auch seinerseits jene Kompetenzen dem Vierer=
direktorium zuzugestehen (Art. 15). Um aber die für ihn daraus
resultierenden Bedenken möglichst zu heben, führte er zugleich drei
ganz neue Bestimmungen ein: 1) die ungleiche Verteilung der
Stimmen innerhalb des Viererdirektoriums (Art. 12), kraft deren
Österreich und Preußen stets im Übergewicht bleiben mußten,
falls sie zusammenhielten; und dieses Zusammenhalten beider
war ja überhaupt nach Humboldt die einzige Gewähr des
Fortbestandes der zu gründenden Bundesverfassung;
2) die Einteilung in vier Kreise (Art. 20), kraft deren Öster=
reich und Preußen wenigstens als die zwei bedeutendsten Kreis=
vorsteher fast in dem ganzen Bundesgebiete außerhalb Bayerns
und Hannovers, vielleicht auch Württembergs, die entscheidende
Macht in Händen gehabt haben würden; 3) eine möglichst hohe
Spannung der Kompetenzen der Kreisvorsteher (Art. 20, 22, 23)
und damit vor allem Österreichs und Preußens. Die Gleich=
stellung Preußens mit Österreich gab übrigens Humboldt in keiner
Weise auf; sie konnte immer noch mindestens in der gemeinschaft=
lichen Führung des Präsidiums und der Geschäftsleitung er=
folgen. Die Steinsche Denkschrift gab ihm aber zu einer Äußerung
über diese Frage keinen Anlaß.

———

Außer den beiden Annexen A und B liegt den Akten noch
ein anonymer Entwurf von Bestimmungen bei, welche mit denen
der beiden vorstehenden Annexe gewissermaßen konkurrieren, unter
dem Titel:

XIX. Bases pour servir de norme au travail du comité préparatoire.

Ungedruckt.

Sie müssen in der Abfassung den Annexen A und B vorangegangen sein, da in ihnen der Stoff eben noch nicht in zwei Abteilungen gesondert (siehe § 13) ist. Dies und gewisse Abweichungen, wie in Betreff des Bundesgerichts (§ 8), beweisen, daß es sich um einen präliminaren Entwurf handelt. Ob etwa an den Vorberatungen dazu Solms-Laubach oder Rademacher teilgenommen habe, die der Schluß der Steinschen Denkschrift vom 10. März neben Humboldt als Comitémitglieder vorschlug, muß dahingestellt bleiben. Den Text lassen wir hier folgen:

Bases pour servir de norme au travail du comité préparatoire.

1) Les princes de l'Allemagne se réuniront à former une ligue Germanique. 2) La ligue une fois formée, aucun prince ne pourra en sortir, et chaque tentative de s'y soustraire sera regardée comme félonie. 3) Le droit des princes actuels de devenir membres de cette ligue sera fixé d'après la grandeur de leurs possessions, l'ancienneté de leurs maisons, et la considération que par d'autres raisons ils peuvent avoir acquise. 4) Un petit nombre de ces princes formera le directoire de la ligue *). 5) Les droits du directoire seront fixés; celui de la guerre et de la paix lui appartiendra dans tous les cas; il aura à lui seul, sans concurrence des autres princes l'exercice de tous les droits

---

*) Vgl. A. 12.

qui lui seront adjugés *). 6) Il y aura une diète qui se
réunira à des époques fixes; ses attributions et ses préro-
gatives seront déterminés; chaque membre de la ligue aura
droit d'y voter **). 7) Les princes qui n'ont que des possessions Allemandes renonceront de prendre part à d'autres
guerres qu'à celles de la ligue Germanique ***) et tous s'enga-
geront à faire décider les différens qui pourraient s'élever
entr'eux sur leurs possessions en Allemagne par les voies
constitutionnelles. 8) Il y aura un tribunal suprême de
la ligue, mais il ne jugera que les différens des membres
de la ligue entr'eux †). 9) L'organisation militaire et l'exercice du pouvoir judiciaire dans les états Allemands qui n'ont
point une population qui sera déterminée, seront soumis à
l'inspection des princes membres du directoire de la ligue ††).
10) L'Allemagne sera divisée pour cet effet dans un certain
nombre de cercles dont les membres du directoire seront
les chefs †††). 11) Les tribunaux supérieurs des directeurs
des cercles seront les tribunaux d'appel en dernière instance
pour ceux des états qui n'auront point un exercice illimité
des pouvoirs judiciaires *). 12) On rétablira ou formera des
états (Stände) dans tous les pays Allemands et la constitution fixera le minimum de leurs privilèges **). 13. Elle fixera
également les droits dont chaque individu Allemand devra
nécessairement jouir ***), et la faculté illimitée d'émigrer
(Freizügigkeit) d'un état Allemand dans un autre fera partie
de ces droits †). 14) Elle réglera enfin d'une manière
équitable le sort des princes qui appartenaient à l'ancienne
constitution Germanique et qui ne deviendront point membres
de la ligue actuelle ††).

*) Vgl. A. 15. **) Vgl. A. 11. 16 b. ***) Vgl. A. 9. †) Vgl. 17 a.
und 17 b. ††) Vgl. A. 20 22 f. †††) Vgl. A. 20. *) Vgl. A. 23. **) Vgl.
A. 24. ***) Vgl. B. †) Vgl. B. 7. ††) Vgl. B. 8 ff.

XX. Hardenbergs und Steins Verfassungs-beratungen
zu Frankfurt a. M. im Juli 1814.

Die von Humboldt in Aussicht genommenen Termine (siehe S. 147) konnten nicht eingehalten werden. Die Friedensunter-handlungen zogen sich in die Länge; erst am 30. Mai wurden die Pariser Verträge unterzeichnet, die in Betreff der deutschen Zukunft wieder nur die allgemeine Phrase enthielten: „Die Staaten Deutschlands sollen unabhängig und durch eine Bundesverbin-dung vereinigt sein." Das weitere wurde dem Kongreß vor-behalten, der sich in etwa zwei Monaten in Wien versammeln sollte. Im Juni begaben sich die siegreichen Herrscher, Feld-herren und Staatsmänner auf Einladung des Prinz-Regenten nach England.

Nach seiner Rückkehr von dort ging Hardenberg, der seit Anfang Juni zum Fürsten erhoben worden, nach Frankfurt a. M. und ließ hier in der ersten Hälfte des Juli auf Grund des Hum-boldtschen Mémoire préparatoire und seiner Annexe, sowie der früheren Denkschriften von Humboldt und Stein, einen Verfas-sungsentwurf ausarbeiten, den er, sobald Stein daselbst aus Eng-land eintraf (14. Juli 1814), diesem zur Prüfung vorlegte (Pertz 4, 42 f.). Humboldt war inzwischen der Bestimmung gefolgt, sich auf seinen Gesandtschaftsposten nach Wien zurückzubegeben, wo ihm so manches für den Wiener Kongreß vorzubereiten oblag.

Den Text der ursprünglichen Hardenbergschen Vorlage habe ich nirgend gefunden. Zu derselben gab Stein schon am 16. Juli eine lange Erklärung, aus der einmal zu ersehen ist, daß die Paragraphen der Vorlage nicht ziffernmäßig mit denen der

definitiven Bearbeitung oder den untenfolgenden „Grundlagen"
in 41 Artikeln zusammenfielen, und sobann, was darin im
Gegensatz zu den von Stein erhobenen Einwänden und An=
trägen gestanden haben muß.

Die Erklärung Steins ist vollständig abgedruckt bei Pertz
4, 43 ff. Die Hauptanträge derselben waren, falls sie zur
Annahme gelangten, eine außerordentliche Verschlechterung der
Hardenbergschen Vorlage. Während nämlich nach allen bis=
her maßgebenden Bestimmungen und Entwürfen, auch dem Har=
benbergschen, der Begriff „Deutschland" oder „Deutscher Bund"
das ganze Deutschland umfassen sollte, kam Stein plötzlich wie=
der im Sinne der verrufenen troisième Allemagne (siehe oben
S. 70), zu dem seltsamen Verlangen, zwei Dritteile von Deutsch=
land, nämlich Deutsch=Österreich und Deutsch=Preußen wesentlich
und mit Einschluß ihrer beiden deutschen Hauptstädte Wien und
Berlin vom deutschen Bunde auszuschließen. Er motivierte
dies („ad § 3", nachher § 2 bei Hardenberg) also:

„Will man in den Deutschen Bund die eigentliche österreichische
Monarchie begreifen und alle deutschen Provinzen von Preußen,
so entsteht hierdurch der Nachteil, daß man ganz heterogene Dinge
einerlei Normen und Verfassungen zu unterwerfen versucht. Die
deutschen Provinzen der österreichischen Monarchie und die deut=
schen Provinzen der preußischen auf dem rechten Elbufer machen
unter sich seit einem Jahrhundert ein eng verbundenes geschlosse=
nes Ganze aus, das nicht ohne große Nachteile in andere Formen
eingefaßt werden kann. Österreich ohnehin wird dieser so sehr
in das Innere eingreifenden Veränderung große Schwierigkeiten
entgegensetzen, oder man wird die Verfassung für das übrige
Deutschland so lose bilden müssen, daß sie gegen den Sultanis=
mus nur wenig Schutz gewährt. Der Teil von Deutschland, so
zwischen dem Inn, der Elbe, der preußischen Grenze und den
Grenzen des Auslandes liegt, ist in einer ganz verschiedenen Lage,
seine Verfassung ist durch die Auflösung des Reichsverbandes,
durch die westfälischen Einrichtungen, durch deren Zerstörung u. s. w.
ganz zerrüttet worden, die Bildung einer neuen ist also not=
wendig und stört die inneren Verhältnisse von Preußen und

Österreich nicht. Die Kreiseinteilung und die Bundesverfassung
müßte aus diesen Gründen nur die Länder zwischen dem
Inn, der Elbe, der preußischen Grenze, der Eider,
den Grenzen des Auslandes in sich begreifen, und es
würden nur sechs Kreise bleiben (soll heißen: sieben, statt der
von Harbenberg aufgestellten neun Kreise): Vorder-Österreich,
Bayern und Franken, Schwaben, Oberrhein, Niederrhein und
Westfalen, Niedersachsen, Obersachsen. Preußen und Öster=
reich blieben in ihren inneren Einrichtungen ungestört, und sie
würden Garants der deutschen Verfassung."

Und mit diesem unerhörten Vorschlage, der nicht nur Deutsch=
land überhaupt, sondern zugleich auch Deutsch-Österreich und
Deutsch-Preußen zerstückeln wollte, drang Stein in der darauf
folgenden münblichen Beratung mit Harbenberg und Solms=
Laubach (Pertz 4, 48), wie der Augenschein lehrt, wirklich durch.

Einem andern, ebenso verberblichen Antrage Steins gegen=
über hielt Harbenberg besser Stand, wich aber auch hier in ver=
hängnisvoller Weise um einige Schritte zurück. Zum großen Teil
war bies freilich eine Folge jener ersten Niederlage, durch die
Österreich und Preußen größtenteils von Stein aus dem deutschen
Bund hinausgedrängt wurden.

Harbenberg hatte in §§ 14, 15 der ersten Vorlage (nachher
§§ 18—20) nach dem Vorgange der Humboldtschen Denkschrift
vom Dezember 1813 (siehe oben S. 103, 108) für Österreich und
Preußen die Parität, die Stellung eines Konsulats oder
Duumvirats beansprucht, indem er einerseits das bisher venti=
lierte vier- oder fünfköpfige Direktorium durch einen Rat von
7 Kreisobersten mit 11 Stimmen ersetzte und dagegen anderer=
seits als höchste Instanz des Ganzen, als oberste leitende und
ausführende Bundesgewalt, für Österreich und Preußen ein
zweiköpfiges Direktorium feststellte. Er wollte, wie Hum=
boldt, die Gleichstellung Österreichs und Preußens, keine
"Unterordnung". Daher nahm er die Bestimmungen auf:

„Die Bundesversammlung soll bestehen: 1) aus dem Direk=
torio, 2) dem Rat der Kreisobersten, 3) dem Rat der Fürsten
und Stände."

„Das Direktorium führen der Kaiser von Österreich und der König von Preußen gemeinschaftlich."

Diese Bestimmungen, im definitiven Entwurf §§ 19 und 20 beibehalten, bildeten eben im ursprünglichen, wie Steins Bemerkungen zeigen, die §§ 14 und 15.

Außerdem muß aber auch, wie aus Steins Einwänden durch Antithese in zwingender Weise erhellt, die Vorlage noch folgende Bestimmungen dem Sinne nach enthalten haben:

„In dem Rat der Kreisobersten alterniert das Präsidium" (natürlich zwischen Österreich und Preußen).

„Das Direktorium (Österreich und Preußen) hat das Recht der Kriegserklärung und der Friedensschließung, sowie die Oberaufsicht über die Militäreinrichtungen." (Beides hatte ja auch Humboldt im Dezember wesentlich an Österreich und Preußen gemeinsam verwiesen.)

Gegen dies alles reagierte Stein. Denn noch immer von alten Reichserinnerungen und überwiegendem Respekt vor Österreich erfüllt, wollte er entschieden im Bund wie im Reiche die Unterordnung Preußens. Er wollte daher das Direktorium Österreichs und Preußens ganz gestrichen wissen und nur zwei Bundesgewalten anerkennen, wie in seiner März = Denkschrift, nämlich 1) ein Direktorium von vier oder fünf Staaten, oder einen Staaten=Ausschuß als leitenden und ausführenden Faktor, und 2) eine alle Mitglieder umfassende Bundesversammlung; beide sollten an die Stelle des Rates der Kreisobersten und des Rates der Fürsten und Stände treten, und in beiden sollte Österreich ausschließlich das Präsidium führen.

Demnach erklärte er entgegen der Vorlage „ad §§ 14, 15":

„Der Bund muß aus einem Direktorium oder Ausschuß bestehen, der leitet und ausführt, und aus einer Bundesversammlung, die beratschlagt und beschließt."

„Ein Rat der Kreisobersten, wo das Präsidium alterniert, ist zu unbeholfen und zu schwach, um mit Nachdruck wirken zu können. Ich rate daher bei einem Ausschuß oder Directorio von vier Mitgliedern, höchstens fünf, stehen zu bleiben, nämlich Österreich, Preußen, Bayern, Hannover — wenn es nicht zu vermeiden ist — Württemberg."

„Österreich erhält das Präsidium im Directorio oder im Bundesausschuß. Österreich hat 2 Stimmen, Preußen 2, Bayern 1, Hannover 1."

Hierburch war also Österreich als einzige Spitze des Ganzen zur Oberleitung berufen und eventuell befähigt kraft des Einflusses dieser ausschließlichen Oberleitung, das Übergewicht über Preußen zu erlangen, es selbst in den wichtigsten Fragen zu majorisieren. Stein hat damit, wenn auch unabsichtlich, den ersten verhängnisvollen Anstoß zur Abschwächung und damit zur Mißgestaltung der Bundesverfassung gegeben.

Ebenso erklärte Stein in Betreff des andern Faktors der Gewalt „ad § 19": „Bei dem Bundestag (d. i. der Bundesversammlung) führt Österreich das Präsidium". Und mit dieser Bevorzugung verband er sofort eine weitere: „Die Stimmen der Mitglieder (in der Bundesversammlung) zählen nach dem Multiplo von 500 000 Seelen. Österreich wird so viele Stimmen erhalten müssen wie Preußen, ohnerachtet es weniger Menschen in seinen Bundesstaaten zählt."

Dann heißt es

ad „§ 21": „Der Bund hat ferner das Recht, Krieg oder Frieden zu schließen, er wacht auf die Erhaltung der Militäreinrichtungen." Da der „Bund" nach Stein aus einem Vierer- oder Fünferbirektorium oder Ausschuß und einer Bundesversammlung besteht, die bei Hardenberg dem Rat der Kreisobersten und dem Rat der Fürsten und Stände entsprechen: so muß die von Stein in der Vorlage Hardenbergs bekämpfte Instanz für die fragliche Kompetenz notwendig das Direktorium Österreichs und Preußens gewesen sein. Wie wir übrigens bereits aus Steins März-Denkschrift § 6 wissen, wollte derselbe speciell die obige Kompetenz seinem Vierer- oder Fünferbirektorium zugeteilt wissen, also eventuell, bei verändertem Namen der Behörde, dem Rat der Kreisobersten.

Diesen Forderungen gegenüber blieb nun Hardenberg insofern standhaft, als er das Zweierbirektorium Österreichs und

Preußens, sowie den Rat der Kreisobersten beibehielt. Dagegen ließ er sich, nachdem er einmal die Reduzierung des Bundes auf ein Drittel des ursprünglich beabsichtigten Umfanges zugestanden, auch zu dem weiteren Zugeständnis bereden, das nunmehr als wertloser erscheinende Präsidium durchweg an Österreich zu überlassen. Schien doch die Hauptsache für Preußen,
die Gleichstellung beider in der höchsten Instanz, im Zweierdirektorium, gerettet.

So erklärt sich die überaus unbeholfene Formulierung des
definitiven § 20: „Das Direktorium führen der Kaiser von
Österreich, welcher den Vorsitz bei allen Bundesversammlungen hat, und der König von Preußen gemeinschaftlich."

Gemäß diesem Einschiebsel machte sich auch bei den Bestim-
mungen über den „Rat der Fürsten und Stände" (§ 23) ein
Zusatz erforderlich. Denn dieser sollte nur die „übrigen Bundes-
mitglieder", d. h. diejenigen umfassen, die nicht im Rat der
Kreisobersten saßen, also auch weder Österreich noch Preußen.
Da nun Hardenberg hieran festhielt und doch Österreich in allen
Versammlungen das Präsidium haben sollte: so kam es hier zu
dem folgenden, ebenfalls höchst unbeholfenen Zusatz (sub 4):
„Österreich hat auch in dem Rat der Fürsten und Stände den
Vorsitz, und gemeinschaftlich mit Preußen das Direktorium, auch Sitz und Stimme. Beides wird durch besondere
zweite Botschafter ausgeübt." Man sieht, Hardenberg wollte nicht
Österreich allein unter der Firma des „Vorsitzes" in diesen Rat
eintreten lassen; um daher auch Preußens Zutritt zu ermöglichen,
nahm er hier das „Direktorium" zum Vorwande. Aber er be-
achtete nicht, daß er dergestalt, was wiederum verhängnisvoll wurde,
seinerseits zuerst den hohen Machtbegriff des Direktoriums
zu einem bloßen Geschäftsbegriff herabsinken ließ.

Endlich ließ Hardenberg auch die Machtschwächung seines
zweiköpfigen Direktoriums zu, indem er, wie der definitive
§ 22 lehrt, „das Recht des Kriegs und Friedens", und „die
militärische Gewalt" auf den Rat der Kreisobersten übertrug.
Wäre dies schon im ersten, d. h. im Frankfurter Entwurf der
Fall gewesen, dann hätte Stein keinen Grund zu der obigen

Erklärung ad § 21. gehabt, oder fie ganz anders formulieren müffen.

Daß der erfte Entwurf Harbenbergs bedacht war, dem ge= meinfamen Direktorium Öfterreichs und Preußens eine wirkliche Macht einzuräumen, geht auch daraus hervor, daß er demfelben, wie § 21 und 26 des befinitiven Entwurfes zeigt, nicht nur im Rat der Kreisoberften über die vier Kreisoberften=Stimmen hinaus noch zwei Stimmen als Direktorialftimmen einräumte, fon= bern fogar das Recht erteilte, bei „abweichenden Meinungen der beiden Räte" und nach vergeblichem Einigungsverfuch, feiner= feits zu „entfcheiden". Das ließ merkwürdigerweife Stein un= beachtet hingehen, offenbar weil er ja die völlige Streichung des zweiköpfigen Direktoriums erhoffte.

Wir erwähnen noch der übrigen Differenzen.

Harbenberg hatte im § 10 (nachher § 15) die drei Hanfe= ftädte dem Niederfächfifchen Kreis (Hannover) zugewiefen. Stein erklärte: fie „würden den preußifchen Schuß der hannöverfchen Influenz vorziehen". Harbenberg änderte nichts.

Im § 13 (nachher § 17) hatte Harbenberg auch den Kur= fürften von Heffen und den Großherzog von Baden als Kreis= oberften anerkannt. Stein erklärte: „Kurheffen und Baden bleiben · füglich ausgefchloffen von Kreisoberften=Stellen."

Zu § 22 (nachher § 29 cl. § 27) erklärte Stein: „Ent= fcheibung der Streitigkeiten zwifchen Ständen und Fürften und Rekurs wegen verweigerter Juftiz würde am zweckmäßigften einem eigenen Bundesgericht anvertraut, oder wenigftens einer Depu= tation aus dem Directorio (b. i. dem von ihm befürworteten vier= oder fünfköpfigen) und aus dem Bundestage, die aber ein regelmäßiges und durch eine Verordnung näher zu beftimmendes Unterfuchungsverfahren zu beobachten hätte." Harbenberg ließ es indes bei Einem Bundesgericht für alle Fälle bewenden, ent= fprechend der Dezember=Denkfchrift und dem April=Memoire Humboldts.

Ad § 19 (nachher § 23) wollte Stein, wie wir fchon fahen, daß „die Stimmen der Mitglieder bei dem Bundestage (b. i. aller, auch der großen und mittleren) nach dem Multiplo von 500 000

Seelen gezählt" würden. Darauf konnte Hardenberg schon des=
halb nicht eingehen, weil er die Trennung in den Rat der
„Kreisobersten" und den Rat der „übrigen" Fürsten und Stände
d. i. der kleineren beibehielt.

Ad § 21 (nachher § 24) forderte Stein: „Der Bund wacht
auf die Erhaltung der Provinzialverfassungen". Hardenberg
nahm diese Bestimmung nicht auf, die in der That sehr zwei=
schneidig und gefährlich war. Denn kraft ihrer konnten aristo=
kratisch=feudale Stände, wie sie Stein liebte, auf Verewigung an=
gewiesen sein, auch wenn Fürst und Volk und die Stände selbst
eine Neuerung wünschten. Etwas anderes war die Garantie,
welche Neuerungen keineswegs ausschloß. Und korrekt war die
Festsetzung eines „Minimums", die jederzeit ein Plus zuließ.
Und in dieser Beziehung genügte der definitive § 7 bei Harden=
berg vollkommen.

In einigen Punkten gab Hardenberg unbedingt nach. So
im § 1, wo Stein erklärte: „Man wird eine Strafe festsetzen
müssen auf die Verletzung der Bundesakte — die Acht gegen den,
der sich mit Fremden verbindet, oder der den Bund oder einzelne
Mitglieder bekriegt." So im § 21 (nachher § 24), wo Stein
verlangte: „Das Verhältnis zur Territorialgesetzgebung muß da=
hin bestimmt werden, daß der Bundestag sich nur mit Verord=
nungen beschäftigen kann, die das allgemeine Interesse angehen."
So im § 28 (nachher § 7), wo Hardenberg sich begnügt hatte,
in Betreff des Minimums der landständischen Rechte, trotz der
Vorschläge Humboldts im April=Memoire Annex A sub 24, der
Unfertigkeit halber zu sagen: „allgemeine Grundsätze sind dieser=
halb festzusetzen". Stein schlug vor, sofort zu erklären: „Die
Stände nehmen teil an der Gesetzgebung, verwilligen Abgaben,
vertreten die Verfassung bei dem Landesherrn, bei dem Bunde."
Hardenberg ging darauf ein, obgleich diese Bestimmungen unzu=
reichend waren und zum Teil hinter den ebenfalls unzureichenden
Vorschlägen Humboldts noch zurückblieben.

Mit besonderer Vorliebe hatte Stein von jeher sich der
Mediatisierten, der Reichsritterschaft und des Adels angenommen.
Humboldt hatte in beiden Annexen seines April=Memoire schon

eingehende Rücksicht darauf genommen, und ohne Zweifel hat
dies auch Hardenberg gleich in seinem ersten Entwurfe gethan.
Nichtsdestoweniger hielt es Stein für angebracht, noch einmal
ausführlich seine Meinungen zu formulieren. Er erklärte daher
ad § 24 (nachher § 4): „Die Familienhäupter der mediatisierten
Stände oder Adel*), insofern sie wenigstens eine Brutto=Ein=
nahme von 6000 Gulden jährlich haben, sind erbliche Stände,
in den Territorien, wo sie angesessen sind, und bilden als solche
und zur Aufrechthaltung ihrer Rechte eine Korporation. Es wer=
den ihnen gewisse Vorzugs= und Ehrenrechte beigelegt. Sie stehen
als Korporation unter dem Schutze der Bundesverfassung."
Dann ad § 28 (nachher § 7): „Die Stände bestehen 1) aus
Erbständen, d. i. der angesessene landtagsfähige Adel in den Pro=
vinzen, wo Landtagsverfassungen waren; 2) aus gewählten Mit=
gliedern, worüber für jedes Land ein besonderer Plan zu ent=
werfen. In den Ländern wo keine ständische Verfassung war
1) aus Erbständen, nämlich den mediatisierten Familienhäuptern
so wenigstens 6000 Gulden Brutto=Einnahme haben; 2) aus
Wahlständen." Dann fügt er noch hinzu: „Rechte des Güter=
adels. Exemptio fori. Unteilbarkeit der Güter. Befugnis
eine Korporation zu bilden zur Sicherstellung seiner Rechte —
und Rekurs an den Bundestag. Befreiung von der Konskription.
Verpflichtung im Frieden zum Landsturm, wenn er im Lande
ist, im Krieg zum wirklichen Dienst in der Landwehr — wenn
er unverheiratet ist." Es läßt sich nicht sagen, was von einigen
dieser meist seltsamen Privilegien erst auf Steins Betrieb dem
Entwurfe Hardenbergs einverleibt worden ist. Jedenfalls zeigt
die Fassung der §§ 4, 7 und 32 des definitiven Entwurfs, daß
die beanspruchten Privilegien des Güteradels keinen Anklang fan=
den, und am wenigsten die unglaublichen Prätensionen in Bezug
auf die nahezu absolute Befreiung von Militärdiensten.

Was die allen Deutschen zuzusichernden Rechte betrifft, so
gehen die von Stein ad § 27 (nachher § 6) geforderten sämt=
lich in die von Hardenberg in der definitiven Verfassung bezeich=

---

*) Diese Ausdrucksweise schloß die Reichsritterschaft mit ein.

neten auf. Jedenfalls hatte aber Harbenberg schon die meisten auf Grund der Denkschriften Humboldts vom Dezember 1813 (§§ 28, 30) und vom April 1814 (Annex B, sub 2—7) aufgenommen, daher namentlich auch den freien Universitätsbesuch und die Preßfreiheit, die Stein nicht erwähnt. Münster am 30. März und Humboldt im April hatten die „Preßfreiheit", freilich mit milder „Prävention" oder „Censur" begehrt, Stein nur das „Recht, seine Beschwerden drucken zu lassen"; Harbenberg formulierte: „Preßfreiheit nach zu bestimmenden Normen". Ebenso ging in Bezug auf das Beschwerderecht an sich die Formulierung Harbenbergs: „Recht der Beschwerde vor dem ordentlichen Richter, und in den dazu geeigneten Fällen, bei dem Bunde" über diejenige Steins („Recht sich zu beschweren über Beeinträchtigung seiner Rechte") hinaus. Das „Auswanderungsrecht", das Stein ohne weitere Erklärung zuläßt, hatte Humboldt im Dezember „ohne Abzug vom Vermögen" statuiert, im April aber mit Zulassung des „Abzuggelbes", da wo es noch nicht abgeschafft sei; Harbenberg wollte keinerlei „Abgabe" gestatten. Die Formulierung Steins: „Sicherheit des Eigentums, auch des geistigen gegen Nachbruck" ging in Harbenbergs Entwurf über; doch war das Eigentumsrecht und die meisten anderen Rechte bei Humboldt am schärfsten formuliert.

Auf Grund der schriftlichen und mündlichen Erörterungen kam nun Harbenbergs definitiver „Entwurf der Grundlagen u. f. w." zustande, der leider kein „verbesserter" war, wie Pertz sagt, sondern ein in den Hauptpunkten, und zwar vornehmlich durch Stein, sehr wesentlich verschlechterter. Zu biesem definitiven Harbenbergschen Entwurf machte Stein noch einmal schriftliche „Bemerkungen", die wir nach dem Vorgange von Pertz (4, 49 ff.) den einzelnen Paragraphen hinzufügen werden; nur diejenigen schicken wir hier voran, die sich auf die im Vorstehenden schon berührten Punkte beziehen.

Zu bem von ihm gewünschten Zusatz des definitiven § 1 „Verletzungen des Bundesvertrages werden mit der Acht bestraft" machte er die sehr gesuchte unfreundliche Bemerkung gegen Preußen: „also keine Separatfrieden wie a. 1795 . 1796"; wobei

ihn obenbrein bie gerechte Bitterkeit zur Ungerechtigkeit verleitet.
Denn, wie verbammlich auch jene Friedensakte waren, berech=
tigt bazu war Preußen als europäische Macht jebenfalls und
hätte baher auch in Zukunft für bergleichen Akte sowenig wie
Österreich „mit ber Acht bestraft" werben können.

Im Gegensatz bazu brachte er zu § 20 neuerbings seine
Devotion vor Österreich zum Ausbruck. In bem Wortlaut bes=
selben („Das Direktorium führen ber Kaiser von Österreich, wel=
cher ben Vorsitz bei allen Bundesversammlungen hat, und ber
König von Preußen gemeinschaftlich") hatte er bereits, wie wir
sahen, ben mittlern Passus als Einschiebsel burchgesetzt; und ba=
burch war schon bie von Humbolbt und Harbenberg beabsichtigte
Gleichstellung Österreichs und Preußens zum Vorteil bes
ersteren aufgehoben. Aber immerhin war boch noch bas zwei=
köpfige Direktorium als oberste Gewalt bes Bundes stehen
geblieben. Und hiergegen machte nunmehr Stein, ba er sein
vier= ober fünfköpfiges nicht hatte burchsetzen können, einen
neuen eigentümlichen Anlauf. Er wollte bas „Direktorium" als
Machtinstanz baburch beseitigen, baß er es zu einer bloßen Ge=
schäftsinstanz herabbrückte. Hatte sich boch schon Harbenberg
selbst, wie wir sahen, bazu verleiten lassen, im § 23 sub 4 ben
Ausbruck „Direktorium" als bloßen Geschäftsbegriff zu verwenden.
Und so kam benn Stein auf ben Gebanken, Preußen in eine
noch augenfälliger untergeordnete Stelle zu verweisen, näm=
lich bas „Präsibium" zu einem kaiserlichen Attribut für Öster=
reich und bas „Direktorium" zu einem kurmainzischen „Kanz=
ler=" und „Direktorialamt" für Preußen zu gestalten. Daher
erklärte er jetzt: „Dem Kaiser von Österreich müßte bas Präsi=
bium, bem König von Preußen bas Direktorium gegeben
werben. Zu ber Erhöhung bes Ansehens und bes Glan=
zes ber Bundesversammlung würbe es beitragen, wenn Öster=
reich sich burch einen ber Erzherzoge vertreten ließe."

Harbenberg ging, wie sein befinitiver Entwurf § 19 und 20
auf bas bünbigste lehrt, auf biesen neuen Vorschlag Steins in
keiner Weise ein; und es ist baher unbegreiflich, wie Pertz (4, 128)
und Treitschke (S. 680 f.) bazu kommen, biesen Vorschlag Steins

als Bestandteil des in Wien vorgelegten Entwurfes zu
betrachten, und darüber die wahre Bedeutung des Harbenbergschen
Direktoriums als oberste der „drei" Bundesgewalten ganz zu ver=
kennen.

Daß auch ein dem Präsibio untergeordnetes Geschäfts=
Direktorium in der Lage war, einen bedeutenden Einfluß zu ge=
winnen, kann nicht bezweifelt werden. Aber eben deshalb blieb
noch ein letzter Schritt zu thun, nämlich: Preußen auch aus dem
Geschäftsdirektorium zu verdrängen, d. h. dieses mit dem Prä=
sibium zu vereinigen. Und diesen letzten Schritt unternahm, wie
wir sehen werden, Metternich mit vollem Erfolg.

Nun erklärt sich auch, daß Stein, der das Entscheidungsrecht
des zweiköpfigen Direktoriums bei Meinungsverschiedenheiten der
beiden Räte in der Hoffnung auf die Beseitigung desselben un=
angefochten gelassen hatte, jetzt zu den Worten des § 26 „so
entscheidet das Direktorium" die Bemerkung machte: „oder
besser: so wird die Angelegenheit vertagt, und bei der näch=
sten Versammlung wieder vorgenommen". Denn dem bei=
behaltenen zweiköpfigen Direktorium wollte er diese Macht nicht
einräumen.

Wir lassen jetzt den definitiven Harbenbergschen Entwurf
mit den übrigen erwähnenswerten Bemerkungen Steins folgen.
Der Text bei Pertz stammt jedenfalls aus den Steinschen Papie=
ren; er ist eine Kopie, zu der Harbenberg im § 27 ein paar
Worte am Schlusse („der Rechtsgang ist näher zu bestimmen")
eigenhändig hinzugesetzt hat. Wir dürfen diesen Text, den frühesten,
als Julitext bezeichnen. Der Text bei Klüber 1, 45 ff. ist an=
geblich einer am 13. September 1814 dem Fürsten Metternich
von Harbenberg mitgeteilten Abschrift entnommen, die jenen
Schlußsatz zu § 27 bereits aufgenommen hat, und darf also als
Septembertext bezeichnet werden. In den Wiener Kongreß=
akten des Berliner Archivs ist der Entwurf ebenfalls handschrift=
lich vorhanden und von mir benutzt worden; es ist zweifellos die
Abschrift, die Ende August 1814 von Harbenberg an Humboldt
in Wien durch Solms=Laubach gelangte, so daß sie als August=
text bezeichnet werden kann. Sie zeigt, daß die Fassung in dem

an Metternich übergebenen Exemplar noch einzelne, meist gering=
fügige Änderungen erlitt. Die erwähnenswerten Varianten finden
sich im § 6 über die deutschen Bürgerrechte. Hinter den Worten
„deutsche Bürgerrechte gesichert" hat das August=Exemplar den
Zusatz: „und vom Bunde garantiert". Er fehlt im Julitext bei Pertz,
ist also erst nachträglich von Harbenberg hinzugefügt; da er aber
auch bei Klüber fehlt, also in der Septemberhandschrift, so hat ihn
anscheinend Harbenberg selbst als überflüssig wieder fallen lassen.
Die Humboldtschen Vorkonferenzen hielten, wie wir sehen werden,
den Zusatz fest. Sodann hat der Augusttext sub 2 „Die Sicher=
heit, nicht über eine gewisse Zeit verhaftet werden zu können,
ohne einem richterlichen Ausspruch nach den Gesetzen unterworfen
zu werden". Statt dessen steht im Septembertext mit Verschie=
bung der Numerierung: „3) fehlt". Endlich steht dort sub 5
„Normen", hier „Modifikationen".

Nach dem Obigen wird es übrigens für niemand zweifelhaft
sein, daß es ein Irrtum ist, wenn Pertz (4, 43) meint, Harben=
berg sei in seinem Entwurf „von den notwendigen Grundlagen
ausgegangen, wie solche Stein in seiner zu Chaumont übergebenen
Denkschrift aufgestellt hatte." Der Grund dieses Irrtums ist,
daß Pertz die Denkschriften Humboldts vom Dezember 1813 und
vom April 1814 nicht kannte, deren Einfluß auf Harbenbergs
Entwurf ein viel größerer war.

Mehr noch irreführend ist die Darstellung bei Treitschke
S. 679 ff. Denn darnach würde es sich überhaupt nicht
um einen Entwurf Harbenbergs handeln, sondern um Steins
Denkschrift vom 10. März, die er als einen „Bundesentwurf"
bezeichnet, und von der er sagt: „Dieser Entwurf ward im
nächsten Sommer von neuem umgestaltet (das kann doch nur
heißen: durch ihn selbst) und im Juli bei einer Zusammenkunft
mit dem Staatskanzler und dem Grafen Solms eingehend be=
raten". „Den also umgebildeten Entwurf legte Harben=
berg in Wien vor." Daher geschieht es nun auch, daß einerseits
bloße Separatmeinungen Steins, wie in Betreff des Geschäfts=
direktoriums für Preußen, von Treitschke als Bestandteile der
officiellen Vorlage ausgegeben werden, und andererseits umge=

kehrt Bestandteile der letzteren ohne allen Grund als specielle Meinungen Steins. So heißt es S. 680: „Stein wollte die Kreisverfassung des alten Reichs wieder einführen"; während wir schon sahen (oben S. 162) und noch ferner sehen werden, daß Stein vielmehr der entschiedenste und beharrlichste Gegner der Kreisverfassung war.

XXI. Hardenbergs definitiver Entwurf der Grundlagen der deutschen Bundesverfassung in 41 Artikeln.

1.

„Alle Staaten Deutschlands vereinigen sich durch einen feier=
lichen Vertrag, den jeder Teilhaber auf ewige Zeiten schließt und
beschwört, in einem politischen Föderativ=Körper, der den Namen
Deutscher Bund führt, und aus dem niemand heraustreten darf.
Verletzungen des Bundes=Vertrags werden mit der Acht bestraft.

2.

Dieser Bund soll in sich begreifen folgende dem Hause Öster=
reich gehörende Länder: Salzburg, Tirol, Berchtolsgaden, Vor=
arlberg und dasjenige was dieses Erzhaus am Oberrhein erhalten
wird, alles was Preußen links der Elbe besitzt und erhält, ferner
alle Deutsche Staaten, so wie sie von der Ostsee, der Eider, der
Nordsee, dem niederländischen, französischen und schweizerischen
Gebiet begrenzt werden.

Die hier nicht benannten österreichischen und preußischen
Staaten bleiben besser außerhalb des Bundes, damit es desto
weniger Schwierigkeit habe, diejenigen Teile jener beiden Monar=
chien, die mit in den Bund aufgenommen werden, allen Bundes=
gesetzen mit zu unterwerfen und das Band desto fester zu knüpfen.
Österreich und Preußen als Mächte schließen aber mit der Föde=
ration ein unauflösliches Bündnis, und garantieren besonders die
Verfassung und Integrität derselben.

3.

Jeder jetzt im Besitz der Landeshoheit sich befindende Staat
übt in seinen Grenzen die landeshoheitlichen Rechte aus, welche

die Bundesakte nicht zum gemeinschaftlichen Vesten ausnimmt
oder beschränkt.

4.

Diejenigen vormals mit der Reichsstandschaft versehen ge=
wesenen Fürsten, Grafen und Herren, welche mediatisiert wurden,
nehmen Anteil am Bunde, wie weiter unten näher bestimmt wer=
den wird. Sie bleiben zwar der Landeshoheit unterworfen; ihre
Rechte und Pflichten sind aber sowohl in Absicht auf ihre Per=
sonen, als auf ihre Besitzungen und Abgaben genau zu bestim=
men und unter die Garantie des Bundes zu setzen. Ihnen sind
insbesondere persönliche Ehrenrechte und Vorzüge einzuräumen,
auch die Renten und Einkünfte wieder zu geben, oder dafür Ent=
schädigung zuzubilligen, die am 12. Juli 1806 nicht in die Kon=
tributionskassen flossen. In den Ländern zu denen sie gehören
sind die Familienhäupter derselben erblich die ersten Stände. In
ihren Familien genießen sie der alten deutschen Autonomie. In
Kriminalsachen sollen sie von einem Judicio parium gerichtet wer=
den. Ihnen werden Jurisdiktions=Rechte gesichert und Präsenta=
tions=Rechte in den landesherrlichen höchsten Gerichten zugestanden.

Billig sollten die mediatisierten ehemaligen Reichsstände mit
den übrigen gleichgesetzt werden. Da dieses aber ohne große
Zerrüttungen nicht geschehen kann, so ist wenigstens alles Mög=
liche für sie zu thun, und sie sind insbesondere gegen alle Be=
drückungen völlig sicher zu stellen.

5.

Ähnliche Bestimmungen sind wegen der übrigen sonst un=
mittelbar gewesenen Personen zu treffen.

6.

Jedem Bundes=Unterthanen werden durch die Bundesakte
näher zu bestimmende deutsche Bürgerrechte gesichert, insonderheit

1. Die Freiheit, ungehindert und ohne eine Abgabe zu ent=
richten, in einen andern zum Bunde gehörenden Staat aus=
zuwandern oder in dessen Dienste zu treten.

2. Die Sicherheit, nicht über eine gewisse Zeit verhaftet wer=
den zu können, ohne einem richterlichen Ausspruch nach den
Gesetzen unterworfen zu werden.

3. Die Sicherheit des Eigentums (auch gegen Nachdruck).

4. Das Recht der Beschwerde vor dem ordentlichen Richter und, in den dazu geeigneten Fällen, bei dem Bunde.

5. Preßfreiheit nach zu bestimmenden Normen.

6. Das Recht, sich auf jeder deutschen Lehranstalt zu bilden.

7.

In jedem zum Bunde gehörenden Staat soll eine ständische Verfassung eingeführt oder aufrecht erhalten werden. Allgemeine Grundsätze sind dieserhalb als Minimum der Rechte der Land=ständne festzusetzen. Sie sollen bestehen aus den Familienhäuptern der mediatisierten vormaligen Reichsstände des sonst unmittelbaren und übrigen Abels, als erblichen, und aus erwählten Ständen. Ihre Befugnisse* sollen vorzüglich sein: ein näher zu bestimmen=ter Anteil an der Gesetzgebung; Verwilligung der Landesabgaben, Vertretung der Verfassung bei dem Landesherrn und bei dem Bunde.

> * Stein: Wichtige, das Eigentum, die persönliche Frei=heit und die Verfassung betreffende, neue Landesgesetze können ohne den Rat und die Zustimmung der Land=stände nicht eingeführt werden.

8.

Man* soll suchen, allgemein nützliche Einrichtungen und An=ordnungen zum Wohl des Ganzen herzustellen, als z. B. ein all=gemeines Gesetzbuch, gleiches Münzwesen, eine zweckmäßige Regu=lierung der Zölle, des Postwesens, Beförderung und Erleichterung des Handels und wechselseitigen Verkehrs u. s. w.

> * Stein: Gemeinschaftliche Bundes=Angelegenheiten sind:
> Handelseinschränkungen,
> Münzsachen,
> Zollwesen,
> Postwesen.

Diese Verwaltungsgegenstände können dem einzelnen Lan=desherrn nicht überlassen bleiben, ohne die Nachteile einer zerstückelten und das Ganze störenden Maßregel zu er=zeugen. Ganz Deutschland wird in eine Menge kleine Zolldistrikte, Postdistrikte u. s. w. aufgelöst und der Na=

tionalgewerbefleiß gelähmt werden. Die nachteiligen Folgen des zerstückelten Postwesens sind in denen Denkschriften des Hauses Taris dargestellt und aus der Erfahrung bekannt; noch verderblicher für das große National=Verkehr, und das wechselseitige nachbarliche Verkehr, sind die mannigfaltigen Zolllinien so seit der Stiftung des Rheinbundes zwischen Bayern, Württemberg und Baden gezogen worden sind.

9.

Die Bundes=Staaten sollen in 7 Kreise eingeteilt werden, nämlich:

> Vorder=Österreich,
> Bayern und Franken,
> Schwaben,
> Ober=Rhein,
> Nieder=Rhein und Westfalen,
> Nieder=Sachsen,
> Nieder=Sachsen und Thüringen.

10.

Der Vorder=Österreichische Kreis enthält Salzburg, Berchtolsgaden, Tirol und Vorarlberg.

11.

Der Bayerisch=Fränkische Kreis alle Staaten des Königs von Bayern.

12.

Der Schwäbische Kreis alle Staaten des Königs von Württemberg.

13.

Der Ober=Rheinische Kreis, das Land welches Österreich am Ober=Rhein erhalten wird, die Großherzoglich Badenschen Länder und die Hohenzollerischen Fürstentümer.

14.

Der Nieder=Rheinisch=Westfälische Kreis alle Länder, welche der König von Preußen an beiden Rheinufern und bis an die Weser besitzt oder erhalten wird; die Lippe=Detmolbischen, Nassauischen, Weilburg= und Usingischen auch Walbeckischen

Länder; die Deutschen Besitzungen des souveränen Fürsten der vereinigten Niederlande.

15.

Der Nieder=Sächsische Kreis die Länder, welche das bisherige Kurhaus Hannover in Niedersachsen und Westfalen be= sitzt oder besitzen wird, die des Hauses Braunschweig=Wolfenbüttel, die des Hauses Holstein, Glückstadt und Olbenburg, Schaumburg= Lippe und die drei Hansestädte Hamburg, Lübeck und Bremen.

Einige stimmen dahin: die drei Hansestädte dem Obersächsisch= Thüringischen Kreise anzuschließen.

16.

Der Ober=Sächsisch=Thüringische Kreis, das Königreich Sachsen, die Herzoglich Mecklenburgischen, Sächsischen, Anhal= tischen, Schwarzburgischen, Reußischen Länder, die Staaten der Häuser Hessen=Cassel und Darmstadt, und die freie Bundes=Stadt Frankfurt am Main.

17*.

Jeder Kreis soll einen oder zwei Kreis=Obersten und Direk= toren haben, deren Befugnisse und Obliegenheiten zunächst die Aufrechthaltung und Befolgung des Bundes=Vertrags, der Bun= des=Beschlüsse und der bundesrichterlichen Sprüche, die Militär= Verfassung und allgemeine Ordnung und Sicherheit im Kreise betreffen. Wo zwei Kreis=Obersten sind, übt sie der erste aus, und wird dabei vom zweiten subleviert.

Der Vorder=Österreichische — den Kaiser von Österreich.

Der Bayerisch=Fränkische — den König von Bayern.

Der Schwäbische — den König von Württemberg.

Der Ober=Rheinische — den Kaiser von Österreich und den Großherzog von Baden **.

Der Nieder=Rheinisch=Westfälische — den König von Preußen.

Der Niedersächsische — den König von England als Besitzer von Hannover.

Der Obersächsisch=Thüringische — den König von Preußen und den bisherigen Kurfürsten von Hessen.

Man ist hier von der Voraussetzung ausgegangen, daß, um so viel möglich Zufriedenheit zu bewirken, allen zuletzt gewesenen

Kurfürsten als Kreis=Obersten Sitz und Stimme in dem ersten Rat der Bundes=Versammlung gegeben werde. Jedoch ist die Zahl der Kreise, um sie nicht zu sehr zu vervielfältigen, auf 7 beschränkt, und den Häusern Baden und Hessen nur eine zweite Kreis=Obersten=Stelle angewiesen worden.

Wollte man diese beiden ausschließen, so würde es nur 7 Kreis=Obersten=Stellen bedürfen, 2 für Österreich, 2 für Preußen, 1 für Bayern, 1 für Hannover, 1 für Württemberg. Ich halte es aber nicht für billig und rätlich. — Es ist in Vorschlag gekommen Belgien und womöglich die ganzen Niederlande in den Deutschen Bund mitzuziehen. Die Idee scheint vortrefflich. Dann müßte man aus diesen Ländern den Burgundischen Kreis machen, und dem Fürsten der Niederlande eine selbständige Kreis=Obersten= Stelle geben.

> * Stein: Die Art wie die Bundes=Ordnung auf die Auf= rechthaltung des Bundes=Vertrags wirken soll, muß noch näher bestimmt werden. — Ermahnungs=Schreiben, An= zeige an Bundestag, wo Verzug in der Gefahr ist kräf= tige Maßregel.

> ** Stein: Diese beiden Obersten könnten ihre Rechte dem Kronprinzen von Württemberg unter einem angemessenen Titel belegieren, er ist ein Fürst von den edelsten Ge= sinnungen.

18.

Es soll eine Bundesversammlung in Frankfurt am Main sein. Diese Stadt wird für eine freie Bundesstadt erklärt.

19.

Die Bundes=Versammlung soll bestehen:

1. aus dem Directorio,
2. bem Rat der Kreis=Obersten,
3. dem Rat der Fürsten und Stände.

20.

Das Direktorium führen der Kaiser von Österreich, welcher den Vorsitz bei allen Bundes=Versammlungen hat, und der König von Preußen gemeinschaftlich.

21.

Im Rat der Kreis=Obersten haben

Österreich, als Direktor . . . . 1 Stimme

„ vom Vorder=Österreichischen Kreise 1 „

„ vom Ober=Rheinischen Kreise . . . 1 „

Preußen, als Direktor . . . . 1 „

„ vom Obersächsisch=Thüringischen Kreise * . 1 „

„ vom Nieder=Rheinisch=Westfälischen . . 1 „

Bayern, vom Bayerisch=Fränkischen Kreise . . . 1 „

Hannover, vom Niedersächsischen Kreise . 1 „

Württemberg, vom Schwäbischen Kreise . . . 1 „

Baden, vom Ober=Rheinischen Kreise . . . . . 1 „

Hessen=Cassel, vom Obersächsisch=Thüringischen Kreise 1 „

    * Stein: Wenn man die Stimmen der Bevölkerung pro=
portioniert, so wird man den Anschein der Willkür ver=
meiden; der Maßstab des Einflusses folgt dem Maßstab
der Bevölkerung, man könnte ½ Million zur Einheit
annehmen. Hiernach ergäbe sich der beikommende Maß=
stab:

    Preußen, vom Obersächsisch=Thüringischen Kreise 4

        „ vom Niederrheinisch=Westfälischen Kreise 4

    Bayern 6

    Hannover 2

    Württemberg . . . . 2 ½

    Baden 2

22 *.

Der Rat der Kreis=Obersten soll sich, mit Ausschluß der
übrigen Bundes=Stände mit allem beschäftigen, was die auswär=
tigen Verhältnisse des Bundes angeht, und durch Mehrheit der
Stimmen darüber entscheiden, auch allein das Recht der Verträge
mit Auswärtigen, der Annahme und Absendung von Gesandten
und Geschäftsträgern, von und bei auswärtigen Staaten, des
Kriegs und Friedens, und nach den unten folgenden Bestimmun=
gen die militärische Gewalt ausüben. Überdem hat der Rat der
Kreis=Obersten die Leitung und die ganze exekutive Gewalt des
Bundes.

* Stein: Verhältnisse der Stände gegen Auswärtige be=
treffen teils

Krieg und Frieden

teils andere staatsrechtliche ökonomische, politische und
Familien=Beziehungen — die Behandlung der letzteren
mit Auswärtigen kann ihnen überlassen bleiben.

23 *.

Der Rat der Fürsten und Stände soll aus den übrigen
Bundes=Mitgliedern bestehen. Diese sind:

1. Alle diejenigen Fürsten, welche Länder besitzen, die eine Be=
völkerung von 50 000 Seelen und darüber haben, diese
Länder mögen sich selbständig in ihrem Besitze befinden
oder mediatisiert sein, mit einer Viril=Stimme. — Die Be=
völkerung wird da, wo mehrere Zweige des Hauses vor=
handen sind, zusammengezählt; z. B. Hohenzollern=Hechingen
und Sigmaringen führen nur eine Stimme.

2. Die vier Bundes=Städte Hamburg, Lübeck, Bremen, Frank=
furt am Main, jede mit einer Viril=Stimme.

3. Sechs Curiat=Stimmen, in welche sämtliche Fürsten, Grafen
und Herren zu vereinigen sind, die vormals die Reichs=
standschaft hatten und deren Besitzungen eine Bevölkerung
von 50 000 Seelen nicht erreichen.

4. Österreich hat auch in dem Rat der Fürsten und Stände
den Vorsitz, und gemeinschaftlich mit Preußen das Direk=
torium, auch Sitz und Stimme. Beides wird durch beson=
dere zweite Botschafter ausgeübt.

* Stein: Es ist sehr wichtig, daß die die Verfassung
schützenden Elemente in dem Bundestag vermehrt werden
— und dieses würde am besten geschehen durch Zulas=
sung von Deputierten der Territorial=Stände. — Besteht
der Bundestag allein aus Fürsten, so ist die Bürgschaft
für die Dauer der inneren Territorial=Verfassung gerade
denjenigen anvertraut, die ein Interesse haben, sie zu
untergraben, und ihre eigene Gewalt auszudehnen. Läßt
sich die Beiordnung von landständischen Deputierten nicht
erreichen, so ist wenigstens die der Mediatisierten uner=

läßlich; denen die Reichsritterſchaft gleichzuſetzen iſt, da ſie mehr als die übrige Mediatiſierte verloren hat, wenn man den Umfang ihrer Beſitzungen und ihre Anſprüche auf geiſtliche Fürſtentümer und Würden berückſichtigt.

24.

Der Rat der Fürſten und Stände konſtituiert mit dem Rat der Kreis-Oberſten und mit dem Directorio die geſetzgebende Ge= walt des Bundes. Dieſe beſchäftigt ſich mit allem was die Wohl= fahrt desſelben im Innern, und ein allgemeines Intereſſe betrifft. Das Verhältnis zur Territorial-Geſetzgebung beſtimmt ſich dadurch, daß ſich die Bundes-Verſammlung nur mit Anordnungen be= ſchäftigen kann, die ein allgemeines Intereſſe angehen. Ein Lan= des-Geſetz darf aber nie und in keinem Falle gegen ein Bundes= Geſetz ſein.

25.

Der Rat der Fürſten und Stände verſammelt ſich alljährlich an einem näher zu beſtimmenden Tage, und bleibt nur zuſammen, bis die vorliegenden Geſchäfte abgemacht ſind.

26.

Sowohl der Rat der Kreis-Oberſten, als der Rat der Fürſten und Stände beliberieren abgeſondert für ſich, und die Concluſa werden nach Mehrheit der Stimmen abgefaßt. Das Direktorium faßt das gemeinſchaftliche Concluſum, und ſucht, wenn abweichende Meinungen der beiden Räte vorhanden ſind, dieſe zu vereinigen. Iſt ſolches nicht möglich, ſo entſcheidet das Direktorium.

27.

Es wird ein eigenes Bundes-Gericht * in Frankfurt am Main angeordnet, deſſen Mitglieder von den Bundes-Ständen nach einer zu beſtimmenden Norm zu präſentieren ſind, und wel= ches einen Senat zur Inſtruktion, und einen zum Spruch in erſter Inſtanz, einen dritten zum Spruch in letzter Inſtanz in Streitſachen der Fürſten und Stände unter ſich enthalten ſoll. Mediatiſierte können nur in perſönlichen Sachen, oder in ſolchen die aus Verletzung des Bundes-Vertrags entſtehen, vor dieſem Bundes-Gerichte Recht nehmen. Übrigens gehören ihre Prozeſſe

vor die Landes = Gerichte. Der Rechtsgang ist näher zu be=
stimmen.

> * Stein: Dieses Gericht wird nicht sehr zahlreich zu sein
> brauchen, da es der Sachen nur wenige sind, so dazu
> gelangen.

28.

Kein Bundesglied darf das andere bekriegen, oder sich durch
Selbsthilfe Recht schaffen. Die Exekution der Urteile liegt dem
Kreis=Obersten ob, wenn es ein zu seinem Kreise gehörendes
Bundes=Glied angeht. Betrifft es einen Kreis=Obersten, so sind
alle übrige Kreis=Obersten schuldig, die Exekution zu übernehmen.

29.

Rekurse der Unterthanen an das Bundes=Gericht finden nur
in solchen Fällen statt, wo sie über Bedrückungen zu klagen haben,
die dem Bundes=Vertrag und den ihnen in diesem versicherten
Rechten zuwider sind, oder in Fällen verweigerter Justiz. Appel=
lationen an das Bundes=Gericht in Streitigkeiten derjenigen, die
der Landeshoheit unterworfen sind unter sich, sind nicht zulässig,
ebensowenig in Rechtssachen gegen die Landesherren. Solche
Gegenstände gehören vor die höchsten Gerichte der Kreis=Obersten,
denen aber durch den Bundes=Vertrag die schon in der Natur
der Sache liegende Unabhängigkeit in ihren Urteilssprüchen zuzu=
sichern ist. Nur in dem Falle, daß diese gekränkt würden, findet
ein Rekurs an die Bundes=Versammlung statt.

30.

Die höchsten Gerichte der Kreis=Obersten entscheiden in letzter
Instanz in Sachen aller zum Kreise gehörenden Unterthanen, und
auch in Prozessen derselben gegen ihre Landesherren. Man könnte
aber anordnen, daß nach gewissen Bestimmungen von dem höch=
sten Gerichte eines Kreis=Obersten an das eines benachbarten zu
appellieren verstattet sei. Kriminal=Urteile der Gerichte der Kreis=
stände über eine gewisse Strafe hinaus, sind der Revision jener
höchsten Gerichte unterworfen.

31 *.

Die Militär=Verfassung des Bundes muß stark und kräftig
sein, und schnelle Hilfe gewähren. Jeder Kreis=Oberste, und wo

in einem Kreise zwei sind, der erste, ist Oberbefehlshaber des ganzen Kreis=Militärs.

> * Stein: Dem Kreis=Obersten steht zu
> Inspektion in Friedenszeiten,
> Kommando in Kriegszeiten.

32.

Das Kontingent eines Jeden sowohl an Linien=Truppen als an Landwehr ist zu bestimmen. Stände, die ein ganzes Regiment mit allem Zubehör, oder mehr, stellen können, haben nur die Befugnis eigene Truppen zu halten. Die übrigen stellen eine zu bestimmende Anzahl Rekruten zu dem Heere des Kreis=Obersten, und leisten einen verhältnismäßigen, zu regulierenden Beitrag zu der Kriegs=Kasse desselben. Doch ist ihnen verstattet Ehren= Wachen zu haben. Die Kontingente müssen stets vollzählig mit allen Kriegs=Bedürfnissen versehen, und marschfertig sein*. Wegen der Konskription und der Verpflichtung zur Landwehr und zum Landsturm, desgleichen wegen der Befreiungen davon sind allge= meine Grundsätze anzunehmen und gesetzlich festzustellen**. Dem Kreis=Obersten steht die Aufsicht über die ganze Kriegs=Verfassung zu, und das Recht darüber zu halten, mithin die Ober=Inspektion und Musterung, auch wenn es nötig ist, die Befugnis die un= vermeidlichen Zwangsmittel anzuwenden***.

> * Stein: Cadres — und Reserven.
> ** Stein: Die Erbstände sind konskriptionsfrei, man darf
> von ihnen erwarten, daß sie freiwillig die Pflicht der
> Verteidigung des Vaterlandes erfüllen.
> *** Stein: Wozu?

33.

Die zu einem Kreise gehörenden Truppen sollen eine und die= selbe Einrichtung und Bezahlung haben, wie die des KreisObersten.

34.

In Friedenszeiten bleiben sie zur Disposition des Landes= herrn. Bei entstehendem Kriege aber, oder zu Exekutionen ge= richtlicher Sprüche, zu Erhaltung der Ruhe und Ordnung im Kreise, hat der Kreis=Oberste das Recht, sie zusammen zu ziehen und zu befehligen.

35.

Daß die nötigen Fonds zur Bezahlung der Truppen und behufs der Kriegsbedürfnisse, Festungen u. s. w. gesichert sind, ist der Aufsicht und Kontrolle des Kreis-Obersten zu unterziehen. Es sind eigene Einkünfte hierzu auszusetzen, und .auf andere Gegenstände unter keinerlei Vorwand zu verwenden.

> * Stein: Die Fonds können sich bilden aus Beiträgen aus denen Landesmitteln, und aus allgemeinen, dem Bund gehörigen Einnahme-Quellen, zu denen letzteren rechne ich das Rhein-Oktroi, Grenz-Zölle, Posten.

36.

Es ist keinem Bundes-Gliede erlaubt Truppen in den Sold eines anderen Staats zu geben. Dieses kann nur durch einen Beschluß des ganzen Bundes geschehen.

37.

Gewisse näher zu benennende Plätze sind zu Bundes-Festungen zu bestimmen, wegen ihrer Errichtung oder Erhaltung, desgleichen wegen ihrer Besatzung ist das Nötige festzusetzen, und dazu ein sicherer Fonds anzuweisen. Sie stehen nach den getroffenen Bestimmungen unter dem Befehl des Kreis-Obersten, in dessen Bezirk sie liegen.

38.

Wird ein Bundesstaat angegriffen, so sind alle Glieder des Bundes zu seiner Verteidigung verpflichtet. Solche, die zugleich Länder besitzen, die nicht zum Deutschen Bunde gehören, haben in Absicht auf diese keinen unbedingten Anspruch auf die Hilfe des Bundes, insofern das zu errichtende beständige Bündnis mit Österreich und Preußen in Absicht auf diese nichts hierüber bestimmt. Ebensowenig, wenn sie in Kriege verwickelt werden, wo sie der angreifende Teil sind. Der Rat der Kreis-Obersten entscheidet, ob dieses der Fall, und ob es rätlich sei, ein besonderes Bündnis mit dem bedroheten oder im Kriege verwickelten Bundesgenossen abzuschließen oder nicht.

39.

Bundes-Staaten, die nicht zugleich auswärtige Länder besitzen, dürfen allein und ohne den ganzen Bund, weder Kriege führen, noch daran teilnehmen, ebensowenig für sich allein mit fremden Mächten unterhandeln.

40.

Die vereinigten Niederlande*, und wo möglich auch die Schweiz sind zu einem beständigen Bündnis mit dem Deutschen Bunde einzuladen.

* Stein: Die Aufnahme der vereinigten Niederlande in den Deutschen Bund hat das Nachteilige, daß die inneren Verhältnisse durch den Zutritt einer fremden bedeutenden Macht noch zusammengesetzter werden, als sie es bereits sind. Ein Fürst der 5 Millionen Einwohner und 16 bis 20 Millionen Thaler Einkünfte besitzt, dessen Land durch bedeutende Ströme durchwässert, und eine ansehn= liche Küste hat, wird einen selbständigeren Gang gehen, und einen kräftigeren Einfluß haben können, als das mittelländische Bayern; das Übergewicht des Einflusses wird also in Deutschland noch mehr zersplittert, und das Zerren in denen Geschäften noch vergrößert. Ein enges Bündnis zwischen Deutschland und Holland abzuschließen erfordert aber das Interesse beider Länder, das letztere ist gegen Frankreich zu schwach, bedarf eines kräftigen Bundesgenossen, und die Niederlande sind für Deutsch= land die kräftigste Schutzwehr gegen alle Angriffe auf das nördliche Deutschland.

Ich halte es für sehr bedenklich, Bayern eine bedeu= tende Besitzung auf dem linken Rheinufer anzuvertrauen, besonders Festungen, die bayerische Politik neigt sich seit zwei Jahrhunderten nach Frankreich, der König, sein undeutscher Minister, mehrere seiner Beamten, sein Schwiegersohn, alle haben eine Französische Richtung. — Bayern will eine Europäische Macht, keine unter= geordnete Deutsche Macht sein, es kann sich nur ver= größern auf Kosten von seinen Nachbarn, von Österreich und Preußen; mit jenem ist es seit Jahrhunderten in feindseligen Verhältnissen, diesem hat es seine Stamm= länder entrissen, und es entstehen nun, da es sein Grenz=

Nachbar ist, bereits jetzt mit ihm Reibungen; es wird also immer geneigt sein zu versuchen, selbst mit Aufopferung entfernter unpassend gelegener Besitzungen sich gegen Osten oder Norden zu vergrößern, und in dieser Absicht sich an Frankreich anzuschließen. Bayern wird durch Berührung mit Frankreich im Krieg gefährlich, es verliert auch in denen Verhältnissen des Friedens die Abhängigkeit vom Deutschen Bund, in die es gesetzt ist, wenn es von ihm umschlossen ist, oder wenn nur ein einzelner schwacher Teil dessen vorgeschoben ist.

Hält man Bayern in dieser umschlossenen Lage, so muß es seine Ansprüche auf Selbständigkeit oder überwiegenden Einfluß in Deutschland aufgeben; so umschlossen und überhöhet wie es ist, kann es sie nicht aufstellen, am wenigsten ausführen.

41.

Die politische Existenz desselben ist auf dem bevorstehenden Kongreß von den kontrahierenden Mächten zu garantieren."

XXII. Humboldts Bestürzung; ungedruckte chiffrierte Depesche an den Fürsten Hardenberg,

Wien den 31. August 1814. Originaltext *).

Nach Pertz (4, 49) war in Frankfurt beschlossen worden, daß Hardenberg den umgearbeiteten oder definitiven Entwurf durch den Grafen von Solms-Laubach nach Wien senden solle, „um den Fürsten Metternich dafür zu gewinnen". Das kann natürlich nur heißen: durch Vermittelung von Humboldt, als dem damals alleinberechtigten Vertreter Preußens in Wien; nicht durch Solms, wie Pertz 4, 84 fälschlich glaubt. Hardenberg reiste von Frankfurt nach Berlin, und zwar über Leipzig. Von hier aus sandte er den Entwurf der 41 Artikel unterm 23. Juli an Solms, und schickte diesem noch von Berlin aus einige Berichtigungen unterm 26. Juli nach. Erst Ende August — eine unverantwortliche Verspätung — traf Solms in Wien ein und übergab den Entwurf an Humboldt, der ihn schon sehnlichst erwartet hatte, um darüber mit Metternich zu konferieren. Nun er ihn aber empfangen, glaubte er vielmehr, ihn vorläufig noch zurückhalten und an seiner Verbesserung arbeiten zu sollen. Denn wie sehr er auch mit den meisten Punkten einverstanden war, so erregten doch manche bei ihm einen materiellen oder redaktionellen Widerspruch, vor allem aber der § 2 über die Grenzen des Bundes ein wahrhaftes Entsetzen.

---

*) Rep. VI. Wiener Kongreß 1814/5. No. 71 (seit Anfang des Kongresses bis zur Bildung des Comités der Bevollmächtigten der fünf königlichen Höfe).

Deshalb beschloß Humboldt, zumal die Eröffnung des Kon=
gresses sich mehr und mehr verzögerte, und jedenfalls nicht vor
Mitte September zu erwarten war, wie er denn auch in der
That sogar auf den 1. Oktober verschoben wurde, 1) sofort eine
Einspruch erhebende Depesche an Hardenberg abzusenden, der
noch nicht von Berlin abgereist war, und 2) zunächst Vorkon=
ferenzen mit den Vertretern Hannovers zu veranstalten. Alles
dies ist Pertz nicht bekannt, und auch bei Treitschke ist keine
Spur davon zu finden*).

Die französisch geschriebene Depesche Humboldts, datiert
„Vienne, ce 31 août 1814“, beginnt mit der Erklärung: Er
habe einzig nur · den deutschen Verfassungsentwurf von Harden=
berg erwartet, um auf Grund desselben mit Fürst Metternich
in Konferenzen einzutreten; in Ermangelung desselben habe er
nichts thun können. Dann fährt er fort:

„Dans ce moment le comte de Solms-Laubach, qui vient
d'arriver à Vienne, m'a dit que V. A. l'avait adressé à
moi, et m'a communiqué le plan qu'Elle lui a envoyé de
Leipsick en date du 23. du mois passé, en y ajoutant des
corrections dans une lettre datée de Berlin du 26. du même
mois. V. A. concevra aisément avec quelle impatience
j'ai parcouru, lu et relu un travail aussi intéressant par
lui-même, et que j'attendais depuis plusieurs semaines.
J'ai fait réflexion ensuite, si je devais le mettre entre les
mains du prince de Metternich, et conférer avec lui sur
ces bases; j'ai été très-tenté de le faire, puisqu'en effet
l'époque du congrès avant laquelle le plan de constitution
Allemande devait être discuté entre la Prusse, l'Autriche
et le Hanovre, et même encore ensuite avec la Bavière
et le Wirtemberg, approche de plus en plus, et que le
temps presse infiniment. Mais après avoir pesé toutes les
circonstances, j'ai vu que je ne pouvais pas le faire, et je
n'en parlerai point au prince de Metternich avant que de

---

*) [Dagegen hat Baumgarten über diese Dinge aus den Solmsschen
Papieren bereits wertvolle Veröffentlichungen gemacht in der Zeitschr. „Im
neuen Reich“ 1879. Bd. 2. S. 549—561.]

n'avoir pas reçu des ordres positifs à cet égard de la part de V. A." Als Grünbe giebt er an: weil ber Plan ſchon vom 23. Juli batiere, unb alſo ſchon früher von Harbenberg geſchicft ſein würbe, wenn es bie Abſicht geweſen wäre, bieſen Plan wie er vorliegt zur Grunblage zu machen; ferner weil ihm ber zu Grunbe zu legenbe Plan wohl nicht burch ben Grafen Solms zugefommen wäre, ober ihm wenigſtens von Harbenberg eine Benachrichtigung von ber Miſſion beſſelben zugefommen ſein würbe. „Elle (Votre Altesse) a donc voulu probablement encore faire des changements à ce plan, avant que d'en faire un usage officiel, et je ferais très-mal de le communiquer au prince de Metternich dans une autre forme que celle, dans laquelle Elle veut qu'il le voie. Ce qui me confirme dans cette opinion, c'est que le prince de Metternich m'a raconté qu'Elle a dit au comte de Zichy qu'Elle expédierait incessamment un courrier pour m'envoyer son travail.

En communiquant d'ailleurs ce plan au prince de M., je devrais nécessairement lui dire de quelle manière je l'avais reçu. Or le prince ferait les mêmes réflexions que moi, il ne croirait voir dans ce travail que des idées que V. A. s'était proposé de changer encore, il déclinerait d'entrer en discussion sérieuse sur cette pièce, et la véritable qui viendrait après, manquerait son effet, puisque les idées y renfermées ne le frapperaient plus par leur nouveauté. De la manière que je connais le prince de Metternich, il faut, pour être sûr qu'il accède à ces idées, les lui présenter avec le plus d'assurance et le moins de doute possible . . .

J'attendrai en conséquence des ordres ultérieurs de V. A., mais je la conjure de me la faire parvenir le plutôt possible."

Nun fommt aber ber offenbare Hauptgrunb bes Verhaltens von Humbolbt; er iſt mit bem Plan burchaus unzufrieden, unb will auf glimpfliche Weiſe Zeit unb Anlaß zu beſſen Änberung geben. Seine Unzufriebenheit wirb natürlich möglichſt umhüllt.

„Quant au plan lui-même, je n'ai pas besoin de dire à V. A. quel jugement j'en porte. J'y ai retrouvé toutes

les idées qu'Elle avait déjà eu la bonté de m'exposer quel-
quefois de bouche, et dont je Lui ai déjà témoigné souvent,
combien je les trouve justes, sages, adaptées aux circonstances
et propres à assurer à l'Allemagne l'indépendance politique
au dehors, et le maintien de tous les droits individuels au
dedans.

Il n'y a qu'un seul point, en parlant de ceux qui
sont vraiment essentiels, sur lequel je La supplie de me
permettre de Lui faire déjà aujourd'hui quelques représentations.

V. A. propose de séparer et d'exclure, pour ainsi dire,
de la ligue Allemande les provinces Prussiennes en deça de
l'Elbe, et l'archeduché d'Autriche proprement dit, ainsi
que la Bohème et la Silésie. J'avoue que je ne saurais
approuver cette idée. Il y a quelque chose de pénible et
de douloureux et pour ces provinces et pour l'Allemagne
elle-même dans le projet de les en séparer; je Vous avoue
sincèrement, mon Prince, et je n'hésite pas de Vous le
dire, sachant que Vous êtes fait pour apprécier des arguments de cette nature, que je ne sais point, si l'on en
aurait le droit devant la nation Allemande. La ville qui
depuis des siècles a été la résidence des empereurs de
l'Allemagne, n'y appartiendrait plus, du moins politique-
ment, mais serait simplement une ville Autrichienne? La
capitale qui a plus contribué qu'aucune autre, à répandre
les lumières et les connaissances, serait dorénavant une
ville Prussienne, et deviendrait étrangère à l'Allemagne?
J'ose dire que cette idée choquerait la partie du public le
plus estimable dans toute l'Allemagne, et surtout chez nous
mêmes. La ligue entière perdrait de sa dignité, et l'on
ne la regarderait que comme une ligue partielle. D'un
autre côté je ne vois pas la nécessité de cet arrangement.
Il vaut mieux, ce me semble, de s'imposer la tâche de
vaincre quelques difficultés de plus. Je n'ai jamais cru
que la Prusse et l'Autriche pourraient se soumettre entièrement aux restrictions qu'on devra prescrire aux princes

entièrement Allemands, beaucoup moins puissants, et par là, puisque l'étendue du pouvoir même apporte des correctifs à la tendance d'en vouloir abuser, plus enclins à outrepasser les limites de leurs droits. Mais si le gouvernement Prussien ce soumettait à ces restrictions dans ses provinces très étendues au delà de l'Elbe, pourquoi s'y opposerait-il dans les Marches, la Poméranie et la Silésie?

J'ai cru devoir dire à V. A. mes opinions sur ce point avec toute la franchise à laquelle Ses bontés m'ont accoutumé. Je puis me tromper, mais je La supplie de bien peser encore une fois cet objet qui, en ayant aussi seulement égard à l'opinion publique, n'est certainement point indifférent.

J'ose encore prier V. A. de vouloir bien, en me faisant parvenir le plan qui me servira d'instruction, aussi me renvoyer les différents mémoires que j'ai eu l'honneur de Lui communiquer à Dijon et à Londres sur cet objet, dont je n'ai point gardé copie.

Je La prie d'agréer" etc. etc.

XXIII. Die Vorkonferenzen über den Entwurf des Fürsten Hardenberg.

Ungedrucktes Material *).

Diese Konferenzen fanden statt am 5., 8. und 9. September 1814. Mit Humboldt nahmen daran teil: der Graf von Harden= berg als hannoverscher Gesandter, der Graf von Solms=Laubach als Vertrauensmann und Mitberater des Freiherrn vom Stein und des Fürsten Hardenberg in Frankfurt, und der Herr von Martens als gelehrter Vertreter Hannovers.

Gleich in der Konferenz vom 5. September, wo sich be= greiflicherweise sofort ein Sturm der Mißbilligung erhob gegen die Ausschließung Preußens und Österreichs jenseits der Elbe und des Inn, im § 2 behielt sich Solms vor: „die ihm näher be= kannten Gründe, warum diese Trennung vorgeschlagen worden" schriftlich ausführlich darzulegen. Diese Darlegung stellen wir voran.

Denkschrift von Solms=Laubach **).

„Es scheint im ersten Augenblick allerdings auffallend, wenn dem zu errichtenden deutschen Bund die deutschen Provinzen nicht einverleibt werden sollen, welche nach dem Tilsiter und Wiener Frieden im Besitz beider Monarchien geblieben sind. Es sieht bei Aufstellung dieser Behauptung aus, als fürchte man sich Deutschland zu groß zu machen, als wolle man den Wiener und

---

*) B. A. Ebenda No. 71.

**) [Mit geringfügigen Abweichungen bereits zum Abbruck gebracht von Baumgarten a. a. O. S. 553, 554.]

Berliner, deren Benehmen im großen Kampf ihre patriotischen Gesinnungen bewährt hat, vom germanischen Bunde ausschließen. Gleichwohl sprechen für diese Ausschließung sehr wichtige Gründe. Das erste Bedürfnis der Deutschen ist, in einer festen Staats= verfassung Schutz gegen die Willkür zu finden, der sie seit sieben Jahren preisgegeben waren.

Soll die Erwartung aller Wohlgesinnten erfüllt werden, so muß durch die neuere Organisation unsers Vaterlandes jeder Rückschritt zum Despotismus unmöglich werden, und hierzu be= darf es einer genauen Bestimmung der fürstlichen und der stän= dischen Rechte. Dieser Bestimmung können sich Österreich und Preußen in den nun rekuperierten Landen, die alle eine ver= änderte Verfassung nach der Abtretung erhalten haben, zumal in Erwägung der vorzüglichen Rechte gefallen lassen, welche ihnen als Bundesdirektoren zustehen werden. Eine ähnliche Verände= rung der Verfassung in den alten Staaten beider Monarchien aber vorzunehmen, wird bis jetzt wenigstens, von den Unterthanen nicht verlangt, und Neuerungen, welche die Notwendigkeit nicht gebietet, können gar füglich unterlassen werden. Sollte man aber gleichwohl die Verbindung aller deutschen Lande zu einem Ganzen beschließen, so könnte die Rückwirkung auf Deutschland dem Zweck des Bundes hinderlich sein, und die Bewohner des ehemaligen Rheinbundes um die Erfüllung ihrer schönsten Hoffnungen bringen. Es ist nichts gewisser, als daß in den Landen, wo seit sieben Jahren willkürlich regiert wurde*), die Organisation der Stände vielen Widerstand finden werde. Man wird von seiten der Regierungen ebenso eifrig der Ausübung der konstitutionellen Rechte der Stände entgegen arbeiten, als die Stände die von der Großmut der alliierten Monarchen erhaltene Freiheit zu be= nutzen suchen werden. Alle Leidenschaften werden hierbei auf= geregt werden, und wer kann es verhindern, daß unter einer Mehrzahl eben vom Joch befreiter Männer nicht hin und wieder einer ein Wort zu viel spreche? -- Sorgfältig werden die ehe= maligen Rheinbundsfürsten solche Äußerungen auffassen, mögliche

---

*) [„wo es seit sieben Jahren sultanisch herging". Baumgarten a. a. O. S. 553.]

Verbindungen mit den Ständen der großen Monarchien besorgen lassen, und es, unter Umständen, dahin zu bringen suchen, daß dieser Geist als der innern Ruhe der großen Monarchien ge= fährlich dargestellt werde. Findet diese oft und unter allen Formen vorgebrachte Insinuation Eingang, so kommt bald Schlaffheit in diese Organisation. Die Parallele zwischen denen, einer väter= lichen Regierung gewohnten österreichischen Stände, die wenig oder nicht zu reklamieren brauchen, und denen aus usurpierten und ererbten Landen neu gebildeten, wird gezogen, und die Folgen sind leicht zu ermessen. Man wird vergeblich bemerken, daß Ungarn seit seiner Verbindung mit Österreich eine Konstitution habe, und daß es den österreichischen Ständen seit dem west= fälischen Frieden nicht eingefallen ist, gleiche Rechte mit Ungarn zu begehren; ist es einmal gelungen, Besorgnisse einzuflößen, so bleiben auch die gewöhnlichen Folgen nicht aus, und nun ent= steht die Frage, welche Gefahr größer sei, die daß man die alt= österreichischen und altpreußischen deutschen Staaten in andern Verhältnissen mit Deutschland lasse, oder, daß unsre Landsleute nicht vollkommen die Vorteile der eingetretenen Veränderung ge= nießen, die sie zu erwarten berechtigt sind, und welche ihre An= strengungen für die gute Sache verdienen. Der Nachteil, der durch die unterbleibende Verbindung entstehen soll, ist problema= tisch; der durch die Vereinigung herbeigeführte aber beinahe gewiß.

Was ein oder der andere deutsche Fürst darüber sagen mag, kann den Monarchen wohl gleichgültig sein. Die Fürsten können unmöglich mehr verlangen, als was bei der Reichsverfassung Rechtens war, und bei dieser bestand die Exemtion von Öster= reich. Es hat ja nicht ihr Schwert das Verlorene zurückerobert — die Monarchen danken dessen Wiedereroberung allein sich, und den Anstrengungen ihrer Völker!

Um alle Meinungen zu vereinigen, um hauptsächlich die Nachrede zu vermeiden, daß der Österreicher und Brandenburger nicht als Deutscher behandelt werde, könnten ja die beiden deut= schen Monarchen erklären:

Daß zwar ihre gesamten deutschen Staaten zum Bund gehören sollten, und sie davon ein Kontingent (dessen Stärke zu bestimmen sein wird) stellen wollten, daß sie sich aber vorbehalten müssen, die künftige Verfassung ihrer alten deutschen Staaten auf eine der Bundesverfassung analoge Weise, nach deren eignen Verhältnissen zu bestimmen.

Hiermit würde wohl jedermann genug geschehen, jede Änderung in den Finanzsystemen beider Monarchien verhindert, alle Vorurteile beschwichtigt, und alle und jede Vergleichung der inneren Verhältnisse der ehemaligen Rheinbundsstaaten mit den alten deutschen österreichischen und preußischen Provinzen, und die daraus zu besorgenden Nachteile verhindert werden. Allerdings giebt die Vereinigung aller Deutschen in einen Bund in äußeren Verhältnissen den Schein der Macht; allein nur die innere Ruhe, die Vereinigung der Nation unter dem Schutz beglückender Gesetze, und die Zufriedenheit der Unterthanen wird innere Kraft verleihen.

Wien am 7. September 1814.

Friedrich Graf v. Solms=Laubach.“

Ungedruckte protokollarische Bemerkungen.

In den Vorkonferenzen führte Martens das Protokoll. Die von ihm verzeichneten „Bemerkungen“ über deren Ergebnisse sagen im § 2: „Herr Graf von Solms hat hiebei die Gründe entwickelt, welche zu dem Vorschlag Anlaß gegeben, den der Entwurf enthält. Die übrigen haben aber geglaubt, daß diese Beschränkung dem Zweck nicht entspräche, daher nach ihrer Meinung der § 2 so lauten würde, wie er hier ausgedrückt ist.“ Nämlich: „dieser Bund umfaßt sämtliche in Deutschland belegenen Staaten, mithin sämtliche deutsche Staaten, welche Preußen, es sei dies= oder jenseits der Elbe, besitzt oder besitzen wird, sowie sämtliche deutsche Staaten, welche Österreich besitzt oder besitzen wird, mit Inbegriff von Österreich und Böhmen, sowie allen übrigen deutschen Staaten u. s. w.“ Nach den Konferenzen sollten ferner lauten: § 6. „Jedem Bundesunterthan werden durch die gegenwärtige Bundesakte, außer der allgemeinen Sicherheit seiner Person und seines Eigentums, insbesondere nachstehende Rechte ausdrücklich gesichert und

vom Bunde garantiert 1) die Freiheit, ungehindert und ohne
eine Abgabe zu entrichten in einen anderen zum Bunde gehörigen
Staat auszuwandern, den Fall aufrührerischer Absichten allein
ausgenommen; auch 2) in dessen Civil= oder Militärdienste zu
treten; 3) Die Sicherheit, nicht über 48 Stunden in Verhaft
gehalten zu werden, ohne einem richterlichen Verhör und Aus=
spruch nach den Gesetzen unterworfen zu werden; 4) Sicherheit
des Eigentums auch gegen Nachdruck der Schrift; 5) das Recht
der Beschwerde vor dem ordentlichen Richter und in den dazu
geeigneten Fällen vor dem Bunde; 6) Preßfreiheit nach zu be=
stimmenden Normen; 7) das Recht sich auf jeder deutschen Lehr=
anstalt zu bilden; 8) das Recht, künftig nur mit Zuziehung von
Ständen als Nationalrepräsentanten besteuert zu werden"*).

§ 7. "In jedem zum Bunde gehörenden Staat soll eine
ständische Verfassung eingeführt oder erhalten werden. Die Ein=
richtung dieser ständischen Verfassung in jedem einzelnen Bundes=
staate bleibt zwar zunächst dem Landesherrn mit Zuziehung der
bisherigen Stände, da wo solche zur Zeit der Publikation der
Bundesakte vorhanden sind, vorbehalten; jedoch sind in diesen
wie in denjenigen Staaten, wo zu der Zeit keine Landstände
waren, nachstehende allgemeine Bestimmungen zu beobachten:
1) jeder freie Landeigentümer, er sei adlig oder nicht, geistlich
oder weltlich, muß so wie die Städte in den Ständen repräsen=
tiert werden. Doch bleibt einem jeden Staat sowohl die innere
Einrichtung und Verteilung derselben in mehrere Corpora oder
ihre Vereinigung, als die Bestimmung, welche Städte Abgeord=
nete zum Landtage schicken können, nach Beschaffenheit der Lokali=
täten anzuordnen überlassen. 2) Das Minimum der land=
ständischen Rechte besteht a) in einem voto consultativo bei
Abfassung allgemeiner Gesetze, b) in Erteilung oder Verweigerung
ihrer Zustimmung zur Einführung neuer Landessteuern, selbst
wenn diese unter dem Namen von Zwangsanleihen in Antrag

---

*) Die unterstrichenen Worte mit Bleistift eingeklammert und mit Frage=
zeichen versehen. Mit Recht, da es sich um die Stände der einzelnen meist
sehr kleinen Staaten handelt.

kämen; in Vertretung der Verfassung bei dem Landesherrn und bei dem Bunde."

§ 18 in Uebereinstimmung mit dem Hardenbergischen Ent=wurf: „Es soll eine Bundesversammlung in Frankfurt a. M. sein. Diese Stadt wird für eine freie Bundesstadt erklärt."

Mit dem 9. September schlossen diese Vorkonferenzen, ob=gleich sie erst einen kleinen Teil der Paragraphen erörtert hatten, denn nunmehr traf auch Fürst Hardenberg in Wien ein und teilte persönlich dem Fürsten Metternich am 13. September seinen Verfassungsentwurf mit (Klüber 1, 45 Note)*). Doch jetzt galt es zunächst für die vier verbündeten Mächte, in einleitenden Kon=ferenzen den Geschäftsgang des Kongresses überhaupt festzustellen. In der Sitzung vom 22. September beschlossen sie, die deutschen Angelegenheiten, einem Vorschlage Steins entsprechend, ganz von den europäischen zu trennen, und überdies deren Beratung einem Ausschuß der fünf größeren deutschen Mächte: Österreich, Preußen, Hannover, Bayern und Württemberg zu überlassen. Wenn Stein, wie Pertz sagt (4, 112), gegen diese „Vereinigung" war, so geschah es, nicht weil sie ihm zu klein, sondern weil sie ihm zu groß war und weil er, wie Pertz sich ausdrückt, „von einer Ver=einigung solcher Elemente wenig Gutes erwartete". Er wünschte, daß die „Grundlagen der Verfassung festgesetzt" würden durch die „großen Höfe" (also Österreich, Preußen und England=Han=nover), daß man dann „die beteiligten Einzelnen hören" und „ihre Einwürfe besprechen könne", daß sie aber schließlich „ver=bunden seien, sich der Entscheidung der großen Höfe zu fügen" (Ebenda S. 111).

Diesem Wunsche wurde thatsächlich insofern entsprochen, als Österreich, Preußen und Hannover übereinkamen, die Grundlagen

---

*) [Nach Solms hatte schon am 9. Sept. ein preußischer Courier den Entwurf Metternich überbracht s. Baumgarten S. 556.]

der Verfassung zunächst unter sich festzustellen, und dann erst dem Fünferausschuß vorzulegen.

Der offizielle Eröffnungstermin des Kongresses wurde neuerdings vom 1. Oktober auf den 1. November verschoben, um den „sämtlichen Mächten" (Puissances b. i. den huit puissances signataires du traité de Paris) Gelegenheit zu geben, „zunächst freie und vertrauliche Erörterungen zu pflegen", zur „Feststellung der Grundgedanken", zur „Ausgleichung der Meinungen" und dergestalt zur „Heranreifung" der „zu entscheidenden Fragen" (Klüber 1, 33 ff. Vgl. 8, 60 ff.).

XXIV. Die Verhandlungen zwischen Österreich, Preußen und Hannover über die Grundlagen der Verfassung,

vom 7. bis zum 14. Oktober 1814: die zehn Artikel.

Auch von dem, was wir hier mitteilen werden, ist bei Pertz und Treitschke nichts zu finden. Der erstere sagt (S. 127): der Hardenberg'sche Entwurf sei „zwischen Hardenberg und Metternich Gegenstand mehrfacher Besprechungen geworden, zu denen auch Graf Münster gezogen ward. Der Inhalt und Gang dieser Verhandlungen liegt vollständig im Dunkel. Der Erfolg jedoch zeigt, daß es dem Fürsten Metternich gelungen war, bedeutende Abänderungen zu erlangen."

In Wahrheit ist der Sachverhalt, soweit er sich aus den Berliner Akten konstatieren läßt, folgender.

Nachdem die widerwärtigen Vorverhandlungen der vier verbündeten Mächte mit der am 24. September eingetroffenen Gesandtschaft Frankreichs und durch eine Konferenz Metternichs, Hardenbergs, Nesselrodes und Castlereaghs mit Talleyrand am 5. Oktober wesentlich abgeschlossen waren, schritten Österreich, Preußen und Hannover sofort am 7. Oktober zu einer ersten Konferenz über den Hardenbergschen Verfassungsentwurf, wobei von vornherein die Resultate jener Vorkonferenzen vom 5., 8. und 9. September mit in Betracht gezogen wurden. Über diese Konferenz, an der natürlich auch Humboldt, aber nicht Graf Münster teilnahm, den vielmehr der hannoversche Gesandte vertrat, ist das folgende Protokoll vorhanden. Dasselbe zeigt, daß man sich mehr an die Resultate der Vorkonferenzen hielt, als an die Bestimmungen des Hardenbergschen Entwurfs, nur daß sichtbar der Einfluß Metternichs fast überall Abschwächungen herbeiführte. In Bezug auf die territoriale Beteiligung Österreichs und Preußens am Bunde, war nicht er es, der die von Hardenberg im § 2 adoptierten Ausschließungsideeen Steins zu Fall brachte, wie man nach Pertz (S. 129) und nach Treitschke (S. 681) glauben sollte; denn das war ja schon durch die entschlossene Opposition Humboldts und durch die Beschlüsse der Vorkonferenzen geschehen; Metternich stimmte lediglich diesem zu.

Ungedrucktes Protokoll vom 7. Oktober*).

„Protokoll einer über die deutsche Bundesverfassung zwischen dem Fürsten Metternich, dem Fürsten Hardenberg, Freiherrn von Humboldt und Grafen von Hardenberg am 7. Oktober 1814 gehaltenen Konferenz.

Es wurde bei der Beratschlagung der Entwurf des Fürsten Hardenberg, mit den darüber von dem Grafen von Hardenberg, Grafen Solms, Freiherrn von Humboldt und Hofrat von Martens gemachten Bemerkungen zum Grunde gelegt, und daher mit Vorlesung dieser Aufsätze artikelweise vorgeschritten.

Da der Zweck der Konferenz der war, die Beratschlagungen des zu versammelnden Comités der fünf größeren deutschen Mächte auf eine angemessene Weise vorzubereiten, so wurde vorzüglich gesucht, die wesentlichen Punkte von den minder erheblichen zu unterscheiden, um über die ersteren schon vorläufig eine übereinstimmende Meinung zwischen Österreich, Preußen und Hannover hervorzubringen.

Demzufolge nun ist bemerkt worden:

ad § 1.

Daß dieser § in seinem ersten Teile anzunehmen sei, fürs erste aber der Zusatz in Absicht der Coërcitiv-Mittel im Fall des Abfalls eines Bundesgliedes wegbleiben müsse.

---

*) B. A. Ebend. Nr. 71.

ad § 2.

Daß alle deutschen Provinzen Österreichs und Preußens dem deutschen Bunde einverleibt werden.

ad § 3.

Daß dieser § anzunehmen, allein allgemein dahin zu fassen sei: daß jeder zum deutschen Bunde gehörende Staat die Regierungsrechte insofern besitzen solle, als die Verfassung des Ganzen nicht die Befugnis der Einzelnen beschränkt.

ad § 4.

Über die künftige Lage der mediatisierten Fürsten und Stände (mit Ausschluß der Reichsritterschaft) wurde mehreres von den Unterzeichneten gesprochen, und die Frage auf ihren eigentlichen Standpunkt,

> ob diese Stände Bundes= oder Landstände, oder auf gewisse Weise beides zugleich sein sollen?

zurückgeführt.

Der Fürst Hardenberg entwickelte hierauf ein neues System, dessen Grundzüge waren: daß die mediatisierten Stände nur Fürsten angehören sollen, welche Kreisobersten sind, und daß entweder alle ober wenigstens diejenigen, welche jetzt zu minder mächtigen Staaten gehören, nur zu dem Kreis=, nicht zu dem Landesverbande eines einzelnen Fürsten gehören sollen.

Da dieses System, um richtig beurteilt zu werden, erst einer nähern Ausführung bedarf, und dasselbe überdies die Angelegenheit der deutschen Verfassung mit der der Territorialverteilung Deutschlands in einen solchen Zusammenhang bringt, daß die erstere in diesem Punkt nicht ohne die letztere behandelt werden kann: so hat alles, was die mediatisierten Stände betrifft, ausgesetzt werden müssen, bis Fürst Hardenberg einen eigenen Aufsatz über diesen Gegenstand ausgearbeitet haben wird.

ad § 5

hat man beschlossen, die Reichsritterschaft nicht den andern mediatisierten Ständen (nur allenfalls mit Zugestehung einiger Vorzüge), sondern vielmehr dem übrigen Landadel gleichzustellen.

ad § 6

hat es notwendig geschienen, dem Recht der Auswanderung

wenigstens die Einschränkung beizufügen, daß der Auswandernde
seine Militärpflicht geleistet haben müsse; wogegen es auch für
notwendig erkannt worden ist, wenigstens im allgemeinen die
Grenzen dieser Pflicht für ganz Deutschland verbindlich zu bestimmen.

Da ein Ausspruch nach 48stündiger Verhaftung in vielen
Fällen wahrhaft unmöglich, ein bloßes Verhör aber den Ver-
hafteten unnütz ist, so ist beschlossen worden, auf eine andere Art
die Sicherung der persönlichen Freiheit zu decken.

Dem Nachdruck hat man beschlossen durch ganz Deutschland
zu Gunsten in Deutschland erscheinender Schriften zu steuern.

Der Satz: daß kein deutscher Unterthan anders als mit Zuziehung von Ständen besteuert werden kann, ist angenommen,
jedoch hinzugefügt worden, daß das Votum der Stände bei Besteuerungsgesetzen nur konsultativ sein, und ihnen kein eigentliches
Veto eingeräumt werden könne.

(Dieser Absatz ist von Humboldts Hand durch Korrektur
eingetragen. Im Protokoll hieß es: „der Satz, daß kein
deutscher Unterthan anders als mit seiner Zustimmung
besteuert werden könne*), ist insofern nicht angenommen
worden, als die allgemeine Einführung eines Vetos der
Stände bei Besteuerungsgesetzen für unausführbar erklärt
worden ist.")

Graf Hardenberg hat hierbei bemerkt, daß seine Regierung
ihren Ständen ein solches Veto einzuräumen gesonnen sei.

Da hiemit die Zeit verlaufen war, so wurde die Fortsetzung der Beratschlagung auf heute festgesetzt.

In der heutigen Sitzung nun ist gegenwärtiges Protokoll
vorgelesen, in allen Punkten genehmigt, und unterzeichnet worden.

Wien, den   . Oktober 1814."

---

*) Diese Ausdrucksweise spricht dafür, daß der fragliche Satz von eng-
lisch-hannoverscher Seite in den Vorkonferenzen vorgeschlagen (s. ob. S. 196
„Bemerkungen" § 6 sub 8) und am 7. Oktober verfochten wurde. Denn
es war ja, wie Chatham 1775 in der Januardebatte über die amerikanischen
Kolonien sich ausdrückte: „die große Fundamentalmaxime der brittischen
Verfassung, daß kein englischer Unterthan ohne seine eigene
Zustimmung besteuert werde."

Das Protokoll blieb trotz seines Schlußsatzes ununterzeichnet. Offenbar, weil das Verfahren vom 7. Oktober, die Beratung jedes einzelnen Paragraphen der Reihefolge nach, nicht die Erreichung des Zweckes verbürgte, sich „vorläufig" über die „wesentlichen Punkte" zu vereinbaren, ehe das „Comité der fünf größeren deutschen Mächte" zusammentrete, dessen Eröffnung nicht wohl über den 16. Oktober hinausgeschoben werden konnte.

Die zehn Artikel. Ungedrucktes Material.

Und nun ist nichts gewisser, als daß sich Österreich, Preußen und Hannover wirklich schon in den nächsten Tagen über zehn Artikel als die wesentlichsten, unter Vorbehalt der definitiven Formulierung, verständigten.

Dieser Verständigung ging aber ohne allen Zweifel über Einen Punkt eine Separatverständigung zwischen Metternich und dem Fürsten Hardenberg, als dem entscheidenden Vertreter Preußens, voraus. Metternich, obwohl sicher kein wirklicher Freund des Instituts der Kreisobersten, wodurch Preußen seinen Einfluß in Norddeutschland in höherem Maße steigern konnte wie Österreich im Süden, zeigte sich dennoch bereit, der Kreiseinteilung und dem Rat der Kreisobersten zuzustimmen; aber er begehrte dagegen, daß nur dieser und der Rat der Fürsten und Stände die Faktoren der Bundesversammlung ausmachen sollten. Demnach verlangte er, nach dem ermutigenden Vorgange Steins, zu Hardenbergs §§ 19 und 20 den Wegfall des dualistischen „Direktoriums" als obersten Faktors der Bundesversammlung und der Bundesgewalt. Danach blieben im § 19 nur die beiden „Räte" und im § 20 nur der „Vorsitz" Österreichs „bei allen Bundesversammlungen" bestehen. Diesen letztern aber, also das auf Steins Betrieb von Hardenberg für Österreich schon zugestandene „Präsidium" behandelte Metternich absichtlich als etwas an sich sehr Wertloses, als bloße Ehrensache, und die Frage eines etwaigen besonderen Geschäftsdirektoriums als eine sehr überflüssige, da dieses als eine bloße Formsache am zweckmäßigsten mit dem Präsidium zu verbinden sei. Hardenberg gab schließlich nach), sei es aus Sittenfreundschaft für Metternich oder weil dieser daraus eine conditio sine qua non machte. Wann dies geschah, ist ungewiß; jedenfalls aber vor dem 14. Okto= ber, als vor dem Tage der Feststellung der definitiven „zwölf Artikel"*).

Dagegen spricht alles dafür, daß in den vorläufigen zehn Artikeln zwar das zweiköpfige Direktorium als oberste Bundes= gewalt bereits im Sinne des § 4 der zwölf Artikel beseitigt, aber das Geschäftsbdirektorium noch nicht im Sinne des § 7 derselben an Österreich ausschließlich überlassen war.

Ebenso kann auch kaum unter den zehn Artikeln § 2 der zwölf Artikel über den „Zweck des Bundes" Platz gefunden haben. Denn über diesen Zweck sagten die 41 Artikel des Har= denbergschen Entwurfs, aus dem doch allein die „wesentlichsten Punkte" ausgehoben wurden, kein Wort.

Wenn dergestalt anfangs die §§ 7 und 2 der zwölf Artikel fehlten: so sieht man, daß es die übrigen zehn Paragraphen nämlich 1, 3—6, 8—12 gewesen sein müssen, welche die ur= sprünglichen zehn Artikel bildeten, obgleich diese mir nicht in einem zusammenhängenden Texte vorliegen.

Aber bestätigt wird das Gesagte durch eine besondere Note von Humboldts Hand, aus welcher erhellt: 1) daß eben zehn Paragraphen oder Artikel als die wesentlichen Punkte aufgestellt wurden, wahrscheinlich am 9. oder 10. Oktober; 2) daß unter denselben Artikel 5 dem § 6 der zwölf Artikel entsprach, so daß Artikel 1—4 den §§ 1—5 der zwölf Artikel entsprochen, also eben einen Punkt weniger enthalten haben müssen; 3) daß Artikel 8—10 mit den §§ 10—12 der zwölf Artikel korrespon= dierten, so daß notwendig Artikel 6 nur mit einem der beiden §§ 7 und 8 der zwölf Artikel korrespondiert haben kann.

Die grundsätzliche (nicht die wörtliche) Feststellung der zehn Artikel erfolgte, wie sich aus den zwölf Artikeln ergiebt, auf Grundlage der Hardenbergschen Artikel und der Konferenz= bestimmungen vom 7. Oktober, und zwar in folgender Weise.

---

*) Mit dem Text derselben im nächsten Kapitel ist das Folgende zu vergleichen.

Hardenberg § 1 und 2 nach den Bestimmungen vom 7. Oktober ad 1 und 2 abgeändert und in Einen Paragraphen zusammengezogen — § 1 der 10 Artikel (§ 1 der 12 Artikel).

Hardenberg § 3 nach dem Beschluß vom 7. Oktober ge= ändert — § 2 der 10 Artikel (§ 3 der 12 Artikel).

Hardenberg § 4 über die Mediatisierten, der schon in der Konferenz vom 7. Oktober so viele Weitläufigkeiten verursachte, ganz beiseite gelassen.

Hardenberg § 5 und die Bestimmung dazu vom 7. Oktober, betreffend die Reichsritterschaft, ebenfalls weggelassen.

Hardenberg § 6, die deutschen Bürgerrechte, nach den Be= schlüssen vom 7. Oktober, mit der Forderung kürzester Fassung an das Ende verwiesen — § 10 der 10 Artikel (§ 12 der 12 Artikel).

Hardenberg § 7, landständische Rechte, ebenfalls mit der Forderung kürzester Fassung ans Ende verwiesen — § 9 der 10 Artikel (§ 11 der 12 Artikel).

Hardenberg §§ 8—20, unter Streichung des österreichisch= preußischen Direktoriums als höchsten Bundesfaktors, in einem Paragraphen zusammengefaßt — § 3 der 10 Artikel (§ 4 der 12 Artikel).

Hardenberg §§ 21, 22, zusammengefaßt in § 4 der 10 Artikel (§ 5 der 12 Artikel).

Hardenberg §§ 23—26, zusammengefaßt in § 5 der 10 Artikel (§ 6 der 12 Artikel).

Hardenberg §§ 28—32, zusammengefaßt und erweitert in § 6 der 10 Artikel (§ 8 der 12 Artikel), über die Rechte der Kreisobersten.

Hardenberg §§ 28, 38 und 39, zusammengefaßt in § 7 und 8 der 10 Artikel (§ 9 und 10 der 12 Artikel).

Hardenberg §§ 27 und 29, Bundesgericht, aufgenommen in § 8 der 10 Artikel (§ 10 der 12 Artikel).

Hardenberg §§ 33—37, militärische Bestimmungen, über= gangen; ebenso § 40 und 41.

Die vorläufige Formulierung der grundsätzlich festge= stellten zehn Punkte wurde, wie die „Note" zeigt und fortan immer

geschah, Humboldt überlassen, der sich hier wie immer des Auf=
trags mit außerordentlichem Geschick unterzog. Und dabei be=
wegte er sich mit außerordentlicher Selbständigkeit. Definitiv
schon beschlossene Abschwächungen konnte er nicht mehr verhindern;
bloß angezweifelte oder bekämpfte Bestimmungen hielt er, wenn
sie nationaler oder freiheitlicher geartet waren, mit Zähigkeit auf=
recht; noch unberührte, d. h. weder im Hardenbergschen Entwurf
noch in den Konferenzen zur Sprache gekommene Bestimmungen,
die er selbst früher in seiner Dezember=Denkschrift und in seinem
April=Memoire mit den Annexen A und B als wünschenswerte
oder unerläßliche aufgestellt hatte, führte er ohne weiteres und
meist offenbar mit vollem Erfolg, in die Formulierung der zehn
Artikel ein.

So führte er in die Formulierung des § 1 (wie § 1 der
12 Artikel lehrt) den Artikel 6 seiner Dezember=Denkschrift ein.
So stellte er, vielleicht zunächst als Zusatz zu § 1, eine Bestim=
mung des Bundeszweckes auf, wie sie der § 2 der 12 Artikel
enthält, und die einfach dem Artikel 2 seiner Dezember=Denkschrift
und dem Artikel 5 des Annex A (Bases) zum April=Memoire
entnommen ist. So war er nunmehr auch in der Lage, die Be=
stimmungen der beiden folgenden Paragraphen als Mittel zur
„Erreichung" des Bundeszweckes hinzustellen. So formulierte er
ferner die §§ 7 und 8 (§§ 9 und 10 der 12 Artikel) nach
Artikel 16, 17 und 21 s. seiner Dezember=Denkschrift und Artikel
17 b des Annex A (Bases) zum April=Memoire.

Die zehn Artikel unterlagen, auf Grund der Humboldtschen
Formulierung, anscheinend zweimaliger Beratung zwischen Öster=
reich, Preußen und Hannover. Dabei wurde noch manches be=
anstandet und geändert, wie Humboldts „Note" zeigt.

So lautete § 5 b der 10 Artikel (= § 6 b der 12 Artikel)
nach Humboldts Formulierung bei der Aufzählung der Staaten,
die berechtigt sein sollten, im „Rat der Fürsten und freien Städte"
zu sitzen: „Die drei Hansestädte und die Bundesstadt Frankfurt
als Sitz der Bundesversammlung". Dies entsprach dem § 18
des Hardenbergschen Entwurfs und den „Bemerkungen" der Vor=
konferenz. Diese Bestimmung wurde aber von Metternich ent=

schieden beanstandet. Darüber bemerkt die „Note" Humboldts: „Bei § 5 b hat Fürst Metternich erinnert, daß ihm Nürnberg oder Regensburg ein mehr angemessener Sitz der Bundesversammlung scheine, als Frankfurt; auch sich der ganzen Idee, Frankfurt für eine freie Stadt zu erklären, nicht günstig gezeigt."

Die Folge war, daß schließlich, wie die Redaktion von § 6 b der „zwölf" Artikel zeigt, die Erwähnung Frankfurts sowohl als Bundessitz wie als freie Stadt ganz weggelassen wurde. Hardenberg und Humboldt durften dabei hoffen, später doch damit durchzubringen.

Der § 8 der zehn Artikel über das Bundesgericht (§ 10 der zwölf Artikel) lautete nach der Formulierung am Schlusse: „Das Bundesgericht spricht auch über Klagen, die über Verletzungen des Bundesvertrages in einzelnen Ländern bei demselben erhoben werden." Dabei handelte es sich namentlich um „Eingriffe der Regierungen in die Rechte der Stände", wie es im Artikel 21 der Dezember-Denkschrift heißt, oder um „Klagen der Unterthanen und Stände gegen ihre Regierung", wie er sich im § 17 b des Annex A zum April-Memoire ausdrückte. Hiergegen wurde Einspruch erhoben, unzweifelhaft von seiten Metternichs; man wollte derartige Klagen der Bundesversammlung zugewiesen wissen. Auch diese Abschwächung führte ja leider auf eine Anregung Steins zurück (s. S. 165 zu § 22). Dennoch erklärte Humboldt in der „Note": „Bei § 8 habe ich es dabei gelassen, die Klagen über Verletzungen des Bundes an das Bundesgericht zu bringen. Die Fürsten werden ohne den Ernst eines Gerichts nicht im Zaume zu halten sein, und die Bundesversammlung (sie) sicher nicht strenge genug behandeln."

Endlich wurden nunmehr die beiden letzten Paragraphen der zehn Artikel, also „§ 9" und „§ 10" in der neuen Formulierung Humboldts, wie die „Note" zeigt, buchstäblich so gestaltet, wie sie in den zwölf Artikeln als §§ 11 und 12 erscheinen. Sie lehren, daß Metternich, dem die Bestimmungen über die „ständischen Rechte" und über die „Rechte jedes Deutschen" durchaus nicht sympathisch waren, beharrlich auf kürzere und allgemeinere Ausdrucksweisen drang, weil diese minder bindend

erschienen. Humboldt, wie Hardenberg, zog dem völligen Fallen=
lassen dieser Artikel die kürzere und allgemeinere Fassung vor, bei
der sich doch immer noch Kerne und Anhaltspunkte für die wei=
teren Verhandlungen festhalten ließen.

Erst in einer letzten Beratung, wahrscheinlich am 13. Okto=
ber, können die „zehn" Artikel in „zwölf" verwandelt worden
sein, da in diesen die §§ 11 und 12 noch in der „neuen For=
mulierung" Humboldts die §§ 9 und 10 bilden. Die Vermeh=
rung der 10 auf 12 Artikel kann der höchsten Wahrscheinlichkeit
nach und allem bisher Gesagten gemäß nur an den beiden
Punkten geschehen sein, wo wir in der Vergleichung auf Lücken
trafen; d. h. 1) die Bestimmung des Bundeszweckes wurde jetzt
zuerst als selbständiger § 2 konstituiert, und 2) die Überweisung
des Geschäftsdirektoriums wurde als neuer § 7 eingeschaltet, nach=
dem schließlich die Vorstellungen Metternichs bei Hardenberg ob=
gesiegt, und mit dem ausdrücklichen beschönigenden Vermerk, daß
darunter „bloß eine formelle Leitung der Geschäfte zu verstehen sei".

So kamen die folgenden zwölf Artikel als Vereinbarung
zwischen Österreich, Preußen und Hannover zustande, um den
„Beratschlagungen des Comités der fünf deutschen Mächte" zu
Grunde gelegt zu werden. Die 12 Artikel datierten vom 14. Okto=
ber 1814, wie die unten mitzuteilende russische Denkschrift vom
14. (11.) November 1814 bezeugt. Der Titel die „zwölf Artikel"
war kein offizieller, sondern tauchte unter den Diplomaten, zu=
mal der kleineren Staaten, der Kürze halber auf. Schon am
16. Oktober wurden sie dem am 14. eröffneten Fünfer=Comité
vorgelegt, und zwar im Namen Österreichs und Preußens*), um
nicht die Eifersucht Bayerns und Württembergs gegen Hannover
herauszufordern, die überdies schon am gleichen Tage in dem
Präcedenzstreit zwischen Württemberg und Hannover zum Ausbruch
kam. Ich gebe den Text nach der Berliner Handschrift, womit
der Abdruck bei Klüber 1, 57 ff. bis auf einen sehr wesentlichen
Punkt übereinstimmt. Pertz 4, 130 giebt nur eine ganz knappe
und nichtssagende Inhaltsangabe.

---

*) Nicht auch im Namen Hannovers, wie damals und später vielfach
behauptet wurde.

XXV. Die zwölf Artikel oder der Bundesplan vom 14. Oktober 1814*).

„Artikel, welche bei den Konferenzen der fünf deutschen Mächte zur Grundlage gedient haben**).

1. Die Staaten***) Deutschlands (mit Inbegriff Österreichs und Preußens für ihre deutschen Länder) vereinigen sich zu einem Bunde, welcher den Namen des deutschen führen wird. Jeder Eintretende leistet Verzicht auf das Recht, sich ohne Zustimmung der übrigen davon zu trennen†).

Der Zweck dieses Bundes ist die Erhaltung der äußeren Ruhe und Unabhängigkeit und die innere Sicherung der verfassungsmäßigen Rechte jeder Klasse der Nation††).

3. Indem die Bundesglieder zur Erreichung dieses auf das Wohl des gemeinsamen Vaterlandes gerichteten Endzwecks zusammentreten, behalten sie alle und jeder den vollen und freien Genuß ihrer Regierungsrechte, insoweit dieselbe nicht durch den im vorigen Artikel bestimmten Zweck eingeschränkt, und diese Einschränkungen in der Bundesurkunde namentlich ausgedrückt sind.

4. Der Zweck des Bundes wird erreicht a) durch die mit der Einteilung Deutschlands in eine Anzahl von Kreisen verbun-

---

*) Rep. VI. W. C. Nr. 72: Pièces écrites et recueilles durant le temps des conférences des cinq cours royales de l'Allemagne.

**) Diese Betitelung von Hardenbergs Hand, die rein redaktionellen Änderungen des 16. Oktobers nehme ich vorweg.

***) Nach Beschluß vom 16. Oktober; vorher „die Fürsten und freien Städte."

†) Vergl. oben S. 112 (§ 6).

††) S. ob. S. 111 (§ 2). S. 151 (§ 5).

bene Anordnung einer Bundesversammlung, welche aus einem Rat der Kreisobersten und einem Rat der übrigen Stände*) besteht. b) Durch den Einfluß, welcher jedem Kreisobersten nach dem Inhalt der Bundesurkunde und unter der Aufsicht der Bundesversammlung über die Stände seines Kreises anvertraut wird.

5. Im Rat der Kreisobersten erscheinen Österreich mit 2 Stimmen, Preußen mit 2, Bayern mit 1, Hannover mit 1, Württemberg mit 1. Er ist ununterbrochen in derselben Stadt versammelt, entscheidet nach der Mehrheit der Stimmen, und es werden so viel Kreise gebildet, als Stimmen in diesem Rate sind. Ihm gebührt: a) Ausschließlich und allein die Leitung und**) ausübende Gewalt des Bundes; die Vertretung desselben, da wo er als ein Ganzes gegen auswärtige Mächte erscheinen muß; die Entscheidung über Krieg und Frieden. b) Zugleich mit dem Fürsten= und Ständerat die Besorgung derjenigen Gegenstände, welche den Wirkungskreis dieses letzteren ausmachen.

6. Der Rat der Stände***) besteht: a) Aus einer Anzahl fürstlicher Häuser, die der Kreisobersten mit eingerechnet, mit Virilstimmen. Diese Häuser würde man nach dem Alter der Fürstenwürde, dem Glanz der Geschlechter und der Volksmenge dergestalt auswählen, daß, außer allen altfürstlichen Häusern, einige neufürstliche darin wären, jedoch nur solche, deren Länder in ihren verschiedenen Zweigen eine Bevölkerung von mehr als 100000 Seelen†) in sich fassen. b) Aus den übrigen fürstlichen Häusern und den freien Städten mit Curiatstimmen.

Ihm gebührt, aber nur zugleich mit dem Rat der Kreis=obersten, jedoch so, daß beide als abgesonderte Kammern rat=

---

*) Nach Beschluß vom 16. Oktober; vorher „der Fürsten und Stände".

**) So („und"), nicht „der", wie fälschlich bei Klüber 1, 58 steht.

***) Nach Beschluß vom 16. Oktober; vorher „Fürsten und Städte".

†) Bei Klüber 1, 59 steht „200000", was — abgesehen von der größeren Autorität der von mir kopierten Handschrift — schon deshalb un=wahrscheinlich ist, weil Hardenberg in seinem Entwurf § 23 sogar bis auf 50000 Seelen herabgehen wollte. Direkt bestätigt aber wird unsere Les=art durch die württembergische Erklärung ad 6 (Klüber 2, 100), welche die Ziffer „von 100000 Seelen" auf 300000 erhöht wissen wollte. Ebenso durch Klüber 2, 128.

schlagen, die gesetzgebende Gewalt des Bundes, und er beschäftigt sich daher hauptsächlich mit allgemeinen auf die innere Wohlfahrt gerichteten Anordnungen.

Er versammelt sich nur alljährlich einmal, und bleibt nur bis zur Abmachung der jedesmal vorliegenden Geschäfte beisammen.

7. Die Kreisobersten sind in ihren Rechten vollkommen gleich. Nur führt Österreich in beiden Räten der Bundesversammlung das Geschäftsdirektorium, worunter jedoch bloß eine formelle Leitung der Geschäfte zu verstehen ist *).

8. Den Kreisobersten steht das Geschäft zu: a) den Bundesvertrag **) und die Bundesbeschlüsse aufrecht zu erhalten; b) die Kreisverhandlungen zu leiten; c) die höchste Aufsicht über das Kriegswesen des Kreises auszuüben; d) mit seinen Gerichten die letzte Instanz für diejenigen Kreisstände zu bilden, welche nach dem Bundesvertrag nicht selbst eine höchste Instanz haben sollen. Ihr Verhältnis zu den einzelnen Kreisständen wird verschieden, nach der größeren oder geringeren Beträchtlichkeit derselben bestimmt, wozu die obige Einteilung der mit Virilstimmen und Curiatstimmen Begabten zur Anleitung dienen kann.

Alle Rechte, welche den Kreisobersten nach dem Bundesvertrag zustehen, üben dieselben nicht vermöge einer eigenen, mit ihrer Eigenschaft als Landesherrn verbundenen Gewalt, da vielmehr in dieser Hinsicht alle übrigen deutschen Stände gleiche Rechte mit ihnen haben, sondern als Beauftragte des Bundes und vermöge des ihnen von demselben übertragenen Amtes aus.

9. Um zu verhindern, daß nicht ein einzelner Bundesstaat die äußere Sicherheit Deutschlands in Gefahr bringen könne, verpflichtet sich jeder, welcher keine Länder außerhalb Deutschlands besitzt, keine Kriege für sich mit auswärtigen Mächten zu führen, noch an denselben teilzunehmen, auch ohne Vorbehalt der Zustim-

---

*) Nach der Erläuterung in der Sitzung vom 16. Okt. sollte „Geschäftsdirektorium" identisch sein mit „Geschäftspräsidium", Kanzlei und Archiv aber „dem Bund selbst untergeordnet" sein; s. Klüber 2, 82.

**) Bei Klüber 1, 59 steht seltsamerweise „die Bundesvertretung", ein Fehler, der sich fortgepflanzt hat, z. B. bei Pertz 4, 130, obgleich der Hardenbergische Entwurf § 17 (Klüber 1, 49) jeden Zweifel hob.

mung des Bundes keine darauf Bezug habende Bündnis-, noch Subsidien- oder andere die Überlassung von Truppen betreffenden Verträge einzugehen. Wenn Staaten, welche auch außerhalb Deutschlands Länder besitzen, in Krieg mit andern Mächten verwickelt werden, so bleibt es der Beratung des Bundes überlassen, auf den Vorschlag des kriegführenden Teils daran teil zu nehmen oder nicht *).

10. Die deutschen Fürsten begeben sich gleichfalls des Rechtes der Bekriegung untereinander, und unterwerfen ihre Streitigkeiten (insofern sie sich nicht durch Austrägalinstanz abmachen lassen) einer, nach festzusetzenden Bestimmungen, zugleich von dem Rat der Kreisobersten und einem Bundesgericht zu erlassenden richterlichen Entscheidung. Das zu diesem Behuf anzuordnende Bundesgericht spricht auch über Klagen, die über Verletzungen des Bundesvertrags in einzelnen Ländern bei demselben erhoben werden? **)

11. Der Bundesvertrag setzt die Notwendigkeit einer ständischen ***) Verfassung in jedem einzelnen Bundesstaat fest, und bestimmt ein Minimum der ständischen Rechte; überläßt es aber übrigens den einzelnen Staaten, ihren Ständen nicht nur ein Mehreres einzuräumen, sondern auch ihnen eine der Landesart, dem Charakter der Einwohner und dem Herkommen angemessene Einrichtung zu geben.

12. Der Bundesvertrag bestimmt gewisse Rechte, welche jeder Teutsche, wie zum Beispiel das der Auswanderung unter gewissen Beschränkungen, der Annahme Kriegs- oder bürgerlicher Dienste in anderen deutschen Staaten u. s. f. in jedem deutschen Staate ungekränkt genießen soll.

Bei den beiden letzteren Paragraphen bleibt Österreich und Preußen die Berücksichtigung ihrer besonderen Verhältnisse in Hinsicht ihres größeren Umfangs und ihrer Zusammensetzung aus Ländern, die nicht zum Bunde gehören, unbenommen."

---

*) Vergl. oben S. 115 und Hardenbergs Entwurf § 38 f.
**) S. ob. S. 116 (§ 17) (S. 118 (§ 21 ff.).
***) [Der mit Abkürzungen geschriebene Text läßt hier auch die Lesart „landständisch" zu.]

XXVI. Deutschlands Wiedergeburt von Karl Ernst Schmid.

Während die drei deutschen Initiativ=Mächte den Bundes= plan der zwölf Artikel vereinbarten, kam in Wien ein neuer ge= druckter Verfassungsplan in Umlauf, der gleichwie derjenige Arndts in eine Kaiserspitze mündete. Der Geh. Rat Schmid, Vicepräsident der Landesregierung zu Hildburghausen, gab den= selben unter dem obigen Titel in Jena bei Frommann 1814 heraus. Das Buch, 425 Seiten stark, mit fesselnder Beredsam= keit und fast durchweg meisterhaftem Stil im reinsten Deutsch ge= schrieben, „cirkulierte bereits am 12. Oktober in Wien", an wel= chem Tage auch ein Exemplar durch Pilats Vermittlung an Metternich übergeben wurde, der es „mit großer Freude" empfing. Im Kreise der Fürsten, wird berichtet, erregte es „Aufsehn", fand „allgemeine Teilnahme" und „lautesten Beifall". Es enthielt eine Fülle von beachtenswertem Detail. Stein empfahl es deshalb Anfangs November als ein solches, das „vor allen übrigen be= nutzt" zu werden verdiene. Der Kronprinz von Bayern studierte es noch gegen Ende Januar. „Einigen" jedoch war „es nicht recht, daß Preußen ein so großer Einfluß zugedacht" war, näm= lich die erbliche Reichsverweserschaft in Norddeutschland*). Doch greifen wir nicht vor.

Der Verfasser fordert zunächst „Einheit des Volkes" (S. 80); demnach ein deutsches Reichsbürgerrecht (82), Gleich= stellung der drei christlichen Religionsparteien in allen bürgerlichen

---

*) Vergl. den Anhang, Auszüge aus der Korrespondenz Baumbachs vom 12. Okt., 12. Nov. 1814 und 25. Jan. 1815.

Verhältnissen (85), Auswanderungsfreiheit (87), Aufhebung der
Abzugsgelder (88), Aufhebung alles Schul= und Universitäten=
Bannes und Zutritt zu allen Ämtern und Würden aller deutschen
Staaten (91 ff.), Befähigung der Juden zur Erlangung des
vollen Bürgerrechts unter gewissen Bedingungen (97), Verwand=
lung des Provinzialadels in einen deutschen Reichsadel (98 ff.);
Herstellung eines einheitlichen deutschen Rechts, eines allgemeinen
bürgerlichen und Strafgesetzbuchs, einer allgemeinen Gerichts= und
Prozeßordnung (130 ff.), Bildung eines Reichsheeres bei allge=
meiner Wehrpflicht mit vollendetem 21. Jahre (163 ff.), so daß
den einzelnen Reichsständen nur die Haltung von Haustruppen
verbleibt (168); Kompensierung des stehenden Heeres durch Land=
wehr und Landsturm (173 ff.)*); Aufhebung aller Zollschranken
im Innern und Verlegung derselben an die Reichsgrenzen, Zu=
weisung der Zolleinnahmen an die Reichskasse (194 ff.); denn
„dann erst, wenn die Barrieren gefallen sein werden, welche die
deutschen Länder trennten, kann die goldene Zeit beginnen, auf
welche wir alle so sehnlich hoffen" (214). Das Besteuerungs=
recht aber verbleibt den Landesherren unter Mitwirkung der
Stände nach folgenden Grundsätzen: 1) eine durchaus gleiche
Besteuerung des gesamten Grundvermögens nach dem Maßstabe
seiner Ertragsfähigkeit; also Aufhebung der Steuerfreiheiten, ins=
besondere der adeligen Güter; 2) keine Art von Steuer oder
Auflage kann erhoben werden, ohne von den Repräsentanten der=
jenigen Volksklassen, welche sie betrifft, bewilligt zu sein, wel=
ches also nicht nur Landstände, sondern solche Landstände vor=
aussetzt, in welchen jeder Stand der Unterthanen gehörig
vertreten wird u. s. w. (216 f.).

Hiernach fordert der Verfasser „Staatseinheit" für das
deutsche Volk durch Wiederherstellung des Deutschen Reichs, doch
unter vollständiger Erneuerung der einzelnen Bestandteile. Die
höchste Gewalt, der Kaiser, muß erblich sein; er würde die

*) Bei diesem Anlaß verfällt der Verf., eingedenk der französischen In-
vasionen, in den Wahn, „daß gegen einen eindringenden Feind alle Mittel
erlaubt sind, die gegen Räuberbanden und reißende Tiere für rechtmäßig
anerkannt werden" (189).

Quelle aller Ehren und Gewalten im Reiche, der erste Stellver=
treter des gesamten Volkes. Ihm allein stünde die Verfügung
über die Verteidigungsanstalten des Reiches und über die stehende
Reichsarmee zu; aber ein Reichskrieg könnte nur unter Mitwirkung
der Stände beschlossen, und nur so durch einen Reichsfrieden be=
endigt werden. Dem Kaiser gebührte die Leitung aller Reichs=
angelegenheiten, die Berufung des Reichstages, die Bekanntmachung
der Beschlüsse und ein vorzüglicher Anteil an der Ernennung der
Reichsbeamten. In seinem Namen würde die Reichsjustiz ver=
waltet, und insbesondere ginge von ihm alle Strafgewalt des
Reiches aus. Er wäre Schutzherr aller allgemeinen Stiftungen
des Reiches, vorzüglich der kirchlichen u. s. w. Aller Adel würde
im Namen des Kaisers verliehen. Alle Fürsten Deutschlands
trügen ihre sämtlichen Lande vom Deutschen Reiche zu Lehen
und legten beim Regierungsantritt den Eid der Treue gegen das
Reich persönlich, doch ohne herabwürdigendes Ceremoniell, in die
Hände des Kaisers ab. Der Kaiser wäre auch wie ehedem oberster
Schutz= und Schirmherr aller höheren Lehranstalten Deutsch=
lands u. s. w. (218—229).

Aber, sagt der Verfasser, „jeder Kraft muß ein Gegengewicht
entgegenstehen", um den „Entwürfen der Herrschsucht zu begeg=
nen". Dies sei Preußen, dessen König als „erblicher Reichs=
verweser im nördlichen Teil" Deutschlands anzuerkennen sei;
die Mitte Deutschlands, vielleicht der Main, würde die Grenze
zwischen beiden Abteilungen bilden. Preußen würde insbeson=
dere das Direktorium der protestantischen Stände, die Advokatie
der protestantischen Kirchen erhalten und über die Reichsarmee in
Norddeutschland alle Rechte des Kaisers ausüben. Wie viel ihm
sonst von den Rechten des Kaisers zu übertragen wäre, würde
in der Kapitulation zu bestimmen sein; nur dürfe dadurch keine
Trennung Deutschlands in zwei Staaten hervorgebracht wer=
ben*). Dagegen müßte Preußen mit allen seinen deutschen Län=

---

*) [Es ist von Interesse zu vergleichen, was Stevern in einem Briefe
an Schön 3. Okt. 1813 gesagt hatte. Auch er will ein „im Hause Öster=
reich erbliches Kaisertum" und in dieser Form „größere Verschmelzung der
Nation." Dann fügt er hinzu: „Preußen aber muß sich vorbehalten, wenn

dern dem Reichsverbande beitreten und auch die bisher souveränen
Besitzungen vom Reiche zu Lehn nehmen (170—173. 231—234).
An die Stelle des Kurfürstenkollegiums tritt ein eigenes
Kollegium der mächtigeren Fürsten, ein „königliches
Kollegium" oder „Reichsrat", zusammengesetzt aus den „könig=
lichen und großherzoglichen Gesandten" (229 f.). Dieser Reichs=
rat würde sich zu dem zweiten oder Fürstenrat verhalten „wie
ein Senat, eine obere Kammer eines Reichsparlaments zu
der allgemeinen Ständeversammlung, und zugleich wie
eine Deputation zum vollständigen Reichstage. In dieser
Beziehung wäre auch den Fürsten eine oder mehrere Kol=
legialstimmen einzuräumen", sowie auch „eine" der Schweiz,
wenn sie dem deutschen Reichsverbande beitrete. Böhmen (Öster=
reich) und Preußen führen etwa nach den Gegenständen abwech=
selnd den Vorsitz und haben jedes eine doppelte Stimme. Dies
Kollegium wäre immerwährend versammelt, besorgte alle Re=
gierungsangelegenheiten des Reichs, die Handhabung der Reichs=
gesetze, die Aufsicht über die Reichsverteidigungsanstalten, die
Aufsicht über die Gerichtsverfassung und Rechtspflege des Reichs
und die Vorbereitung zur Reichsgesetzgebung. Das heißt: der
Reichsrat hätte die allgemeinen Reichsgesetze zu entwerfen, dann
die Entwürfe allen Fürsten mitzuteilen und, sofern es die
Sache gestattet, öffentlich bekannt zu machen; die Landstände
aller deutschen Länder hätten das Recht, ihrem Fürsten Erin=
nerungen und Wünsche vorzulegen, die dem Reichstage zu über=
geben wären, wenn diesem schließlich der Reichsrat die Entwürfe
zur Genehmigung vorlegt. Insbesondere würde das „königliche
Kollegium" oder der „Reichsrat" die Streitigkeiten zwischen
den Landesherren und ihren Ständen zu schlichten haben

----

ein Zeitpunkt eintritt, wo sie (die skizzierte Verfassung) nicht mehr genügt,
oder Österreich selbstsüchtig oder kraftlos ist, das Reich um sich selbst zu ver=
einen und die Verfassung einen Schritt weiter zu führen. Das muß ein
deutlich gedachtes Geheimnis der preußischen Regierung sein, das sich auf
den Thronfolger immer vererbt — aber absichtlich darauf ausgehen und
hinwirken darf man nicht. Inzwischen bilde Preußen seine Verfassung selbst
aus u. s. w. „Aus den Papieren Schöns" 4, 353.]

(229 f. 234—240). Auch an einer andern Stelle (260) be=
zeichnet er denselben als einen „immerwährenden Ausschuß
des Reichstags, der zu gleicher Zeit ein Regierungskolle=
gium der Stände und ein Staatsrat des Kaisers sein
würde".

Die „allgemeine Ständeversammlung" oder der „Fürstenrat"
(237) fände nur einmal alle Jahre statt, um über die Ge=
setzentwürfe Beschluß zu fassen. Wenigstens alle fünf Jahre
erscheint der Kaiser und die Fürsten in Person, während sie sonst
durch Gesandte vertreten werden. Der Kaiser oder sein Stell=
vertreter schließt die Beratung; die Abstimmung über die Vor=
lage wie über die etwa gemachten Zusätze oder Verbesserungen
geschieht bloß mit Ja und Nein durch Kugelung. In dieser
allgemeinen Reichsversammlung haben alle unmittelbaren Reichs=
fürsten je eine Virilstimme, die mächtigeren außerdem noch so viele
Stimmen als sie Hunderttausende von Unterthanen zählen. Dazu
kommen die Stimmen der wieder herzustellenden und vielleicht
sogar neu zu errichtenden (S. 72) Reichsstädte, und eventuell
auch wieder gräfliche Kuriatstimmen (240 ff.).

„Neben dem Reichsrate" empfiehlt der Verfasser auch eine
„neue Einteilung in Kreise", die aber nicht von zu großem Um=
fang sein, etwa durchschnittlich je 2 Millionen Unterthanen um=
fassen, daher ungefähr die Zahl 15 oder 16 erreichen dürften.
Ihre Kompetenz würde sich erstrecken auf das Wehrsystem, die
höheren kirchlichen Anstalten der römischen Kirche, die Gerichts=
verfassung mit einem Appellationsgericht für jeden Kreis, die
polizeilichen Anstalten u. s. w. Nach dem Muster des Reiches
würde in jedem Kreise eine Kreisregierung oder Kreisrat bestehen
und ein von Zeit zu Zeit abzuhaltender Kreistag (246 ff.).

Sodann fordert er zur Aufrechterhaltung der Rechtseinheit
und „zur Sicherstellung der bürgerlichen Freiheit und des öffent=
lichen Vertrauens" ein „höchstes Reichsgericht" (252 ff.).
Ihm will er die „Entscheidung der Streitigkeiten" zwischen Lan=
desherrn und ihren Ständen oder Unterthanen „nach den vor=
handenen Verträgen" zuweisen; dagegen bedenklicherweise die
Befugnis zur „Abänderung dieser Landesverträge" auf Vorschlag

des Reichsrats dem Kaiser und der Reichsversammlung (263).
Sehr ausführlich behandelt er im Folgenden die gesamte Ver=
fassungsfrage.

Daß nicht alle Fürsten im neuen Deutschland gleiche Rechte
in Bezug auf die Reichsgewalt besitzen dürfen und können, daß
namentlich „den größeren deutschen Regenten im königlichen
Kollegium Vorrechte" zustehen müßten, nimmt er als so selbst=
verständlich an, daß er kaum ein Wort darüber verliert und nur
bemerkt, wie dadurch „im übrigen die Gleichheit der Regenten"
in Bezug auf die „Landeshoheit nicht beeinträchtigt" werde noch
beeinträchtigt werden dürfe (329). Auch erklärt er: „was immer
für eine Verfassung Deutschland erhalten mag", jedenfalls sei zur
„Entwerfung eines neuen Grundvertrages" eine „Zusammenbe=
rufung der deutschen Fürsten oder ihrer Gesandten" nicht der
geeignete Weg, da auf ihm, wie „die Erfahrung nur zu häufig
gezeigt, das Ziel fast immer verfehlt wird", und weil es „immer
schwer sei, eine große Versammlung zur Vereinigung über
irgend einen Entwurf zu bringen". Vielmehr sei es der „bei
weitem kürzere Weg, wenn die hohen Verbündeten (d. i. Öster=
reich, Preußen und England=Hannover) sofort eine Konstitution
proklamierten, dem künftigen Reichstage die förmliche Annahme
oder nach Befinden die Abänderung derselben vorbehaltend. Nur
die Grundlagen der Einheit des Volks und Staats müßten
unveränderlich ausgesprochen, die Mittel zu diesem Zweck
aber dem Beschluß der Reichsversammlung anheimgestellt werden.
Wenn über Punkt für Punkt mit Ja und Nein gestimmt würde,
den Reichsständen freigestellt wäre, vor der Abstimmung Vor=
schläge zu Veränderungen und Zusätzen zu übergeben, bei der
Abstimmung selbst aber nichts Neues zugelassen würde: so wäre
zu hoffen, daß ein so wichtiges Gesetz bald zu Stande gebracht
werden könne. Immer aber würde die von den verbündeten
Mächten vorläufig bekannt gemachte provisorische Konstitution so
lange in Kraft bleiben, bis der förmliche Reichsbeschluß darüber
gefaßt wäre" (352 ff.).

In Bezug auf die Landstände sagt der Verfasser: „die
Rechtmäßigkeit aller Verfassungen beruht darauf, daß sie reprä=

sentativ sind, daß das gesamte Volk als die letzte Quelle der höchsten Macht, und alle Beamte, ja der Regent selbst als Stellvertreter des Ganzen betrachtet werden" (382). „Der erste notwendige und natürliche Oberherr besteht in der Mehrheit der Stimmen" (383). „Wenn die ganze Dienerschaft von dem Gutbefinden des Regenten abhängig sein muß: so ist es zum Wohl des Ganzen unumgänglich notwendig, dieser großen Gewalt ein Gegengewicht entgegen zu setzen, welches ohne die Kraft, die das Ganze bewegt, zu vermindern, der Bewegung Regelmäßigkeit giebt ... Dieses Gegengewicht ist nun ganz allein in einer ständischen Verfassung zu finden, welche die Regierung nötigt, eine Art von öffentlicher Rechenschaft abzulegen, immer von neuem an die Grundgesetze und höchsten Zwecke der bürgerlichen Gesellschaft erinnert, und ohne deren Einwilligung der Vertrag zwischen den Regierenden und Regierten über die Opfer, welche diese dem Ganzen bringen sollen, nicht abgeändert werden kann" (394 ff.). „Wo es nicht Grundgesetz der Verfassung ist, daß jede neue Auflage nur durch freie Einwilligung derer, die sie trifft, erhoben werden kann, da ist die bürgerliche Freiheit ihrer wichtigsten Stütze beraubt .... Die Abänderung des Steuervertrags ist von Zeit zu Zeit unvermeidlich" und kann „nur auf dieselbe Weise geschehen wie eine Abänderung des Staatsvertrages selbst" (397 ff.).

Die „Regierung" und „das Volk" sind die beiden „kontrahierenden Teile"; für „das letztere" ist daher „eine Vertretung durch Stände unentbehrlich". Aber die „Zusammensetzung der Landstände" ist „in den meisten deutschen Ländern" eine „unzweckmäßige oder vielmehr unrechtmäßige" (400). Denn „auch unsere Landstände sind historisch nicht in der Absicht gestiftet, durch sie einen Vertrag zwischen Regierung und Volk über die Beiträge zu den Bedürfnissen des gemeinen Wesens zu schließen, sondern sie sind hervorgegangen aus einem Überbleibsel der ursprünglichen Herrschaft des Volkes, die überall den Anfang der bürgerlichen Ordnung bildete" ... „Jetzt macht der Stand der Ritter weder dem Besitztum noch der Zahl nach die Mehrheit des Volkes aus, und schon darum würde dem übrigen Teile

des Volkes ein größerer Anteil an der landständischen Ver=
fassung eingeräumt werden müssen" . . . Von der „empörenden
Ungerechtigkeit der Steuerfreiheit der Rittergüter" dürfe „nicht
mehr die Rede sein" . . . „Neben den großen Grundbesitzern muß
auch der Gewerbs= und der nunmehr durchaus freigewordene
Bauernstand in der landständischen Verfassung eine Stelle ein=
nehmen" (405 ff.); und zwar dergestalt, daß von seiten des
Bürgerstandes nicht nur die größeren Städte als solche, sondern
auch die bedeutenderen Gewerbe ihre Vertreter wählen sollen
(409 ff.). „Der künftigen Verfassungsurkunde Deutschlands" ist
die „Bedingung einzuschalten: daß in allen Ländern die alten
Landesverträge nach den Bedürfnissen der Zeit abgeändert und
binnen einer bestimmten Frist dem Reiche zur Bestätigung
vorgelegt werden sollen" (412).

Die „gesetzgebende Gewalt" kann nach dem Verfasser „den
Regenten überlassen" werden; die „Mitwirkung der Landstände"
sei insofern „unnötig", als sie „durch die Verwilligung der Steuern
alles haben, was erforderlich ist, um das Gegengewicht gegen
mögliche Verirrungen der Regierung zu bilden. Denn sie nötigen
dieselbe, von der Staatshaushaltung Rechenschaft abzulegen, die
Verwendung der öffentlichen Gelder nachzuweisen, und haben die
Entscheidung über alles dasjenige, was ohne großen Geldaufwand
nicht zustande gebracht werden kann". Die Konsequenz ist, „daß
ihnen alle Staatsrechnungen vorgelegt werden müssen, daß Staats=
schulden nur unter ihrer Bürgschaft gemacht werden können, und
ihre Beschwerden nicht ohne Beantwortung und Rücksicht bleiben
können". Denn „das Recht der Beschwerde und der Bitte" steht
ihnen „mit vorzüglicher Wirksamkeit" zu; „sie sind berechtigt,
jeden Mißbrauch, den sie in der Staatsverwaltung wahrzunehmen
glauben, dem Landesherrn anzuzeigen, und selbst diesen an die
Erfüllung seiner Regentenpflichten bescheiden zu erinnern" (401 ff.)..

Der Verfasser entläßt seine „Wünsche und Träume für
Deutschlands Wiedergeburt" (414) mit den Worten: „Wenn wir
jetzt nicht als Volk und Reich ein jugendlich rasches Leben be=
ginnen, so werden wir fortfahren zu sinken bis neue tiefere Leiden
uns entweder ganz aus der Reihe selbständiger Völker vertilgen

oder uns nötigen, aus den Trümmern der alten Staaten ein
neues Gebäude zu errichten" (416).

Wir lassen es unerörtert, inwieweit des Verfassers Mei=
nungen mit denen E. M. Arndts und anderer einflußreicher Ge=
nossen jener Zeit übereinstimmen oder von ihnen abweichen. Nur
das heben wir hervor, daß sie in den Grundzügen gewissermaßen
eine Kombination des Steinschen Kaiserplanes vom August 1813
und der Steinschen Denkschrift vom März 1814 darstellen. Dem=
gemäß erschien das Buch einerseits denen als Stütze, welche die
Wiederherstellung des Kaisertums erstrebten, gleichviel ob aus
patriotischen oder partikularistischen Gründen, während es anderer=
seits eine Fülle von Berührungspunkten mit den zwölf Artikeln
zeigt, welche Österreich und Preußen, in Übereinstimmung mit
Hannover, am 14. Oktober dem Comité der „fünf deutschen
Mächte" vorlegten.

XXVII. Die erste Sitzung des Fünfer-comités; Vorspiele.

Es durfte unbedingt als ein gewichtiges Resultat erscheinen, daß Österreich, Preußen und Hannover über die künftige Ver=faffung Deutschlands bereits im wesentlichen miteinander einig waren, als am 14. Oktober 1814 der deutsche Fünferausschuß zusammentrat. Österreich wurde durch Metternich und Freiherrn von Wessenberg vertreten, Preußen durch den Fürsten Harden=berg und Wilhelm von Humboldt, Hannover durch Münster und den Grafen Hardenberg, Bayern durch den Fürsten Wrede, und Württemberg durch den Freiherrn von Linden, dem seit dem 22. Oktober auch noch Graf Winßingerode hinzutrat.

Gleich in der erften Sitzung, in welcher sich die Bevoll=mächtigten der fünf „größeren Staaten" als Comité konstituierten, kam unter Führung Metternichs das Verhalten zu den „mittleren *) und kleineren Staaten Deutschlands" (Metternich bei Klüber 2, 78) zur Sprache. Metternich ging dabei von der „Unmöglichkeit" aus, „über die künftige Verfaffung sofort mit allen Ständen gemeinschaftlich zusammenzutreten". Einstimmig war man der Meinung, daß „eine größere Zahl überhaupt zur Beförderung des Geschäftes nicht ratsam", und die „Beschränkung" auf die fünf „mächtigsten" um so natürlicher sei, als die „übrigen Staaten durch ihre Verträge sich zum voraus den Bestimmungen (der künftigen Verfaffung) unterworfen hätten" (ib. 2, 71 ff.). Im 4. Artikel der Frankfurter Accessionsverträge vom November und

---

*) Als mittlere galten, den königlichen als den größeren gegen=über, namentlich Baden und Kurhessen.

Dezember 1813 war nämlich den Fürsten zwar „die Fortdauer ihrer Souveränität" zugestanden worden, aber mit dem Vermerk, daß „sie sich alle die Modifikationen gefallen lassen müßten, welche die künftige Verfassung Deutschlands nötig machen werde" (vgl. Klüber 1, 98). Gleichwohl wurde beschlossen, in einer „Deklaration" den übrigen Mitständen von der geschehenen Konstituierung des Comités Eröffnung zu machen" und ihnen „die Zusicherung zu erteilen, daß man die von dem Comité festzustellenden Grundsätze der künftigen Verfassung nicht eher zur Vollziehung bringen würde, bis sie ihnen mitgeteilt worden"; indem man sich vornahm, durch „kräftiges Zusammenhalten der fünf Höfe bei den übrigen Ständen Grundsätze annehmlich zu machen, welche nur auf das wahre Interesse Deutschlands abzwecken sollen" (2, 72 ff.).

Den Gedanken einer solchen „Deklaration" ließ man jedoch auf Metternichs Betrieb schon in der zweiten Sitzung vom 16. Oktober wieder fallen; offenbar einmal, weil gleich am 14., am Tage der Konstituierung des Comités, der niederländisch-nassauische Bevollmächtigte Gagern bereits seine gehässigen Aufhetzereien unter den Gesandten der kleinen Staaten gegen das Fünfercomité begonnen hatte (s. unten XXVIII); und dann, weil am 15. Baden das Verlangen stellte, in das Comité aufgenommen zu werden (Klüb. 1, 2, 58 ff.), indem es sich fälschlich auf jene Deklaration der verbündeten Mächte berief, welche von „vertraulichen Erörterungen sämtlicher Höfe" gesprochen habe. Wir wissen schon, daß sich dies lediglich auf die sämtlichen acht Signatarmächte bezog (s. ob. S. 198). Metternich befürwortete nunmehr die Suspendierung der Deklaration des Comités und die mündliche Ablehnung des Badenschen Verlangens mit der Bemerkung: „die Zulassung mehrerer Staaten zu dem Comité sei um so bedenklicher, als man auch den Zweck vor Augen haben müsse, Deutschland als eine Macht zu konstituieren, und als in Hinsicht dieses Punktes offenbar die bisher hinzugezogenen größeren Staaten durch ihre mehrere Kenntnis der europäischen Verhältnisse weit eher im stande seien, zweckmäßige Vorschläge zu thun, als die mittleren und kleineren". Beides wurde beschlossen, und zugleich auch die vorläufige „völlige

Geheimhaltung aller Verhandlungen des Comités" vor den „übrigen
Staaten". Diesen gegenüber wollte man nur mündlich „bei
vorkommenden Gelegenheiten" eine der beabsichtigten Deklaration
„gemäße Sprache führen" (Klüb. 2, 77 ff.).

Später (am 20. Oktober) beantragte Württemberg nochmals
den Erlaß der Deklaration „zur Beruhigung der übrigen Mit=
stände und zur Darstellung der Rechtmäßigkeit des Verfahrens
des Comités". Doch wurde die beschlossene Suspendierung auf=
recht erhalten, „zumal es nicht möglich sei, die Deklaration
so zu redigieren, daß der Zweck der Beruhigung der übrigen
Staaten erreicht werden könne". Doch behielt sich Metternich
ausdrücklich vor, auf die Beantragung einer solchen „nach Maß=
gabe der Umstände in der Folge" zurückzukommen (Klüb. 2, 83 f.).
Damit blieb diese Frage erledigt.

Noch eine ganz anders geartete Frage tauchte gleich in der
ersten, der konstituierenden Sitzung auf, insofern das Protokoll
derselben in der Reihenfolge der fünf Staaten Hannover vor
Württemberg aufführte. Das gab dem Freiherrn von Linden
Anlaß, am 16. Oktober im Namen seines Königs dessen „Prä=
cedenz vor dem König von Hannover" zu verlangen. Dies führte
zu peinlichen Verhandlungen, die Metternich durch die Erklärung
abschnitt, daß „die Entscheidung dieses Präcedenzstreites in keiner
Weise vor das hier versammelte Comité gehören könne", und daß
„sehr zu wünschen sei", daß nicht „ein so wichtiges Geschäft wie
das angefangene wegen dieses Ceremonialstreites gehemmt" werde
(Klüber 2, 75 ff.). Die Folge war, wie aus den Akten des
Berliner Archivs erhellt, daß unterm 23. Oktober die beiden würt=
tembergischen Bevollmächtigten durch ein Schreiben an die beiden
preußischen Bevollmächtigten förmlich protestierten gegen den von
den hannoverschen Bevollmächtigten beanspruchten Vorrang Han=
novers vor Württemberg (bei Unterhandlungen, Abschließung von
Verträgen u. s. w.). Den Anspruch Württembergs auf den Vor=
rang motivierten sie dadurch, daß es „früher wie Hannover die
Königswürde angenommen und in solcher anerkannt" worden.
Faktisch verlief der Streit bekanntlich zu Gunsten Hannovers.
Wenden wir uns nun zu den Verfassungsberatungen des Comités.

XXVIII. Die Verhandlungen des Fünfer-Comités über die zwölf Artikel,

vom 16. Okt. bis 16. Nov. 1814.

Es fanden außer der konstituierenden Sitzung vom 14. Okto=
ber noch zwölf Sitzungen statt: am 16., 20., 22., 24., 26. und
29. Oktober, und am 3., 7., 10., 12., 14. und 16. November.
Die summarischen und die ausführlichen Protokolle mit den An=
lagen sind bei Klüber 2, 64—197 mitgeteilt. Es genügt, darauf
zu verweisen. Wir berühren den Inhalt nur insoweit es auf
allgemeine Charakteristik ankommt oder auf einzelne Ergänzungen
und Berichtigungen, oder endlich auf Begründung bisher noch
unbekannter Wendungen.

Die Verfechter der zwölf Artikel waren bei den Beratungen
in geschlossener Weise: Österreich, Preußen und Hannover; die
Opposition bildeten, meist ebenfalls in geschlossenem Angriff: Bayern
und Württemberg.

In der Sitzung vom 16. Oktober las Fürst Metternich selbst,
wie es im Protokoll heißt, den „zwischen Österreich und Preußen
konzertierten Entwurf von zwölf Punkten" vor, mit dem Bemerken,
daß „wenn man sich erst über diese vereinigt hätte, sodann in
die nähere Entwicklung der einzelnen Punkte einzugehen"
sei. Das österreichische Geschäftsdirektorium betreffend (Art. 7)
bemerkten Metternich und Hardenberg: dasselbe sei zuerst von
Preußen in Vorschlag gebracht und von Österreich nur unter
der Bedingung angenommen, daß dieses Präsidium sich bloß
auf den formellen Geschäftsgang beschränken solle, damit
auch dem juri proponendi eines jeden Mitgliedes kein Abbruch

geschehe (Klüber 2, 82). Wrede als Vertreter Bayerns bekämpfte gleich die ersten Worte des ersten Paragraphen: „die Fürsten und freien Städte", da es noch gar nicht ausgemacht sei, daß es freie Städte geben werde. Darauf wurde vorgeschlagen, wie sich aus dem „Übereingekommen" (s. unten) sub 9 ergiebt, zu sagen: „die Fürsten und übrigen Stände"; aber auch hiergegen that Wrede Einspruch, weil es keine Reichsstände mehr gebe. So entschied man sich denn schließlich für den Ausweg, zu setzen: „die Staaten". Es war ein Tag der aggressiven Plänkeleien.

Schon in der nächsten Sitzung aber, am 20. Oktober, gaben Bayern und Württemberg, jedes für sich, ausführliche schriftliche Erklärungen ab, welche keinen einzigen der zwölf Artikel unbemängelt ließen, fast alle aber ganz oder teilweise bekämpften und verwarfen.

Die Bayrische Erklärung vom 20. Oktober führt, abweichend von den Mitteilungen bei Klüber 2, 90 ff., in den Berliner Akten des Wiener Kongresses den Titel „Memorandum des bayrischen Bevollmächtigten", und fängt mit den dort fehlenden Worten an: „Sr. Majestät fällt es schmerzlich, mehreren Punkten des in der Sitzung vom 16. vorgelegten Entwurfs nicht beitreten zu können." Im übrigen war der Inhalt wesentlich folgender:

Gegen § 2 (innere Sicherung der verfassungsmäßigen Rechte jeder Klasse der Nation): „S. Maj. der König glauben nicht Ihren Unterthanen, über die Sie unbedingte, durch ältere und neuere Verträge anerkannte und gesicherte Regierungsrechte ausüben, das Recht einer Berufung an den Bundesrat einräumen zu können, nachdem die bayrische Regierung die von ihr niedergesetzten Gerichtshöfe als die Stellen anerkennt, welche auch gegen Sie selbst in Rechtsgegenständen entscheiden ..."

Gegen § 3 (Beschränkung der Regierungsrechte durch den Bundeszweck): „Unter Bezug auf die obige Erinnerung folgt, daß das bayrische Gouvernement nicht gesinnt ist, sich der Ausübung irgend eines Regierungsrechtes zu begeben, welches der Sr. kgl. Maj. durch die neuesten Verträgen garantierten Souveränität anhängt ..."

Gegen § 4: man sei „einverstanden, eine deutsche Bundesversammlung zu bilden, welche aus den (5) Mächten des dermaligen Ausschusses bestehen dürfte"; aber man begreife nicht, „welchen Zweck der zweite Rat haben soll", und „müsse sich (darüber) nähere Aufklärung erbitten".

Gegen § 5: „die zwei Stimmen, die sowohl Österreich als Preußen in dem Rat der fünf Kreisobersten sich vorzubehalten wünschen, könnten Anlaß zu manchen künftigen Irrungen geben . . . man glaubt vorschlagen zu müssen, daß jedem der Kreisobersten gleiche Stimmen zuteil werden sollten . . ." Jedenfalls würde eventuell „auch Bayern zwei Stimmen zu verlangen" berechtigt sein. „Dermalen, wo es sich davon handelt, von dem heiligen Grundsatz auszugehen, dem deutschen Vaterland Ruhe, Unabhängigkeit und Zufriedenheit der Völker zu verschaffen, dürfte bei Begründung des die deutschen Staaten vorstellenden obersten Ausschusses alles vermieden werden, was auch nur vermeintliches Übergewicht, Reibung oder Mißverstand veranlassen kann . . ." „Das Recht, Gesandte an fremde Höfe zu ernennen und von anderen Höfen anzunehmen, welches unmittelbar den königlichen Rechten anhängt, kann nicht vergeben werden. Auch hierin würde die von Österreich und Preußen gewünschte Stimmenmehrheit den übrigen Mitständen nachteilig sein."

Bei § 6 (Organisation des zweiten Rates) wird mit Rücksicht auf die Bemerkung ad 4 gar nicht eingegangen, und nur „im Vorbeigehen" in bezug auf den dermaligen „Besitzstand" Verwahrung eingelegt.

Gegen § 7 (Österreichisches Direktorium). „Ein ausschließliches Direktorium dürfte bei dem Bundesrat nicht dem Zweck eines freien und gleichen Verhältnisses entsprechen. Würde ein alle Jahre abwechselndes Direktorium beliebt werden, so möchte dem Einwurf der zu oft eintretenden Abwechselung vorgebeugt werden können."

Zu § 8 (Kompetenzen der Kreisobersten) wünschte man „ausführliche Mitteilungen", wandte aber zunächst nichts gegen ihn ein, weil er, wenn der zweite Rat fortfiel, eine unbedingte Herrschaft der fünf Kreisobersten über die Gesamtheit feststellte.

Über § 9 (Krieg und Bündnisse) behielt man sich die Meinungsäußerung vor.

Dem § 10 wurden die Bemerkungen zu § 2 und 3 entgegengehalten.

Gegen § 11 (Ständische Verfassungen): „S. Maj. der König von Bayern haben schon früher beschlossen, Ihren Staaten eine ihrer Würde, ihren äußeren und inneren Verhältnissen angemessene Verfassung zu geben, halten es daher für nicht zweckmäßig, über das Maximum oder Minimum der einem oder dem anderen Stande zu erteilenden Rechte den künftigen Bundesrat aussprechen zu lassen." Damit, sowie durch die Bemerkungen zu § 2 und 3, war zugleich § 12 abgefertigt. Am Schluß hieß es fast ironisch:

„Ad 12 räumen S. Maj. der König von Bayern Sr. Maj. dem Kaiser von Österreich und Sr. Maj. dem König von Preußen vollkommen das nämliche Recht ein, auf welches königlichbayrischerseits § 11 Anspruch gemacht wird."

Nicht minder schroff verhielt sich Württemberg.

Die Württembergische Erklärung vom 20. Oktober 1814 (Klüber 2, 95 ff.) bemängelte zunächst § 1 und 2, wollte ad 3 ebenfalls „an keine Schmälerung oder Beschränkung der Souveränitätsrechte gedacht" wissen, bemängelte § 4, und wollte ad 5 auch für Österreich und Preußen nur einfache Stimmen" zulassen, eventuell aber für Bayern, Württemberg und Hannover zusammen ebenfalls vier Stimmen beanspruchen. Ad 6 war es ihr auch fraglich, ob der zweite Rat, der Rat der Stände, „überhaupt genehmigt werden sollte"; eventuell aber müßten nur Staaten, nicht „von 100 000", sondern von „wenigstens 300 000 Seelen" zugelassen und die Kompetenzen für „gesetzgebende Gewalt" und „allgemeine Anordnungen" in Frage gestellt werden. Ad 7 bekämpfte sie genau wie Bayern das Direktorium Österreichs und verlangte den „Turnus im Directorio" zwischen den 5 Mächten oder den 5 Kreisobersten, und zwar eventuell auch „im zweiten Rat, wenn solcher stattfindet". Zu § 8 will auch sie in betreff der ihr willkommenen Gewalt der Kreis

obersten nur „genaue Bestimmungen" über die „Mittel" der
Ausführung und die Tragweite der „Aufträge". Ad 9 erhebt
sie Einspruch gegen die „Beschränkung der Rechte der Souveräne"
in Bezug auf Kriegsführung, indem sie meint, das Hineinziehen
des Bundes in Privatfehden könnte vermieden werden „durch
Renunciationen auf die Beihilfe des Bundes"; und außerdem verlangt sie, daß in Bezug auf die „Teilnahme an auswärtigen
Kriegen" solcher Bundesmitglieder, die auch „außerhalb Deutschlands Länder besitzen, dem Bunde nie eine Teilnahme an
Kriegen außerhalb der Grenzen des Bundesstaates zugemutet werden dürfe". Ad 10 wird die „Niedersetzung eines Tri-
bunals" (Bundesgerichts) zurückgewiesen und werden nur „Au-
strägalgerichte" für zulässig erklärt; ad 11 hieß es: „wenn die
allgemeine Verbindlichkeit, jedem Staate des Bundes eine
ständische Verfassung zu geben, anerkannt werden dürfte,
so kann doch die Bestimmung eines Minimums, als die Rechte
eines jeden Landesherrn kränkend, unmöglich zugelassen
werden, sondern muß notwendig die Einleitung und Ausführung jedem Staate selbst überlassen werden." Ad 12
wurde die Feststellung von allgemeinen Rechten der Deutschen
zurückgewiesen; denn „in einem Staatsvertrage könne nie von
Verhältnissen einzelner Unterthanen gegen ihre respektiven
Staaten die Rede sein, und müsse alles dahin Abzielende
notwendig aus demselben wegbleiben". Der österreichisch-
preußische Vorbehalt endlich am Schlusse erfuhr die Zurückweisung:
„Noch weniger möchten die Exzeptionen zu gunsten einiger
Mitglieder des Bundes zugestanden werden können."

Die Kühnheit, womit Württemberg dem § 9 sofort widersprach, stachelte den Fürsten Wrede, auch im Namen Bayerns
noch sofort eine nachträgliche Erklärung cirkulieren zu lassen
(s. Klüber 2, 103. 114 f.), welche entschieden für dasselbe das
„Recht über Krieg und Frieden" wahrte. „Eine Verzichtleistung,
hieß es darin, auf das Recht der freien Verträge, zum Vorteil des künftigen deutschen Bundes könne weder rechtmäßig gefordert noch von dem Könige eingegangen werden." Man
könne nicht verlangen, „daß sich Bayern des vorzüglichen Rechtes

seiner Krone begeben und dafür keinen anderen Vorteil als
benjenigen erhalten solle, welchen ihm eine eigene Verbindung
mit einer der größten Mächte Europas ohnehin verschafft
haben würde". Es lasse sich „allerdings der Fall denken, daß
Kriege ausbrechen, an welchen Bayern Interesse hat Anteil
zu nehmen, ohne dabei ein mögliches Bundesverhältnis zu den
übrigen deutschen Staaten zu verletzen". Den Schluß bildete die
„wiederholte Erklärung", daß Bayern „sich dieses Rechtes nicht
begeben könne".

Diese geharnischte Opposition Bayerns und Württembergs
rief, was bisher unbekannt blieb, schon am folgenden Tage eine
geheime Übereinkunft zwischen Österreich, Preußen und Hannover
hervor, wie aus Punkt 5 derselben erhellt, kraft deren sie sich
darüber verständigten, auf welchen Punkten man unbedingt bestehen, und bis wieweit man in einzelnen Punkten nachgeben
könne. Am meisten machte das gegnerische Wohlgefallen an
dem Institut der Kreisobersten und die Tendenz stutzig, die
Macht derselben durch die Beseitigung des zweiten Rates
zu erhöhen. Als das Verfassungsideal Bayerns und insbesondere
Württembergs erschien hiernach: Die fünf Könige schließen einen
Bund mit vollkommen gleichen Rechten, sind in ihrem Innern
vollkommen souverän, und zugleich als Kreisdirektoren die
Herren der durch die Kreiseinteilung ihnen zugewiesenen, alle
übrigen deutschen Fürsten umfassenden Kreise (Vgl. auch unten
Humboldts Entwurf einer Note an Württemberg vom 6. März 1815).
Dieser Umstand mochte denn auch auf die Idee führen, ob man
nicht besser thue, die Kreiseinteilung ganz fallen zu lassen; zumal
bei Metternich, der ihr im Grunde fast so wenig geneigt war
wie Stein, obwohl aus anderen Motiven. Stein zog die kollektive
Kraft eines vier- oder fünfköpfigen Direktoriums, neben der Bundesversammlung, den Einzelkräften der Kreisobersten vor. Metternich
aber, da er bereits entschlossen war, die oberrheinischen Besitzungen
aufzugeben, um die Stärke Österreichs abzurunden, war sich bewußt,
daß Österreich nicht wohl die Kompetenz des Kreisobersten über
nichtösterreichische Gebiete werde in Anspruch nehmen können:
so daß diese Art der Einzelgewalt in Süddeutschland nur eben

Bayern und Württemberg, in Norddeutschland nur Preußen und Hannover zufallen werde. Metternich wird es daher wohl gewesen sein, der zwar noch nicht den Wegfall der Kreiseinteilung, aber deren Infragestellung befürwortete.

Ungedrucktes Übereinkommen vom 21. Oktober zwischen Österreich, Preußen und Hannover.

Von Humboldts Hand geschrieben.

„Übereingekommen:*)

1) daß man für Österreich und Preußen auf zwei Kreise**) bestehen, hingegen zugeben wolle, daß im Fall beide gegen die drei übrigen Stände wären, Kurhessen und Baden gleichfalls Stimmen eingeräumt werden sollen;

2) daß man auf der Fassung des 9. § bestehen, hingegen bestimmen wolle, daß der deutsche Bund nicht die deutschen Provinzen Österreichs und Preußens gegen fremde Angriffe in einem bloß österreichischen und preußischen Kriege zu verteidigen brauche;

3) daß man auf einem Rat der Fürsten und Stände bestehen und auch im Ganzen dieselben fürstlichen Häuser darin erhalten wolle, über die man früher übereingekommen sei; wobei jedoch

4) zugleich in Beratung genommen ist, ob man nicht, im Fall die Kreiseinteilung zu viel Schwierigkeit fände, oder die Besorgnis erregen sollte, daß die Kreisobersten sich zu viel Gewalt anmaßten, diese Einteilung aufgebe, und dagegen zwar nicht gerade gleiche***) in Absicht der Militär- und Justizverfassung machen könne;

5) daß man über den Punkt des an Österreich zu überlassenden Geschäftsdirektorii den beiden anderen Mitgliedern des Direktorii (Comités) diejenigen Aufklärungen geben wolle,

---

*) Dieses Schriftstück ist offenbar verlegt; es findet sich in Nr. 71, statt in Nr. 72.

**) und „mithin auch auf zwei Stimmen im Rat der Kreisobersten", f. Klüber 2, 81.

***) d. i. Einteilungen.

die hinreichend sein werden, ihre Zustimmung zu bewirken; daß man aber übrigens davon nicht abgehen wolle;

6) daß man schlechterdings darauf bestehen wolle, daß jeder Stand Deutschlands sich gefallen lassen müsse, wegen verletzter Ständerechte bei der Bundesversammlung in Anspruch genommen zu werden; sowie auch

7) daß ein Minimum ständischer Rechte bestimmt werden müsse, wobei zwar die Festsetzung desselben der Beratschlagung zu überlassen, aber doch dahin zu sehen sei, daß wenigstens diejenigen Fürsten, die nicht Kreisobersten sind, diejenigen vier Punkte annehmen müßten, welche in dem anliegenden Votum des Kgl. hannoverschen Herrn Bevollmächtigten ausgeführt sind*);

8) daß man den geäußerten Widerspruch gegen den von Österreich und Preußen ad § 12 gemachten Vorbehalt zwar nicht zugeben, aber auch ohne Not nicht zur Sprache bringen wollte;

9) daß man bei der Fassung des 1. § die Ausdrücke „die Fürsten und übrigen Stände" beibehalten wolle;

10) daß man, im Fall Bayern und Württemberg nicht in solche und ähnliche gerechte und billige Grundsätze eingehen wolle, lieber es auf den Austritt beider Mächte ankommen, und alsdann andere deutsche Staaten in den Rat der Kreisobersten nehmen wolle, ehe man eine Verfassung bildete, welche die gerechten Erwartungen Deutschlands nur täuschen würde."

Wien, den 21. Oktober 1814.

in fidem Humboldt.

---

*) Dies Votum der Grafen Münster und Hardenberg (Klüber 1, 68 ff., Pertz 4, 139 ff.), datiert gleichfalls vom 21. Oktober, tritt dem „Widerspruche" Bayerns, Württembergs in Bezug auf die § 2 u. 11 der zwölf Artikel entgegen und beansprucht als Rechte der Stände: 1) „Einwilligung zu den aufzulegenden Steuern"; 2) „Stimmrecht bei neu zu verfassenden Gesetzen"; 3) „Mitaufsicht über die Verwendung der Steuern"; 4) „Berechtigung, im Fall der Malversation die Bestrafung schuldiger Staatsdiener zu begehren." Durch den obigen Passus wurden diese Bestimmungen Bestandteile der „Übereinkunft."

Das Verhalten Metternichs.

Es ist ein Irrtum, wenn man glaubt, Metternich sei da=
mals grundsätzlich auf Schwächung der zu vereinbarenden Bun=
desverfassung ausgegangen. Nachdem er sich einmal kraft der
Punktationen von Chaumont und Paris für Errichtung einer
solchen entschieden hatte, und nachdem er vollends seit der ersten
Oktoberhälfte des alleinigen, mit dem „Vorsitz" zu verbindenden
„Direktoriums" gewiß war, — ging er vielmehr auf die Her=
stellung einer möglichst starken Verfassung aus. Und er ver=
trat demnach nicht nur die „übereingekommenen" Punkte,
sondern auch andere sehr wichtige, nationale und freisinnige Ar=
tikel mit einer Energie, wie man sie ihm allerdings in späteren
Zeiten gar nicht zutrauen konnte. Von einem bloßen „System
von Verträgen und Allianzen", wie er es im September 1813
empfohlen (s. ob. S. 84), von einer vollen Souveränität der
Einzelstaaten, wie er sie namentlich noch in den Verträgen
von Ried und Fulda gegenüber von Bayern und Württemberg
anerkannt hatte (ob. S. 85), war bei ihm jetzt nicht mehr die
Rede. Daß die gegensätzliche Tradition sich als fable convenue
noch immer hat in Geltung erhalten können, ist um so unbegreif=
licher als alle jene Thatsachen durch gleichzeitig gedruckte akten=
mäßige Zeugnisse verbürgt sind*). Ich begnüge mich mit einigen
Beispielen aus den Sitzungsprotokollen.

In Bezug auf das Kriegs= und Bündnisrecht (§ 9 der
zwölf Artikel) erklärte schon am 20. Oktober, Bayern gegenüber
Österreich (und zwar Metternich) in „Übereinstimmung" mit
Preußen und Hannover auf das entschiedenste: daß es „zur Er=
reichung des Bundeszweckes durchaus notwendig sei, auf dem
Grundsatz zu bestehen, daß die bloß deutschen Bundesstaaten ohne
Zustimmung des Bundes keinen Teil an Kriegen mit Auswär=

---

*) [Vgl. jedoch Wredes Worte in seinem Briefe an Montgelas 26. Ok=
tober 1814: „Österreich unterstützt die Bundespläne Preußens, weil es vor=
hersieht, daß, wenn die übertriebenen Bedingungen bekämpft werden, es in
vorteilhafterer und seinen Absichten entsprechender Weise Nutzen daraus ziehen
wird." Heilmann: Fürst Wrede 1881 S. 123.]

tigen nehmen und keine Bündnisse eingehen könnten" . . . Es
sei nicht „möglich, daß der Bund dauerhaft bestehen könne, wenn
jener Grundsatz nicht aufrecht erhalten werde, da sonst bei einem
jeden Kriege auswärtiger Mächte der Bund Gefahr laufe, kom-
promittiert zu werden" (Klüber 2, 86). Am 22. „erneuerte
Fürst Metternich" die „Äußerung" mit den Worten: „es handle
sich um die „Schließung eines Societätsvertrages", der „nicht
bestehen könne, wenn nicht eine Beschränkung eingeführt würde,
welche die einzelnen Mitglieder verhindere, die Gesellschaft in
Gefahr zu setzen" (Ebend. S. 104). Am 26. erklärte er wiederum: „In Hinsicht des Rechtes des Krieges scheine Bayern auf
die ehemalige Reichsverfassung zu refurrieren"; die sei indes „in
diesem Punkte als fehlerhaft anerkannt", und zudem „müsse, da
Deutschland sich eine Föderativverfassung schaffen wolle, unter
den Föderierten ein engeres Band stattfinden". Und da Wrede
hierauf erwiderte, daß, wenn „Bayern bereit sei, dem beabsichtigten
Bunde beizutreten, dies um deswillen geschehe, weil dieser Beitritt allgemein gewünscht werde", aber „nicht aus persön-
lichem Interesse, weil Bayern nach seiner Lage den Vorteil, den es daraus erlangen könne, ebensogut durch Allianz
mit einzelnen Mächten erhalten könne" — da versetzte
Metternich mit Nachdruck: „Bayern habe den eminenten Vorteil in Anschlag zu bringen, der aus der Befestigung der
Ruhe in Deutschland für dasselbe erwachse, welche Ruhe
gleichwohl nicht anders zu erwarten stehe, als wenn Deutschland als ein einziger energischer Staat gegen alle Auswärtigen auftreten könne" (S. 125 f.).

Der „Rechte der deutschen Unterthanen" nahm sich Metternich ebenfalls schon am 20. Oktober, Württemberg gegenüber,
durch die folgende interessante Erklärung an: „eine Festsetzung
der Rechte der Unterthanen der deutschen Nation sei schlechterdings notwendig"; auch „in der vorigen Verfassung wären
den deutschen Unterthanen gewisse Rechte zugesichert gewesen; in
den letzten Zeiten aber seien in einzelnen Staaten solche Bedrückungen eingetreten, wider welche die Unterthanen in
der Zukunft notwendig gesichert werden müßten; wie

denn z. B. in einigen Staaten die Verfügung getroffen worden, daß die Begüterten einen Teil des Jahres in der Residenz zu= bringen sollten, welcher Zwang in einzelnen Fällen sogar über die Grenzen der Möglichkeit hinausgehe; wie z. B. seine Fa= milie in fünf verschiedenen Staaten possessioniert sei, und gleich= wohl kein Mensch sich vervielfältigen könne, um jenem Ansinnen in verschiedenen Staaten Genüge zu leisten" (Ebend. S. 88 f.).

Der Ausdruck „Souveränität" kam in den zwölf Artikeln gar nicht vor; im § 3 war nur von den „Regierungsrechten" die Rede. Württemberg verlangte wiederholt, namentlich am 22. Oktober, den Ausdruck „Souveränitätsrechte" wenigstens „in Parenthese beigefügt". Dem widersetzte sich Metternich mit den Worten: „das Wort Regierungsrecht fasse alles dasjenige in sich, was zu bezeichnen sei; mit dem Worte Souveräni= tätsrechte seien in neueren Zeiten despotische Rechte, dergleichen man nicht begehren könne, konfundiert worden" (Eb. S. 109).

Am gleichen 22. Oktober erklärte Württemberg wiederholt, daß nach seiner Auffassung „der Bund nur aus den fünf das Comité bildenden Staaten bestehen solle, die übrigen aber nur als Kreismitglieder angesehen werden könnten". Darauf entgegnete Metternich, unter „Zustimmung der übrigen Bevoll= mächtigten", offenbar nicht ohne Entrüstung: „daß es keines= wegs die Absicht sei, Deutschland in fünf größere Staaten zu verteilen, und diese den Bund ausmachen zu lassen, was mit allen Rechtsbegriffen im Widerspruch stehe; es sei vielmehr lediglich die Absicht, die exekutive Gewalt dadurch mehr zu konzentrieren, daß sie auf einen aus den fünf Staaten be= stehenden Rat übertragen werde" (Ebend. S. 107, 109). Bayern und Württemberg gaben in der That nach dieser Richtung hin ihre Opposition alsbald vollständig auf.

Für die zwei Stimmen sowohl Österreichs wie Preußens trat Metternich wiederholt im Sinne des Punktes 1 der „Überein= kunft" ein, indem er namentlich die „größere Ländermasse" beider und ihre „doppelten Lasten" geltend machte, woraus den „übrigen Staaten größerer Schutz" erwachse, zumal sie „nicht bloß mit ihren deutschen, sondern mit ihren gesamten Staaten" für diesen

Schutz eintreten. Demnach sei es „angemessen, daß Preußen und
Österreich, wenn sie untereinander einig seien, der Mehrheit
der Stimmen versichert wären, da ihnen nicht zugemutet werden
könne, sich in Hinsicht auf Krieg und Frieden von der Mehrheit
der übrigen Stände abhängig zu machen". Doch könnte man
in den Fällen, „wenn von den übrigen drei Kreisobersten keiner
den Stimmen von Österreich und Preußen beitrete", zum Zwecke
der „Entscheidung aus dem Fürstenrate zwei Stimmen hinzufügen,
z. B. Baden und Hessen", so daß dann „in allem neun Stimmen vorhanden" wären (Ebend. S. 81 f. 119 f. 127). Diesem
Vorschlage gab Humboldt bereits gleichzeitig am 26. Oktober in
der „näheren Entwicklung" des fünften Artikels einen bestimmt
formulierten Ausdruck (Klüb. 2, 132 f. § 5, a und 5, e); und
ihm stimmte Württemberg am 29. Oktober, jedoch nur „eventua-
liter" bei, während Bayern unbedingt bei dem „frühern Widerspruch" beharrte, d. h. die Stimmenzahl unter allen Umständen
auf fünf beschränkt wissen wollte (Ebend. S. 140).

Aber noch mehr! Preußen begann in dieser Frage zu
schwanken, während Österreich fest blieb. Als Württemberg am
3. November eine eigene Redaktion der zwölf Artikel einreichte,
die es bereits — wahrscheinlich am Tage zuvor — „den einzelnen Comitémitgliedern mitgeteilt" hatte, und die wiederum
„jedem Mitgliede" des ersten Rates nur „eine Stimme" zuwies
(Ebend. S. 145 f. 150), nahm Hardenberg, in seiner gleichzeitig
eingereichten neuen Redaktion einiger Artikel, mit anderen württembergischen Bestimmungen auch diese wörtlich auf (ib. S. 157).
Dagegen verlangte eine anderweitige Vorlage über das Recht des
Krieges, der Verträge u. s. w., die ebenfalls noch am 3. November
eingebracht wurde, und die nicht bloß von Preußen, sondern auch
von Österreich redigiert war: 1) bei Beschlüssen „über Krieg
oder Frieden" die Zuziehung von „Hessen-Cassel und Baden", so
daß im ersten Rat „neun Stimmen" votieren, „deren Mehrheit entscheidet" (woraus eben erhellt, daß Metternich auf der
Festhaltung von je zwei Stimmen für Österreich und Preußen
in allen Fällen bestand); 2) überdies die Beteiligung des
zweiten Rates durch einen „Ausschuß" von „drei zu erwäh-

lenden Gliedern", der mit Kurhessen und Baden vereinigt durch
Stimmenmehrheit über das von beiden im ersten Rat abzugebende
Votum entscheidet (ib. S. 162). Und gerade diese Bestimmungen
rührten offenbar von Wessenberg, dem Alterego Metternichs her
(ib. S. 146. 169).

Aber eben diesen Bestimmungen gegenüber bestanden wiederum noch am 7. November Bayern und Württemberg darauf,
daß im ersten Rat „die Zahl der Stimmen auf fünf zu beschränken" sei, und daß für die Eventualität einer Beteiligung
zweier Mitglieder des Fürstenrats die ausdrückliche Nennung
Badens und Hessens präjudizierlich sei. In Bezug auf den letztern Punkt gab Metternich dahin nach, daß man „vorerst die
Benennung der zwei Höfe noch offen lasse". Dagegen bestand
er seinerseits im Verein mit Preußen darauf, daß bei Fragen,
„welche Krieg und Frieden betreffen, jederzeit auch dem Fürstenrat
eine Teilnahme einzuräumen sei", was schließlich „einstimmig
angenommen" ward, indem auch Württemberg die definitive Zu-
sage in Aussicht stellte (ib. S. 170 f.).

Den „Entwicklungen" des fünften der zwölf Artikel, vom
26. und 29. Oktober, sowie vom 3. November, (Klüb. 2, 126.
132 ff. 139. 142 ff. 160 ff.) folgte noch am 12. November eine
„österreichisch-preußische Entwicklung des sechsten" in 8 Punkten
(ib. S. 188 ff. 193 ff.). Alle diese „näheren Entwicklungen"
gingen durchaus nicht auf Schwächung, sondern entschieden auf
Stärkung der deutschen Verfassung aus. Und nicht nur erklärte sich Metternich stets im allgemeinen mit denselben „in
der Hauptsache" oder „völlig einverstanden"*), sondern er trat
auch im Einzelnen andauernd energisch für sie ein.

So für das Bundesgericht, Bayern und Württemberg gegenüber, in der Sitzung vom 7. November. Nachdem Humboldt
ausgeführt hatte, daß nicht nur im Falle von „Streitigkeiten der
Bundesglieder untereinander" eine bundesgerichtliche Entscheidung
erforderlich sei, sondern auch „in Fällen, wo ein Individuum,
oder mindestens, wo die Stände eines Landes Beschwerde

---

*) Ebend. S. 146. 166.

über eine von dem Landesherrn begangene Verletzung der in der allgemeinen Bundeskonstitution festgesetzten Grundsätze zu führen haben" — ergriff Metternich das Wort, um zu erklären: „Wenngleich Österreich damit einverstanden sei, daß den Fürsten in Deutschland ihre Souveränitätsrechte (im Sinne von Regierungsrechten, s. ob. S. 235) zu lassen seien", so gelte es doch dem „Zwecke, einen deutschen Bund und einen großen deutschen Staatskörper zu bilden; mithin müsse in den Fällen, wo die politische Existenz eines Individuums wider den Bundesvertrag oder die Konstitution gekränkt, und selbige in den Rechten der Deutschheit gefährdet werde, dem Bunde das Recht zustehen, diese Verletzungen abzustellen; und nur von diesen Beschwerden über die Verletzung der allgemeinen Konstitution sei bei dem Bundesgericht die Rede". Bayern zeigte sich hierauf in diesem Punkte gefügiger, behielt sich aber eine definitive Erklärung über die „Zulässigkeit" eines Bundesgerichts vor; wogegen Württemberg ein solches ohne weiteres „als nicht zulässig" erklärte*).

Das Gesandtschaftsrecht des Bundes wurde am 10. November württembergischerseits entschieden bekämpft, aber von Metternich und den „sämtlichen" übrigen Bevollmächtigten entschieden verfochten **).

In betreff von „Verbindungen mit auswärtigen Mächten", welche „auf Krieg oder Frieden, oder Subsidien, oder auf was immer für eine Hilfsleistung Bezug haben", hatte Wessenberg im Namen Österreichs den Zusatz beantragt: „Jedes Mitglied (also auch Österreich und Preußen) verpflichtet sich, von den geschlossenen Verbindungen den Bund in Kenntnis zu setzen." Natürlich handelte es sich dabei nur um die zuvor bezeichnete Art von Bündnissen. Dennoch verwarf Württemberg am 12. November diesen Zusatz, den Humboldt als unerläßlich verteidigte. Ihm schloß sich Metternich durch die sarkastisch belehrende Bemerkung an: „in jedem Allianztraktat werde die Bestimmung

---

beigefügt, daß kein Teil sich in Verbindungen mit anderen Staaten einlassen wolle, ohne sie dem andern mitzuteilen, und oft selbst ohne die Zustimmung des andern. Unmöglich könne doch der Bundestraktat schwächer sein als jede andere politische Verbindung; und eine Verbindung sei unmöglich, wenn der Bund die Verhältnisse der einzelnen Teile gegen Auswärtige in dieser Hinsicht nicht kenne". Selbst Bayern stimmte bei; Württemberg aber beharrte bei der Ablehnung *). Metternich nahm noch einmal das Wort, um zu erklären: „der erste Wunsch des Kaisers seines Herrn sei auf die bestimmteste Herstellung des deutschen Bundes gerichtet, welcher die Erhaltung einer jahrelangen Ruhe zum Zwecke habe, die nur insofern möglich sei, als im Centrum von Europa eine große Defensiv-Vereinigung stattfinde". Worauf auch Humboldt erklärte: „der König sein Herr sehe es für Regentenpflicht gegen seine Unterthanen an, diese wieder in eine Verbindung zu bringen, wodurch sie mit Deutschland eine Nation bilden, und der Vorteile genössen, welche daraus für die Mitglieder derselben erwachsen müßten". Graf Münster schloß sich mit den Worten an: „Es sei die bestimmteste Absicht des Prinz-Regenten, daß der deutsche Bund nach den bereits kundgegebenen allgemeinen Grundsätzen hergestellt werden möge" **). Inzwischen erwarb sich Metternich auch das Verdienst, für schleppende und hochtrabende Formeln einen schlichten Ersatz zu bewirken. Statt „Rat der Kreisobersten" oder „Rat der Könige", und „Rat der Fürsten und Städte", oder „Rat der Stände", oder „Rat der Fürsten", schlug er schon am 29. Oktober vor, einfach zu sagen: „erster Rat" und „zweiter Rat"; und am 7. November wurde dieser Vorschlag einstimmig angenommen (Eb. S. 140. 175).

Für die gesetzgebende Gewalt des Bundes, und zwar in einem ausgedehnten Maße, trat Metternich ebenfalls mit Nachdruck in die Schranken. Die preußisch-österreichische Entwicklung des § 5 der zwölf Artikel hatte sub 10 die Bestimmung aufgestellt: „Staatsverträge, welche mit Auswärtigen ge-

---

*) Eb. S. 172. 182 f.
**) Eb. S. 184 f.

schlossen werden, sind, sofern sie zu ihrer Vollziehung Gesetze erfordern, der Genehmigung des ersten und zweiten Rats, als des gesetzgebenden Körpers, zu unterwerfen". Württemberg er= klärte am 12. November, daß es „nicht beitreten könne", indem es gegen die Teilnahme des „zweiten Rats" und gegen „jede Beschränkung, die nicht auf Krieg und Frieden sich beziehe", protestierte. Metternich entgegnete: „Wenn einmal ein deutscher Bund sein soll (und Wintzingerode hatte noch soeben geäußert, daß dem Könige von Württemberg „an dem deutschen Bunde gelegen sei"), dann seien auch die Beschränkungen notwendig, die der Zweck desselben erfordere; auch könnten diese (sogenannten) Beschränkungen nicht als Beschränkungen der Rechte selbst ange= sehen werden, die allen Fürsten gleichmäßig zustehen und zustehen sollen, sondern als Bestimmungen, denen sie sich zur Er= reichung des Zweckes unterziehen. Im vorliegenden Fall sei nur davon die Rede, daß, wenn von dem Bunde ein Vertrag geschlossen worden, und die Vollziehung desselben ein allge= meines Gesetz notwendig mache, dieses nicht von dem ersten Rat, der die exekutive Gewalt habe, allein gegeben werden könne, sondern mit Zuziehung des zweiten Rats, als des ge= setzgebenden Körpers, gegeben werden müsse". Humboldt, Münster und selbst Wrede traten für Preußen, Hannover und Bayern „dieser Erklärung bei"*).

Dennoch machte auch Bayern am 14. November Einspruch gegen den Umfang der gesetzgebenden Gewalt des zweiten Rates, wie er in der österreichisch=preußischen Entwicklung des § 6 der zwölf Artikel festgestellt war; nämlich „alle Gegenstände" um= fassend, „welche den Stoff zu einem allgemeinen, für ganz Deutsch= land geltenden Gesetz abgeben können". Auf die Interpellation Bayerns: welche Gegenstände darunter zu verstehen seien, er= klärten Österreich, Preußen und Hannover: „die welche, wie z. B. Zölle, Münzen, Posten u. s. w., zum gemeinsamen Besten des Bundes einer allgemeinen gesetzlichen Bestimmung für jetzt oder in Zukunft bedürfen könnten". Bayern wollte nicht

*) Eb. S. 194. 185 f.

„dem zweiten Rat ein Recht einräumen, darüber jetzt oder in Zukunft Gesetze zu machen", sondern nur einen „Anteil an solchen Gesetzen, welche die gemeinsamen Verteidigungs= anstalten und die Verstärkung der darauf zielenden Kräfte und Mittel zum Gegenstand hätten". Auch forderte es, daß, „wenn über diese (d. h. die obengenannten) und andere Gegenstände Gesetze zu machen seien, selbige jetzt in das organische Gesetz aufgenommen" würden. Österreich (also ohne Zweifel Metternich) erwiderte darauf, daß es „unmöglich sein dürfte, in dem ersten organischen Gesetze die Gegenstände, welche gemeinsamer Gesetze bedürfen, gleich dergestalt zu erschöpfen, daß nicht auch in der Folge manches zu ergänzen und zu verbessern bleibe, was gleichwohl alsdann neue Gesetze erfordern werde". Der „preußische Bevollmächtigte" erklärte: „über diesen Gegenstand erst nähere Instruktionen einholen und sich daher eine weitere Ab= stimmung vorbehalten zu müssen"*).

Hiernach ging Metternich anscheinend in Bezug auf die ge= setzgebende Gewalt des Bundes weiter wie Preußen. Dafür sprechen auch die folgenden bisher nicht bekannten Thatsachen, die ich einem Humboldtschen Vermerke in den Kongreßakten des Berliner Archivs entnehme.

Die österreichisch=preußische „Entwicklung des sechsten" der zwölf Artikel wurde gemeinsam von Humboldt und Wessenberg formuliert. Der § 6, c lautete ursprünglich nach der Redaktion des erstern: „Zur Entscheidung des zweiten Bundesrats gehören bloß diejenigen Gegenstände, welche den Stoff zu einem für ganz Deutschland geltenden Gesetz abgeben können u. s. w." Die österreichische Redaktion Wessenbergs lautete dagegen: „Der Wir= kungskreis des Fürstenrats dehnt sich auf alle Gegenstände aus, welche den Stoff u. s. w." Es ist doch keine bloße Kuriosität, wenn Wessenberg in der Motivierung sagte: „In den Ohren der kleinen Fürsten klingt das Wort der Ausdehnung besser als jenes der Beschränkung". Seine Formulierung wurde von Humboldt angenommen, wie sich aus Klüber 2, 188 ergiebt, nur

---

*) Eb. S. 188 sub 6, c. S. 194 f.

daß statt „des Fürstenrats" nunmehr gesetzt wurde „des zweiten Rats".

Der § 6, e lautete nach einer neuen Redaktion Humboldts in seinem zweiten Satz: „Dieser Beschluß (des zweiten Rats über einen in Vorschlag gebrachten und durch „Mehrheit der Stimmen" entschiedenen Gegenstand) wird sodann an den ersten Rat gebracht, und von demselben entweder angenommen oder verworfen." Dagegen bemerkte Wessenberg: „Ein förmliches Veto dem ersten Rat einzuräumen, scheint mir für die Freiheit der deutschen Stände sehr bedenklich. Der Einfluß der mächti=geren Stände wird ohnehin schon eine Art Veto hervorbringen". Humboldt gab nicht nach, ließ aber, wie die definitive Formu=lierung bei Klüber S. 189 zeigt, den Zusatz zu: „Im letztern Fall wird er (der Beschluß des zweiten Rats) von dem ersten Rate nebst Zuziehung des Ausschusses des zweiten Rats neuer=dings in Beratung gezogen, und die definitive Entscheidung durch abermalige Abstimmung hervorgebracht."

Der neunte Artikel.

Den schärfsten und nachhaltigsten Widerspruch fand bei Bayern und Württemberg, wie schon aus dem Vorstehenden er=hellt, der § 9 der zwölf Artikel, betreffend Kriege und Bünd=nisse (s. ob. S. 211). Auch hierüber geben die Berliner Akten einige unbekannte Nachrichten.

Am 24. Oktober hatte Wrede „das Recht der Kriege und der Bündnisse seinem Souverän vorbehalten" in vier Fällen, die bei Klüber 2, 116 f. verzeichnet sind. In Wahrheit konnten diese auf drei Fälle reduziert werden. Daraus erklärt sich, daß Humboldt in einer handschriftlich vorhandenen „Denkschrift vom 25. Oktober 1814" über diesen Vorbehalt nur von einer Dreizahl redet, indem sie die Fälle schärfer präzisiert. Die Denk=schrift, die für die Zeitgenossen des Jahres 1866 ebenso denk=würdig ist, wie Humboldts Ausführungen vom Dezember 1813 (s. ob. S. 100), lautet in ihrem wesentlichen Bestandteil also:

„Der kgl. bayerische Bevollmächtigte hat in der Sitzung vom 24. huj. das Recht der Kreisobersten, für sich Krieg zu

führen und Bündnisse zu schließen, ausdehnen wollen: 1) auf den
Fall, wo ein einzelner Staat Österreich oder Preußen, wenn sie
mit einer auswärtigen Macht im Kriege wären, ohne den
Bund, für sich, zu Hilfe kommen wollte; 2) auf den, wo ein
einzelner Staat in einem Kriege Österreichs gegen Preußen
ohne den Bund, für sich, einem oder dem andern Teile beizu=
stehen für gut fände; 3) auf den, wo ein einzelner Staat
sich mit einer auswärtigen Macht zum Kriege gegen eine andere
auswärtige Macht verbinden möchte. Auf den letzteren Fall
hat er jedoch nicht so viel Gewicht wie auf die beiden ersten
gelegt.

Alle sind gegen den allgemeinen Grundsatz, daß eine Hand=
lung, die dem Ganzen Gefahr bringt, nur durch das Ganze
beschlossen werden kann . . . Bei dem ersten . . . sind augen=
scheinliche Vorteile, welche vielleicht den Nachteilen die Wage halten
(durch den Beitritt eines einzelnen in rechter Zeit kann nämlich
unter Umständen die Gefahr von Deutschland abgewandt werden).
Der zweite Fall ist bei weitem nachteiliger für Deutschland. Ein
Krieg zwischen seinen beiden Hauptmächten kann durch den Beitritt
eines Einzelnen zu einem beider Teile nur schlimmer und erbitterter
werden; da hingegen die Schritte, die der ganze Bund ergriffe,
dem Unglück ein Ende machen könnten. Allein ein solcher
Krieg hebt ohnehin die Verfassung auf, und ist schon für
sich eine Verletzung derselben. Was also auf diesen Fall ver=
ordnet wird, hat schon für sich eine geringere konstitutionelle
Wichtigkeit und kann eher eingeräumt werden. Der dritte Fall
dagegen ist nachteilig u. s. w."

Am Tage darauf, am 26. Oktober, trat Wrede, wie er es
schon im Laufe der Sitzung vom 24. verheißen (Klüber S. 118.
124. 129 f.), mit einem bestimmten Formulierungsvorschlage
für § 9 auf, des Inhalts:

„Jedem Mitgliede des Bundes bleibt das Recht, Staats=
und Hilfsverträge unabhängig vom Bunde abschließen zu können,
unbenommen; um jedoch zu verhindern, daß die äußere Sicher=
heit Deutschlands nicht in Gefahr komme, verpflichtet sich jeder,
keine Offensivbündnisse gegen den Bund einzugehen."

Dieser Standpunkt wurde sofort von Metternich, wie wir bereits sahen (ob. S. 239), wiederholt und lebhaft bekämpft, und zwar mit scharfer Betonung des „engen Bandes" einer „Föderativverfassung". Und an diese Expektoration knüpft sich ohne Zweifel ein handschriftlich in den Akten verzeichneter Vorgang an, kraft dessen Metternich, sei es noch in der Sitzung vom 26. oder in der vom 29. Oktober, nach einem Zwiegespräch mit Wrede, ein mit Bleistift geschriebenes Zettelchen an Humboldt gelangen ließ, des Inhalts: „Bayern will über das Recht des Kriegs und Friedens nach folgender Redaktion nachgeben: Jeder Staat hat das Recht der Bündnisse, insofern sie nicht mit dem nexus foederis streiten". In den ersten Tagen des November formulierte denn auch, wie ebendaselbst vermerkt ist, Württemberg den neunten der 12 Artikel dahin: „Befugnis zu allen Bündnissen, mit der einzigen Beschränkung salvo nexu foederis" (vgl. Klüber S. 155).

Allein damit war natürlich nicht die Frage erschöpft. Am 3. November legten Preußen und Österreich eine gemeinsame ausführliche Formulierung vor (Klüber 2, 162 f. sub 8), die ein augenfälliges Entgegenkommen bezeichnete. Dennoch dauerte die Opposition fort, und nun schlug am 7. November Wessenberg eine „neue Redaktion" vor, die nur die „Verpflichtung" aussprach: „keine Verbindung mit auswärtigen Mächten einzugehen, die gegen den Bund oder einzelne Mitglieder gerichtet wäre oder dem Bunde oder dessen Mitgliedern mittelbar oder unmittelbar gefährlich werden könnte", mit der schon erwähnten weiteren „Verpflichtung, von den geschlossenen Verbindungen (in „Bezug auf Krieg oder Frieden, oder Subsidien oder was immer für eine Hilfsleistung") den Bund in Kenntnis zu setzen" (Klüber S. 172). Bayern schien am 12. November diesen Vorschlag ganz zu billigen, Württemberg verwarf den Zusatz (Eb. S. 181 ff.). Humboldt erklärte an beiden Tagen, daß ihm diese Formulierung „nicht genügend scheine" und er „seine Erklärungen vorbehalten müsse", wegen „Abwesenheit des Fürsten Staatskanzlers" (Eb. S. 173. 183). Auch diese Frage kam nicht zum Abschluß.

Die Kreiseinteilung.

Wir haben bereits gesehen, daß Österreich, Preußen und Hannover, ohne Zweifel vornehmlich auf Metternichs Betrieb, in dem 4. Punkt ihrer Übereinkunst" vom 21. Oktober sich die Eventualität vorbehielten, die Kreiseinteilung durch andere Einteilungen „in Absicht der Militär= und Justizverfassung" zu ersetzen (s. ob. S. 230 f.).

Auch von außen her fehlte es nicht an Bemängelungen der Kreiseinteilung und der dadurch bedingten Herrschaft der Kreisobersten; um so weniger als ja die Gegnerschaft des Freiherrn vom Stein gegen diese Einteilung nicht verborgen bleiben konnte. Namentlich erhob dagegen Einspruch eine Note des großherzogl. hessischen Bevollmächtigten, Freiherrn von Türkheim de dato Wien den 5. November 1814, gerichtet an „S. Durchlaucht den Kgl. Preußischen Herrn Staatskanzler Fürsten von Hardenberg". Dieselbe ist, so viel ich weiß, ungedruckt*); ich teile sie daher aus den Berliner Akten mit. Sie lautet:

„Unterzeichneter Großherzoglich Hessischer Kongreßgesandter hat aus zuverlässiger Quelle erfahren**), daß in dem zu Vorbereitung der Beratungen des Kongresses über die künftige Verfassung unseres deutschen Vaterlandes niedergesetzten Comité man den Antrag beschlossen habe, die obere Leitung des Kriegswesens, und exekutive Staatsgewalt des neuen Bundes, und dessen vorzüglichste Gerechtsame über Krieg und Frieden zu verfügen, in die Hände eines Collegii von fünf Königen, mit Ausschluß der drei anderen Großherzoge und ehemaligen Kurfürsten zu hinterlegen.

Wenn aber eine solche Demarkationslinie eine wahre Rechtsentsetzung für die altfürstlichen Häuser Hessen und Baden ist***),

---

*) [Eine dem Sinne nach gleiche Note Türkheims vom 6. November 1814 an Münster gerichtet bei Angeberg 1, 404].

**) Nämlich aus den Sitzungsprotokollen, die der Nassauische Minister von Marschall von Stein erhalten und am 4. November einigen anderen Bevollmächtigten mitgeteilt hatte; s. unten.

***) Es ist dies eine Unterstützung der Thatsache, daß in den Sitzungsprotokollen die Herzuziehung von Baden und Hessen bereits als Verhandlungsgegenstand aufgeführt war.

indem ihnen bisher in dem ersten Staatskollegio alle königlichen
Ehren zuständig gewesen sind, wenn dadurch ihr Standtpunkt in
der vaterländischen Verfassung verrückt und untergraben, und
ihre politische Vernichtung sichtbar vorbereitet würde, wenn die
Abkömmlinge der Herzoge von Brabant und Zähringen, dem
Hause Württemberg doch nicht wohl untergeordnet werden können,
Unterschriebener auch weiß, daß S. kgl. Hoheit dem Großherzog
von Hessen, seinem gnädigsten Herrn, dessen bewußt was er sich
und seinem Hause schuldig ist, gewiß kein Opfer zu schwer sein
würde, um diese unverdiente Herabwürdigung abzuwenden: so
nimmt er seine Zuflucht zu Sr. kgl. Majestät von Preußen, als
doppeltem Blutsverwandten und erbverbrüderten höchsten Gönner
des Großherzoglichen Hauses, um für dasselbe die Erhaltung des
seitherigen Standes und Würde, wozu ihn die Bevölkerung seiner
Staaten und das hohe Altertum seines Hauses so vollgültig be-
fähigen, — in Gemeinschaft mit Sr. kurfürstl. Durchlaucht dem
Herrn Kurfürsten zu Hessen, durch Allerhöchstdero allvermögendes
Fürwort zu bewirken.

Ohnehin scheint die Kreisverfassung, die bei den so vielartigen
und so häufigen ehemaligen Dominien, besonders bei Errichtung
des Landfriedens so wohlthätig auf öffentliche Sicherheit hinwirkte,
heutzutage entbehrlich, und für die Selbständigkeit der souveränen
Fürsten selbst nachteilig, und man wird doch nicht Kreise bloß
um der Kreisobersten willen bilden wollen, da Militärdivisionen
zur Erhaltung des Ruhestandes von innen und außen genügen
dürften, und Hessen ohne fremdes Zuthun alles in seinem weiten
Gebiet leisten würde, was das Vaterland von ihm zu fordern
berechtigt ist. Sollte aber je wider Verhoffen eine ungleiche Repräsentation bei dem künftigen deutschen Bunde durch Mehrheit
der Stimmen beliebt werden wollen, so schmeichelt sich Unterzeichneter, daß das erlauchte Haus Hessen seinen Standpunkt
in dem ersten Kollegio behaupten, und kein fünfköpfiges Direktorium
die bezielte Einheit des neuen Staatenbundes trüben werde.

In dieser zuversichtlichen Hoffnung, die Unterschreiber dem
hohen und so reinen Gerechtigkeitsgefühl und den älteren freund-
schaftlichen Rücksichten Sr. kgl. Majestät in dem allvermögenden

Fürwort Sr. Durchlaucht des Herrn Staatskanzler Fürsten von
Hardenberg devotest empfiehlt, erwartet er ruhig jene Bestimmungen,
welche das Wohl unseres deutschen Vaterlandes begründen sollen,
und hat die Ehre Hochdieselben seiner ausgezeichneten Verehrung
zu versichern.

Wien, den 5. November 1814.

Freiherr von Türkheim."

Es ist möglich, daß eine ähnliche Note an den Fürsten
Metternich gerichtet wurde. Jedenfalls erklärt es sich auch ohne=
dies durch die „Übereinkunft" vom 21. Oktober, wenn er zwei
Tage nach jener Note, in der Sitzung vom 7. November, „in
Hinsicht der Einteilung in Kreise" das Votum abgab: „daß er
sich noch eine besondere Abstimmung über die Einteilung Deutsch=
lands abzulegen vorbehalten müsse; eine engere Lokalver=
bindung einzelner Teile werde zwar notwendig sein, gleich=
wohl sei es gleichgültig, unter welchem Namen dieser Zweck
erreicht werden könne, und werde vielleicht die Anstand findende
Einteilung in Kreise beseitigt werden können". Damit würde
denn auch der „von Württemberg vorgeschlagenen Vergrößerung
der Kreise im südlichen Deutschland" entgegengetreten (Klü=
ber 2, 175).

XXIX. Einmischungen des Freiherrn vom Stein.

Von allem, was sich auf die obigen Verhandlungen bezog, war natürlich Stein unterrichtet; die Protokolle und deren Beilagen kamen ihm in Abschrift oder in Druck zu. Gereizt durch die Opposition Bayerns und Württembergs, obgleich dieselbe seit Anfang November entschieden abnahm und sogar sichtlich einer wachsenden Willfährigkeit Platz machte, war er entschlossen, die von ihm gebilligten zwölf Artikel, das Produkt der „großen Höfe", auf alle Weise zu unterstützen, und die beiden oppositionellen Mittelstaaten mit allen Mitteln zu bekämpfen. Dies sollte geschehen durch die Großmächte, durch die Presse und durch die Kleinstaaten. Seine leidenschaftliche Natur trieb ihn zu Schritten, die weder als sehr geschickt noch als sehr zweckmäßig zu betrachten waren.

1. Zuerst stachelte er durch ein Schreiben vom 4. November den Kaiser Alexander zur Intervention an, obgleich bis dahin von allen Seiten und von Stein selber die Nichteinmischung des Auslandes in die deutschen Verfassungsangelegenheiten nachdrücklich verlangt und auch verheißen worden war. Er sprach sich in dem Schreiben entschieden für den von „Österreich, Preußen und Hannover vorgeschlagenen Bundesplan" aus; namentlich insofern er „dem Bunde das Recht des Krieges und Friedens", sowie „die Entscheidung der Streitigkeiten unter den Fürsten überließ", ferner „eine Bundesversammlung bildete, bestehend aus einem leitenden Rat der Fünf und einem Verein der Fürsten und Städte", und endlich „Landstände unter Gewähr des Bundes" sowie „gewisse gemeinsame Rechte für alle

Einwohner Deutſchlands" verbürgte. Aber, ſagt er, „die Ver=
handlungen hatten bisher keinen andern Erfolg als den, von
ſeiten Bayerns und Württembergs ein Syſtem des Ehrgeizes,
der Vereinzelung und des Despotismus ans Licht zu bringen";
des Ehrgeizes gegenüber „den Fürſten und freien Städten",
der Vereinzelung „gegen den Bund", und des Despotismus „gegen
ihr eigenes Land". Er verlangt im Intereſſe „Europas", daß
der „Zuſtand eigenmächtiger Plackereien der Fürſten aufhöre",
„Europa, ſagt er, iſt daran gelegen, daß nicht ein Schwarm kleiner
Höfe exiſtiere, deren aufregende, ſtänkernde und notwendig treuloſe
Politik eine Verwicklung von Ränken und Schlichen unterhält".
Er fordert im Namen „der Gerechtigkeit und Freiſinnigkeit", daß
Deutſchland einer ſtaatlichen und bürgerlichen Freiheit genieße,
daß der Souveränität der Fürſten Grenzen gezogen werden, daß
die ſchreienden Mißbräuche der Gewalt aufhören, daß ein alter
und durch ſeine Waffenthaten ... hervorleuchtender Adel nicht
überliefert werde den Launen der Despoten, welche durch eine
jakobiniſche Dienerſchaft geleitet werden; endlich daß die Rechte
Aller feſtgeſetzt und geſchützt werden, und Deutſchland aufhöre,
ein weiter Sammelplatz von Unterdrückern und Unterdrückten zu
ſein". Demnach appelliert er ausdrücklich an die „verbündeten
Mächte" und begehrt, daß durch ſie die „weſentlichen Grundſätze
einer Bundesbildung (die er wiederholt aufführt) unterſtützt werden",
und daß ſie zu dem Ende „Öſterreich, Preußen und Hannover
einladen, auf den Verfaſſungsgrundſätzen zu beſtehen,
die ſie ausgeſprochen haben, und ihnen ihre Beihilfe zu
deren Aufrechthaltung zu ſichern". Er empfiehlt dem Kaiſer,
„in dieſem Sinne eine vertrauliche Note zu erlaſſen"*).

Zugleich übergab Stein am 5. November dem Kaiſer einen
Entwurf zu der „vertraulichen Note an die preußiſchen und öſter=
reichiſchen Miniſter". Alexander war bereit, ſie durch Neſſelrode
übergeben zu laſſen, fand ſie aber „zu weitläufig und zu bitter".
Stein änderte ſie am 7. Dennoch hatte Neſſelrode mit Recht
Bedenken und befragte deshalb zunächſt, offenbar am 8., den

---

*) Pertz 4, 147 ff.

Fürsten Metternich über die Lage der Dinge. Metternich gab ihm die „Versicherung, es gehe in den deutschen An= gelegenheiten alles sehr gut" *).

Und dem war auch so. Man war in den Verhandlungen entschieden vorwärts gekommen. Hatten sich doch Bayern und Württemberg immer eifriger, mit eigenen Formulierungen und Entwürfen beteiligt, die keineswegs verwerflich waren! Trat doch namentlich Bayern immer häufiger auf die Seite der Majorität! Hatte doch gerade die Sitzung vom Tage zuvor (7. No= vember) einen sehr befriedigenden Verlauf genommen! Die wichtige Bestimmung der Beteiligung des Fürstenrates an Kriegs= und Friedensfragen wurde einstimmig angenommen; selbst der württembergische Bevollmächtigte erklärte: man habe zwar früher „Zweifel" gehabt; damit solle aber nicht gesagt sein, „daß Württemberg nicht dem Antrage beistimmen werde" (Klüber 2, 171). Der Satz ferner, daß den Fürsten des zweiten Rats in Bezug auf Bündnisse überhaupt gleiche Rechte wie den Mitgliedern des ersten Rats zustehen müssen, ward ebenfalls einstimmig zum Beschluß erhoben (Eb.). Über das Kriegs= und Bündnisrecht erzielte die Wessenbergsche Redaktion nahezu Einstimmigkeit, indem Bayern notierte: „nichts einzuwenden", Württemberg: „scheint nicht bedenklich", und gerade nur Preußen erklärte: „scheint nicht genügend" (Eb. 172 f.). In bezug auf andere Bestimmungen wurde sogar nicht der preußisch=österreichische, sondern der „württem= bergische Entwurf zur Grundlage genommen" und mehrfach die darin vorgeschlagenen Formulierungen einstimmig zum Beschluß erhoben (Eb. 174 f.).

Die Hauptsache aber war, daß in eben dieser Sitzung vom 7. November eine der allerwichtigsten Fragen, die des Bundes= gerichts, im bejahenden Sinne so gut wie erledigt schien. In Übereinstimmung mit den Voten Humboldts und Metternichs, die wir oben (S. 237) anführten, hatte sich Bayern für dasselbe erklärt, indem Wrede sogar die Worte gebrauchte: „er müsse es

---

*) [Der Bericht von Perß, der hier zu Grunde liegt, hat Worte aus Steins Tagebuch während des Wiener Kongresses, veröffentlicht 1888 von Max Lehmann, übernommen S. Hist. Z. S. 60, 400].

für notwendig ansehen, daß zur Beurteilung der Verletzungen der allgemeinen Konstitution ein Bundesgericht errichtet werde". Blieb also auch selbst in bezug auf Verletzungen der besonderen Landesverfassungen die Kompetenz des Bundesgerichts ausgeschlossen: so gewährte dasselbe doch den Schutz, der aus der beabsichtigten Aufnahme der Bestimmungen über das „Minimum der ständischen Rechte" und über die „Rechte der Individuen" in die allgemeine Bundeskonstitution folgte. Württemberg nahm an diesem Tage im Grunde nur an der „Beständigkeit" des beantragten Bundesgerichts und an dem Mangel einer „näheren Entwicklung" Anstoß (Eb. 169. 167). Freilich schon am 10 November erklärte Württemberg wieder das Bundesgericht für „nicht zulässig (Eb. 177); und Bayern hörte auf, dasselbe „als notwendig anzusehen", wie es denn auch schließlich sogar dessen Streichung zur unerläßlichen Bedingung seines Beitritts zum Bunde machte.

Inzwischen hatten sich schon am 8. November, wie aus dem unten folgenden „Bericht an Humboldt vom 9. November über eine Versammlung der Bevollmächtigten der kleineren Staaten" ersichtlich ist, Gerüchte über die im Werk begriffene „Note des russischen Ministerii" verbreitet. Da Stein mit einigen dieser Bevollmächtigten im allervertraulichsten Verkehr stand und eben damals im Begriff war, wie wir sehen werden, durch sie die kleineren Staaten gleichfalls zu einer Demonstration gegen die beiden Mittelstaaten anzustacheln: so läßt sich nicht bezweifeln, daß die „bitteren", groben und verletzenden Äußerungen, deren sich Stein bedient hatte, bis zum 10. November mehr oder minder bestimmt auch den Bevollmächtigten Bayerns und Württembergs zu Ohren kamen und verstimmend wirkten. Am Tage darauf lief denn auch die von Stein formulierte russische Note in ihrer abgeänderten Redaktion wirklich vom Stapel.

Zwar hatte sich Nesselrode, nach seiner Erkundigung über die Lage der Dinge bei Metternich, entschieden für die Zurückhaltung der Note ausgesprochen. Allein am 9. November drang Stein mit so großem Ungestüm auf die Verabfolgung derselben, daß Nesselrode sich endlich dazu verstand, sie an die ersten Be-

vollmächtigten Öſterreichs und Preußens zu expedieren. Der
franzöſiſche Text der an Metternich unterm 11. November gerich=
teten Note befindet ſich bei Klüber 1, 61 ff. [und bei Angeberg
1, 417]; eine deutſche Überſetzung derſelben wurde in der „Chronik
des allgemeinen Wiener Kongreſſes N. XLI vom 14. Februar 1815"
S. 593 ff. abgedruckt; Pertz 4, 150 ff. giebt ſie ebenfalls deutſch,
wahrſcheinlich nach dem Steinſchen Entwurf. Alle drei weichen
nur durch Ungenauigkeiten der beiden erſteren voneinander ab.
Wirkliche Verſchiedenheiten bietet dagegen der hier folgende Text
der an Hardenberg gerichteten Note durch modifizierte Formulierungen
und Auslaſſungen. Jene drei Texte tragen das Datum des
11. November, das auch Stein in ſeiner Zuſatz=Bemerkung vom
29. Dezember (ſ. unten) gebraucht; der unſrige anſcheinend das
des 14., doch iſt die letztere Ziffer korrigiert, wie wenn urſprünglich
10 geſtanden hätte, und daher nicht unbedingt zu verbürgen.
Immerhin würden die Verſchiedenheiten der Redaktion hinreichen,
ein ſpäteres Ausfertigungsdatum für die an Hardenberg gerichtete
Note zu erklären. Übrigens handelt es ſich hier um eine für
Humboldt angefertigte und daher den Kongreßakten des Berliner
Archivs einverleibte Kopie derſelben.

Vertrauliche Note Rußlands an den Fürſten Hardenberg.

„Le soussigné secrétaire d'État de S. M. l'Empereur de
toutes les Russies a rendu compte à son auguste maître
des résultats que présentent jusqu'à présent les conférences
relatives à l'organisation future de l'Allemagne.

S. M. Impériale y a vu avec une vive satisfaction que
les cabinets de Vienne et de Berlin *) ont proposé le 14 octobre
un plan de fédération qui est conforme aux principes de
justice et d'organisation sociale, au bonheur des individus
et aux intérêts des l'Europe, en demandant que le droit
de faire la guerre et la paix, celui de décider les conte-

---

*) Die Chronik hat: „daß von Seite Öſterreichs, Preußens und Hannovers":
Ebenſo Klüber und Pertz [auch Angeberg].

stations entre les princes, et de veiller aux intérêts généraux
soit délégué à la fédération, et qu'il soit formé des états
provinciaux tutélaires de la liberté et de la propriété garantis
par la fédération.

Leurs Majestés l'Empereur de Russie et le Roi de
Prusse déclarèrent à Kalisch le 13/25 mars 1813 la dissolution de la ligue du Rhin, et leur ferme et immuable
résolution d'aider les princes et les peuples Allemands à
reconquérir leur liberté et leur indépendance.

Les succès des puissances alliées eurent pour suite
l'affranchissement de l'Allemagne du joug étranger; des
traités d'accession assurèrent aux princes leur conservation, mais rien ne fut alors statué sur leurs rapports
intérieurs.

Le traité d'alliance de Chaumont et la paix de Paris
stipulèrent que l'Allemagne serait un état fédératif.

Les princes d'Allemagne trouveront sans doute dans
ce principe une nouvelle preuve de la sollicitude des puissances alliées, et reconnaîtront dès-lors la nécessité d'établir
un sistème qui les préserve de l'instabilité et de tous les
dangers d'une existence isolée. Ce n'est que dans un pareil
sistème que l'Europe peut trouver la garantie de la tranquillité de l'Allemagne, et par conséquent l'espoir que ses
forces désormais soumises à une direction concentrée ne
soient employées que pour l'intérêt général, que l'état
d'irritation qui existe encore cesse entièrement, que les
abus de l'autorité soient prévenus, les rapports de la noblesse fixés, et que les droits de tous soient déterminés
et protégés par des institutions fortes, sages et libérales.

Ces principes se retrouvent dans toute leur force et
dans toute leur pureté dans le plan de fédération proposé
par les cabinets de Vienne et de Berlin*). S. M. l'Empereur les partage trop complètement pour ne pas désirer

---

*) Chronik „von dem Kabinett zu Wien, Berlin und Hannover". Ebenso
Klüber und Pertz [und Angeberg].

qu'elles *) y persévèrent dans les négociations actuelles, et pour ne pas leur offrir de les appuyer de son intervention, si les circonstances devaient l'exiger **).

Le soussigné est chargé d'en donner l'assurance à son Altesse Monsieur le prince de Hardenberg. Il est de même autorisé à s'expliquer confidentiellement avec lui sur les moyens de faire adopter le plan proposé toutes les fois que le concours de S. M. Impériale pourra être jugé utile pour l'intérêt et le bien de l'Allemagne ***).

Le soussigné saisit cette occasion pour réitérer à S. A. Monsieur le prince de Hardenberg l'assurance de sa plus haute considération.

Vienne, le 14 [?] novembre 1814.

signé Le Comte de Nesselrode."

Die Meinung von Pertz (S. 152), daß die Folge „dieser Mitteilung ein festeres Auftreten der drei Gesandten in der Sitzung des folgenden Tages, des 12. November" gewesen sei, kann ich nicht teilen. Einmal hatte nach dem Vorstehenden der Fürst Hardenberg die für ihn bestimmte Note schwerlich schon, die Kopie derselben aber Humboldt sicher noch nicht empfangen; auch fehlte Hardenberg in dieser Sitzung. Sodann aber war gar kein Grund vorhanden, gerade in der Sitzung vom 12. fester aufzutreten. Denn gerade in ihr zeigten Bayern und Württemberg wieder ein anerkennenswertes Entgegenkommen; und gerade Preußen war

---

*) D. i. die beiden puissances.

**) Dieser Satz ist bei Klüber, Pertz und in der Chronik anders gefaßt. Namentlich heißt es statt partager trop complètement daselbst donner son entier assentiment.

***) Dieser ganze Absatz ist bei Klüber [und Angeberg] anders formuliert, namentlich heißt es hier: sur les moyens de le faire généralement adopter (c. à. d. le projet). Die Worte: le plan proposé etc. fehlen, wogegen sich ein längerer Satz findet, der also beginnt: „L'intérêt que l'Europe prend à cette belle et noble cause etc." Pertz gibt diesen Satz genau wieder, nur hat er: „die Teilnahme welche der Kaiser", woraus zu schließen, daß erst Nesselrode „Kaiser" durch „Europa" ersetzte. Die Chronik hat daher ebenfalls „Europa", verdeutscht aber ihrerseits den Satz sehr ungenau.

es, daß ſich diesmal, wie ſchon am 7., in der Oppoſition oder doch
in der Zurückhaltung befand. Hatte bereits etwas über den Inhalt
der ruſſiſchen Note verlautet, wie allerdings nicht zu bezweifeln
iſt: ſo war augenfällig die Folge nicht ſowohl ein feſteres Auf=
treten der drei, als vielmehr eine einmütige Kundgebung der
fünf Geſandten, die zu verſtehen gab, daß man ſich ſelbſt genug
ſei, daß man wiſſe was man zu thun habe, und daß man der
Einmiſchungen, Belehrungen und Bedrohungen von ſeiten Steins
und des Auslandes nicht bedürfe. Hatte doch Metternich ſelbſt
dem Grafen Neſſelrode am 8. ins Geſicht geſagt, daß „alles
ſehr gut gehe", alſo, daß eine Einmiſchung überflüſſig und un=
befugt ſei. Auch ging gar nicht einmal Öſterreich oder Preußen
mit den Ausſprüchen, die Pertz als Beweiſe des „feſteren Auf=
tretens" anſieht, voran, ſondern vielmehr gerade Bayern. Wrede
war es, der ein paar Vorſchläge, die er machte, damit motivierte,
daß ſie zur „Erreichung des gewünſchten Zweckes einer Bundes=
verbindung ratſam" ſeien. Dieſe Vorſchläge wurden auch allſeits
angenommen, indem dabei Metternich, Humboldt und Münſter im
Sinne der bayriſchen Motivierung hinzufügten, daß auch für
ihre Vollmachtgeber die „Erreichung des Zweckes einer Bundes=
verbindung" oder die „Herſtellung des deutſchen Bundes" der
„erſte Wunſch", die „beſtimmte Abſicht", eine Aufgabe der „Re=
gentenpflicht" ſei. Und ebenſo erklärte ſelbſt Winzingerode: „der
König von Württemberg glaube bewieſen zu haben, daß ihm
an dem deutſchen Bunde gelegen ſei, und er habe dies be=
ſtimmt geäußert, ſeitdem der Pariſer Traktat die Bildung dieſes
Bundes in Vorſchlag gebracht habe" (Klüber 2, 181 ff. S. 184 f.).
Zu herberen Auslaſſungen aber hatten Bayern und Würt=
temberg keinen Grund. Denn die von Kaiſer Alexander gerügten
unerbetenen „Bitterkeiten" des Steinſchen Notenentwurfs, die
Grobheiten und Beleidigungen, womit das Steinſche Schreiben
vom 4. November die Könige jener beiden Länder überſchüttet
hatte, waren ja in dem definitiven Text der Noten ſchicklicherweiſe
nicht zum Ausdruck, und auf dem Wege der Mündlichkeit zwar
zum Durchſickern, aber nicht zu wirklicher Publizität gelangt.

2. Um ſo greller und beunruhigender war die Thatſache,

daß gleichzeitig oder gleich darauf dieselben Bitterkeiten, Grob=
heiten und Beleidigungen in der von Stein inspirierten Presse,
im Rheinischen Merkur von Görres auftauchten. Und darin be=
stand die zweite Art seiner Einmischungen. Der Rheinische Merkur
in Koblenz war schon seit dem Sommer 1814 ein Hauptorgan
Steins; er schickte Mitteilungen und Noten an Görres, die dieser
entweder direkt aufnahm oder im Sinne Steins verarbeitete.
Beide kannten sich persönlich und standen miteinander in Korre=
spondenz. Görres zeigte sich unbedingt den Tendenzen Steins
ergeben, und holte selbst Verhaltungsmaßregeln darüber ein, ob
diese oder jene Mitteilung, falls dies nicht schon von Stein ver=
merkt war, sofort der „Publizität" zu übergeben oder noch „vor=
derhand mit Stillschweigen zu übergehen" sei. Die Mitteilungen
Steins an Görres betrafen seitdem, neben manchen anderen
wichtigen Gegenständen, namentlich eben auch die „künftige deutsche
Verfassung" und die „Verhandlungen des Kongresses"; über diese
sind nach Pertz „eine ganze Reihe Artikel" als „auf solchen
Mitteilungen beruhend zu betrachten", wie sie denn auch „hin und
wieder Steins eigenste Ausdrucksweise verraten" (Pertz 4, 65—69,
vgl. S. 388).

In der Nummer 141 vom 31. Oktober war nun ein Artikel
erschienen, der die „Lage der deutschen Beratungen" im Fünfer=
comité besprach und anscheinend noch am 11. November den
Bevollmächtigten von Bayern und Württemberg zu Gesicht kam
(vor „mehreren Tagen" sagt Wrede am 14. bei Klüber 2, 191).
Der Artikel war ebenfalls offenbar von Stein inspiriert; er „brand=
markte", um mit Pertz zu reden, das „bayrisch=württembergische
Verfahren und stellte, falls solches fortdauere, die durchgreifende
Hilfe der Verbündeten in Aussicht"*). Sowohl die „Höfe"
Bayerns und Württembergs wie ihre „Bevollmächtigten" waren
darin mit „Anzüglichkeiten" bedacht, welche insbesondere die „Würde
der Höfe" verletzte.

Im Auftrage derselben protestierten die beiderseitigen Be=
vollmächtigten in der Sitzung vom 14. November gegen einen

---

*) [Vgl. Steins Tagebuch a. a. O. S. 403].

„solchen Unfug" und forderten „Genugthuung". Preußen, obgleich es, gleich wie Hannover, in jener Zeit auch gegen „grobe Schmähungen" Verachtung übte und empfahl, konnte doch nach geschehener Vorlesung des Artikels nicht umhin, in diesem Fall „Grund zur Führung einer Beschwerde" anzuerkennen. Und Metternich erklärte, „daß es allerdings schädlich sei, wenn Dinge der Art, wie das Blatt enthalte, ins Publikum kommen, und dadurch das so nötige Vertrauen untergraben werde". Daß die Sache nicht vor das Comité gehöre, gab man allseits zu, doch erbot sich Metternich, „deshalb mit dem Fürsten Hardenberg in Kommunikation zu treten" (Klüber 2, 190 ff.).

Es mußte jedem einleuchten, daß Stein, der die „Beihilfe" der „Verbündeten" am 4. November provociert hatte, auch derjenige gewesen sei, der am 31. Oktober die „Hilfe der Verbündeten in Aussicht stellte" oder stellen ließ; daß er es mithin sei, der die Verantwortlichkeit dafür trage, daß durch jene „schändlichen Anzüglichkeiten" nach Metternichs Ausdruck das „so nötige Vertrauen untergraben werde". Alle Welt dachte auch bei dem Artikel, der in Wien einen „lebhaften Eindruck" erzeugte und „vielfach in der Gesellschaft verhandelt" wurde, an niemand anders als an Stein. Daher sagte der Kronprinz von Bayern, der übrigens ein Freund des Reichsritters und ein Gegner von Wrede und Montgelas war, an fürstlicher Tafel ganz laut: „es werde jetzt viel tolles Zeug geschrieben, von Görres und anderen, die Stein beschützt". Worauf dieser freilich heftig aufsprang und ihm zurief — nicht etwa, daß er mit dem Artikel nichts zu schaffen habe, sondern daß er „nicht vergessen" solle, „wer er sei" und daß es „nicht schicklich, in so großer Gesellschaft laut Namen zu nennen" (Pertz 4, 152 f.). Er hatte schon früher einmal in seiner Behausung sich das „laute Sprechen" des Kronprinzen verbeten, da sonst „die Leute glauben müßten, er halte einen Jakobinerklub" (Eb. S. 72). Was ihn im vorliegenden Fall einigermaßen entschuldigen kann, d. h. nicht in Bezug auf seine beleidigende Ausdrucksweise, sondern in sachlicher Beziehung, das ist der Umstand, daß die Note an Görres zur Zeit jener „Übereinkunft" vom 21. Oktober zwischen Österreich, Preußen

Schmidt, Deutsche Verfassungsfrage.   17

und Hannover abgeſandt ſein muß, als man den „Austritt"
Bayerns und Württembergs als möglich anſah (ſ. oben S. 232
sub 10).

3. Die dritte Art der Intervention Steins war die ebenfalls wenig geſchickte und ſehr unzeitige Aufſtachelung
der Kleinſtaaten gegen die Mittelſtaaten, d. h. gegen Bayern
und Württemberg — eine Aufſtachelung, die überdies weſentlich
gegen Steins Abſichten ausſchlug. Doch iſt dieſe Angelegenheit
ſo verwickelt, daß wir ihr einen eigenen Abſchnitt widmen
müſſen.

XXX. Einige Aufklärungen über die Kaiser-adresse der 29 Kleinstaaten,

vom 16. Dezember 1814.

Wir haben es hier zugleich mit der Genesis und der Analyse zu thun.

§. 1. In derselben Zeit, als Stein die im Rheinischen Merkur zunächst in Aussicht gestellte „Hilfe der Verbündeten" wirklich h e r b e i r i e f, an jenem 4. November, that er auch den ersten entscheidenden Schritt, um die Hilfe der Kleinstaaten in Bewegung zu setzen.

Natürlich konnte die Aktion der Kleinstaaten, wenn man Stein nicht einer Geistesstörung zeihen will, gar nichts a n d e r e s bezwecken sollen, als was er durch die Aktion der Verbündeten d. i. Rußlands bezweckt hatte. Die „Deklaration", die er bei den Kleinstaaten zu provocieren sich anschickte, sollte also, g l e i c h w i e die vertrauliche Note Rußlands, den von den „Kabinetten von Wien, Berlin und Hannover am 14. Oktober vorgelegten B u n d e s p l a n" oder die „z w ö l f A r t i k e l" im allgemeinen „unter-stützen", d. h. die „allgemeine A n n a h m e" derselben fördern und fordern, durch eigenes Beispiel Bayern und Württemberg zur Nachfolge drängen. Insbesondere sollten demnach die Klein-staaten den Grundsätzen der 12 Artikel und der russischen Note dahin zustimmen, daß die „Kräfte" des Bundes einer „konzen-trierten Leitung unterworfen", dem „Bunde als solchem das Recht Krieg und Friede zu machen, die Streitigkeiten unter den Fürsten zu entscheiden und über die allgemeinen Interessen zu wachen, übertragen sein, und zum Schutze der Freiheit und des Eigentums Landstände gebildet werden" sollten.

Dies sieht auch Pertz offenbar ein, wenn er (4, 145) sagt: Stein habe versucht „der deutschen Verfassungsangelegenheit von zwei verschiedenen Seiten einen Anstoß zu geben", und seine Absicht sei demnach gewesen, auch die „außer dem deutschen Ausschuß gebliebenen Fürsten und freien Städte zu einer Erklärung zu veranlassen, welche den bayerisch-württembergischen Ministern ihre völlig vereinzelte Stellung anschaulich machen, und durch Darlegung der richtigen für Deutschlands Wohl notwendigen Grundsätze den Abschluß des Bundesvertrages beschleunigen sollte".

Nun liegt es aber auf der Hand, daß die Abresse der 29 Kleinstaaten vielfach und namentlich insofern sie die Wiederherstellung des Kaisertums verlangte, im biametralen Widerspruch stand zu dem von Stein so eifrig empfohlenen „Bundesplan vom 14. Oktober" und der von ihm verfaßten „russischen Note vom 11. November", sowie überhaupt zu allen seinen Manifestationen seit dem Vertrage von Chaumont. Unmöglich kann doch Stein zugleich eine „Unterstützung" und einen Umsturz der zwölf Artikel bezweckt haben! Das erkannte auch Pertz augenfällig, so daß er keinen andern Ausweg weiß, — diesen Eindruck macht wenigstens seine Darstellung — als den, die „Deklaration" und die Kaiserabresse als zwei verschiedene Akte aufzufassen und erscheinen zu lassen; wie wenn die erstere in einem früheren Zeitpunkt, etwa am 6. November (s. S. 145 f.) vom Stapel gelaufen wäre, während die zweite notorisch am 16. November ins Leben trat und von ihm erst später (S. 154 f.), eben als etwas ganz anderes, und zwar sehr richtig als ein „Einspruch" erörtert wird, der, wie er hinzufügt, „den Fortgang der Konferenzen erschütterte". Daher gedenkt er auch einer Mitwirkung Steins hier mit keiner Silbe. Er hat eben — muß man annehmen — keine Ahnung von dem wahren Sachverhalt, daß es sich nämlich um ein und dasselbe Aktenstück handelt, und daß nur die von Stein so eifrig betriebene Manifestation im letzten entscheidenden Augenblick durch eine Gegenagitation nahezu in ihr Gegenteil verwandelt ward.

Die Identität der vermeintlich zwiefachen Akte kann gar

nicht bezweifelt werden. Denn 1) einer Deklaration der Klein=
ſtaaten zu Gunſten der zwölf Artikel, trotzdem ihr die größte
Wichtigkeit beigemeſſen werden müßte, wird nirgend gedacht.
2) iſt es auch unbenkbar, daß die 29 Staaten, die ſich thatſächlich
am 16. November gegen die zwölf Artikel erklärten, ſich einige
Tage zuvor ebenſo einmütig für dieſelben erklärt haben ſollten.
3) Die Deklaration, nach der Angabe des naſſauiſchen Bevoll=
mächtigten von Marſchall, erhielt nicht die Unterſchrift von Olden=
burg und Baden; und beide Unterſchriften fehlen in der That
in der Kaiſerabreſſe. 4) Die Deklaration enthielt nach derſelben
Angabe die Bereitwilligkeitserklärung für „allgemeine Einrichtung
von Landſtänden" gemäß dem „Münſterſchen Votum"; und dieſe
Erklärung iſt in der That ein Beſtanbteil der Kaiſerabreſſe, und
zwar der einzige, der den zwölf Artikeln entſpricht. 5) Die
Deklaration wird von Marſchall ſchließlich „Note" genannt, und
dieſen Titel führte in der That offiziell die Kaiſerabreſſe.

Treitſchke hat die Schwierigkeiten übergangen, indem er ſagt
(S. 686): „Stein entſchloß ſich, die kleinfürſtliche Oppoſition für
ſeinen patriotiſchen Zweck zu benutzen; er ... bewog den Verein
der 29 kleinen Fürſten und Städte, am 16. November ... eine
Kollektivnote zu überreichen. Darin wurden Öſterreich und Preußen
gebeten, einen neuen Verfaſſungsplan ... vorzulegen; an die Spitze
des Bundes müſſe ein Kaiſer als deutſcher Freiheit Ägibe treten
u. ſ. w." Es leuchtet nach dem Obengeſagten ein, daß die Forderung
eines „neuen" Verfaſſungsplanes und eines „Kaiſers" das Gegenteil
deſſen war, was Stein als faſt fanatiſcher Vertreter des Bundes=
planes vom 14. Oktober damals erzielte. Es verſteht ſich alſo
von ſelbſt, daß, wenn er zur Überreichung einer Note bewog,
er nicht eine Note ſolchen Inhalts erwartet haben kann. Zwar
ſagt Pertz (4, 305 f.): Stein „ſcheine den Verhandlungen über
Herſtellung der Kaiſerwürde nicht fremd" geweſen zu ſein.
Aber einmal hat er dabei augenfällig nur die Verhandlungen
ſeit dem 16. November und bis zum 20. Dezember im Sinn;
und überdies erſcheint es vielmehr nach der Geſamtheit der
Quellen als vollkommen gewiß, daß Stein weder in den
Tagen vor dem 16. November noch ſeitdem und um den

20. Dezember mit der Kaiferidee umging. Fern davon, fie anzuregen oder nur zu begünftigen, war er ihr vielmehr damals durchaus abgewandt und fogar eher bedacht, ihr entgegen zu wirken.

Schon hiernach kann es keinem Zweifel unterliegen, daß die scheinbar so patriotische Kaifernote vom 16. November, die den damaligen Wünschen Steins geradezu Hohn sprach und statt dem Bundesplane Österreichs, Preußens und Hannovers zuzuftimmen, vielmehr gegen denselben protestierte, ein Produkt beklagens= werter, kleinftaatlicher und partikulariftischer Umtriebe war.

Allerdings wird niemand das herbe Urteil Treitschkes billigen können, wenn er behauptet (2, 174): „Es giebt eine Naivetät der Dummheit und der Nichtswürdigkeit, welche allein in der Enge der Kleinftaaterei gedeihen kann." Denn Dinge, wie er fie in betreff Kurheffens dabei anführt, hängen infofern nicht von der Größe oder Kleinheit der Staaten ab, als fie überall vor= kommen können. Allein das läßt fich jedenfalls nicht leugnen, daß gemeinhin die kleinften Staaten am unempfänglichften find für große nationale Intereffen; daß, wo diefe in Frage kom= men, das deutsche Volk immer viel ficherer auf Bayern und Württemberg wird rechnen können, wie auf ein Reuß oder Strelitz. Und ebenfo läßt es fich auch nicht verkennen, daß, wie zu anderen Zeiten, so auch zur Zeit des Wiener Kongreffes den meiften Kleinftaaten jener echte Patriotismus abging, den man ihnen fo häufig im Gegenfatz zu den Mittelftaaten zuschreibt, nämlich die Einficht: daß die dem Ganzen gebrachten Opfer nicht eine Schwä= chung, sondern eine Stärkung der Glieder find, und mithin die Geneigtheit: dem Ganzen hergebrachte oder vermeintliche Rechte, Ehren oder Vorteile zu opfern.

So bildete denn zu dem Ruhme des Patriotismus, den die Kaifernote vom 16. November 1814 fo unverdient davontrug, der Wuft von Umtrieben, die zu ihr führten, eine wahre Parodie. Der kleinftaatliche Souveränitätsdünkel nahm es fich heraus, das Fürftencomité als eine Usurpation zu verpönen, obgleich es von den Mächten Europas mit Einschluß von Österreich und Preußen eingefetzt war. Die Kleinen und Kleinften verlangten Zuziehung

zu den Verfassungsberatungen, obgleich Stein die Losung aus=
gegeben hatte, daß erst n a c h der Einigung der „großen Höfe"
über die Verfassungsgrundlagen die „einzelnen" wohl „gehört"
werden könnten, aber „verbunden seien, sich der E n t s c h e i d u n g
d e r g r o ß e n H ö f e z u f ü g e n" (siehe oben S. 197). Man ver=
dammte diese Grundlagen oder die zwölf Artikel, sobald man sie
kennen gelernt, wetteifernd ohne alle Scheu. Man perhorrescierte
den obersten Rat der Fünf, und verlangte auch für die Kleinsten
einen Anteil an der höchsten Gewalt. Man war der Wieder=
herstellung des Kaisertums hold, aber nicht um des Ganzen,
sondern um seiner selbst willen; nicht um das nationale Wohl
zu fördern oder um die Macht der leitenden Gewalt, des Ober=
hauses, des Kaisers zu stärken, wie man doch glauben machen
wollte, sondern im Gegenteil um die eigene Macht zu vermehren,
um im eigenen Lande das fürstliche Ansehen zu erhöhen und die
staatliche Omnipotenz sicher zu stellen. Ja, statt auf die Stär=
kung der deutschen Wehrkraft bedacht zu sein, war man vielmehr
auf die Wahrung der partikularsten Militärhoheit wie besessen*).
Und, was das allerschlimmste war, während die sämtlichen Klein=
staaten zur Genugthuung Steins in der Adresse mit wahrem
Übereifer gelobten, ihre Landstände mit den verheißenen Rechten
auszustatten, dachten kaum drei oder vier mit wirklichem Ernst
daran, dieses Gelöbnis auszuführen.

§ 2. Blicken wir nun nach diesen allgemeinen Bemerkungen
auf das Detail der Vorgänge hin, d. h. fragen wir uns: wie hat
man sich den Gang der Dinge vorzustellen?

Spätestens am 4. November hatte Stein mit dem nassauischen
Minister von Marschall, seinem Hausgenossen, auf den er große
Stücke hielt (Pertz 4, 243 f.), obwohl ihn Treitschke (2, 138)
als einen Partikularisten schildert, das entscheidende Zwiegespräch,
worin das Zustandebringen einer „Deklaration" von außerhalb
des Comités stehenden kleineren Staaten zu Gunsten des Bundes=
planes vom 14. Oktober verabredet ward; natürlich ohne daß

---

*) S. 4. unten im Anhang die Berichte Baumbachs vom 11., 18. und
22. März, sowie vom 8. und 24. April.

damit auf Modifikationen im Detail, wie er sie ja selber wünschte,
verzichtet werden sollte. Zu dem Ende wurde Marschall beauf=
tragt, sich zunächst mit einer kleineren Anzahl zuverlässiger Be=
vollmächtigter zu beraten und zu verständigen. Zu ihrer In=
struktion über den bisherigen Verlauf der Verhandlungen des
Fünfercomités übergab ihm Stein unbefugterweise die ihm selber
zugekommenen Protokolle derselben nebst den Anlagen. Aus=
drücklich wurde dabei verabredet, daß der andere nassauische
Bevollmächtigte Gagern von diesen geheimen Verhandlungen aus=
geschlossen bleiben solle (Pertz 4, 145 f.); offenbar zumal
deshalb, weil Gagern sich von jeher und noch eben damals
als ein fanatischer Vorkämpfer des Kaisertums bethätigt hatte,
wie ihn Stein in diesem Augenblicke am allerwenigsten brauchen
konnte.

Gagern hatte nämlich von vornherein, wie er selbst ein=
gesteht (Mein Anteil an der Politik 2, 195—208), eine grundsätzlich
preußenfeindliche Stellung eingenommen. Zwar erkannte er an,
daß „ohne preußische Impulsion all das Große nicht geschehen
wäre". Allein er beschuldigte die „Preußen" maßloser „An=
sprüche". „Der Freiherr vom Stein, sagt er, Hardenberg, Hum=
boldt, die Generale, der Hof — allesamt waren sie Preußen und
fanden mich gegen sich auf ihren Wegen". Er betrachtete
Preußen als den grundsätzlichen Gegner der „Kaiserwürde", und
Österreich als bereit zur Annahme derselben, falls ihr „mehr
Gewicht" gegeben werde und „die Sache aus sich selbst hervor=
ginge". Da Preußen einsah, meint er, daß es „in Deutschland
nicht allein regieren" noch „eine Zweiherrscherschaft, eine Tei=
lung nach Nord und Süd" erreichen könne, so habe „man das
Vorbild der großen Mächte und die Zahl fünf" für die Lei=
tung Deutschlands aufgestellt. Diese „Fünfherrschaft" verwarf
er mit wahrem Ingrimm sowohl in der Gestalt des vorberatenden
Comités wie der genannten Exekutive. Daher drängte er sich
„absichtlich an die Spitze der Opposition", und zwar eingestan=
denermaßen als Vertreter der „Politik der Niederlande" und der
Interessen des „nassauischen Hauses"; überzeugt, daß er bei seinem
„Wissen", seiner „Energie, Kühnheit und Umsicht" als Führer

den kleineren Staaten „sehr willkommen" sein werde; und stolz
darauf, daß ihnen dergestalt „mit der Erstehung der Niederlande
das Oranische Haus als Schirm, Schutzwehr und Freund
erscheinen" müsse.

In der That machte auch Gagern, wenigstens hinterher,
gar kein Hehl daraus, daß er „nicht gänzlich aus sich selbst,
und ohne Autorisation oder Gutheißung so rasch und entschlossen zu Werk gegangen" sei. Seine niederländischen Instruktionen lauteten ausdrücklich dahin: daß „außer den fünf prä-
ponderierenden Höfen auch die übrigen deutschen Fürsten Stimme
haben" müßten; daß der Bundesplan vom 14. Oktober nur „be-
absichtige, die übrigen Fürsten Deutschlands fast ganz zu unterdrücken und gewissermaßen nur noch als Landstände gelten zu lassen";
daß gegen solche „alles Gefühl von Recht und Billigkeit ungescheut beiseite setzende Absichten mit allen Kräften gekämpft und
ihnen möglichst entgegengewirkt werden müsse"; und daß demnach der König (der Niederlande) Gagern „beauftrage, in den
Bestrebungen, die Absichten der fünf Höfe zu vereiteln,
unaufhaltsam fortzugehen". Man sieht also, wie Stein durchaus
nicht ihm unrecht that, wenn er ihm nachsagte, daß er mehr
ausländische als deutsche Interessen vertrete.

Schon mit dem 14. Oktober, wie wir bereits andeuteten
(ob. S. 223), begannen seine Aufhetzereien. Kraft seines niederländischen Goldes war es ihm ein leichtes, in seinen Salons
„bei munterem Frühstück" gemütliche Zusammenkünfte der schmaler
dotierten Gesandten der Kleinstaaten zu veranstalten. Und gleich
in der ersten Zusammenkunft, am genannten Tage, sprach er, in
einer „Anrede" an die Eingeladenen, jenen „fünf deutschen Staaten"
das Recht ab, „sich zu versammeln, um die vaterländischen Angelegenheiten zu ordnen". Dies ihr Verhalten müsse „rektifiziert"
und ihnen „fühlbar gemacht" werden, sagte er, „daß wir da
sind und unser Handwerk wohl verstehen". Man hätte mit einer
„allgemeinen Versammlung anfangen" und „dann erst die Vor-
bersten" beauftragen oder „Deputationen aus allen Bänken und
Ordnungen entnehmen" sollen; und dies müsse man „noch begehren". Als „den wichtigsten Gegenstand" aber „sehe er die

Kaiserwürde an". Er rief die Versammelten auf, die Herstellung
derselben „als allgemeinen Wunsch alsobald auszudrücken", und
verkündete, daß er bereits „in seinem Sinne einen Aufsatz hin=
geworfen" habe. Sein Vertrauter, der Schweriner Bevollmächtigte
Freiherr von Plessen, der schon zuvor „Unterredungen" mit dem
Fürsten Metternich gehabt, berichtete zwar danach, daß dieser
„zur Ruhe rate"; dennoch wurde, ohne Zweifel auf Gagerns
alleinige Veranlassung, der kurhessische Graf Keller beauftragt,
dem Fürsten Metternich „die verschiedenen Begehren zu hinter=
bringen". Daß diese Sendung erfolglos war, lehren die That=
sachen. Zudem hat sicher die große Mehrheit der damals an=
wesenden achtzehn kleinstaatlichen Gesandten sich neutral und passiv
verhalten, da unmöglich viele die kecke Anmaßung teilen konnten,
ohne jede Instruktion ihrer Vollmachtgeber den beiden Groß=
mächten Deutschlands Vorschriften machen zu wollen.

Während nun im weitern Verlaufe des Oktober Gagern
seine Umtriebe und das Fünfercomité seine Beratungen fortsetzte,
traten andererseits mehrere jener kleinstaatlichen Gesandten in
ein näheres Verhältnis zu Stein; namentlich auch, außer dem
nassauischen Bevollmächtigten von Marschall, der weimarische von
Gersdorff, wie wir gleich näher sehen werden. Auf Steins Ver=
anlassung war es denn auch geschehen, daß die Genannten, sowie
überhaupt die hessischen, herzoglich sächsischen und nassauischen
Gesandten unterm 25. Oktober dafür eintraten, daß Mainz nicht
an Bayern überlassen, sondern zur Bundesfestung erklärt werde*).
Und auf Steins Anregung geschah es denn wiederum, daß Mar=
schall Anfangs November, mit Umgehung Gagerns und im Gegen=
satz zu demselben, Genossen warb um zu Gunsten des Bundes=
plans vom 14. Oktober eine Erklärung abzugeben.

Und in der That, schon am 5. November erhielt Stein einen
Bericht von Marschall, woraus erhellt, daß er noch am 4. eine
Konferenz mit einigen andern Bevollmächtigten gehabt hatte. Das
Schreiben lautet: „Ew. Excellenz sende ich die mir mitgeteilten

---

*) S. Stichling, Ernst Christian August Freiherr von Gersdorff, Weimar
1853. S. 13 f. die Note bei Klüber 1, 2, 45.

Protokolle samt Anlagen zurück. Ich habe davon gestern den verabredeten Gebrauch gemacht. Die beiden Hessen, Sachsen (die Herzogtümer), Mecklenburg, Nassau sind bereit, die Deklaration abzugeben. Was insbesondere die Rechte und Freiheiten deutscher Unterthanen betrifft, so wird man sich verbindlich machen und so erklären, wie in dem bekannten Münsterschen Voto dieselben verzeichnet sind*). Deswegen ist dieses Votum von allen extrahiert worden. Dieser wichtige Punkt wäre also bei Hessen-Darmstadt auch durchgesetzt. Ich wünsche nur, daß dieses Beispiel wirken möge. An Badens Nachahmung zweifle ich nach der (bevorstehenden) Ankunft meines Bruders**) nicht. Es wird nun darauf ankommen, ob es nicht zweckmäßig ist, auch Braunschweig zu veranlassen, die Erklärung mit zu unterzeichnen***); der Herzog hat bekanntlich keine liberalen Gesinnungen, man wird ihm aber die Hände leicht auf diese Art binden. Auf die Fortsetzung der Protokolle bin ich sehr begierig. . . . Leider habe ich gestern beinahe den ganzen Tag und heute bis Mitternacht an meinem rheumatischen Fieber gelegen. . . . Verabredetermaßen habe ich Gagern nicht zu den Konferenzen gezogen. Die Deklaration muß ich ihm seiner Zeit mitteilen, damit er sie mit unterzeichnen kann."

Hiernach waren bei den Konferenzen beteiligt: 1) der Freiherr von Türkheim, der einzige Bevollmächtigte von Hessen-Darmstadt; 2) von Kurhessen mindestens, gleichwie von Nassau selbst, einer der beiden Bevollmächtigten, und zwar wahrscheinlich von Lepell, denn der andere, Graf Keller, hielt es mit Gagern†), wie sich schon aus dem obigen ergab und wie auch der folgende Bericht an Humboldt zeigt; 3) von den Bevollmächtigten der fünf sächsischen Herzogtümer: Baron von Gersdorff, von Minkwitz, von Erffa, von Baumbach und Baron Fischler, vielleicht die Mehrzahl, wenn nicht alle; 4) von Mecklenburg mindestens

---

*) S. ob. S. 232 Anm.

**) Des zweiten badischen Bevollmächtigten.

***) Hieraus folgt, daß es keineswegs grundsätzlich auf Gewinnung aller Kleinstaaten abgesehen war.

†) [Entgegen dem Rate Steins s. dessen Tagebuch 21. Oktober S. 394.]

einer, wie von Nassau, und zwar wahrscheinlich von Orzen für
Strelitz, da der Freiherr von Plessen für Schwerin es ebenfalls
mit Gagern hielt.

Der erstgenannte, Freiherr von Türkheim, schrieb seinerseits
am Tage nach jener Konferenz, wie wir sahen (s. ob. S. 245 f.),
jenen Brief an den Fürsten Hardenberg, der jetzt vollends Bedeutung
gewinnt, da der Verfasser zu den Vertretern der von Stein
gewünschten Deklaration gehörte und mithin sein Auftreten
in diesem Schreiben den Ton verbürgt, der von der „Deklaration" zu erwarten war. Und nun sahen wir, daß Türkheim,
wie es für jeden Kleinstaat sich hätte von selbst verstehen sollen,
nicht den geringsten Einspruch erhebt gegen die Kompetenz
des ordnungsmäßig „niedergesetzten Comités" der fünf
größeren deutschen Staaten, und ebensowenig gegen den „Bundesplan vom 14. Oktober" oder die „zwölf Artikel". Vielmehr er-
bittet er nur ein „Fürwort" dafür, daß „Hessen und Baden"
in der definitiven Verfassung an dem „ersten Kollegium", zumal
in Bezug auf „Krieg und Frieden", beteiligt würden, was in
der That schon in dem Comité sogut wie beschlossen war; und
überdies spricht er den Wunsch aus, daß die Kreiseinteilung
unterbleibe und durch Militäreinteilungen ersetzt werde, was ja
Metternichs und Steins Wünschen gleichmäßig entsprach. Solche
Spezialwünsche in der Deklaration selbst auszusprechen, war unpassend, und in betreff ihrer zog daher eben Türkheim die Form
eines Privatgesuches vor.

Mit allem Vorstehenden sind die Privatberichte des weimar-
schen Bevollmächtigten, Freiherrn von Gersdorff, im Einklang.
Dieser stand, gleich andern Vertretern kleinerer Staaten, schon
im Oktober in vertrauterem Verkehr mit Stein und war oftmals
Zeuge „seiner Klagen über die Hindernisse, welche im deutschen
Comité durch die Gesandten von Bayern und Württemberg dem
Zustandekommen eines einheitlicheren Ganzen entgegengestellt
würden". Er war schon damals mit anderen kleinstaatlichen
Bevollmächtigten für die Übergabe einer Note, worin sie 1. gegen
das „ausschließliche" Recht der „Kreisobersten über Krieg und
Frieden" Einspruch zu erheben und „überhaupt die Rechte ihrer

Regierungen vorzubehalten", jedoch 2. zu „erklären" gedachten, „daß ſie ſtändiſche Verfaſſungen und eine unabhängige Juſtiz reſp. herſtellen oder die ſchon beſtehenden aufrecht er= halten wollten". Aus ſeiner weiteren Berichterſtattung folgt, daß es ihm „in Verbindung mit einigen anderen Geſandten der kleineren deutſchen Staaten gelang (d. i. augenſcheinlich zunächſt in der Konſerenz bei Marſchall am 4. November), die Protokolle der Fünfkönigsberatungen einzuſehen". „Dieſe Lektüre," ſchrieb er am 16. November, „hat uns über alles ins klare geſetzt, und nachdem dieſe apocrypha (!) waren geleſen und ſoweit möglich in succum et sanguinem vertiert worden, hat man ſich mit Redaktion der Note beſchäftigt"*).

Hieraus erſieht man, daß Gersdorff und die anderen Ver= trauensmänner Steins, gleichwie Türkheim, keineswegs daran dachten, gegen das Fünfercomité zu proteſtieren oder den Bundesplan vom 14. Oktober an ſich und durch einen Kaiſer= plan zu bekämpfen, wenn auch Gersdorff für das erſtere den Scherznamen „Rat der Elohim" erſand. Ja ſie dachten nicht einmal, wie Türkheim, an eine Beſeitigung der Kreiſe und da= mit der Kreisoberſten, ſondern wünſchten eben nur auch ihrer= ſeits, daß dem erſten Rate nicht das „ausſchließliche" Recht über „Krieg und Frieden" eingeräumt werde; ein Wunſch, für deſſen Erfüllung wie geſagt die Bahn bereits in den Comitéberatungen geebnet war, und der überdies ſo wenig wie jene Spezialwünſche Türkheims in der von Stein betriebenen Kollektiverklärung eine paſſende Stelle finden konnte. Dagegen war die beabſichtigte „Erklärung" Gersdorffs und ſeiner Kollegen in betreff der „Her= ſtellung oder Aufrechterhaltung ſtändiſcher Verfaſſungen und einer unabhängigen Juſtiz" ganz im Geiſte der von Stein betriebenen „Deklaration".

Daß ein vollkommen fertiger „Entwurf" derſelben unter den zunächſt Beteiligten zuſtande kam, wird von Marſchall in ſeinem unten folgenden Bericht an Stein vom 16. November verbürgt. Man kann nicht zweifeln, daß der Inhalt desſelben lediglich darin beſtand, die Bereitwilligkeit ihrer Kommittenten

---

*) S. Stichling a. a. O. S. 13 f. 15.

barzuthun, den alsbald zu erwartenden Vorschlägen Österreichs und Preußens gegenüber, denjenigen Beschränkungen ihrer Sou=veränität beizupflichten, welche zum Besten des Ganzen gereichen würden.

Nun nahm aber die Angelegenheit bennoch einen ganz ver=queren Verlauf. Marschalls Thätigkeit, scheint es, wurde burch seinen Rheumatismus gelähmt; und boch galt es, für die Er=klärung möglichst viele Unterschriften zu gewinnen. Namentlich rechnete man barauf, burch den erwarteten neuen babenschen Be=vollmächtigten, Marschalls Bruber und Steins Freund, ben Hin=zutritt Babens, bes wichtigsten ber außerhalb bes Fünfercomités befinblichen Staaten, zu erlangen.

Inzwischen hatten die Beteiligten, wie sich aus dem folgen=ben Bericht an Humbolbt ergiebt, nicht geschwiegen. Das war aber auch nicht möglich, wenn man Unterschriften gewinnen wollte. So mußte die Anfrage beabsichtigtermaßen an Schmibt=Phiselbeck kommen, ben Bevollmächtigten für Braunschweig, und, falls es nicht bereits geschehen, an Keller und Plessen, die aber sicher alle brei die Sache mit Mißtrauen aufnahmen, ba sie ganz dem von Stein verfochtenen Bundesplan abgewandt und ber Kaiser=ibee ergeben waren. Durch sie ober auf anberem indirektem Wege wirb auch Gagern Kunde von ber Sache erhalten haben; jeben=falls nicht burch seinen Kollegen Marschall, ber ja erst „seiner Zeit ihm die Deklaration mitteilen" wollte, eine Vorenthaltung, die Gagern noch mehr erbittern mußte. Überbies erhielt auch Herr von Berg, ber Bevollmächtigte für Walbeck und Schaum=burg=Lippe, Einsicht in die Protokolle des Fünfercomités bis zum 7. November einschließlich, offenbar nicht burch Marschall, ba er nicht zu ben Konferenzteilnehmern gehörte; auch wußte er am 8. November, baß eine russische Note in Aussicht stehe, besaß also die Mittel, sich auch von geheimeren Dingen Kenntnis zu verschaffen. Er war aber augenfällig schon beshalb bem Mar=schallschen Sonderbünbnis abgeneigt, weil man ihn nicht hinzu=gezogen hatte.

Unter biesen Umständen wurde nun auch ber von Österreich und Preußen bem Fünfercomité vorgelegte „Bundesplan vom

14. Oktober" (auch genannt „Entwurf von zwölf Deliberations=
punkten") ganz offen in Abschriften verbreitet, unter dem Titel
„Die zwölf Artikel", wie uns der nachfolgende Bericht belehrt,
eine Bezeichnung, die anscheinend jetzt zum erstenmal auftauchte.
Es ist wahrscheinlich, daß damit auch Mitteilungen aus den
„Entwicklungen", sowie Gloffen verbunden waren. Alle bis=
herigen schwankenden Gerüchte bekamen dergestalt seit dem An=
fang November eine feste Unterlage, und die Folge war, daß
sich jetzt vollends dem Bundesplan und dem Fünfercomité das
Mißtrauen zumal der größeren unter den Kleinstaaten zuwandte,
als ob es auf eine wirkliche Herrschaft der fünf Königreiche
abgesehen sei. Freilich dünkten sich auch manche der kleinsten
groß genug, um auch ihrerseits „gleiche Rechte" mit Bayern,
Hannover und Württemberg zu verlangen, ja selbst mit Öster=
reich und Preußen.

Und so bildeten sich denn zwei Gegenparteien heraus: die
loyale Deklarationspartei, auf Anstiften Steins, unter der
Führung des naussauischen Marschall und des darmstädtischen
Türkheim, denen sich namentlich Gersdorff und die anderen her=
zoglich sächsischen Bevollmächtigten anschloffen; und andererseits
die Protestpartei unter der Führung des niederländisch=nassauischen
Gagern, dem insbesondere mit Fanatismus Pleffen (Schwerin),
sodann Schmidt=Phifeldeck (Braunschweig), Keller (Kurheffen),
Berg (Walbeck) und Wiese (Reuß) zur Seite traten.

§ 3. Schon am 8. November — an demselben Tage,
da Metternich versicherte, daß „in den deutschen Angelegen=
heiten (b. i. im Fünfercomité) alles sehr gut gehe" — veran=
staltete Gagern in seiner Wohnung eine Versammlung der Be=
vollmächtigten der Fürsten und Städte, um den Plan Steins
und der Deklarationspartei zu „vereiteln", d. h. durch das zu er=
hoffende Übergewicht der Protest= und Kaiserpartei einen Gegen=
entwurf zur Annahme zu bringen.

Über diese Versammlung erhielt Humboldt am folgenden
Tage einen bisher unbekannten höchst interessanten Bericht von
einem der Bevollmächtigten. Die Unterschrift ist ausgeschnitten;
es ist nur noch der Oberteil des Anfangsbuchstabens sichtbar, der

am meisten einem deutschen B oder F zu entsprechen scheint.
Am ehesten könnte man von vornherein an den weimarschen Bevollmächtigten Gersdorff denken, der mehr und mehr ein Vertrauter Humboldts wurde, wie sich unten noch weiter zeigen wird,
und der sich bis dahin ohne Zweifel „Baron von Gersdorff“
unterzeichnete, wie unten in dem Schreiben an Harbenberg vom
14. Januar 1815. Einer Entscheidung muß ich mich enthalten;
handschriftliche Vergleichungen, wozu mir zur Zeit die Gelegenheit fehlt, könnten vielleicht zum Ziele führen. Nächst Gersdorff
würde wohl der herzogl. olbenburgische Minister „Freiherr von
Malzahn“ in Frage kommen, der, obwohl er am 14. Oktober
Teilnehmer der Zusammenkunft bei Gagern war, konsequent allen
Gagernschen Kaiser-Noten seine Unterschrift versagte. Auf alle
Fälle nahmen von der Deklarationspartei in der Versammlung
vom 8. November nur Türkheim und der Schreiber des Berichtes
als Redner teil; Marschall nicht, was dafür zeugt, daß er ab-
wesend, also wohl wieder gesundheitlich verhindert war. Wir
lassen nunmehr das Aktenstück folgen.

Ungebruckter Bericht vom 9. November über eine Versammlung bei Gagern.

„Ew. Excellenz
habe ich in fortgesetztem ehrerbietigem Vertrauen von einer
gestern (8. November) bei H. v. Gagern stattgefundenen Versammlung Nachricht zu erteilen. Die Wortführer der größern fürstlichen Höfe sind in sichtbarer Bestürzung über eine unter dem
Titel „der 12. Artikel“ ganz allgemein cirkulierende Schrift,
welche Ew. Excellenz gewiß kennen, und von der ich für mein
Teil herzlich wünsche, daß sie authentisch sein und konsequent durchgesetzt werden möge. Alle affektieren, diese
12 Artikel für bereits gänzlich verworfen und unwirksam zu
halten. Alle geben aber doch ihre Furcht, daß sie in Wirklichkeit übergehen könnten, zu erkennen.
  Hr. v. Türkheim eröffnete die Versammlung mit dem Antrag, sich anderweit zu ajournieren, weil 1. zu vernehmen sei,
daß von seiten des Ausschusses der 5 königlichen Minister bald

Eröffnungen zu erwarten ständen, 2. eine neue Badensche Gesandtschaft erwartet würde, welche dann vermutlich mit dieser Versammlung sich vereinigen und so das Gewicht vergrößern werde. Niemand schien etwas dagegen einwenden zu wollen, als Hr. v. Berg*) das Wort nahm und vortrug: 1. er wisse gewiß, aus eigener Einsicht der bei der Comité**) geführten Konferenzprotokolle bis inklusive der 9. Sitzung***), daß von den bekannten 12 Artikeln kein einziger angenommen sei, mithin kein periculum in mora sei. 2. Es sei eine Note des Russischen Ministerii an die Comité unter der Feder†), deren Kenntnis, vor weiteren Vorschritten erst abgewartet werden müsse. 3. Einstweilen aber proponiere er, daß sämtliche fürstliche Deputierte sich genau und schriftlich verbinden möchten, in allem gemeinschaftliche Sache zu machen und nicht einzeln davon abzuweichen.

Hierauf zog Hr. v. Wiese (von Reuß) eine schon in Bereitschaft gehaltene Schrift hervor und las sie ab, des Inhalts: „Sämtliche fürstliche Deputierte machen sich durch ihre Namensunterschrift verbindlich, bei dem Kongreß in allen auf die künftige Verfassung Deutschlands Bezug habenden Angelegenheiten gemeinschaftlich zu handeln, so daß keiner in besondere Unterhandlungen sich einlassen oder besondere Verträge abschließen soll oder will." Hr. v. Gagern, Gr. Keller, Hr. v. Schmidt-Phiseldeck, Hr. v. Plessen, unterstützten diese Motion, letzterer ziemlich heftig, und schloß damit, daß, da wohl niemand dabei das geringste Bedenken haben werde, sofort zur Unterschrift geschritten werden könne. Als niemand etwas antwortete, nahm ich endlich wieder das Wort und äußerte, daß mir der ganze Schritt nicht nötig schien, und leicht unangenehmer Deutungen fähig sei, daß ich aber vorzüglich großes Bedenken dabei fände, in Rücksicht auf unsre ganze Qualifikation, indem ich uns nicht als Repräsentanten

---

*) Waldeck und Schaumburg-Lippe.
**) Der weibliche Artikel zu „Comité" kam damals nicht selten vor.
***) D. i. vom 7. November.
†) Die obige vom 11. November.

größerer oder kleinerer Teile der deutſchen Nation anſähe, ſon=
dern als Geſandte und Diener unſerer Herren, die nicht nach
eigener Opinion, ſondern nur nach obhabender Inſtruktion han=
deln könnten, und in dieſer Qualität hielte ich mich nicht für
berechtigt, meinem Herrn durch meine Unterſchrift vorzuſchreiben,
ob er in 8 Tagen oder 4 Wochen oder einer längern Friſt, in
eine ihm beliebige Unterhandlung ſich einlaſſen oder einen Ver=
trag abſchließen wolle, oder nicht. Wenigſtens könne ich mit
meiner diplomatiſchen Anſicht von den Befugniſſen eines Ge=
ſandten dieſes nicht zuſammenreimen. Hr. v. Pleſſen unterbrach
mich ziemlich heftig, daß meine Anſicht doch wohl andere nicht
abhalten werde zu unterſchreiben, worauf ich mich beſcheiden zu=
rückzog. Es unterſchrieb aber niemand, und die Verſammlung
wurde bis über 8 Tage ajourniert*).

Ich hoffe nicht Ew. Excellenz durch dieſe Nachrichten über=
läſtig zu werden, die, wenn ſie auch an ſich nicht wichtig ſind,
doch mit zur Geſchichte des Ganzen gehören, und ich weiß ſie bei
Ihnen in guter Hand.

In vollkommenſter Verehrung.

Mittwoch 9″**)

Hiernach fand alſo am 15. November eine zweite Verſamm=
lung, die entſcheidende, bei Gagern ſtatt, nachdem inzwiſchen am
11. Schmidt=Phiſeldeck mit Münſter über die Kaiſerfrage ohne
beſtimmten Erfolg verhandelt hatte***). Der Entwurf der Dekla=
rationspartei drang nur in Einem weſentlichen Punkte, die Land=
ſtände und deren Rechte betreffend, durch; im übrigen ſiegte der
Gegenentwurf der Proteſt= und Kaiſerpartei. Das Flickwerk
wurde am 16. unterzeichnet und übergeben. Die Vertreter des
urſprünglichen Entwurfs, namentlich Marſchall, Türkheim, Gers=
dorff und andere verſagten ihre Unterſchrift nicht, da ſie wenigſtens
jenen wichtigſten Punkt, entſprechend dem öſterreichiſch=preußiſchen
Bundesplan, Bayern und Württemberg gegenüber angenommen

---

*) D. i. auf den 15. November.
**) D. i. 9. November 1814.
***) Klüber 1, 77.

sahen; um so weniger als sie manchen Einschiebseln der Gegen=
partei, besonders der Kaiseridee im innersten Herzensgrunde zu=
gethan sein mochten, obgleich dieselben nicht den dermaligen
Wünschen Steins entsprachen.

Dies erhellt aus dem nicht datierten Schreiben Mar=
schalls an Stein, womit Pertz 4, 146 nichts anzufangen weiß
und das völlig beziehungslos bei ihm dasteht, das aber augen=
fällig dem 16. November angehört. Marschall schreibt: „Ew.
Excellenz übersende ich in der Anlage eine Abschrift der Note,
die heute von sämtlichen fürstlichen Abgeordneten mit Ausnahme
des oldenburgischen*) übergeben worden ist. Dieselbe weicht
sehr von dem ursprünglichen Entwurf ab — das wesent=
lichste, die Erklärung für allgemeine Errichtung von Landständen
in allen deutschen Staaten mit den ihnen notwendig gebührenden
Rechten ist geblieben. Baden hat sich denn endlich auch zur
Übergabe einer Note entschlossen**), die aber dem Hauptzweck
nicht entspricht, indem sie von allem was auf Einführung einer
liberalen innern Verfassung Bezug hat, schweigt.“

§ 4. Die „Note der bevollmächtigten Abgeordneten“ der
„neunundzwanzig deutschen souveränen Fürsten und Städte“
(Klüber 1, 72 ff.) beginnt nun in der That, im biametralen
Gegensatz zu Türkheims obigem Schreiben vom 5. November
und zu der ursprünglich beabsichtigten Deklaration, mit einem
geschickt stilisierten, aber unumwundenen Protest gegen das Fünfer=
comité. „Mit Recht, heißt es, durften die Committenten der
Unterzeichneten erwarten, zu den Verhandlungen zugezogen zu
werden . . . . Außer Österreich und Preußen scheinen einige
deutsche Höfe (Bayern, Hannover und Württemberg) als Re=
präsentanten für die Mehrheit ihrer übrigen deutschen Mit=
staaten auftreten zu wollen. In dieser Lage sind die Unter=
zeichneten der Würde ihrer Committenten schuldig, nicht länger
zu schweigen. Die Souveränität der deutschen Staaten ist
von den hohen alliierten Mächten anerkannt und garantiert

---

*) Es fehlen auch Baden und Hohenzollern.
**) Ebenfalls vom 16. Nov. S. Klüber 1, 97.

worden. In dem Versprechen der Accessionsverträge, den Maß=
regeln beizupflichten, die zur Behauptung der Unabhängigkeit von
Deutschland für nötig erachtet werden würden, liege kein Verzicht
auf das Recht, zur Anordnung jener Maßregeln mitzuwirken."
Dann folgt die Forderung: Es müsse „die gleiche Befugnis aller
Interessenten, ihre freie Stimme abzugeben, unangetastet bestehen".

Wir brauchen kaum noch einmal an Steins Forderung zu
erinnern, daß die „beteiligten Einzelnen" zwar zu „hören" und
„ihre Einwürfe" zu „besprechen" seien, daß sie aber „verbunden"
wären, „sich der Entscheidung der großen Höfe zu fügen" (ob.
S. 197). Gewiß hätte das Fünfercomité besser daran gethan, die
anfangs beabsichtigte Erklärung an die übrigen Mitstände wirk=
lich zu erlassen. Aber von der Absicht einer Vorenthaltung jenes
„Rechtes, zur Anordnung der Maßregeln mitzuwirken", war
seinerseits nie die Rede gewesen. Vielmehr war ja, wie wir sahen,
der österreichisch=preußische Bundesentwurf ausdrücklich bestimmt,
nach beendeter Beratung im Fünfercomité den „übrigen Mit=
ständen" mitgeteilt zu werden, so daß ihnen auf alle Fälle Gele=
genheit verblieb, im einzelnen „Einwürfe zu machen und Ände=
rungen oder Zusätze zu beantragen". Allein die Forderung,
von vornherein oder vor beendeter Beratung des Comités
hinzugezogen zu werden, kann, wie gesagt, nicht als berechtigt
anerkannt werden.

Nach dem Protest gegen die Kompetenz des Comités folgt
in der Note, unter vollständiger Beiseiteschiebung des
Bundesplanes vom 14. Oktober, den Stein doch gerade unbe=
dingt unterstützt wissen wollte, die Aufforderung an Österreich
und Preußen, „ihnen Vorschläge über die künftige Verfassung
zur Beratung und Beschlußnahme" vorzulegen, die (ganz
im Gegensatz zu jenem Bundesplan) „auf der Basis gleicher
Rechte und einer vollständigen Repräsentation aller Bun=
desglieder beruhen"; sie würden „ihre Bereitwilligkeit beweisen,
zum Besten des Ganzen denjenigen Einschränkungen ihrer
Souveränität, sowohl im Innern wie im Verhältnis gegen
Auswärtige, beizupflichten, welche als allgemein verbindlich
für alle „würden beschlossen werden".

Es leuchtet ein: schon durch diese Formulierung, die vielleicht auf dem Wege von Amendements zu dem Entwurf der Steinschen Deklarationspartei zustande kam, war die relativ starke Zentralgewalt, wie sie Stein vorgeschlagen und nicht nur Preußen, Österreich und Hannover, sondern auch Bayern und Württemberg bereits beschlossen hatten, von seiten der kleinen Staaten geradezu für unannehmbar erklärt. Die am 14. Oktober „einstimmig" ausgesprochene Hoffnung des Fünfercomités, daß es gelingen werde, die festgestellten Grundsätze „den übrigen Ständen annehmlich zu machen", war dergestalt, zur Freude des „königlich niederländischen" Gagern, des Vertreters „ausländischer Interessen", in der That „vereitelt" (f. ob. S. 265).

Darnach fand nun allerdings in der Note der Paffus des „ursprünglichen Entwurfs" der Steinschen Partei, betreffend die „landständischen Verfaffungen" und die „Rechte der Stände", mit den vier Punkten des Münsterschen Votums vom 21. Oktober, wie sie in der „Übereinkunft" Österreichs, Preußens und Hannovers vom gleichen Tage sanktioniert worden waren, um so leichter bereitwillige Aufnahme, als Gagern freiheitlichen Fortschritten bekanntlich stets gewogen war. Dabei wurde in anerkennungswerter Weise der zweite Punkt Münsters verschärft, insofern an die Stelle des „Stimmrechts" bei neu zu erlaffenden Gesetzen das „Recht der Einwilligung" trat. Dagegen wurde der vierte Punkt, das „Recht, die Bestrafung schuldiger Staatsdiener zu begehren" in ein bloßes „Recht der Beschwerdeführung" abgeschwächt. Daß die freiheitlichen Versprechungen nichts wert waren und meist leere Worte blieben, ist schon gesagt.

Hieran reihte sich schließlich der Antrag auf Wiederherstellung des Kaisertums mit den Worten: „Endlich halten sie sich überzeugt, die deutsche Verfaffung würde ihren festesten Bestand alsdann erst behaupten können, wenn Ein gemeinsames Oberhaupt, welches dem deutschen Verband den erften Rang unter den europäischen Nationen gab, an der Spitze der deutschen Verbindung" walte u. f. w. Darauf hätte, wenn es sich um ein Kaisertum von unwiderstehlicher Machtfülle gehandelt hätte, jedweder Deutsche antworten können, wie es Graf Münster that:

„Als Privatmann hege ich denselben Wunsch" (S. Klüb. 1, 77). Aber staatsmännischerseits, also von seiten der Unterzeichner der Note, wäre es darauf angekommen, die Ausführbarkeit dieses Wunsches nachzuweisen. Das war indes unmöglich, weil er eben unter den gegebenen Verhältnissen, wozu namentlich auch die kleinstaatliche Vorenthaltung wirklicher Opfer gehörte, absolut un= ausführbar war. Und so konnte denn das Verlangen nach dem Kaisertum keinen andern Erfolg haben, als dem von Stein und Rußland so dringend befürworteten Bundesplan vom 14. Oktober vollends auf das schärfste entgegenzuwirken. Gagern war sich dessen durchaus bewußt. Galt es doch nach seiner niederländischen In= struktion, „die Absichten der fünf Höfe mit allen Kräften zu bekämpfen und zu vereiteln." Er selbst erkennt den Gegensatz seiner Bestrebungen zu denen Steins und Rußlands unumwun= den an, indem er a. a. O. S. 208 sagt: „Ganz anders" als die Note der Neunundzwanzig vom 16. November habe „das ruf= sische Kabinett" die Sache in seiner „Note vom 11. November an= gesehen". Diesem „ganz anders" entspricht vollkommen 1) das „sehr abweichend" vom „ursprünglichen Entwurf", womit Mar= schall am 16. November die „Note" der kleinstaatlichen Bevoll= mächtigten an Stein übersandte (s. ob. S. 275); und 2) der Aus= spruch Münsters vom 25. November, daß das Kaiserverlangen der Note „im Widerspruch" stehe zu den „Negociationen" im „Comité", d. h. zu dem Bundesplan vom 14. Oktober (Klüb. 1, 85. S. unten).

Wohl darf man von dem damaligen Kaiserverlangen, selbst die vollste Ehrlichkeit vorausgesetzt, sagen: Wieder einmal wurde das Beste der Feind des Guten. Denn indem die 29 Klein= staaten, von Gagern verführt, nach dem Unmöglichen trachteten, machten sie auch das Mögliche unmöglich, d. h. brachten sie jedes Maß von wirklicher Machtkonzentration, wie es der österreichisch= preußische Bundesplan erstrebte, nach und nach zum Scheitern, und dagegen ein nie zuvor dagewesenes Maß kleinstaatlicher Sou= veränetät zur Geltung.

Denn einerseits steht nicht nur fest, daß ihre Note, fern davon, die Verhandlungen zu fördern und zu „beschleunigen"

(s. S. 260), vielmehr dieselben störte und hemmte; sondern darüber-
hinaus muß es auch jedem Eingeweihten heute klar werden, daß
die Einsprüche der Mittelstaaten Baden und Wüttemberg, obwohl
sie allerdings das Verfassungswerk verzögerten, doch bis dahin
den Bundesplan bei weitem nicht so geschädigt hatten, wie dies
die kleinlichen Umtriebe der irregeführten Kleinstaaten thaten.

Und anderseits liegt es doch auf der Hand, daß, wenn vielen
der letzteren nach dem obigen Bericht an Humboldt die „Verwirklichung" der zwölf Artikel ein Gegenstand der „Furcht" war,
und wenn sie dagegen mit so großem Eifer nach der Wiederherstellung des Kaisertums trachteten, dies wesentlich nur deshalb
geschehen sein kann, weil sie sich bewußt waren, daß die Ohn-
macht des Kaisertums die territoriale Eigenmacht großgezogen
hatte; daß daher die Behauptung der Note: erst die Wiederherstellung des Kaisertums verbürge der deutschen Verfassung den
„festesten Bestand", nur eine leere Redensart sei; und daß die
Herrschaft der zwölf Artikel mit dem „leitenden Rat der Fünf"
in der That eine viel beengendere für sie sein würde, wie
die frühere Kaiserherrschaft. Erhofften sie doch von dem Kaisertum der Zukunft geradezu, wie schon bemerkt, eine weitere Stärkung ihrer eigenen Macht, ihrer Sicherheit und Freiheit.
Denn kraft ihrer Note selber forderten sie ja nicht nur — was
sie nie besessen — „gleiche Rechte aller Bundesglieder", sondern es sollte auch der Kaiser ausdrücklich die Aufgabe haben:
einerseits „dem von den Ständen (d. i. den Fürsten) gemeinsam Beschlossenen die Vollziehung zu sichern", anderseits den
einzelnen Staaten „im Innern und gegen außen Beschützer"
zu sein, und „sich als teutscher Freiheit Ägide darzustellen",
d. h. als Ägide der fürstlichen Freiheit oder des Partikularis-
mus.

Zu demselben Ergebnis führt der Verkehr und die Korrespondenz der kleinstaatlichen Bevollmächtigten mit dem Grafen
Münster, dessen Liebhaberei für die alte verkommene Reichsverfassung unter dem österreichischen Kaiserhause, besonders durch
Schmidt-Phiseldeck, den Vertreter Braunschweigs, wenn auch nur
mit schwachem Erfolge angefacht wurde. Auf Münsters Fragen

vom 11. und 25. November nach den „Attributionen" und den „Mitteln", die eventuell dem Kaiser zugedacht wären, erhielt er am 16. November und 20. Dezember keine weitere Auskunft, als (am 16. November) daß demselben unter „konstitutionellen Schranken" gegen den „Mißbrauch" einzuräumen sei: 1) die Aufsicht über die Beobachtung der Bundesbeschlüsse und deren Vollstreckung; 2) die Aufsicht über die Justizverfassung und Vollstreckung der oberstrichterlichen Erkenntnisse des Bundes; 3) Vorsitz in der Bundesversammlung, die neben der Gesetzgebung besonders über Krieg und Frieden und Bündnisse gemeinschaftlich beschließt; 4) Direktion der Reichsbewaffnung und Anführung im Reichskriege; endlich auch, nach langem Zaubern und unter allerhand Kautelen am 20. Dezember: „Die gesetzmäßige Disposition über die aus den Kontingenten der Bundesglieder bestehende Bundesarmee" zum Behuf der „dem Kaiser obliegenden Ausführung" des „auf dem Bundestage ausgesprochenen Gesamtwillens der Nation" (!!). Der Modus der kaiserlichen Sanktion blieb vorbehalten. Dabei wurde wiederholt dem „Bundestage", d. i. der Gesamtheit der Bundesglieder, das „Recht über Krieg und Frieden" und die „gesetzmäßige" Vorsorge zur „Erhaltung der Ordnung im Innern" zuerkannt. Auch sollte, um dem „Mißbrauch", zumal bei der „Disposition über die Bundesarmee" vorzubeugen, die „Ausübung dieser (kaiserlichen) Befugnisse an konstitutionelle Formen gebunden und daneben den mächtigeren Bundesstaaten das nötige Gegengewicht eingeräumt werden (Klüb. 1, 77 f. 86. 91).

Auf alle Fälle ersieht man, daß die Kleinstaaten mittelst des Kaisertums allerdings eine außerordentliche Machtvermehrung erzielten, aber nicht sowohl des Kaisers, als vielmehr ihrer selbst. Der Kaiser sollte lediglich der Mandatar der souveränen Fürsten sein, und die „deutsche Freiheit", d. h., im Sinne der Vergangenheit, die Fürstenfreiheit beschützen. Dabei hatte man zugleich den Vorteil, scheinbar Hand in Hand zu gehen mit der idealen Sehnsucht der deutschen Nation, die sich allerdings in dem Zauberbilde des Kaisertums spiegelte, aber wahrlich nicht aus Bewunderung für die letzten Jahrhunderte seines Daseins, d. h.

seines ohnmächtigen Verfalls, sondern aus Begeisterung für Größe, Macht und Glanz der alten hohenstaufischen Kaiserherrlichkeit. Das wichtigste Machtzugeständnis wäre natürlich die Erb=lichkeit der Kaiserwürde gewesen. Aber auch diesem Zugeständnis wichen die Kleinstaaten vorsichtig und ängstlich aus. „Diese Frage, hieß es nach der Stilisierung von Schmidt=Phiseldeck, sei sehr verschiedenen Betrachtungen unterworfen und von mehreren politischen Hinsichten abhängig" (Klüber 1, 81). Ein großer Teil war offenbar gegen die Erblichkeit; denn der Hauptführer Gagern empfahl geradezu das „Wahlkaisertum", indem er es zugleich de=finierte als „gekrönte Vorsteherschaft unter Königen und Für=sten", als „caput paulo eminentius" und als „Protektorat" (Mein Anteil, Bd. 6, Beil. 25).

§ 5. Daß die Note der 29 Kleinstaaten, wenn sie auch manches Unerwartete oder Unerwünschte enthielt, von allen Seiten höflich aufgenommen wurde, kann nicht Wunder nehmen. Nach Gersdorffs Berichten nannte Stein sie eine „meisterhaft ab=gefaßte" (s. Stichling S. 16), was formell richtig, aber sachlich ganz nichtssagend erscheint. Gewiß dagegen ist, daß die Note amtlich dauernd unbeantwortet blieb. Treitschke sagt zwar (S. 686): „Münster erwiderte den Kleinstaaten im Namen der Großmächte." Das ist indes irrig, wie schon der rein per=sönlich geartete Inhalt der Münsterschen Antwort zeigt (Klüber 1, 82 ff., s. unten). Überdies aber bezeugt Baumbach unterm 17. Dezember ausdrücklich (s. den Anhang): „Auf die Note vom 16. November haben wir, den 17. Dezember, noch keine Ant=wort;" während auch die Note der 32 vom 2. Februar 1815 sagt, daß die erstere vom 16. November „zur Zeit noch unbeant=wortet" sei (Klüber 1, 3, 127). Und doch datierte die Erwiede=rung Münsters schon vom 25. November, kann also in keinem Fall in irgend einer Weise als eine amtliche „im Namen der Großmächte" abgefaßte gelten. Gewiß ist ferner, daß schon am 7. Dezember Baumbach berichtete: die Note habe „kein Glück gemacht in patria", d. h. bei den Hauptvertretern Deutsch=lands in Wien. Gewiß ist namentlich auch, daß Stein sich seit=dem, obwohl ihm der Passus über die Landstände natürlich voll=

kommen genehm war, ſehr verſtimmt gegen Gersdorff zeigte, der gegen Ende Dezember bekannte, daß jenem „ſeit einiger Zeit ſeine Gegenwart läſtig zu werden anfange" und daß er „nötig habe", ſeine „ganze Achtung und Liebe zu Stein zu ſammeln, um den verwundenden Geſchoſſen der Mißkennung zu wiberſtehen, womit es demſelben gelinge, ſeine beſten und treueſten Freunde zu ſchmerzen" (ſ. Pertz 4, 268 ſ.). Dieſe Verſtimmung Steins würde ſich um ſo leichter erklären, wenn Gersdorff, obwohl er zur Steinſchen Deklarationspartei gehörte, an der von Gagern inſpirierten „Note" wirklich „einen beſondern Teil hatte" (ſ. Stichling S. 16), d. h. einen ſolchen, der über den „urſprünglichen Entwurf" der von Stein gewünſchten Deklaration hinausreichte. Es ſcheint darnach, als habe er ſich mit ſeinem Redaktionstalent auch an den Abreßparagraphen der Gegenpartei beteiligt. Daraus würde ſich zugleich erklären, daß Fürſt Hardenberg gerade Gersdorff zu ſich einlud (am 29. November), um ihm zu ſagen: „In Ihrer Note iſt viel Vortreffliches; die Höfe zu Wien, Berlin und Hannover erkennen dies beſonders an und nächſtens werden wir in den Fall kommen, Ihnen Eröffnungen zu machen." Das „Vortreffliche" im Sinne der drei genannten Höfe war unzweifelhaft eben der Paſſus über die Landſtände, der ſo vollkommen dem „Bundesplan vom 14. Oktober", dem Münſterſchen „Votum" und der „Übereinkunſt" der drei Höfe vom 21. Oktober entſprach.

Sicher hat ihm aber Hardenberg nicht vorenthalten, daß die Kaiſeridee unausführbar ſei. Auch erſcheint Gersdorff in allen ſeinen ſelbſtändigen Akten viel zu einſichtig, als daß man ihm die gegenteilige Meinung zutrauen dürfte. Wahrſcheinlich haben viele der Unterzeichner und vor allen eben die Männer der Steinſchen Deklarationspartei das Verlangen nach dem Kaiſertum nicht allzu ernſt genommen, und ſind nur dem Anbrange der Gagernſchen Partei und dem Zuge patriotiſcher Wünſche gefolgt. Daher denn auch Gersdorff ſchon am Tage nach der Unterredung mit Hardenberg, am 30. November, mit ziemlicher Lauheit ſchreibt: „Sollte es nicht ſein können, daß wieder ein Kaiſer an die Spitze Teutſchlands tritt, ſo wird man dahin zu trachten haben, daß der Rat der Kreisoberſten nicht nur aus

den fünf Königen beſtehe, ſondern auch die übrigen bedeutenden und vornehmſten deutſchen Fürſtenhäuſer in dieſem engern
und dirigierenden Rate Sitz und Stimme bekommen" (Stichling a. a. O.).   Er iſt alſo ſofort wieder in loyalſter Weiſe bei
dem „Bundesplan vom 14. Oktober" als „Baſis" angelangt,
denkt nur daran ihn auszugeſtalten, und tritt in der Konſtruierung
des engern und dirigierenden Rates geradezu dem Verlangen nach
einer „Baſis gleicher Rechte" entgegen, das die Note vom 16.
November enthielt (ſ. ob. S. 276), und an deſſen Formulierung
er mithin keinen Teil gehabt haben kann.

Freilich hatte Gersdorff dabei auch partikulariſtiſche Geſichts-
punkte im Auge.   Zu den „vornehmſten deutſchen Fürſten-
häuſern" zählte er mit Recht das Haus der Erneſtiner, die einſt
als Kurfürſten von Sachſen neben dem Kaiſer die mächtigſte
Rolle geſpielt, ihn im Falle der Abweſenheit vertreten, im Falle
der Vakanz das Reichsverweſeramt bekleidet, die Kaiſerkrone ſelbſt
aber verſchmäht hatten.   Er ging daher im Intereſſe des Erneſtiniſchen Hauſes nicht nur auf einen Territorialerwerb für den
Herzog von Weimar aus, ſondern auch auf eine Erhöhung ſeiner
Würde und auf ein Stimmrecht desſelben im „dirigierenden
Rat" des künftigen Reiches oder Bundes (vergl. Stichling S. 12).
Wurde das Königreich Sachſen erhalten und nur der König und
deſſen Dynaſtie der Krone verluſtig erklärt, ſo konnte möglicher-
weiſe immer noch, wie man dies vielfach im März für erreichbar
gehalten, die Erneſtiniſche Linie an der Stelle der Albertiniſchen
die Königskrone erlangen.   Stein hatte dieſen Gedanken auf das
lebhafteſte bekämpft.   Dafür aber durfte eventuell, neben der hoch-
emporragenden Stellung der Erneſtiner im alten Reich, das jederzeit deutſch-patriotiſche Verhalten Karl Auguſts, ſowie der Beſtand der alten Haus- und Erbverträge ſprechen (vergl. Pertz,
3, 549—51).   Mindeſtens aber und auf alle Fälle konnte es
nicht ſchwer werden, für Karl Auguſt die großherzogliche Würde
zu erwerben.   Damit war dann aber auch der Weg in den
„dirigierenden Rat" geebnet, ſobald man es nach dem Projekte
des Geh. Rat Schmid (ſ. ob. S. 216) dahin brachte, daß in
dieſem höchſten Rate nicht nur die „königlichen", ſondern auch

die „großherzoglichen" Gesandten Sitz und Stimme erhielten.
Aber noch mehr! Das Institut der „Kreisobersten" oder der
„Kreisdirektoren" — welche Benennung von vielen Seiten und
namentlich von vornherein von Württemberg vorgezogen ward
(Klüb. 2, 95. 98) mußte dann billigerweise ebenfalls erweitert,
d. h. von den Königen nicht nur auf Kurhessen und Baden, son=
dern überhaupt auf die Großherzöge ausgedehnt werden. Und
forderte doch Schmid sogar die Bildung von „15 oder 16 Kreisen"
(o. S. 217)! Daher hatte denn Gersdorff, wie wir durch Baum=
bach erfahren, schon vor dem 12. Oktober eine „Kreisidee" ent=
worfen, kraft deren „Thüringen" einen Kreis bilden sollte, wofür
sich denn auch außer Weimar, und noch nach der Note vom
16. November, Meiningen und Hilbburghausen erklärten, während
Gotha zögerte. Später freilich, als nach der Erwerbung der
„großherzoglichen" Würde für Weimar Gersdorff demselben auch
den Kreisobersten stelle oder der „Direktorialgewalt" in dem
thüringischen Kreise verschaffen wollte, da sträubten sich hiergegen
einmütig die „übrigen" thüringischen Staaten (s. die Auszüge
vom 12. Oktober, 19. November 1814, und 21. Februar 1815
im Anhang).

§ 6. Drastischer als die Note der Neunundzwanzig verfuhr
Baden in seiner Protestnote vom gleichen Tage an den Fürsten
Metternich (Klüb. 1, 97 ff.). Dieser hatte, wie wir sahen (ob.
S. 223), die von Baden am 15. Oktober begehrte Aufnahme in
das Comité mündlich abgelehnt. Nunmehr, am 16. November,
protestierte der Freiherr von Hacke im Namen des Großherzogs
gegen das vermeintlich angemaßte Recht der „fünf einzelnen
deutschen Fürsten, die Gesetzgeber der übrigen zu werden",
und spielte gegenüber der sogenannten Pentarchie des Bundes=
planes den Trumpf aus: Der Großherzog „werde fest und
unabweichlich auf seiner Souveränität bestehen"; er sei „zu
anderen Erwartungen berechtigt, als zu der Aussicht, fremde
Ketten abgestreift zu haben, um vielleicht eigene (d. i. heimische
oder deutsche) zu tragen". Zur Erklärung gereicht, daß Baden
nach den zwölf Artikeln allerdings befürchten durfte, eventuell
nicht nur der obersten Bundesgewalt unterstellt zu werden, sondern

auch der Kreisdirektorialgewalt eines andern einzelnen Staates, und wohl gar Württembergs. Daß es sich hiergegen sträubte, war ihm nicht zu verargen. Im ganzen aber war auch diese Protestnote ein kleinstaatlicher Hieb gegen das bisherige Verfassungswerk und, zumal bei dem völligen Schweigen über Landstände und deren Rechte, ein Faustschlag gegen Steins Wünsche.

§ 7. Noch eine dritte Note trat am 16. November ans Licht, von den beiden württembergischen Bevollmächtigten unterzeichnet und an die übrigen Mitglieder des deutschen Comités gerichtet. Schon in der Sitzung vom 14. November hatten sich beide über die „Entwicklung des § 6" der zwölf Artikel, als noch nicht instruiert, der Abstimmung enthalten (Klüber 2, 193). Und in der Sitzung vom 16. erklärten sie „erst dann votieren" zu können, wenn die weiteren am 14. „versprochenen Vorlagen" gemacht seien. Zur Motivierung dieser „Erklärung" sollte die besondere württembergische Note dienen, in der ausgeführt wurde (Klüber 1, 101 ff.): Der König habe den „ersten Entwurf", die zwölf Punkte, „mit vollem Zutrauen und mit dem Wunsch aufgenommen, zu deren Ausführung nach allen Kräften beizutragen", wenn er auch „manche Modifikationen" wünschte. Aber unter der Form der „nötigen Entwicklungen" seien „Punkte, über die man allgemein übereingekommen war, durch neue Ansichten verdrängt" worden; „und bei allen diesen partiellen Entwürfen mangelte immer das Wichtigste, dasjenige was allein bestimmen könnte anzunehmen oder zu versagen: die Übersicht des Ganzen"*). An dies nicht unstatthafte Bedenken reihte sich die unkluge Bemerkung: „In den partiell vorgelegten Forderungen werde die

---

*) Dieser Vorwurf war nicht unbegründet. Die ursprünglichen 12 Artikel hatten z. B. dem ersten Rat, dem der Kreisobersten, die Entscheidung über Krieg und Frieden ausschließlich beigelegt; die „Entwicklungen" dagegen beteiligten daran auch den zweiten Rat. Die Kreise aber und damit die Kreisobersten, welche eine Hauptgrundlage der 12 Artikel bildeten, waren ja in der Sitzung vom 7. November durch Metternich ganz in Frage gestellt worden, mit der Aussicht auf eine andere Einteilung Deutschlands, ohne daß seitdem darüber eine nähere Mitteilung erfolgt wäre. Württemberg wünschte namentlich, daß die Territorialverhältnisse in dem Verfassungsentwurf festgestellt würden.

Übernahme von Verbindlichkeiten, die Verzichtleistung auf un=
bestrittene Rechte verlangt, zu denen wohl nichts vermögen
könne als die Erwägung der anderseit zu erhaltenden Vor=
teile". Die Note schloß hiernach mit der Erklärung: daß es
zwar des Königs „aufrichtiger Wunsch sei, zu dem großen
Zweck des Bundes ferner mitzuwirken"; daß er sich aber
„außer stande" sehe, „sich fernerhin immer nur über einzelne
Gegenstände zu erklären oder angesonnene Verbinblichkeiten zu
übernehmen, ehe ihm der Plan des Ganzen und die noch ob=
mangelnden Erörterungen mitgeteilt seien, wodurch allein er
sich zur Abstimmung ermächtigt finden könne".

XXXI. Ausgang der Verhandlungen des Fünfer-Comités.

Die dreizehnte Sitzung vom 16. November war thatsächlich die letzte. Der Grund war aber nicht, wie man nach Perz 4, 155 und Treitschke 685 f. glauben sollte, die württembergische Note von diesem Tage, als ob „damit Württemberg ausgetreten" und die „Beratungen aufgelöst" seien, oder als ob gar Württemberg förmlich dadurch „seinen Austritt aus dem Rate der Fünf erklärte" und demzufolge „die deutsche Pentarchie zu Grunde ging". Aus dem Wortlaut der Note kann man sich überzeugen, daß dieselbe mit keiner Silbe den Austritt Württembergs ankündigt, sondern nur motiviert, warum sich dasselbe „fernerhin", wie schon in der Sitzung vom 16. selbst, der „Abstimmung" über „einzelne" Momente enthalten werde, und auf wie lange (nämlich bis eine „Übersicht des Ganzen" gegeben sei). Es wollte also auch ferner den eventuellen Sitzungen beiwohnen, auch mitberaten, jedoch alles nur bis dahin ad referendum nehmen.

Aber noch mehr! Diese Enthaltung dachte sich anscheinend Württemberg gar nicht als eine weitaussehende; ja sie konnte sich gegenüber den jüngsten Vorgängen sogar als eine Pression geltend machen. Denn in der 12. und wiederum in der 13. Sitzung, also am 14. und 16. November, war „allgemein beliebt worden, eine Zusammenstellung und Übersicht der bisher eingegebenen Entwürfe, Erklärungen und Bestimmungen zu verfertigen"; auch hatten Österreich und Preußen „diese Darstellung übernommen, und Württemberg selbst hatte seitdem „eine gleiche Bearbeitung unternommen" (Klüber 1, 112).

Gesetzt indes, Württemberg hätte wirklich, was nicht der Fall ist, seinen Austritt erklärt: so würde dies ja gar kein Grund gewesen sein, die Fortsetzung der Beratungen zu unterlassen. Denn einmal konnten sie ja vorläufig auch ohne Württemberg unter Vieren fortgesetzt werden oder man konnte dasselbe, nach Maßgabe der geheimen „Übereinkunft" vom 21. Oktober sub. 10 (s. ob. S. 232) durch einen „andern deutschen Staat" im Comité ersetzen.

Ferner ist zu beachten, daß die österreichische und preußische „Gegennote" vom 22. November (Klüber 1, 104 ff.), die, nach Humboldts Randbemerkung im Berliner Archiv, „vom Grafen Münster aufgesetzt" wurde, mit keiner Silbe von einem „Austritt" oder einem „Ausscheiden" Württembergs redet. Vielmehr wird diesem nur vorgeworfen, daß es „neue, höchst bedenkliche Schwierigkeiten" erhebe; daß die Feststellung der Territorial=verhältnisse in dem Verfassungsentwurfe verlangen, dahin führen würde, die Feststellung der Verfassung „auf das Ende des Kongresses zu verschieben"; daß der „Abschluß der Geschäfte des Comités hauptsächlich durch die Einsprüche und Reservationen württem=bergischerseits aufgehalten worden". Dann werden die Anschul=digungen in Betreff der „Abweichungen" von dem ursprünglichen Entwurf widerlegt und mit kräftigen Worten dem Störrigen in das Gewissen geredet. Man dürfe, hieß es am Schlusse, weder „einem deutschen Staate" die „Ausschließung vom Bunde ge=statten", noch „die Verwerfung der Mittel zulassen, die allein zum Zwecke führen können".

Zwei Tage später, am 24., erfolgte eine „Erwiderungsnote" der württembergischen Bevollmächtigten, welche, wiederum fern von dem Gedanken des Rücktritts, nur die Note vom 16. zu er=läutern und zu rechtfertigen bedacht war, indem sie die ihr „bei=gelegten Absichten" des „Verzuges" entschieden in Abrede stellte und behauptete, „daß vielmehr das Gegenteil, nämlich die Be=förderung einer den Verhältnissen angemessenen Bundesakte, daraus hervorgehe"*).

---

*) Klüber 1, 109 ff. Die Anmerkungen des Herausgebers, statt zu orientieren, führen in die Irre. S. 110 ist unter dem „ersten Plan" nicht Hardenbergs „Entwurf der Grundlagen" gemeint, sondern die „zwölf Artikel"; S. 111 nicht die zwölf „Artikel", sondern die „Entwicklungen" derselben, wie zum Überfluß aus S. 102 folgt.

War der Einspruch von Innen durch Württemberg nicht
dazu angethan, die „Auflösung" des Fünfercomités zu verursachen:
so noch weit weniger der Einspruch von Außen durch Baden
und die Neununddzwanzig. Zwar sagt Treitschke S. 686: „zu=
gleich von Innen und Außen angegriffen, brach die deutsche
Pentarchie zusammen". Aber abgesehen davon, daß nicht
zusammenbrechen konnte was noch gar nicht vorhanden war —
denn unter der „Pentarchie" verstand man lediglich die für die
Zukunft in Aussicht gestellte Herrschaft der fünf Kreisobersten
— also abgesehen davon, daß hier dieser Ausdruck uneigentlicher=
weise von dem vorberatenden Comité der Fünf gebraucht ist,
läßt sich jener Ausspruch auch in dieser Begrenzung durch nichts
stützen.

Im Gegensatz zur Note Württembergs als Comitémitgliedes
blieben diejenigen Badens und der Neununddzwanzig als Außen=
stehender unerwidert.

Was zunächst Baden betrifft, so entwarf freilich Münster
eine Gegennote, deren Text das Berliner Archiv enthält, und
aus der Treitschke einiges (a. a. O.) mitteilt. Ich füge dem zur
Charakterisierung der Situation einiges Andere hinzu. Baden,
hieß es, habe keinerlei Recht, die Zuziehung zum Comité zu be=
anspruchen; erst durch den Verfall der deutschen Verfassung sei es
zu einer fast fünffachen Vergrößerung seines Gebietes gelangt;
die Zulassung Badens zum Comité würde auch die anderer deutscher
Fürsten berechtigen und die Zahl der Deliberierenden zu sehr ver=
mehren. „Zu Gunsten Badens könne umsoweniger eine Aus=
nahme in Antrag gebracht werden, als dessen Zulassung zur
Entwerfung einer Bundesakte, welche deutsche Freiheit be=
gründen solle, schwerlich zweckmäßig sein dürfte, indem gegen
diesen Hof die bittersten und zum Teil gegründetsten Klagen über
Mißbrauch der Souveränitätsrechte, namentlich gegen mediatisierte
ehemalige Mitstände, geführt werden." Der „Behauptung, als
ob in dem künftigen Bundesvertrage alle Glieder ganz gleiche
Rechte genießen müßten, und daß Baden mit den ersten Fürsten
auf ganz gleichem Fuße stehen müsse, könne umsoweniger bei=
gepflichtet werden, als selbst ehemals verschiedene Rechte des Kaisers,

der Kur- und anderer Fürsten stattfanden; besonders aber, weil diese Frage nach Rücksichten, die das Wohl der ganzen Nation erfordert, bestimmt werden muß." Gemäß dem 4. Artikel des Frankfurter Vertrages sei Baden verpflichtet „de se conformer aux arrangements qu'exigera l'ordre des choses qui sera définitivement établi pour le maintien de l'indépendance de l'Allemagne". Datiert ist „Wien, den   . November 1814"; abressiert „An den Großherzogl. Badenschen Minister Herrn Frei-herrn von Hacke".

Nach Treitschke wäre diese Gegennote deshalb nicht übergeben worden, weil „Metternich im letzten Augenblick bedenklich wurde; ein solcher Ton erschien ihm zu schroff". Allein der Entwurf trägt nur folgende Randbemerkungen von Humboldts Hand: „Vom Grafen Münster aufgesetzt. Noch.nicht abgegangen. H." „Nie abgegangen, weil Fürst Metternich nicht einstimmte. H." Der Ton ist allerdings stellenweise ziemlich derb; aber meines Erachtens durchaus nicht derber wie die von Metternich ohne Bedenken unterzeichnete Erwiderung auf die württembergische Note, und nicht derber wie manche der Äußerungen Metternichs gegen Bayern und Württemberg in den Sitzungen des Comités. Be-denken wegen Schroffheiten im gegebenen Fall zu empfinden, war Metternich bei der damaligen Situation überhaupt wohl nicht angethan. Auch wären ja solche im Augenblick durch ein paar Federstriche zu tilgen oder zu mildern gewesen. Er verfuhr viel-mehr wohl nur einfach nach demselben Prinzip, wie früher, als Baden unterm 15. Oktober durch eine Note das Verlangen gestellt hatte, zu dem Comité hinzugezogen zu werden. Damals war auf Metternichs Veranlassung gleich am folgenden Tag beschlossen worden, daß auf die badische Note „namens des Comités überall nicht", d. h. weder schriftlich noch mündlich, zu ant-worten, „sondern nur von den Höfen, an die sie gerichtet worden, eine mündliche Erklärung zu geben sei" (Klüber 2, 79).

Auf alle Fälle sieht man, daß der Entwurf der Gegennote keineswegs die „Auflösung", sondern vielmehr die weitere Fortsetzung der bisherigen „Beratungen" voraussetzt.

Und zu dem gleichen Ergebnis führt die Angelegenheit der

neunundzwanzig Fürsten und Städte. Denn obwohl wir behaupten
mußten (s. oben S. 278), daß deren Note, fern davon die
Verhandlungen nach dem Wunsche Steins zu „beschleunigen",
vielmehr einen störenden, hemmenden und den Bundesplan schä=
digenden Einfluß geübt habe: so war dieselbe doch keinenfalls
schuld an der Unterbrechung der Sitzungen des Fünfercomités.
Daß niemand ihr eine solche Wirkung beimaß, beweisen u. a. fol=
gende Thatsachen.

1) Während die Adressaten, Österreich und Preußen, sie wie
gesagt grundsätzlich unerwidert ließen*), erteilte Graf Münster
auf die „Zuschrift", womit die Abgeordneten der Neunundzwanzig
ihm die an jene Höfe gerichtete Note „mitteilten", am 25. November
eine persönliche Antwort, worin er die gewünschte „Unterstützung
des Inhalts" der Note trotz seiner Sympathien für die Wieder=
herstellung der Kaiserwürde ablehnt. Und zwar nicht nur deshalb,
weil Österreich trotz „aller Mittel der Überredung" nicht zur
Wiederannahme der Kaiserwürde „zu bewegen" gewesen sei, so daß
eben deshalb der Pariser Friede für Deutschland ein „föderá=
tives Band", eine „Vereinigung unabhängiger Staaten"
angeordnet habe; sondern auch weil nicht durch ihn ein Wunsch
„aufgestellt werden dürfe", der „im Widerspruch" stehe „mit
Negociationen, die sich auf die obige Vereinigung gründen". Er
lehnt es daher ab, die Kaiserwürde „bei dem Comité, welches
sich mit der Entwerfung des Planes zu einer Bundesakte be=
schäftigt, in Vorschlag zu bringen". Vielmehr „glaube er,
sich auf die Vorlegung dieser seiner Antwort bei dem Comité
beschränken zu müssen" (Klüb. 1, 82 ff.).

Der Fortbestand des Comités wurde also noch am 25. No=
vember als Thatsache und als selbstverständlich angesehen.

2) Zu derselben Zeit, um den 24. November, machte ein
halboffizieller Artikel die Runde, der zuerst in der Prager Zeitung,
dann im Österreichischen Beobachter Nr. 328 erschien. Darin
hieß es: „Die deutsche Bundesverfassung wird von den Bevoll=
mächtigten von Österreich, Preußen, Bayern, Hannover und

---

*) Vgl. oben S. 281.

Württemberg entworfen, und soll dem Vernehmen nach nächstens mit den übrigen deutschen Höfen in Beratung genommen werden" (Klüber 1, 43).

3) In Übereinstimmung hiermit versprach Fürst Hardenberg noch am 29. November, wie wir sahen (S. 282), dem Herrn v. Gersdorff, daß den kleineren Staaten „nächstens Eröffnungen" in Bezug auf die Verfassung gemacht werden würden. Am wichtigsten ist

4) Das Schreiben Humboldts an Fürst Hardenberg vom 11. Dezember, das wir unten mitteilen werden und worin er am Schluß sagt: „wenn wir nicht zögern, können wir in acht Tagen ungefähr (also um den 18. Dezember) unsere Konferenzen mit Bayern und Württemberg wieder anfangen."

Hiernach wird doch niemand mehr zweifeln können, daß die Fortsetzung oder Wiederaufnahme der Fünfer-Konferenzen durch keine der drei Noten vom 16. November auch nur entfernt in Frage gestellt wurde, wenngleich die Störrigkeit Württembergs, die Anmaßung Badens und die kleinstaatlichen Umtriebe, ebenso wie die zu bringlichen Einmischungen Steins, überall Verstimmungen, Schwankungen und Hemmungen veranlaßten. Der Schade war nicht sowohl ein äußerer als ein innerer; die Wege blieben dieselben, aber die Ziele wurden gekreuzt.

Der Sachverhalt ist folgender. Als man die Sitzung vom 16. November schloß, handelte es sich lediglich um das Eintretenlassen einer Pause, einer Unterbrechung. Diese hatte zum Zwecke: 1) die von Österreich und Preußen in dieser und der vorangehenden Sitzung versprochene „Zusammenstellung" der bisherigen Ergebnisse, „Entwürfe, Erklärungen und Bestimmungen" zu beschaffen; 2) die ebenfalls von den beiden Vormächten verheißene „umfassende Vorlage über die verschiedenen in die Bundesakte aufzunehmenden Punkte", d. i. die von Württemberg so dringend gewünschte „Übersicht des Ganzen", herzustellen. Man hatte noch schließlich vorläufige „Rücksprache genommen über die Mittel, um zu schnellerer Beförderung des Werkes Entwürfe über die Einrichtung des Militärwesens, die kirchliche Verfassung, den Rhein-Octroi, das Postwesen u. s. w. zu erlangen" (s. ob. S. 287.

Klüb. 1, 112. 2, 194. 196 f.).) Ein Gutachten über die vom
Militärausschuß zu beratenden Gegenstände hatte Wrede schon am
22. Oktober eingereicht (Klüb. 2, 110 ff.).

Was die „Übersicht des Ganzen" betrifft, so wurden, wie
aus jenem Schreiben Humboldts vom 11. Dezember sowie auch
aus der Note vom 10. Februar 1815 (s. Klüb. 2, 6) erhellt,
die preußischen Bevollmächtigten mit der Ausarbeitung eines
doppelten Entwurfes, mit und ohne Kreiseinteilung, betraut.
Das war um so unerläßlicher, als seit der Übereinkunft vom
21. Oktober die Bedenken Metternichs gegen die Kreiseinteilung
offenbar zugenommen hatten, wenn sie auch der Antipathie Steins
vielleicht noch nicht gleichkommen.

Wie schon hieraus folgt, schob Österreich die gemeinsam
übernommene Arbeit auch diesmal wieder auf Preußen ab, während
andererseits Hardenberg sie nach seiner Gewohnheit auf Humboldt
abzuwälzen wußte. Humboldt machte sich denn auch mit seinem
unermüdlichen Eifer sofort an das Werk.

Wenn aber die dadurch bedingte Pause der Comitéberatungen
sich zu einem vollständigen „Stillstand" entwickelte (vgl.
Klüb. 2, 197): so trugen daran eben nicht jene drei Noten vom
16. November die Schuld, sondern einzig und allein die sich
immer schroffer entwickelnde und alles in den Hintergrund drän=
gende polnisch=sächsische Frage. Die Verwicklung begann mit dem
6. November, nahm um den 9. ein ernstes Gepräge an, brachte
seit der Mitte des Monats alle anderen Verhandlungen ins Stocken,
und erstieg um die Mitte des Dezember den Gipfel der Krisis.
Ehe wir aber diese Frage ins Auge fassen, müssen wir der Über=
sichtlichkeit halber den unter solchen Umständen nur heimlich be=
triebenen Fortgang der Verfassungsfrage bis zu ihrem prinzipiellen
Zusammenstoß mit der polnisch=sächsischen Krisis verfolgen.

XXXII. Fortgang der Verfassungsfrage bis Mitte Dezember 1814.

1. Zusammenstellung der bisherigen Konferenz=ergebnisse. Ungedruckt.

In den Berliner Akten findet sich von Humboldts Hand ein Auszug aus den Konferenzprotokollen, der in der That als eine „Zusammenstellung der bisherigen Bestimmungen und Erklärungen" gelten darf, und der offenbar den Ausgangspunkt oder die Grund=lage für die Ausarbeitung der beiden Gesamtentwürfe bilden sollte und mußte. Daher weist er auch bei den entsprechenden §§ seiner Gesamtentwürfe darauf in Parenthese und unter dem Titel „Auszug" zurück: z. B. „§ 1. (Auszug § 1.)." S. Klüb. 2, 20 ff. Und aus dem dazu gehörigen Begleitschreiben an Metternich vom 10. Februar 1815 folgt, daß es sich eben dabei um einen Auszug „der schon in Beratung gekommenen Paragraphen" handelt, in deren „protokollmäßiger Fassung keine auf den Sinn Einfluß habende Abänderung" stattgefunden habe (ib. 2, 17). Dieser zusammenstellende Auszug beruht, wie sich hiernach schon von selbst versteht, auf den Be=ratungen über die „zwölf Artikel" und über die „Entwick=lung" des fünften derselben. Es ergaben sich daraus im ganzen 24 allseits beratene Punkte. Eine vollständige Wiedergabe dieser Zusammenstellung lohnt sich nicht. Da jedoch in dem Humboldtschen Doppel=Entwurf auf sie verwiesen wird, die Ver=weisungen aber durch die Schuld eines Hilfsarbeiters oder eines Kopisten unvollständig und sogar zum Teil falsch sind: so wollen wir unsererseits zur Orientierung für Nachprüfende die 24 Punkte paragraphenmäßig aufzählen und unter Vermerk des Gegenstandes-

auf die entſprechenden Hauptſtellen der Akten verweiſen, indem
wir uns mit der Anführung einiger Bemerkungen Humboldts zu
einzelnen Punkten begnügen. Die Gleichheitszeichen ſollen natürlich
nicht immer die wörtliche Übereinſtimmung, wohl aber durchweg
die ſachliche Parallele bezeichnen.

§ 1. Auszug (Bildung des Bundes) = § 1. der Zwölf
Artikel (ſ. ob. S. 209), = § 1. der Württembergiſchen Redaktion
(Klüber 2, 148. 174), = § 1. des Doppel=Entwurfs (ib. 2, 20).

§ 2. Auszug (Zweck des Bundes) = § 2. Z. A., = § 2.
W. R., = § 2. D. E. Humboldt im Auszug: „Württemberg
hat dieſen Artikel für entbehrlich erklärt" (ſ. Klüb. 2, 148 Note).
Doch gab gerade Württemberg die allſeits gebilligte Faſſung
(ib. 2, 174), die denn auch in den Doppel=Entwurf überging.

§ 3. Auszug (Regierungsrechte der Bundesglieder) = § 3.
Z. A., = § 3. W. R., = § 45. D. E. Die Württembergiſche
Redaktion, die darauf beſtand, „Regierungsrechte" in Parentheſe
durch „Souveränitätsrechte" zu erläutern, im übrigen Wortlaut
aber wenig abwich (Klüb. 2. 148), wurde nach dem Protokoll
bei Klüber (S. 174) am 7. November einſtimmig angenommen.
Das muß Humboldt, trotz ſeiner Anweſenheit, hinterher überſehen
haben. Denn im D. E. behielt er die Faſſung der Z. A. bei
(ib. S. 32), und im Auszug hatte er bemerkt: „Württemberg
iſt aus Mangel an Inſtruktion noch nicht beigetreten", eine Notiz,
die höchſtens auf die früheren Äußerungen Württembergs (Klüb.
2, 80 und 97) bezogen werden könnte.

§ 4. Auszug (Bundesverſammlung und Kreiseinteilung)
weſentlich = § 4. Z. A. = § 4. W. R. (Klüb. 2, 149. 175),
= § 3. D. E.

§ 5. Auszug (Stimmen im erſten Rat) = § 5. Z. A.
= 5, a der „Entwicklung" des fünften Artikels (Klüb. 2, 132)
= 5, 2. W. R. (ib. S. 150), = § 4. D. E. Humboldt im
Auszug: „Bayern hat den doppelten Stimmen Öſterreichs und
Preußens widerſprochen. Württemberg desgleichen; jedoch even=
tualiter einen Vorſchlag zur Verhütung der beſtändigen Mehrheit
dieſer Höfe genehmigt" (Vgl. Klüb. 2, 140). Doch iſt zu beachten,
daß Hardenberg in ſeiner Redaktion vom 3. November die würt=

tembergiſche Faſſung „Jedes Mitglied führt eine Stimme" auf=
nahm (ib. 2, 157) und ſich am 10. Februar Metternich gegenüber
neuerdings zum „Verzicht auf das Recht einer doppelten Stimme"
für Preußen bereit erklärte (ib. S. 17).

§ 6. Auszug (Sitz des erſten Rats) = § 5, b. der Ent=
wicklung (Klüb. 2, 132), = 5, 1. W. R. (ib. 150), = § 5. D. E.
(ib. 2, 21. Nur iſt hier auf § 7 des Auszugs verwieſen). An=
genommen am 29. Oktober (Klüb. 2, 140).

§ 7. Auszug (Geſandte des erſten Rats) = § 5 c. Ent=
wicklung; = § 6. D. E. (Nur iſt hier fälſchlich auf § 5 des
Auszugs verwieſen). Angenommen den 29. Oktober (Klüb. 2, 140).

§ 8. Auszug (Befugnis des Vorſitzenden) = § 5 d. Ent=
wicklung; = § 5, 3. W. R. = § 7. D. E. (Nur fehlt hier
die Verweiſung auf den Auszug). Ebenfalls ſchon am 29. Oktober
(Klüb. 2, 141).

§ 9. Auszug (Die Mehrheit der Stimmen entſcheidet.
Falls jedoch die 4 Stimmen Öſterreichs und Preußens den 3 anderen
entgegenſtehen, ſollen die Bevollmächtigten der Fürſten N. N. hin=
zugezogen werden) = 5, e Entwicklung (Kl. 2, 133) = § 8.
D. E. Dazu Humboldt: „Bayern und Württemberg haben dem
letzten Abſatz (b. i. von „Falls" an) dieſes Paragraphen (9) wie
ad § 5 widerſprochen."

§ 10. Auszug (Rechte des erſten Rats) = 5 f. Entwicklung,
= § 6. W. R. (Klüb. 2, 150 f.) = § 9. D. E. (ib. S. 22.
Nur iſt hier fälſchlich auf § 8 des Auszugs verwieſen). Dazu
Humboldt: „Dieſer § iſt nach § 20 (Zuziehung eines Ausſchuſſes
des zweiten Rates) abgeändert worden. Es findet wieder dabei
der gegen § 20 geäußerte Widerſpruch Württembergs ſtatt."

§ 11. Auszug (Ausübende Gewalt) = § 5, g. Entwicklung
(Klüb. 2, 133 f.) = § 6, a und b. W. R. (Kl. 2, 151. 175.
Die Vollziehung der Erkenntniſſe des Bundesgerichts fehlt hier
natürlich, da Württemberg gegen die Einſetzung eines Bundes=
gerichts war), = § 10. D. E.

§ 12. Auszug (Zuziehung des zweiten Rates bei Ent=
ſcheidung über Krieg und Frieden) = § 7 des „preußiſch=öſter=
reichiſchen Entwurfes betreffend das Recht des Krieges, der Ver=

träge u. f. w." (Klüb. 2, 162), erster Absatz. Angenommen am
7. November (ib. S. 171). Dazu Humboldt: „Württemberg hat
eine andere Fassung dieses § vorgeschlagen." Der obige generelle
Satz wurde von Humboldt dem § 9 des Doppel=Entwurfs ein=
gefügt (Klüb. 2, 22), nur daß er die Zuziehung mittels eines
„Ausschusses" beibehielt.

§ 13. Auszug. (Die Kreisobersten sind Bevollmächtigte des
Bundes, Beschwerden gegen sie) = § 5, h i und k Entwicklung
(Kl. 2, 134 f. 141), = § 7, 1. 3. 5. 6 W. R. (ib. 151 f.
175 f.) = § 27—29 D. E. (ib. S. 27 f.).

§ 14. Auszug. (Austrägal=Instanz und Bundesgericht) =
§ 10. Z. A., = § 1. preußisch=österreich. Entwurf über Krieg u. f. w.
(Kl. 2, 160), = § 11. W. R. (ib. S. 155), = § 80 und
§ 47 D. E. (ib. 2, 43. 33). Humboldt im Auszug: „Bayern
hat nun (b. i. am 7. November) die Notwendigkeit eines Bundes=
gerichts anerkannt, allein über die wirkliche Zulässigkeit desselben
sich seine Stimme, sobald der Plan desselben ganz entwickelt
sein würde, vorbehalten. Württemberg hat der Idee eines be=
ständigen Bundesgerichts gänzlich widersprochen, und sich seine
Erklärung über die Austrägal=Instanz, wenn darüber nähere Be=
stimmungen mitgeteilt würden, vorbehalten." (Vgl. Klüber 2, 169.
167 f. 177).

§ 15. Auszug. (Gegenseitiger Bestand gegen auswärtige
Gewalt) = § 2. preuß.=österr. Entwurf über Krieg u. f. w.
(Kl. 2, 160 f.), angenommen am 10. November (ib. 177); im
D. E. weggelassen, weil es durch § 2 und § 13 des D. E.
verbürgt ist.

§ 16. Auszug. (Vertretung des Bundes gegen Auswärtige)
= § 3 preuß.=österr. Entw. (Kl. 2, 161), = § 6, 2 W. R.;
angenommen den 10. November (ib. 177); im D. E. = § 9, 2
(ib. S. 22).

§ 17. Auszug. (Auswärtige Gesandtschaften) = § 4 preuß.=
österr. E. (Kl. 2, 161). Dazu Humboldt: „Württemberg hat ver=
langt, daß die fremden Gesandten ihre Vorträge vor dem ver=
sammelten Rat machen müssen. Bayern hat erklärt, daß den
Vorsitzenden bei diesen Vorträgen nur der von ihm vorzuschlagende

Direktor beizugeben sei" (Vgl. Klüb. 2, 177 f.). In D. E.
§ 11 wurde der Wortlaut von § 4 des preuß.=österr. E. bei=
behalten (ib. S. 23).

§ 18. Auszug. Bundesgesandtschaften für einzelne Unter=
handlungen mit auswärtigen Staaten) = § 5 preuß.=österr. E.
(Kl. 2, 161). Dazu Humboldt: „Man hat sich vorbehalten, die
Art, wie diese Gesandtschaften zu schicken sein würden, näher zu
bestimmen. Württ. hält diese Gesandtschaften für überflüssig"
(Vgl. Kl. 2, 178 f.). Im § 12 des D. E. beibehalten (ib.
S. 23. Die Verweisung auf § 18 des Auszugs ist wegge=
blieben).

§ 19. Auszug. (Sicherung jedes Bundesgliedes gegen wider=
rechtliche Gewalt einer auswärtigen Macht) = § 6 preuß.=österr.
E. (Klüb. 2, 161 f.). Mit einem Zusatze Humboldts: „Bei
einem wirklichen feindlichen Einfall u. s. w." am 10. November
angenommen (ib. 179 f.), und in dieser Gestalt in den D. E.
§ 13 aufgenommen (ib. S. 23. Die Verweisung auf den Aus=
zug fehlt).

§ 20. Auszug. (Zuziehung des zweiten Rates bei Beschlüssen
über Krieg und Frieden durch einen Ausschuß) = § 7 des
preuß.=österr. E. zweiter und dritter Absatz (Kl. 2, 162). Da=
zu Humboldt: „Württ. hat die Zuziehung des Ausschusses, der es
nicht beistimmt, ad referendum genommen" (Vgl Kl. 2, 180 f.).
Im D. E. § 14 sind die Namen Hessen=Kassel und Baden dem
frühern Vorschlage gemäß durch N. R. ersetzt.

§ 21. Auszug. (Mittel um die Gefährdung der äußeren
Sicherheit Deutschlands durch einen einzelnen Bundesstaat zu
verhindern) = § 9. G. A. = § 8 preuß.=österr. E. (Kl. 2,
162 f.), = § 10. Württ. Red. (ib. S. 155 kurz und unbe=
stimmt), = Neue Wessenbergsche Redaktion (ib. S. 172 abge=
schwächt). Humboldt im Auszug: „Württ. hat den Zusatz (Jedes
Mitglied verpflichtet sich, von den geschlossenen Verbindungen den
Bund in Kenntnis zu setzen) nicht angenommen; der übrige §
hat ihm nicht bedenklich geschienen. Preußen hat sich seine Er=
klärung vorbehalten." Bayern hatte auch den Zusatz „Jedes
Mitglied u. s. w." unter der von Österreich zugestandenen Be=

bingung angenommen, daß nur die im ersten Absatz bezeichneten „Verbindungen" d. h. die auf Krieg u. s. w. bezüglichen dem Bund zur Kenntnis zu bringen seien (s. Klüb. 2, 181 ff. vgl. S. 173). Humbolt nahm, trotz jenes Vorbehaltes, die Weißen-bergsche Redaktion des Artikels mit dem also modifizierten Zu-satz wesentlich unverändert in den Doppel-Entwurf § 46 auf (ib. S. 33).

§ 22. Auszug. (Bei Friedensschlüssen über das Gebiet eines Bundesgliedes zu verfügen, ohne u. s. w. steht dem ersten Rat nicht zu) = § 9 preuß.-österr. E. (Kl. 2, 164. Nur fehlt hier gerade das „nicht"). Humbolt im Auszug: „Von Württ. ad referendum genommen" (ib. 173. 183 ff.). Die in der Sitzung vom 12. November mit Ausnahme Württembergs angenommenen Vorschläge Bayerns in betreff einer Modifikation ließ Humbolt im D. E. § 15 unbeachtet (Kl. 2, 24. Statt „Beteiligten" steht hier „Bethätigten").

§ 23. Auszug. (Staatsverträge mit Auswärtigen) = § 10 preuß.-österr. E. (Kl. 2, 164). Humbolt im Auszug: „Württ. ist nicht beigetreten" (ib. 185); = § 16. D. E.

§ 24. Auszug. (Anteil des ersten Rats an der Gesetz-gebung) = § 11. preuß.-österr. E. (Kl. 2, 164). Humbolt im Auszug: „Württ. hat seine Erklärung vorbehalten" (ib. 187). Dies geschah in der Sitzung vom 12. November, nachdem die Fassung des Artikels bereits einer Abänderung unterzogen wor-den (ib. 186 f.); = § 17. D. E.

Ob Humbolt die Zusammenstellung oder den Auszug der beratenen Punkte vor oder nach dem 16. November anfertigte, läßt sich nicht bestimmen. Gewiß ist, daß die am 12. November von Österreich und Preußen vorgelegten 8 Punkte über „Bildung und Wirkungskreis des zweiten Rats", als „Entwicklung" des sechsten der zwölf Artikel (Kl. 2, 188 ff.), obgleich sie in den beiden letzten Sitzungen vom 14. und 16. November erörtert worden waren, nicht in den Humboltschen Auszug aufgenommen wurden, offenbar weil Württemberg sich aller Abstimmung dabei enthielt (ib. 193). Da jedoch Hannover alle 8 Punkte und Bayern fast alle unbedingt annahm (ib. 193—196), so fügte

sie Humboldt wesentlich unverändert dem D. E. als § 18—25
ein (ib. S. 25 ff.).

Während Humboldt sich mit der Ausarbeitung dieses Doppel=
Entwurfes in der zweiten Hälfte des November und in den ersten
Tagen des Dezember beschäftigte, traten in der Verfassungsfrage noch
folgende Zwischenereignisse ein, die wir nicht unberührt lassen dürfen.

2. Kleinstaatliche Hilferufe. Ungedruckt.

Daß es den Kleinstaaten, selbst bei der Kaiserfrage, nicht
auf die Darbringung von Opfern, sondern auf die Gewinnung
von Vorteilen ankam: das bewiesen sie bei vielen Anlässen und
u. a., wie wir sehen werden, noch im März und April des
folgenden Jahres; das bewiesen auch damals die Kleinsten unter
den Kleinen. Am „22. November 1814" wandten sich „Hohen=
zollern=Hechingen und Hohenzollern=Sigmaringen" an Preußen
mit der ängstlichen Bitte um „Sicherung und Erhaltung"
ihrer „Selbständigkeit und Rechte", dergestalt daß „das Ge=
samthaus Hohenzollern bei allen seinen Würden und Rechten
ungekränkt und ungeschmälert erhalten, und seine Be=
sitzungen keinem andern Mitstaate in irgend einer Be=
ziehung untergeordnet werden möchten" (Berl. Archiv l. c.
Nr. 100: Maisons de Hohenzollern).

Wie sehr wir uns auch der heutigen Namensträger dieser
beiden Duodezländchen, ihrer patriotischen Bethätigung seit 1866 zu
erfreuen haben: die damaligen Inhaber derselben übertrafen samt
anderen ihresgleichen wahrlich an Überhebung die Mittelstaaten
so sehr, daß dagegen das Verhalten von Bayern und Württem=
berg fast als das anerkennenswerteste Entgegenkommen erscheint.

Man kann sich daher auch nicht wundern, wenn diese beiden
Fürstentümchen sich beeilten, am 24. November der Kaiser=Note
der Neunundzwanzig beizutreten, weil sie, wie sie unbefangen
genug erklärten, „ebenfalls" ihre „Rechte zu wahren" (nicht
zu beschränken) gedachten, und weil sie auf diesem Wege eine
deutsche Verfassung „auf der Basis gleicher Rechte und einer
vollständigen Repräsentation aller Bundesglieder" zu erlangen
hofften (s. Klüb. 1, 93 f.).

3. Regungen der Religionsparteien*).

Bis dahin hatten die Verfaffungsentwürfe noch in keiner Weise auf die Religionsparteien und deren Zukunft Rückficht genommen. Aber schon unterm 30. Oktober war „für die katholifche Kirche Deutfchlands" ein Memoire eingereicht worden, das bereits bei Klüber 1, 2, 28 ff. gedruckt ward, unter dem Titel „Dar= ftellung des traurigen Zuftandes der entgüterten und verwaifeten katholifchen Kirche Deutfchlands, und ihrer Anfprüche", unter= zeichnet: „Freih. von Wambold, Dombechant von Worms, Kapi= tular des mainzer Metropolitan=Kapitels zu Afchaffenburg; Jof. Helfferich, Präbendar bei der Domkirche zu Speier; Schier, Syndikus." Diefes Memoire reklamiert für die katholifche Kirche alle früheren Rechte und alle früheren Befitzungen, d. h. die noch nicht veräußerten, die veräußerten einlösbaren, und Entfchädigungen für die nicht einlösbaren; insbefondere aber die „Freiheit der Kirche", d. h. u. a. „die Unabhängigkeit in der Verwaltung ihres Hirtenamts, ihrer geiftlichen Gerichtsbarkeit, die freie Wahl ihrer Bifchöfe, die Erziehung, Bildung und Anftel= lung ihrer Diener"; denn alles dies „gehöre zu dem Sein und Wefen" der Kirche.

In dem Fünfercomité fowohl wie in der Note der Neun= undzwanzig vom 16. November war diefe Eingabe völlig unbe= achtet geblieben. Doch hatte man in der letzten Sitzung des erftern, wie wir fahen (ob. S. 292), alfo am 16. November, auch an einen „Entwurf" für die „kirchliche Verfaffung" Deutfch= lands gedacht. Und dies war ohne Zweifel der Anlaß, weshalb Humboldt nunmehr das obige Memoire dem Dombechanten von Münfter, Freiherrn Spiegel zum Defenberg zur Begutachtung mitteilte. Die ungedruckte Antwort desfelben (Berl. Arch. Nr. 91: Église catholique) lautet:

„Ew. Excellenz ftelle ich mit gehorfamftem Danke die mir geftern anvertraute „Darftellung des traurigen Zuftandes 2c., welche die Herren von Wambold, Helfferich und Schier zur Be= rückfichtigung bei dem Wiener Kongreß eingereicht haben, zurück.

---

*) [Vgl. Otto Mejer: Zur Gefchichte der römifch=deutfchen Frage 1, 446 ff.]

Diese Schrift enthält manche verfängliche Stelle; diese werden
Ew. Exc. Scharfblick nicht entgehen. Es wohnt darin ein ultra=
montanischer Geist erster Größe, ganz im Gegensatze mit
dem auf immer ehrwürdigen Wahrheitssinn, der die Väter
auf den Konzilien zu Konstanz und Basel bei der bezielten Re=
gulierung des deutschen kath. Kirchenwesens beseelte; das werden Ew.
Exc. wahrgenommen haben u. s. w. Die Kirchenverfassung
Deutschlands muß für jede der drei christlichen Glaubens=
konfessionen integrierender Teil der Konstitution der deut=
schen Staaten werden, und jeder dieser Religionsteile seine Eigen=
tümlichkeit der Religion, des Kultus, seines innern Haushaltes
und religiöser Verhältnisse gesichert finden, alle drei Konfes=
sionen in Liebe und Eintracht neben einander stehen, und das
allgemeine Beste gemeinsam fördern — das ist meine individuelle
Ansicht. Mit respektvoller Hochachtung verharrend, Ew. Exc.
ganz gehorsamster Spiegel Freih. zum Desenberg, Domdechant
von Münster. Wien den 2. Dezember 1814."

Um diese Zeit liefen nun auch protestantischerseits Bitt=
schriften ein, aber anscheinend sehr bescheidener Art. Dahin gehören
die Bittschriften betreffend die Vermögensverhältnisse der evangelisch=
reformierten Geistlichkeit in den ehemals pfälzischen Landen des
linken Rheinufers (Berl. Arch. Nr. 92: Église protestante).

Noch weniger bedeutsam waren die jüdischen Eingaben.
Doch begehrte die eines Dr. Buchholz in Wien: Preußen solle
nicht zugeben, daß durch Bestimmungen in der Bundesakte noch
diejenigen Rechte verkürzt würden, welche die Juden in Preußen
schon besäßen (Ib. N. 102: Réclamations des Juifs).

Humboldt ließ sich indes durch nichts bestimmen, in den
unter seinen Händen entstehenden doppelten Verfassungsentwurf
irgend eine Satzung über die Religionsparteien oder die Kirchen=
verfassung aufzunehmen. Dagegen nahm er sich mit großem
Interesse der nun zu erwähnenden Zwischenfälle an.

4. Bekämpfung des Bundesgerichts.

Zu Anfang Dezember tauchte ein anonymes Manuskript auf
mit dem Titel: „Ist für den künftigen Deutschen Bund die An=

ordnung eines förmlichen und stets versammelten Bundesgerichts notwendig?" (Berl. Arch. W. C. Nr. 75). Die Wiedergabe der Schrift lohnt sich nicht, zumal sie ohne Zweifel identisch ist mit dem Gutachten des nassauischen Ministers von Marschall, das dieser im November ausarbeitete und von dem, da er es an Stein mitteilte, Pertz 4, 306 einen kurzen Auszug gegeben hat. Das Gutachten verneinte die obige Frage. Inwieweit Stein dagegen reagierte, wissen wir nicht. In den Humboldtschen Akten (l. c.) findet sich aber eine handschriftliche Widerlegung desselben, die zwar keine Unterschrift trägt, aber wahrscheinlich von dem weimarschen Bevollmächtigten von Gersdorff verfaßt ist. Denn die einzelnen Korrekturen in dem Aktenstück, das eine Kopie des Originals ist, stimmen trotz sehr auffälliger Eigentümlichkeiten vollkommen mit Gersdorffs Hand überein, wie des letztern Original= schreiben an Humboldt vom 6. Dezember, worauf wir gleich kommen, darthut. Aus der Widerlegung heben wir das Folgende hervor.

„Eine Verfassung ohne höchstes Gericht entspricht den Erwartungen der Deutschen nicht, und ist darum allein schon verwerflich. Wer auch der Verfasser des Aufsatzes sein mag „Ist für den künftigen Deutschen Bund die Anordnung u. s. w. notwendig" — so ist soviel gewiß, daß ihm die Bequemlichkeit der jetzt in Deutschland Regierenden mehr am Herzen liegt, als eine Justizverfassung, welche die Unterthanen vor dem Mißbrauch der höchsten Gewalt schützt . . . . Das Bundesgericht muß Deutsch= land in seiner Gesamtheit vorstellen; es muß den einleuchtenden Beweis liefern, daß der Deutsche nun ein gemeinschaftliches Vater= land habe. Es muß also ein Bundesgericht sein, damit in allen Fällen, wo Nichtigkeiten begangen werden oder die Justiz ver= zögert wird, zu jeder Zeit des Jahres (nicht etwa allein wenn die Landstände versammelt sind!) den deutschen Unterthanen ge= holfen werden kann —".

5. Gersdorffs Einwirkung auf Humboldts Entwürfe.

Der weimarsche Bevollmächtigte war mehr und mehr mit Humboldt in einen vertraulichen Verkehr über die deutschen An= gelegenheiten eingetreten.

Am 6. Dezember teilte er diesem brieflich (Berl. Arch. Nr. 75) „Grundzüge eines künftigen deutschen Verbandes" mit, von denen er sagt, sie seien ihm „kommuniziert worden". Dazu gesellte er „Aphorismen", worin er sagte: Deutschland bilde nun einmal zur Zeit „zwei Gruppen, Süd und Nord", die sich um die beiden „präbominierenden" Staaten gruppieren; dieser Gegensatz lasse sich „durch keine Form eines politischen Organismus aufheben". Demnach erklärt er auch dem projektierten alleinigen Präsidium Österreichs gegenüber: „Nach den ihm bekannten Gesinnungen mehrerer anderer deutscher fürstlicher Bevollmächtigter würde man es ebenso gern sehen, wenn die beiden Monarchien, welche am Bunde teilnehmen, in dem Präsidio alternieren wollten". Im Interesse der Kleinstaaten empfiehlt er: im vollziehenden Rat beständig einen Ausschuß von vier Vertretern des zweiten Rats zuzulassen.

Wenn Gersdorff dabei sagt: „Man liebt den Schein der Freiheit, selbst wenn man ihr Wesen nicht zu besitzen vermag": so war das nicht, wie Treitschke meint (S. 690), „kindliche Unschuld kleinstaatlicher Diplomaten", sondern vielmehr politische Weisheit. Gersdorff war ja schon im November für ein Zustandebringen der Verfassung auf der Grundlage der „zwölf Artikel" oder des „Bundesplanes vom 14. Oktober", freilich mutatis mutandis, bereit gewesen. Nunmehr, zu Anfang Dezember, war seine Meinung: Mag man den Kleinstaaten jenen Ausschuß zugestehen; sie werden sich dieses Scheines der Freiheit erfreuen, wenn sie das Wesen derselben, die volle Rechtsgleichheit mit den Gliedern des ersten Rates nicht besitzen können; oder mit andern Worten: sie werden sich mit dem Bißchen begnügen, wenn sie nicht Alles zu erreichen vermögen. Und zugleich durfte er hoffen, mit jenem Ausspruch ein Zweites zu erreichen, nämlich: daß wirklich jener Ausschuß in den Augen Humboldts als ein kleines, nicht als ein großes Zugeständnis erscheinen werde.

Und diese Hoffnung schlug nicht fehl, wie das nachfolgende Gutachten Humboldts im Schlußabschnitt und sein Begleitschreiben vom 11. Dezember beweist.

Wie sollte sie aber auch fehlschlagen! Durfte Gersdorff doch
schon am 30. November melden, als er sich noch lediglich mit
einer Vertretung der „vornehmsten deutschen Fürstenhäuser im
dirigierenden Rate" begnügen wollte: „Man kommt uns succes-
sive immer näher. Jene zwölf Artikel haben schon mannigfache
Veränderungen erlitten" (Stichling S. 16). Hatte man es doch
schon erlangt, daß bei gewissen Fragen, namentlich über Krieg
und Frieden, die „Beteiligung des Fürstenrates" sogar im Fünfercomité einstimmig beschlossen worden war, und daß die preußisch-
österreichischen Vorschläge nicht nur Kurhessen und Baden, sondern außerdem noch drei gewählte Mitglieder des zweiten
Rates als „Ausschuß" bei solchen Fragen zu beteiligen bereit
waren (s. ob. S. 236, 237).

Auch hatte Gersdorff seinem Schreiben vom 6. Dezember
schon vorgearbeitet durch eine Unterredung, die er mit Humboldt
in den allerersten Tagen des Monats pflog. In derselben empfahl
er, in den ersten oder „engeren" Rat überhaupt, „außer den fünf
Königen, auch Baden mit einer Virilstimme und die übrigen
deutschen Staaten mit mehreren Kollektivstimmen" aufzunehmen. „Herrn von Humboldt — schrieb er sofort nach Hause —
waren diese Ideen neu und nicht ganz erwartet. Ich bemühte
mich, ihm zu zeigen, daß die Einheit des Bundes nicht leide;
wenn einmal der erste Rat, als aktive Centralbehörde des Bundes, aus fünf dem Wesen nach ziemlich voneinander unabhängigen Staaten bestehe, so können gewiß, ohne derselben Eintrag
zu thun, auch noch vier oder drei, an Preußen ihrer Lage nach
immerhin gewiesene, Stimmführer hinzukommen."

Wenige Tage darauf, d. i. offenbar nach dem Schreiben
vom 6. Dezember, das Stichling nicht kennt (s. S. 17), ging
Gersdorffs Hoffnung schon in Erfüllung, indem er in einer neuen
Unterredung mit Humboldt „die Eröffnung erhielt: Preußen werde
es gern sehen und unterstützen, daß in dem künftigen vollziehenden Rate außer den Königen auch noch vier bis fünf andere
Stimmen von den übrigen deutschen Fürsten repräsentiert würden". Zugleich, heißt es, wurde „dem Sachsen-Ernestinischen Hause
die Aussicht eröffnet, eine solche Stimme zu bilden".

Schmidt, Deutsche Verfassungsfrage.   20

Hier liegt also, beiläufig gesagt, ein direktes Eingeständnis der Thatsache vor: daß die kleineren Staaten immer mehr zu der lockeren Fassung der definitiven Bundesakte hingedrängt, und nicht sowohl Opferbereitwilligkeit denn vielmehr Sehnsucht nach Machtvermehrung empfunden haben. Wie sich dies gerade bei Weimar erklärte und verhältnismäßig im Vergleich mit vielen Gleichstrebenden rechtfertigte, haben wir schon gesehen (ob. S. 283).

6. Vollendung der Entwürfe, Humboldts Gutachten und Begleitschreiben an Hardenberg.

Gegen den 9. Dezember war Humboldt mit den beiden Entwürfen fertig. Wir teilen dieselben nicht mit; denn sie sind im wesentlichen identisch mit den Texten, wie sie später (im Februar 1815) dem Fürsten Metternich vorgelegt und bei Klüber 2, 18 bis 64 abgedruckt wurden. Humboldt übersandte sie an den Fürsten Hardenberg mit einem Gutachten vom 9. Dezember, und mit zweien Begleitschreiben: einem deutschen vom 11. und einem französischen vom 12. Dezember. Alle drei Schriftstücke sind ungedruckt; der wesentliche Inhalt des ersteren ging aber später in die Noten vom 4. und vom 10. Februar (Klüb. 1, 3, 132 ff. und 2, 6—18) über. Wir lassen die drei Aktenstücke, eigenhändige Originale, der Reihe nach folgen (B. A. Rep. VI. W. C. Nr. 75).

Humboldts Gutachten zu den beiden Entwürfen, d. d. Wien, den 9. Dezember 1814.

„Wenn man die beiden vorliegenden Verfassungsentwürfe, welche, wie ich mir wenigstens schmeichle, unparteiisch, und ohne Vorliebe für die eine oder die andere der ihnen zu Grunde liegenden Ideen, ausgearbeitet sind, miteinander vergleicht, so kann man sich, meiner Meinung nach, nicht des Urteils enthalten, daß der ohne Kreiseinteilung zwar einfacher, kürzer und allgemeiner annehmbar erscheint, dagegen der andere sowohl theoretisch bei weitem konsequenter als auch praktisch zu mehr sicheren und allgemein ersprießlichen Resultaten führend ist.

Die aus dem Mangel einer Kreiseinrichtung unfehlbar entstehenden Nachteile scheinen mir folgende zu sein:

1) Deutschland soll doch, nach seiner neuen Verfassung, die nicht bloß die politische Selbständigkeit, sondern auch die innere Sicherung der Rechte und die allgemeine Wohlfahrt der Nation zum Zweck hat, ein in allen seinen Teilen verbundenes Ganzes ausmachen. In diesem nun wird die Einwirkung der Central=gewalt immer schwächer sein, wenn sie geradezu, und ohne ein verfassungsmäßig dazu bestimmtes Organ geschieht; und selbst die Verbindung der einzelnen untereinander wird lockerer werden, wenn nur die immer losere allgemeine beständig ist, die stärkeren beson=deren aber dem Zufall und dem Wechsel unterworfen bleiben. In dieser Hinsicht ist die Kreisverfassung, als eine Mittelstufe der Verbindung, schon in hohem Grade empfehlungswürdig.

2) Die Aufrechthaltung der Bundesschlüsse, da wo schon wirklich Übertretungen vorgefallen sind, kann allerdings ebensowohl durch einzelne Aufträge als durch Kreisvorsteher (welches Wort man vielleicht statt: Kreisobersten wählen könnte) geschehen. Allein man muß immer gestehen, daß die Aufmerksamkeit der Kreisdirek=toren auf solche, vielleicht sonst nicht zur Sprache kommenden Übertretungen fehlt, und daß die Kreisverhältnisse günstige Ge=legenheiten darbieten, daß eine gleiche Wachsamkeit auch von den Kreisständen auf den Kreisdirektor selbst, gegen welchen ja jede Klage erlaubt ist, und gegenseitig aufeinander ausgeübt werde. Noch viel heilsamer ist es, daß durch die anhaltende gemeinschaft=liche Beschäftigung der Kreisstände mit Bundesangelegenheiten manchen Abweichungen auf eine geschickte und sanfte Weise vor=gebeugt werden kann.

3) In der Militärverfassung ändert die Verschiedenheit beider Entwürfe nichts ab, weil Bezirksabteilungen in dieser Absicht immer notwendig bleiben. Allein in Absicht der Rechtspflege haben die Samtgerichte bei großen Sprengeln immer den Nachteil, daß die zu ihnen gehörenden Staaten zu entfernt, und in ihren Ge=setzen und Verfassungen zu verschiedenartig sind, bei kleinen hin=gegen den, daß eine gehörige Organisation derselben (schon wegen des Aufwandes) kaum zu erreichen ist, auch die Richter den per=sönlichen Verhältnissen der streitenden Teile zu nahe bleiben.

4) Der Mangel der Kreisversammlungen ist nicht gleich=

gültig. Denn wenn sich auch allerdings durch Verträge und auf
diplomatischem Wege dasjenige erreichen läßt, was nicht mehr auf
verfassungsmäßigem nötig ist, so kann hier immer ein Einzelner
verhindern, was alle um ihn herum liegenden Fürsten ihrem Ge=
samtwohl zuträglich finden, und so sind Verträge dieser Art immer
wandelbar. Bei wirklichen und gemeinschaftlichen Beratschlagungen
dagegen wirkt schon, selbst wenn die Stimmenmehrheit nicht ver=
bindend sein sollte, das gegenseitige Erwägen der Gründe, und
der sich zugleich aussprechende Wille Vieler sehr stark; und das
einmal Beschlossene kann nicht, ohne neue Beratschlagung mit Allen,
umgestoßen werden.

Es ist auch nicht zu leugnen, daß, wenn mehrere Regierun=
gen sich in regelmäßig wiederkehrenden Versammlungen mit der
Sorge für das Wohl desselben nahverbundenen Teiles von Deutsch=
land beschäftigen, sie mehr ein lebendiges und ein solches Inter=
esse daran gewinnen, in welchem die einseitigen und eigensüchtigen
Ansichten, die sich sonst bei großen und kleinen nur zu leicht ein=
finden, gegen einander abgeschliffen werden; und die Beratschla=
gungen im zweiten Bundesrat gewinnen sicherlich, wenn mehrere
Fürsten schon gemeinschaftlich darüber gefaßte Meinungen, als
wenn sie jeder seine einzelne dazu mitbringen.

Was man auf der andern Seite den Kreisverfassungen ent=
gegensetzt, ist, daß das Verhältnis der Kreisdirektoren eine zu
große Ungleichheit unter den deutschen Fürsten begründet, daß die
Rechte derselben gemißbraucht werden können, daß dadurch ein
Zerfallen Deutschlands in fünf große Teile vorbereitet wird, daß
die Kreiseinteilung bei den Kreisdirektoren selbst große Schwierig=
keiten finden wird, und daß sie aus allen diesen Gründen die=
jenigen Fürsten, welche nur beigeordnete Kreisstände, nicht selbst
Vorsteher sein können, von der ganzen vorgeschlagenen Verfassung
abwendig macht.

Diese Gründe haben unleugbar ein sehr großes Gewicht.

Kein Mensch kann so sehr gegen eine Teilung Deutschlands
in so oder soviel Teile sein, als ich. Keiner fühlt so sehr, daß
gerade die Vorzüge, welche die Deutschen auszeichnen, in der Viel=
fachheit der Regierungen und der Verschiedenheit der Verfassungen

ihren Ursprung haben, wenn auch Deutschland manchmal sehr schwer dafür durch die Bedrohung und den Verlust seiner Unabhängigkeit büßen mußte. Keiner ist daher jeder Idee so entgegen, die auf Beherrschung, Unterbrückung oder Verschlingung des kleineren Staates durch die mächtigeren geht.

Ebenso ist Gleichheit der Fürsten jedem wahren Deutschen teuer und heilig; er will die Rechte der Nation vorzüglich in den Rechten ihrer Fürsten ehren. Nur möchte man freilich gern unter den Fürsten alle ehemaligen Reichsstände, auch diejenigen, welche nicht durch deutsche Acht, nicht weil sie dem Vaterlande in seiner Not nicht beigesprungen waren, darin die Stimme ihrer eigenen Unterthanen verkannt, und sich mit dem Feinde verbunden hatten, sondern durch fremde Gewalt aus ihrem Kreise gestoßen waren, darunter mitbegriffen wissen.

Allein

1) die Gleichheit der deutschen Fürsten leidet nicht dadurch, daß es Kreise giebt, und daß einige von ihnen ausschließlich Vorsteher derselben sind. Dies Gefühl war in der ehemaligen deutschen Verfassung gar nicht so bei den Fürsten, und die Gleichheit in einer Bundesverfassung wird nicht dadurch aufgehoben, daß die Ausübung einzelner Rechte auch ausschließlich gewissen Mitgliedern, als ein Amt, übertragen wird. Es muß dies notwendig bei allen den Gegenständen der Fall sein, die ihrer Natur nach nur wenigen angehören können, und es würde unmöglich werden, darum auf alle solche Einrichtungen Verzicht zu leisten.

2) Die Gefahr, daß Deutschland in einige große Teile zerfalle, rührt nicht von der Einteilung in Kreise her*), und dies ist ein so überaus wichtiger Punkt, daß er, wie auch die Angelegenheit der Kreise entschieden werden mag, immer eine eigene Beleuchtung verdient. Diese Gefahr entsteht aus der überwiegenden Macht einiger Staaten, der großen durch die Säkularisationen und Mediatisationen entstandenen Verringerung der Zahl der übrigen, und der natürlich durch die Zerstörung des deutschen Reichs herbeigeführten Entwöhnung von aller auch noch so billiger ge-

---

*) Also der Haupteinwand gegen die Kreiseinteilung.

meinschaftlicher Verfassung. Gegen alle diese Ursachen, und mit=
hin auch gegen ihr Resultat, ist aber das kräftigste und sicherste
Gegenmittel gerade die Wiederherstellung einer Verfassung; und
die Kreiseinteilung vermehrt so wenig die oben erwähnte Gefahr,
daß man vielmehr zweifelhaft bleiben kann, ob sie dieselbe nicht
gerade im Gegenteil vermindert. Da einmal mehr und mindermächtige
Staaten in Deutschland neben einander vorhanden sind, so kann
es nicht fehlen, daß sie nicht, wenn es keine Kreisverbindung giebt,
auf dem Wege diplomatischer Verhandlungen Übereinkommen mit=
einander über Gegenstände gegenseitiger Konvenienz schließen sollten.

Nun aber frage ich, ob, wenn man einmal bei den größeren
Staaten die Absicht voraussetzt, die kleineren in Nachteil zu brin=
gen, ein Abgeordneter eines kleineren Fürsten mit einem mäch=
tigeren Hofe unter dem Geheimnis eines Kabinetts vorteilhafter
unterhandeln wird, als in einer offenen Kreisversammlung, wo
der Mächtigere sein Begehren vor allen Kreisständen rechtfertigen
muß, und diese den Schwächeren schon unterstützen werden? Ich
frage weiter, ob, da es viele Arten, einen Nachbar zu belästigen,
giebt, die nicht leicht eine Erfolg versprechende Klage erlauben,
ein minder Mächtiger sich eines Unrechts, das ein größerer Staat
einem kleineren zufügt, ebenso annehmen wird, wenn er nicht in
diesem Unrecht eine Willkür eines Kreisdirektors erblickt, die schon
an sich auch sein eigenes Verhältnis beleidigt?   .

Ich frage endlich, ob, wenn ein kleiner Staat von einem an=
bern etwas größeren beeinträchtigt würde, der noch Mächtigere
ihn ebenso bereitwillig schützen würde, wenn er nicht eine Ver=
bindlichkeit dazu in seiner Eigenschaft als Kreisdirektor fände?

Man sagt wohl, daß man der schon beträchtlichen physischen
Macht nicht noch durch die Verfassung ein Gewicht zulegen muß;
allein dies ist ganz falsch ausgedrückt. Gerade dadurch, daß man
bei Staaten, wo die physische Macht, richtig geleitet, eine Wohl=
that für den Schwächeren wird, derselben auch ihren Platz in der
Verfassung einräumt und sie zu einer verfassungsmäßigen macht,
verwandelt man sie in eine moralische, bildet Gesetzmäßigkeit und
Verantwortlichkeit, und mindert auf diese Weise den Nachteil des
bloß physischen Übergewichts.

3) Dem immer möglichen Mißbrauche muß allerdings vor=
gebeugt werden. Allein ich glaube, daß dies in dem anliegenden
Entwurfe mit großer Sorgfalt geschehen ist, und wäre in dieser
Art noch etwas versäumt, so würde man unstreitig immer bereit
sein, es nachzuholen.

Endlich darf man einen Gesichtspunkt nicht vergessen. Militär=
bezirke und Oberhäupter derselben sollen fortdauernd sein, und
müssen es notwendig, wenn nicht der erste Zweck des Bundes
verloren gehen soll. Hierbei die Vorbereitung in der Ruhe zu
vernachlässigen, und die größeste Anstrengung nur im Augenblick
der Thätigkeit zusammenzubrängen, welches eigentlich das Bona=
partische System war, ging nur damals an, wo die Anwendung
keines Mittels gescheut wurde, um zum Zweck zu gelangen, und
wo der Zustand der Ruhe die Ausnahme und die Anspannung
der Kräfte eigentlich fortdauernd war. Gerechte und nichtdespotische
Staaten fordern ein anderes System, und in diesem geht alle
Kraft schlechterdings verloren, wenn das deutsche Kriegswesen
unmittelbar, und nicht mittelbar durch die mächtigeren Fürsten, unter
dem Bunde stehen soll. Giebt es aber einmal Militärbezirke, so
weiß ich nicht, ob gerade die Eigentümlichkeit der Kreise die Ge=
fahr des Mißbrauchs vermehrt. Die gemeinschaftliche Sorge für
andere und friedliche Gegenstände könnte vielmehr sogar den leicht
einseitig werdenden bloß militärischen Gesichtspunkt sanfter und
milder machen.

Nach Erwägung dieser Gründe und Gegengründe bin ich
der Meinung, daß der Entwurf mit einer Kreisver=
fassung dem andern vorzuziehen ist.

Eine Einwendung, welche man hiergegen noch erhebt, ist,
daß die Zahl der eigentlichen Bundesmitglieder (der noch unab=
hängig bestehenden Staaten) so zusammengeschmolzen sei, daß sie
selbst für sieben und fünf Kreise zu klein, und diese noch so un=
gleich in Deutschland verteilt sei, daß in den wenigsten Kreisen
werde an eine Versammlung gedacht werden können.

Dieser Einwurf fällt nun zwar hinweg, wenn man die
mediatisierten Reichsstände jetzt wieder zu Kreisständen erhebt,
was die Gerechtigkeit laut fordert, und was auch an sich der

neuen Verfaffung wohlthätig sein würde. Allein es ist ungewiß,
ob dies geschehen wird, und alsdann bleiben freilich, auch jeder
Zweig der Gesamthäuser, und jede freie Stadt besonders gezählt,
nur 30 Staaten unter die Kreise zu verteilen übrig, von denen
etwa 20 auf die nördliche Hälfte Deutschlands fallen. Allein auch
im ehemaligen deutschen Reiche hatte der Burgundische Kreis gar
keine und der Österreichische nur sehr wenige und unbedeutende
Kreisstände, und sicher ist es, daß, da doch einmal, wenigstens
in einem Teil Deutschlands, mehrere minder mächtige Fürsten
neben einander vorhanden sind, die Vorteile einer Kreisverbindung
dort eintreten würden.

Indes leugne ich nicht, daß dieser Umstand die
Entscheidung der Frage weniger erheblich macht, und
das Gewicht der für die Beibehaltung der Kreis=
verfassung streitenden Gründe vermindert.

Die Fürsten des zweiten Rats machen auch noch die Ein=
wendung gegen die Kreisdirektoren, daß etwaige Beschwerden gegen
dieselben keine parteilose Beurteilung beim ersten Rat finden
würden, da dieser bloß aus Fürsten derselben Klasse bestände.
Wenn daher mit ihnen von dem in einigen Fällen dem ersten
Rat beizuordnenden Ausschusse die Rede sein wird, werden sie
vermutlich verlangen, daß alle Beschwerden dieser Art immer mit
Zuziehung dieses Ausschusses geprüft werden sollen, und diese
Forderung wäre gegründet.

—————

Bei Gelegenheit dieses Ausschusses und des Widerspruchs,
in dem diese Fürsten mit den ihnen bekannt gewordenen Ideen
des Comités stehen, komme ich auf einen Vorschlag, welcher
unstreitig beide Teile viel näher bringen würde.

Die Fürsten fühlen sich vorzüglich durch ihre persönliche
Ausschließung von dem ersten Rat gekränkt. In einem mir
zu Gesicht gekommenen Plane geschieht daher der Vorschlag,

daß alle Staaten des zweiten Bundesrats mit vier Gesamtstimmen im ersten Rate Sitz haben sollen*).

Diese Gesamtstimmen sollen durch vier Direktoren der zu denselben zusammentretenden Häuser ausgeübt werden, das Direktorium soll wechseln, alle Teilhaber an einer Gesamtstimme sollen ihre Stimmen zur Instruktion des Gesandten geben, und dazu, wegen der verschiedenen Volkszahl, auf 100 000 Seelen Eine Stimme haben.

Diese Einrichtung wäre nun wohl zu verwickelt, zu vielen Zögerungen unterworfen, und zu gefährlich für das im Vollziehungsrate oft notwendige Geheimnis, als daß sie angenommen werden könnte. Von diesem Begriff einer aus mehreren einzelnen Meinungen zusammengesetzten Gesamtstimme müßte man daher wohl in jedem Falle abstrahieren.

Allein die Idee der Gleichheit kann unmöglich verlangen, daß alle Rechte in einer Verfassung auch immer von Allen wirklich aus= geübt werden; es ist schon hinlänglich, wenn nur alle deutsche Fürsten nach und nach zur Mitwirkung in den ersten Rat gelangen, oder, wenn die Sache auf Wahl beruhen sollte, wenigstens gelangen können. Dann ist es auch äußerst bedenklich, in einer Versammlung von 5 Mitgliedern, welche, wie im Vollziehungsrat, einen sicheren und festen Gang halten muß, vier jährlich wechselnde aufzunehmen.

Aus diesen beiden Rücksichten ist die in dem Comité entstandene Idee eines Ausschusses von 2 beständigen und 3 wechselnden Mit= gliedern bei weitem vorzuziehen.

Wenn man aber erwägt, daß dieser Ausschuß, nach den jetzigen Entwürfen, zugezogen werden soll:

1) bei Beratschlagungen über Krieg und Frieden;

2) wenn die vier Stimmen Österreichs und Preußens gegen die drei Bayerns, Hannovers und Württembergs sind;

3) wenn der ganze erste und zweite Rat verschiedene Meinungen über einen Gesetzesentwurf hegen;

4) wenn es zweifelhaft ist, ob ein Gegenstand sich zum Vor= trag im zweiten Rate eignet;

---

*) S. Gersdorff vom 6. Dez., ob. S. 304.

5) wenn Beschwerden gegen das Bundesgericht geführt werden;

6) wenn der Bundesrichter gewählt wird;

wozu allem Anschein nach noch

7) der Fall, wenn Beschwerden gegen einen Kreisdirektor untersucht werden,

kommen wird, so fragt man sich allerdings, ob es nicht ein gutes Einigungsmittel zwischen dem Comité und den übrigen Fürsten wäre, und nicht selbst den Ausschuß, der doch einmal eine sehr wichtige Rolle spielt, mehr mit dem Interesse des Rats verbinden, und den gegenseitigen Einfluß beider aufeinander verstärken würde, wenn man diesen Ausschuß ein für allemal in den ersten Rat aufnähme, ihn aber, wie jetzt angenommen ist, fortdauernd aus zwei beständigen Mitgliedern (Kurhessen und Baden) und drei wechselnden bestehen ließe? Die Bestimmung des Grundsatzes des Wechsels könnte man den Fürsten des zweiten Rats überlassen.

Der Ausschuß veränderte darum keineswegs die ihm jetzt angewiesene Bestimmung. Er bliebe ursprünglich und wesentlich immer der Repräsentant des zweiten Bundesrats für die Zeit, wo dieser nicht versammelt wäre; zugleich aber stimmte er im ersten Bundesrate mit. Er hätte daher eine doppelte Natur:

1) als Vertreter des zweiten Bundesrats in der Zeit der Abwesenheit dieses;

2) als Teilhaber im ersten.

In dem ersteren Verhältnis handelte er ganz eigentlich als Ausschuß, versammelte sich für sich, entschiede nach Mehrheit der Stimmen, und brächte seine auf diese Art gefaßte Meinung, als die Stelle eines Schlusses des zweiten Rats ersetzend, in den ersten.

In dem zweiten Verhältnis ratschlagten die ihn bildenden Bevollmächtigten nicht gemeinschaftlich und abgesondert, und gäben nicht eine Gesamtmeinung, sondern, sowie die anderen Mitglieder des Rats, jeder die seines einzelnen Hofes ab.

Die Zahl der Kreise dürfte nicht vermehrt werden, allein Kurhessen und Baden könnten Mitbirektoren der übrigen sein.

Hiernach würde ich nunmehr vorschlagen:

1) die Kreiseinteilung beizubehalten;

2) die jedesmaligen Mitglieder des Ausschusses des zweiten Rats, nach der für denselben in den bisherigen Konferenzprotokollen vorgeschlagenen Organisation, zu beständigen Mitgliedern in den ersten Rat aufzunehmen;

3) Kurhessen und Baden zu Mitdirektoren ihrer Kreise zu bestellen.

Auf diese Weise ist kein Fürst des zweites Rats von dem Eintritt in den ersten ausgeschlossen; die ehemaligen Kurfürsten genießen eines vorzüglichen Rechts, und die Kreisverfassung führt, soviel es jetzt noch möglich ist, die vormalige wohlthätige Einrichtung zurück.

Wien, den 9. Dezember 1814."

Humboldts Begleitschreiben an Hardenberg vom 11. Dezember.

„Ew. Durchlaucht habe ich die Ehre, anliegend den doppelten mir aufgetragenen Verfassungsentwurf, dem ich auch gesucht habe, eine lichtvolle Ordnung zu geben, und mein Gutachten darüber ergebenst zu übersenden. Das letztere ist, wie Ew. Durchlaucht sehen werden, durchaus der Beibehaltung der Kreise günstig.

Ich habe in dem Gutachten natürlich nur der allgemeinen Gründe erwähnt; die besondere Lage Preußens enthält aber auch noch andere, die ich Ew. D. nicht erst aufzuzählen brauche. Da wir immer das Unglück haben werden, kein abgerundetes Gebiet zu besitzen, so werden wir durch die Vielfachheit um unsere Provinzen herum und zwischen denselben liegender und unabhängiger Regierungen mancherlei Verlegenheiten ausgesetzt bleiben. Auf der andern Seite aber scheint es mir auch ungemein wichtig, daß Preußen den kleineren Fürsten nicht als eine Gefahr, sondern als ein Schutz erscheine, und daher, glaube ich, müssen wir nicht zu ängstlich danach trachten, verfassungsmäßig dasjenige zu erlangen, was uns durch unseren Einfluß, als mächtigerem Staat, ja doch nicht entgehen kann, und ein wenig mehr Mühe, es zu erwerben und zu erhalten, nicht scheuen. Die Stärke Preußens an sich, und in Deutschland, wird immer zum Teil eine moralische

fein müffen, und ift es in unferer Nation gerade jetzt in hohem
Grade. Daß fie es auch noch mehr, als fchon jetzt, in Deutfchland
werde, und daß fich diejenigen, die für uns find, freier ausfprechen
können, dahin muß unfer Bemühen gehen, und wir haben daher
jeden Schein zu vermeiden, durch unfere Macht auf fremde Frei=
heit einwirken zu wollen. Ich weiß zu fehr, daß E. D. felbft ganz
und gar diefe Anficht haben, als daß ich mich weiter dabei auf=
zuhalten brauchte.

Die Vorfchläge am Schluß meines Gutachtens*) werden
E. D. vielleicht auf den erften Anblick befremden. Ich halte aber
in der That ihre Ausführung nicht für bedenklich, und mein
eigentlicher Grund dazu war folgender:

Man**) hat uns, wie E. D. gewiß auch bemerkt haben,
nicht ohne Abficht, gern bei den deutfchen Verfaffungsangelegen=
heiten vorangeftellt, und uns leicht und gern in allem nachgegeben,
weil man es wohl mochte, wenn lieber wir, da man auch von
uns wußte, daß wir immer eine fefte und kräftige Verfaffung
wollen würden, den Fürften, denen allen die Feffeln einer Kon=
ftitution läftig find, unangenehm würden oder gefährlich erfchienen***).
Nebenher hernach, oft ohne vorhergängige Beratung, hat man Aus=
gleichungsmittel für die vermuteten Anfprüche der Fürften vor=
gebracht, und vorzüglich ift in der letzten Zeit die Neigung,
ihren Wünfchen nachzugeben, fichtbar geworden†). Kommen die
anderen Fürften felbft zu den Beratfchlagungen hinzu, fo wird
das noch weiter getrieben werden, und fo glaube ich vorauszufehen,
daß, was ich jetzt vorfchlage, ja vielleicht nicht einmal etwas fo
Unfchädliches, auf eine Weife vorgebracht werden wird, wo wir
nur die Wahl haben werden, nachzugeben, oder uns in Widerfpruch
mit der Mehrzahl der Fürften zu ftellen.

Dagegen können wir jetzt das Verdienft haben, einen Vor=

---

*) D. i. betreffend die Beteiligung der kleineren Stände an dem erften
Rat durch einen Ausfchuß.
**) D. i. Öfterreich.
***) [Vgl. o. S. 233 Anm.]
†) Grund: die Differenzen zwifchen Öfterreich und Preußen in der
Polnifch=Sächfifchen Frage; f. unten.

schlag zuerst gemacht zu haben, um welchen sich ihre vorzüglichsten
Wünsche herumbrehen, und dadurch sie für uns gewinnen. Selbst
wenn wir jetzt, im Fall diesen Vorschlägen lebhaft widersprochen
werden sollte, nachgäben, würden die Fürsten immer erfahren, daß
wir etwas ihnen Angenehmes gewollt hätten, und würden die
Hoffnung behalten, daß wir sie darin auch künftig noch unter=
stützen würden. Wir dürfen es aber gewiß nicht außer acht lassen,
sie, soviel es ohne Nachteil der Verfassung des Ganzen geschehen
kann, zu gewinnen.

Der Vorschlag, in dem Ausschuß Kurhessen und Baden einen
beständigen Platz anzuweisen, wird vermutlich den übrigen Fürsten
mißfällig sein; und für uns selbst hat er die Unbequemlichkeit,
daß, wenn, wie aller Protestationen ungeachtet doch wohl einmal
der Fall sein wird, die Königl. Sächsische Dynastie eine Ent=
schädigung erhält, wir dieselbe schwerlich werden hindern können,
gleichfalls einen beständigen Sitz im Ausschuß zu haben. Unser
eigenes Prinzip, auf die Ordnung der Häuser im alten Reiche
zurückzugehen, würde uns da im Wege stehen. Es kann daher
angemessen scheinen, den Ausschuß aus lauter wechselnden Häusern
bestehen zu lassen. Mir hat es aber wichtiger geschienen, uns
Hessen=Kassel, auf das wir schon zählen können, ganz zu versichern,
und auch Baden mit uns zu verbinden, was ich wegen der Eifer=
sucht auf Bayern und Württemberg für möglich halte.

Ob ich das Verhältnis derjenigen Mediatisierten, welche mit
Preußen verbunden werden sollen (in dem Entwurf mit Kreis=
einteilung § 68—74 und in dem anderen § 54—60), richtig
gefaßt habe, bitte ich E. D. vorzüglich aufmerksam in Erwägung
zu ziehen. Ich glaube, man muß ihre Lage sehr vorteilhaft
machen, teils um zu zeigen, daß Preußen sich durch die Sorge für
die Herstellung dieses Unrechts vor allen Fürsten auszeichnet, da die
Kleinen ihrer nicht einmal erwähnen, und Österreich sich ihrer höchst
kalt annimmt, teils aber auch, weil sonst sie gerade dadurch, daß sie
nicht zu den Landständen gehören sollen, Nachteil erfahren würden.

Wenn E. D. mein Gutachten und die Entwürfe genehmigt oder
abgeändert haben werden, müßten wir, dünkt mich, noch ohne das
militärische Gutachten abzuwarten, alles Österreich und Hannover

mitteilen, mit ihnen uns über die in meinem Gutachten aufgestellten Hauptfragen vereinigen, und hernach in Konferenzen schnell diejenigen Punkte durchgehen, die noch nicht gemeinschaftlich angenommen sind. Alsdann, ohngefähr, wenn wir nicht zögern, in acht Tagen, könnten wir unsere Konferenzen mit Bayern und Württemberg wieder anfangen.

Wien, den 11. Dezember 1814*).

Sr. D. Herrn Staatskanzler Fürsten von Hardenberg.

Humboldt."

Humboldts zweites Begleitschreiben vom 12. Dezember.

„Je suis vraiment peiné, mon cher Prince, de Vous envoyer dans ce moment précisement un travail aussi volumineux. Mais il ne l'est qu'en apparence, et il est pourtant aussi très important que nous pressions cet objet. Il s'agit au fond seulement que Vous lisiez à présent mon rapport et mon vote. Voulez Vous jeter un coup d'oeil sur les constitutions, Vous trouveriez les différences principales dans celle avec les cercles dans les §§ 26 à 43, dans l'autre dans les §§ 26 à 40.

Si Vous approuvez les idées de mon vote, je crois qu'il serait infiniment désirable que nous l'envoyions le plutôt possible à Metternich pour décider simplement les grandes questions qui y sont renfermées. Vous pourriez dans la note d'envoi lui dire que Vous n'avez Vous-même pas encore examiné tous les détails de ces articles des projets que nous n'avons pas encore pris en délibération.

Je Vous demande encore une fois Votre indulgence pour la longueur de mon ouvrage, et Vous embrasse de tout mon coeur.

Le 12. au matin.   H.

A. S. A. le Prince de Hardenberg etc. etc."

---

*) In den minutes vom 9. Dez. datiert (No. 76: Différentes minutes des plans Prussiens pour la constitution telles qu'elles ont été modifiées successivement).

Die hervorgehobene Ausdrucksweise zu Anfang dieses Schrei=
bens verkündigt einen schwerwiegenden Incidenzfall. Damals war
nämlich, am 11. Dezember, Metternichs Note vom 10. in der
polnisch=sächsischen Frage eingelaufen, welche alle Verhandlungen
einer verhängnisvollen Wendung, einem kriegerischen Bruche zu=
zutreiben schien. Trotzdem ließ es sich aber Humboldt nicht ver=
drießen, wenn auch an unmittelbare Verhandlungen mit Metter=
nich in der deutschen Verfassungsfrage zur Zeit nicht zu denken
war, die Reifung der beiden Entwürfe zu betreiben. Und diesen
Bemühungen wollen wir zunächst noch uns zuwenden.

XXXIII. Begutachtung der Humboldtschen Entwürfe durch Stein.

Nach allem Vorstehenden werden wir der Überzeugung sein müssen, daß auf die Vorschläge Humboldts in der That die Ratschläge und Mitteilungen Gersdorffs einen wesentlichen Einfluß übten. Er hatte den Kleinstaaten ein großes Zugeständnis gemacht, obwohl er dasselbe, den beständigen Ausschuß derselben im ersten Rat, begreiflicherweise nicht eigenmächtig in den Doppel-Entwurf aufnehmen konnte. Aber er war auch den Ratschlägen anderer zugänglich, und forderte sie geradezu heraus.

Namentlich beweisen seine Bleistiftbemerkungen, die den beiden Entwürfen hinzugefügt sind, daß er sie b e i d e noch im weiteren Verlauf des Dezember mit anderen erörterte und danach modifizierte, wenn er auch natürlich nicht in Punkten ändern konnte, in denen bereits das Fünfercomité Beschluß gefaßt hatte. In betreff des Entwurfes o h n e Kreiseinteilung wird mehrfach in den Noten Stein erwähnt. So z. B. ad § 37 „Mit Stein einig"; ad § 73 „Steins Zusatz?" „Steins Bemerkung am Ende."

Zu denjenigen Personen, denen die Entwürfe von ihm mitgeteilt wurden, gehörte also vor allem Stein, der denn auch unterm 26. und 29. Dezember folgende noch vorhandene schriftliche Bemerkungen abgab, von denen selbst Pertz (s. 4, 304 ff.) keine Kunde hatte. Sie sind aber um so interessanter, als sie zugleich beweisen, daß S t e i n n o c h s e c h s W o c h e n n a c h der Note der Neunundzwanzig (vom 16. November) dem Kaiserverlangen derselben a b g e w a n d t war, ungeachtet dieses Verlangen noch soeben, am 20. Dezember, nach dem Hinzutritt der beiden Hohenzollern, in der Note der Einundbreißig an den Grafen Münster (Klüb. 1, 87 ff.) wiederholt worden war; freilich unter ganz eigentümlichen Umständen, auf die wir im zweitfolgenden Abschnitt (XXXV) zurückkommen werden.

Die fraglichen „Bemerkungen" sind doppelt vorhanden, einmal im Original von Stein selbst unterschrieben und datiert, und sodann in einer Kopie. Auf dieser finden sich Humboldts eigenhändige Randbemerkungen, die dann durch einen Kopisten in das Original übertragen wurden.

Steins Bemerkungen über den Entwurf zur Bundesordnung*).

„Ad § 20. Warum soll die Initiative so sehr beschränkt werden, warum kann nicht jedes Bundesmitglied einen Vorschlag in seinem Kollegio zur Beratung bringen? Warum soll über die Frage, ob eine Sache in Beratung zu bringen, erst ein Verfahren im ersten Rat eröffnet werden, und nachdem dieses geschehen und bejahend ausgefallen, sodann erst eine Deliberation über die Sache selbst vorgenommen werden? Es liegen in dem Bund schon so viele Elemente der Langsamkeit und Unbeweglichkeit, daß man sie ohne Ursache nicht vermehren muß.

(Anm. v. H.: ad § 20 beruht die Bemerkung auf Mißverstand, welchen eine genaue Ansicht der §§ 21. 22 von selbst hebt.)

Ad § 37. Da das Samtgericht die dritte Instanz ausmacht, so müssen auch die Kriminalsachen dahin gebracht werden.

(A. v. H.: ad § 37. Kann allerdings festgesetzt werden, ist aber keine unmittelbare Folge, da Kriminalsachen in der Regel nicht durch die Instanzen gehen.)

---

*) Anm. v. Humboldt, „NB. Die Citationen sind sämtlich aus dem Entwurf ohne Kreiseinteilung."

Die von Stein citierten Paragraphen sind daher nicht bei Klüber in dem Entwurf I (2, 18 ff), sondern in dem Entwurf II (S. 55 ff.) nachzuschlagen und dann erst der hier meist fehlende Text mittels der angebrachten Verweisungen im Entwurf I aufzusuchen.

Ad § 38. Zur Bestreitung der gemeinsamen Ausgaben des Bundes können bestimmt werden

a) Rhein=Ottroi;

b) Grenzzölle gegen das Ausland;

c) Beiträge der Länder in gewissen Verhältnissen, so zu bestimmen sind.

Die Gegenstände der Ausgaben sind

Unterhaltung und Bau der Reichsfestungen,

die Militäranstalten, so den ganzen Bund angehen, als

Festungs=Inspektion und Kommando.

Gouvernements der einzelnen.

Bundesgericht.

Bundeskanzlei.

Ad § 41. Der Inhalt der §§ 41— beschränkt sich auf diejenigen Mediatisierten, so ehemals eine Komitial=Kuriatstimme hatten; dieses ist nur eine sehr kleine Anzahl; man übergeht aber ganz eine Anzahl von 350 Reichsritterschaftlichen Familien und läßt sie in einem Zustand von Rechtslosigkeit. Ihre Rechte, der Umfang ihres Verlustes, ihre sehr gemäßigten Ansprüche sind in der anliegenden Denkschrift dargestellt und sollten um so weniger übergangen werden, da mit ihrer Auflösung der ganze Adel in dem ansehnlichen Teil von Deutschland, der der schwäbische, fränkische und rheinische Kreis benannt wird, untergeht. (A. v. H.: Ohne in die Frage der Reichsritterschaft hier einzugehen, muß ich nur bemerken, daß, da sie, als Grund= eigentümer und Adel, zu den Landständen gehört, sie keines= wegs in einem Zustande der Rechtslosigkeit bleibt.)

Ad § 48. Dies Recht der zweiten Instanz möchte doch von dem Besitz einer gewissen Seelenzahl, z. B. 40—50 000 abhängig gemacht werden, da solche kleine Territorien von 18—20 000 Seelen sich nicht zu einem besondern Appellationsgericht eignen.

(A. v. H.: ad § 48 billige ich die Bemerkung sehr. Der Paragraph ist aus der bayerischen Verordnung, wie er da= steht, genommen.)

Ad § 50. Für das Vergangene soll diese Disposition zurückwirken?

(Ausgestrichne A. v. H.: ad § 50 ist die Citation falsch, und daher dunkel, was gemeynt*) sein mag)**).

Ad § 53. Schriftshässig***) ist ein sächsischer, im übrigen Deutschland nicht bekannter Ausdruck.

Ad § 54. Denen Mediatisierten, so zu nicht mehr bestehenden Regierungen geschlagen waren, können ohne Bedenken die im § 56. 59 aufgezählten Rechte gegeben werden. Die Trennung der Mediatisierten von noch bestehenden Ländern wird nur insofern ohne Schwierigkeiten erfolgen, als man diese Länder entschädigt, welches möglich ist. Übrigens gewinnen sie wenig bei dem neuen Verhältnis, in das sie mit dem Staat treten, sie sind dem Instanzenzug (§ 57), der Gesetzgebung (§ 58), dem mobilisierten Besteuerungsrecht (§ 59) unterworfen, sind aber keine Landstände (§ 55), nehmen also an Beratungen und Beschlüssen keinen Teil.

(A. v. H.: ad § 54. Meines Erachtens gewinnen die hier gemeynten †) Mediatisierten vorzüglich nur durch die in den meisten Gegenständen der Ausübung der Regierungsrechte ihnen gelassene Unabhängigkeit, was aber, besonders nach ihrem eigenen Gefühl, wie es sich jetzt ausspricht, sehr viel ist. Daß ihnen nicht für diejenigen Gegenstände, die sie mit angehen, Sitz und Stimme auch unter den Landständen ††) gegeben werden könnte, sehe ich nicht ab. Ich glaube aber, man müßte sie selbst es fordern lassen. Als Anerbieten möchten sie es leicht für ein Mittel ansehen, sie wirklich landsässig zu machen.)

---

*) Hieraus macht der Kopist „gemeingut".

**) Mit Recht hat Humboldt die Anmerkung ausgestrichen; denn die Frage bezieht sich allerdings auf den genannten Paragraphen sub a („alle Steuern, welche ... in die Landes- und Kontributionskassen flossen, stehen ... den Fürsten zu"); nur beruht sie auf einem Mißverständnis, insofern selbstverständlich gemeint ist: „stehen fortan".

***) Soll heißen schriftsässig; s. Klüber 2, 40.

†) Daraus macht der Kopist „geringerten".

††) Daraus macht der Kopist „Umständen".

Ad § 63 sq *). Der Bundesvertrag bestimmt nicht, wie es mit Bildung der Stände soll gehalten werden, in Ländern, wo dergleichen noch nicht vorhanden sind **). Er giebt ferner (§ 66) den Ständen nur ein Votum consultativum ***), ohnerachtet sonst alle †) deutsche Fürsten in der Note vom 16. November, Baden in der vom (1.) Dezember, den Landständen das Recht der Verwilligung der Abgaben, der Mitaufsicht über deren Verwendung, der Einwilligung zu den allgemeinen Landes=gesetzen u. s. w. förmlich und öffentlich eingeräumt haben ††); auch die anliegende bayerische Instruktion für die Kommission zur Bildung der Stände giebt den Ständen das Recht der Verwilli=gung der direkten Abgaben und der Einwilligung zu Gesetzen.

Der § 66 sq. der Bundesakte †††) macht aber einen Riesen=schritt rückwärts *†), und warum?

---

* Von hier an hat die Paragraphierung des Dezemberentwurfs II in dem Februarentwurf II (wie er bei Klüber gedruckt ist) eine Änderung er=fahren. Während die bisherigen Citate Steins mit dem Februarentwurf II (Kl. 2, 57 ff. im Vergleich mit 2, 25 ff) zutreffen, ist § 63 f. des Dez.=E. II = § 67 f. im Febr.=E. II = § 82 f. im Febr.=E. I, sowie der nachher oben folgende § 66 f. des Dez.=E. II = 70 f. des Febr.=E. II = 85 f. des Febr.=E. I.

**) Humboldts Doppel=Entwurf sagte allerdings nur, wie es die Zwölf Artikel (§ 11. S. ob. S. 212), und auch die Note der Neunundzwanzig gethan (Kl. 1, 74): die Art der Einrichtung (neuer ständischer Verfassungen) stehe jedem Staate frei und richte sich nach den Lokalverhältnissen u. s. w. (ib. 2, 44. § 83). Stein aber verlangte mindestens, im Eifer für seine aristokratischen Interessen, was er schon im Julientwurf Hardenbergs (§ 7. Kl. 1, 47) durch=gesetzt hatte: daß nämlich „die Familienhäupter der mediatisierten Reichsstände und des sonst unmittelbaren Adels und übrigen Adels" darin „als erbliche Stände" säßen (Vgl. ob. S. 167).

***) Das heißt: das Recht der „Mitberatung bei Erteilung neuer allgemeiner Gesetze" (Kl. 2, 44. § 85).

†) Nicht „alle". Es fehlten ja dabei: Baden, Oldenburg, die beiden Hohenzollern, Lichtenstein.

††) In betreff der Badenschen Note irrt sich Stein; sie sagte nur „Teilnahme an der Gesetzgebung" zu (Kl. 1, 100).

†††) D. h. die §§ 85 und 86 des Doppel=Entwurfs in der Februar=Redaktion (Kl. 2, 42), die den Ständen einräumten: „Mitberatung bei Ge=setzen" und „Bewilligung bei Einführung neuer Steuern oder bei Erhöhung der schon vorhandenen."

*†) Das ist starke Übertreibung, wie am Schluß der Texte gezeigt werden wird.

Preußen hat unter allen Ländern am wenigsten Ursache ihn zu thun und zu veranlassen.

In diesem Staat vereinigen sich alle Elemente, die eine ruhige, verständige Bewegung kräftig organisierter Reichsstände verbürgen: Nationalität, Gewohnheit und erprobte Bereitwilligkeit Abgaben zu leisten, Opfer zu bringen, Besonnenheit und gesunder Menschenverstand, allgemeine Bildung.

Warum soll Preußen nicht deutlich Grundsätze aussprechen, die zwei Dritteil*) von Deutschland bereits angenommen, die das Vertrauen zu ihm vermehren, seinen Einfluß verstärken?

Österreich kann aus vielen Gründen nicht gleiche Grundsätze aussprechen, wegen der Frembartigkeit seiner Bestandteile, dem niederen Zustand seiner allgemeinen Bildung, der Maximen seiner Regierung und Regenten, und es mag aus diesen Gründen eine Ausnahme machen, man überlasse es ihm sie auszusprechen.

Warum soll aber Preußen eine ihm selbst so nachteilige, und für das übrige Deutschland so verderbliche Maßregel ergreifen, die den Ständen das elende Recht zu konsultieren § 66, 67 und zu botieren überläßt?

Ad § 73. Addatur „und durch den ordentlichen Richter verfügt wird."

(A. v. H.: ad § 73 kann hinzugefügt werden, obgleich es schon in dem Sinn des § enthalten ist.)

§ 75. Das Eigentumsrecht kann überhaupt nur auf dreißig Jahre ausgedehnt werden.

Ad § 91 in seinen gesetzmäßigen „ersehentlichen"**) Formen, denn sonst fällt man in das französische Formularwesen.

Ad § 96 „Beschwerden" ist ein besserer und angemessenerer Ausdruck als „Klagen".

Zwei Dinge wünsche ich noch ausgedrückt in dem Bundesvertrag.

1. Aufhebung der Leibeigenschaft durch ganz Deutschland

----

*) Das hat nur einen Sinn, wenn er unter „Deutschland die sog. „troisième Allemagne" verstand oder noch immer den „deutschen Bund" im Osten durch Elbe und Inn zu begrenzen gedachte.

**) Am Rande Fragezeichen.

(sie existiert z. B. noch in den Lausitzen) und aller daraus flie=
ßenden Rechte, insbesondere des Abzugsrechtes, des gezwungenen
Dienstes;

2. Ablöslichkeit der Frohnden gegen Entschädigung, der Jagd=
frohnden unentgeltlich.

Wien, ben 26. Dezember 1814.

Frh. v. Stein"*).

(Zusatz).

„Wien, ben 29. Dezember 1814.

Als Zusatz zu ben Bemerkungen über den Entwurf zur
Bundesakte bient folgendes:

Die anliegende Tabelle stellt die Verschiedenheit bes Zustan=
des der mediatisierten Reichsstände bar, dessen Selbstfolge die
Unmöglichkeit ist, ihnen gleiche Hoheitsrechte zu geben; so ist z. B.
das Recht der zweiten Instanz für Fürstenberg mit 83000 Seelen,
für Hohenlohe mit 106000 Seelen anwendbar; wie soll Dietrich=
stein mit 859, Siegendorf mit 279, Aspremont mit 195 bieses
Recht ausüben?

Ich komme zurück auf die gänzliche Übergehung des Reichs=
abels in dem Entwurf der Bundesakte. Sie ist unstreitig bas
erste beutsche allgemeine Gesetz, welches sich auf Verfassung
bezieht, worin die Reichsritterschaft mit vollkommenem Still=
schweigen übergangen wird; selbst in der neuesten russischen Note
d. d. 11. November a. c. wird die Absicht geäußert, daß die
Rechte des Abels bestimmt werden möchten, und dieses ist in dem
Entwurf zu den Präliminarartikeln wiederholt.

Der Zustand der Reichsritterschaft ist gegenwärtig sehr ver=
schieden von dem des Abels im nördlichen Deutschland und bei
weitem rechtloser und unglücklicher. Dieser ist im Besitz seiner
Ehren, Güter und Familienrechte; jener ist derselben gänzlich
beraubt. Er reklamiert daher mit gutem Fug und Recht

a) erbliche Landstandschaft als ritterliche Korporation, bie
mit dem abligen Gutsbesitz in dem ganzen eine landständische
Verfassung habenden Deutschland von jeher verbunden war;

---

*) Datum und Unterschrift eigenhändig.

b) Autonomie in seinen Familienverhältnissen;

c) privilegierten Gerichtsstand;

d) Patrimonialgerichtsbarkeit;

e) ermäßigte Abgaben=Bestimmung;

f) Aufhebung des Lehnsverbandes, als eine geringe Ent=
schädigung für die ungeheuren Lasten, so man dem Adel aufge=
bürdet, und die großen Vorrechte so er verloren hat.
Wien, den 29. Dezember 1814.

Frh. v. Stein" *).

Kritik der Steinschen Bemerkungen.

Den beiden vorstehenden Aktenstücken gegenüber wird man
die unerfreuliche Wahrnehmung nicht unterdrücken können, daß
Stein mit aufdringlicher Vorliebe oder Voreingenommenheit die
Rechte der Mediatisierten und Reichsritter zu fördern, und dem=
nach gewissermaßen pro domo zu kämpfen bedacht ist, gleichwie
die Mittel= und Kleinstaaten. Dennoch wird man mit Treitschke
(S. 690), der ihnen nur wenige Zeilen widmet, gern zugestehen,
daß er zugleich auch darin „ein reicheres Maß von Volksrechten"
in Anspruch nahm.

Wenn indes Stein behauptet, daß „der § 66 sq." des
Humboldtschen Dezemberentwurfs einen „Riesenschritt rück=
wärts" mache, weil er neben dem Recht „zu botieren" nur das
Recht zu „konsultieren" (die Mitberatung bei Gesetzen) gewähre:
so ist das, wie schon gesagt, eine starke Übertreibung oder viel=
mehr eine völlig unzutreffende Behauptung. Und ebensowenig
wird man ohne weiteres zustimmen dürfen, wenn Treitschke meint,
indem er jenes Krafturteil Steins und ein paar der Folgesätze
wiederholt, daß „Humboldt, aus Rücksicht für Österreich, die
Bestimmungen über die Landtage abgeschwächt und den
Landständen nur noch eine beratende Stimme eingeräumt"
habe. Denn

1. hatte es sich bis dahin in allen Verhandlungen der
Comitémächte niemals um mehr als um eine beratende

---

*) Datum und Unterschrift eigenhändig.

Stimme bei Gesetzen gehandelt, so daß dieser Thatsache gegen=
über gar nicht von einem Rückschritt, geschweige von einem
„Riesenschritt rückwärts" die Rede sein kann.

2. Ferner handelte es sich bei den in die Bundesurkunde
aufzunehmenden Bestimmungen gar nicht um eine definitive
Feststellung der ständischen Rechte, sondern lediglich um ein
Minimum von einzuräumenden Rechten, dessen Überschrei=
tung ausdrücklich jedem Staat anheimgestellt wurde. „Der
Bundesvertrag, sagten die zwölf Artikel, überläßt es übrigens
den einzelnen Staaten, ihren Ständen ein mehreres einzu=
räumen". Die Humboldtsche „Mitberatung" bei Gesetzen ver=
hielt sich daher zum Recht der „Einwilligung" in der Note der
Kleinstaaten nicht wie der Rückschritt zum Fortschritt, sondern
wie das „Minimum" zu einem von vornherein in Aussicht ge=
nommenen „Plus". Das Stehenbleiben beim Minimum war
kein Rückschritt.

3. Dagegen hatte es sich bis dahin bei den Bestimmungen
über die Landstände, mit einer einzigen gescheiterten Ausnahme,
niemals um sämtliche Bundesstaaten gehandelt, indem man
bald zwei derselben (Österreich und Preußen), bald vier und
sogar fünf von jeder Verpflichtung freisprach. Humboldt da=
gegen dehnte in seinem Doppel=Entwurf die vier Punkte des
Minimums ständischer Rechte, auf seinen früher gescheiterten
Versuch zurückkommend, auf „alle deutschen Stände" ohne Unter=
schied aus, auch Österreich und Preußen mit eingeschlossen. Und
das war auf alle Fälle ein Riesenschritt — nicht „rückwärts",
sondern vorwärts.

4. Unter den vier Punkten Humboldts fehlte zwar das durch
das Münstersche Votum zu Ansehn gekommene Recht der „Mit=
aufsicht über die Verwendung der zu bewilligenden Steuern".
Und diese Thatsache mag immerhin, obgleich Stein sie gar nicht
hervorhebt, als ein Rückschritt betrachtet werden. Wahrschein=
lich hielt Humboldt eine solche „Mitaufsicht" für schwer durch=
führbar und die Kontrole auf anderem Wege leichter erreichbar;
einmal z. B. durch das Steuerbewilligungsrecht, das er unbe=
dingter hinstellte wie Münster, indem er dessen unbestimmte und

vieldeutige Klausel: „die Stände seien zu den Bedürfnissen des Staats beizutragen schuldig" wegließ; und sodann durch die „Beschwerdeführung" wie er sie für die Stände in Anspruch nahm, nämlich nicht nur über „Mißbräuche", sondern auch über „Mängel in der Landesverwaltung", und mit dem Zusatz, daß „die Regierung ihnen die nötige Erklärung nicht verweigern darf." Dadurch übertraf er die Juliforderungen Steins und Hardenbergs; und dazu kam, daß diese beiden selber jene „Mitaufsicht" damals auch ihrerseits gar nicht als ein besonders zu forderndes Recht aufgestellt hatten. Auf alle Fälle ist es hinwiederum

5. ein entschiedener Fortschritt im Verhältnis zum Münsterschen Votum und zu der Note der Neunundzwanzig, gegen die doch gerade nach Stein der Humboldtsche Dezemberentwurf in Bezug auf die Landstände einen „Riesenschritt rückwärts" bilden soll, wenn dieser unter die „Rechte" aller deutschen Stände im vierten Punkt das bedeutsame Recht aufnahm: „die eingeführte Verfassung, und die durch dieselbe und durch den Bundesvertrag gesicherten Rechte der Einzelnen, zu schützen und zu vertreten bei den Landesherren und bei dem Bunde". Dadurch wurde die fast verschollene Juliforderung Steins und Hardenbergs wieder aufgenommen und zugleich wesentlich verstärkt.

Zur Erhärtung dieses Thatbestandes wollen wir die Hauptbeweise zusammenstellen.

In seinem Memoire vom August 1813 hatte Stein nichts weiter für die Landstände begehrt, als daß ihnen „eine Konkurrenz bei der Gesetzgebung, bei der Abgabebewilligung eingeräumt" werde (s. ob. S. 65 ff. § 26. Ompteda 3, 229).

Im März 1814 verlangte er in seinem Verfassungsentwurf nur schlechthin für die Landstände ein „Votum bei Gesetzen über Abgaben", ohne sich über die Art dieses Votums auszulassen und ohne es als Minimum geltend zu machen, ja ohne anzudeuten, inwieweit Österreich und Preußen dem Bunde angehören und dieser Bestimmung unterworfen sein sollten (s. ob. S. 132. § 15).

Im April forderte Humboldt dagegen in ſeinem Mémoire préparatoire, entſprechend ſeiner Denkſchrift vom Dezember 1813 (ſ. ob. S. 116 f.) zum erſtenmal die Feſtſtellung eines Minimums ſtändiſcher Rechte in der Bundesurkunde, und zwar: Bewilligung der direkten und indirekten Abgaben, Zuſtimmung zu Anleihen, jährliche Rechnungslegung von Seiten der Regierung über die Verwendung der öffentlichen Einkünfte, Beſchwerdeführung bei der Regierung über alle Mißbräuche in der Geſetzgebung und Verwaltung des Landes, und Beſchwerdeführung beim Bunde in Bezug auf Finanz- und Juſtizverwaltung, wenn die Regierung keine Abhilfe gewährt, ſo daß der Bund nötigenfalls das Land unter Sequeſter ſtellen und eine Generalreviſion ſeiner Gerichte anordnen kann (ſ. ob. S. 144 und S. 153, § 24 f.). Trotz dieſer ſcharfen finanziellen Beſtimmungen, oder vielleicht gerade wegen derſelben, dehnte Humboldt das Minimum der Rechte nicht auf die Geſetzgebung aus, ſowenig wie es damals u. a. der ſtaatsrechtlich ſo angeſehene Regierungspräſident Schmid that (ſ. ob. S. 220).

Bei der Beratung des Hardenbergſchen Julientwurfes in Frankfurt, dem erſten Hauptmoment der eigentlichen Verhandlungen, verlangte wiederum Stein ſelber nicht mehr als „Teilnahme an der Geſetzgebung" neben „Verwilligung" der Abgaben, und Vertretung der Verfaſſung beim Landesherrn und beim Bunde; worauf Hardenberg, der nur im allgemeinen die Feſtſtellung eines Minimums in Ausſicht geſtellt hatte, einging und in ſeinem Entwurf § 7 (Klüb. 1, 48) den erſten Punkt als einen „näher zu beſtimmenden Anteil an der Geſetzgebung" formulierte (ſ. ob. S. 166 f. Klüb. 1, 48). Dabei iſt aber zu beachten, daß eben dieſer Entwurf, und gerade auf Steins Betrieb, Öſterreich und Preußen größtenteils vom deutſchen Bunde ausſchloß, und folglich in landſtändiſcher Beziehung ſie zu nichts verpflichten konnte.

Im September vollzog, dem gegenüber, die von Humboldt veranſtaltete preußiſch-hannoverſche Vorkonferenz jenen großen Fortſchritt, daß ſie — was ſeitdem nie mehr angefochten ward — die „ſämtlichen deutſchen Staaten Preußens und

Österreichs" in den Bund zog und nunmehr „in jedem
zum Bunde gehörenden Staate", also auch in Preußen und
Österreich, die drei Punkte Steins für die Landstände in
Anspruch nahm; und zwar wiederum ausdrücklich, im Gegen=
satz zu Stein, als ein „Minimum", und dennoch in einer
schärferen Formulierung als im Stein=Hardenbergschen Ent=
wurf. Denn während, diesem entsprechend, der erste Punkt
allerdings nur ein „votum consultativum bei Abfassung allge=
meiner Gesetze" begehrte, forderte der zweite sehr unumwunden
das Recht der „Erteilung oder Verweigerung ihrer Zustim=
mung zur Einführung neuer Landessteuern, selbst wenn diese
unter dem Namen von Zwangsanleihen in Antrag kämen"
(ob. S. 196. § 7).

Am 7. Oktober, in der Vorkonferenz mit Metternich, wurde
offenbar von diesem — denn die Vertreter Preußens und
Hannovers waren ja in den obigen Bestimmungen einig — ge=
legentlich die Erklärung abgegeben, daß den Ständen bei Be=
steuerungsgesetzen nur ein votum consultativum, nicht
ein eigentliches Veto eingeräumt werden könne, weil „die all=
gemeine Einführung eines Vetos bei Besteuerungsgesetzen
unausführbar" sei (ob. S. 202). Metternich wollte also
— obgleich auch er damals auf das entschiedenste für Ein=
richtung von Landständen in den deutschen Staaten war,
um der „Willkür" und dem „Despotismus" der Rheinbundszeit
ein Ende zu machen — augenfällig in Bezug auf die Kompe=
tenz derselben Ausnahmen geltend machen, und zwar natür=
lich in erster Linie für Österreich.

Die zwölf Artikel vom 14. Oktober zeigen, daß es Metter=
nich inzwischen gelungen war, Hardenberg dafür zu gewinnen,
ihm Gesellschaft zu leisten, d. h. die Isolierung Österreichs in
der Ausnahmestellung durch den Hinzutritt Preußens aufzuheben.
Daher wurde nun zwar in den zwölf Artikeln für „jeden ein=
zelnen Bundesstaat" eine „ständische Verfassung" und, obwohl
zunächst noch ohne Spezifizierung, ein „Minimum ständischer
Rechte" vorgeschrieben, zugleich aber für Österreich und Preußen
vollkommen freie Hand vorbehalten (ob. S. 212 § 11. 12).

Das war die erste Gestalt der Frage bei den Verhandlungen des Fünfercomités. Der Ausnahmestellung der beiden Groß= mächte hatte Stein in seinem Julivotum (s. ob. S. 330) vorgearbeitet, und er sanktionierte sie durch die unbedingte Zustimmung, die er in der russischen Note vom 11. November dem Bundesplan vom 14. Oktober d. i. den 12 Artikeln erteilte.

Bayern und Württemberg hatten, wie ihre Erklärungen vom 20. Oktober beweisen ganz und gar nichts gegen die Ver= pflichtung zur Herstellung landständischer Verfassungen einzuwenden; aber sie erhoben Einspruch gegen die Vorschrift eines Minimums und — gegen die erzielte Ausnahme= stellung Österreichs und Preußens (ob. S. 228 sub 11 und 12; S. 229 sub 11 und 12).

Das Münstersche Votum vom 21. Oktober bezweckte nun erstens ein Entgegenkommen gegen die beiden süddeutschen König= reiche, indem es „den Fall" zuließ, daß nicht nur „Österreich und Preußen", sondern auch „Bayern und Württemberg" eine Ausnahmestellung einnähmen; und sodann eine Spezifizie= rung dessen, was unter dem Minimum zu verstehen sei. Und hierbei forderte er ebenfalls, gleichwie zuvor Stein selber, Har= denberg und die Humboldtsche Vorkonferenz neben der Steuer= bewilligung nur „Stimmrecht bei Gesetzen". Und dabei verklausulierte er noch die erstere, wie schon angeführt, durch den Zusatz: „wohlverstanden, daß sie zu den Bedürfnissen des Staates beizutragen schuldig sind." Die bisherige dritte Forderung von Stein, Hardenberg und Humboldt, die „Vertretung der Ver= fassung bei dem Landesherrn und dem Bunde" überging er ganz, und schob dagegen ein: das unklare Recht der „Mitaufsicht" über die Verwendung der Steuern und das bürgschaftslose Recht, „die Bestrafung schuldiger Staatsdiener zu begehren" (Klüb. 1, 70).

Die Übereinkunft Österreichs, Preußens und Hannovers vom gleichen Tage nahm nun zwar, um zum Ziel zu kommen, die Formulierung des Minimums in den vier Punkten des Münster= schen Votums an, ging aber in der Einschränkung ihrer An= wendbarkeit noch einen Schritt weiter, indem sie prinzipiell alle fünf Königreiche zu einer Ausnahmestellung berechtigte; denn

ſie wollte ja nur „dahin ſehen, daß wenigſtens diejenigen
Fürſten, die nicht Kreisoberſten ſind, die vier Punkte annehmen
müßten" (ob. S. 232).

Hierzu bildete die württembergiſche Redaktion der zwölf Ar=
tikel vom 3. November einen biametralen und vollkommen
berechtigten Gegenſatz, inſofern ſie in ihrem § 12 alle Glieder
des Bundes ohne Unterſchied, und daher ausdrücklich auch
Öſterreich und Preußen verpflichtete, eine „landſtänbiſche
Verfaſſung" einzuführen; aber ſtatt ein Minimum feſtzuſetzen,
verlangte ſie nur, daß dieſe Verfaſſung „der Landesart, der
Lokalität und den Bedürfniſſen ihrer Staaten angemeſſen" ſei
(Klüb. 2, 156).

Dagegen entſprach die Note der Neunundzwanzig Kleinſtaaten
vom 16. November vollkommen jener Abſicht der Überein=
kunft Öſterreichs, Preußens und Hannovers, indem ſie die vier
Punkte des Münſterſchen Votums wirklich äußerlich „annahmen"
und zum Teil noch beſſer formulierten; wobei zum erſten=
male das bisher immer nur geforderte Stimmrecht bei neuen
Geſetzen zum „Recht der Einwilligung" erhöht wurde. Und
das war allerdings von ſeiten der Kleinſtaaten ein Prinzip, wenn
auch nur momentan ein namhafter Fortſchritt, und ihn bewirkt
zu haben ein Verdienſt, das ohne Zweifel den Bevollmächtigten
von Naſſau, Weimar und Darmſtadt: Marſchall, Gersdorff und
Türkheim in erſter Linie zu verdanken war.

Indes iſt eben zu beachten, daß es ſich hier ſowohl, wie
ſpäter auch bei dem Vorgehen Bayerns, Badens und Württem=
bergs, um ein „Mehreres" thatſächlicher „Einräumung" han=
delt, wie ſie die Zwölf Artikel ausdrücklich den Einzelſtaaten
„überlaſſen" hatten; während Preußen, Öſterreich und Han=
nover es nur mit der Aufſtellung eines Minimums zu thun hatten.

Wenn daher Humboldt in ſeinen Dezember=Entwürfen
ſich nicht auf den Standpunkt des kleinſtaatlichen Plus ſtellte,
ſondern bei dem bisher von ſeiten der Comitémächte allein ver=
handelten Minimum, und demnach bei der „Mitberatung" der
Geſetze ſtehen blieb: ſo war, wie geſagt (sub 2), dies Stehen=
bleiben kein Rückſchritt, obwohl er es ſich allerdings hätte her=

ausnehmen können, das Minimum zum Plus hinaufzuschrauben
und dergestalt wenigstens äußerlich und momentan einen Fort=
schritt zu machen.

Und in der That war Humboldt geneigt, auf Grund der
„Bemerkungen" Steins zu einer Änderung die Hand zu bieten.
Er bemerkte seinerseits handschriftlich zu § 66 des Dezember=
Entwurfs II (= § 85 des Februar=Entwurfs I bei Klüb. 2,
44): „a fällt weg; statt dessen: a) das (Recht) der Einwilligung
bei Erteilung neuer allgemeiner Landesgesetze." Wie jedoch der
Februar=Entwurf a. a. O. zeigt, willigte Hardenberg in die Ände=
rung nicht ein, die bloße „Mitberatung", das „elende Recht zu
konsultieren", wie Stein sich ausdrückt, blieb stehen. Und war=
um? So fragen nun auch wir.

Etwa aus Rücksicht für Österreich, wie Stein andeutet
und Treitschke ausdrücklich sagt? Das ist schwer glaublich. Schon
die Vorbehalte für Österreich und Preußen in den „Zwölf Ar=
tikeln" und in der „Übereinkunft" vom 21. Oktober können nicht
aus bloßer Sympathie für Österreich die Zustimmung Preußens
erhalten haben. Vollends aber im November, Dezember und Januar
war die Situation so angethan, daß Sympathien zwischen beiden
nicht wohl als maßgebende Triebfedern denkbar waren.

Oder aus Rücksicht auf den „Staat Preußen"? Dazu hätte
ja, wie Stein genugsam hervorhebt, jeder Grund gefehlt. Denn
die Bevölkerungen Preußens waren jedenfalls ebenso befähigt,
sich in repräsentativen Formen zu bewegen, wie berechtigt, ihrer
teilhaftig zu werden.

Und so kann denn nur die Rücksicht auf das Haupt des
preußischen Staates, auf Friedrich Wilhelm III. der Grund der
Zurückhaltung gewesen sein. Eben damals ging ja, wie Baden,
Bayern und Württemberg, so auch Preußen mit der Verkündung
einer landständischen Verfassung um. Selbstverständlich hatte Har=
denberg über die den preußischen „Reichsständen" beizulegende
Kompetenz in Verbindung mit dem in der Bundesakte aufzustellen=
den Minimum ständischer Rechte mit dem König zu konferieren.
Und nun steht es ja fest, daß dieser auf keinen Fall den Stän=
den das Recht der „Einwilligung" zugestehen wollte, weder

bei Gesetzen, noch auch nur bei der Besteuerung. Wissen
wir doch, daß die so vielgepriesene „Verordnung" vom 22.
Mai 1815 „über die zu bildende Repräsentation des Volkes", die nur
deshalb so berühmt werden konnte, weil Mit= und Nachwelt ihres
kläglichen Inhalts sich nicht bewußt blieben, schon in ihrer ersten
gleichwie in ihrer definitiven Fassung vom 22. Mai nicht nur ver=
fügte: daß die Reichsstände „aus" den Provinzialständen gewählt
werden sollten, sondern auch: daß denselben lediglich die „Be=
ratung über alle Gegenstände der Gesetzgebung" und zwar
„mit Einschluß der Besteuerung" zustehen solle (s. u. A. Pertz
4, 430).

Läge es nicht über unsere Aufgabe hinaus, so würde sich
hier eine interessante Vergleichung darbieten mit den Vorgängen
der preußischen Verfassungsgeschichte seit 1815, insbesondere in
den Jahren 1818—23 und 1840—48.

Humboldts Verhalten.

Trotz der ungerechten Ausfälle Steins zögerte Humboldt
keinen Augenblick, wo immer es ging, den Wünschen desselben
gerecht zu werden. Daher machte er mehrfach eigenhändige Be=
merkungen zu dem Entwurf II, die denen Steins entgegen kamen.
So, wie wir eben sahen, zu § 66. Dahin gehört auch die Be=
merkung zu § 77, a (= 97 mit Kreisen): „h) Gänzliche Auf=
hebung der Leibeigenschaft, wo solche noch vorhanden ist, mit allen
aus denselben herfließenden Rechten."

Auch mit Hardenberg beriet Humboldt noch die beiden Ent=
würfe im Dezember und anfangs Januar, wobei man
zu einer sehr wichtigen Umgestaltung der Bundesversammlung
schritt, nämlich zur Verschmelzung der beiden Räte in
einen einzigen — eine Änderung, auf die wir zurückkommen,
und die wesentlich ohne Zweifel bedingt wurde durch das feind=
selige Gegenprojekt Österreichs im Dezember, das Preußen aus
Deutschland ganz auszuschließen bezweckte, indem es mit der kriege=
rischen Krisis in der polnisch=sächsischen Frage Hand in Hand ging.

Diese Krisis, die so unheilvoll auf die deutsche Verfassungs=
frage zurückwirkte, müssen wir daher zunächst, und zwar bis zu

ihrer Gipfelung ins Auge faſſen; dann das dadurch bedingte
antipreußiſche Dezemberprojekt Öſterreichs; und endlich ben Ausgang der Kriſis im Januar, woburch der Verlauf der Dinge
zwar wieder in das verlaſſene Geleiſe der Humbolbtſchen Dezember-
Entwürfe einlenkte, aber nur um bie inzwiſchen eingetretene Ver-
ſumpfung der Ziele immer fühlbarer zu machen.

XXXIV. Die polnisch-sächsische Krisis vom 23. Oktober bis 16. Dezember 1814.

Diese Frage, für uns unumgänglich wegen ihres verberb= lichen Zusammenstoßes mit der deutschen Verfassungsfrage, können wir doch hier begreiflicherweise nur berühren, insoweit es sich, abgesehen von jenem allgemeinen Gesichtspunkt, einerseits um Ver= vollständigung des Quellenmaterials und andererseits um wesent= lich abweichende Auffassungen handelt.

Bis in den November entwickelten sich die einschlägigen territorialen Verhandlungen vollkommen frieblich. Die Zwecke aller Beteiligten, deren jeder wie billig seine eigenen Interessen vertrat, waren naturgemäß schwankend, da Transaktionen und Kompromisse nicht nur zwischen zwei, sondern zwischen drei, vier, fünf und noch mehreren Interessenten erzielt werden mußten, deren Ausgang problematisch war. So konnte es kommen, daß die Zwecke des Einzelnen je nach dem Gange der Verhandlungen sich mobilisierten oder wechselten: daß die Zwecke Österreichs oder Preußens oder anderer Mächte schließlich andere waren als die anfänglichen. Wenn daher z. B. die österreichischen Staatsmänner sich den preußischen gegenüber anfangs entgegenkommender zeigten wie nachher, so darf daraus nicht ohne weiteres gefolgert wer= den, daß die einen Heuchler und die andern Düpierte waren.

Drei wichtige Gebietsfragen griffen mehr und mehr in ein= ander: 1) Mainz, das Preußen für sich in Anspruch zu nehmen willens war, während Österreich es als Tauschobjekt für das baye= rische Innviertel und Salzburg um so mehr für geeignet hielt, als Bayern mit Ungestüm nach dem Besitz von Mainz strebte. 2) Sachsen, das Preußen nicht nur wegen der jüngsten Haltung

des Königs, sondern eingedenk der fast steten gegnerischen Hal=
tung der Dresdener Politik, vollständig einzuverleiben, die Alber=
tiner aber durch ein Königreich auf italienischem Boden, später
in Westfalen und noch später am Rhein, zu entschädigen gedachte;
während Österreich es vorzog, einen Teil Sachsens, den südlichen,
für den gefangenen König erhalten zu sehen, ohne indes den preußi=
schen Anspruch zurückzuweisen. 3) Polen, das Kaiser Alexander
fast ganz auf Kosten Österreichs und zumal Preußens in Anspruch
nahm, um daraus unter seinem Zepter ein konstitutionelles pol=
nisches Königreich zu errichten; während alle Welt dagegen Front
machte, voran England, Österreich und der Freiherr vom Stein,
denen Preußen sich anzuschließen geneigt war. Es waren das
alles aber flüssige Fragen, die verschiedene Eventualitäten als
Lösung zuließen und daher notwendig im Verlaufe der Zeit ver=
schiedene Phasen durchlaufen mußten.

Man wird es daher nicht als gerecht anerkennen dürfen,
wenn Treitschke (S. 579 ff.) dem Bericht Humboldts aus Wien
vom 20. August 1814, also aus einem sehr frühen Stadium,
den Vorwurf macht, daß er „die diplomatischen Verhältnisse des
Augenblicks gröblich verkenne", daß Humboldt sich habe
„durch Metternichs glatte Zunge völlig täuschen lassen". Nun
entsprach es aber meines Erachtens der damaligen Phase im
wesentlichen vollkommen, wenn Metternich die Überzeugung kund=
gab, Alexander würde in der polnischen Frage dem einmütigen
Widerstande Englands, Österreichs und Preußens nachgeben; wenn
ferner Humboldt der Meinung ist, in der sächsischen und der
mainzer Frage werde man sich mit Österreich einigen können, ob=
gleich er nicht verhehlt, daß dort verschiedene einflußreiche Par=
teien und Persönlichkeiten gegen die gänzliche Einverleibung Sach=
sens in Preußen heftig agitierten, und daß die ungestümen An=
sprüche Bayerns auf Mainz noch schwere Verwicklungen herbei=
führen würden. In dem allen ist gewiß kein Grund zu jenen
schroffen Urteilen zu finden. Allerdings hat Humboldt „die klei=
nen Pflichten des Gesandten verschmäht", wenn darunter die
Spionage verstanden werden soll. Aber einmal ist doch nicht zu
verlangen, daß er damals alles so habe wissen müssen, wie wir

heute nach mehr als halbhundertjährigem Erleben und Forschen; und anderseits hat auch er, wie selbst die vorliegende Publikation lehrt, seine geheimen Berichterstatter gehabt und gewiß „von dem geheimen Verkehr zwischen den Lothringern und den Albertinern", von dem er „gar nichts geahnt" haben soll, ebensogut Kunde erhalten (s. Pertz 4, 251), wie von dem geheimen Verkehr Talleyrands mit Friedrich August (Treitschke, S. 618). Jener erstere Verkehr, auch wenn er nicht ruchbar wurde, war nach der ganzen Sachlage mit Sicherheit vorauszusetzen.

Übrigens waren Mainz und Sachsen deutsche Fragen, Polen dagegen eine internationale, die Interessen von ganz Europa berührend und in Frage stellend. Deshalb mußten notwendig die polnischen Projekte Alexanders in den Vordergrund treten und die Hauptaufmerksamkeit der Diplomatie in Anspruch nehmen. Nicht nur von Castlereagh und Metternich wurden sie bekämpft, nicht nur von Hardenberg und Humboldt verurteilt, sondern vor allem auch und mit der größten Entschiedenheit angefochten, wie schon gesagt, von Stein.

Gerade Stein war es, der schon am 6. Oktober in einer Denkschrift dem Kaiser Alexander vorstellte: „Der Kaiser verlange eine Grenze in Polen, die Österreich und Preußen bedrohe," ja sie „angreife"; der beabsichtigten „Vereinigung" des „verfassungsfreien Polen" mit dem „despotisch-regierten Rußland" werde „entweder die Unterjochung oder die Trennung folgen", und damit „neue Erschütterungen"; „eine solche Lage der Dinge ist also zuwider dem allgemeinen Besten Europas." Auch an Hardenberg richtete er eine Denkschrift, die zugleich an Metternich und Castlereagh mitgeteilt wurde, und worin er ebenfalls erklärte, die polnischen Pläne Alexanders seien „nachteiliger", „bedrohender", ja „angreifender" Natur „für die Nachbarn" (Pertz 4, 164 ff.). Und am 26. Oktober erklärte er gegen Hardenberg: Österreich, Preußen und England müßten sich über ein „Mindestes" ihrer Forderungen an Alexander einigen, vorläufig aber die „Herstellung der Unabhängigkeit (Polens) vorschlagen", und „England die Unterhandlung übernehmen", indem er mit der Mahnung schloß: „Preußen muß treu festhalten an den

Grundſätzen der Unterſtützung des Europäiſchen Gleichge=
wichts, das iſt ſein wahrer Vorteil" (Pertz 4, 185 f.).

Dieſer Auffaſſung entſprechend lauteten denn auch bisher
die Urteile der Geſchichtſchreibung, wie wir ſie namentlich durch
Pertz und durch Häuſſer vertreten ſehen. Der letztere ſagt (IV.
3. Aufl. S. 594): „Preußen war die Bahn ſeiner Politik deut=
lich vorgezeichnet. Sein eignes Intereſſe, wie das von Europa,
legte ihm die Pflicht auf, den ruſſiſchen Entwürfen kräftig zu
widerſtreben; es war zugleich der beſte Weg, ſich ſeiner Entſchä=
digung zu verſichern. Mit den meiſten europäiſchen Mächten im
Einverſtändnis, hatte es am erſten Ausſicht, ſeine Wünſche erfüllt
zu ſehen; trennte es ſich dagegen von dem allgemeinen Intereſſe,
um ſich von Rußland ins Schlepptau nehmen zu laſſen, ſo geriet
es in Gefahr, die eigene gerechte Sache mit den ruſſiſchen Prä=
tenſionen vermiſcht und beide zugleich durch den Widerſtand Euro=
pas angefochten zu ſehen." Und nun verweiſt er auf jene an
Hardenberg gerichteten Worte Steins vom 26. Oktober, die
Preußen zum Widerſtand gegen Rußland im Intereſſe Europas
und ſeiner ſelbſt ermutigten.

Ganz anders Treitſchke. Vom Standpunkt einer poſthumen
Konjekturalpolitik aus erklärt er (579), daß Preußen ſich von
vornherein ganz für Rußland und deſſen polniſche Projekte hätte
entſcheiden ſollen; dadurch hätte „ein gewandter preußiſcher
Diplomat höchſt wahrſcheinlich eine leibliche Regelung der Oſtgrenze
erreichen können", woraus „ſich dann von ſelbſt ein treues Zu=
ſammengehen in der Mainzer und der ſächſiſchen Frage er=
geben" hätte. Statt deſſen habe zu „Preußens Unheil Harden=
berg monatelang Irrgänge" betreten, indem er „mit England
und Öſterreich vereint das ſogenannte Intereſſe Europas ver=
teidigen wollte". Dabei bleibt die Thatſache vollkommen unbe=
rührt, daß Stein ganz denſelben Standpunkt einnahm wie Har=
denberg, und daß gerade er denſelben antrieb, daran „treu
feſtzuhalten". Ja noch mehr! während Hardenberg und Humboldt
eben dieſes Standpunktes wegen mit Vorwürfen überſchüttet wer=
den, erfährt man von Stein nichts weiter als den Lobſpruch
(S. 623): er habe „mit genialer Sicherheit vorausgeſagt, daß

die Errichtung eines polnischen Königreiches unter russischem Scepter entweder zur Losreißung von Rußland oder zur gänzlichen Unter-werfung der Polen führen werde". In dieser Voraussagung, die wir schon oben anführten (S. 339), traf Stein bekanntlich mit vielen zusammen, und namentlich auch mit Castlereagh, ohne daß diesem eine lobende Anerkennung zu teil wurde.

Vielmehr wird Castlereagh bei diesen Anlässen von Treitschke noch viel geringschätziger behandelt wie Hardenberg und Hum-boldt. Er wird u. a. namentlich der „Beschränktheit", „tiefer Un-wissenheit" und „Unfähigkeit" geziehen (S. 574. 625). Und das zumal auf Grund von Äußerungen, die nicht angethan erscheinen, diese Vorwürfe zu rechtfertigen. Denn wenn einerseits Castlereaghs Behauptung, daß Rußlands Verfahren „wider Wortlaut und Geist der Verträge" verstoße, als eine „offenbar unwahre" ver-dammt wird, da Alexander sich „gehütet habe, irgend eine bin-dende Verpflichtung einzugehen": so ist doch zu beachten, daß auch Österreich und Preußen die buchstäblich gleiche Behauptung geltend machten, jenes in der Denkschrift Metternichs vom 22. Okto-ber, dieses in der Denkschrift Humboldts vom 9. November (s. unten); daß ferner diese Behauptung durch die Zusammenstellung bei Pertz 4, 161 f. vollkommen gerechtfertigt wird, der aktenmäßig nachweist, inwiefern den Entwürfen Alexanders „bestimmte Ver-pflichtungen" gegen „Preußen und Österreich" in den „Ver-trägen" von Kalisch, Reichenbach und Töplitz entgegenstanden. Endlich hat ja auch Stein, der an allen diesen Verträgen „so großen Anteil gehabt", in seiner Denkschrift vom 6. Oktober direkt dem Kaiser gegenüber unumwunden erklärt: das Verfahren des-selben sei „zuwider dem wahren Sinne der Verpflichtun-gen, welche er mit seinen getreuen Verbündeten eingegangen" sei (Pertz 4, 164 f.)*). Und wenn anderseits Castlereaghs An-spielung auf eine eventuell auch Österreich und Preußen genehme Herstellung eines unabhängigen Polens als „unerhört" mit Entrüstung und mit jenen Kraftworten des Spottes zurück-

---

*) [Vgl. Max Lehmann Erläuterungen zum Tagebuche Steins a. a. O. S. 458 mit Verweisung auf Martens.]

gewiesen wird: so ist doch wiederum zu beachten, daß es ja, wie wir sahen (S. 339, vgl. Pertz 4, 185), auch Steins Meinung war: „Bevor man (b. i. Österreich, Preußen und England) dahin komme," Rußland gegenüber ein „Mindestes" der Forderungen aufzustellen, „könnte man die Herstellung der Unabhängigkeit (Polens) vorschlagen."

Gegen Ende Oktober war nun die Sachlage die: daß England und Österreich sich bereit zeigten, an Preußen ganz Sachsen zu überlassen, falls es mit ihnen gemeinsam den übergreifenden polnischen Absichten Alexanders einen festen Widerstand entgegensetze. Auf eine Note, die Hardenberg auf jene Mahnung Steins vom 6. Oktober, drei Tage später an Metternich und an Castlereagh erlassen hatte, war des Letzteren Antwort im obigen Sinne am 11., Metternichs am 22. Oktober erfolgt. [Das Schreiben Castlereaghs ist vollständig mitgeteilt worden von Angeberg: Le congrès de Vienne I, 274—276.] Ich kann den Urteilen Treitschkes über dasselbe (S. 627), zumal in Bezug auf die auch von Metternich gestellte Bedingung nicht beistimmen.

Das vertrauliche Schreiben Metternichs vom 22. Oktober ist bei Klüber 7, 19 ff., bei Gagern 2, 269 ff. [und bei Angeberg I 316 ff.] gedruckt und sein wesentlicher Inhalt ist aus der nachfolgenden Denkschrift Humboldts ersichtlich.

Schon am 23. Oktober nämlich erörterte Humboldt in einer Denkschrift an Hardenberg die österreichische Note, und in einer zweiten vom 25. die englische. Auf Grund dieser beiden bisher ungedruckten Denkschriften werden bei Treitschke (S. 630 f.), der nur einiges daraus mitteilt*), Humboldt und Hardenberg wieder der „Blindheit" geziehen, eines „künstlichen Drehens und Wendens, um nur das Nächstliegende nicht zu bemerken". Unter dem Nächstliegenden aber versteht er ausdrücklich „das treulose Doppelspiel der Hofburg", obwohl er doch gelegentlich (S. 618) zugiebt, daß „das richtig erkannte Interesse des eigenen Staates die Haltung der österreichischen Staatsmänner bestimmte". In Bezug

---

*) [Auch Onden: Zeitalter der Revolution 2, S. 849 hat sie wie die unten folgende vom 9. Nov. benutzt.

auf die Denkschrift vom 23. Oktober tadelt Treitschke namentlich den Mangel an „Mißtrauen", die „unverwüstliche Mäßigung", den Verlaß auf „Vernunftgründe". Sie lautet:

Ungedrucktes Memoire vom 23. Oktober 1814 (über die Note Metternichs).

„La lettre du Prince Metternich établit:

1) que la Saxe toute entière doit être incorporée à la Prusse,

> sauf à prendre en considération, si une partie n'en pourrait pas demeurer au Roi, et sauf à faire quelques arrangements avec l'Autriche sur des points de frontière, sur l'état de fortification de quelques places, sur le commerce, et sur la libre navigation de l'Elbe.

2) que l'influence de la Prusse sur l'Allemagne ne doit pas s'étendre au delà de la ligne du Main, y compris Mayence;

> mais que le cabinet Autrichien se réserve d'entrer avec celui de la Prusse dans des explications ultérieures sur des moyens propres à mettre la ville de Mayence à l'abri de toute surprise.

3) que les possessions de la Prusse doivent se borner à la rive gauche de la Moselle de façon que cette rivière en devienne la ligne de démarcation.

4) que l'Autriche compte sur l'appui réciproque et sur une conformité absolue de marche de la part de la Prusse avec elle dans la question Polonaise.

5) que le cabinet Autrichien réunit toutes ces questions en un seul et même corps de négociation.

Les principes de la réponse du cabinet Prussien doivent être, selon moi, les suivants.

1.

Il faut en premier lieu bien établir le point de vue duquel la question Saxonne doit être regardée, et qu'on place souvent à présent de la manière la plus fausse et la plus injuste pour la Prusse.

Quoique je ne veuille point entrer dans la question du droit, je dois observer que les puissances alliées, et nommément la Prusse qui a, plus qu'aucune autre, contribué à faire la conquête de la Saxe, ont celui d'en disposer aux dépens de la dynastie qui a regné jusqu'ici, et que même c'est une leçon politique qui ne restera pas sans utilité qu'un souverain ne peut point impunément changer rapidement, et selon de simples convenances, de système, rompre des engagements pris, et agir contre tous les intérêts de la nation à laquelle son peuple appartient, et contre le voeu juste et noble de ce peuple lui-même.

Cela supposé, il s'agit simplement d'examiner, si la situation des choses exige qu'on fasse usage de ce droit, en adjugeant la Saxe à la Prusse, ou non?

Les traités d'alliance assurent à la Prusse le recouvrement de son ancienne étendue et force, et même un aggrandissement convenable, et si les traités ne le faisaient point, une saine politique devrait y suppléer.

La force de la Prusse est une condition sine qua non de l'équilibre de l'Europe.

Or la Prusse perd la plus grande partie de ses provinces Polonaises, elle perd surtout celles qui, en l'arrondissant de ce côté, formaient de ces provinces, de la Prusse et des provinces allemandes voisines un ensemble et une masse imposante.

La force centrale de la monarchie était sans doute avant 1806 dans cette masse, et ne peut plus s'y trouver à présent, quand même la Russie ajouterait 2 à 300000 âmes à son lot Polonais.

L'Autriche aurait tort de dire que c'est là la faute de la Prusse, et qu'elle aurait pu se prémunir contre cet inconvénient dans son premier traité d'alliance avec la Russie. Sans vouloir faire des récriminations, et sans dire que l'Autriche aurait pu en faire tout autant, il faut convenir:

que dès que le pouvoir de Napoléon ne pouvait être culbuté qu'en appelant la Russie au secours (comme

certainement il n'aurait pas pu l'être sous les circonstances données dans la dernière guerre), il fal-
lait prévoir et souffrir que la Russie garderait la
plus grande partie du duché de Varsovie, puisque
l'exemple de la dernière guerre devait lui servir
de leçon de tâcher d'éloigner ses frontières plus
du centre de l'Empire, et puisque par la nature
des choses même de grands efforts d'une grande
puissance doivent toujours être compensés par de
grands avantages.

L'aggrandissement de la Russie est donc une suite
malheureuse, mais inévitable du faux système de combattre
les extrémités de l'Europe l'une par l'autre. Précisément
pour que cela n'arrive plus, il faut renforcer les puissances
centrales et nommément la Prusse.

La perte des provinces Polonaises ne pouvait plus être
compensée pour la Prusse que par la possession de la Saxe.
De lui assigner 10 et même 12 millions d'habitants disper-
sés sur la surface de l'Allemagne, de la Pologne et même
peut-être de la Belgique, aurait été traiter les puissances
de l'Europe comme des valeurs numériques, ce qui est contraire à toute politique franche et saine.

Ce n'est donc point par condescendance, quelque
sensible que la Prusse sera toujours aussi à cette condescendance, mais en suivant les maximes d'une bonne politique que le cabinet Autrichien doit consentir à la disposition de la Saxe en faveur de la Prusse.

Il y va aussi de son intérêt, puisque les dangers qu'elle
s'attire par là dans une guerre contre la Prusse même, et
que je suis bien éloigné de nier, sont beaucoup moindres
et beaucoup plus incertains que celui de laisser la Prusse,
qui s'est attiré de grands ressentiments à présent par son
zèle pour la cause commune, dépourvue de la force suffisante.

Il suit de là que la question Saxonne ne pouvant être
regardée comme un sacrifice porté à l'union avec la Prusse,

mais comme un sacrifice porté à l'équilibre et à la tranquillité de l'Europe, elle ne peut être rattachée à des
conditions qu'en autant que ces conditions sont nécessaires
à la sûreté et à l'avantage de l'Autriche, certainement
également chers à la Prusse que les siens propres.

Il s'ensuit encore que ni la réussite, ou la non-réussite
des démarches pour la Pologne, ni *) la cession de quelques districts de plus, ne sauraient rien changer à la
question sur la Saxe. Plus la Russie deviendrait menaçante
pour l'Allemagne, plus il faudrait donner la Saxe à la
Prusse; et de l'autre côté un simple accroissement de
population en Pologne n'est pas le rétablissement d'une
masse de provinces vraiment centrales pour la monarchie
Prussienne.

La question sur la possibilité de laisser le Roi de
Saxe dans la Saxe même, et à partager par conséquent
ce pays, se réduit, il me semble, au principe suivant: Si
la Prusse pouvait se contenter d'une petite partie de la
Saxe, rien ne serait plus faisable. Mais en cédant au contraire la plus petite au Roi, et en gardant la presque
totalité pour elle, elle n'amoindrirait que bien peu les sen-
timents qui peuvent s'élever contre elle, et diminuerait en
revanche immensement ses moyens moraux de les calmer,
ou de leur résister. Le pays serait divisé en deux fac-
tions, le ressentiment le plus violent s'en mêlerait, et le
Roi de Saxe se trouverait lui-même dans une situation
encore plus pénible.

Les arrangements que l'Autriche propose dans le
cas que la Saxe toute entière fût incorporée, ne
sauraient être jugés avant de les connaître. Mais pourvû
qu'elle se borne, en parlant de points de frontière, à
redemander ce qu'elle a perdu par la paix de Vienne (sur
quoi on pourrait être facile), il me semble qu'il serait
juste de se prêter, autant que possible, à ses demandes.

---

* In der Copie ou.

On ne saurait nier que la sûreté de la Bohème est toujours plus compromise si la Prusse est maîtresse de la Saxe; la Prusse ne veut point menacer l'Autriche, elle ne doit pas non plus la craindre et lui témoigner de la méfiance.

2.

La demande de l'Autriche par rapport à Mayence est infiniment embarrassante. Elle offre la double question: si la Prusse croit cette forteresse nécessaire à sa propre défense, aussi contre le midi de l'Allemagne et contre l'Autriche elle-même? ou si elle se contente à exiger qu'elle soit dûement défendue en faveur de l'Allemagne et contre un ennemi commun?

Dans le premier cas Mayence devrait appartenir à la Prusse, ou la Prusse devrait du moins, si cette place était une forteresse de la ligue, y avoir les forces principales et le commandement.

Pour arriver à cela je ne connais plus qu'un seul moyen, et que je n'aimerais point à conseiller, c'est-à-dire celui de proposer en revanche d'établir le Roi de Saxe dans la Saxe même. Car je crois l'Autriche tellement attachée à cette question, que seulement les plus puissants motifs pourront l'en faire revenir.

Dans le second cas il s'agit d'écouter, quels moyens le cabinet Autrichien proposera. Mais il faudrait insister toujours que la Bavière ne gardât pas la moindre influence sur Mayence, si elle n'accède pas franchement et légalement*) à la ligue Allemande, et ne renonce pas au droit des guerres exclusives. Si au contraire elle fait cela, il faut tâcher aussi de se l'attacher, au lieu de la soupçonner.

Les arrangements sur Mayence doivent enfin toujours rester étroitement liés au consentement définitif, solemnel et entier de l'Autriche aux arrangements pour la Saxe.

---

*) loyalement.

3.

La question, si la Prusse peut se borner à n'aller
avec ses possessions que jusqu'à la Moselle, en gardant
cependant, sur quoi il faudrait toujours insister, une lisière
sur la rive opposée, est, pour ainsi dire, une affaire de
calcul. Le cabinet Autrichien doit proposer lui-même où,
ce qui se perd de ce côté, peut être regagné, et cela ne
pourra l'être qu'aux dépens de la Bavière.

Comme d'après le plan du Prince deHardenberg la Prusse
doit prendre sur elle de faire plusieurs trocs avec plusieurs
des autres Princes de l'Allemagne, et qu'après s'être
arrangée avec l'Autriche, elle pourrait rencontrer des difficultés dans ces arrangements postérieurs, il faudrait que
l'Autriche ne coopérât pas seulement à les négocier, mais
garantît aussi la réussite de la négociation.

à Vienne, ce 23 Octobre 1814.

(signé)   Humboldt."

Meines Erachtens kommen in dieser ersten Denkschrift überall Bedenken zum Ausbruch; Österreichs abweichende Ideen werden
nicht nur geahnt, sondern erörtert; von einem blinden Vertrauen
kann nicht füglich die Rede sein. Die zweite Denkschrift vom
zweiten Tage danach beurteilt Treitschke (S. 631 ff.) im ganzen
minder ungünstig, weil sie „bereits lebhafte Besorgnisse ver-
rate". Den „reichen Geist" Humboldts erkennt er natürlich hier wie
überall an; aber er findet, daß die „feinen Gedanken einander
das Licht vertreten"; daß Humboldt „sein Roß bis dicht an
den Graben heranführt" ohne den Sprung zu wagen (d. h. von
England und Österreich zu Rußland überzugehen); daß „über-
irdische Großmut" und „übergeistreiche Willensschwäche" ihn „zu
der ungeheuerlichen Ansicht führen: die erste Pflicht jedes
preußischen Staatsmannes, des eigenen Landes Macht zu sichern,
sei eine niedrige Sorge für das persönliche Interesse Preußens".
Wir kommen hierauf zurück. Lassen wir zunächst Humboldt
reden! Doch begnügen wir uns wesentlich mit einem die Mitteilungen Treitschkes ergänzenden Auszug.

Humboldts ungebructe Denkschrift, datiert „Vienne, 25. Okt. 1814" und betitelt „Sur le mémoire de Lord Castlereagh concernant l'affaire de la Pologne."

„... La demande que forme l'Autriche, appuyée par l'Angleterre, envers la Russie étant évidemment juste, nécessaire à la sûreté des deux puissances et de l'Allemagne, et de la plus haute importance pour la conservation de l'équilibre en Europe, il est à la fois du devoir et de l'intérêt de la Prusse de s'y rattacher, d'entrer entièrement dans la question, d'en suivre la marche et d'en courir toutes les chances. Elle ne peut pas avoir l'intention de favoriser les vues d'aggrandissement de la Russie, si en effet elle en a contre l'intérêt de l'Europe. Elle même en serait la première victime, et une saine politique lui dicte de rester unie avec l'Autriche et avec l'Allemagne pour servir de contrepoids aussi bien à la Russie qu'à la France.

La Prusse n'est pas non plus tenue envers la Russie par aucun lien qui la forcerait de se détacher de la cause générale. Car si cette puissance a puissamment contribué à lui faire tenir la Saxe, elle lui a enlevé la plus grande partie de ses provinces Polonaises, et il est bien douteux, si le don (si l'on peut nommer don ce qui a été conquis par le sang Prussien) est un véritable équivalent du sacrifice.

Mais la Prusse se trouve malgré cela dans une position bien différente de l'Autriche par rapport à la question présente. Elle est, p. a. d., dans une opposée. Le mal qui résulte du partage inégal du duché de Varsovie pour la Prusse, est tellement grand dès à présent que cela doit diminuer ses craintes pour la suite, tandis pue celui que les prétentions de la Russie causent à l'Autriche, est surtout dans les chances à venir.

La question de l'indépendance de la Pologne est d'une importance beaucoup moins grande pour la Prusse. Car la situation de l'ancienne Prusse et des nouvelles provinces

Polonaises de la Russie est telle réciproquement, que la
Russie, même en incorporant simplement ces provinces, devra
toujours désirer de s'approprier aussi les embouchures du
Niemen et de la Vistule, et que la Prusse proprement dite
elle-même ne peut presque pas se défendre de l'idée que
son bien-être gagnerait, si elle devenait une province Russe.
En revanche, la partie du duché de Varsovie que la Prusse
recevra à présent, pourra peut-être lui rester même s'il
existe une Pologne indépendante, puisqu'il y a beaucoup
d'Allemands attachés davantage à un gouvernement Allemand, et puisqu'étant plus petite que la Gallicie, elle peut
être plus facilement contenue.

La question territoriale est peut-être encore plus importante pour la Prusse que pour l'Autriche. Mais comme
l'Empereur Alexandre semble suivre surtout dans cette
affaire l'avis des Polonais, et que les Polonais mettent
beaucoup plus de prix sur la conservation de Cracovie que
sur Thorn, qui est au fond une ville Allemande, la Prusse
pourrait se flatter très probablement d'obtenir cette ville,
si elle voulût s'arranger séparement avec l'Empereur. C'est
précisement le point qui intéresse l'Autriche, qui augmente
aussi pour elle les difficultés.

La négociation commune sur la base du minimum
offre donc beaucoup moins d'avantages à la Prusse qu'à
l'Autriche.

En en venant après à la marche de la négociation, il
est évident que la Prusse en s'engageant à tenir la même
avec l'Autriche, ne court pas seulement des chances égales,
mais infiniment plus grandes. Car l'Autriche est au moins,
depuis la Gallicie jusqu'en Italie, en possession de tout ce
que la Russie ne lui conteste point. La Prusse au contraire
ne se trouve pas dans ce cas. Car toute la partie du duché
que la Russie promet de lui céder, et qui forme une population de plus de 700000 âmes, est encore entre les mains
de l'Empereur qui peut en remettre l'évacuation à l'époque
où la Prusse consent à ses vues. La Saxe elle-même devient

la possession la plus incertaine et la plus singulière, si d'un côté elle est contestée par la France, et si de l'autre la Prusse est en désunion avec la Russie qui devant l'Europe et devant le public aura· toujours l'air d'avoir seule fait obtenir ce royaume à la Prusse.

.... La seule chose qu'on peut, qu'on veut, et je suis le premier à le dire, qu'on doit opposer à la Russie, est une rupture politique.

Or comment la Prusse passera-t-elle par l'intervalle de tension qu'elle produira ...., lorsqu'elle n'aura point sa partie du duché, et que les esprits en Saxe seront inquiets et en suspens?

Il faut ajouter que même la manière dont l'Autriche consent à la possession de la Saxe par la Prusse, agit contre cette dernière dans le même sens. Car au lieu de dire hautement et hardiment qu'elle croit cette possession nécessaire, qu'elle supprime par cette raison tout autre sentiment, et qu'elle défendra cette cause contre chacun, elle y consent avec réluctance comme par condescendance, et en voulant faire acheter cette faveur à la Prusse par d'autres sacrifices très pénibles.

Il faut donc l'avouer franchement: si la Prusse tient la même marche avec l'Autriche dans l'affaire de la Pologne, il est même très douteux, si elle abandonne seulement son intérêt momentané pour son intérêt réel et durable. Il faut convenir plutôt qu'elle abandonne son intérêt personnel pour épouser celui de l'Europe.

Malgré cela, je suis fermement persuadé qu'elle ne doit point se détacher de la cause juste et raisonnable de l'Autriche et de l'Angleterre. Placée en Europe dans une situation où elle peut puissamment contribuer à maintenir l'équilibre entre les puissances, favorisée par la providence dans la dernière guerre au point de pouvoir le faire, elle suivra toujours la voie des principes, et jamais celle des pures convenances" ....

Den vorletzten Absatz und den hervorgehobenen Schluß des letzten giebt Treitschke (S. 632) wieder. Aus beiden Absätzen in ihrer Vollständigkeit wird man ersehen, ob oder inwieweit die obigen Ausdrucksweisen Treitschkes berechtigt sind. Das merkwürdigste aber ist: nach Verkündung der „ungeheuerlichen Ansicht" Humboldts fährt er fort: „Die gleißnerische englische Phrase von der Sache Europas" habe „auch diesen kalten Kopf berauscht". Als ob nicht diese Vorwürfe des „Ungeheuerlichen" und „Gleißnerischen", wenn sie berechtigt wären, in gleichem oder noch höherem Grade den Freiherrn vom Stein treffen müßten. War er es doch vor allen, der in der polnischen Frage jener „Ansicht" huldigte und diese „Phrase" vertrat! Hat er doch, man kann es nicht oft genug wiederholen, noch am folgenden Tage, am 26. Oktober, im Hinblick auf die Solidarität von Österreich, England und Preußen, an Hardenberg jene erneute Mahnung gerichtet: „Preußen muß treu festhalten an den Grundsätzen der Unterstützung des Europäischen Gleichgewichts, das ist sein wahrer Vorteil." Es ist unverkennbar, daß er, neben allen früheren Aktenstücken, bereits auch von Humboldts zweiter Denkschrift Kenntnis genommen; denn er hat es fortwährend mit den Meinungen derselben, für oder wider, zu thun (S. ob. S. 339. Es lohnt sich, das ganze Schreiben Steins bei Pertz 4, 185 f. sich zu vergegenwärtigen.)

Allein Stein sollte nun einmal jeder Anklage enthoben bleiben; daher wird die Rolle, die er gespielt, mit völligem Stillschweigen übergangen — nur seines „künstlichen" (!?) Mainzer Planes wird gedacht; und um so rücksichtsloser werden die ihm Gleichgesinnten verurteilt. „Ein entschlossener preußischer Staatsmann, heißt es S. 629, mußte sofort erkennen, daß auf die beiden Bundesgenossen kein Verlaß und ein fester Anschluß an Rußland geboten war." Das ist es aber eben, was gerade Stein entschieden bestritt. Alle derartigen Urteile Treitschkes sind daher ungerecht, messen nicht die Personen mit gleichem Maße, und können überdies heute noch weit weniger maßgebend sein, wie die der mithandelnden und besteingeweihten Personen jener Zeit, wie es eben vor allem Stein war. Die Situation war auch Ende

Oktober noch eine ſo ungewiſſe, daß niemand — weder Metter=
nich und Caſtlereagh, noch Hardenberg und Stein — etwas Ge=
wiſſes verſprechen, etwas unbedingt bejahen oder verneinen konn=
ten. Es war eben ein diplomatiſches Geſchiebe, das ſich, wenn
eine Gewaltkriſis ausgeſchloſſen ſein ſollte, ſo lange elaſtiſch in=
einander ſchieben mußte, bis alles aneinander abgepaßt und mit=
einander ausgeglichen war. Man kehre doch einmal das Blatt
um! Metternich, könnte man ebenſo gut behaupten, war ſehr
thöricht, in ſeiner Note vom 22. Oktober Preußen durch Behaup=
tungen vor den Kopf zu ſtoßen, die er doch ſchließlich nicht durch=
zuſetzen vermochte. Hat er doch z. B. trotz ſeiner damaligen kate=
goriſchen Behauptungen nachher Koblenz und das rechte Moſel=
ufer an Preußen überlaſſen, und ebenſo wider ſeine Abſicht Mainz
den Bayern entziehen müſſen. Humboldts damaliger Standpunkt
war gewiß ein der Lage angemeſſener, indem er Europas halber
nicht mit Öſterreich und England, und Sachſens halber nicht mit
Rußland gebrochen wiſſen wollte. Auf alle Fälle mußte man es
vermeiden, in den diplomatiſchen Prozeß der Ausgleichung ſo
zahlreicher widerſtreitender Wünſche und Intereſſen auf ſchroffe
Weiſe einzugreifen.

Die verhängnisvollſte Wendung des Wiener Kongreſſes und der deutſchen Verfaſſungsfrage.

Da inaugurierte plötzlich [am 5. November]*) der König von
Preußen, Friedrich Wilhelm III., eine neue, eine rein perſönliche
Politik. In ſeiner allerdings vollberechtigten Sympathie für Kaiſer
Alexander gab er der perſönlichen undiplomatiſchen Empfindung
nach, es unter allen Umſtänden mit dem ihm meiſt ſympathiſchen
Bundesgenoſſen halten zu müſſen. Ohne ſich auch nur ein ein=
ziges Mal unter vier Augen mit Hardenberg vorberaten zu haben,

---

*) [So ſcheint nach Hardenbergs Tagebuch ſtatt des 6. Nov. das ent=
ſcheidende Datum angeſetzt werden zu müſſen. S. H. Delbrück: König Fried=
rich Wilhelm III. und Hardenberg auf dem Wiener Kongreß Hiſtor. Z.
S. 63, 248, 258. Aus Pallain: Coresp. inédite du Prince de Talley=
rand S. 109 ergiebt ſich leider nichts Näheres. Stein muß in der Da=
tierung geirrt haben.]

ließ er sich an jenem Tage durch Alexander vollkommen zu dessen Gunsten umstimmen, ja von ihm u. a. einreden, daß „die von ihm geforderte polnische Grenze nicht angreifend sei", wie Stein und alle Welt behauptet hatte. Der vielfache rückhaltlose Widerspruch Hardenbergs, der allein zugegen war und die allgemeine Politik sachlich zu vertreten wagte, blieb unbeachtet; der König „verbot ihm" vielmehr schließlich in Gegenwart des Kaisers, „die Sache fernerhin gemeinschaftlich mit Österreich und England zu unterhandeln", d. h. befahl ihm, in das russische Lager überzugehen.

Der Lehrer Friedrich Wilhelms III. in der Rechts- und Staatswissenschaft, der berühmte Svarez, hat zu ihm in seinen Vorträgen unumwunden wörtlich gesagt: „Der Regent muß nicht selbst Richter sein wollen; es fehlt ihm dazu die erforderliche Zeit, die nur durch Übung zu erlangende Fertigkeit" *). Auch als Leiter der Politik und Diplomatie sind bekanntlich höchst selten die Regenten selbst kompetent gewesen. Und bei aller Pietät, wie sie dem Könige in vielen Beziehungen gebührt, wird man ihm doch nicht zu nahe treten, wenn man in Betreff seiner vom Diplomatenamt sagt, was Svarez vom Richteramt sagte. Vollends aber von einer so verwickelten Frage, wie es die polnische war, die eine Fülle der verschiedenartigsten Kenntnisse erforderte, wird man nicht sagen können, daß eine Augenblicksentscheidung rätlich war. Darum erschien dieselbe auch nicht als eine Wirkung überzeugender Gründe, sondern als eine Wirkung überredender Worte. Schon am 1. Oktober hatte Hardenberg mit Bezug auf den König in sein Tagebuch geschrieben: „jurat in verba des Kaisers von Rußland."

Wie stellt Treitschke die Wendung dar? Ihm ist der Staatskanzler sozusagen der Sündenbock. Hardenberg, sagt er, „völlig verblendet (d. i. durch seine Hinneigung zu Österreich und England), führte den Staat einer beschämenden Niederlage entgegen", einer „unerhörten Demütigung" (S. 584. 633). Da habe der König den „rettenden Entschluß" gefaßt und

---

*) [Stölzel: Svarez S. 312.]

habe „rettend eingegriffen. Es war vielleicht der heilſamſte diplomatiſche Entſchluß ſeines Lebens“.

Ganz anders Häuſſer. Wir haben ſchon geſehen (S. 340), daß er früher des Näheren ausführte, wie „Preußens Pflicht“ und deſſen „eigenes Intereſſe“ es geboten hätten, „den ruſſiſchen Entwürfen kräftig zu widerſtreben“. Und bei dem Wendepunkt [des 5. November] ſagte er (S. 597 f.) nach einer Analyſe der Caſtlereaghſchen Denkſchrift vom 6. November, die Treitſchke über= geht, in Übereinſtimmung mit der von Metternich ausgeſprochenen „Überzeugung“ (ſ. ob. S. 338): „Es iſt nicht zu zweifeln, die einmütige Einſprache der Alliierten, in dieſem Sinne geführt, mußte den ruſſiſchen Kaiſer nachgiebig machen; aber wenige Stun= den (zuvor) war Preußen ins ruſſiſche Lager überge= gangen. Alexander hatte“ den „König umgeſtimmt . . . Damit hatte Preußen ſeine natürliche Stellung verlaſſen und die eigene Sache wie die allgemeinen Angelegenheiten auf das unheilvollſte verſchoben“ . . . Es war eine „verhängnisvolle Schwenkung“.

Pertz läßt überall und ſchon dadurch die gleiche Meinung durchblicken, daß er bemerkt: „vergeblich habe Hardenberg wider= ſprochen“ und nur Bedacht genommen, „die ſchlimme Lage zu verbeſſern“ (4, 197. 204); die „Erklärung des Königs“ ſei „der Scheidepunkt“ geworden, ſie habe „den Kaiſer Alexander in ſeinem Entſchluſſe wegen Polens beſtärkt“ (S. 203). Überdies aber vertritt Pertz die Auffaſſung Steins. Und wie verhielt ſich der letztere, über den Treitſchke bei dieſem Anlaß wiederum ſchweigt?

Am 5. November warf Alexander ihm vor, daß er ſich „auf die Seite ſeiner Feinde geſtellt habe“. Stein nahm keinen An= ſtand, ihm zu erwidern, daß in der That „des Kaiſers Nachbarn Urſache hätten, beunruhigt zu ſein“, ſowohl über den polniſchen „Königstitel“ wie über die „Verfaſſung“ und „über die Grenze“. Und nachdem dennoch der König ſich dem Kaiſer ergeben hatte, ſtand er nicht an, der Überzeugung Ausdruck zu leihen: „Der Kaiſer ziehe den König von Preußen von dem allgemeinen Intereſſe Europas ab“; durch dieſe polniſche Angelegenheit werde „der Geſchäftsgang des Kongreſſes zerrüttet und gelähmt, der Samen der Eifersucht zwischen den Mächten ausgestreut" und „nachdrückliches Eingreifen in die deutschen Angelegenheiten verhindert (ebend. S. 203)*).

Es konnte nicht fehlen, daß „die Schwenkung des Königs" sofort auch im Lager Österreichs, Englands und — Frankreichs als ein „Abfall", ein „Verrat Preußens von der Sache Europas" betrachtet und durch die Drohung erwidert wurde: nun sei auch die Verpflichtung in Betreff Sachsens hinfällig. Treitschke (S. 634) glaubt zu wissen, wie es „auch ohne die That Friedrich Wilhelms" gekommen wäre, nämlich viel schlimmer als es kam. Gewiß ist nur, daß diese That die peinlichste Verwirrung schuf; daß Hardenberg mit dem Abschied drohte und anscheinend davon nur deshalb abstand, weil Metternich und Castlereagh den Rücktritt ihm anrieten, also wünschten; daß ferner „alle" Welt und „namentlich auch Stein" dem Kaiser Alexander „Zurückhaltung und Entfernung" bewies (Pertz S. 206); und daß allseits sogar schon die Gefahren eines Bruches und eines allgemeinen Krieges besprochen wurden.

Die nächste Folge war die Lahmlegung der preußischen Politik. Denn die persönliche Schwenkung des Königs mußte notwendig die Feder Humboldts und die Aktion Hardenbergs der Zuversicht und der Wirkung berauben. Beide, im Einverständnis mit Stein, waren nicht gewillt, sich den Befehlen des Königs ohne weiteres zu fügen und damit die Interessen Preußens und Deutschlands einer völlig unberechenbaren Zukunft preiszugeben.

In dieser Lage verfaßte Humboldt die nachfolgende Denkschrift vom 9. November, die alle Chancen für und wider besonnen abwog und zunächst, trotz der That des Königs, den Versuch einer vollständigen Einigung mit Österreich und England anriet, zugleich aber infolge dieser That die sofortige Herbeiführung einer Entscheidung, eines Entweder — Oder empfahl**). Treitschke S. 636 hat nur Weniges aus ihr mitgeteilt, um daran die spöttische Bemerkung zu knüpfen: „Immer wieder verbreitet der holde

---

*) [Vgl. dazu Steins Tagebuch a. a. O. S. 397—401.]

**) [Die Humboldtsche Denkschrift ist neuerdings zum größten Teile abgedruckt worden von H. Delbrück, Histor. Z. S. 63, 260—263.]

Traum des deutschen Dualismus seinen Dunstkreis um die Köpfe der preußischen Staatsmänner", und um Humboldts Geist als „überscharf", dessen Gründe als „sonderbar" zu bezeichnen. Die Denkschrift mag für sich selber sprechen; auf jene Bemerkung aber, die sich S. 647 wiederholt, ist zu erwidern: der Dualismus war damals — und nur darum handelt es sich — nicht ein Traum, sondern eine sehr konkrete historische Thatsache, eine Realität, mit der man rechnen mußte, so lange sie eben da war und nicht beseitigt werden konnte. Daher hatte auch Stein von jeher mit ihr gerechnet. Die Eventualität, daß der deutsche Dualismus früher oder später einmal durch eine Gewaltkrisis auseinanderbrechen könne, hat gerade Humboldt schon in seiner Denkschrift vom Dezember 1813 (s. ob. S. 108) ins Auge gefaßt.

Denkschrift Humboldts vom 9. November 1814*).

„Die polnischen Angelegenheiten sind im gegenwärtigen Augenblick zu einem Punkte gekommen, wo man an einer gütlichen Beilegung derselben verzweifeln muß.

Man konnte längst die Hoffnung aufgeben, daß Rußland an seinen Forderungen wesentlich nachlassen würde. Der österreichische Hof war ebensowenig dazu geneigt, und seine Beharrlichkeit ist noch bedeutend durch den gänzlichen und festen Beitritt des englischen Kabinetts vermehrt worden. Zu den in der Sache selbst liegenden Gründen — der Gefahr einer die benachbarten Staaten bedrohenden Grenze, und den Besorgnissen, welche aus einer Wiederherstellung Polens unter russischer Herrschaft entspringen — gesellt sich, vorzüglich bei England, noch der Grundsatz, daß man den ersten zu weit gehenden Forderungen Rußlands widersprechen muß, um nicht, nachdem man Ein verderbliches Übergewicht in Europa bekämpft hat, ein neues aufkommen zu lassen. Neben allen diesen Betrachtungen sind, wie man offenherzig gestehen muß, seit den letzten Wochen noch persönliche Rücksichten und Leidenschaften eingetreten.

---

*) Das erste französisch geschriebene Memoire wird durch dies zweite überflüssig gemacht. Note des Vf.

Preußen allein sieht jetzt die Sache aus ihrem wahren Gesichtspunkte an. Es gesteht zu, daß Rußland gerechter und dem Geiste, in welchem der ganze jetzige Krieg geführt worden ist, angemessener handeln würde, wenn es auf die am meisten bestrittenen Grenzpunkte nachgeben wollte. Es fühlt, daß Rußlands Forderungen dem preußischen Interesse nachteilig sind. Allein es sieht auf der andern Seite ein, daß in der jetzigen Lage der Dinge beharrliches Entgegenstreben gegen die Plane Rußlands, Verweigern der Anerkennung seiner in Anspruch genommenen polnischen Besitzungen, und daraus früher oder später entstehender Krieg, unpolitisch sind, und daß der wahre Endzweck weit besser durch augenblickliche Nachgiebigkeit, darauf folgende Konsolidation der Staaten, und nachherige feste Verbindung erreicht werden würde.

In dieser Lage hat Preußen das größeste Interesse, den Bruch, wenn derselbe auch noch lange kein Krieg wäre, zu verhindern. Allein es befindet sich dazu gerade jetzt im ungünstigsten Augenblick, denn es ist nicht glaublich, daß Rußland darum nachgeben würde, weil es fürchten müßte, daß Preußen sein Widersacher werden würde; und noch weniger ist dies von Österreich und England vorauszusetzen, weil beide sehr gut wissen, daß Preußen noch in keiner seiner neuen Besitzungen fest ist, und daß es, so wie es sich von ihnen und mithin von Deutschland trennt, vom Rhein bis zur Ober sehr leicht angegriffen werden kann.

In der That befindet sich Preußen in einer kritischeren Lage als irgend ein anderer Staat. Es kann nur auf die Provinzen, welche es vor dem Kriege besaß, und auf seine wiedereroberten alten rechnen.

Sachsen ist ihm von Österreich und England nur unter der Bedingung zugesichert worden, daß es in der polnischen Angelegenheit den gleichen Gang mit ihnen gehe, und um den Rhein herum ist der neue Besitzstand noch nicht einmal vorläufig irgend bestimmt verabredet.

Daß Preußen sich aus dieser Lage herausziehe ohne eine Gefahr wirklich ernsthaft teilen zu wollen, daß es von Österreich

und England die in Deutschland gewünschten Besitzungen zugestanden, anerkannt und garantiert erhalte, dabei doch auf seine
Weise, und nach seinem Gefallen mit Rußland abschließen, und
an dem ferneren Zwist über Polen keinen Teil nehmen könne,
halte ich für unmöglich. Da keine beider Parteien darin ihren
Nutzen finden würde, so sehe ich nicht ab, welche Gründe sie
bewegen könnten, darin einzuwilligen.

Vielmehr scheint mir jeder Aufschub von preußischer Seite,
eine bestimmte und sich für eine beider Parteien entscheidende
Sprache zu führen, in hohem Grade verderblich. Schon jetzt
hegen Österreich und England die Meinung, daß Preußen sie
nicht gegen Rußland unterstützen würde. Nimmt diese Meinung
in den nächsten Tagen zu, wie sie es denn, ohne eine bestimmte
Erklärung Preußens notwendig muß, so werden sie, da die Umstände zu bringend sind, neue Verbindungen, und zwar solche
suchen, die nicht anders als nachteilig für Preußen ausfallen
können, werden allen Forderungen Preußens Schwierigkeiten entgegensetzen, und allzu wahrscheinlich auch den Kongreß ins Spiel
ziehen, um die polnische und die sächsische Angelegenheit bei ihm
zur Sprache zu bringen.

Vorzüglich darf man sich nicht schmeicheln, daß Preußen
wird irgend eine Wirkung auf die Nachgiebigkeit Österreichs ausüben können, ehe es sich erklärt mit ihm gleichen Schritt zu
halten. Bis dahin wird jedes, noch so triftige Raisonnement
seines Eindrucks verfehlen, weil man es immer als eine bloße
Frucht des Bemühens ansehen wird, sich selbst aus der Sache
herauszuziehen.

Allerdings muß es Preußen überaus schwer werden, sich
hier zu entscheiden. Denn es muß sich entweder mit Rußland
für eine Sache verbinden, die ihm selbst schädlich ist, und
die es außerdem weder gerecht noch Europa nützlich nennen
kann; oder mit Österreich und England zu Maßregeln, die es
jetzt für unangemessen und für unpolitisch hält. Allein es würde
im ersteren Falle, da Rußland schwerlich nachgibt, so weit folgen
müssen, als die Beharrlichkeit beider Teile in ihrem Zwiste es
mit sich fortrisse; im letztern Fall hingegen behält es immer

Mittel in Händen, auf größere Mäßigung bei den Gegnern Ruß=
lands hinzuarbeiten, da diese doch selbst einen Bruch scheuen
und Preußens Sprache bei ihnen mehr Gewicht haben wird.
Auch ist es sehr in Anschlag zu bringen, daß die beiden Höfe,
welche am meisten Uneinigkeit zwischen den vier Alliierten wün=
schen, und dieselbe unter der Hand ohne Zweifel befördern,
Frankreich und Bayern, alles Interesse dabei verlieren, sobald
Preußen auf die Seite tritt, auf welche sie sich in Absicht der Pol=
nischen Angelegenheiten stellen. Denn da Frankreich, wegen der Ver=
bindung der Niederlande mit England, Belgien nicht angreifen darf,
so können beide nur gegen Preußen etwas zu erstreiten hoffen.

So viel scheint mir daher unumstößlich, daß, wenn Preußen
sich noch schmeicheln darf, zur Versöhnung beizutragen, es Öster=
reichs und Englands Schritte unterstützen muß. Der
Erfolg der Versöhnung bleibt indes immer ungewiß, und die
eigentliche Frage ist also zugleich die:

> Welche Partei Preußen ergreifen muß, wenn es zu einem
> Bruch, aus welchem sehr wahrscheinlich nachher ein Krieg
> entstehen würde, kommen sollte?

Denn der Fall der Neutralität, den ich schon oben berührt habe,
scheint mir unmöglich.

Der Krieg, der aus der jetzigen Verwicklung der Verhält=
nisse entstehen kann, wird von Rußland, das den größesten Teil
des Herzogtums Warschau behält, für einen an sich unbedeuten=
den Strich Landes zur Erhaltung einer Grenze, die, nach dem
Urteil aller Kriegsverständigen nicht Verteidigungs= sondern An=
griffspunkte enthält, und für die Annahme des polnischen Königs=
titels geführt. Die Forderung der Grenze läuft zum Teil dem
Buchstaben und dem Geist der Verträge entgegen; die
Herstellung des Namens Polen dem geheimen Artikel des Tei=
lungsvertrages. Die Herstellung eines Teils von Polen unter
dem Namen des Ganzen und unter russischer Herrschaft muß
(wenn man nicht auf die Uneinigkeit und die Schwächung sehen
will, die sie vielleicht künftig für Rußland selbst zur Folge hat)
ebenso ein Keim zu Streitigkeiten und Unruhen in Europa schei=
nen, als es die Errichtung des Herzogtums Warschau war.

Österreich dagegen will sich in Absicht der Grenze mit einem sehr kleinen Gebiete begnügen, und wird, einmal aufs Äußerste gebracht, Polen eine wirkliche Herstellung unter einer polnischen Regierung vorschlagen.

Dieser Vorschlag, er mag nun auf die Polen Eindruck machen oder nicht, wird diesmal ernsthaft sein, und da ihn Österreich vor England und Frankreich aussprechen muß, welche beide die Herstellung Polens begünstigen, so wird es vielleicht sogar genötigt sein, ihn zur Wirklichkeit zu bringen. Auf diese Weise wird dieser Krieg von seiten Österreichs und Englands in seinen Absichten gerecht, das Gleichgewicht und die Ruhe Europas befördernd und von liberalen Gesinnungen ausgehend erscheinen, und wird sehr bald für einen europäischen gegen das drohende Übergewicht Rußlands gelten. Diese Ansicht wird auch, ob ich gleich keineswegs die Meinung teile, daß dies Übergewicht unfehlbar entstehen würde, wenn man jetzt nachgäbe, insofern wirklich die richtige sein, daß, wenn Rußland in diesem Kriege siegte, allerdings seine Macht entscheidend und in hohem Grade gefährlich werden würde, da im entgegengesetzten Fall, bei dem Siege Österreichs und Englands, sich nur das Gleichgewicht her-stellen und sicherer begründen könnte. Schon in der allgemeinen Natur dieses Krieges liegt daher ein sehr wichtiger Grund, sich lieber auf die europäische als auf die russische Seite zu stellen. Preußen insbesondere aber würde auf dieser letzteren eigentlich dasjenige verteidigen, was ihm selbst geradezu nach-teilig ist. Denn es ist unleugbar, daß die jetzige Teilung des Herzogtums Warschau für Preußen, auch wenn es Thorn und die Warthe erhielte, doch noch sehr große Nachteile hat, und Ost- und Westpreußen zu weniger nützlichen und weniger sicheren Provinzen macht.

Wenn ich aber hiernach behaupten zu müssen glaube, daß Preußen seiner Verbindung mit Österreich und Eng-land getreu bleiben muß, so setze ich dabei freilich voraus, daß beide auch Preußens billigen Forderungen augenblicklich ein Genüge leisten, da es ohne Erfüllung dieser kaum eine bestimmte Sprache zu führen, geschweige denn zu handeln imstande ist.

Diese Bedingungen sehe ich darin, daß Österreich und England augenblicklich in einem Definitiv-Vertrage

1. den Besitz von ganz Sachsen für Preußen anerkennen und garantieren;

2. seine billigen Forderungen in Absicht des Besitzstandes in Deutschland eingehen;

3. mit Mainz die von Preußen vorgeschlagene Einrichtung treffen;

4. versprechen, mit keiner Macht anders ein Bündnis zu schließen, als wenn sie gleichfalls den auf diese Weise bestimmten Besitzstand Preußens anerkennt und den Umständen gemäß garantiert;

5. und endlich sich anheischig machen, auf jeden Fall zu verhindern, daß Rußland Preußen, wegen der Verbindung mit ihnen, bei gänzlicher Ausmachung der Sache, den ihm schon jetzt zugestandenen Teil des Herzogtums Warschau vorenthielte.

Wollten Österreich und England diese Bedingungen, von denen jedoch nur die dritte schwierig sein würde, nicht sogleich eingehen, so bewiesen sie dadurch schon, daß sie kein rein europäisches Interesse hätten, und daß sie Preußen die Kräfte nicht einräumen wollten, deren es zu Erhaltung seiner Unabhängigkeit bedarf; und so würde Preußen vor sich und Europa gerechtfertigt sein, sich von ihnen zu trennen und einen eigenen Weg mit Rußland einzuschlagen. Es bliebe ihm alsdann für seine Sicherheit kein anderes Mittel übrig, wie viel Schwierigkeiten auch noch mit diesem Schritte verknüpft wären. Stimmten dagegen Österreich und England in diese Bedingungen ein, so kämen nun auch zu den obigen allgemeinen Gründen andere sehr wichtige besondere für Preußen hinzu, sich mit ihnen zu verbinden.

Denn sowie es nun dies thäte, hätte Preußen, auch ehe es zum ernsthaften und thätlichen Bruch käme, die ganze Kraft aller seiner Besitzungen, die einzigen polnischen ausgenommen, die ihm freilich Rußland alsdann nicht sogleich einräumen würde.

Es käme in diesem Fall auch vermutlich der Deutsche Bund zustande, an dem Preußen unleugbar eine neue Stütze findet.

Verbindet sich Preußen mit Rußland, so wird zwar dieses

dieſelben Gewährleiſtungen übernehmen, allein da die deutſchen
Beſitzungen mehr von Öſterreich und Deutſchland als von Ruß=
land abhängen, ſo wird der Beſitz Preußens, beſonders da es
am Rhein alsdann gar nicht einmal zu einer eigentlichen Tei=
lung kommt, immer, ſelbſt wenn kein Krieg entſteht, die ganze
Zeit der Spannung über nur ein proviſoriſcher ſein, und der
Deutſche Bund zerſchlägt ſich dann höchſt wahrſcheinlich. Die
neuen Provinzen, die, wie Sachſen, mit ihrem Schickſal, wenig=
ſtens zum Teil, unzufrieden ſind, werden weit mehr die Hoff=
nung ſich abzureißen behalten, wenn Preußen ſie mit Geneh=
migung Rußlands gegen den Willen Öſterreichs und Englands,
als wenn es dieſelben umgekehrt mit der Genehmigung dieſer
Mächte gegen den Willen Rußlands beſitzt.

Überhaupt iſt der Unterſchied unleugbar und überaus wichtig,
daß, ſowie nur Preußen und Öſterreich zuſammenhalten,
alle politiſchen Verhältniſſe bis zu der öſtlichen
Grenze Deutſchlands ruhig zuſtande kommen kön=
nen, und man nur in dem unglückſeligen Fall des wirklichen
Kriegs das ruſſiſche Eindringen abzuwehren hat; daß aber da=
gegen, ſowie ſich Preußen mit Rußland verbindet, auch alle
andere jetzt zu ſtiftende Verhältniſſe unwiderruflich zerriſſen, oder
aufgeſchoben ſind. Dieſe leider nur zu leicht zu machende Be=
merkung würde auch in Deutſchland einen überaus ungünſtigen
Eindruck für Preußen hervorbringen, wenn man ihm ſchuld
geben könnte, dies veranlaßt zu haben.

Bräche der Krieg wirklich aus, ſo wäre es allerdings ſehr
unglücklich, daß Oſtpreußen vermutlich im erſten Augenblick ver=
loren ſein würde. Allein man hätte den feindlichen Angriff doch
nur von einer Macht zu befürchten. Wollte man auch anneh=
men, daß Frankreich ſich gleichfalls mit Rußland verbände, ſo
hätte man dagegen an Holland und England, das gewiß ſehr
ernſtliche Hilfe leiſten würde, kräftigen Beiſtand. Auf der an=
dern Seite wären, wenn man auch vorausſetzt, daß Frankreich
ruhig bliebe (wie man denn dies aus aller Verbindung laſſen
müßte), Öſterreich, Bayern, Hannover, vielleicht ſogar Holland,
faſt von allen Seiten her, zu fürchten; Preußen dürfte in Deutſch=

land schwerlich auf einen einzigen Bundesgenossen rechnen, und
die Monarchie und die Streitkräfte könnten sehr leicht von dem
Feinde getrennt und zerschnitten sein.

Bei aller Anhänglichkeit und Treue, welche die Nation und
die Armee noch in dem letzten Kriege so rühmlich bewiesen haben,
würde es doch beiden schmerzlich sein, gewissermaßen für die Polen,
die ganz eigentlich verräterisch an ihnen gehandelt haben, und
für Forderungen Rußlands, die, selbst insofern sie Österreich allein
angehen, Preußen nachteilig sind, gegen Deutsche fechten zu müssen,
besonders wenn ihnen nicht unbekannt bliebe, daß Österreich und
England wirklich in die Einverleibung Sachsens gewilligt, und
vermutlich, wäre der Bruch nicht dazwischen gekommen, auch in
Deutschland jedes billige Verlangen Preußens erfüllt hätten. Die
Herbeischaffung der Mittel zum Kriege endlich würde, selbst bei
gleichen Anstrengungen in beiden Fällen, weit schwerer bei einer
Verbindung mit Rußland werden, da man in diesem Fall der
englischen Subsidien entbehrte.

Der endliche Erfolg, da dies noch eine sehr wichtige Betrachtung ist, es mag nun bei einem bloßen Bruch bleiben, oder
wirklich zum Kriege kommen, ist in jedem Fall unvorteilhaft bei
einer Verbindung mit Rußland. Denn, wenn sich die jetzt zwie-
spältigen Mächte doch noch, nach einiger Zeit, ohne Blutvergießen
versöhnen, so wird Österreich in allen Verhältnissen in Deutschland immer Preußen fühlen lassen, daß es sich von seiner und
in seiner Ansicht, von der allgemeinen Sache getrennt hat, und
da diese Verhältnisse für Preußen immer die nächsten und wichtigsten bleiben, wird Rußland es dafür nicht entschädigen können.
Die Folgen eines doch immer möglichen unglücklichen Ausganges
des Krieges wären kaum zu berechnen. Da sich Rußland in sein
Inneres zurückzöge, würde Preußen allein die härtesten Bedingungen zu dulden haben, und noch das Ansehen bekommen, mit
seiner Schuld zu leiden. Ein glücklicher Ausgang auf der andern Seite würde selbst noch von großen Nachteilen begleitet sein.
Rußland würde sich unfehlbar noch mehr vergrößern und vermutlich durch preußische Provinzen, als die einzigen ihm bequem
gelegenen. Es würde Preußen vielleicht dafür sehr reichliche Ent-

schädigungen einräumen, allein es noch weiter gegen Westen schie-
ben, wo es andere verbrängen und Neid und Haß auf sich laden
müßte. Dies würde der Keim neuer Kriege werden, in benen
Preußen nichts übrig bleiben würde, als sich, ohne wahre Selbstständigkeit, eng an Rußland anzuschließen. Ruhe, Gleichgewicht
und Sicherheit lassen sich nicht mehr benken, wenn Preußen sich,
ohne die gerechtesten und triftigsten Gründe, von seinem natürlichen politischen System, der Verbindung mit Österreich, Deutschland, England und Holland trennt. In diese Verbindung in bem
gegenwärtigen Zwiste über Polen tretend, könnte es zwar auch,
da sich die Zukunft nicht berechnen läßt, einen unglücklichen Ausgang erfahren. Derselbe würde aber nie gleich verderblich sein,
da diejenigen, welche in diesem Fall seine Bundesgenossen wären,
weil sein Interesse mehr in das ihrige verwebt ist, es immer
nachdrücklicher unterstützen müßten.

Aus diesen Gründen, benen es unnütz sein würde, noch an-
bere weniger wesentliche hinzuzufügen, kann ich, nach ber reif-
lichsten und gewissenhaftesten Überlegung, in ber jetzigen Krise
keinen andern politischen Gang als ben folgenden anraten:

1. Österreich und England die oben entwickelten Bestimmungen zur Annahme vorzulegen;

2. wenn sie dieselben eingehen, sich eng und unverbrüchlich
in Absicht der polnischen Angelegenheiten an sie anzuschließen;

3. Rußland offen und unumwunden die Gründe barzulegen,
aus welchen Preußen nicht anders handeln kann;

4. in der Verbindung mit Österreich und England alles nur
immer mögliche zu thun, um allen Bruch und vorzüglich ben
wirklichen Krieg zu vermeiden;

5. wenn dies aber unmöglich sein sollte, die gemeinschaftliche Sache mit aller Kraft und ber höchsten Anstrengung burch-
zusetzen.

Wien, ben 9. November 1814.

(unterz.)   Humboldt."

Zu einem raschen Vorgehen im Sinne Humboldts, wie wenn
es sich um ein Ultimatum gehandelt hätte, konnte sich Harden-

berg nicht entschließen. Stand dem doch das Verbot des Königs
entgegen, mit Österreich und England gemeinsam gegen Rußland
vorzugehen. Und das hätte doch geschehen müssen, wenn jene
Mächte einem solchen Ultimatum zustimmten. Hardenberg lavierte.
Er erörterte zunächst mit Stein die Frage eines Krieges der drei
Mächte gegen Rußland; das Resultat war: jetzt sei ein solcher
nicht ratsam. Am 11. konferierte er mit Castlereagh [?] und Metternich*). Es zeigte sich deutlich, daß Preußen sich durch die Schwenkung des Königs zwischen zwei Stühle gesetzt habe. Österreich
und England fühlten sich dadurch vor den Kopf gestoßen und
waren bereit, nunmehr Preußen im Stich zu lassen. Giebt doch
Treitschke (S. 637) zu: „Preußen trug von seinem Abfall zunächst nur den Haß davon, der jedem diplomatischen Frontwechsel
zu folgen pflegt." Vor der That des Königs hätten die Forderungen Humboldts der höchsten Wahrscheinlichkeit nach zu einer
Einigung geführt. Jetzt aber war es zu spät. In jener Konferenz begehrte Metternich schon direkt für den König von Sachsen
außer Dresden wenigstens 500000 Seelen. Es war vorauszusehen, daß sich hier die Sage von den sibyllinischen Büchern wiederholen würde, wenn Preußen sich mehr und mehr an Rußland
anklammere; und daß dieses letztere dennoch, falls nur erst seine
eigenen Wünsche erfüllt seien, auch seinerseits geneigt sein werde,
sich nicht für die Interessen Preußens zu ereifern und zu opfern.

Nach Lage der Dinge blieb seit Mitte November nichts weiter
für Hardenberg übrig, als die Zwitterstellung eines Vermittlers
anzunehmen, der immer Gefahr läuft, bei beiden Teilen Anstoß
zu erregen. Glücklicherweise unterstützte ihn Stein auf das kräftigste, indem er am 20. November Alexander unumwunden namentlich die Überlassung Thorns an Preußen und die Räumung
des von Österreich beanspruchten Krakau zumutete. Aber Alexander sträubte sich zäh. Da ließ sich auch Stein, durch die nun
einmal „auf das unheilvollste verschobene" Lage gedrängt, zu einer

---

*) [Vgl. dazu die von Delbrück a. a. O. mitgeteilten Aktenstücke sowie
die Korrespondenz Hardenbergs mit Metternich bei Oncken 2, S. 852. 853.
Metternichs Brief vom 12. Nov. 1814 steht auch bei Angeberg 1, 418.]

Abschwächung seiner Opposition gegen denselben bewegen. Er hatte seine territoriale Lieblingsidee, die Einverleibung von ganz Sachsen in Preußen, gerade im Bunde mit Österreich und England für vorzugsweise gesichert erachtet. Da diese Hoffnung seit dem 11. November zerrann, so wollte er wenigstens dieses Projekt zu retten versuchen durch Nachgiebigkeit gegen Alexander*). Er ließ es sich daher gefallen, daß dieser durch eine Erklärung vom 27. November (Pertz, S. 224 ff.) sich zwar bereit zeigte, Thorn und Krakau zu räumen, aber nur um sie als „freie und neutrale Städte" gelten zu lassen; wogegen er den Kaiser veranlaßte, sich neuerdings für die Überlassung von ganz Sachsen an Preußen und für die Anerkennung von Mainz als deutsche Bundesfestung auszusprechen.

Bei diesem Anlaß wird endlich einmal wieder bei Treitschke (S. 646) in der polnischen Frage Stein erwähnt. Aber wie ganz anders im Verhältnis zu Hardenberg und Humboldt, wie wunderbar mild wird er hier in Bezug auf seine gegnerische Stellung gegen Alexander beurteilt, d. h. in Bezug auf eben die Haltung, wegen deren jene bei ihm nur den herbsten Tadel, Unglimpf und Spott davontrugen. Während das frühere Mal, wie wir sahen (ob. S. 340), Steins Gegnerschaft in der polnischen Frage nur leise berührt wurde, um ihm das Lob „genialer Sicherheit" zu erteilen, heißt es hier von ihm, wiederum mit liebenswürdigster Anerkennung: „Der große Mann hatte inzwischen eingesehen (!), daß er bisher allzu einseitig den polnischen Plänen des Zaren entgegengetreten war; nach seiner herrlichen unbefangenen Weise beschloß er sofort, den begangenen Fehler zu sühnen", d. h. er „bot fortan seine ganze Kraft auf, um Sachsen für Preußen zu retten".

Auf diese Wendung Steins, die eine Folge der Schwenkung Friedrich Wilhelms III. und ihrer Rückwirkung auf die österreichisch-englische Politik war, bezieht sich Münster schon in seinem Bericht vom 27. November, worin er sagt (S. 191): er habe auch seinerseits dem Staatskanzler Hardenberg im Interesse des

---

*) Vgl. Münster: Pol. Skizzen 194. 192.

Friedens geraten, sich mit einem „großen Teile von Sachsen unter Zustimmung Europas" zu begnügen; aber der Staatskanzler sei „neuerdings auf die Idee zurückgekommen, daß Preußen auf dem ganzen Sachsen bestehen müsse". Dann fügt er hinzu: „Es ist wahrscheinlich, daß der Baron vom Stein in Bezug auf diesen Punkt, der heute Europa zu entzünden droht, einen sehr schädlichen Einfluß ausgeübt hat." Viel positiver noch erklärte er dem Prinz-Regenten am 17. Dezember (S. 194): „Der Baron vom Stein, der bis dahin die Pläne des Kaisers Alexander in Betreff Polens bekämpft hatte, sah (d. i. seit Ende November) in dieser Frage nur noch ein Mittel, um die Einverleibung von ganz Sachsen in Preußen herbeizuführen. ... Er betreibt diesen Plan mit Feuereifer (ardeur)." In derselben Angelegenheit schrieb Baumbach am 31. Dezember (siehe unten im Anhang): „Was Preußen jetzt manche Stimme zuführt, ist, daß man nun ziemlich genau weiß, wie es indiciert worden ist, so zu wollen, weil es an dem Gelingen nicht (habe) zweifeln können"*).

Von einem uneigennützigen Angebot Alexanders kann nicht die Rede sein. Es liegt auf der Hand, daß es das größte Interesse Rußlands war, in der sächsischen Frage für Preußen einzutreten, damit es eventuell in ihm einen Alliierten im Kriege habe, statt eines Gegners. Preußen aber lief Gefahr durch seinen Übertritt auf die Seite Rußlands statt zweier Helfer, die es bisher besaß, drei Gegner unter den Großmächten einzutauschen oder gar vier, falls Rußland sein Wort nicht löste.

Die polnischen Anerbietungen Alexanders vom 27. November konnten natürlich weder Preußen noch Österreich befriedigen; aber ersteres mußte es fortan nach dem Gebot des Königs mit Rußland halten, während Österreich nunmehr entschlossen war, sich in der sächsischen Frage um so unnachgiebiger zu zeigen. Es wurde darin von England, Frankreich, Bayern und Hannover unterstützt. So bildete sich mehr und mehr eine Koalition gegen Rußland und Preußen heraus. Die kriegerischen Stimmungen und Drohungen in den Kreisen beider Gruppen wurden immer

---

* [Vgl. zu allem Steins Tagebuch und Delbrück a. a. O.]

lauter und häufiger. Metternich im Verkehr mit Hardenberg wälzte
alle Schuld der Mißerfolge auf Preußen; Hardenberg, der mit
Metternich im Privatleben nur allzu intim befreundet war, bot
dieſem vertraulich, indem er von der polniſchen Frage ausging,
für den König von Sachſen eine Entſchädigung in Weſtfalen mit
Münſter und Paderborn an. Dies geſchah in einer der wichtig=
ſten und ausführlichſten Urkunden dieſer Zeit, in der „Note ver-
bale" vom 2. Dezember*).

Allein auch in der Diplomatie hat die Gemütlichfeit feine
Stätte. Es war daher eine durchaus falſche Berechnung, daß
Hardenberg am folgenden Tage dieſer Note einen vertraulichen
„Brief" folgen ließ, worin er nach mancher ſehr richtigen Erwä=
gung einen „Appell" an die Freundſchaft Metternichs und an die
„Gerechtigfeit" des Kaiſers Franz richtete, der mit den Worten
begann: „Retten Sie Preußen aus ſeiner gegenwärtigen Lage."
Mit vollem Recht hat man allſeits dieſen im Wortlaut demüti=
genden Zuruf ſcharf getadelt. Aber man hat es doch ebenſo faſt
allſeits überſehen oder übergangen, daß der Appell mit den Worten
endigt: „Man fann Preußen n i c h t z u m u t e n, daß es a l l e i n
ſo ſchmerzliche Opfer bringe, bloß zur Genugthuung anderer.
E h e r m u ß e s v o n n e u e m a l l e s a u f s S p i e l ſ e ß e n."
Dieſe Phraſe war feine Demütigung, ſondern eine Drohung, ein
Trumpf. Darauf folgte dann freilich wieder zur Beſchwichtigung
eine Eintrachtsmahnung in Verſen aus dem Merfur**).

Metternich zögerte mit der Antwort, ohne Zweifel — wie
auch Perß (S. 230) vermutet, weil er ſich mit den Häuptern der
Koalition verſtändigte. Und das Reſultat war der Gegentrumpf

---

*) Dieſelbe iſt gedruckt bei Klüber 7, 291 ff. [Angeberg 1, 485.]
Kurze Auszüge daraus gaben Perß 4. 227 und Häuſſer 4, 591 f. [608],
Treitſchfe gedenft ihrer nicht. Sie liegt auch im Manuſfript vor mir, im
ſchriftlichen Nachlaß von Schmid (Jen. Bibliothef). Von beſonderem Intereſſe
iſt das ſtatiſtiſche Material, von dem wir aber, unſers engern Zweckes halber,
hier ebenfalls feinen Gebrauch machen fönnen.

**) Der Brief vom 3. Dez. gedruckt bei Klüber 9, 267; handſchrift=
lich im Nachlaß von Schmid (Jen. Bibl.).

vom 10. Dezember*). Metternich ging in dieser vom Kaiser autori-
sierten Antwort ,ebenfalls ausführlich von der polnischen Frage
aus, stellte manche treffende Behauptung auf, wie daß Österreich
und Preußen „vereinigt eine unübersteigliche Schranke bilde gegen
Eroberungslust von Ost oder West", mündete aber in einen von
allen bisherigen Kombinationen durchaus abweichenden Vorschlag.
Denn Preußen sollte danach, statt vornehmlich in Sachsen, seine
Entschädigung vielmehr vornehmlich, außer an beiden Rheinufern,
in Polen finden; von Sachsen, wo es nach dem Metternichschen
Angebot vom 11. November der Seelenzahl nach etwa drei Viertel
erhalten haben würde, sollte es nunmehr nur noch etwa ein Fünftel
erhalten.

Metternich war sich sehr wohl bewußt, daß er damit zu
früheren Erklärungen in Widerspruch trete; indes, deutete er seinen
Vertrauten an, wie Gagern (2, 88) angiebt, daß sich bald noch
viel größere Widersprüche ergeben würden, falls Österreich es
vorziehen sollte, die Entscheidung auf die Spitze des Schwertes
zu stellen.

Im preußischen und russischen Lager rief Metternichs Note
einen wahrhaften Sturm der Entrüstung hervor. Hardenberg setzte
ihn schon am Tage darauf, am 11. Dezember, von seiner Entrüstung in Kenntnis, durch einen Brief, worin er ihm vorläufig
den Wechsel seiner Gesinnung, sowie grobe statistische Irrtümer
in Betreff Preußens vorwarf, und aus der bisher üblichen Anrede
„mon cher Prince" das Mittelwort ausmerzte**). Kaiser Alexander
war empört; er wollte zwar an Österreich noch den Tarnopoler
Kreis überlassen, aber bei seiner Erklärung vom 27. November
stehen bleiben und „mit allen seinen Truppen" an Preußens Seite
stehen. Stein drängte seinerseits eifrig zu kriegerischen Vorbereitungen. Mit dem 14. Dezember kam es zum vollständigen
Bruch zwischen Alexander und Metternich, mit dem der Kaiser
nicht mehr unterhandeln zu wollen erklärte. Unter seiner persön=

---

*) Klüber 7, 28. Flassan 1, 71. [Angeberg 1, 505.] Hardenbergs
Nachlaß 2, 503. Handschriftl. Nachlaß von Schmid (Jen. Bibl.).
**) Klüber 9, 270. Nachlaß von Schmid, Jen. Bibl.

lichen Mitwirkung und unter dem Beirat Steins und der russischen Staatsmänner kam, als Antwort auf Metternichs Note vom 10., Hardenbergs Denkschrift vom 16. zustande, gerichtet an Kaiser Alexander, der sie am 20. Dezember dem Kaiser Franz übergab*). Der preußische Vorschlag einer Entschädigung des Königs von Sachsen am linken Rheinufer durch Luxemburg, Trier und Bonn — eine Ausgeburt der Verlegenheit — fand natürlich bei Österreich keinen Anklang; und ebensowenig die neuen russischen Vorschläge in Betreff Polens**).

Die einzigen Resultate waren: eine vollständige unentwirrbare Verquickung der sächsischen und der polnischen Frage; die nunmehr unabwendbare Nötigung für Preußen, sich ganz in die Arme Rußlands zu werfen, während doch gleichzeitig Alexander zwischen dem Wunsche nach Frieden und dem Gefühl der Pflicht gegen seine Verbündeten und die Ehre zu schwanken begann, endlich das stille Anwachsen eines gewaltigen Kriegsbundes gegen Preußen und Rußland, und die geräuschvolle Steigerung kriegerischer Vorbereitungen von beiden Seiten.

Das wichtigste aber war: Nicht nur mit einem gewaltigen Kriege sah sich Preußen bedroht, sondern auch mit einer Ausstoßung aus dem künftigen deutschen Bunde. Österreich gedachte in dieser Krisis, auf die Feindseligkeit der mittleren und kleineren Staaten gegen Preußen bauend, einen lediglich österreichisch-deutschen Bund ohne Preußen zu errichten.

Stein hatte richtig vorausgesagt (s. ob. S. 355), der Gang der polnischen Angelegenheit d. h. die so unerwartete Schwenkung der preußischen Politik [am 5. November] hatte den „Geschäftsgang des Kongresses zerrüttet", die „Eifersucht der Mächte" gezeitigt und jedes „nachdrückliche Eingreifen in die deutschen Angelegen-

---

*) Klüber 9, 40 ff., handschriftlich im Nachlaß von Schmid (Jen. Bibl.). Am gleichen Tage (20. Dez.) kam sie durch Vermittlung Castlereaghs auch an Metternich.
**) [Alles Nähere in Steins Tagebuch a. a. O. S. 411—416. Vgl. dazu die bei Oncken 2, 858 mitgeteilten Aktenstücke, Metternichs Papiere, Österreichs Teilnahme an den Befreiungskriegen, Corresp. inédite du Prince de Talleyrand etc.]

heiten", jedes erneute Zusammentreten des deutschen Verfassungs-
ausschusses „verhindert". Und nun sollten auch noch, als weitere
unselige Folge, die bisher bereits vereinbarten Verfassungsgrundlagen, wie unfest sie auch waren, noch mehr geschwächt, zerhackt
und preisgegeben werden.

XXXV. Der österreichische Verfassungsplan für Deutschland ohne Preußen.

Dezember 1814 und Januar 1815.

Die Meinung von Pertz (S. 247), Metternich sei über die aufregenden Wirkungen seiner Note vom 10. Dezember bei Preußen und Rußland „sehr verlegen" geworden, ist ein Irrtum *). Freilich unterließ er es als geriebener Diplomat nicht, sich unmittelbar danach gegen Hardenberg auf das höflichste zu benehmen; daß er aber im Gegenteil sehr entschlossen war zu noch schärferem Vorgehen, das beweist die nun zu beleuchtende Sonderbundsintrigue.

Die erste erzählende Kunde von dem österreichischen De-zemberprojekt eines deutschen Bundes ohne Preußen wurde uns erst 1867 durch die Veröffentlichung der Münsterschen Depeschen über den Wiener Kongreß zu teil.

Unterm 17. Dezember 1814 meldete nämlich Graf Münster dem Prinz-Regenten in einer „geheimen" Depesche (Pol. Skizzen 209 ff.):

„In dieser Krisis machte mir Fürst Metternich gestern (also am 16. Dezember) einen Vorschlag, der mich notwendig in Verlegenheit setzte.

Die Konferenzen des deutschen Ausschusses sind seit dem 17. vorigen Monats unterbrochen. Von Zeit zu Zeit haben wir uns ver-einigt: Österreich, Preußen und Hannover, um uns über irgend welche wichtige Punkte unter uns zu verständigen. Ich habe bereits des Punktes in Betreff der Einteilung Deutschlands in Kreise erwähnt.

---

*) [Pertz hat sich hier seiner Gewohnheit nach einfach Worte aus Steins Tagebuch s. S. 412 a. a. O. angeeignet.]

Im allgemeinen ist überall wahrzunehmen, daß man nicht allzu große Lust hat, sich mit einer Verfassung zu beschäftigen, die das Zerwürfnis, womit wir bedroht sind, im Keime ersticken würde.

Dessenungeachtet war ich erstaunt, als Hr. v. Metternich gestern die Frage an mich richtete: ob ich für Hannover e i n e m d e u t s c h e n B u n d e beitreten würde, an dessen Spitze sich Österreich als Primus inter pares befände, und der zusammengesetzt wäre aus Bayern, Baden, Hessen und den anderen deutschen Fürsten. Er fügte hinzu, daß diese Fürsten sich zu E i n e r Kammer ver=einigen würden, mit Zulassung des D i r e k t o r i u m s (d. i. öster=reichischerseits), und daß man die liberalen Grundsätze des von uns bearbeiteten Planes sich aneignen würde. Der Gedanke Metternichs war, den Bund abzuschließen, ohne davon dem Könige von Württemberg Mitteilung zu machen, indem er sagte: er sei überzeugt, derselbe werde gezwungen sein hinzuzutreten, durch die Furcht sich der Rache seiner eigenen Unterthanen auszusetzen, falls er sich isolieren wolle.

Ich fragte, ob P r e u ß e n aus dem Bunde a u s g e s c h l o s s e n sein sollte. Metternich antwortete nein; man werde demselben die F r e i h e i t lassen hinzuzutreten — aber ich sah wohl, daß seine Idee war, ein Bündnis von ganz Deutschland g e g e n P r e u ß e n zu bilden, falls es sich Sachsen auf dem Wege der Thatsache aneignen wolle.

Aufgefordert, meine Meinung über diesen Plan zu sagen, habe ich dem Fürsten Metternich vorgestellt, daß man die Hoffnung nicht aufgeben dürfe, die sächsische Angelegenheit freundschaftlich zu ordnen, und daß ich in diesem Fall keinen Grund sähe, P r e u ß e n v o n d e m B u n d e a u s z u s c h l i e ß e n. Doch ver=neinte ich nicht, daß, wenn die Angelegenheit sich nicht ordne, der Kongreß auseinandergehe und Preußen lediglich auf dem Wege der Thatsache, ohne den Willen der anderen Mächte, Sachsen behalte, mir dann der Krieg, früher oder später, unvermeidlich erscheinen würde. Die zu ergreifende Partei sei zu deutlich durch die Umstände angezeigt, um bezweifeln zu können, daß Hannover äußerstenfalls nicht anstehen würde, unter solchen Umständen in einen definitiven Bund mit dem übrigen Deutschland einzutreten.

Ich machte dem Fürsten Metternich noch bemerklich, daß es auf alle Fälle nötig sein würde, die Abrundungen zu garantieren, die man uns als unerläßlich zu unserer politischen Existenz schulde. Er schien diese Forderung sehr natürlich zu finden und sagte mir, daß ich recht thun würde, daraus eine Bedingung zu machen. Ich fürchte, daß dieser Minister sich mit zu viel Hitze auf diesen Plan einläßt, in der Absicht sich Bundesgenossen gegen Preußen zu verschaffen, und um seinem Herrn auf dem Wege der Thatsache die Vorteile der kaiserlichen Würde von Deutschland zu verschaffen, die er zu leichtfertig geopfert, als es Zeit war, sich dieselbe zu verschaffen."

Bald darauf, am 29. Dezember, meldete Münster weiter (s. S. 221): „der Fürst Metternich hat mir versprochen, mir seinen neuen Plan für die Organisation des Reiches mitzuteilen. Ich habe wiederholt, daß es mir scheine, die Ausschließung Preußens von dem Bunde sei eine Maßregel, zu der man nur seine Zuflucht nehmen dürfe, wenn dies der letzte Ausweg sei. Es unterliegt keinem Zweifel, daß Hannover sehr bloßgestellt werden würde durch eine Maßregel, welche Preußen als eine feindselige betrachten würde."

Merkwürdig ist es nun, daß der Verfassungsplan, von dem hier die Rede ist, bereits seit dem Mai 1815 bei Klüber 2, 1 ff. gedruckt vorlag, ohne daß man sich seiner Bedeutung damals und nachher bewußt wurde. Er führt den Titel: „Entwurf einer Grundlage der teutschen Bundesverfassung (Von einem kaiserlich-österreichischen Herrn Minister, im Dezember 1814)." Er tauchte nach der Mitte des Dezember auf, aber nur unter der Hand, und war, wie ein Vermerk in den Berliner Akten sagt, „angeblich von dem Freih. von Wessenberg an Bayern konfidentiell mitgeteilt" worden. Man hielt ihn trotzdem seltsamerweise und bis auf die heutige Zeit für ein mit den preußischen Entwürfen konkurrierendes Projekt, zumal da die kriegerische Krisis schon seit dem 9. Januar 1815 als beseitigt betrachtet werden durfte. So damals auch Gagern (2, 14), und der Herausgeber Klüber; so in unserer Zeit nicht nur Pertz (4, 307 f.), der freilich Münsters Depeschen noch nicht kannte, sondern auch Treitschke (692 f.),

obwohl er von jener Unterhandlung Metternichs mit dem Grafen
Münster über einen deutschen Bund ohne Preußen Kunde giebt
(649. 689).

Unbegreiflich ist es, wie die Legende von einem bloßen
Konkurrenzprojekt hat entstehen können. Wie hätte Metternich in
dieser brennenden Zeit der Krisis Muße und Stimmung finden
sollen, mit Preußen in deutschen Verfassungsprojekten zu wetteifern!
In einer Krisis, die nur die kurze Vorstufe eines Krieges mit
Preußen zu sein schien! Wurde doch auch der österreichische Plan
an Preußen gar nicht mitgeteilt, dagegen — und zwar kon=
fidentiell — an Bayern, dann an Hannover und sicher noch
an andere Vertraute! Schloß doch der § 4 aus der Reihenfolge
der Bundesglieder: „Österreich, Bayern, Hannover u. s. w." aus=
drücklich Preußen aus! Wissen wir doch, daß Metternich schon
vor dem 17. Dezember Bayern und Hannover aus Besorgnis
vor den Machtgelüsten Preußens zur Preisgebung der Kreis=
einteilung bekehrte (Münster 196 f.), die denn auch in seinem
Plane keine Stelle fand. Die preußischen Staatsmänner erlangten
von demselben jedenfalls noch im Dezember Kenntnis; denn jener
Vermerk in den Berliner Akten hat zwischen Humboldts Schreiben
an Hardenberg vom 12. Dezember und Steins Bemerkungen vom
26. Dezember Platz gefunden. Die Mitteilung kann natürlich nur
auf indirektem vertraulichem Wege oder durch Indiskretion statt=
gefunden haben. Ob sich die preußischen Staatsmänner ebenfalls
täuschen ließen oder nur so thaten, als ob sie die feindselige
Tendenz des Projektes nicht ahnten, lasse ich dahingestellt. Jeden=
falls wurde diese Tendenz klüglich in der Einleitung des Entwurfs
dadurch umschleiert, daß einerseits das Übereinkommen als ein
„einstweiliges bezeichnet, und andererseits „alle deutschen
Staaten eingeladen" wurden ihm beizutreten. Zugleich aber
spiegelt sich doch die kritische Situation in den Worten wider:
„die Einrichtung eines teutschen Bundes habe wegen mangelnder
Ausgleichung verschiedener Territorialverhältnisse
nicht zustande kommen können", und nur die „nachbenannten
Staaten" seien „über folgende Bedingungen übereingekommen".
Wir heben das Wichtigste daraus hervor.

§ 1. ... Jeder Eintretende leistet Verzicht darauf, sich ohne Zustimmung der übrigen davon zu trennen.

§ 2. Zweck des Bundes ist Erhaltung der äußeren Ruhe und Unabhängigkeit desselben, und Sicherheit der Verbündeten in ihren Verhältnissen gegen einander. (Diese Zweckbeschränkung entsprach namentlich den Wünschen Bayerns, sowie auch Württembergs und Badens.)

§ 3. Alle Staaten des teutschen Bundes genießen gleiche Rechte; keiner ist befugt, Oberherrschaftsrechte über den andern auszuüben. (Das entsprach dem Verlangen der Kleinstaaten vom 16. November.)

§ 4. Die Bundesangelegenheiten werden durch einen Bundesrat besorgt. Dieser besteht aus den Bevollmächtigten nachbenannter Staaten, die teils einzeln, teils collective das Recht der Stimmführung ausüben: Oesterreich, Bayern, Hannover u. s. w. (Diese Liste indiciert, wie gesagt, den Ausschluß Preußens. Die Bestimmung selbst, die Metternich dem Grafen Münster als „Vereinigung der Fürsten zu einer Kammer" bezeichnete, sollte die Kleinstaaten gewinnen).

§ 5. Oesterreich hat im Bundesrat den Vorsitz, und die Aufsicht über die materielle Leitung des Geschäfts ... (das ist, was Metternich gegen Münster als „Zulassung des Direktoriums" paraphrasierte und kraft dessen er, wie der letztere annahm, „seinem Herrn die Vorteile der kaiserlichen Würde von Deutschland zu verschaffen" gedachte).

§ 6 ... Bei Stimmengleichheit entscheidet die Stimme des Vorsitzenden.

§ 7. Der Bundesrat ist ununterbrochen versammelt, einstweilen in N. N.

§ 8. Der Bundesrat beschließt über Krieg und Frieden, verfügt über die allgemeinen Verteidigungsanstalten, geht Allianzen und andere Verträge mit fremden Staaten im Namen des ganzen Bundes ein. Für die Initiative in den Geschäften mit auswärtigen, sowie für alle Fälle, wo die Vertretung des ganzen Bundes gegen auswärtige eine schleunige Behandlung erfordert, ernennt der Bundesrat einen permanenten

Ausschuß, welcher nebst dem Vorsitzenden aus zwei anderen Stimmführenden bestehen muß. Dieser Ausschuß wird alle Jahre erneuert. (Dieser Ausschuß hat im Bundesrat des jetzigen deut= schen Reiches eine Stelle gefunden.)

§ 9. Die gesetzgebende Gewalt des Bundesrats dehnt sich auf alle Gegenstände aus, welche entweder auf gemeinsame Verteidigung, oder auf allgemeine Wohlfahrtsanstalten Bezug haben. (Der Schluß erweitert in versteckter Weise den Bundeszweck.)

§ 10. Das Kriegskontingent wird für jeden Bundes= staat nach dem Verhältnis seiner Volkszahl bestimmt . . . Der Bundesrat hat darauf zu sehen, daß jeder Staat in Friedens= zeiten wenigstens das einfache, bei angeordneter Kriegs= rüstung aber das doppelte Kontingent vollständig und wohl= bewaffnet erhalte.

§ 11. Die Bundesauslagen werden auf die Bundes= staaten nach dem Maßstab ihrer Kontingente berechnet.

§ 12. Sämtliche Mitglieder verpflichten sich, keine Verbin= dungen mit Auswärtigen einzugehen, die gegen den ganzen Bund und dessen einzelne Mitglieder gefährlich werden könnten . . . Streitigkeiten zweier Bundesglieder werden an den Bundesrat gebracht. (Alles Abschwächungen im Sinne Bayerns, Württem= bergs und Österreichs selbst.)

§ 13. In allen deutschen Staaten werden Landstände binnen Jahr und Tag eingeführt, welchen in Hinsicht der Steuern und der allgemeinen Bundesanstalten beson= dere Rechte eingeräumt werden. Jedoch bleibt jedem einzelnen Staat überlassen, den Ständen eine der Landesart, dem Charakter der Einwohner und dem Herkommen gemäße Einrichtung zu geben. (Die Zeitbestimmung „binnen Jahr und Tag" würde ein charakteristischer Fortschritt sein, wenn nicht „einführen" ein sehr dehnbarer Ausdruck gewesen wäre, dem auch durch ein bloß theoretisches Versprechen scheinbar genügt werden konnte. Die Kompetenzbestimmungen sind abgeschwächt und unklar: das übrige wiederum ganz im Sinne Bayerns und Württembergs.)

§ 14. Bestimmungen über die Rechte der Mediatisierten, die weit hinter deren Ansprüchen zurückblieben, nämlich: die mediati=

sierten Reichsstände werden die ersten Standesherren der betreffenden Staaten; Verbürgung derjenigen Rechte, die „mit den Regierungsrechten der Staaten vereinbarlich sind", als: Freiheit des Aufenthalts in jedem Bundesstaate; selbständige Verfügung über ihre Güter und Familienverhältnisse; Ausübung der
bürgerlichen und peinlichen Gerichtspflege in erster Instanz, sowie auch der Ortspolizei ... jedoch nach Vorschrift der Bundesgesetze; Steuerfreiheit ... Die nämlichen Rechte werden dem
ehemaligen unmittelbaren Abel zugestanden.

§ 15 endlich Feststellung einiger weniger Unterthanenrechte,
nämlich: Gleichheit der bürgerlichen Rechte für die christlichen
Glaubensgenossen ... Duldung der Juden; Aufhebung der Leibeigenschaft binnen drei Jahren gegen Entschädigung der Leib-
herren; das Recht, Liegenschaften außerhalb des eigenen Staates
zu erwerben ...; Auswanderungsfreiheit ... Angehängt ist diesem
Paragraphen noch wie etwas Vergessenes die Bestimmung: „Für
die Freiheit des Handels und Verkehrs, sowie der Schiffahrt im
Innern wird durch die Bundesgesetze gesorgt werden".

Die kurze handschriftliche Beurteilung dieses Projektes, die
sich an der bezeichneten Stelle in den Berliner Akten als Vermerk vorfindet, rührt nicht von Humboldts Hand her und entspricht ihrem speziellen Inhalt nach am meisten den reichsritterlichen Gesinnungen Steins. Es heißt daselbst: „Der angeblich
von dem Freiherrn von Wessenberg an Bayern konfidentiell
mitgeteilte Konstitutionsplan ist äußerst unvollständig,
und dabei höchst ungünstig für die sogenannten mediatisierten
Reichsstände. Er enthält nichts von Restitution, nichts von Viril-
und Kuriatstimmen, nichts von inneren Regierungs- und Ver-
waltungsrechten, nichts von Zurückgabe der geraubten Rechte und
Renten 2c. 2c., sondern nur: 1. daß die Herren Landstände werden sollen; 2. Freiheit der Personen, z. B. das Recht zu wohnen
wo sie wollen; 3. das Recht der Autonomie, jedoch mit dem ver-
nichtenden Beisatz, daß sie an die Bestätigung der Souveräne
gebunden sein soll*); 4. Justiz — nur in erster Instanz —

---

*) Dieser Beisatz fehlt bei Klüber, ist also schon vor dem Abdruck ge-
strichen worden.

in Civil= und Kriminalsachen (ist in letzterer Hinsicht ohnehin ohne alle Geschäftskenntnis gesagt); 5. die niedere Ortspolizei. Die Reichsritterschaft soll völlig gleiche Rechte haben, allein jene sogenannte Kriminaljustiz abgerechnet"*).

Nach Münsters Berichten beabsichtigte Metternich durch diesen „Plan für die Organisation des Reiches", wie wir sahen: 1. „ein Bündnis von ganz Deutschland gegen Preußen zu bilden", und 2. „seinem Herrn die Vorteile der kaiserlichen Würde von Deutschland zu verschaffen".

Die erstere Absicht unterstützte mit besonderm Eifer ganz unbefugter Weise der Vertreter Frankreichs, Fürst Talleyrand. Derselbe begnügte sich keineswegs damit, die Mitteilung der brüsken Note Metternichs an Hardenberg vom 10. Dezember durch jenes anmaßliche Schreiben vom 19. Dezember zu beantworten, das einem Proteste gegen die Einverleibung Sachsens in Preußen und einer Zusicherung kriegerischer Bundesgenossenschaft gleich= kam**). Vielmehr ging er auch darauf aus, „die Fürsten Deutsch= lands zu einem Protest gegen die Annexion Sachsens zu ver= anlassen". Nun waren zwar auch die sämtlichen herzoglich sächsischen Häuser, schon ihrer Erbrechte halber, gegen die Annexion; auch scheint namentlich der Herzog von Sachsen=Koburg einer Protestation geneigt gewesen zu sein. Allein „die Opposi= tion des Herzogs von Sachsen=Weimar und die Drohungen Preußens, sagt Münster, verhinderten den Protest". Auch Kaiser Alexander trat mit Heftigkeit dagegen auf. In einer leidenschaft= lichen Scene mit dem Herzog von Sachsen=Koburg erklärte er sogar: „die Dynastieen und die sogenannten Erbrechte achte er für nichts, wenn es sich um das Interesse der Staaten handle"***). Im Namen Bayerns und Hannovers hörten Wrede und Münster nicht auf, in der sächsischen Frage die feindseligste Stellung zu behaupten; jener auf leidenschaftliche, dieser in vor=

---

*) Der letztere Zusatz fehlt ebenfalls in dem Abdruck bei Klüber.
**) Klüber 7, 48 ff. Hardenbergs Nachlaß 2, 509. Handschriftlich im Nachlaß von Schmid (Jen. Bibl.). [Alles Nähere über Talleyrands Thätig= keit in dessen Correspondance inédite p. p. Pallain S. 189 ff.]
***) Münster S. 204. Baumbach (f. unt. den Anhang) vom 25. Jan. 1815.

süchtiger Weise, da er selbst früher sogar die „Achtung" des Königs von Sachsen als Erforbernis bezeichnet hatte.

In Bezug auf die zweite angebliche Absicht Metternichs, betreffend die Kaiserfrage, kann es kaum als ein Zufall ange= sehen werden, daß gerade am 20. Dezember die neue Kaisernote der nunmehrigen 31 Kleinstaaten (nach dem Hinzutritt der beiden Hohenzollern) vom Stapel lief, in der Form einer „Erwiberungs= note" an den Grafen Münster auf dessen „Antwort" vom 25. November. Seit dem 11. November standen die Vertreter der Kleinstaaten teils mündlich, teils schriftlich mit Münster in Verhandlung über die Kaiserfrage (Klüber 1, 77—93. Vgl. ob. S. 279 unb 291). Natürlich kamen diese Verhandlungen auch zur Kenntnis Preußens und Österreichs. Zumal mit Metternich stand Münster im Dezember, wie wir sahen, im intimsten Ver= kehr. Er wünschte nicht nur die Wiederherstellung des Kaiser= tums persönlich, sondern er hatte auch in seiner Antwort vom 25. November an die 29 Kleinstaaten unverhohlen eingeräumt, daß er „seit der Zeit des Beitritts Österreichs zur großen Allianz alle Mittel der Überredung angewendet habe, um Öster= reich zu bewegen, die deutsche Kaiserkrone von neuem anzunehmen" (ebend. S. 85). Er hatte aber zugleich an sein schon früher „geäußertes Begehren" erinnert, „von den Mitteln unterrichtet zu werden, die man dem künftigen Kaiser würde anvertrauen wollen und können, um ihn in den Stand zu setzen mit Nachbruck zu handeln", mit besonderem Hinweis auf die „militärische Macht" (S. 86). Und daraufhin hatte nun eben die Note der 31 vom 20. Dezember jenes oben erwähnte halbe und reich verklausulierte militärische Zugeständnis gemacht; mit dem Ausbruck der „Überzeugung, daß nach Theorie und Geschichte ein bedeutender Staatenbund ohne ein Oberhaupt nicht geknüpft werden könne"; daß keine „auswärtige Negociationen" die „Wahl eines Bundeshauptes" und die „Auszeichnung des= selben durch die kaiserliche Würde" zu hindern vermögen; daß „der kaiserl. österreichische Hof nicht ferner ablehnen dürfte, wieder das Haupt des Deutschen Bundes zu werden; und daß der Graf Münster „zur Erreichung des Zweckes" seine „Mit=

wirkung nicht entziehen" werde. Daß Münster noch Ende
Dezember mit Metternich intim verhandelte, haben wir gesehen;
näheres ist zur Zeit nicht bekannt.

Inzwischen hatten Österreich und Bayern, England=Hannover
und Frankreich die ernstlichsten Vorbereitungen für den Krieg
getroffen. Ebenso die Gegenpartei, so daß schon am 29. Dezem=
ber an Hardenberg der preußische Operationsplan übersandt
wurde (Treitschke S. 649). Und doch steigerten sich die gegen=
seitigen Verstimmungen noch bedeutend. Alexander hatte sich
neuerdings zu mündlichen Verhandlungen über die bestehenden
Differenzen bereit finden lassen. Aber gleich in der ersten Kon=
ferenz am 29. Dezember verlangten Metternich und Castlereagh
die Zulassung Frankreichs zu den Verhandlungen und der erstere
überdies die Zustimmung des Königs von Sachsen in der säch=
sischen Frage. Rußland und Preußen lehnten jenes Verlangen
ab. [Nach Steins Tagebuch a. a. O. S. 420 erklärte allerdings
Castlereagh bestimmt, er werde alle gemäßigten und vernünf=
tigen Vorschläge Preußens unterstützen, wenn sie ihm als solche
erschienen. Indessen soll eine heftige Äußerung Hardenbergs
in der Sitzung vom 31. Dezember benützt worden sein, um seine
letzten Bedenken zu beseitigen]*). Und so kam zwischen Öster=
reich, Frankreich und England das geheime Kriegsbündnis, die
Tripleallianz vom 3. Januar 1815 zustande, der sich nicht nur
Bayern, Hannover und Darmstadt, sondern auch Sardinien und
die Niederlande anschlossen. Der Inhalt des Vertrages blieb vor
Rußland und Preußen noch zwei Monate geheim.

Stein meinte damals entrüstet: „Es sollte also Deutsch=
land von neuem einem bürgerlichen und französischen Kriege
preisgegeben werden, wegen des Interesses eines Anhängers von
Napoleon und über die Frage: ob es besser sei, ihn auf das

---

*) [S. Castlereaghs Bericht vom 1. Januar 1815 bei Oncken 2, 873.
874. vgl. seinen Bericht vom 2. Januar in Supplementary Despatches
of Wellington 9, 523 und die Protokolle bei d'Angeberg 2, 1858 ff., wo=
selbst auf S. 1863 bis 1869 der Brief Hardenbergs an Metternich vom
29. Dez. 1814, den Oncken 2, 860—864 als ungedruckt mitteilt.]

linke Rheinufer zu versetzen oder Sachsen zu zerreißen und ihm
bort ein Fragment anzuweisen.   Welche Verblendung!"

Indes glücklicherweise war der Zeitpunkt der höchsten Zu-
spitzung der Konflikte auch der Augenblick, wo allseits die Spitzen
sich umzubiegen begannen.   Schon nach sechs Tagen, mit dem
9. Januar war die Hauptgefahr beseitigt, die Vermeidung eines
Bruches wahrscheinlich.

XXXVI. Ausgang der polnisch-sächsischen Krisis.

Im letzten Augenblick der Entscheidung schreckte man doch allseits vor dem Kriege zurück und war um des Friedens willen zu Konzessionen bereit.

Die größte Nachgiebigkeit zeigte Preußen, indem es sich entschloß, auf die von Österreich vorgeschlagene Basis einer Teilung Sachsens einzugehen — ein Entschluß, der wohl schon um die Mitte des November erfolgt wäre, wenn es nicht für das Begehren von ganz Sachsen in Stein einen unablässigen Dränger und in Kaiser Alexander einen entscheidenden Helfer gefunden hätte oder — zu finden geglaubt hätte. Denn es war unverkennbar, daß Alexanders Eifer mehr und mehr nachließ. Nach Baumbachs Bericht vom 7. Januar 1815 soll er gesagt haben: „Sachsen fängt an mich zu langweilen". (La Saxe commence à m'ennuyer. S. den Anhang.) Dem Kronprinzen von Württemberg erklärte er: „Im Grunde sei er seiner Verpflichtungen gegen Preußen ledig, weil es (nämlich im Oktober 1814) an der Vereinigung gegen ihn teilgenommen habe", obwohl mit dem begreiflichen Zusatz: „doch werde er sie erfüllen"*). Nesselrode, der von Anfang an gegen die preußischen Ansprüche auf Sachsen war, behauptete, obwohl er in den offiziellen Verhandlungen durch Rasumofsky ersetzt wurde, im stillen seinen Einfluß.

Die Frage war, ob Österreich und England sich genugsam entgegenkommend zeigen würden, um den Bruch zu vermeiden.

---

*) [Steins Tagebuch S. 429.]

Allem Anſchein nach iſt unſer Wiſſen von dem Verlauf dieſer Frage einiger Mobiſikationen und Ergänzungen fähig.

Zunächſt findet ſich in den Berliner Akten der Entwurf zu einem Schreiben von Hardenberg an Metternich, das ſchon vom 21. Dezember datiert und beweiſt, daß die ruſſiſche Initiative zu den neuen Verhandlungen ſpäteſtens an dieſem Tage er= griffen worden ſein muß, und ſodann, daß ſich an dieſer Ini= tiative ſofort auch Preußen beteiligte. Daß der Entwurf zur Expedition gelangte, kann wohl nicht bezweifelt werden; er lautet:

„A. S. A. Monsieur le Prince de Metternich
(Au nom de S. A. Monsieur le Prince de Hardenberg)
à Vienne, ce 21. Décembre 1814.

Mon Prince,

S. E. Monsieur le comte de Rasoumoffski vient de m'an-noncer que l'Empereur, son maître, a daigné le charger de la négociation sur les objets qui restent encore à régler entre l'Autriche, la Russie et la Prusse, et sur lesquels S. M. l'Empereur de Russie et le Roi de Prusse sont convenus de ne traiter que conjoinctement ensemble. Je me vois par là en état de m'expliquer directement envers V. A. sur le contenu de sa note du 10. de ce mois. Mais pour abréger une négociation d'une aussi haute importance, et pour prouver à V. A. le désir de S. M. Prussienne de s'entendre avec S. M. Impériale sur les points qui sont encore en contes-tation entre les deux cours, de la manière la plus prompte et la plus conforme aux rapports d'amitié et d'intimité qui subsistent entr'elles, je prends la liberté de proposer à V. A. de préférer les communications verbales à l'échange de notes, toujours plus susceptible de longueurs et de délais. Si Vous agréez cette proposition, mon Prince, nous pourrons nous réunir incessamment, et je n'attends que Votre réponse pour me rendre chez Vous demain à une heure à une conférence, à laquelle j'aurai soin d'inviter également S. E. Lord Castlereagh d'assister. Je profite avec empressement de cette occasion etc."

Wir sahen nun bereits, daß in der Konferenz der Vier
(Großmächte) am 29. Dezember Metternich sowohl die Zulassung
Frankreichs wie die Genehmigung des Königs von Sachsen in
der sächsischen Frage für erforderlich hielt. Die erste Forderung
unterstützte Castlereagh; in Betreff der zweiten aber erklärte er,
der König von Sachsen dürfe nicht zum Herrn der Frage gemacht
werden. Rußland und Preußen lehnten beide Forderungen ab.
Das Protokoll vom 29. Dezember war von gefährlicher
und für alle folgenden Sitzungen bis zum 12. Januar von maß-
gebender Bedeutung. Dasselbe rief von seiten Rußlands und
Preußens einen Protest und die Forderung einer Deklaration
hervor. Beide wurden offenbar am 31. Dezember in der Se-
paratkonferenz zwischen Harbenberg, Humboldt, Czartorysky,
Capobistria und Stein beschlossen, von der Pertz [nach Steins
Tagebuch] (266) nur zu sagen weiß: daß man sich bereit erklären wollte, Talleyrand zuzulassen, wenn sich zuvor die Vier
verständigt hätten. Der Protest hatte folgenden Wortlaut:

„Les soussignés ont reçu l'ordre exprès des cabinets
Russe et Prussien de faire la déclaration suivante au
protocolle.

La clause qui se trouve dans le protocolle de la conférence du (29) de ce mois*).

„sans déroger au principe, qu'on ne saurait regarder
comme conquête des pays non cédés par le souverain
légitime"

n'appartient point au ressort de la commission. Étant
établie pour déterminer la valeur statistique des différents
pays dont le traité de Paris a disposé, ou dont il pourrait
encore être disposé par suite des événements de la dernière
guerre, sans qu'elle doive entrer en discussion sur la destination future de ces pays, elle n'est point appelée à dis-
cuter, ou à s'expliquer sur les principes qui pourraient
former la base de cette destination. Il s'ensuit de là qu'elle

---

*) Das ce mois verbürgt den 31. Dez. .

ne peut ni les reprouver ni les consacrer indirectement en
annonçant qu'elle ne déroge point à ce qu'ils statueront.
Les soussignés déclarent en conséquence que leurs
cabinets regardent cette clause comme n'appartenant point
au ressort de la commission, et comme n'ayant point dû
être insérée en son protocolle dans lequel il suffirait, si
l'on le croyait nécessaire, de dire que le travail de la
commission ne pouvait par sa nature ni consacrer ni in-
fériorer aucun principe de droit public quelconque."

Das Übereinkommen über die zu fordernde Deklaration
lautet also:

„La déclaration qu'il sera bon de demander à l'Angleterre et à l'Autriche, avant qu'on puisse admettre les plénipotentiaires Français aux conférences, sera la suivante:
Que les négociations actuelles roulant entièrement sur
la question: de quelle manière il sera possible de remplir
les engagements que la Russie, l'Autriche et l'Angleterre
ont pris envers la Prusse par les traités de Kalisch, de
Reichenbach et de Teplitz, et comment on pourra assurer
à la monarchie Prussienne une situation assez forte et indépendante pour qu'elle puisse contribuer efficacement au
maintien de l'équilibre de l'Europe: le sort de la Saxe ne
peut être décidé que d'après ces considérations; qu'en conséquence l'arrangement définitif qui doit être le résultat
des négociations des cinq puissances ne peut point être
rendu dépendant du consentement du Roi de Saxe, mais
doit au contraire être fait par ces puissances, et maintenu
par elles aussi dans le cas que le Roi, après qu'on lui
en eût laissé le choix, ne voulût point y accéder."

Eine solche Protokoll-Erklärung wurde nun in der That am
4. Januar gefordert, indem man sich — allem Anschein nach eine
neue Nachgiebigkeit — schon in diesem Fall bereit zeigte, in die
Zulassung Frankreichs einzuwilligen. Castlereagh erklärte zum
Verdruß Metternichs, daß er allerdings die Entscheidung über
den von Sachsen abzutretenden Anteil nicht dem König von Sachsen

überlassen, sondern, wenn dieser nicht der Billigkeit Gehör gebe, Preußen unterstützen werde. Auch willigte er in die Abgabe einer Protokoll-Erklärung dieses Inhalts ein. Am 7. Januar wiederholte Rasumofsky das Begehren, und Castlereagh sagte die Erklärung für die nächste Konferenz zu, wodurch Metternich in Verlegenheit geriet. In der Sitzung vom 9. Januar gab denn auch Castlereagh wirklich die verlangte Protokoll-Erklärung ab, und Metternich, obwohl voller „Bitterkeit", konnte nunmehr nicht umhin, ihr beizutreten, worauf die Zuziehung Talleyrands zu der nächsten Konferenz beschlossen wurde*). Wie Treitschke, der von alledem nichts meldet, plötzlich zu dem Ausspruch kommt (S. 654): „Schon in der Sitzung vom 9. Januar thaten Österreich und England einen ersten Schritt der Versöhnung", ist nicht abzusehen, da dieser Schritt, wenigstens von seiten Österreichs, ein erzwungener war.

Von besonderem Interesse war die Formulierung, welche Rasumofsky am 7. Januar der verlangten Erklärung gegeben hatte, nämlich: „daß man die Entscheidung über die Frage, wie Preußen durch einen Teil von Sachsen befriedigt werden solle, von der Vereinigung der Mächte und nicht von der Willkür des Königs von Sachsen abhängig machen wolle". Denn damit war offiziell im Namen von Rußland und Preußen die Zurücknahme des Anspruchs auf das ganze Sachsen ausgesprochen, wenn auch Hardenberg in der Sitzung der Fünf am 12. Januar noch einmal darauf in erster Linie zurückkam, aber nur um schon am folgenden Tage einen Teilungsplan fertig zu stellen.

Dieses Entgegenkommen am 7. in der sächsischen Frage machte auch die Nachgiebigkeit Metternichs am 9. in Bezug auf die „Deklaration" zu einer unvermeidlichen Notwendigkeit. Der eigentliche Grund seiner „Bitterkeit" dabei war, daß er kraft dieser Deklaration seine Protokoll-Erklärung vom 29. Dezember Lügen

---

*) [Vgl. zu Steins Tagebuch, Correspondance de Talleyrand noch die Auszüge aus Castlereaghs Berichten bei Onden 2, 876 ff. Die daselbst ausgezogene Depesche vom 5. Jan. 1815 ist schon gedruckt in Wellingtons supplementary Despatches 9, 527.]

strafte. Im übrigen war die Konzession mehr nur äußerlicher als meritorischer Natur. Denn Österreich, England und Frankreich brauchten ja nur, um Metternichs „Prinzip" zu retten, von vorn-herein lediglich das zuzugestehen, in Betreff dessen sie der Zu-stimmung des Königs von Sachsen gewiß sein durften; oder sie konnten auch hinterher für das von ihnen widerwillig Zugestan-dene diese Zustimmung ihrerseits erzwingen. Und dies letztere sahen sie denn auch schließlich in der That als ihre Aufgabe an, die sie unter vielen Schwierigkeiten lösten.

Mit dem 9. Januar war das Kriegsgespenst gebannt. Die weiteren territorialen Verhandlungen in betreff Sachsens gehören sowenig hierher, wie diejenigen in betreff Polens. Wohl ergaben sich noch manche schroffe Differenzen, wobei meist Metternich und Talleyrand den kürzeren zogen, weil Castlereagh leichter zu Kon-zessionen neigte, und weil Alexander in diesem Stadium des „Wie" der Teilung seinen Bundesgenossen treuer blieb, als in dem Stadium des „Ob". Die Hauptschwierigkeit bildete Leipzig, das England aus Handelseifersucht nicht in den Händen Preußens wissen wollte. Der König von Preußen bestand aber hartnäckig gerade auf diesem Besitz. Infolgedessen erfolgte am 5. Februar zwischen ihm und Castlereagh, in einer Audienz desselben, eine „sehr stürmische und erfolglose" Scene (Gagern 2, 123) [Pallain: Correspondance de Talleyrand 264]. Da erbot sich Alexander, als Entgelt für Leipzig Thorn an Preußen zu überlassen. Und auf dieser Basis wurde u. a. auch die sächsische Frage am 8. Fe-bruar 1815 zum Abschluß gebracht. Wenn aber Treitschke meint (S. 657), daß bei diesen territorialen Verhandlungen sich „die vorteilhaften Folgen jener vielgescholtenen Schwenkung des Königs gezeigt" hätten: so dürfte man doch einwenden, daß ohne diese Schwenkung Österreich und England beträchtlich mehr Vor-teile für Preußen zugestanden haben würden, da Österreich am 22. Oktober noch fast das ganze Sachsen überlassen wollte, und selbst nach der Schwenkung noch am 11. November drei Vier-teile desselben. Aber Alexander und Stein hatten damals Preußen mit allem Nachdruck von dem Teilungsgedanken zurückgehalten, zu dem sie nachmals selber rieten.

Im Anschluß an die sächsische Frage erledigte sich auch die weimarische, wenigstens in ihrem Kern.

Rückwirkung auf das Verhalten Sachsen-Weimars.

Über die Lage Sachsen-Weimars im Verhältnis zu dem eventuellen Schicksal des Königreichs Sachsen ist oben schon einiges gesagt worden (s. S. 283 und 305). Von dem Momente an, wo der Fortbestand des letzteren unter den Albertinern gesichert, aber der Länderbestand desselben, auf den auch der Herzog von Sachsen-Weimar Erbansprüche besaß, einer beträchtlichen Schmäle-rung ausgesetzt wurde, schien für diesen kein anderes Ziel übrig zu bleiben, als einmal selber für die eventuelle Einbuße drüben einen Länderzuwachs zu erstreben, der ihm auch schließlich wie-wohl mit unzureichenden Erfolgen zu teil ward; und anderseits auch, da die Vorrechte der königlichen Würde unerreichbar waren, entsprechende Rang- und Rechtserhöhungen für sich zu beanspruchen.

Als daher in den Anfängen des Januar Preußen von der Forderung einer Annexion Sachsens auf die Linie einer Teilung zurückwich, so daß damit die sächsische Krisis prinzipiell entschie-den war, schritt Karl August sofort zur Ausführung des lange Vorbedachten. Am 13. Januar stellte Hardenberg einen ersten Teilungsplan fertig, und schon am 14. richtete Gersdorff an Met-ternich und an Hardenberg eine Note, die wir hier nach dem Berliner Archiv mitteilen. Mit Nachdruck weist Gersdorff auf die große geschichtliche Bedeutung der Ernestinischen Linie hin, und nimmt für diese einem verkleinerten Königreich der Albertiner gegenüber wenigstens eine annähernd gleiche Stellung an Würden und Rechten im neuen deutschen Staatenbunde in Anspruch. Die Note lautet:

Gersdorff an Hardenberg, 14. Jan. 1815 [*].

„Unterzeichneter Bevollmächtigter Sr. Durchlaucht des Her-zogs von Sachsen-Weimar hat Befehl erhalten, Folgendes zur

---

[*] Rep. VI. Nr. 75. Klüber 2, 198 enthält nur die Note, wodurch Weimar unterm 6. April 1815 seine vollzogene Erhebung zur großherzog-lichen Würde bekannt macht, nicht die obige Nachsuchung bei Österreich und Preußen.

Kenntnis Sr. hochfürstlichen Gnaden, des Herrn Fürsten von Hardenberg zu bringen.

Wenn das Albertinisch-Sächsische königliche Haus in den zu bildenden deutschen Staatenbund unter andern Verhältnissen seines Besitzstandes eintreten sollte, als womit es in dem römisch-deutschen Reiche bestand, so darf Se. Durchlaucht der Herzog von Sachsen-Weimar, Haupt des Erneſtiniſch-Sächsischen Hauses, nicht versäumen, dahin anzutragen, daß künftig auch der Erneſtiniſchen Linie und zwar durch den jedesmaligen regie- renden Herzog von Sachsen-Weimar auf eine passende Weise Sitz und Stimme in dem Ersten Rate des Bundes mögen zu- gestanden werden.

Bekannte Begebenheiten haben die Erneſtiniſche Linie der Chur und der davon abhängigen Prärogativen einer höheren Re- präsentation des Gesamthauses Sachsen entäußert.

Wenn daher Se. Durchlaucht der Herzog von Sachsen-Weimar mit Beziehung darauf in dem gegenwärtigen Augenblick der Neu- gestaltung Deutschlands jenen Antrag auf Sitz und Stimme im Ersten Rate des Bundes formiert, so wird es ebenfalls nicht be- fremden können, wenn er für sich und seine Nachfolger die Groß- herzogliche Würde zu erhalten wünscht.

Diese Würde ist bei mehreren deutschen Fürsten als ein Äquivalent der verlorenen Churwürde nach neuerer Zeit be- handelt worden, und Se. Durchlaucht, welcher durch Abtretung einer Provinz Sachsens, auf welcher diese Würde kraft der Reichskonstitutionen wesentlich haftete, als ältestem Agnaten, die Möglichkeit entnommen wurde, dieselbe oder den ihr gleich- geltenden Rang auf diejenige Weise zu erhalten, wie die früheren Verhältnisse ihm Ansprüche darauf gaben, glaubt, daß es billig sein würde, auch ihm und seinem Hause jetzt schon jenen den Churfürstlichen aufwiegenden Großherzoglichen Titel zuzugestehen.

Die innere Billigkeit der formierten Anträge giebt Sr. Durch- laucht die Überzeugung, daß dieselben Sr. Majestät dem König von Preußen, um dessen Allerhöchste Genehmhaltung Se. Durch- laucht nachsucht, nicht entgegen sein werden.

Der Unterzeichnete erneuert den Ausdruck seiner verehrungs-
vollsten Gesinnungen.	Wien, am 14. Januar 1815.

Sr. Hochfürstlichen Gnaden	Baron von Gersdorff.
dem Herrn Fürsten von Hardenberg."

Wie die Erledigung der sächsischen Frage mit Anfang Februar der Wiederaufnahme der deutschen Verfassungsfrage Raum
gab, so führten zugleich die obigen Anträge Weimars derselben
neue Nahrung zu, durch den Anspruch auf Sitz und Stimme in
dem Ersten Rate des Bundes.

XXXVII. Wiedereinlenken in das Geleise der Humboldtschen Verfassungsentwürfe.

Wie mit Stein, so hatte Humboldt (siehe S. 335), auch mit Hardenberg im Verlauf des Dezembers 1814 und in den ersten Tagen des Januars die beiden Entwürfe beraten. Daher finden sich im Berliner Archiv in den Différentes minutes des plans Prussiens pour la constitution telles qu'elles ont été modifiées successivement (Rep. VI Nr. 76) mehrfache Vermerke für nachzutragende Änderungen. So soll z. B. in dem Entwurf ohne Kreiseinteilung, dem Stein den Vorzug gab, der § 38 lauten: „Die Kosten des Bundes werden gemeinschaftlich von allen Mitgliedern zusammengeschossen; dieselben tragen in folgendem Verhältnisse dazu bei (hier ist das Verhältnis einzuschalten)". Ebendaselbst § 20: „Der Wirkungskreis des zweiten Rates dehnt sich auf alle Gegenstände aus, welche den Stoff zu einer allgemeinen für ganz Deutschland geltenden Gestaltung abgeben können. Das erste Mitglied im Range führt, wie im ersten Rat, den Vorsitz, ohne mit demselben besondere Vorrechte zu verbinden u. s. w." Hier ist schon eine Modifikation nach Steins Bemerkungen, also nach dem 26. Dezember, eingetreten. Ebenso ist aber auch eine bereits im Fünfercomité von Weißenberg vorgeschlagene Ausdrucksweise („dehnt sich — aus") aufgenommen.

Indes selbst die solchergestalt modifizierten beiden Entwürfe waren in ihrem vollständigen Text noch nicht bis zu den definitiven Februarentwürfen bei Klüber (2, 18 und 55) herangebildet.

Die Eröffnung der Konferenzen in der polnisch-sächsischen Frage am 29. Dezember ließ Humboldt auf einen friedlichen Ausgleich hoffen. Bereits in den ersten Tagen des Januar 1815

entwarf er daher ein Schreiben an Metternich, behufs der Übersendung beider Entwürfe, das also begann: „Da der Zeitpunkt
nahe zu sein scheint u. s. w." und das unbestimmte Datum trug:
„Wien den   Januar 1815". Der Entwurf blieb jedoch, da sich
gerade jetzt der Horizont wieder verdüsterte, vorläufig liegen.

Nun erst lernte man augenfällig den sogenannten österreichischen Dezemberentwurf näher kennen, deutlich, ohne zu ahnen,
daß es sich dabei um einen Sonderbund ohne Preußen handelte,
und in welchem nur Ein Rat für die Gesamtheit der Mitglieder
aufgestellt war. Darin lag offenbar ein Angebot und ein Lock-
mittel für die kleineren Staaten, dem nunmehr auch Preußen entsprechen zu müssen glaubte. Zunächst führten die Vorschläge Humboldts in dieser Beziehung dahin, daß man sich preußischerseits
für die Aufnahme des Ausschusses des zweiten Rates in
den ersten entschied. Dann aber waren, wie sich sofort ergab,
überhaupt nicht zwei Räte nötig, indem dann der erste Rat
nur ein Ausschuß des zweiten war.

Daher fertigte ebenfalls noch Anfangs Januar Humboldt
einen eigenhändigen „Entwurf einer von den beiden bisherigen
Vorschlägen abweichenden Organisation der Bundesversammlung".
Danach sollte es nun bloß eine Bundesversammlung geben, in
welcher alle Mitglieder Sitz und Stimme haben. „Die Bundesversammlung," hieß es, „handelt entweder als engerer Ausschuß
oder als Versammlung des ganzen Bundes. In beiden Fällen
aber sind die stimmberechtigten Mitglieder dieselben, und die Verschiedenheit liegt nur in der Verteilung der Stimmen und der
Art dieselben abzugeben". Im § 12 des Entwurfes hieß es: „Der
Bevollmächtigte Österreichs führt den Vorsitz in der Bundesversammlung, sie mag als engerer Ausschuß oder als vollständige
Versammlung zusammenkommen". Somit hatte der preußenfeindliche österreichische Dezemberplan, hinter dessen Zugeständnissen an
die Fürsten man nicht wohl zurückbleiben durfte, und damit das
System der nachherigen definitiven Bundesakte bei dem Hauptpunkt der Organisation im Prinzip obgesiegt.

Darauf, anscheinend am 9. Januar oder am 10.*), als der

---

*) In den Akten folgt ein Schriftstück vom 10. Januar.

Friede verbürgt erschien, unternahm Humboldt eine neue Redak=
tion des Schreibens der preußischen Bevollmächtigten an Metternich
als Begleitschreiben der beiden Verfassungsentwürfe. Darin hieß es:

„Indem die Unterzeichneten bei Ausarbeitung der anliegen=
den Entwürfe (mit und ohne Kreiseinteilung) die ganze Verfassung
in doppelter Rücksicht durchzugehen genötigt waren, haben sie zu=
gleich über die eigentlichen Grundlagen derselben reiflichere Be=
trachtungen angestellt, und sie würden unrecht zu thun glauben,
wenn sie sich zu streng an die Resultate der schon wirklich ange=
stellten Beratungen haltend, diese Gelegenheit verabsäumten, ihre
Gedanken auch hierüber dem Herrn Fürsten von Metternich ver=
traulicher Weise zu eröffnen.

Was ihnen hierin vorzüglich Stoff zu neuen Vorschlägen
gegeben hat, ist die Zusammenfügung des Ganzen und die eigent=
liche Centralgewalt des Bundes.

Es ist dem Herrn Fürsten von Metternich nicht weniger als
den Unterzeichneten bekannt, welchen lebhaften Widerspruch die
Idee eines ersten Rats, in welchem nur eine kleine Anzahl von
Fürsten Sitz und Stimme haben sollte, bei den übrigen Fürsten
gefunden hat. Da es auch den Mitgliedern des ersten Rats un=
billig schien, die übrigen Bundesglieder von einigen der wichtigsten,
obgleich zur vollziehenden Gewalt gehörenden Beratungspunkten
auszuschließen, so ist daher, und zwar zuerst bei der Entscheidung
über Krieg und Frieden, der Gedanke eines Ausschusses des zweiten
Rats, welcher mit zwei Stimmen im ersten erscheinen sollte, ent=
standen und angenommen worden. Dies Vereinigungsmittel zwi=
schen beiden Räten ist nachher, wie die anliegenden Entwürfe zeigen,
auf mehrere Fälle ausgedehnt worden, und es läßt sich voraus=
sehen, daß es, sobald der gemachte Verfassungsentwurf wird den
übrigen Fürsten vorgelegt werden, noch in mehreren Fällen An=
wendung finden wird.

Bei genauerer Erwägung findet man aber, daß dasselbe,
indem es auf der einen Seite die Leichtigkeit und Einfachheit der
Beratschlagungen über Gegenstände der vollziehenden Gewalt (welche
eigentlich die Bildung eines ersten Rats veranlaßten) immer be=
deutend stört, ganz und gar nicht den Endzweck erreicht, die

übrigen künftigen Mitglieder des Bundes mit der Abteilung in zwei Räte zu versöhnen. Diese Abteilung ist überhaupt in den bisherigen Entwürfen nur höchst unvollkommen, da der zweite Rat durch den Ausschuß in den ersten hinübergreift und die Mitglieder des ersten sämtlich im zweiten Sitz und Stimme haben.

Dies führt schon natürlich auf den Gedanken, ob eine Abteilung in verschiedene Räte, die auch im ehemaligen deutschen Reiche nicht in der Art bestand, daß sie eine verschiedene Behandlung der Geschäfte oder Sonderung der Gewalten begründete, indem vielmehr alle wirklich wichtigen Angelegenheiten durch sämtliche Reichscollegia gingen, in der That notwendig sei — da, wenn das nicht der Fall wäre, sie in der That dem größeren und jeder vaterländischen Gesinnung mehr entsprechenden Zweck, alle Mitglieder des Bundes enger und unmittelbarer zu vereinigen, entgegen steht. Was in einzelnen Staaten, welche eine repräsentative Verfassung besitzen, von der notwendigen Teilung der Gewalten gesagt wird, findet in Staatenvereinen schon darum geringe Anwendung, weil bei ihnen nur wenig Gegenstände der gesetzgebenden Gewalt vorkommen können und die gemeinschaftlichen Angelegenheiten vorzüglich nur die Verteidigung nach außen und die Aufrechthaltung der Verfassung im Innern betreffen. Es kommt daher nur darauf an, einer einzigen aus allen Mitgliedern bestehenden Versammlung eine solche Einrichtung zu geben, daß die Gegenstände der Vollziehung in einer Beratung unter wenigen mit der gehörigen Kraft und Schnelligkeit betrieben werden können, von denen der eigentlichen Gesetzgebung aber, welche eine langsamere Behandlung erlauben, niemand ausgeschlossen werde.

Einen solchen Versuch haben die Unterzeichneten in dem anliegenden Entwurf einer neuen Organisation der Bundesversammlung gemacht. Sie ist, nach demselben, nur Eine und faßt alle Mitglieder des Bundes in sich. Allein diese stimmen, wo es auf Schnelligkeit und Kraft ankommt, nicht einzeln, sondern durch Direktoren, dergestalt abgeteilte Curiatstimmen, daß auf jede eine Volksmenge von 7 bis 1 700 000 *) Seelen kommt. Daß die übrigen

---

* Statt 7 bis 17 Hunderttausend.

Fürsten der Bildung solcher Curiatstimmen bei Gegenständen der Vollziehung nicht abgeneigt sind, wissen die Unterzeichneten daher, daß ein solcher, von ihnen hierbei benutzter Vorschlag, nach welchem vier Curiatstimmen in den ersten Rat aufgenommen werden sollen, von dem Bevollmächtigten eines dieser Fürsten gemacht und von den meisten günstig aufgenommen ist *).

Die Kreiseinteilung kann mit diesem Entwurfe so gut als mit den bisherigen bestehen; denn es ist ganz und gar nicht not= wendig, daß die Kreisdirektoren ein besonderes Kollegium bilden, und dies war auch im ehemaligen deutschen Reiche nicht der Fall. Es kann vielmehr bei der Vereinigung aller Mitglieder in Einem Rat nunmehr ein bisher gemachter Einwurf nicht mehr erhoben werden, der nämlich, daß Beschwerden gegen einen Kreisvorsteher nur wieder von Kreisvorstehern beurteilt würden. Die Mediati= sirten könnten einige Curiatstimmen bei denjenigen Beratschlagungen haben, in welchen die Bundesversammlung als Versammlung des ganzen Bundes auftritt, da diese Beratschlagungen eigentlich den Sitzungen des zweiten Rats nach den bisherigen Entwürfen ent= sprechen. Im übrigen würde kein Teil der Verfassung durch den neuen Entwurf eine wesentliche Abänderung erleiden.

Die Unterzeichneten ersuchen nunmehr den Herrn Fürsten von Metternich, die von ihnen gemachten Vorschläge einer aufmerksamen Prüfung zu unterwerfen, und sie, sobald als möglich, wissen zu lassen, welches die Meinung des Kaiserlich Österreichischen Hofes über die Einführung einer Kreisverfassung und über die der Bundesversammlung zu gebende Einrichtung ist.
Sobald diese Hauptfragen unter beiden Höfen entschieden sind, wird es nur einige Stunden erfordern, aus den bisherigen Ent= würfen einen neuen zusammenzusetzen, welcher den künftigen Be= ratungen zur Grundlage dienen kann. Es schiene den Unterzeich= neten noch zweckmäßiger, die gegenwärtigen Vorschläge auch sogleich den Königlich Bayrischen, Hannoverschen und Württembergischen Höfen mitzuteilen, um auch ihre Meinung erst vorläufig über jene beiden Hauptpunkte zu erfahren; und sie erwarten bloß, um diese

---

*) S. ob. S. 304.

Mitteilung zu bewirken, daß auch der Herr Fürst von Metternich gefälligst darin einstimme und Sich erkläre, ob Se. Fürstliche Gnaden vielleicht vorher den preußischen Vorschlägen andere hinzufügen wollen?

Es gibt bei der deutschen Verfassung nur drei Punkte, von denen man, nach der innersten Überzeugung der Unterzeichneten, nicht abgehen kann, ohne der Erreichung des gemeinschaftlichen Endzwecks den wesentlichsten Nachteil zuzufügen:

eine kraftvolle Kriegsgewalt;

ein Bundesgericht und

landständische durch den Bundesvertrag gesicherte Verfassungen.

Die Unterzeichneten können sich schmeicheln, daß auch der österreichische Hof die Ansicht teilt, daß die Errichtung einer deutschen Verfassung nicht bloß in Absicht auf die politischen Verhältnisse der Höfe, sondern ebensosehr zur Befriedigung der gerechten Ansprüche der Nation notwendig sei, die, in der Erinnerung an die alte, nur durch die unglücklichsten Ereignisse untergegangene Verfassung, von dem Gefühle durchdrungen ist, daß ihre Sicherheit und Wohlfahrt, und das Fortblühen echt vaterländischer Bildung großenteils von ihrer Vereinigung in einen festen Staatskörper abhängt, die nicht in einzelne Teile zerfallen will, sondern überzeugt ist, daß die treffliche Mannigfaltigkeit der deutschen Völkerstämme nur dann wohlthätig wirken kann, wenn sich dieselbe in einer allgemeinen Verbindung wieder ausgleicht. Von dieser Seite aus aber, dem allgemeinen Verlangen nach einer nationalen Verbindung, betrachtet, erhalten die erwähnten drei Punkte eine verstärkte Wichtigkeit; wenn es z. B. der künftigen Verfassung an einem Bundesgerichte fehlt, wird man nie die Überzeugung aufheben können, daß es dem Rechtsgebäude in Deutschland an dem letzten und notwendigsten Schlußsteine mangle, und die Unterzeichneten teilen selbst vollkommen diese Überzeugung.

Alle übrigen Punkte der Verfassung lassen verschiedene und zum Teil vielfache Bestimmungen zu, und die Unterzeichneten sind sehr bereit, in diesen auch auf Vorschläge einzugehen, die

von den ihrigen sehr abweichend sein möchten. Selbst die Kreis=
verfassung scheint ihnen, bei aller Überzeugung die sie von ihrer
Zweckmäßigkeit hegen, nicht dergestalt notwendig, daß sie nicht
einer der ihrigen entgegengesetzten Meinung darüber beitreten
würden.

In Ansehung der anliegenden ausführlichen Verfassungs=
entwürfe ist noch zu bemerken, daß man sich in der protokoll=
mäßigen Fassung der schon in Beratung gekommenen Paragraphen
keine auf den Sinn Einfluß habende Abänderung erlaubt hat.
Im übrigen enthalten diese Entwürfe Abschnitte, welche, wie die
über die Mediatisierten, die Ständeverfassung, das Bundesgericht,
bei jeder Organisation der Centralgewalt immer, nur mit sehr
geringen Verschiedenheiten, dieselben bleiben, und daher eine voll=
kommen abgesonderte Beurteilung erlauben.

Die Unterzeichneten benutzen mit lebhaftem Vergnügen diese
Gelegenheit, Er. Fürstlichen Gnaden die Versicherung ihrer voll=
kommensten Hochachtung zu erneuern."

Gleichzeitig wurden aber auf Hardenbergs Veranlassung noch
in den Paragraphen selbst einige Abänderungen gemacht, an=
scheinend ebenfalls infolge und mit Berücksichtigung des öster=
reichischen Dezemberprojektes (s. ob. S. 377 ff.). Darüber giebt
das folgende Schreiben Humboldts an Hardenberg Auskunft.

„An den Kanzler. Wien den 10. Januar 1815.

Ew. gebe ich mir die Ehre, die nunmehr nach Ihren Be=
merkungen abgeänderten §§, die Lage der Mediatisierten, welche
mit Preußen verbunden werden sollen, betreffend, noch zur
vorläufigen Beurteilung mitzuteilen. Bei der Bestimmung über
die Steuern wird vorzüglich zu prüfen sein, ob der Staat, der
nun auch die aus den mediatisierten Besitzungen zum Kriegsdienst
Ausgehobenen beköstigen und kleiden muß, bei der Teilung der
Steuern nicht verliert? Schiene dies, so würde man lieber alle
Mediatisierte gleichstellen müssen, womit sie aber freilich auch nicht
zufrieden sein werden."

Aber der ganze Monat Januar verlief ohne daß die beiden
Entwürfe nebst dem Begleitschreiben an Metternich expediert

wurden. Der Hauptgrund war, daß die sächsische Frage, wenn ihre kriegerische Spitze auch abgestumpft war, immer noch keinen definitiven Austrag gefunden hatte. Ein Unterhandeln zwischen Preußen und Österreich über die deutsche Verfassung war auch jetzt noch sowenig wie im Dezember möglich. Umsomehr sah sich Hardenberg veranlaßt, die Entwürfe zunächst noch, gegen Ende Januar, an den Vertreter Hannovers, den Grafen Münster, zur Prüfung zu übergeben (s. Pertz 4, 311, der aber irrt, wenn er hier von einem Entwurf redet, und S. 317 von zwei neuen Plänen).

Aber Anfangs Februar ging die sächsische Krisis definitiv zu Ende. Und zugleich regten sich die kleineren Staaten in dem dringenden Wunsche, endlich zu einem Abschluß zu gelangen. Am 2. Februar 1815 verlangten die nunmehrigen 32 ver=einten Fürsten und Städte (inzwischen waren Baden und Olden=burg hinzugetreten, Gagern aber für Oranien-Nassau ausgeschie=den (s. Klüber 1, 3, 129 f.) die Eröffnung eines allgemeinen „deutschen Kongresses" über die Verfassung, nämlich „unter gehöriger Zuziehung aller Teile des künftigen Ganzen", indem sie sich nochmals zur Verleihung landständischer Verfassungen bereit erklärten und erbötig „zu allem, was in dem Bunde deutscher Staaten Einheit, Selbständigkeit und deutsche Freiheit begründen kann"; aber von einem Oberhaupt oder Kaiser war nun nicht mehr die Rede (Klüber 1, 3, 127 ff. Vgl. Pertz 4, 316 ff. Die irrige Voraussetzung von zwei „neuen" Plänen ist schon vorhin berichtigt).

Preußen, mit einem allgemeinen Zusammenwirken der Fürsten und Stände jetzt einverstanden, erließ am 4. Februar eine Note an Österreich mit der Aufforderung in Betreff der wieder aufzunehmenden Beratungen, daß „auch diejenigen deut=schen Fürsten und Stände, welche bisher keinen Teil daran genommen, eingeladen werden möchten, demselben durch eine von ihnen gewählte Deputation beizutreten" (Klüber S. 132 ff.).

Der mir vorliegende schriftliche Text bietet Varianten. So heißt es (abweichend von Klüber S. 132) mit wörtlicher Wie=derholung des Antrags der 32: „Kongreß, unter gehöriger Zu=

ziehung aller Teile des künftigen Ganzen, nunmehr" u. f. w. statt „Kongreß, nunmehr u. f. w."

Am 9. Februar, d. h. am Tage nach dem definitiven Ab= schluß der polnisch=sächsischen Krisis, erklärte Metternich seine Zustimmung (Klüber 1, 3, 134). Und nunmehr konnten endlich die beiden Humboldtschen Verfassungsentwürfe, auf Grund der „zwölf Artikel" und ihrer „Entwicklungen", sowie der nachträglich von Humboldt, Stein, Hardenberg u. a. vorgeschlagenen Ände= rungen expediert werden. Noch am 9. Februar wurden sie mit unbedeutenden Begleitschreiben offiziell an die Bevollmächtigten von Bayern, Hannover und Württemberg übersandt. Am fol= genden Tage aber, am 10., an Metternich mit einem eingehenden neuerdings modifizierten Begleitschreiben*). Auch nach Klüber (2, 18. 55) geschah die Vorlage beider Entwürfe an Metternich im Februar und das Begleitschreiben ist daselbst ausdrücklich vom 10. Februar datiert (2, 6). Dies Begleitschreiben stellt sich als eine nochmalige Bearbeitung der oben erwähnten Januarentwürfe dar. Dasselbe beginnt auch seinerseits mit den Worten: „Da der Zeitpunkt nahe zu sein scheint, wo es möglich sein wird, die Beratschlagungen über die deutsche Bundesverfassung aufs neue in Gang zu bringen u. f. w." In das Februarschreiben ist auch vieles aus Humboldts Gutachten vom 9. Dezember aufgenommen, nämlich bis S. 13; von da ab ist jedoch der Text nach jenem zweiten Januarentwurf (f. ob. S. 394 ff.) gemodelt.

So war denn endlich alles zu einer definitiven Beratung der Bundesverfassung bereit. Da plötzlich trat eine neue völlig unerwartete Hemmung, ja eine Durchkreuzung der Angelegenheit ein, und noch dazu von seiten Steins.

---

*) Rep. VI. Nr. 77: Dernière rédaction des plans Prussiens pour la constitution de l'Allemagne.

XXXVIII. Steins Kaiseragitation im Februar und März 1815.

Eben in jenen Februartagen, als endlich die deutschen An=
gelegenheiten im besten Zuge zu sein und ihre Erledigung in
nächster Aussicht zu stehen schien, stellte plötzlich die Wiederauf=
nahme des Kaiserprojektes durch Stein alles, auch das Dürftige
was bereits als gesichert galt, wieder in Frage. Wer hätte ein
kräftiges deutsches Kaisertum nicht allem anderen vorziehen sollen!
Aber die Herstellung eines solchen war nun einmal unter den
gegebenen Verhältnissen, die keine Macht der Erde beseitigen
konnte, eine absolute Unmöglichkeit. Das hatte ja auch Stein
selbst eingesehen und dieser Einsicht die früheren Kaiseribeeen ge=
opfert, denen er überdies immer nur, wie im August 1813, nach
Lage der Dinge eine überaus monströse Ausbildung zu geben
vermocht hatte. Es war daher vorauszusehen, daß eine Wieder=
aufnahme der Idee nur einen unersetzlichen Zeitverlust herbei=
führen konnte, und sogar eine Verschlimmerung der Aussichten
auf das Zustandekommen eines leiblichen Verfassungswerkes.
Daher erkennt denn auch Pertz (4, 318) an, daß durch Steins
Dazwischentreten das Verfassungswerk „gehemmt" worden sei.
Und Treitschke sagt (S. 693 f.): „Um die Verwirrung zu voll=
enden warf jetzt Stein noch einen neuen Zankapfel unter die
Habernden" . . . . „Über diesem unfruchtbaren Zwischenspiele
gingen wieder vier Wochen verloren". Auf die Einzelheiten des
Vorganges läßt er sich gar nicht ein. Pertz dagegen stellt sie
zwar dar, jedoch so, daß manches der Ergänzung und Richtig=
stellung bedarf.

Niemand war sich des Auftretens von Stein in jenem Sinne

gewärtig. Hatten doch die Vertreter der 31 Kleinstaaten ihr früheres Verlangen nach Wiederherstellung des Kaisertums, wie die Note der 32 vom 2. Februar zeigt, nicht wieder geltend zu machen gesucht! Und hatte doch Stein selbst bis zum Schlusse des Dezember, wie wir sahen, mit Eifer an dem kaiserlosen Verfassungsentwurf Humboldts mitgeholfen! War er doch während des ganzen Monats Januar, ähnlich wie im November, für den Erlaß einer Erklärung der verbündeten Großmächte eingetreten, welche sich im wesentlichen für einen Bund und einen Bundesrat im Sinne der bisherigen Verhandlungen aussprechen sollte (Pertz 4, 309 ff.)! Führte er doch sogar noch in einer an Alexander gerichteten Denkschrift vom 1. Februar wörtlich aus (s. Pertz 4, 288, 292 f.): „Die Unterhandlungen über die deutsche Verfassung werden in den Konferenzen zwischen Österreich, Preußen, Bayern, Hannover und Württemberg wieder aufgenommen werden; ein den Wünschen der deutschen Fürsten mehr entsprechender Bundesplan ist von Preußen verfaßt und wird in kurzem vertraulich dem russischen Kabinet mitgeteilt werden, welches infolge seiner bis jetzt ausgesprochenen Grundsätze ihn in seiner jetzigen Gestalt unterstützen wird"... d. h. ein „verfassungsmäßiges Bundessystem . . . infolge dessen das Recht des Krieges und Friedens, der Entscheidung von Streitigkeiten den Fürsten, und der Verbürgung der Landesverfassungen dem Bunde übertragen wird u. s. w." Und er betont ausdrücklich, daß es sich um die gleichen Grundsätze handle, für die sich bereits die russische Note vom 11. November 1814 ausgesprochen habe*). Auch unterliegt es keinem Zweifel, daß Stein die Hand dabei im Spiele hatte, als am Tage darauf, am 2. Februar die 32 Fürsten und Städte die Teilnahme an den Verfassungsberatungen begehrten, die doch selbstverständlich keine anderen Grundlagen und Ausgangspunkte haben konnten als die bisherigen und namentlich die von ihm selbst mitberatenen Entwürfe Humboldts, d. h. die „Entwicklungen" der von ihm selbst so feurig empfohlenen kaiserlosen 12 Artikel, oder der nunmehr

---

*) [In seinem Tagebuche erwähnt Stein nichts von dieser Denkschrift.]

„von Preußen verfaßte Bundesplan", für deſſen „jeßige Geſtalt"
er noch Tags zuvor Alexanders „Unterſtüßung" angerufen hatte.
Übrigens iſt auch zu beachten, daß an der Spiße der Demon=
ſtration vom 2. Februar ſein intimer Freund, der Badenſche
Geſandte von Marſchall ſtand, der offenbar, gleich wie der Olden=
burgiſche Geſandte von Malzahn, nur deshalb die Note unter=
ſchreiben konnte, weil ſie nicht die Wiederherſtellung des Kaiſer=
tums begehrte; Gagern, der Führer der Kaiſerpartei, war aus=
geſchloſſen, weil, wie es hieß, „der Fürſt von Oranien auf ſeine
deutſchen Beſißungen Verzicht geleiſtet habe" (Klüber 1, 3, 129).
    Wie konnte es nun geſchehen, daß Stein unmittelbar dar=
auf, d. h. ſchon wenige Tage ſpäter, plößlich auf das Kaiſer=
projekt zurückkam? Hatten die Kaiſerabreſſen der Kleinſtaaten vom
16. November und 20. Dezember doch einen geheimen Stachel in
ihm zurückgelaſſen? Konnte man nicht am Ende ſelbſt aus der
Note vom 2. Februar ein Feſthalten daran herausleſen, inſofern
ſie den „am 16. November dargelegten Anträgen und Wünſchen"
zu „inhärieren" erklärte (Klüber S. 127)? Wirkte die roman=
tiſche Schwärmerei für die Hohenſtaufenzeit in ihm noch nach?
Oder beherrſchte ihn die überwiegende Strömung in der öffent=
lichen Meinung, die leichten Herzens jede Schwierigkeit, ja jede
Unmöglichkeit überſah? Oder hatten noch ſeine alten Sympathien
für das Haus Öſterreich Macht über ihn? Alles dies mochte auf
ſeine Stimmung einen Einfluß üben. Sein politiſcher Grund=
gedanke war aber jedenfalls wie zuvor ſchon der: Öſterreich, das
von fremden Elementen durchſeßt, eher einer Trennung von Deutſch=
land zuſtrebe, könne nicht feſt genug mit dem übrigen Deutſch=
land verbunden werden. Wenn aber dieſer Gedanke gerade jeßt
wieder in ihm Wurzel faßte, ſo kamen wohl noch beſondere pſycho=
logiſche Antriebe hinzu.
    Mit den Anfängen des Februar waren alle Hauptfragen
entſchieden. Der Charakter der Hauptreſultate, zumal in Betreff
Deutſchlands, trug im großen und ganzen den Stempel der Reſtau=
ration. Da lag wohl die Betrachtung nahe: Wenn denn doch
einmal, wider alles Erwarten, alles in Deutſchland auf Reſtau=
ration hinausläuft — wenn alle mittleren und kleinen Fürſten,

die Stein teils zu verkürzen, teils zu beseitigen gehofft hatte, im
vollsten Sinne des Wortes wiederhergestellt wurden — wenn selbst
das von ihm vorzugsweise perhorrescierte und hundert-, ja tau=
sendmal verwehnte Königreich Sachsen dennoch wieder restauriert
ward: dann mochte am Ende auch das Kaisertum der nächsten
Vergangenheit, trotz seiner stets bethätigten Machtlosigkeit und
Unzulänglichkeit, wiederhergestellt werden. Auch sagte es ihm zu,
lieber auf der Seite persönlicher Energie wie persönlicher Schwäche
zu stehen. Durch Energie aber hatte in der polnischen Frage Ale=
xander, in der sächsischen Metternich gesiegt, während Preußen
durch Schwäche in beiden unterlegen war; und am 8. Februar
hatte Preußen definitiv durch Hardenbergs Schlußerklärung die
Ergebung in sein widriges Schicksal besiegelt*). Da ließ sich denn
wohl erwarten, daß, wenn Stein sich nunmehr mit Alexander
und Metternich verbinde, um die Wiederherstellung der Kaiser=
würde für Österreich durchzusetzen, Preußen auch in dieser Frage
sich werde besiegen lassen.

Zu dem allen gesellte sich vielleicht ein neuester Stachel. Der
Geh. Rat Schmid hatte die Ideen seiner „Wiedergeburt" (s. ob.
XXVI) mit dem deutschen Erbkaiser (Österreich) und dem erb=
lichen Reichsverweser Norddeutschlands (Preußen) auf Antrieb von
Wien her in einen förmlichen Verfassungsentwurf gebracht und
die Quintessenz desselben, die ersten drei Kapitel, Ende November
handschriftlich an Baumbach übersandt. Auf dem Wege von Ab=
schriften kamen sie zur Kunde der Fürsten und der Gesandten=
kreise. Im Dezember wurde der Entwurf ohne Zweifel durch den
Herzog von Koburg zur Kenntnis der österreichischen Diplomaten
gebracht. Im Januar wurde er durch Zabel von Würzburg,
einem Vertrauten Steins, diesem vorgelegt, und durch Baumbach
an Humboldt übersandt. Dieser erklärte gegen den 25. Januar
schriftlich bei der Rücksendung, daß „dieser Plan bei der jetzigen
Lage der Dinge schwerlich zur Ausführung zu bringen sein werde".

---

*) Noch am 1. Februar wollte Stein dem König von Sachsen höchstens
ein Gebiet von 6—700 000 Einwohnern belassen (Pertz S. 289), und wenige
Tage später fügte sich zu seinem Entsetzen Hardenberg darein, demselben ein
Gebiet von 1 300 000 Einwohnern zurückzugeben (ebend. S. 297 f.).

Stein aber erklärte um dieselbe Zeit, daß er zu dem Entwurf „Bemerkungen stellen wolle", nahm überhaupt den Verfasser in Affektion und gedachte ihm eine Stellung in den „Rheinländischen Provinzen" zu verschaffen (s. im Anhang die Auszüge aus Baumbach, besonders vom 25. Januar 1815). Besonders eingenommen für den Entwurf zeigten sich der Herzog von Koburg und Gagern.

Es ist charakteristisch, wie Stein mit der Wiederaufnahme der Kaiserfrage seine Bundesgenossen wechselte. Nicht nur erkor er als solche in erster Linie Alexander und Metternich, den er jetzt mit einemmal als „sehr gut und wohlwollend" charakterisierte (Pertz, S. 375); er söhnte sich nunmehr auch, wie Baumbach (unterm 18. März) ausdrücklich bezeugt, mit Gagern wieder aus; und seine vertrauten Organe waren jetzt, außer dem Grafen Solms, nicht mehr die Führer der früheren Deklarationspartei: der nassauische Marschall, der darmstädtische Türkheim, der weimarsche Gersdorff, sondern im Gegenteil die damaligen Führer der Protest- und Kaiserpartei, d. h. eben Gagern, der mecklenburgische Plessen und der braunschweigische Schmidt-Phiseldeck (s. ob. S. 270, u. 271).

Nicht minder charakteristisch ist es, daß Stein, wie schon früher den Mittelstaaten gegenüber (s. ob. S. 255 f.), den Kampf durch eine Zeitungspolemik begleitete oder gar eröffnete. Der Rheinische Merkur von Görres, den er nur allzu gern inspirierte und selbst mit eigenhändigen Beiträgen oder Notizen versorgte, brachte in seiner Nr. 195 vom 17. Februar einen Artikel, der die Übertragung der deutschen Kaiserwürde an Österreich forderte und dabei Preußen ohne Namensnennung in unwürdiger Weise angriff. Die gehässigen Vorwürfe gegen dasselbe waren ganz im Sinne von Stein und würden gerade damals von keinem andern Diplomaten erhoben worden sein. Der Artikel knüpfte an die Note der 32 Fürsten und Städte vom 2. Februar an, worin die Eröffnung des Kongresses verlangt worden, und indem er für Österreich das Kaisertum, für Preußen die Kronfeldherrschaft, für den ersten kaiserlichen Prinzen das Reichsschatzmeisteramt u. s. w. in Anspruch nahm, erklärte er: „So urteilen viele Wohlgesinnte in allen Teilen des Reiches . . . Sie wissen, daß damit noch kein golbenes Jahrhundert gegeben wäre ... und daß, wenn der Geist und die Verständigung nicht das Beste thun, diese Form ebenso unnütz sein würde als jede andere; aber sie können nicht glauben, daß ihre Ansichten der Dinge, welche die bessere Geschichte Deutsch= lands für sich haben, unausführbarer sein sollten, als die eng= herzigen Ratschläge der eigensüchtigen Natur (das zielt auf Preußen), die, zweimal aufs härteste gebemütigt von dieser Zeit, einmal als der ausgelassene Hochmut zu Falle gekommen, und dann als die Verzagtheit wider Willen durch die Gewalt der Ereignisse zum Siege gedrungen wor= den*), doch nicht zum Verständnis gekommen ist u. s. w." Weiteres erhellt aus dem nachstehenden Aufsatze Humboldts.

Der Verfasser des Artikels war natürlich nicht genannt. Gleich nach Empfang desselben**) entwarf Humboldt in tiefster Entrüstung eigenhändig eine Entgegnung, die ebenfalls in einer Zeitung anonym erscheinen sollte, aber schließlich, wie wir sehen werden, aus politischen oder persönlichen Rücksichten ungedruckt blieb. Sie ist indes interessant genug, um sie hier folgen zu lassen. Humboldt schrieb:

„Ein Zeitungsblatt ist eine so vorübergehende Erscheinung, aus so zufälligen Ursachen entstanden, oder auf so augenblickliche Wirkung berechnet, daß man am besten thut, abwartend, daß die Welle die Welle verdrängt, es der Vergessenheit zu übergeben. Wenn aber, wie vor kurzem geschehen ist, ein deutsches Zeitungs= blatt, zwar ohne Nennung des Namens, aber auf eine noch hinter= listigere Weise mit unverkennbarer Hindeutung, Preußen eine „eigensüchtige Natur nennt, die zweimal aufs härteste gebemütigt in (von) dieser Zeit, einmal als der ausgelassene Hochmut zu Falle gekommen, und dann als die Verzagtheit wider Willen durch die Gewalt der Ereignisse zum Sieg gedrungen***) worden, doch nicht zum Verständnis gekommen ist": so ist es Pflicht, allen

---

*) Diese Anspielungen auf 1806 und 1812—13 sind durchaus im Geiste Steins gehalten.

**) Die Nummer war wahrscheinlich vordatiert und schon um den 18. in Wien eingetroffen.

***) Hier schaltet Humboldt in Parenthese ein „(eine Nötigung eigener Natur)."

Deutschen zu sagen, daß einer ihrer angeblichen Mitbürger dies
im Jahre 1815, als es schon mehr als jährig war, seit Deutsch=
land in Deutschland durch Preußens Anstoß und nach einem von
allen deutschen Mächten über drei Monate, trotz jener blutigen
Schlachten, zweifelhaft gelassenen Kampfe befreit worden ist, zu
behaupten gewagt hat. Darauf zu antworten, wäre, es mag nun
damit der in ganz Europa verehrte König, oder die von niemand
bis jetzt im Ernst angefochtene Regierung*), oder die nicht am
wenigsten durch die stille Anerkennung ihres Feindes geehrte Nation
gemeint sein, unter der Würde jedes Deutschen. Bemerken muß
man nur, daß, wenn Preußen nicht zum Verständnis gekommen
wäre, es wenigstens niemanden hindert, es zum Verständnis zu
bringen, da d e r s e l b e Zeitungsschreiber, der dies ausspricht, von
Preußens Freiheit verteidigendem Schutze entblößt, längst hätte
verstummen müssen**).

Über den übrigen Teil des Artikels, aus welchem die oben
erwähnte Stelle genommen ist, würden wir, als ein Zeitungs=
blatt***), das sich begnügt, das Erfahrene schlicht zu erzählen, nicht
aber halbbeendigte Kongreßangelegenheiten zu beurteilen, keine
Silbe verlieren. Doch müssen wir bemerken, daß wir, die wir
wirklich schlicht und einfältig sind, nicht begreifen, wie die Kaiser=
würde, die nicht durch äußere Ereignisse, sondern weil sie längst
in sich erstorben war, unterging, jetzt wieder aufleben, die Seele
sein soll auf die man rechnen kann, der lebendige Atem den
Gott über das Volk gehaucht hat. Es ist empörend, über eine
so sehr Ehrfurcht gebietende Sache, als die deutsche Kaiserwürde
ist, in einem von überspannter Empfindung, die immer die wirk=
liche ausschließt, und offenbarem Parteigeist zusammengesetzten
Tone reden; gegen Österreich, mitten unter dadurch selbst wieder

---

*) Doch gerade von Stein war diese schon 1812 als „feig und ver=
ächtlich" angefochten und ihr der Vorwurf gemacht worden, sie verleite den
König, seiner „unglücklichen Anlage zur Schwäche nachzugeben" (Pertz 3, 215).

**) Damit ist eben Görres gemeint, der seinen Merkur unter Preußens
Schutz herausgab; s. Pertz 4, 65—69. 388.

***) Hieraus ersieht man, daß der Artikel Humboldts in eine bestimmte
Zeitung eingerückt werden und im Namen derselben reden sollte.

vernichteten Lobsprüchen, sagen zu hören, daß es seiner früheren
Verdienste wegen an der Spitze Deutschlands zu stehen würdig
ist, daß es dem allgemeinen Beispiel folgend, trotz der Pflichten
seiner Kaiserwürde, seinen Vorteil wahrgenommen und sich vom
Reiche getrennt hat, aber dafür von Gott heimgesucht worden ist,
und darum von jetzt an des Reiches treuer Hort und Mehrer
sein wird. Man weiß nicht, was man denken soll, wenn man
Entwürfe liest wie die, daß der erste kaiserliche Prinz des Reichs
Schatzmeister sein; daß Italien in einem Bundesstaat unter Leitung eines österreichischen Prinzen versammelt werden soll*); daß
das verwirrte Durcheinanderliegen und Übergreifen gerade recht
fest durchwachsene Teile zusammenhält. Auf so ungründliche luf-
tige Art, welcher weder Thatsachen noch Vernunftgründe das Wort
reden, Pläne zu schmieden, war nicht deutsche Sitte in der guten
Zeit, als die Schlözer, Schlosser, Iselin und andere auch für
das Volkswohl, und auch oft stark gegen die Fürsten schrieben.
Es ist gottlob! noch jetzt nicht Weise der Mehrzahl der Deutschen,
von denen nur wenige auftreten, weil freilich das Schreiben mit
jedem Tage mehr durch das Lesen verleidet werden muß. Was
aber keiner unbemerkt lassen kann, ist, daß die österreichische Regierung selbst, die Europa ebenso wohlthätig durch ihre Mäßigung,
als durch ihre oft und noch im letzten Kriege bewiesene Kraft
geworden ist, nicht nach einer Würde strebt, die jetzt nie mehr
sein könnte, was sie ehemals war; daß sie fühlt, daß, was sonst
die Idee und die Meinung wirkte, jetzt nur die physische Kraft
vermöchte, und daß das Kaisertum dadurch mit seinem mildesten,
auch seinen schönsten Glanz verlöre; daß sie daher, in der tiefen
Überzeugung, daß sich das Tote nicht ins Leben zurückrufen läßt,
mit Wärme, Treue und Eifer gemeinschaftlich an einer Verfassung arbeitet, die keine Ansprüche macht, mehr zu sein als er-
leichternde und schützende Form. Deutschlands Sicherheit hängt

---

*) Auch das ist ein Gedanke Steins, der in ganz gleicher Weise zu
der gleichen Zeit in der von Stein inspirierten Denkschrift Capo-
distrias über die Kaiserfrage wiederkehrt. S. Pertz 4, 739 unter 4; vgl.
S. 322, wo die deutsche Wiedergabe irrig ist. Es handelt sich um die „große
Masse", die Stein auch aus Italien bilden wollte (s. ob. S. 22).

nicht gerade von einer Kaiserwürde ab, nicht von dieser oder
jener alten oder neuen Form; sie beruht auf den deutschen Für=
sten, unter deren ersten, wie an Macht so an Gesinnung, der
österreichische Kaiser steht, die ihr und Europas Wohl an Deutsch=
land geknüpft haben; auf der Nation, deren Art es nicht ist, sich
in politische Spekulationen zu verlieren, sondern mit Emsigkeit
und Treue den einzig wahrhaft belohnenden Weg des einzelnen
Lebens zu verfolgen; die eben jetzt mehr als je bereit ist, wie
deutscher Boden bedroht wird, jedes einzelne Gut und jedes ein=
zelne Glück der Verteidigung des Ganzen zu opfern. Die innere
Verfassung der deutschen Staaten wird Fertigkeit und Sicherheit
finden, weil Fürsten und Völker von dieser Notwendigkeit über=
zeugt sind, und der Zustand der Gesetzlosigkeit der letztverflossenen
Jahre jedes rechtliche Gemüt mit Abscheu erfüllt hat. Den Staats=
männern wird dabei nichts übrig bleiben als dieser doppelten, dem
Äußern und Innern Schutz versprechenden Kraft und Gesinnung,
welche da ist und nicht erst geschaffen zu werden braucht, die Ge=
leise zu bahnen, in welchen sie sich ohne Reibung bewegen kann."

Humboldt war ohne Zweifel überzeugt, daß dem Artikel des
Merkur eine Inspiration Steins zu Grunde liege. Denn er wußte
ja, daß derselbe mindestens seit der zweiten Februarwoche für die
Wiederherstellung des Kaisertums heimlich agitiere. Aber es ge=
schah eben heimlich, hinter dem Rücken Humboldts, so daß dieser
keine Notiz davon zu nehmen brauchte und nur um so rücksichts=
loser vorgehen durfte. Da trat nun aber Stein selbst durch ein
ausführliches Memoire vom 17. Februar ganz offen als Vor=
kämpfer in der Kaiserfrage auf. Am 18. gelangte das Schrift=
stück an Hardenberg und wahrscheinlich am 19. oder 20. in die
Hände von Humboldt. Dergestalt in die Nötigung versetzt, nun=
mehr auch seinerseits offen gegen Stein selber Front zu machen,
entschloß sich Humboldt, seiner Abwehr gegen den Merkur keine
Folge zu geben, d. h. auf den Abdruck derselben zu verzichten.
Daher versah er jenen publizistischen Aufsatz mit dem Vermerk
„Cessat". Er geht in den von ihm geordneten Akten unmittel=
bar dem Memoire Steins vom 17. Februar voraus (Rep. VI.
Nr. 75).

Bis dahin nämlich hatte Stein auf dem Kongresse selbst die
Angelegenheit nur durch andere oder in mündlicher Unterhaltung,
aber nicht durch die Feder betrieben. Zunächst hatte er den Grafen
Capobistria angestachelt, den Kaiser Alexander durch eine Denk=
schrift vom 9. Februar zu gewinnen, wonach Österreich nicht nur
die deutsche Kaiserwürde erhalten, sondern auch an der Spitze
eines nationalen Bundesstaates in Italien stehen und biesen durch
einen österreichischen Prinzen regieren sollte*). Lehne Österreich
die deutsche Kaiserwürde ab, so müsse man sich „wenigstens das
Recht vorbehalten, in Zukunft bei günstiger Gelegenheit darauf
zurückzukommen" sei es mit Österreich oder mit Preußen (Pertz 4,
739). Ob die letztere Eventualität nur von Capobistria aufge=
stellt ward oder von Stein, wie Pertz (S. 320, 596) hypothetisch
voraussetzt, mag dahingestellt bleiben. Meines Wissens hat Stein
bei einem ganz Deutschland umfassenden Kaisertum niemals an
Preußen gedacht. Am 11. Februar versuchten Stein und Capo=
bistria ihre Überredungskunst an Hardenberg, der sich indes ab=
geneigt zeigte. Am 12. hatte Stein mehr Glück bei Metternich,
der ihm wenigstens versprach, auch Solms und Plessen in der
Sache zu hören; der erstere war von ihm mit einer Skizzierung
der kaiserlichen Befugnisse beauftragt, die er am 13. einreichte.
Endlich am 17. trat Stein selbst mit der Denkschrift „Sur le
rétablissement de la dignité impériale en Allemagne" hervor,
die er an diesem Tage dem Kaiser Alexander vorlas. (Ebend. 742
bis 746)**).

Bedenkt man, daß Stein es war, der zuerst, am 10. März
1814, ein Direktorium von Vier für Deutschland begehrt, und
im November die Zwölf Artikel mit ihrem Direktorium der
Fünf sogar mittels der Hilfe des Auslandes durchzusetzen ent=
schlossen war: so muß man staunen, nunmehr zu Anfang seiner
Februar=Denkschrift den schärfsten Tadel darüber zu vernehmen,
daß der „deutsche Ausschuß eine so augenfällig fehlerhafte

*) Also wie im Artikel des Rhein. Merkur, s. oben S. 409.
**) Der französische Text im Berliner Archiv weicht von demjenigen
bei Pertz nur zu Anfang in der Anordnung der Absätze ab. [Vgl. zu Allem
Steins Tagebuch.]

Institution wie ein Direktorium der Fünf habe annehmen können". Er giebt zu, daß Österreich für die inneren Zwistigkeiten in Deutschland sich nur „schwach interessiere", daß es namentlich „einen geringern Anteil an Deutschland nehme als Preußen", daß „sogar in seinem Innern Bestrebungen vorhanden wären, die auf eine Trennung von Deutschland abzielten", ja, daß die „Österreicher alle ihre politischen Leiden Deutschland beimessen"; „aber die Union Österreichs mit Deutschland sei für letzteres unerläßlich", weshalb ein verfassungsmäßiges Band gebildet werden müsse, das dem ersteren „einen größeren Einfluß, ein Übergewicht einräume".

Die dem Kaiser als „erblichem Oberhaupte" von Deutschland einzuräumenden Befugnisse waren nun aber keineswegs der Art, daß sie auch nur ein bescheidenes Maß von Kraft und Einheit verbürgt hätten. Nicht nur im Frieden sollte derselbe die Leitung des gesamten Militärwesens mit einem Rate von drei Fürsten teilen, nämlich Preußen und zwei vom Bundestage gewählten Mitgliedern, sondern ebenso sollte auch im Kriege die Leitung der bewaffneten Macht an diesen Rat der Drei gebunden sein. Und doch! war eine solche Organisation vom Standpunkt der Einheit eine schwächende Zersplitterung, so mußte sie andererseits nach den Meinungen, welche bis dahin die Mittel- und Kleinstaaten vertreten hatten, in den Augen dieser Vielheit als eine ungebührliche Centralisation erscheinen. Wenn ferner dem Kaiser das Recht zugestanden wurde, daß für jeden vom Bundestage beschlossenen Antrag die kaiserliche Sanktion erforderlich sein solle, um Gesetzeskraft zu erlangen: so war diese Bestimmung zwar allerdings centralistischer Natur, aber eben deshalb keineswegs geeignet, auch nur den Beifall eines einzigen Staates zu gewinnen. Denn nicht nur haben wir gesehen, wie spröde sich die Gesamtheit der Kleinstaaten dem Gedanken der kaiserlichen Sanktion gegenüber schon früher verhielt, sondern es leuchtet auch ein, daß, wenn ein für das Wohl Deutschlands vorteilhaftes Gesetz im Bundestage die gesamten Stimmen Preußens, Bayerns, Hannovers und aller übrigen Staaten auf sich vereinigt hätte, ein absolutes Veto des Oberhauptes von Österreich als

deutschen Kaisers absolut schädlich und unerträglich gewesen wäre;
ein Bundesstaat ist eben kein Einheitsstaat.

Die Beantwortung der Steinschen Denkschrift und überhaupt
die Würdigung des so unerwarteten Kaiserprojektes fiel natürlich
Humboldt zu. [Nach Perß 4, 334 hatte Hardenberg die Steinsche
Denkschrift am 18. Februar erhalten. Steins Tagebuch schweigt
darüber.] Hierbei müssen wir aber einer großen Verwirrung bei Perß
gedenken und sie durch Richtigstellung des Thatbestandes beseitigen.

Bei Perß (S. 335) sind nämlich zwei verschiedene Denkschriften Humboldts verwechselt: 1) die erste ist diejenige, woburch
Humboldt Steins Memoire vom 17. Februar beantwortete; sie
batiert ohne Zweifel vom 23. Februar, da sie am 24. durch
Hardenberg an Stein mitgeteilt wurde. 2. Die zweite ist vom
3. März batiert und diente als Erwiderung auf eine Replik
Steins vom 27. Februar. Die Verwirrung bei Perß besteht
nun barin, daß dieser, indem er Humboldts Denkschrift vom
23. Februar gar nicht kennt, dennoch als Inhalt derselben
S. 335 ff. den Inhalt der zweiten Denkschrift vom 3. März
angiebt. Die Folge ist, daß die von ihm mitgeteilte Replik Steins
vom 27. Februar (S. 342 ff.) gar nicht mit diesem Inhalt
stimmt, insofern sie sich eben auf die erste Denkschrift Humboldts
bezieht; ferner daß die zweite Humboldtsche Denkschrift bergestalt
bei ihm eine doppelte Rolle spielt, einmal (S. 335 ff.) im
deutschen Auszug als Februar-Denkschrift, und sobann (S. 755 ff.)
im französischen Original als März-Denkschrift, deren er in
seiner Darstellung nur auf eine sehr unverständliche Weise gedenkt
(S. 344); wie denn überhaupt die Verwirrung den ganzen Abschnitt beherrscht, weil es ebenso unmöglich war, ein und dasselbe Schriftstück als zwei zeitlich verschiedene erscheinen zu
lassen, wie zwei zeitlich verschiedene Situationen zu einer zu
verschmelzen*).

---

*) Ich habe vor 15 Jahren Perß mündlich auf das Quidproquo auf-
merksam gemacht; er schrieb die Schuld einer mangelhaften Mitteilung bes
Geh. Staatsarchivs zu. Indessen konnte ihm doch nicht verborgen bleiben,
daß es sich um zwei Aktenstücke handeln müsse, und daß doch nur eins
ihm zu Gebote stand.

Wir teilen nun zunächst die bisher ungedruckte Erwiderung Humbolbts auf Steins Memoire vom 17. Februar mit, nach dem eigenhändigen französischen Original. Dasselbe trägt kein Datum; da aber Hardenberg die Denkschrift am 24. Februar „Stein zu lesen gab" [Steins Tagebuch S. 433], so datierte sie, wie gesagt, ohne Zweifel vom 23. Daß es sich um die Februar= Denkschrift handelt, wird vollends, wenn es dessen bedarf, dadurch zur Gewißheit, daß Steins Replik vom 27. Februar gegen wört= lich wiedergegebene Äußerungen derselben polemisiert. Humbolbt ließ sich also vernehmen:

„Il est si naturel d'accuser un directoire de faiblesse et de manque d'unité, et si spécieux qu'on remédie à l'un et à l'autre de ces défauts en donnant un chef unique à la ligue, que l'idée de rétablir la dignité Impériale doit se présenter à tous ceux qui réfléchissent sur la constitu- tion future de l'Allemagne. Mais j'ai toujours été convain- cu, qu'en examinant avec calme et impartialité la véritable situation des choses, on trouvera aisément que la recon- struction de l'Allemagne comme Empire subordonné à un seul chef est impossible, et que dès qu'on ne veut point se contenter de mots, il faut s'en tenir à une simple as- sociation d'états indépendans.

On veut suppléer par un Empereur au manque de force qu'on reproche à une fédération. Il faut donc que l'Em- pereur possède cette force; mais il faut en même temps qu'il ait aussi celle de vaincre la jalousie et l'opposition qui naîtront de l'existence même de sa dignité. Car personne ne voudra soutenir que les grands états en Allemagne s'y soumettront toujours et dans toutes les circonstances sans difficulté.

Et comment lui donnera-t-on cette force? Est-ce qu'on formera une armée de l'Empire d'au moins 100,000 hommes qu'on mettra à sa disposition pour s'en servir dès que les lois de l'Empire seront violées selon son interprétation? Je doute qu'un seul état de l'Allemagne veuille souscrire à cette condition. Mais dès qu'une pareille armée n'est point toujours prête, dès qu'elle n'est point à la disposition absolue de l'Empereur, dès enfin que l'Empereur n'est pas seul juge et interprête des lois, la même faiblesse et le même manque d'unité qu'on reproche avec raison à la fédération, se trouvera dans les délibérations dont le résultat devra premièrement guider les démarches de l'Empereur et les rendre légales. Le plan qu'on nous présente, en donne déjà la preuve; les droits qu'on y accorde à l'Empereur, sont tellement circonscrits qu'ils montrent déjà la défiance qu'on a, qu'il ne veuille abuser de son pouvoir.

En voulant faire revivre d'anciennes dénominations, il faut penser bien mûrement aux circonstances sous lesquelles ces dénominations perdent leur véritable sens.

La dignité Impériale n'a été forte et n'a vraiment servi à protéger l'Empire que dans le temps où les autres princes Allemands se croyaient bonnement et sérieusement vassaux et même sujets de l'Empereur, où le rapport dans lequel ils étaient avec lui, ressemblait exactement à celui qui existe dans un pays entre le souverain et les États. Depuis que ce sentiment s'est perdu insensiblement, la dignité Impériale a perdu d'autorité, et n'a plus été en état ni de défendre l'Allemagne vigoureusement contre l'étranger, ni d'empêcher des actes arbitraires des princes dans l'intérieur. Mais où est le moyen de faire renaître ce sentiment à présent où les prétentions d'indépendance et de souveraineté sont descendues jusqu'aux plus petits princes.

Je ne nie point qu'encore dans les cinquante ans qui précédèrent la dissolution de l'Empire, la constitution, même dans sa faiblesse, n'ait eu des effets fort salutaires. Mais il serait entièrement faux de s'imaginer que, si alors un Empereur, même faible, était utile, il le serait aussi à présent. Dans une institution qui tombe insensiblement en décadence, le souvenir même de la force qui n'existe plus, continue encore d'agir; dans une nouvelle la force réelle même qu'on lui donne, est moins puissante parce-qu'elle n'influe point encore sur l'opinion, et qu'on doute encore pour ainsi dire de son existence.

Une autre considération extrêmement importante, et qu'on paraît oublier, est celle que, quelle que soit la puissance qui prenne aujourd'hui la dignité Impériale, elle conservera toujours des intérêts politiques particuliers et différents de ses rapports avec l'Empire. Le souverain qui acceptera la couronne Impériale, devra, même pour rester fidèle aux devoirs envers ses propres sujets, faire lui-même cette distinction, et le cas peut arriver que, sans qu'on puisse lui en faire un reproche fondé, il sacrifie ses rapports avec l'Allemagne à ses intérets particuliers. Moins il pourra regarder l'Allemagne comme son domaine, plus la constitution lui livra les moyens*) pour s'en servir arbitrairement: plus cette séparation dont naîtront les collisions, deviendra sensible. C'est ainsi qu'on se trouvera dans une contradiction complète, puisqu'on voudra à la fin renforcer le pouvoir de l'Empereur pour le lier davantage à l'Empire, et lui poser des bornes pour empêcher qu'il n'en abuse.

En un mot, quoi qu'on fasse, on ne sortira jamais de l'alternative vicieuse ou d'accorder à la dignité Impériale des droits dangereux pour l'indépendance des autres princes et même pour la sûreté de l'Allemagne, ou de circonscrire tellement son pouvoir qu'elle reste un vain nom chargé encore du poids des jalousies et de l'envi qu'elle ne laissera pas que (?) de susciter.

Les droits qu'on lui assigne dans le travail que nous avons sous les yeux, sont d'un côté trop étendus, et de l'autre beaucoup trop retrécis.

Si la sanction Impériale est nécessaire à une déclaration de guerre, l'intérêt particulier, ou la pusillanimité

---

*) Entweder: plus la const. lui liera les mains, oder: moins la const. lui livra les moyens.

d'un cabinet Impérial pourrait donc arrêter un mouvement national et général. Et qu' en arriverait-il nécessairement? Évidemment rupture et scission. Les grands états de l'Allemagne feraient la guerre à eux seuls, et entraîneraient les petits avec eux.

Si, d'un autre côté, l'Empereur ne pourra exécuter, même en temps de paix, les règlemens militaires de l'Empire que du consentement d'un conseil de trois princes, et que ce même conseil doit aussi prendre part à la direction de la force armée dans le cas d'une guerre, le directoire de quatre cabinets (moins unis naturellement, puisque l'un devient par sa prééminence même un objet de jalousie et de défiance) qu'on nomme fautif dans le système fédératif, est appliqué à la partie de la constitution qui précisément a le plus besoin d'unité, de force et de promptitude.

Ce ne sont néanmoins point là de simples fautes du plan qu'il serait facile d'éviter. On y retombera nécessairement aussi souvent qu'on voudra fixer les droits d'un Empereur qu'on désirerait bien de rendre fort, mais qu'on craint toujours de trouver dangereux.

On dit encore dans le plan que, comme le chef, quel qu'il soit, aura seulement une action influente sur quelques membres de la Ligue, ou de l'Empire, et une action impérative sur d'autres, un chef unique sera toujours plus fort qu'un directoire composé de plusieurs. Mais je crois que cette assertion n'est rien moins que prouvée. Car si celui sur lequel l'action du chef pourrait être impérative, se place sous la protection de celui sur lequel elle ne peut être qu' influente, il est évident qu'il s'y soustrait. Or ces protections seront pour ainsi dire organisées par la constitution même, dès que la création d'une dignité Impériale excitera à la fois l'envie, la jalousie et la crainte. Dans un directoire composé de plusieurs la prépondérance sera variable d'après les combinaisons politiques et même d'après les objets dont il sera question; l'opinion publique même à laquelle un cabinet seul refuse facilement l'accès, se fait

écouter plus aisément par plusieurs; il sera donc beaucoup
moins facile de se soustraire par des protections à l'action
du chef à laquelle aussi un grand état, tel que la Prusse,
sera plus disposé à se soumettre s'il voit plusieurs autres
réunis contre lui, que s'il doit simplement reconnaître un
décret d'un Empereur; il existera même sans doute par rapport à des violations de l'ordre intérieur des cas, où qui-
conque se les serait permises, invoquerait en vain la protection d'un des grands états. Une certaine pudeur publique qu'aucun gouvernement ne viole impunément, et l'équité
reconnue par plusieurs états impartiaux, exercent une beaucoup plus grande force morale, que ne pourrait être celle,
matérielle et physique, qu'on accorderait à un Empereur.

En examinant avec calme la situation présente et en
consultant l'expérience de l'histoire, on trouvera certainement que la dignité Impériale de l'Allemagne est du nombre
de ces institutions grandes, belles et bienfaisantes qui
reçurent leur force et leur éclat des événements, des temps,
et des habitudes et de l'esprit des siècles qui les virent
naître, mais qu'il serait en vain de vouloir créer par une
constitution faite exprès et à loisir. Aussi faut-il avouer
que ce n'est ni Bonaparte, ni la renonciation de la maison
Autrichienne qui ont mis fin à l'Empire Germanique. Ce
corps auquel le suc nourricier et l'esprit vivifiant manquèrent
depuis longtemps, était mort et dépéri bien avant qu'on
osa prononcer qu'il avait cessé d'exister.

———

Si les arguments exposés jusqu'ici ont une certaine
force, ils en gagnent beaucoup plus dans l'application à
l'Autriche qui évidemment est la seule puissance en Allemagne capable de porter la couronne Impériale.

Le plan dont il est question, prononce d'une manière
très sévère que cette cour est en quelque façon étrangère

à l'Allemagne, et qu'il y a même un certain éloignement entre les deux nations. Mais, poursuit-il, puisque cela est ainsi, il faut, si l'on croit l'union de l'Autriche à l'Allemagne indispensable, l'y attacher par une prépondérance qui établisse leurs rapports mutuels sur l'intérêt et sur le devoir. Sans observer que la nécessité d'avoir une dignité Impériale est subordonnée ici à celle d'unir l'Autriche à l'Allemagne, de façon que cette dignité ne paraîtrait plus nécessaire, si l'on renonçait à cette union, toute la conclusion semble un peu paradoxale. Il paraîtrait plus naturel de retourner l'argument, et de dire: puisque l'Autriche seule peut avoir la dignité Impériale, et que l'Autriche ne tient pas assez étroitement à l'Allemagne, il faut renoncer à cette dignité.

Je suis loin de partager entièrement l'opinion énoncée sur l'Autriche dans le plan en question qui, au contraire, me semble exagérée.

Mais deux choses restent néanmoins vraies et immuables, la première, que l'intérêt politique de l'Autriche (surtout depuis qu'elle renonce au Breisgau et ne recouvrera guères une grande partie des provinces limitrophes de la Bavière) est beaucoup plus étroitement lié au sort de l'est de l'Europe*) et de l'Italie qu' à celui de plusieurs parties de l'Allemagne qui néanmoins sont tout-à-fait encastillées à celle-ci, et la seconde, que la composition intérieure de la monarchie Autrichienne est telle que plusieurs institutions, vraîment Allemandes, ne pourront jamais prendre également racine en elle.

Les deux grands points qu'il faut mettre sous la sauvegarde de la constitution Germanique, la sûreté extérieure, et l'inviolabilité de l'ordre politique intérieur, seraient donc, selon ma conviction intime, bien mieux assurés par le directoire proposé par le Comité Allemand, que par l'Autriche revêtue de la dignité Impériale.

---

*) d. h. Österreichs Schwerpunkt liegt im Osten. Vgl. ob. S. 82.

Le seul côté duquel l'Allemagne ait encore peut-être des conquêtes étrangères à redouter, est celui de l'ouest. La France, même la Hollande, pourraient empiéter sur elle.

La Russie, quelque grande que puisse être son influence, ne pensera guères à posséder elle-même des provinces en Allemagne. Or, quel mal, quel danger pressant en résulterait-il pour l'Autriche, si la France ou la Hollande s'emparaient d'une partie de la rive gauche du Rhin? Évidemment aucun. Il peut même arriver des combinaisons politiques où un ministre Autrichien trahirait les intérêts de son souverain, s'il ne consentait pas plutôt à de mal qu' à une perte plus sensible ailleurs, ou à la continuation d'une lutte difficile? Or, est-ce bien là un motif de sécurité pour le reste de l'Allemagne? et ne vaudra-t-il pas beaucoup mieux que la question de la guerre et de la paix soit discutée par ceux qui sont vraîment intéressés à l'intégrité de l'Allemagne, en pleine liberté, et sans dépendre d'une sanction ou prépondérance Impériale? Si l'on croit que l'Autriche ne se décidera pas à des transactions nuisibles à l'Allemagne précisément à cause de la dignité Impériale, on oublie qu'une puissance doit toujours agir ainsi que son intérêt réel l'exige impérieusement. Or, la dignité Impériale de l'Allemagne restera constamment une attribution accessoire pour l'Autriche qu'elle pourra voir diminuée, et qu'elle pourra même perdre, sans que cela affecte, proprement ce qui constitue l'essence de sa puissance.

Quant à l'ordre politique intérieur des états Allemands, l'Autriche est également dans une situation moins favorable pour veiller à son maintien. Car, n'ayant point, et ne pouvant avoir des Etats tels que la constitution les demande, elle doit soutenir des institutions dont elle ne donne point l'exemple, et comment peut-on par cela même s'imaginer qu'elle voudrait facilement se brouiller avec la Prusse, la Bavière, le Würtemberg, pour des questions auxquelles, il faut l'avouer, elle ne prend et ne peut prendre qu'un intérêt faible et général. Si l'on voulait objecter qu'elle le

ferait pour maintenir et étendre son autorité, on prouverait
trop. Car il serait à craindre pour tous qu'elle n'allât au
delà des bornes prescrites par la constitution.

Rien de ce qui vient d'être dit ici à l'égard de l'Autriche, ne part de maximes, de vues politiques, de préjugés,
en un mot dispositions passagères qu'on lui suppose; mais
tout découle de sa situation extérieure et intérieure; existera
par cette raison autant que dure cette même situation, peut
être avoué sans blesser en rien un gouvernement qui a si
éminemment servi la cause de l'Europe, et devra être avoué
par tout ministre Autrichien même qui connaîtra les intérêts véritables de sa monarchie et ne voudra pas se faire
de vaines illusions.

L'Autriche comme état confédéré sera d'une utilité
extrême pour l'Allemagne et un de ses appuis les plus so-
lides; mais il serait dangereux pour l'Allemagne et pour
elle, si, revêtue de la dignité Impériale, elle devait porter
tout le poids de la responsabilité, et avoir un pouvoir capable d'arrêter ou de changer entièrement l'impulsion venant des états dont tous les intérêts particuliers sont amal-
gamés avec ceux de la commune patrie.

En me déclarant ainsi contre le rétablissement de la
dignité Impériale, je suis bien éloigné de faire absolument
l'apologie du système fédératif et d'un directoire composé
de plusieurs princes. Mais je suis persuadé que c'est le
seul lien commun que l'Allemagne puisse supporter, et une
institution qui au moins ne crée pas de nouvelles difficultés
dans la constitution qu'il faut prévenir par de nouveaux
moyens ainsi que c'est le cas du système unitaire. Car
je n'ai point vu jusqu' ici de plan renfermant la dignité
Impériale qui ne propose pas en même temps un contrepoids à cette même dignité. Aussi le projet dont nous

parlons, y a pensé, puisqu'il assure à la Prusse une place
fixe dans le conseil qui doit autoriser l'Empereur dans la
partie la plus essentielle de son pouvoir exécutif.*)

Un second avantage très essentiel du système fédératif
est celui dont j'ai déjà parlé ci-dessus, qu'il est propre à
se laisser influencer par l'opinion publique, par la volonté
nationale et par l'esprit du temps qui ne demande plus que
des institutions qui lui répondent, pour s'améliorer lui-même
de jour en jour.

La force de la fédération ne doit pas précisément être
cherchée dans le lien fédératif seulement; elle réside dans
la puissance de chacun des grands états qui la composent,
dans la circonstance qu'établie sur des bases d'égalité et
d'indépendance elle n'excite point de jalousies et ne réveille
point mal à propos les passions, et qu'elle offre néanmoins
partout là où la sûreté extérieure ou intérieure peuvent
être en danger des voies constitutionnelles dans lesquelles
la ligue forte des moyens de ceux qui la composent peut
exercer l'influence nécessaire. Si les opinions sont divergentes, et elles le seront certainement, il y en aura pourtant plusieurs qui se réuniront, et il sera plus facile d'obtenir parmi elles une majorité favorable au bien-être de
l'ensemble, que de forcer un chef unique à donner sa sanction
même à la volonté réunie là où elle est contraire à son
intérêt ou à sa conviction."

Das weitere dürfen wir kurz behandeln, da Pertz [nach
Steins Tagebuch] dafür ausreicht. Stein hatte inzwischen widrige
Erfahrungen gemacht. Zwar konnte er sich dem Kaiser Alexander
gegenüber darauf berufen, daß unter den preußischen Autoritäten
General Knesebeck ihm beistimme, ebenso Grolmann und, wie ich
hinzufüge, auch der provisorische Generalgouverneur Preußens in
den Rheinlanden, Sack, sprach sich für die erbliche Übertragung
der deutschen Kaiserwürde an Österreich aus. Österreichischerseits

---

*) d. i. in der Armeeleitung zur Kriegszeit.

sprach sich der Minister Wessenberg dem Steinschen Beauftragten
Plessen gegenüber günstig aus. Metternich dagegen erklärte schon
am 20. Februar dem Steinschen Beauftragten Solms, daß er
weder zu- noch abraten könne; jedenfalls würde Österreich mit
dem Gegengewicht Preußens, der Niederlande und Bayerns zu
thun haben, in Verwicklungen geraten und die kaiserliche Gewalt
am Eingreifen gehindert sein. Kaiser Franz endlich erklärte sich
geradezu abgeneigt; und Wellington, den Stein persönlich an
demselben 24. Februar zu gewinnen suchte, erwiderte unumwunden, daß „die Bildung eines solchen Oberhauptes jetzt nicht
möglich sei", wollte aber den preußischerseits eingereichten Verfassungsplan in 120 Artikeln*), von dem Metternich ihm gesprochen, verkürzt wissen, womit Stein sich einverstanden erklärte.

Dennoch richtete er sich noch einmal an Hardenberg, um ihn
der Sache günstig zu stimmen. Das geschah durch das Schreiben
vom 27. Februar (Pertz S. 342 ff.), das ich als Replik Steins
auf die erste Humboldtsche Denkschrift bezeichnete. Das zeigt sich
gleich zu Anfang in den Worten: „man setzt entgegen, daß die
Kaiserwürde lange vor 1806 allen Glanz und allen wohlthätigen
Einfluß verloren hätte, und daß man dem Wechselbeschlusse
nicht entgehen könne, entweder dieser Würde ein Ansehen
beizulegen, welches mit den Rechten der Bundesglieder unver-
träglich wäre, oder sie in einem Zustande der Schwäche zu
lassen, der sie vollkommen den obigen Ausführungen Humboldts
(s. S. 415: La dignité Impériale etc. und S. 416: En un
mot etc.).

Dadurch wurde nun, wie gesagt, Humboldt zu seiner zweiten
Denkschrift vom 3. März veranlaßt. Sie beginnt mit den Wor-
ten: On propose de rétablir la dignité Impériale. Ihrer
Wiedergabe dürfen wir uns enthalten, da sie eben Pertz in den
Beilagen vollständig mitgeteilt hat. Am 4. März wurde sie von
Hardenberg an Stein übersandt, fand aber, wie Pertz berichtet
(S. 344), nach „Anordnung, Beweisführung und Schreibart

---

*) d. i. der Plan mit Kreiseinteilung; derjenige ohne dieselbe zählte
nur 106 Artikel.

vor Steins Urteil keine Gnade". [Pertz folgt dabei den Worten in Steins Tagebuch S. 436 „ein verworrenes, sophistisches, schlecht stilisiertes Machwerk".] Dieser Bericht klingt um so selt= samer, als ja Pertz die 11 Punkte dieser zweiten Denkschrift, wenn auch fälschlich, schon unterm 24. Februar ohne ein der= artiges Urteil mitgeteilt hatte.

Damit ging die Kaiserepisode nach langem unwiederbring= lichen Zeitverlust zu Ende, und man hätte folglich mit dem An= fange des März das so oft und so verhängnisvoll unterbrochene Verfassungswerk wieder aufnehmen können, wären nicht neue Hemmnisse dazwischen getreten.

XXXIX. Neue Hemmnisse, Württemberg, Napoleon.

Parallel mit der Kaiserepisode hatte sich ein scharfer Streit mit Württemberg entwickelt.

Wir hatten gesehen, daß auf Grund der 12 Artikel, der Konvention vom 21. Oktober 1814 und dem Münsterschen Votum vom gleichen Tage (s. ob. S. 209, 232) Stein in Bezug auf die Herstellung freisinniger landständischer Verfassungen die glänzendsten einmütigen Versprechungen der Kleinstaaten kraft ihrer Note vom 16. November erlangt hatte. Wie täuschend und hohl sich diese Versprechungen auch späterhin mit äußerst wenigen Ausnahmen erwiesen: zur Zeit übten sie die Wirkung, daß sie die süddeutschen Mittelstaaten nach dieser Richtung hin nicht ruhen ließen. Denn diese wollten sich in Betreff ihrer inneren Einrichtungen nichts durch den Bund und dessen Verfassung vorschreiben oder aufnötigen lassen, weil dies, wie sie meinten, ihrer Souveränität zuwider war. Sie zeigten sich daher beflissen, etwaigen zwingenden Beschlüssen dieser Art von seiten des Wiener Kongresses zuvorzukommen. Überdies hofften sie, durch die Einführung wirklicher oder scheinbarer Freiheit in den Einzelstaaten das Sehnen und Streben nach Einheit in Deutschland zu ersticken.

So hatte denn zunächst Baden schon am 1. Dezember 1814 eine Verfassung versprochen, die im wesentlichen mit den Verheißungen der kleinstaatlichen Note vom 16. November übereinkam (s. Klüber 1, 100 f.). Dann folgte Bayern in gleicher Weise mittels einer Instruktion vom 10. Dezember. Und endlich auch Württemberg am 11. Januar 1815. Wie leicht man

den Einheitsgebanken durch ein solches Vorgehen entkräften zu
können hoffte, geht schon baraus hervor, daß Württemberg gleich
mit dem folgenden Tage, dem 12. Januar, die Beschränkung des
Bundeszweckes auf die Sicherheit gegen außen wenigstens Ruß=
land gegenüber befürwortete.

Auch ging Württemberg in der Landesverfassungsfrage,
während diese in Baden und Bayern nur langsamen Fortgang
hatte, am raschesten vor. Schon um die Mitte des Februar war
die Verfassungskommission mit der Verfassungsurkunde fertig, die
octroyiert d. h. dem danach zu berufenden Landtage verkündet
und sofort von demselben beschworen werden sollte. Demgemäß
wurde dieser erste Landtag ohne weiteres Zögern auf den 15. März
nach Stuttgart einberufen. Gleichzeitig ergingen, unterm 19. Fe=
bruar, zwei sehr anmaßliche Schreiben des württembergischen
Ministers des Innern (Klüber 4, 4 und 4, 6), voller Mißachtung
gegen das deutsche Comité und damit besonders gegen Österreich,
Preußen und Hannover*).

Gegen dieses Vorgehen remonstrierten zunächst, am 24. Fe=
bruar, die Bevollmächtigten der ehemaligen unmittelbaren Reichs=
ritterschaft (Hornstein, Degenfeld, Zobel, Rübt). In diesem
Protest, der sich nicht bei Klüber befindet, warb namentlich be=
dauert, daß „des Königs von Württemberg Majestät entschlossen
scheine, den einmal sich vorgesetzten Plan fest zu verfolgen“;
sobann gebeten: „daß alle desfallsigen Maßregeln auf einen Zeit=
punkt mögen verschoben werden, wo die zu erwartenden liberalen
Grundsätze des hiesigen hohen Kongresses ausgesprochen sind und
in Thätigkeit können gesetzt werden“; und endlich erklärt: der
württembergische Erbadel könne „unmöglich sein eigenes Todes=
urteil selbst unterschreiben“.

Daran schlossen sich zwei Proteste des Geheimerats von Gärt=
ner als „Bevollmächtigten vieler fürstlicher und gräflicher Häuser“,

---

*) Das erste Schreiben ist bei Klüber lückenhaft; nach der Handschrift
im Berliner Archiv muß es daselbst (S. 5) heißen: „sei zunächst die Ver=
sammlung zu konstituieren und ihr die von Sr. Maj. festgesetzte Ver=
fassungsurkunde erst zu publizieren“: am Schlusse aber (S. 6): „er=
gebenden präjudizierlichen Folgen.“

vom 27. Februar und 5. März. Beide befinden sich bei Klüber I. Heft 4 S. 1 und S. 3.

An demselben 5. März erfolgte nun auch ein Protest des Fürsten Hardenberg, der sich zunächst ebenfalls gegen die über= eilte Berufung der Landesrepräsentanten richtete. Wir teilen dies anscheinend ungedruckte Aktenstück nach dem Berliner Archiv (Nr. 125. Réclamations etc. Cour de Württemberg) hier mit.

Hardenberg an den Württembergischen Staats= und Konferenz= minister Herrn Grafen von Winzingerode Excellenz.

Wien, den 5. März 1815.

„Der Unterzeichnete sieht sich veranlaßt dem — das leb= hafte Interesse zu bezeugen, mit welchem sein höchster Hof es vernommen, daß des Königs von Württemberg Majestät sich ent= schlossen haben, Ihrem Königreich eine angemessene Verfassung und ständische Repräsentation zu geben.

Der Unterzeichnete kann aber nicht umhin, den Herrn Grafen von Winzingerode Exc. auf den Umstand aufmerksam zu machen, daß wenn zufolge der ergangenen Königlich Württembergischen Con= vocationen die ständischen Repräsentanten dieses Königreichs wirklich bereits am 15. März d. J. zur Annahme der entworfenen Ver= fassungsurkunde versammelt werden sollen, bei dieser nicht mehr auf diejenigen allgemeinen Grundsätze werde Rücksicht genommen werden können, zu deren Aufstellung an dem hiesigen Kongreß noch Württemberg selber mitwirken wird, und welche insbesondere die Mediatisierten und ehemals Reichsunmittelbaren betreffen.

Der Unterzeichnete glaubt daher, dem — anheimgeben zu müssen, es bei des Königs von Württemberg Majestät durch ihren Vortrag gefällig dahin einzuleiten, daß die Zusammenkunft der dortigen ständischen Repräsentanten, in Erwartung der weiteren Resultate des hiesigen Kongresses, noch etwas hinausgesetzt werde, wozu sich leicht ein schicklicher Vorwand wird finden lassen, in= dem es Seiner Majestät nicht darauf ankommen dürfte, nachdem die Sache mehrere Jahre geruht, dieselbe, zumal gerade in dem jetzigen Zeitpunkt, zu beeilen.

Der Unterzeichnete benutzt ꝛc.   Hardenberg.“

Das war indes nur die eine Seite der Angelegenheit. Durch die anmaßliche Haltung der beiden württembergischen Restripte fühlten sich die Bevollmächtigten Österreichs, Preußens und Hannovers in hohem Grade entrüstet und zu einer energischen Zurückweisung kraft einer identischen Note aufgelegt. Am 7. März erhielt Fürst Hardenberg ein Schreiben der beiden hannoverschen Bevollmächtigten, Graf Münster und Graf Hardenberg, worin dieselben darauf brangen, daß die Unverschämtheit des württembergischen Ministers des Innern nicht mit Stillschweigen übergangen werden dürfe (das Schreiben ist gedruckt bei Klüber 6, 613 ff.). Inzwischen hatte schon am Tage zuvor, am 6. März, Humboldt im Einverständnis mit dem Fürsten Hardenberg eine Note an Württemberg in jenem Sinne entworfen, und ebenso ein Begleitschreiben an Metternich, um dessen Zustimmung zu dieser Note zu erlangen. Die Expedition geschah ohne Zweifel am 7. März. Abschrift von diesem Schreiben und dieser Note wurden auch sofort, nach Eingang des hannoverschen Schreibens vom 7., an die hannoverschen Bevollmächtigten übersandt, die nun ihrerseits am 9. dafür ein Dankschreiben an Fürst Hardenberg erließen, in dem sie sich bereit erklärten, eine ähnliche Note an Württemberg zu übersenden, sobald sie von der Überreichung der preußischen Note benachrichtigt sein würden. Diese hannoversche Erwiderung ist ebenfalls bei Klüber (a. a. O.) gedruckt. Die preußische Note und das Begleitschreiben an Metternich sind ungedruckt; auch hatten dieselben, wie wir gleich sehen werden, keine Folgen. Da sie aber sicher vielen, und zunächst den österreichischen und den hannoverschen Diplomaten, zur Kenntnis gelangten, also einen Eindruck auf die Stimmungen in weiteren Kreisen ausübten: so mögen sie hier eine Stelle finden; um so mehr als sie an sich, in Bezug auf die damalige Haltung Württembergs und als Elaborate eines geistig so eminent hervorragenden Staatsmannes wie Humboldt, von nicht geringem Interesse sind.

1. Schreiben der Preußischen Bevollmächtigten an den Fürsten Metternich.

Wien, den 6. März 1815.

„E. werden unstreitig die von dem Württembergischen Minister

des Innern Graf von Reischach an die Fürsten von Hohenlohe=
Langenburg und Hohenlohe=Jagstberg erlassenen Reskripte ihrem
ganzen Inhalte nach bekannt sein. Die Unterzeichneten glauben
und sie schmeicheln sich, E. hierin übereinstimmend mit sich zu
finden, daß es unmöglich ist, die darin über die Arbeiten des
deutschen Comités, in einem Tone den man sich bisher bei Be=
urteilung großer Mächte nicht leicht erlaubt hat, aufgestellte Be=
hauptungen ungerügt zu lassen.... Fährt der König von Würt=
temberg, wie er es denn bei dem Stillschweigen der großen Höfe
unfehlbar thun wird, in dem Sinne jener Piècen fort, so müßte
Österreich und Preußen entweder lau in Absicht auf die Sache
(d. h. die deutsche Verfassung und die Erwartungen Deutschlands
deshalb), oder schwach gegen den sich bei derselben ergebenden
Widerspruch erscheinen. Beides aber kann nur von den nach=
teiligsten Folgen sein ... Der lebhaftesten Überzeugung der
Unterzeichneten nach, müssen daher Österreich und Preußen jetzt
entweder gleich ganz von ihrem bisherigen Vorhaben zurück=
treten, oder nicht dulden, daß ihr Unternehmen entstellt, ge=
ringgeschätzt und als längst von der Hand gewiesen vorgestellt
werde, sondern mit Festigkeit auf dem angefangenen Wege fort=
gehen.

Ju diesem Sinne haben die Unterzeichneten den anliegenden
Entwurf zu einer Note an die Wiener Kongreßbevollmächtigten
abgefaßt ... Sollten nun E. mit der Fassung der Note ein=
verstanden sein, so ersuchen die Unterzeichneten Sie, dieselbe im
Concept gefälligst mitzuzeichnen, und sodann unverzüglich abgehen
zu lassen. Sobald E. Meinung über diesen Gegenstand den
Unterzeichneten bekannt sein wird, werden sie auch von den Kgl.
bayerischen und hannoverschen Höfen zu erfahren suchen, ob die=
selben an diesem Schritte gleichen Anteil zu nehmen geneigt sein
dürften."

2. Entwurf zur preußischen Note an Württemberg, Wien
den 6. März 1815, dem Fürsten Metternich am 7. März vor=
gelegt.

„An die Kgl. Württembergischen Kongreß=Bevollmächtigten.

„Die unterzeichneten Königl. Preuß. Bevollmächtigten haben

zwei unter dem 19. Februar an die Fürsten Hohenlohe-Langen=
burg und Jagstburg erlassene Reskripte des Königl. Württem=
bergischen Ministers des Innern zu Gesichte bekommen, deren
Inhalt sie veranlaßt hat, dieselben dem Könige, ihrem Herrn,
vorzulegen und Se. Kgl. Maj. haben den Unterzeichneten den
ausdrücklichen Befehl erteilt, Ihren Excellenzen den Kgl. Württem=
bergischen Herren Kongreß=Bevollmächtigten folgende officielle und
im Einverständnis mit dem Kaiserlich Österr. u. s. f. abgefaßte
Eröffnung zu machen.

Abgesehen von dem eigentlichen Gegenstande der eben er=
wähnten Reskripte, über welche der Kgl. Preußische Hof sich für
jetzt alles Urteils enthält, hat dasjenige, was darin über den [sic]
Kongreß=Comité für die deutschen Verfassungsangelegenheiten eben=
so willkürlich als unrichtig behauptet wird, S. Maj. auf eine
höchst unangenehme Weise befremdet. Der Concipient jener
Schreiben scheint in dem Tone, welchen er sich erlaubt, gänzlich
vergessen zu haben, daß diese [sic] Comité eine Vereinigung der im
Namen ihrer Souveräne sprechenden Bevollmächtigten war, und
gleich auffallend ist es, wie über den Zweck und Gegenstand des
Comités Voraussetzungen gemacht werden, welche in offenbarem
Widerspruch sowohl mit den Protokollen desselben als mit dem
Inhalte mehrerer, nachher selbst durch die öffentlichen Blätter be=
kannt gewordener Noten einiger der Höfe des Comités selbst
stehen.

Es war einer der wichtigsten Gesichtspunkte, dieser Ver=
sammlung, durch verfassungsmäßige und daher für keinen Sou=
verän welcher fühlt, daß die wahre Regentenkraft nur gewinnt,
indem sie sich selbst freiwillig gesetzmäßige Schranken bestimmt,
beleidigende Mittel jedem deutschen Unterthan Sicherheit gegen
mögliche Bedrückung zu verschaffen, und durch die Aufstellung
konstitutioneller Formen die durch die Gewaltthaten der letzten
Jahre aufgeregten Gemüter zu beruhigen. Es widerspricht daher
selbst den Grundlagen der Arbeiten des Comités, wenn in den
Kgl. Württembergischen Reskripten aller und jeder Einfluß des=
selben auf die innere Verfassung der deutschen Staaten abge=
leugnet wird; und schwer begreift man, wie darin hat gesagt

werden können, daß alles, was auf einen solchen Einfluß abzwecke,
von der Hand gewiesen worden sind. Es ist zwar nur zu wahr, daß
der Kgl. Württembergische Hof wirklich jede Gelegenheit ergriffen
hat, einen solchen Einfluß zu entfernen, daß er auch immer geftrebt
hat, die übrigen deutschen Fürften mehr in ein vom Bunde
abhängiges, als zu demfelben frei mitwirkendes Verhältnis zu
bringen, und daß er sowohl dadurch als auch geradezu eine Idee
des Bundes aufgeftellt hat, nach welcher derfelbe eigentlich nur
eine Vereinigung der königlichen, vermittelft der Kreisverfaffung
durch die übrigen Fürften verftärkten Staaten würde. Allein
keiner der anderen vier Höfe hat jemals diefe Anficht geteilt; alle
haben diefelbe vielmehr verfchiedentlich beftritten; und wenn auch
fie allerdings in der Anwendung mehrerer Grundfäße von ein=
ander in ihren Meinungen abwichen, so ftimmten fie doch immer
in der Überzeugung von der doppelten Notwendigkeit überein,
den außer dem Comité befindlichen Fürften ihren gebührenden
Anteil am Bunde zu gewähren, und den Zweck der inneren
Sicherftellung der Rechte nicht von der Verfaffung auszufchließen.
Ihre Abficht war, und ift offenbar, die Unabhängigkeit Deutsch=
lands auch, außer der phyfifchen Macht, noch durch die moralifche
Stärke der Anhänglichkeit zu fichern, welche eine an allgemeine
nationelle Verfaffung gewöhnte Nation, wie die deutfche, auch
jeßt wieder für eine folche, ihrem Charakter und dem Geifte
der Zeit angemeffene Verfaffung unfehlbar gewinnen wird. Bei
diefer Lage der Sache ift es nun wohl einleuchtend, daß der einzelne
Widerfpruch des Kgl. Württembergifchen Hofes zwar für diefen von
erheblichen Folgen, allein für das Gelingen oder Mißlingen einer
der wichtigften, von allen großen deutfchen Höfen beftimmt beab=
fichteten, und von England und Rußland ernftlich begünftigten
Angelegenheit keineswegs entfcheidend fein könnte.

Eine zweite höchft befremdende Auffaffung ift es, daß der
Parifer Friedensfchluß die einzige Richtfchnur des Comités fei.
Die übrigen in demfelben vereinigten Höfe, welche nicht in dem
Fall find, andere Vorfchriften, noch Belehrungen anzunehmen,
haben dies auf keine Weife je ausgefprochen. Die Richtfchnur
des Comités war und ift der Wille der ihn bildenden Höfe, und

dieser Wille ist nur durch den Zweck, den sie sich vorsetzen, die
Natur des Gegenstandes und die Rechte der deutschen Staaten
bedingt. Eine andere Richtschnur können deutsche Fürsten, wenn
sie über deutsche Verfassung ratschlagen, nicht anerkennen. Die
Bestimmung des Pariser Friedens war bloß auf Frankreich be=
rechnet, das mit Recht verlangen konnte zu wissen, welche poli=
tische Gestalt das ihm benachbarte Deutschland annehmen würde.

Einmischungen zwischen Herrn und Unterthanen, wie in den oft
erwähnten Kgl. Württembergischen Reskripten gesagt wird, sind
sehr weit von den Absichten der Höfe entfernt, welchen das Wohl
Deutschlands zu sehr am Herzen liegt, um nicht ihr erstes Augen=
merk darauf zu richten, die Bande zwischen Landesherrn und
Unterthanen immer fester und fester zu knüpfen. Allein mit
diesem Namen der Einmischung kann derjenige gesetzmäßige Ein=
fluß nicht belegt werden, welchen eine freiwillig angenommene
Verfassung ausübt, und welcher den Württembergischen Staaten
zu keiner Zeit fremd gewesen ist. Denn nachdem, bei dem
Aufhören des Rheinischen Bundes, S. Maj. laut des zu Fulda
abgeschlossenen Allianztraktats, welchem Preußen kurz nachher
beitrat, von allem fremden konstitutionellen Bande frei wurde,
stellte der eben erwähnte Staatsvertrag die Kgl. Württembergischen
Souveränitätsrechte unter die Gewährleistung derjenigen politischen
Verhältnisse, welche eine Folge der für die Herstellung und Siche=
rung der Unabhängigkeit und Freiheit Deutschlands zu treffen=
den Einrichtungen sein würden. Ohne daher auf den gleichfalls
unleugbaren Grundsatz zurückzugehen, daß weder das Aufhören
des Deutschen Reiches noch der Machtspruch eines fremden Sou=
veräns diejenigen Bande aufzulösen vermochte, welche ehemals
zwischen deutschen Fürsten und ihren Ständen vorhanden waren,
und die namentlich in Württemberg unter der Garantie Sr. Kgl.
Preußischen Maj. standen, ist der Einfluß der in Deutschland her=
zustellenden Verfassung auch auf die inneren Verhältnisse Würt=
tembergs auch traktatenmäßig begründet.

Indem die Kgl. Preußische Regierung sich selbst schuldig
war, die württembergischerseits über den deutschen Comité auf=
gestellten irrigen Behauptungen zu berichtigen, und nicht zuzu=

geben, daß die öffentliche Meinung durch Entstellung der auf
allseitige Schätzung der Rechte, und äußere und innere Freiheit
gerichteten liberalen Absichten der vornehmsten deutschen Höfe
irregeleitet werde, können S. Kgl. Maj. von Preußen nicht um=
hin, Se. Maj. den König von Württemberg noch einmal, in
Gemäßheit der Note vom 5. hujus darauf aufmerksam zu machen,
nicht durch einseitiges Vorgehen mit Einführung einer ständischen
Verfassung Kollisionen hervorzubringen, die nicht anders als von
den nachteiligsten Folgen sein können, da Se. Maj. auf keinerlei
Weise von dem im vollkommensten Einverständnis mit S. Maj.
dem Kaiser von Österreich eingeschlagenen Wege dem gekränkten
Recht Ihren höchsten Schutz angedeihen zu lassen, weder abweichen
können noch werden. Die Unterzeichneten müssen sogar ange=
legentlich wünschen, die Rückäußerungen des Kgl. Württembergischen
Hofes über den Zweck und die Natur der künftigen deutschen Ver=
fassung unumwunden zu vernehmen, weil es von der dringendsten
Notwendigkeit ist, vor dem Erscheinen württembergischer Bevoll=
mächtigten bei dem gegenwärtig wieder unmittelbar, und zwar
nunmehr mit allen Fürsten gemeinschaftlich vorzunehmenden Be=
ratungen bestimmt zu wissen, daß diese Bevollmächtigten mit
Instruktionen versehen sind, welche dem Unternehmen einen gün=
stigen Erfolg zusichern, und ein solcher bei gänzlicher Verschieden=
heit der Grundideeen auf keine Weise zu erreichen steht.

Die Unterzeichneten ersuchen die Kgl. Württembergischen
Herren Kongreß=Bevollmächtigten, die gegenwärtige Note zur un=
mittelbaren Kenntnis Sr. Maj. des Königs, Ihres Herrn, zu
bringen, und benutzen mit Vergnügen diese Gelegenheit, Ihren
Excellenzen die Versicherung ihrer aufrichtigsten Hochachtung zu
erneuern.“

Die von Hannover als Signal zu eigenem Vorgehen er=
wartete Überreichung der preußischen Note fand nicht statt. Hum=
boldt selbst machte zu dem Konzept derselben die Randbemerkung:

„ist nicht an Württemberg abgegangen, weil Fürst Metternich nie auf die Begleitungsnote geantwortet hat. H.“

Metternich trägt jedoch hieran keine Schuld. Denn an eben demselben 7. März traf in Wien die erste erschreckende Nachricht ein über die Rückkehr Napoleons von Elba, der am 11. die Kunde von seiner Landung in Frankreich folgte. Dadurch wurde natürlich, wie alle andern Fragen, so auch die Streitepisode mit Württemberg plötzlich abgebrochen und allmählich der Vergessenheit übergeben. Alles galt in dieser brennenden Gefahr der energischen Vorbereitung des neuen Kampfes mit dem Usurpator.

XL. Wiederaufnahme und Abschluß des Deutschen Verfassungswerkes.

Nachdem der so unerwartete Incidenzfall der Rückkehr Napoleons die nächsten vierzehn Tage alle Kräfte der Diplomatie in Anspruch genommen hatte, machte sich doch allseits die Meinung geltend, daß es zweckmäßig sein dürfte, ehe der neue Krieg mit dem Abenteurer aufgenommen werde, mit den wichtigsten Fragen, und namentlich auch in der Deutschen Verfassungsfrage, zu endgültigen Resultaten zu gelangen.

Stein war der Ansicht, es genüge, einige allgemeine Grundsätze der Verfassung aufzustellen und zu verkünden, die Entwicklung derselben aber der künftigen Bundesversammlung anheimzugeben. Hardenberg wollte sogar anfangs die Angelegenheit bis nach dem Kriege vertagt wissen. Dies durfte indes bedenklich erscheinen. Denn wenn auch an dem definitiven Siege über Napoleon nicht gezweifelt werden konnte, so war es doch sehr fraglich, ob man nach der definitiven Beseitigung aller Napoleonischen Gefahren, und damit aller Besorgnisse für die Erhaltung der staatlichen Sonderexistenz, bei den Klein- und Mittelstaaten noch mehr würde erreichen können als eine ganz lockere Allianz, wie sie Metternich anfangs ins Auge gefaßt, und wie sie Württemberg seit dem 12. Januar empfohlen hatte. Humboldt war, während Metternich sich lau verhielt, für ein rasches und rüstiges Vorgehen, um Deutschlands Zukunft vor der neuen Waffenkrisis wenigstens im großen und ganzen unter Dach und Fach zu bringen; und ihm schloß sich alsbald Hardenberg an, sowie auch Münster.

Gleicher Meinung waren — nicht die Mittelstaaten, die es

vorzogen zu lavieren und sich abseits zu halten, wohl aber die
Kleinstaaten, aus Scheu vor den Eventualitäten des neuen Euro=
päischen Krieges.

Daher drang denn am 22. März eine neue Note der „ver=
einigten Fürsten und freien Städte" bei Österreich und Preußen,
unter Bereiterklärung zu „angemessener Militärleistung" und unter
Berufung auf den „ganzen Inhalt" der Noten vom 16. Novem=
ber und 2. Februar, auf schleunige Grundlegung der deutschen
Verfassung*). Der Badensche und der großh. Hessische Bevoll=
mächtigte verweigerten die Unterschrift. Der Führer der Depu=
tation bei Überreichung der Note am folgenden Tage, Plessen,
sondierte noch einmal Metternich und Hardenberg in betreff der
Kaiserwürde; der erstere erklärte, die Annahme sei nicht möglich,
weil namentlich Bayern und Preußen dagegen seien; Hardenberg
erklärte unumwunden, ein „gehörig starkes" Kaisertum sei für
Preußens Unabhängigkeit nachteilig, ein „schwaches hingegen un=
nütz" (Pertz S. 387). Die preußische Antwort, von Humboldts
Hand entworfen, datiert vom 29. März (s. Klüber 1, 4, 48 ff.),
stimmte dem Wunsche der Kleinstaaten vollkommen bei; dasselbe
that eine österreichische Note, die, insofern sie mit der preußischen
„völlig gleichlautend" war, die Annahme des Humboldtschen Ent=
wurfes von seiten Metternichs voraussetzt. Am gleichen Tage
erging auch eine preußische Note an die Bevollmächtigten von
Baden und Großherzogtum Hessen, insofern sie der Note der
„Vereinigten Fürsten" nicht zugestimmt hatten, und die Folge
war, daß Tags darauf, am 30. März, wenigstens der Hessische
Bevollmächtigte nachträglich seinen Beitritt erklärte. Eine fernere
Preußische Note erging am 31. März an die Bevollmächtigten von
Bayern, Hannover und Württemberg; in allen war die Er=
klärung enthalten, daß das Verlangen der vereinigten Fürsten,
„Deutschland wegen seiner Zukunft durch eine feste Verfassung zu
beruhigen", ein gerechtes sei; es müßten sofort in gemeinsamer
Beratung wenigstens die wesentlichsten Grundlagen festgestellt werden.

---

*) Sie steht bei Klüber 1, 4, 43 ff. Die Varianten im Berliner Archiv
sind geringfügig; namentlich fehlt hier das „einstimmig" in 3. 4.

Nur vereinzelte und schwache Stimmen außerhalb der maß=
gebenden Kreise traten noch für die Kaiseridee ein.   So am
22. März ein Memoire, unterzeichnet von den beiden Bevoll=
mächtigten des Burggrafen der ehemaligen R e i ch s b u r g Fried=
berg, Grafen von Westfalen, nämlich: von dem Grafen v. Degen=
feld, österreichischem Generalmajor, und Freiherrn v. Hornstein,
österreichischem wirklichen Geheimrate; sowie von den beiden Be=
vollmächtigten der Fränkischen Reichsritterschaft, nämlich: von dem
Freiherrn von Zobel und Freiherrn Rüdt von Collenberg.   Da
das Memoire meines Wissens nicht gedruckt ist, schalte ich es hier
ein, nach dem Original im Berliner Archiv, und mit genauer
Wiedergabe der gebrauchten Orthographie.

„M e m o i r e.

Die neue unerwartete Ereignisse, welche dem teutschen Vater=
land mit grosen neuen Opfern aller Art drohen, nöthigen die ge=
horsamst Unterzeichnete zu nachfolgender ehrerbietigster Vorstellung.

Ihrer und ihrer Committenten Eifer und Patriotismus für
die Sache der Gerechtigkeit und des Vaterlands ist unbegrenzt;
Allein ihre Kräfte sind geschwächt und die Ungewißheit ihrer Ver=
hältnisse drückt sie ganz zu Boden.

Sollte dieser neue unglückselige Krieg wirklich ausbrechen,
so würde diese Ungewisheit der Verhältnisse sie zernichten und
alle die feyerlichen Versicherungen von Wiederherstellung der gesez=
lichen teutschen Freyheit, an die sie bisher so vertrauensvoll ge=
glaubt haben, würden alsdann für ihre künftige Existenz zu spät
kommen.

Sie sehen sich daher veranlaßt, bey Einem hohen Congreß
in dem gegenwärtigen gefahrvollen und ominosen Augenblick die
wiederholte bringendste Bitte zu erneuern:

daß sie und das teutsche Vaterland durch einen zu be=
stimmenden teutschen Kaiser gerettet, daß sein Ruhm,
seine Kräfte, seine Gesetze in ihm vereinigt werden mög=
ten, daß ein allgemeines Tribunal zur handhabung dieser
Gesetze unter Kaiserlicher Vollziehungs=Gewalt angeord=
net, gemäßigte Regierungs=Grundsäze in den teutschen

Souverainitäten aufgestellt und Gerechtigkeit die Unter=
drückten in Schutz nehmen möge.

Nur auf diese Weise wird Teutschland vor einer fremden
Eroberungs=Sucht gesichert und geschickt seyn die ihm drohende
große Opfer von neuem zu bringen, wobey der immediate Reichs=
Abel sich durch zuvorkommende Willfährigkeit und Eifer von neuem
auszeichnen wird.

Indem die Unterzeichneten dieses feyerlich zu versichern die
Ehre haben, ergreifen sie u. s. w.

Wien den 22. Maerz 1815.

Freiherr v. Hornstein
Graf v. Degenfeld
Freiherr Zobel zu Darmstadt
Freiherr v. Rübt von Collenberg."

Anderseits trug auch „wiederholt" unterm 4. April 1815*)
der Bevollmächtigte Gärtner, Geheimrat und Bevollmächtigter
des größten Teils der durch den Rheinbund unterdrückten Deut=
schen Reichsstände, die Bitte vor: „den Rechtszustand von 1806
wiederherzustellen und in dessen Gefolge auch seinen Herren Kom=
mittenten einen verhältnismäßigen Anteil an der Repräsentation
des Deutschen Vaterlandes wieder zu gewähren!" Wir enthalten
uns der Wiedergabe.

Manche fürstliche Bevollmächtigte und ihre Vollmachtgeber
verzweifeln an der Deutschen Gegenwart und setzten all ihre Hoff=
nungen für Deutschlands Zukunft schon damals mit Vertrauen
auf Preußen. So Gersdorff und sein Vollmachtgeber, der nun=
mehrige Großherzog von Sachsen=Weimar, Karl August. Hatte
dieser doch schon den teilnehmendsten Eifer für den Fürstenbund
Friedrichs des Großen, wenn auch minder für den Norddeutschen
Bund unter Friedrich Wilhelm III., an den Tag gelegt. Am
7. April, am Tage nach der Verkündung der Annahme der groß=
herzoglichen Würde übersandte Gersdorff an Humboldt**) folgen=
des Schreiben nebst Beilage:

---

*) Der 14. im Berliner Original ist ein Versehen, wie der Vermerk
„pr. 6. April 1815" beweist.

**) Nach Treitschke 1, 694 an Hardenberg.

„Am 7. April 1815 früh Morgens.

Indem ich mir die Freiheit nehme, Ew. Ercellenz einige Ge=
danken niedergeschrieben zur Prüfung übersende, welche auf Deutsche
Angelegenheiten Bezug haben, bitte ich gehorsamst mich dabei bloß
als einen Deutschen zu betrachten.

Aber wesentlich dünkt mir, daß Preußen, wenn es nicht
gehen sollte mit einer Konföberation aller Staaten, ben gestern
geäußerten Gedanken des Abschlusses uniformer Verträge mit Ein=
zelnen ausführte. So würde vielleicht der Keim zu etwas Tüch=
tigem gelegt, und man hätte den Vorteil, daß, während man sich
zur Verteidigung gegen außen sehr füglich mit allen Deutschen
Staaten und Mächten alliieren könnte, man sich nicht mit sol=
chen zu konföberieren brauchte, deren Machtverhältnis, Sinn
und Tendenz nun einmal dem Geiste eines konföberativen Staates,
der nicht die Rolle des Oberhauptes in der Konföberation zu
spielen berufen ist, entgegengesetzt zu sein scheint.

So verbürbe man sich nicht die Konföberation, indem man,
sie aus sich sträubenden Elementen zusammenfügend, ihrem Geiste
durch demselben fremdartige Formen zuwiderhandelte, ihrer Halt=
barkeit durch eine der Idee der Architektonik widersprechende
Bauart Eintrag thäte; und indem man so, von ihrem Zweck sich
entfernend, auch ihren Wert verringerte, würde man sich nicht
in die Notwendigkeit versetzen, ein Provisorium zu gründen,
welches in einem peremtorischen Zustand nicht etwa aus seinen
Keimen erwachsen kann, sondern welches notwendig erst zer=
stört werden müßte, damit das Tüchtige gedeihe.

Schlösse man dagegen jetzt mit Hessen, Mecklenburg u. s. w.,
mit den Herzogtümern Sachsen, mit Schwarzburg, mit Reuß p. p.
einzelne uniforme Verträge ab, welche 1. Besitz und Rechte
der einzelnen Staaten garantierten; 2. landständische Verfassungen
im Sinn der Note vom 16. November begründeten, wovon
Preußen die Garantien übernähme; 3. von seiten der kleinen
Staaten das Versprechen enthielten unabhängiger Rechtspflege
durch eine dritte Instanz, welche die kleineren Staaten zusammen=
tretend gemeinschaftlich bilden können, und wovon Preußen die

Garantien der Fortdauer übernähme; 4. wegen des Anschlusses in militärischer Hinsicht Bestimmungen enthielten oder vorbereiteten, welche die wesentlichen landesherrlichen Rechte aufrecht erhielten und dabei eine nützliche Uniformität und Verbindung der kleinen Kontingente mit der preußischen Armee möglich machten — so glaube ich, hätte man zweierlei erreicht, was dauern kann, und was an sich und eben jetzt für die kleinen Staaten von besonderem Interesse ist. Einmal: Man hätte ihnen Besitz und Rechte garantiert, ihrem Verhältnis zu dem mächtigen Staate aber Klarheit und Bestimmung, dem notwendigen Einfluß desselben Form und somit Maß und Ziel gegeben. Zweitens: Es wäre der Keim zu einem Föderativverbande in Deutschland gelegt worden, der das Prinzip und die Kraft der Entwickelung und des Gedeihens in sich hätte, nicht aber den Keim des Verderbens schon bei dem ersten Entstehen im Busen trüge.

Für die herzoglich sächsischen Staaten möchte es mit Gotha Schwierigkeiten haben, wobei jedoch eine feste Sprache und Bewährung von Ernst im Wollen von seiten Preußens bald zum Ziele führen könnte. Dann wäre es auch gut und läge in der Sache, die Idee mit dem gemeinschaftlichen Appellationsgericht der Herzöge von Sachsen, wogegen Gotha sich sträubt, behauptend, es bedürfe nicht dreier Instanzen, praktisch zu machen.

Verzeihen mir Ew. Excellenz zweierlei — einmal die Handschrift — dann die Schrift überhaupt, und haben Sie die Güte, alles, was ich hier schreibe, dem Feuer zu übergeben. Ich habe es fürerst nur vertraulich und ohne Auftrag, doch nicht im Widerspruche mit meinem Fürsten, schreiben können.

Gehorsamst

Gersdorff."

(Dazu folgende Beilage.)

I.

„Was auch möglich sein könne für Deutschland zu thun — ob es gelinge, allen seinen Teilen Verbindung zu geben oder nur einigen: so scheint mir doch Folgendes wesentlich zu sein in jedem beider Fälle; denn einen von beiden sehe ich —

um nicht zu verzweifeln — als wirklich mit Ernst durchzu=
führen [an].

Erstens: In allen sich verbindenden Staaten werden land=
ständische Verfassungen mit denjenigen Rechten, welche die Note
der fürstlichen Bevollmächtigten vom 16. November 1814 aus=
spricht, eingeführt, ihre Urkunden in den Bundesarchiven nieder=
gelegt und sie unter die Garantie der Verbindung gestellt.

Zweitens: In jedem der sich verbindenden Staaten wird
eine unabhängige Rechtspflege hergestellt, welche sich durch die
Organisationen dreier Instanzen ausspricht. Kleine Staaten
(zumal wenn die in ihnen regierenden Häuser einer und derselben
Dynastie angehören) formieren die dritte und letzte In=
stanz gemeinschaftlich, bei welcher Grundsatz ist, daß Präsident
und Richter, ohne auf vorhergegangenes förmliches Verfahren
gegründetes Urteil und Recht nicht abgesetzt, noch in ihren Ge=
halten verkürzt werden können.

Drittens: Es besteht ein Bundesgericht zu Schlichtung der
Streitigkeiten zwischen Staat und Staat, Fürst und Fürst (salva
der Austrägalinstanz) nach Recht.

Viertens: Wie die Militärverfassung im Bunde Einheit
und Kraft erhalten könne, ohne wesentliche landesherrliche Rechte
zu beeinträchtigen, bleibt künftigen organischen Gesetzen überlassen
zu bestimmen.

II.

Ob es nicht besser sei, sich mit B[ayern] 2c. nur zu alliieren,
nicht zu konföderieren — dagegen durch Konföderation
P[reußen's] mit den kleinen Staaten Norddeutschlands, wenngleich
der Name Konföderation nicht genannt würde, ein für Deutsch=
lands Zukunft heilsames Verhältnis so vorzubereiten?

Nicht ohne Beziehung auf den Inhalt derjenigen Besprechung,
welche ich mit Ew. E. heute früh*) über deutsche Angelegenheiten
zu haben die Ehre hatte, lege ich — bloß als Deutscher —
— einige Gedanken hin.

——— —— ——

*) Diese Aufsätze sind also am 6. April geschrieben, der voranstehende
Brief am 7.

Je mehr ich denke, um so mehr fürchte ich, daß jetzt aus Deutschland — dies Volksgebiet in seinem ganzen Umfange genommen — etwas Tüchtiges nicht werden könne, und ich gehe weiter, behauptend, daß, weil der Grund meiner Zweifel in der lichten Erkenntnis der Unabäquatheit der Mittel zum Zweck, der Discrepanz der Elemente zum Sinn der Schöpfung enthalten ist, [es] besser gethan sei, das undankbare Werk eines Versuchs mit dem Unmöglichen besser nicht zu beginnen. Zu Deutsch: Der Sinn, welchen B[ayern] 2c. durchblicken lassen, der Grund, warum sie bloß eine Verbindung zur Verteidigung gegen außen wollen, ist wohl evident; und mit also Gesinnten ist es besser, sich nicht in ein Verhältnis zu setzen, welches den Namen eines Bundes nicht zu führen vermag, ohne seinem Wesen Eintrag zu thun. Denn allerdings wesentlich scheint mir der Unterschied zwischen einer Allianz und einem Bunde, einer Konföderation zu sein.

Wenn die erste zwischen unabhängigen Staaten, ohne durch organische Vorrichtungen ihrem Rechtsverhältnis Garantie zu geben, Verträge zu vorübergehenden Zwecken stiftet: so ist die Absicht, ist der Geist und Sinn der letzteren, wenn mich nicht alles täuscht, zwischen mehreren Staaten eine Einheit bauernd und durch Organisation von Rechtsinstituten zu begründen, sie aus dem Zustand bloß coexistierender, nur durch Macht oder nach Umständen aufeinander influierender, lediglich nach wechselnden Interessen der Politik in Berührung kommender Staaten, in eine Gesamtheit zu bilden, in einen Staatenstaat zu formieren. Es liegt wohl unmittelbar in dem Begriff eines solchen, daß er das genaue Analogon eines einzelnen Staates insofern sei, als in ihm sich Verhältnisse und Bedürfnisse wiederholen, welche notwendig in jenem stattfinden. Verhältnisse der Individuen im Staat zu einander und der Staaten im Staatenstaate gegenseitig sind sich gleich, und als Bedürfnis für beide zeigt sich teils die Gesetzgebung teils, zu Handhabung dieser, die Obrigkeit. Für die Obrigkeit aber ist der nötige Grad von Macht, um das Gesetz des Ganzen gegen jeden Einzelnen oder gegen mehrere Widerstrebende geltend machen zu können, unent=

behrlich. Bei der Schwierigkeit nun, welche in einer Konföderation mehrerer Staaten hinsichtlich der Ausstattung der ihnen doch unentbehrlichen Obrigkeit mit der nötigen Macht stattfindet, indem — ohne sich selbst aufzugeben, welches doch dem Zweck widersprechen würde — kein einzelner Staat so viel zu dieser nötigen Dotation von seiner Macht abgeben kann, als hinreicht, ein taugliches Ganzes von Centralgewalt zu stiften, ist es erforderlich, daß einer unter den Bundesstaaten in sich selbst diese erforderliche Macht besitze. So wird er jedem einzelnen und zugleich mehreren der Konföderativstaaten imponierend gegenübertreten können, wenn sie dem Gesetze des Bundes den Gehorsam weigern wollten; er selbst aber wird nicht der Gesamtheit aller Konföderativstaaten despotisch entgegentreten können, aus dem einfachen Grunde, weil wir nicht in Utopien leben, sondern in der Mitte der Europäischen Staatenrepublik existieren.

Nach dem einfachen Verhältnis dieses Gesetzes der Wechselwirkung muß sich das eigentümliche Leben einer Konföderation, eines Staatenstaates entwickeln, und einmal richtig eingeführt und organisch begründet sicher fortführen.

Deutschland — wenn wir von der Gegenwart ausgehen wollen und gegen Revolutionen, welche das Oberste zu unterst kehren und leicht nach 25 Jahren mit einem Soldatenkaiser endigen, den gehörigen gesunden Abscheu hegen — Deutschland, im Ideal seiner Wiedergestaltung gedacht, kann nur einen solchen Staatenstaat bilden, für welchen die Namen Reich oder Bund — sowie für dessen vertragsmäßiges Haupt: Kaiser, Beschützer, Bundesvorstand oder wie sonst — nur verschiedene Ausdrücke für einen und denselben notwendigen Begriff sein würden.

Doch selbst zu diesem Ideal vermag Deutschland nicht — jetzt wenigstens gewiß nicht — zu kommen. Im Süden hauptsächlich, im Norden zum Teil, liegen die Hemmungen dieser Ausbildung.

Allein es fragt sich: Soll Deutschland auch zum Teil zu gar nichts Vernünftigem kommen? Soll nicht, was da kann, geschehen? Und sollen nicht eben in der Morgenröte eines verhängnisvollen Tages die Keime begünstigt werden, damit sie vielleicht am Abend Früchte tragen?

Allerdings scheint es, kann, recht behandelt, klug mena=
giert, jetzt viel geschehen, ob es zwar nur teilweise möglich ist;
dennoch viel, weil es den Anfang begründen kann, nach rich=
tigen Verhältnissen, zu einer Evolution von politischen Ge=
staltungen in Deutschland, deren — allerdings ungewisses, aber
mögliches Ende die Erreichung jenes Ideals des politischen
Zustandes Deutscher Nation wäre, ihrer Formation in den kräf=
tigen, gegen außen und in sich selbst abgeschlossenen Organismus
eines Staatenstaates, welcher nun nach Belieben Reich oder
Bund zu nennen wäre.

Im Norden sind die Elemente zur Gestaltung einer tüchtigen
Konföderation gegeben. Liberalität in den Maximen, Schnellig=
keit in Wahl der notwendigsten Mittel können — selbst wenn
der Name der Sache für jetzt vielleicht besser nicht ausgesprochen
würde — die Basis zu einem Gebäude bilden, welches, zuerst
aus Preußen und den mindermächtigen Staaten Deutschlands im
Norden formiert, später und unter Umständen ohne Revolution,
durch wahre zeitgemäße Reformation und Hinzugewinnung
mehrerer Konföderierten, zu einem Gebäude für ganz Deutschland
erwachsen könnte, unter dessen ehrwürdigen und festen Wölbungen
späte Nachkommen die Ruhe finden und der Selbständigkeit ge=
nießen könnten, für deren Abwesenheit die Gegenwart büßen
muß*).

G[ersdorff]."

___

Inzwischen hatten die Vorarbeiten, um von seiten Preußens
und Oesterreichs für die gemeinsame Beratung einen abgekürzten
Verfassungsentwurf vorzulegen, schon ihren Anfang genommen,
und damit begann der Schlußakt des Verfassungswerkes. Auf
diesen Schlußakt beziehen sich im Berliner Archiv Rep. VI die
hier zu verwendenden Fascikeln Nr. 80—87.

___

*) [vgl. die Ideen Süvern's o. S. 215 Anm.]

Humboldt war schon am 23. März, wie Hardenberg der
Deputation der Kleinstaaten erklärte, damit beschäftigt, einen „ge-
drängten Auszug seines Verfassungsentwurfs zu machen". Dieser
Auszug ist wohl das Schriftstück, das sich im Berliner Archiv
Nr. 81 als ursprünglicher Preußischer Entwurf (nämlich
für diesen Schlußakt der Verhandlungen) vorfindet; dasselbe weicht
nur wenig von dem gleich anzuführenden ersten Aprilentwurf ab.
Der Vermerk „remis à l'Autriche" will wohl nur so viel sagen,
daß dieser Auszug in seiner definitiven Redaktion an Metternich
übersandt wurde, d. h. in seiner Gestalt als erster Aprilentwurf. Dieser ist mit anderen enthalten in Nr. 80 in der Serie,
die den Titel führt: „Différentes minutes des plans Prussiens
et Autrichiens changés et modifiés successivement."

Da diese schließlichen abgekürzten Preußischen und Österreichischen Entwürfe zum Bundesvertrag, die auch in andere Serien
hineingreifen, noch keineswegs ihrem Texte und ihrer Wechselwirkung nach vollständig bekannt sind — namentlich fehlen
gerade die beiden wichtigsten bei Klüber*), und sind auch
weder bei Pertz noch bei Treitschke u. A. erwähnt —, und da
nichts interessanter ist, als einen Einblick zu gewinnen in die Art
und Weise, wie in ihnen allmählich alles noch Feste und Starke
gelockert und verwässert wurde: so halte ich es für angezeigt,
wenigstens die charakteristischen Unterschiede zwischen ihnen hervor-
zuheben. Das Denkwürdigste ist, daß Hardenberg in Uebereinstimmung mit Humboldt augenfällig im Beginn dieses Schluß-
aktes darauf ausging, die Parität Österreichs und Preußens in
der Leitung des Bundes, die er im Juli 1814 so beharrlich
gegen Steins Andrang zu Frankfurt a. M. festgehalten, im Oktober
dagegen seinem Freunde Metternich gegenüber so nachgiebig preisgegeben hatte, nunmehr doch noch zu erlangen. Im Folgenden
werden wir die verschiedenen Entwürfe dieser Zeitspanne ohne
Rücksicht auf den Fundort lediglich nach der Zeitfolge numerieren.

I. Vorläufiger Preußischer Entwurf in 14 Artikeln,

---

*) Ich brauche hiernach kaum zu bemerken, daß die summarische Über-
sicht der Entwürfe bei Klüber 2, 293 ff. von 7 an inkorrekt ist.

B. A. Nr. 80, nachweisbar vom Anfang April, da er mit dem bei Klüber 1, 4, 104 ff. identisch ist. Es ist offenbar die definitive Redaktion des ersten Preußischen Entwurfs, auf die das „remis à l'Autriche" zu beziehen ist. Es ist daher wesentlich ein Auszug aus Humboldts Dezemberentwürfen oder den Entwickelungen der 12 Artikel, einiges ist nach dem Österreichischen Dezemberentwurf, der die Mittelstaaten durch die Lockerheit des Bundes, die Kleinstaaten durch Gleichheit der Rechte zu gewinnen bedacht war, abgeschwächt. Jedoch behielt, im Gegensatz zu jenem, der Preußische Entwurf im § 3 neben der Bundesversammlung einen Vollziehungsrat als erste Kammer, und im § 7 das Bundesgericht bei. Andererseits blieben die im Österreichischen Dezemberentwurf verzeichneten Vorrechte Österreichs: der „Vorsitz", die „Aufsicht über die materielle Leitung der Geschäfte", das Entscheidungsrecht bei Stimmengleichheit und die einzig permanente Stellung in dem Ausschuß für das Auswärtige, vollständig unberührt, die Frage der obersten Leitung als eine offene, welche als solche die vollkommene Gleichstellung der beiden Großmächte, die Parität oder, wie man es damals genannt zu haben scheint, die Parallisierung (s. Baumbach 7. Januar im Anhang), sei es als Zweierdirektorium oder in irgend einer anderen Form, zuließ.

Der § 7 über das Bundesgericht hatte folgenden Wortlaut: „Für die Fälle (d. h. die Streitigkeiten der Mitglieder des Bundes), sowie für jede andere verfassungsmäßige Beschwerdeführung bei dem Bunde, ordnet derselbe sich ein Bundesgericht bei, an dessen Besetzung alle Mitglieder verhältnismäßigen Anteil nehmen."

Auch den § 9 über die Landstände und die Unterthanenrechte, der ebenfalls sein Mark noch wesentlich bewahrte, gebe ich vollständig wieder. Er lautet nach dem Berliner Archiv (die gleichgültigen Abweichungen bei Klüber lasse ich unberührt) also: „In allen Deutschen Staaten wird die bestehende landständische Verfassung erhalten, oder eine neue eingeführt, damit den Landständen das Recht der Bewilligung neuer Steuern, der Beratung über Landesgesetze, welche Eigentum oder persönliche Freiheit betreffen, der Beschwerdeführung über bemerkte Verwaltungsmißbräuche, und die Vertretung der Verfassung und der aus ihr herfließenden Rechte Einzelner zustehe *). Die einmal verfassungsmäßig bestimmten Rechte der Landstände **) wer= den unter den Schutz und die Garantie des Bundes gestellt. Allen Einwohnern zum Deutschen Bunde gehöriger Provinzen wird von den Mitgliedern des Bundes, durch die künftige Urkunde desselben, das nur durch die allgemeine Pflicht der Landesverteidigung ***) beschränkte Recht der Auswanderung in einen anderen Deutschen Staat, des Uebertritts in fremde Deutsche Civil= und Militärdienste, und der Bildung auf fremden Deutschen Lehranstalten †), sowie unge= kränkte ††) Religionsübung und Preßfreiheit zugesichert †††). Diese schließt aber keineswegs die Verantwortlichkeit der Verfasser, Verleger oder Drucker, sowohl gegen den Staat als gegen Privat= leute, und zweckmäßige polizeiliche Aufsicht *†) auf periodische und Flugschriften nicht aus. Die Rechte der Schriftsteller und Ver= leger *††) werden durch ein allgemeines Gesetz gegen den Nachdruck gesichert."

Endlich die Bestimmung im § 11 über die katholische Kirche ist neu; sie fehlt sowohl im österreichischen Dezember= entwurf, wie im ursprünglichen preußischen Entwurf, und geht dahin: „Die katholische Kirche *†††) in Deutschland wird

---

*) Der Öfterr. Dez.=Entwurf hatte sich mit der nichtssagenden Phrase begnügt: den Landständen „werden in Hinsicht der Steuern und der all= gemeinen Landesanstalten besondere Rechte eingeräumt".

**) Im ursprünglichen Preuß. Entwurf Nr. 80 hieß es: „Die jetzt vorhandenen oder noch einzuführenden landst. Verfassungen".

***) Bei Klüber „Bundesverteidigung" (!).

†) Bei Klüber „Universitäten".

††) Bei Klüber „uneingeschränkte".

†††) In dem ursprünglich Preuß. Entwurf hieß es: „Religions= übung und auf Verantwortlichkeit gegründete und mit zweckmäßiger polizei= licher Aufsicht auf die Herausgabe periodischer Schriften verbundene Preß= freiheit". Dafür fehlt das oben Folgende.

*†) Bei Klüber „Anstalten" (!).

*††) Bei Klüber „Schriftsteller gegen den Nachdruck" (!)

*†††) Bei Klüber „Religion".

unter der Garantie des Bundes eine so viel als möglich gleich=
förmige, zusammenhängende und die zur Bestreitung ihrer Bedürf=
nisse notwendigen Mittel sichernde*) Verfassung erhalten."
(Pertz 4, S. 424) skizziert den Inhalt dieses Entwurfs, aber
ohne der Hauptsache, des Fehlens aller Bestimmungen über die
oberste Leitung, gewahr zu werden. Nach ihm (S. 415) fand
derselbe „wegen seines schwankenden Ausdrucks wenig Beifall"
— ein Urteil, das kaum einen Sinn hat, wenn damit eben nicht
die Ungewißheit über die Oberleitung gemeint ist. Daß er,
wie Pertz ferner sagt (S. 425), „nicht zur Beratung gelangte",
ist insofern nicht zu bezweifeln, als Metternich, dem er natürlich
zugestellt war, und der sich auch sicher darüber gelegentlich münd=
lich äußerte, es noch nicht für geraten erachtete, seinerseits durch
eine ausschlaggebende Initiative einzugreifen. Infolgedessen be=
schäftigten sich die Preußischen Bevollmächtigten inzwischen mit
dessen Umarbeitung. Daraus ging hervor:

II. Aufs neue durchgesehener und veränderter preußi=
scher Entwurf, B. A. Nr. 80, vom 22. April 1815 datiert. Er
fehlt bei Klüber und wird auch bei Pertz nicht erwähnt. Ohne
Zweifel gelangte er nicht als neuer Entwurf, sondern als neue
Redaktion des Entwurfes I zur Kenntnis des Österreichischen Ka=
binettes, übte jedoch, wegen der grundsätzlichen Passivität Metter=
nichs, auch seinerseits keine antreibende Wirkung aus. Zwar
sprach am 24. April Stein mit Metternich, um ihn zu thätigem
Eingreifen und raschem Abschluß zu bewegen, „damit das Volk
beruhigt werde"; aber er erhielt von ihm nur den delphischen
Orakelspruch: „Der Bund werde zustande kommen" (Pertz S. 415).
[Genauer nach Steins Tagebuch a. a. O. S. 450 „sie — die
deutschen Angelegenheiten würden zustande kommen".] Da der
II. Entwurf wesentlich mit dem III. übereinstimmt, so begnügen
wir uns mit der Hervorhebung weniger Punkte. Die Zahl der
14 Paragraphen wurde beibehalten, aber manches in denselben
weiter und schärfer ausgeführt. Gleichwie in I war von irgend
welchen Vorrechten Österreichs vor Preußen nicht die Rede, die

---

*) Die Worte „und die — sichernde" fehlen bei Klüber.

Zweiteilung von Bundesversammlung und Rat blieb bestehen, die Bestimmungen über das Bundesgericht wurden noch mehr präcisiert. Was aber das Wichtigste war:

Der Paragraph über die Landstände erhielt gleich zu Anfang ein höchst bedeutsames Einschiebsel, indem es nunmehr hieß: „In allen Deutschen Staaten wird die bestehende Verfassung erhalten oder eine neue dergestalt zu organisierende,·daß alle Klassen der Staatsbürger daran teilnehmen, eingeführt." Dann folgt die Aufzählung der landständischen Rechte wie im I. Entwurf: „damit — bestehe". Im weiteren Verlauf sind die entbehrlichen Worte „durch die künftige Urkunde desselben" gestrichen. Ferner heißt es bei den Unterthanenrechten mit Übergehung der Religionsübung: „Lehranstalten, sowie angemessene Preßfreiheit, welche letztere aber keineswegs — Flugschriften ausschließt. Die Rechte — gesichert." Daran schließt sich der Zusatz: „Die drei christlichen Religionsparteien genießen in allen Deutschen Staaten gleiche Rechte, und den Bekennern des jüdischen Glaubens werden, insofern sie sich der Leistung aller Bürgerpflichten unterziehen, die denselben entsprechenden Rechte eingeräumt, welche, unabhängig von allen religiösen Beziehungen und von politischem Einfluß und Wirksamkeit in Staatsämtern (als welche Punkte der Bestimmung der besonderen Verfassungen vorbehalten bleiben), den übrigen Bürgern zustehen*)."

Der Paragraph über die katholische Kirche erhielt den Zusatz: „Die Rechte der evangelischen gehören in jedem Staate zur Landesverfassung und werden als ein Teil dieser am Bunde, wo es nötig ist, vertreten."

Da trotz der Mahnungen Steins Metternich noch immer nicht auf eigene Verhandlungen sich einließ, so beschäftigte man preußischerseits sich mit weiteren Verbesserungen von II, und daraus ging hervor:

III. Aufs neue durchgesehener und veränderter Preußischer Entwurf, B. A. Nr. 80, vom 30. April 1815 datiert; dem Fürsten Metternich übergeben am 1. Mai 1815, gedruckt bei

---

*) Der Österr. Dez.-Entwurf hatte nur „Duldung der Juden" verheißen.

Klüber 2, 298 ff. Der Text der wiederum beibehaltenen 14 Paragraphen stimmt wesentlich mit II überein. Von Österreichischen Vorrechten ist daher immer noch nicht die Rede; die „zwei Kammern" als „Bundesversammlung" und „Bundesrat" sind beibehalten; ebenso das Bundesgericht, nicht bloß für Streitigkeiten der Bundesglieder, sondern auch für „Verletzung der Bundesverfassung oder aus derselben herfließender Rechte", falls die in der Landesverfassung liegenden Mittel der Entscheidung erschöpft sind. Auch blieb der trügerische Passus über die Gleichheit der Bundesglieder, der dem Österreichischen Dezember-Plan nachgebildet war, mit Recht weg.

Der § 5 über das Militärwesen, worauf wir nachher ebenfalls zurückkommen müssen, lautete wie früher und wie namentlich schon im Entwurf I (s. Klüber 1, 4, 108), also: „Die Vereinigung der Streitkräfte des Bundes geschieht durch die Stellung angemessener Kontingente. Wenn diese nicht stark genug sind, um für sich eine Heeresabteilung zu bilden, so werden sie an eines der Heere der größeren Kriegsmächte Deutschlands, unter der Oberaufsicht und Leitung des Bundes und vermittelst einer zweckmäßigen Organisation, angeschlossen." Der Österreichische Dezember-Entwurf hatte nur bestimmt, daß innerhalb der Staaten einer Kollektivstimme „der Größere das Kontingent des Kleineren vertragsmäßig übernehmen könne" (s. Klüber 2, 3).

Der Paragraph über die Landstände hat dieselbe Fassung wie in II. Namentlich ist der durchgreifende Passus über die Teilnahme „aller Klassen der Staatsbürger" und über das Minimum der landständischen Rechte: „In allen Deutschen Staaten — zustehe" unverändert. Am Schlusse aber heißt es in betreff der Juden nicht „Rechte eingeräumt", wie in II, sondern „Bürgerrechte eingeräumt", und das folgende ist als entbehrlich gestrichen.

Im Paragraph über die Kirche heißt es nach wie vor: „Die katholische Kirche in Deutschland wird unter der Garantie des Bundes eine so viel als möglich gleichförmige, zusammenhängende und die zur Bestreitung ihrer Bedürfnisse notwendigen Mittel sichernde Verfassung erhalten." Dagegen ist in dem

Zusatz über „die Rechte der evanglischen" der Schluß dahin ge=
ändert: „und die Erhaltung ihrer auf Friedensschlüssen, Grund=
gesetzen oder anderen gültigen Verträgen beruhenden Rechte wird
dem Schutze des Bundes anvertraut".

Da Humbolbt im Drange der Umstände genötigt gewesen
war, um nur dem Rufe nach Schluß entgegenzukommen, so viele
wertvolle Bestimmungen seiner b e i d e n mit Stein und Harden=
berg beratenen Dezember=Entwürfe auszuscheiden, so wurde dem
nunmehrigen Entwurfe die „Anmerkung" vorgesetzt: „Die preußi=
schen Bevollmächtigten — haben ihre Meinung und die Absichten
ihres Hofes über die künftige Deutsche Verfassung in zwei aus=
führlichen, dem Herrn Fürsten von Metternich (im Februar) mit=
geteilten und nicht unbekannt gebliebenen Entwürfen dargelegt.
S i e b l e i b e n d e m I n h a l t j e n e r f r ü h e r e n E n t w ü r f e noch
j e t z t, bis auf unbedeutende Modifikationen, g e t r e u. Wenn daher
P u n k t e a u s diesen Entwürfen h i e r ü b e r g a n g e n sind, so sind
diese Auslassungen nur auf die Notwendigkeit einer kurzen und
l e i c h t e r z u m Z i e l f ü h r e n d e n Unterhandlung berechnet. Von
dem Gange dieser Unterhandlungen selbst wird es abhängen,
ob und inwiefern schon der gegenwärtige Vertrag wird eine ihm
allerdings sehr zu wünschende größere Bestimmtheit und Aus=
führlichkeit erhalten können."

Das Begleitschreiben an Metternich bei Übersendung dieses
Entwurfs lautete*):

„Wien den 1. Mai 1815.

Die unterzeichneten Königl. Preußischen Bevollmächtigten
hatten die Ehre, dem Herrn Fürsten von Metternich einen Ent=
wurf zu dem Deutschen Bundesvertrage zu übergeben (d. i. An=
fang April). Sie haben die seitdem verstrichene Zeit benutzt,
denselben aufs neue umzuarbeiten, und haben mehrere Artikel
um so mehr mit größerer Bestimmtheit fassen können, als der
Wunsch, den Bund wirklich im gegenwärtigen Augenblick zu
schließen, sich gerade in dieser Zeit auf das deutlichste und er=

---

*) Berl. Arch. Nr. 82. Es fehlt bei Klüber und wird auch sonst nirgend,
so viel ich weiß, erwähnt.

freulichste unter den hier anwesenden Bevollmächtigten der Deut=
schen Fürsten ausgesprochen hat.

Die Unterzeichneten ersuchen jetzt Se. Fürstl. Gnaden den
Herrn F. v. Metternich auf das bringendste, mit ihnen un=
verzüglich in die nötige und, bei der zwischen beiden Höfen
schon über diesen Gegenstand herrschenden Übereinstim=
mung, gewiß nur kurze Vorberatung über den vorliegenden
Entwurf einzugehen. Das den vereinten Deutschen Fürsten und
freien Städten wiederholt gegebene Versprechen, diese Angelegen=
heit vor dem herannahenden Schluß des Kongresses zustande
zu bringen, wird es gewiß auch Sr. Fürstl. Gnaden dem Herrn
F. v. M. doppelt wünschenswert machen, jeden Aufschub hierbei
zu vermeiden.

Über den in dem Entwurf noch unbestimmt gelassenen
3. Artikel *) behalten sich die Unterzeichneten vor, S. F. G.
bei der mündlichen Beratung ihre weiteren Gedanken vorzu=
legen, um durch gegenseitige Mitteilung zu einer gemeinsamen
Fassung zu gelangen.

Die Unterzeichneten benutzen diese Gelegenheit" u. s. w.

––––––––

Dies von Hardenberg und Humboldt unterzeichnete Schreiben
wurde, wie aus den Akten erhellt, wirklich abgesandt. Dennoch
vergingen wiederum die nächsten Tage, ohne daß Metternich die
Verhandlung mit Preußen eröffnete, so daß Stein eine neue
bringende Mahnung von seiten des Kaisers Alexander betrieb,
die jedoch nicht zur Ausführung kam, weil Metternich endlich
am 7. Mai den Beginn der Verhandlung verkündete (Pertz
S. 425 f.).

Die Motive des Verzuges waren, daß Metternich keineswegs
gewillt war, den Preußischen Entwurf zur Grundlage zu nehmen.
Vielmehr stellte er demselben einen Österreichischen entgegen, den
er nach dem Muster seines antipreußischen Dezember=Entwurfs

––––––––

*) Betreffend die Organisierung der Bundesversammlung, Frage der
obersten Leitung u. s. w.

von Wessenberg ausarbeiten ließ, und der sichtlich auf dem Grundsatz beruhte: damit Österreich ein festes Ganzes sei, muß Deutschland ein lockeres Gefüge bleiben. So entstand:

IV. Der Österreichische Gegenentwurf vom 7. Mai
1815, in 19 Artikeln. Derselbe ist mitgeteilt bei Klüber 2,
308 ff., auf den ich verweise. Die wichtigeren Punkte sind:
a) „Die Mitglieder des Bundes haben gleiche Rechte, und keiner
übt eine Herrschaft über die anderen aus." b) „Die Bundesversammlung" ist eine einige, ohne Vollziehungs- oder Bundesrat; in ihr führen die Bevollmächtigten der Staaten und
Staatengruppen „15 Stimmen"; darunter die beiden Hessen
zusammen 1 Stimme, ebenso die herzogl. Sächs. Häuser 1, Braunschweig und Oldenburg zusammen 1, die Nassauischen Häuser
(mit Einschluß Luxemburgs) 1, und Anhalt nur einen geringen
Bruchteil einer Stimme. „Die erste Versammlung beginnt den
1. September 1815." c) „Oesterreich führt den Vorsitz."
„Bei paribus entscheidet Oesterreich." d) „Anordnungen über
Errichtung eines Bundesgerichts sind in der nächsten Bundesversammlung zu berichtigen." (Hierin lag ein schwaches Entgegenkommen gegenüber dem Preußischen Entwurf.) e) Feststellung der Kontingente der Einzelstaaten und der kleinen
Staatengruppen, ohne irgend eine Erläuterung. f) „In allen
Deutschen Staaten wird die bestehende landständische Verfassung und persönliche Freiheit aufrecht erhalten oder, wo sie
dermalen nicht vorhanden ist, jetzt eingeführt und unter Schutz
und Garantie des Bundes gestellt." (Das war nicht nur noch
viel inhaltsloser wie im Österreichischen Dezember-Entwurf, sondern geradezu gefährlich, da dergestalt die willkürlichsten Verfassungen den Schutz des Bundes hätten erlangen können.) g) „Die
Angelegenheiten der katholischen Kirche sollen mit dem Römischen Hof auf der Versammlung verhandelt werden."
(Das war dem Preußischen Entwurf gegenüber zugleich ein Entgegenkommen und eine Korrektur durch Hereinziehung des Römischen Hofes.) h) „Die jüdischen Glaubensgenossen bleiben im
Genuß der bisher erworbenen Rechte und werden der Erwerbung
bürgerlicher Rechte insofern fähig erklärt, als sie sich der Leistung

aller Bürgerpflichten unterziehen." (Ebenfalls ein Anschluß an
den Preußischen Entwurf.) i) „Unterthanenrechte: 1. freier Besitz
und Erwerbung von Liegenschaft, ohne in dem fremden Staat
mehreren Abgaben und Lasten unterworfen zu werden, als die
eigenen Unterthanen. 2. Das Recht des freien Abzugs aus einem
Bundesstaat in den anderen, insofern die Militärpflichtigkeit er=
füllt ist. 3. Freiheit von allen Abzugs= und Erbschaftssteuern
von Ausziehenden, insofern selbige in einen andern Deutschen
Bundesstaat übergehen." (Auch diese Bestimmungen bleiben hinter
dem Österreichischen Dezember=Entwurf zurück, namentlich wird
die „Aufhebung der Leibeigenschaft" nicht mehr erwähnt; und
die wichtigen Bestimmungen des Preußischen Entwurfs: Übertritt
in fremde Civil= und Militärdienste, Bildung auf fremden Lehr=
anstalten, Preßfreiheit, werden ebenfalls völlig ignoriert.)

——— ———

In den Verhandlungen zwischen Österreich und Preußen,
die nunmehr stattfanden — sie begannen nach Pertz (S. 426)
am 8., die Konferenzen am 11. Mai —*), wurde jener Preu=
ßische Entwurf vom 1. Mai und der Österreichische vom 7. Mai
zu Grunde gelegt. An der Hand der nachfolgenden, bisher un=
bekannten neuen Redaktion des Österreichischen Entwurfes, und
der aktenmäßigen Vermerke zu dem Preußischen Entwurfe, ergeben
sich, abgesehen von redaktionellen und unwesentlichen Änderungen,
namentlich folgende Resultate.

An den Paragraphen über die „Gleichheit" der Bundes=
glieder, über Österreichs Vorsitz und Stichentscheidung, und über
das Einkammersystem hielt Metternich fest. Dagegen ließ er
zu, daß die erste Versammlung schon auf den 1. August 1815
festgesetzt werde, und daß die Stimmen der Bundesversamm=
lung von 15 auf 20 erhöht wurden, indem nunmehr Kurhessen
und Darmstadt je 1 Stimme erhielten, die Herzogl. Sächsischen
Häuser zusammen 2, Braunschweig und Oldenburg je 1, Luxem=
burg und die übrigen Nassauischen Häuser je 1, Anhalt für sich
allein 1.

———————

*) [Vgl. Steins Tagebuch, S. 452.]

Einen besonders lebhaften Kampf haben sichtlich die Fragen der Kontingente, des Bundesgerichts und die landständischen Verfassungen hervorgerufen. An den Preußischen Bestimmungen nahm Metternich so großen Anstoß, daß er die beiden ersten Fragen ganz und in betreff der dritten wenigstens die Nebenfrage der Garantie der landständischen Verfassungen an die erste Bundesversammlung verwiesen wissen wollte. In betreff des so völlig inhaltsleeren Österreichischen Paragraphen über die Landstände ließ er sich zu der elastischen Einschaltung herbei, daß die neueinzuführenden „auf die Sicherstellung des Eigentums und der persönlichen Freiheit berechnet" sein sollten.

Viel wichtiger aber war, daß sich die Preußischen Bevollmächtigten, wie die Korrekturen zum Entwurf III bezeugen, zu Modifikationen ihres landständischen Paragraphen bestimmen ließen, die ihm nach erneuter Redaktion folgende Gestalt gaben: „Alle Teutschen Staaten werden eine landständische Verfassung besitzen, welche sich auf das Recht der Steuerbewilligung, der Beratung über Landesgesetze, welche Eigentum und persönliche Freiheit betreffen, der Beschwerdeführung über bemerkte Verwaltungsmißbräuche, und der Vertretung der Verfassung und der aus ihr herfließenden Befugnisse einzelner beziehen soll. Die einmal verfassungsmäßig bestimmten Rechte der Landstände werden unter den Schutz und die Garantie des Bundes gestellt." Hier ist also — abgesehen von dem elastischen Ausbruck „auf das Recht beziehen", statt „das Recht zustehen" — vor allem die „Teilnahme aller Klassen der Staatsbürger" wieder getilgt. Dagegen vervollständigte man die Unterthanenrechte nach dem Österreichischen Entwurf, ohne die eigenen aufzugeben, so daß es nunmehr hieß: „Recht der Auswanderung in einen anderen Deutschen Staat mit vollkommener Freiheit von allem Abzugsrecht, des Übertritts" u. s. w. Dann nach „Lehranstalten" die „Freiheit, Grundeigentum außerhalb des Staats, den sie bewohnen, zu erwerben und zu besitzen, ohne deshalb in dem fremden Staate mehr Abgaben als die dortigen eigenen Unterthanen unterworfen zu sein, sowie ange-

messene Preßfreiheit" u. s. w. Nach „ausschließt" trat nun=
mehr die Änderung ein: „Die Bundesversammlung wird sich bei
ihrer ersten Zusammenkunft damit beschäftigen, die Rechte der
Schriftsteller" u. s. w.

Ein eigenes Geschick hatte die Bestimmung über die christ=
lichen Konfessionen. Der Preußische Entwurf sagte: „Die
drei christlichen Religionsparteien genießen in allen Deutschen
Staaten gleiche Rechte." Der Österreichische dagegen: „Die
Religionsverschiedenheit der christlichen Glaubensbekenntnisse
soll keinen Unterschied im Genuß bürgerlicher und politischer
Rechte begründen." Die Folge war, daß Österreich dem engeren
Preußischen Entwurf, Preußen dem weiteren Österreichischen den
Vorzug gab. Humboldt machte daher die Anmerkung: „Besser
im Österreichischen Entwurf."

Der Preußische Passus über die katholische Kirche erhielt
jetzt auf Grund des Österreichischen und der Diskussion folgende
Änderungen und Zusätze: „Die katholische Kirche in Deutschland
wird, unter der Garantie des Bundes, eine ihre Rechte und
die zur Bestreitung ihrer Bedürfnisse notwendigen Mittel sichernde
Verfassung erhalten. Die gemeinsamen Anordnungen in
kirchlichen Angelegenheiten, sowie die Verhandlungen
wegen Bestimmung der Verhältnisse der Deutschen Bis=
tümer mit dem Römischen Hofe, bleiben der Bundesver=
sammlung (also nicht den Einzelstaaten) vorbehalten."

V. Auf Grund der Verhandlungen mit Preußen stellte
Österreich am 13. Mai einen abgeänderten Entwurf auf,
zu dessen Beratung nunmehr auch die Hannoverschen Bevoll=
mächtigten eingeladen wurden, auf deren Unterstützung, trotz
der liberalen Anwandlungen Münsters, Metternich rechnen zu
können glaubte.

Dieser Entwurf vom 13. Mai ist der entscheidende Wende=
punkt geworden, und dennoch auffallenderweise, so viel ich weiß,
völlig unbekannt geblieben. Weder Klüber noch Pertz noch
Treitschke gedenken desselben auch nur mit einer Silbe.

Er findet sich im Berliner Archiv Rep. VI. Nr. 84 unter
dem Titel: „Plan Autrichien présenté par le prince de Metter-

nich à la Prusse et au Hannovre dans la conférence du 13 mai 1815." Er hat folgenden Wortlaut, der alle kleineren und größeren Abweichungen im Verhältnis zu dem gedruckten Österreichischen Entwurf vom 7. Mai, und ebenso alle genom= menen Rücksichten auf den gedruckten Preußischen Entwurf vom 1. Mai erkennen läßt (Klüber 2, 298 ff. und 308 ff.):

Art. 1. Die Fürsten und freien Städte Deutschlands mit Einschluß Ihrer Majestäten des Kaisers von Österreich und der Könige von Dänemark, Preußen*) und der Niederlande für ihre Deutschen Besitzungen, vereinigen sich zu einem Bunde, welcher der Deutsche Bund heißen wird.

Art. 2. Der Zweck desselben ist Erhaltung der Unabhängig= keit, der äußeren und inneren Sicherheit, sowie der Integrität der Deutschen Bundesstaaten.

Art. 3. Alle Verbündeten genießen, in ihrer Eigenschaft als Glieder des Bundes, gleiche Rechte, keiner ist befugt, Ober= herrschaftsrechte über den andern auszuüben.

Art. 4. Die Angelegenheiten des Bundes werden durch eine Bundesversammlung besorgt. Diese besteht aus den Be= vollmächtigten nachbenannter Staaten, welche teils einzeln, teils kollektive das Stimmrecht ausüben.

Bei dieser Bundesversammlung führt Stimme:

1. Österreich 1	11. 12. Hzgl. Sächs. Häuser 2
2. Preußen 1	13. Braunschweig . . . 1
3. Bayern 1	14. Oldenburg 1
4. Sachsen . . . 1	15. Die Mecklenburg=Häuser 1
5. Hannover 1	16. Luxemburg 1
6. Württemberg . . . 1	17. Die übrigen Nassauischen
7. Baden 1	Häuser 1
8. Kursachsen . . . 1	18. Anhalt 1
9. Darmstadt . . . 1	19. Die übrigen Fürsten
10. Dänemark als Herzog	Deutschlands . . . 1
v. Holstein . . . 1	20. Die freien Städte . . 1

---

*) Die zweite Stelle im Gegensatz zu den gedruckten Entwürfen beruht wohl nur auf Zufall.

Art. 5. Die Bundesversammlung hat ihren Sitz zu Frankfurt am Main.

Die erste Versammlung ist auf den 1. August 1815 festgesetzt.

Art. 6. Österreich hat bei der Bundesversammlung den Vorsitz.

Die Stimmenmehrheit entscheidet.

Im Falle einer Stimmengleichheit entscheidet jene des Vorsitzenden.

Art. 7. Die Bundesversammlung wird sich gleich nach ihrer Eröffnung mit Abfassung der Grundgesetze, mit der inneren Einrichtung des Bundes, mit den Bestimmungen der Kontingente und der Militäranstalten überhaupt, sowie mit den in Hinsicht auf die Errichtung eines Bundesgerichtes und die Garantie der landständischen Verfassungen in den Deutschen Staaten nötigen Anordnungen beschäftigen. Die Bevollmächtigten der Bundesglieder werden nicht auseinandergehen, bis sie ihre Arbeit über die obbenannten Gegenstände definitiv vollendet haben.

Art. 8. In allen Deutschen Staaten wird die bestehende landständische Verfassung erhalten, oder eine neue, auf die Sicherstellung des Eigentums und der persönlichen Freiheit berechnete eingeführt und unter den Schutz und die Garantie des Bundes gestellt.

Art. 9. Bei allen Angelegenheiten, wo Religionsverhältnisse eintreten, wird die vollkommenste Gleichstellung der drei christlichen Konfessionen als unabänderlicher Grundsatz festgesetzt und in den Ländern und Gebieten des Deutschen Bundes kann die Verschiedenheit der christlichen Konfessionen keinen Unterschied im Genusse bürgerlicher und politischer Rechte begründen. Jeder Konfession wird die ausschließliche Verwaltung der Gegenstände ihres Kultus und Kirchengutes vorbehalten und zugesichert*). Die jüdischen Glaubensgenossen bleiben in dem Genusse der bisher in den Deutschen Ländern erworbenen Rechte, und es werden

---

*) Der Passus über die katholische Kirche in dem Entwurf vom 7. Mai ist hier weggelassen, vielleicht nur in der Hast, die sich auch im Folgenden dokumentiert.

dieselben der Erwerbung bürgerlicher Rechte insofern für fähig erklärt, als sie sich der Leistung aller Bürgerpflichten unterziehen. Art. 10*). Die durch den Reichsdeputationsschluß vom Jahre 1803 getroffenen Verfügungen in betreff des Schulden= wesens, sowie die durch denselben festgesetzten Pensionen an geist= liche und weltliche Individuen werden von dem Bunde aufrecht erhalten und garantiert.

Ebenso werden die so billig und vorteilhaft, als es die Umstände erlauben, zu bestimmenden Rechte der mittelbar gewor= denen Reichsstände unter die Garantie des Bundes gestellt. Art. 11. Alle Mitglieder des Bundes versprechen, sowohl ganz Deutschland als jeden einzelnen ihrer Mitstände gegen jeden Angriff einer auswärtigen Macht in Schutz zu nehmen, und garantieren sich gegenseitig ihre sämtlichen unter dem Bunde be= griffenen Besitzungen. Sie verpflichten sich ebenfalls, keine Ver= bindungen einzugehen, die gegen den ganzen Bund oder einzelne Mitglieder desselben gerichtet sind, oder jenem und diesen un= mittelbar oder mittelbar gefährlich werden könnten. Sie machen sich endlich verbindlich, einander unter keinem Vorwand zu be= kriegen oder ihre Streitigkeiten durch Gewalt beizulegen.

Die Entscheidung in streitigen Fällen über staatsrechtliche Verhältnisse sowohl der einzelnen Mitglieder zum ganzen Bund, wie auch der verschiedenen Bundesstaaten zu einander, wird der Bundesversammlung vorbehalten. Art. 12. Die Verfügungen in Hinsicht auf die Freiheit des Verkehrs zwischen den Deutschen Bundesstaaten und jener der Schiffahrt nach den auf dem Kongreß in Wien festgesetzten Grundsätzen werden in die Grundgesetze des Bundes eingetragen werden.

(Dazu) drei nicht numerierte Artikel.

Art. —. Die Fortdauer der auf den Rheinschiffahrts=Oktroi angewiesenen Renten, die durch den Reichsdeputationsschluß vom 25. Februar 1803 getroffenen Verfügungen in betreff des Schul=

---

*) Ist überflüssig, da die beiden hier behandelten Punkte in den nicht numerierten Artikeln wiederkehren.

benwesens, sowie die durch denselben festgesetzten Pensionen an geistliche und weltliche Individuen werden von dem Bunde garantiert. Die Mitglieder der ehemaligen Dom= und freien Reichs=stifter haben die Befugnis, ihre durch den erwähnten Reichs=deputationsschluß festgesetzten Pensionen ohne Abzug in jedem mit dem Deutschen Bunde in Frieden lebenden Staat verzehren zu dürfen.

Das fürstliche Haus Thurn und Taxis bleibt in dem bis=herigen Besitz und Genuß der Posten in den freien Städten Deutschlands, und es werden demselben überdies, in Beziehung auf den 13. Artikel des mehrerwähnten Reichsdeputationsschlusses, seine auf Belassung der Posten oder auf eine angemessene Ent=schädigung gegründeten Rechte und Ansprüche gesichert. Dieses soll auch stattfinden, wo die Aufhebung der Posten seit 1803 gegen den Inhalt des Deputationsschlusses bereits geschehen wäre.

Art. —. Den Unterthanen der Deutschen Bundesstaaten wird von den souveränen Bundesgliedern gegenseitig zugesichert: a) Liegenschaften außerhalb des Staates, den sie bewohnen, zu erwerben und zu besitzen, ohne deshalb in dem fremden Staate mehreren Abgaben und Lasten unterworfen zu sein, als dessen eigene Unterthanen; b) das Recht des freien Wegzugs aus einem Deutschen Bundesstaat in den andern, insofern der Auswandernde seine Militärpflicht erfüllt hat und ausweisen kann, daß er in dem andern als Unterthan angenommen wird; c) die Freiheit von allen Abzugs= und Erbschaftssteuern von dem ausziehenden Vermögen, insofern es in einen andern Deutschen Staat übergeht.

Art. —*). Um zugleich die Lage der durch den Rheinbund oder nach dessen Errichtung mittelbar gewordenen Reichs=stände, so viel es die gegenwärtigen Verhältnisse gestatten, zu verbessern, sind die souveränen Bundesglieder dahin überein ge=kommen: a) diese Stände als die ersten Standesherren in ihren Staaten nach der ihnen gebührenden Rangordnung zu betrachten, und b) ihnen allen diejenigen, ihre Personen, Familien und Be=sitzungen betreffenden Rechte und Vorzüge zuzusichern, die mit

---

*) Dieser Art. entspricht genau dem §. 14 des österr. Dez.=Entwurfs (Klüber 2, 4 f. und dem § 15 des Entwurfs vom 7. Mai, ebenda 2, 312 f.)

ben Regierungsrechten der Staaten, welchen sie angehören, ver-
einbar sind. Hierher gehören: 1. Die unbeschränkte Freiheit, ihren
Aufenthalt nach Gutdünken in jedem zum Bunde gehörigen oder
mit demselben in Frieden lebenden Staat zu nehmen. 2. Nach
den Grundsätzen der früheren Deutschen Verfassung über ihre
Güter- und Familienverhältnisse selbständig für ihre Nachkommen-
schaft verbindliche Verfügungen zu treffen*). Die vor Errichtung
des Rheinbundes bestandenen Familienverträge werden aufrecht
erhalten, und es kann ohne Einwilligung sämtlicher Agnaten kein
neuer errichtet werden. 3. Die Ausübung der bürgerlichen und
peinlichen Gerechtigkeitspflege in erster Instanz, sowie auch die
Ortspolizei auf ihren ehemaligen unmittelbaren Besitzungen.
4. Steuerfreiheit für ihre Personen, Schlösser, Häuser, eingezäunte
Gärten, Forsten und Jagden.

Die nämlichen Rechte und Vorzüge werden dem ehemaligen
Reichsadel zugesichert."

————

Humboldt unterzog sofort, ohne Zweifel noch am selbigen
Tage, am 13. Mai, diese neue Redaktion des Österreichischen
Entwurfs und den Preußischen einer vergleichenden Kritik, die
im Berliner Archiv**) sowohl im Original wie in einer Kopie
vorhanden ist, die selbst wieder ein paar Randbemerkungen Humboldts trägt. Das Aktenstück, das natürlich in erster Linie für
Hardenberg bestimmt war, lautet: „Die meines Erachtens unumgänglich nötige Bestimmung, daß die Mitglieder den Bundesbe-
schlüssen unbedingt Folge leisten müssen, kommt im ganzen
Österreichischen Plan nicht vor.

Art. 1 und 2 wird die Bestimmung „beständiger Bund"
vermißt.

Art. 3 würde ich höchstens für die Beibehaltung des An-

————

*) Statt des nun folgenden Satzes hieß es im Dezember und am 7. Mai:
„Alle hierüber seit der Errichtung des Rheinbundes erlassenen Verordnungen
werden außer Wirkung gesetzt."

**) Nr. 86 „Notes officielles, minutes d'articles et autres pièces dé-
tachées."

fangs ſtimmen. Oberherrſchaftsrechte laſſen ſich nicht ein=
mal vorausſetzen.

Art. 4—7. In dieſen Artikeln vermiſſe ich: 1. ob die
Bundesverſammlung beſtändig oder vorübergehend vereinigt ſein
ſoll. Nach Art. 7 ſoll ſie nicht vor Beendigung der Grund=
geſetze auseinandergehen. Hiernach ſcheint ſie daher nicht be=
ſtändig ſein zu ſollen. 2. Ihren Wirkungskreis und ihre Ge=
walt. 3. Die Mittel, die ſie zur Vollſtreckung ihrer Beſchlüſſe
anwendet.

Die Militäranſtalten und das Bundesgericht kommen
im ganzen Entwurf nur hier vor. Sie verdienen nicht allein
eigene Artikel*), ſondern die künftige Verſammlung hat auch gar
keine Grundlage zur Beratſchlagung über dieſe ſo ungemein
wichtigen Gegenſtände.

Art. 8. Die Landſtände bloß auf die Sicherſtellung des
Eigentums und der perſönlichen Freiheit zu beſchränken, ſcheint
mir ein zu enger Begriff. Die Bewilligung der Steuern und
die Mitberatung bei Geſetzen kann um ſo weniger entbehrt wer=
den, als bereits alle Deutſchen Fürſten, die neuerdings Stände
eingerichtet haben, dies anerkannt haben und die hier vereinigten
einen viel weiteren und genügenden Begriff von Landſtänden
feſtgeſetzt haben. Auch über die Zuſammenſetzung der Stände
ließe ſich etwas hinzufügen.

Art. 9. Die ausſchließliche Verwaltung der Kirchengüter
bloß der Kirche oder ihren Gemeinden zuzuſichern, greift zu ſehr
in die Rechte des Staats ein und kann höchſt nachteilig werden.
Die Phraſe im 11. Preußiſchen Artikel iſt vorſichtiger und ſchützt
die Kirche dennoch.

Die Juden fähig zu erklären, iſt wohl kein in einem Staats=
vertrag paſſender Ausdruck. Erklärt man ſie für fähig, ſo muß
man auch ihnen die Rechte einräumen, und dann iſt es wieder
ſehr viel, allgemein von den bürgerlichen Rechten zu reden. Die
Preußiſche Redaktion läßt mehr Freiheit und iſt doch beſtimmter

---

*) Randbemerkung von Humboldts Hand zur Kopie: „Man will eigene
Artikel.“

und nützlicher für die Juden. Die Zusicherung der bisher er=
worbenen Rechte wird in den Ländern, wo Regierungen nach
Französischen Maximen bestanden haben, viel Widerspruch und
selbst Streit erregen.

Ueber den Zusammenhang der katholischen Kirche und die
Rechte der evangelischen, als Kirche, ist im Österreichischen Ent=
wurf gar nichts gesagt.

Art. 10 fällt weg.

Art. 11. Die erste Hälfte scheint mir im Preußischen Ent=
wurf bestimmter und besser. Gegen die bloße Beibehaltung
der letzteren würde ich nichts haben, da die Bestimmungen des
6. Preußischen Artikels der künftigen Beratung vorbehalten
bleiben können.

Art. 12 scheint mir, da der Entwurf über viel wichtigere
Dinge nichts sagt, zu sehr ins Detail gehend und nicht wichtig
genug.

Artikel der Mediatisierten. Dieser Artikel scheint mir
nicht genügend: 1. könnte ohne allen Schaden die hier doppelt
auffallende Erwähnung der souveränen Fürsten wegbleiben;
2. sind ihre Rechte nicht einmal unter die Garantie des Bundes
gestellt; 3. ist ihre Landstandschaft wenigstens nicht ausdrücklich
erwähnt; 4. dürfte es besser sein, ihre Rechte entweder gar nicht
einzeln aufzuzählen oder sie vollständiger und genügender zu be=
stimmen. Die Wahl des Aufenthaltsorts genießt jeder Bürger,
die erste Instanz hat fast in ganz Teutschland selbst der mittel=
bare Adel; 5. die Mediatisierten und die Reichsritterschaft völlig
gleichzusetzen, ist gegen die ersten ungerecht, da nur sie wirklich
Reichsstände waren; 6. die Stelle im Preußischen Artikel, der
sich auf die durch den Wiener Kongreß angeschlossenen Mediati=
sierten bezieht, wird Preußen sich auf jeden Fall vorbehalten
müssen.

Art. der Renten u. s. f. (im Preuß. Entw. Art. 12).

1. Das Schuldenwesen müßte wohl näher bestimmt werden*).
2. Die Auslassung des Sustentationswesens und des Bischofs

---

*) Randbemerkung von Humboldt zur Kopie: „auszulassen".

von Lüttich ist zwar unschädlich, da der gewählte Ausdruck beides unter sich begreift. Aber die Erwähnung würde zur Beruhigung dienen. 3. Über die Posten ist der Preußische Entwurf gleich gerecht und günstiger für das Haus Taxis.

Art. Die Rechte der Unterthanen (im Preußischen Entw. Art. 9).

Sagt so wenig, daß ich ihn auslassen würde. Das Recht in fremde Dienste zu gehen, auf fremden Universitäten zu studieren, könnte wenigstens hinzukommen; und ob es möglich ist, eine Deutsche Verfassung zu machen, in welcher gar nicht der Preßfreiheit gedacht wird, möchte ich sehr bezweifeln.

Der Preußische Entwurf enthält noch drei Artikel: 5, 7, 8, über das Militärwesen, das Bundesgericht und die Ge=rechtigkeitspflege. Die beiden letzten wenigstens halte ich für unentbehrlich. Fehlen diese und bleiben die über die Landstände und die Rechte der einzelnen so wenig befrie=digend wie im Österreichischen Entwurf: so wird der ganze Bun=desvertrag die allgemeinen Erwartungen täuschen, alle Wirkung verfehlen, ja vielmehr eine nachteilige hervor=bringen. Auch kann die Bundesversammlung diesem Übel durch ihre Grundgesetze nicht abhelfen, denn sind einmal die Basen so wenig genügend gelegt, so werden diejenigen Stände, welche den Zwang der Verfassung fürchten, sich nie nachher zu mehr bequemen."

Auf Grund des Österreichischen Entwurfs vom 13. Mai fand nun am folgenden Tage die entscheidende Konferenz statt. Das Resultat war, wie es im Berliner Archiv (Nr. 80) heißt:

VI. der „Entwurf des Deutschen Bundesvertrages so wie er nach einer mit Fürst Metternich, Baron Wessenberg, Graf Münster und Graf Hardenberg*) gehaltenen Konferenz be=schlossen worden war. 14. Mai 1815". Derselbe entsprach noch nicht ganz, aber in allem Wesentlichen bereits dem letzten end=

---

*) Die Preußischen Bevollmächtigten Fürst Hardenberg und Humboldt sind als selbstverständliche Teilnehmer nicht namhaft gemacht.

gültigen Entwurf vom 23. Mai. Was an der vollen Identität noch fehlte, wurde in den nächsten Tagen noch nachgeholt. Denn ein Vermerk im Archiv sagt ausdrücklich: „Wieder umgeändert und neu abgeschrieben 17. Mai." Wir fassen die Ergebnisse vom 14. bis 17. Mai zusammen.

Metternich ließ es sich gefallen, daß der Bund im Art. 1 als „beständiger" bezeichnet, und im Art. 3 die Phrase von „Oberherrschaftsrechten" ersetzt wurde durch die „gleichmäßige Verpflichtung" aller Mitglieder, „die Bundesakte unverbrüchlich zu halten"; ferner, daß Art. 4 die Bundesversammlung als „beständige" qualifizierte und, gewissermaßen als Ersatz des Zweikammersystems, bestimmte, daß sie bald als „engerer Ausschuß" funktionieren sollte, bald als „Plenum" mittels Erweiterung der Stimmenzahl und Verteilung derselben je nach der Größe der Staaten, jedoch so, daß jeder mindestens eine Stimme für sich erhielt. Dagegen wurden die Stimmen der engeren Bundesversammlung wieder von 20 auf 15 herabgedrückt. Den Stichentscheid Österreichs bei Stimmengleichheit gab Metternich auf. Als Termin für die Eröffnung der ersten Versammlung blieb am 14. Mai noch der 1. August 1815 bestehen, wurde aber danach auf den 1. September festgesetzt. In Bezug auf Bundesgericht und Gerechtigkeitspflege drang einigermaßen Humboldt durch. Die letztere erhielt einen eigenen Artikel in Bezug auf die Gerichte dritter Instanz, des Inhalts: „Diejenigen Bundesglieder, deren Besitzungen nicht eine durch die organischen Gesetze zu bestimmende Volkszahl (bei welcher jedoch verwandte Fürstenstämme und die freien Städte die ihrigen zusammenzählen können) erreichen, werden sich zur Bildung eines gemeinschaftlichen obersten Gerichtes vereinigen." Alles Übrige freilich des viel bedeutsameren Preußischen Paragraphen blieb ausgeschlossen. Über das Bundesgericht wurde wenigstens in dem darauf folgenden (nicht in einem „eigenen") Artikel gesagt: Die Bundesversammlung „ordnet sich ein Bundesgericht bei, an dessen Besetzung alle seine Mitglieder verhältnismäßigen Anteil nehmen. Die Gegenstände und den Umfang der Wirksamkeit desselben bestimmen die Grundgesetze des Bundes."

Der obige Österreichische Art. 7 („die Bundesversammlung wird sich gleich nach ihrer Eröffnung mit — beschäftigen") erhielt nunmehr den Zusatz: „Sie stellt ihre Beratungen über diese Gegenstände als engerer Ausschuß an, legt aber hernach den so abgefaßten Entwurf der ganzen Versammlung zur Prüfung und Genehmigung vor." Noch am 14. Mai wurde der Artikel dahin geändert: „Die Bundesversammlung wird in der Form, die sie am zweckmäßigsten erachtet, gleich nach ihrer Eröffnung die Abfassung der Grundgesetze und die organischen Einrichtungen des Bundes in Rücksicht auf alle Gegenstände, welche dessen auswärtige, militärische und innere Verhältnisse betreffen, in Beratung nehmen." Diese Bestimmung wurde danach mit ganz gleichgültigen Redaktionsänderungen beibehalten, zugleich aber wurde hinzugefügt: Die Bundesversammlung werde die von ihr als engere Versammlung „gemachten Entwürfe noch einmal als Plenum zur Genehmigung oder Verwerfung in Beratung nehmen, mit dem Unterschiede jedoch), daß kein Bundesglied bei der Annahme der Grundgesetze durch Stimmenmehrheit gebunden werden kann".

Hiernach blieb also im Artikel 7 auch die Erwähnung der „Garantie der landständischen Verfassungen in den Deutschen Staaten" weg. Das war um so bedeutsamer, als der Gang der Debatten über den die Landstände betreffenden Artikel dahin führte, daß die darin verbürgte Garantie gleicherweise in Wegfall kam. Dieser Gang ist ein höchst denkwürdiger.

Der Preußische Artikel über die Landstände hatte diesen bis dahin immer noch „das Recht der Steuerbewilligung, der Beratung über Landesgesetze, welche Eigentum und persönliche Freiheit betreffen, der Beschwerdeführung über Verwaltungsmißbräuche und der Vertretung der Verfassung" zugesprochen unter „Schutz und Garantie des Bundes" (s. ob. S. 455). Der Österreichische dagegen verhieß nur landständische Verfassungen, die „auf Sicherstellung des Eigentums und der persönlichen Freiheit berechnet" wären, ebenfalls unter „Schutz und Garantie des Bundes" (s. S. 458). Der 14. Mai war der verhängnisvolle Tag der Entscheidung. Metternich wollte offenbar unter keinen

Umständen ein Mehreres konzedieren, und die Bevollmächtigten Preußens und Hannovers sahen zweifellos das Gebotene als so wenig oder vielmehr als so nichtig und selbst bedenklich an, daß ihnen ein Preisgeben aller näheren Bestimmungen immer noch besser erscheinen durfte wie dieser Österreichische Artikel, der den elendesten Verfassungen zum Schutz gereicht haben würde. Und so kam es denn, daß beide Teile die näheren Bestimmungen fallen ließen und sich mit jener inhaltsleeren Formel begnügten, mit der in den nächsten Jahrzehnten ein so frevelhaftes Spiel getrieben wurde.

Mit welchen Gefühlen mag Humboldt in der Konferenz vom 14. Mai den Bleistift ergriffen und geführt haben, als er, wie das Aktenstück im Archiv zeigt, den Preußischen Text des Paragraphen durchstrich, um ihn durch die Bleistiftworte zu ersetzen: „In allen Deutschen Staaten soll eine landständische Verfassung bestehen." Im weiteren Verlauf drang Humboldt noch mit einigen seiner Mahnungen wenigstens teilweise durch. Der Passus über die katholische Kirche wurde in der Fassung: „Die katholische Kirche in Deutschland wird, unter der Garantie des Bundes, eine ihre Rechte und die zur Bestreitung ihrer Bedürfnisse notwendigen Mittel sichernde Verfassung erhalten" sanktioniert, aber ohne weiteren Zusatz. Der Preußische Passus über die Rechte der Evangelischen wurde ebenfalls angenommen. Der Passus über die Juden fand bis zu den Worten, „Bürgerrechte eingeräumt" Aufnahme, aber mit dem abschwächenden Zusatz: „wo dieser Reform Landesverfassungen entgegenstehen, erklären die Mitglieder des Bundes, diese Hindernisse so viel als möglich hinwegräumen zu wollen". Daß die überflüssige Betitelung der Fürsten als „souveräne Fürsten" nach dem Begehr Humboldts gestrichen wurde, versteht sich von selbst; hatte doch früher schon Metternich seinerseits dieselbe energisch bekämpft. Unter die Unterthanenrechte wurde nunmehr in der That noch aufgenommen „das Recht, in Civil- und Militärdienste eines andern Deutschen Bundesstaats zu treten", aber das Recht, auf fremden Universitäten zu studieren, von Österreich verworfen; und in Bezug auf die Preßfreiheit war nicht mehr zu erlangen, als daß

die Bundesversammlung sich „bei ihrer ersten Zusammenkunft
mit Abfassung zweckmäßiger Gesetze über die Preßfreiheit und
— gegen den Nachdruck beschäftigen" sollte. Wie der Artikel
über die Landstände, so war auch dieser Passus höchst unbe=
stimmt und bedenklich; denn wie jener auch Landstände ohne
Rechte zulassen konnte, so konnte auch ein Gesetz „über die
Preßfreiheit" handeln, ohne Preßfreiheit im wahren Sinne
des Wortes zu geben, ganz abgesehen davon, daß ein bloßes
„Beschäftigen" nicht für ein Abschließen bürgte, sondern eine
Anweisung ad calendas Graecas werden konnte. Endlich er=
hielt der Artikel über die Mediatisierten durch Humboldt und
Hardenberg einige Änderungen und Zusätze. Der dergestalt mit
Preußen und Hannover vereinbarte definitive Entwurf umfaßte
17 Artikel.

Was übrigens in Betreff des Artikels über die Landstände
Hardenberg bestimmen mochte, einen ·so inhaltsleeren Artikel
schließlich zuzulassen, liegt wohl auf der Hand. Schien doch
alles, was man durch die Preußische Formulierung hatte erreichen
wollen, längst erreicht! Hatten doch die vereinigten Kleinstaaten
seit Mitte November wiederholt amtlich auf das feierlichste ge=
lobt, ihren Landständen jene vier Kompetenzen beizulegen! Waren
ihnen doch hierin die Südstaaten, Bayern, Württemberg und
Baden, in der Zeit vom Dezember bis Februar gefolgt! Öster=
reich aber war durch keine Artikel zu zwingen; und was Preußen
angeht, so wußte ja niemand besser wie Hardenberg, daß die
Preußische „Verordnung über die zu bildende Repräsentation des
Volkes" der letzten Feilung unterlag und unter seiner Gegen=
zeichnung nächster Tage (am 22. Mai) ins Leben treten sollte.
Diese landständische Verfassung Preußens sollte aber ebenfalls
wesentlich das gewähren, was man allseits bisher, mit Ausnahme
von Österreich, zu gewähren sich anheischig gemacht hatte. Daran
freilich dachte Hardenberg damals nicht, daß, abgesehen von der
ehrenwerten Ausnahme der drei Südstaaten, alle jene feierlichen
Gelöbnisse der Deutschen Regierungen fast durchweg alsbald in
Schaum zerrinnen, d. h. in treulosen Wortbruch enden sollten.
Der Schade würde vielleicht geringer gewesen sein, hätte man

wenigstens aus dem Österreichischen Dezember-Entwurf, dem man
doch leider so vieles entnahm, auch die Bestimmung herüberge=
nommen, daß die Landstände „binnen Jahr und Tag ein=
geführt" werden sollten.

Die Preußische Verordnung vom 22. Mai ermangelte nicht,
überall einen großen, die Hoffnungen belebenden Eindruck zu
machen, obwohl das Beratungsrecht darin nicht ausdrücklich
als ein Zustimmungsrecht qualifiziert war und die Landesreprä=
sentanten „aus den Provinzialständen" gewählt werden
sollten. Indes das Verfassungswerk selbst konnte Zweifel und
Unebenheiten verschwinden lassen, und die Vollendung dieses
Werkes durfte man noch vor Ende des Jahres 1815 mit Zu=
versicht erwarten. Denn der „Entwurf" hatte sogar bestimmt,
daß die Verfassungskommission sofort „am 1. Juni zusammen=
treten" und die „Verfassungsurkunde spätestens mit dem 1. Sep=
tember vollenden" solle. Das war nun freilich in der „Verord=
nung" schließlich aus Rücksicht auf den Wiener Kongreß und aus
Vorsicht dahin geändert worden, daß sie „am 1. September zu=
sammentreten" solle, ohne Angabe eines Schlußtermins. Indes
ließ sich doch nach Maßgabe der Zeitabstände im Entwurf voraus=
setzen, daß man preußischerseits für die Fertigstellung der Preußischen
Verfassungsurkunde nicht auf mehr als drei bis vier Monate rechne.

Inzwischen waren, um das Deutsche Verfassungswerk zu
vollenden, alle zur Eröffnung der allgemeinen Konferenzen
erforderlichen Vorkehrungen seit dem 17. Mai getroffen, die Ein=
ladungen festgestellt und auf den 23. Mai erlassen worden. Die
von Österreich Neugeladenen, außer Preußen und Hannover,
waren: Bayern, Sachsen, Württemberg, Baden, Darmstadt,
Luxemburg, Holstein und fünf von den vereinigten Fürsten und
freien Städten gewählte Deputierte, nämlich Plessen, Keller, Minck=
witz, Senator Smidt, Berg. In der Eröffnungssitzung am 23.
las Metternich nur den vereinbarten Entwurf der Grundzüge vor,
mit der Erklärung, daß man „deren nähere Entwicklung dem
Bundestage vorbehalten müsse". Der Entwurf, der sofort durch
Diktatur vervielfältigt wurde, sollte drei Tage von den Beteiligten
geprüft und in der zweiten Sitzung am 26. diskutiert werden.

Im Berliner Archiv liegt dieser „Entwurf einer Deutschen Bundesakte" handschriftlich dem Protokoll der ersten Sitzung vom 13. Mai bei (Nr. 85 Protocolles des conférences des plénipotentiaires et députés des princes et villes libres de l'Allemagne) mit dem Vermerk von Humboldts Hand: „Zuerst von dem Österreichischen Hofe entworfen, in Konferenzen mit Preußen und Hannover abgeändert und dann den Deutschen Fürsten offiziell vorgeschlagen." Der Text ist natürlich voll= kommen identisch mit dem bei Klüber 2, 314 ff. Die „Beilagen" der Protokolle, die Klüber 2, 324 ff. abgedruckt hat, sind übrigens weder bei diesem noch im Berliner Archiv ganz vollständig, d. h. manche findet man dort und nicht hier, sowie umgekehrt. Bei= läufig bemerke ich, daß das in der Beilage bei Klüber S. 391 wahrscheinlich wegen Unleserlichkeit ausgelassene Wort im B. A. „Collocationen" lautet.

In der Sitzung vom 26. Mai ging es seltsam zu. Württem= berg fehlte in dieser wie in allen anderen Sitzungen; Baden und Sachsen lehnten wegen Mangel an Instruktionen die Beteiligung ab; die fünf Deputierten der vereinigten Fürsten und freien Städte er= klärten sich im Auftrage ihrer Kommittenten für inkompetent, „im Namen Aller abzuschließen", und beantragten „die Zulassung aller Bevollmächtigten zu den ferneren Beratungen". Man trat indes in diese ein, und nunmehr begann eine Sturmflut von Anträgen heranzudrängen. Voran ging Bayern; aber mit Bayern wett= eiferte namentlich Darmstadt und die Summe der Kleinstaaten in rücksichtsloser Bekrittelung der Vorlage, jedoch mit dem Unter= schiede, daß jenes in viel höherem Maße dazu berechtigt er= scheinen durfte, wie diese. Nicht ein einziger der 17 Artikel blieb unangefochten. Und was wurde angefochten? Alles, was diesen angeblich so opferbereiten Kleinstaaten nicht genug der Ehren, der Rechte und Vorrechte einzuräumen schien. Darmstadt voran forderte, daß in den Artikeln 1, 16 und 17 das Beiwort „sou= verän" für die Fürsten wieder hergestellt werde. Die Deputierten der Fürsten verlangten, daß alle Staaten „einzeln" aufgeführt und daß auch die Unverletzbarkeit „jedes einzelnen unter ihnen" als „Zweck des Bundes" bezeichnet werde. Sie bestanden ferner

wieder darauf, daß „allen Verbündeten gleiche Rechte" zuge=
sprochen und jede „Oberherrschaft irgend einer Art über den
Anderen" verpönt würde. Alle wollten bei einer Fülle von „Ge=
setzen oder Vereinbarungen" im „Plenum" je eine „Virilstimme"
haben, und überdies, daß bei „Grundgesetzen" die „Einstimmig=
keit Aller erforderlich" sei. Auch solle die Stimmenmehrheit
nirgends entscheiden können, „wo jura singulorum eintreten".
Dabei verschaffte Darmstadt durch einen Zusatz zu Art. 6 (nach=
her 7) wieder bei Stimmengleichheit in der engeren Bundesver=
sammlung die Entscheidung dem „Vorsitzenden" (nicht „Österreich",
wie der Österreichische Entwurf vom 7. Mai sich ausgedrückt
hatte)*). Die im Entwurf noch nicht bestimmte „Volkszahl" für
die Berechtigung zu einem „Gericht dritter Instanz", die aber
der Preußische Entwurf bereits auf „300000" normirt hatte,
sollte nach der Forderung der unglaublich opferscheuen Klein=
staaten auf „150000 Seelen" beschränkt werden. Charakteristisch
ist ihr Verlangen, daß, falls „Bundesglieder, welche Staaten
außer dem Bunde besitzen, unter sich in Krieg geraten,
dem Deutschen Bunde vorbehalten sei, die Neutralität bewahren
zu dürfen". Im Verein mit Darmstadt und Holstein bekämpften
die Deputierten der vereinigten Kleinstaaten um die Wette die
Erwähnung der „Juden" in der Bundesakte. Dagegen bean=
tragen sie freilich zu dem Artikel über die Landstände den Zusatz,
daß „den Ständen das Mitberatungsrecht bei allgemeinen ge=
setzlichen Verfügungen, die Bewilligung der Steuern und das
Recht gemeinschaftlicher Beschwerdeführung bei dem Landesherrn
zugestanden werde". Indes, einmal ist diese Ausdrucksweise im
Verhältnis zu früheren schon eine abgeschwächte; ferner fehlt ganz
das Recht der Vertretung der Verfassung; und endlich durfte man
sich ja ungescheut mit liberalen Forderungen brüsten, da man ja
im voraus gewiß sein konnte, damit auf keinen Fall durchzubringen.

Es ist nicht zu verwundern, wenn die Bevollmächtigten
Österreichs, Preußens und Hannovers aus der Sitzung vom
26. Mai Entrüstung und Unwillen davontrugen. Daher kamen
denn auch zunächst die Preußischen überein, für ein mehr sum=

---

*) Klüber S. 353. 409. 483, vgl. 310.

marisches und kategorisches Verfahren einzutreten. Humboldt
verfaßte in diesem Sinne ein von Hardenberg und ihm unter=
zeichnetes Schreiben, das im Berliner Archiv (Nr. 86) im Ori=
ginal und in Kopie vorhanden ist und also lautet:

„An den Fürsten Metternich.

Wien, den 27. Mai 1815.

Die in der gestrigen Sitzung über den Entwurf eines
Deutschen Bundesvertrages gemachten Äußerungen, zusammen=
genommen mit der Kürze der Zeit, welche noch zur Erledigung
aller Kongreßgeschäfte übrig bleibt, veranlassen die Unterzeichneten,
dem Herrn Fürsten von Metternich, Fürstliche Gnaden, folgende
vertrauliche Eröffnungen zu machen.

Es ist von dringender und absoluter Notwendigkeit, die
Angelegenheit des Bundesvertrags vor dem Abgange der Cabi=
netter von Wien zu beendigen. Ohne zu gedenken, daß es nach=
her den Unterhandlungen an allem Nachdruck gebrechen, und da=
her Zögerungen jeder Art eintreffen würden, läßt sich auch jetzt
übersehen, daß die Schlußakte des Kongresses unmittelbar nach
der Entfernung der Cabinetter, wenn nicht vielleicht noch vor
derselben beendigt sein wird. Allein unstreitig werden dann nicht
alle Kongreßgesandten hier bleiben wollen, bis der Deutsche Bund
geschlossen ist, und dieser und seine Hauptgrundgesetze werden
also nicht in die Schlußakte eingetragen werden können. Als=
dann aber verliert man gänzlich die Vorteile, die man sich mit
Recht von der schnellen Schließung des Bundes verspricht, und
welchen die Vorschlagenden so viele und wichtige Punkte auf=
geopfert haben. Es würde alsdann wenig Unterschied zwischen
der Unterhandlung hier und der in Frankfurt sein, und wenn
man es wollte dahin kommen lassen, wäre es besser, alles bis
Frankfurt aufzuschieben.

Es ist ferner keineswegs ratsam, über die gestern zu unserem
Entwurfe gemachten Bemerkungen eine förmliche Diskussion zu
eröffnen. Da die verschiedenen Meinungen so weit voneinander
abweichen, daß Bayern einigemal geäußert hat, daß der Bundes=
vertrag kein inneres Verhältnis der Staaten betreffen dürfe, und
die vereinigten Fürsten dagegen ausdrücklich auf Bestimmung der

Rechte der Landstände gedrungen haben, und da wir von der
nächsten Sitzung an mit den Abgeordneten aller Fürsten und
Städte, also mit einer großen Anzahl, uns zu beraten haben
(was, da einmal Baden und Darmstadt in unserer Versammlung einzeln auftraten, zu verweigern weder möglich noch gerecht
war), so ist von einer Diskussion schwerlich eine Übereinkunft und
am wenigsten eine schnelle zu erwarten. Bei dieser Diskussion
würden aber auch Preußen, Österreich und Hannover in einem
ganz falschen Lichte und einer durchaus unrichtigen Stellung erscheinen. Denn, um die allgemeine Übereinkunft zu erleichtern,
und nicht gegen ihren eigenen Entwurf zu reden, würden sie
diejenigen Meinungen nicht unterstützen können, welche einen bestimmten, kräftigen und den gerechten Erwartungen Deutschlands
entsprechenden Bund wünschen; und gerade die Höfe, die seit dem
Anfang der Unterhandlung alles, was von ihnen abhing, gethan
haben, um wieder einen allgemeinen Rechtszustand in Deutschland zu begründen, würden hier das Ansehen haben, alle dahin
abzweckenden Einrichtungen zu schwächen, zweifelhaft zu machen
oder wenigstens in die Ferne zu stellen. Die Unterzeichneten sind
bei allen Vorberatungen durchaus der Meinung Sr. Fürstlichen
Gnaden des Herrn Fürsten Metternich beigepflichtet, daß dasjenige, was die früheren Entwürfe hierüber enthielten, nur der
Notwendigkeit, jetzt und schnell*) den Bund wirklich zu schließen,
aufgeopfert werden könne; und sie gestehen frei, daß sie**) einzig
und allein, um nicht jede allgemeine Vereinigung der Fürsten
Deutschlands zu hindern oder aufzuschieben, aber übrigens mit
sehr schmerzlichen Gefühlen, einen Entwurf mit vorgelegt haben, von dem sie nur zu sehr empfinden,
wie wenig er dem wichtigen Zwecke entspricht, den man
sich unmittelbar nach der Befreiung Deutschlands von der fremden
Oberherrschaft***), und noch bei dem Anfang des Kongresses vorgesetzt hatte und wie ungünstig dies auch auf die allgemeine
Stimmung einwirken wird. Sollte dieser Entwurf durch eine

---

*) [„Hier" Treitschke 1, 698.]

**) [„Einzig und allein aus diesem Grunde" Treitschke 1, 698.]

***) [„v. d. f. O." fehlt bei Treitschke.]

Diskussion, für welche der jetzige Augenblick, in dem die schnelle all=
gemeine Übereinkunft der vorherrschende Gesichtspunkt ist, immer un=
günstig bleibt, noch mehr geschwächt werden, so ist kaum der min=
deste günstigere *) Erfolg der Verhandlungen in Frankfurt abzusehen.

Unter diesen Umständen scheint die Vorlegung eines Ulti=
matums das einzige zum Zweck führende Mittel. Im gegen=
wärtigen Augenblick ist der Widerspruch noch mit vieler Mäßigung
und von einigen Seiten nur halb geäußert worden; jetzt ist da=
für die Zustimmung zu einem schon ganz auf allgemeine An=
nahme berechneten Entwurf noch möglich; auch ist das Gefühl
allgemein, daß auf jeden Fall etwas zustande kommen müsse,
und wird, sowie bestimmt und entschieden erklärt wird, daß
weitere Unterhandlungen unmöglich sind, zur Annahme wirken.

Der Vorschlag, welchen die Unterzeichneten der Prüfung des
Herrn Fürsten Metternich, Fürstl. Gnaden, vorlegen zu müssen
glauben, geht demnach dahin:

1. Daß die Bevollmächtigten der drei Höfe die gestern ge=
machten Bemerkungen auf das Genaueste prüfen und soviel da=
von in ihren Plan aufnehmen sollten, als möglich ist, und als
sich durch die Mehrheit derer, welche dafür stimmen, empfiehlt.

2. Daß Österreich und Preußen alsdann in der Montags=
sitzung den so abgeänderten Vorschlag mit der Eröffnung vor=
legten, daß sie die Bemerkungen, soweit als sie es für möglich
hielten, benutzt hätten, allein nunmehr in ihrem Entwurf keine
weiteren irgend wesentlichen Abänderungen annehmen, noch
in Diskussion von Vorschlägen dazu (d. i. zu wesentlichen
Änderungen) eingehen könnten, da sie überzeugt wären, daß er
nichts weder für das Ganze noch irgend einen Einzelnen Be=
denkliches enthalte, dasjenige hingegen, was ihm fehle, in Frank=
furt nachgeholt werden könne.

3. Daß sie bereit wären, mit jedem der Fürsten, welcher
diesem Entwurf beitreten wolle, den Bund wirklich abzuschließen.

Eine solche Erklärung würde höchst wahrscheinlich die An=
nahme von seiten der meisten Mitglieder der Versammlung so=
gleich zur Folge haben, und sollten sich noch einige für jetzt aus=

---

*) [„günstige„ Treitschke.]

schließen, dürften sie wohl unfehlbar später, wenn sie sehen, daß der Bund wirklich zustande gekommen wäre, den Beitritt nachsuchen.

Die Unterzeichneten haben die gegenwärtige Note zugleich der königlich Hannoverschen Kongreßgesandtschaft mitgeteilt. Sie benutzen diese Gelegenheit, Sr. Fürstlichen Gnaden dem Herrn Fürsten Metternich die Versicherung ihrer vollkommensten Hoch= achtung zu erneuern.

Hardenberg. Humboldt."

An die Hannoversche Gesandtschaft wurde diese Note „in Abschrift mitgeteilt".

Dem entsprechend wurden für den 29. Mai die sämtlichen Bevollmächtigten eingeladen und in der Sitzung die zwischen „Österreich und Preußen konzertierten Erklärungen und Vor= schläge" auf Grund der am 26. „gemachten Erinnerungen" vor= getragen. Eine Diskussion innerhalb des gegebenen Rahmens ließ sich indes so wenig ausschließen, wie das Einbringen neuer Anträge in Bezug darauf. So begann denn der Strom der Dis= kussion und der Anträge von neuem in den täglichen Sitzungen vom Montag den 29. Mai bis Sonnabend den 3. Juni. End= lich wurde am 1. Juni auf Grund aller stattgehabten Dis= kussionen und Abstimmungen eine Kommission ernannt, Präsident v. Berg und Senator Smidt, um eine neue Redaktion der Bundesurkunde für den folgenden Tag zu besorgen. In der That las die Kommission am 2. Juni diese neue Redaktion, die nunmehr 20 Artikel umfaßte, in der Sitzung vor (Klüber 2, 479 ff.) und am 3. Juni kam dieselbe formell zur Vorlage (ebend. 493).

Man hätte nun glauben sollen, daß man sich allseits be= scheiden und die kleinlichen, dünkelhaften und eifersüchtigen Ge= lüste zügeln werde, wenn denn doch einmal auf Opferwilligkeit im wahren Sinne des Wortes nirgends zu rechnen war. Viel= mehr begann noch gleich am 3. Juni — es war die achte Sitzung — ein wahres Wettrennen nach neuen Beschlüssen für — Deutschlands Heil. Nicht Bayern nur und Sachsen, sondern auch Kleinstaaten, wie vor allen Darmstadt, Kurhessen und Nassau,

bestanden auf dem Beiwort „souverän" und setzten es durch, ob=
gleich der Staatskanzler Hardenberg sich widersetzte und zu Pro=
tokoll erklärte, daß der „Ausdruck überflüssig sei und der Sache
nichts hinzu thue". Dann spielte sich eine Fülle von Rang=
streitigkeiten ab: Darmstadt pochte darauf, daß es in der Rhein=
bundszeit die großherzogliche Würde und damit „volle königliche
Ehren" erlangt habe, und beanspruchte „gleichen Rang mit den
Kurfürsten" (Klüber 2, 415, 496). Andererseits wollte Braun=
schweig vor Mecklenburg rangieren, Lippe vor Schaumburg,
Hohenzollern gleich nach Anhalt. Bayern, das schon wiederholt
erklärt hatte, daß es sich „seine Beistimmung" zu der Bundes=
akte „ausdrücklich vorbehalten" müsse, erklärte auch jetzt bald bei
diesem, bald bei jenem Artikel oder Absatz schlankweg, daß es
demselben „nicht beitreten könne".

Auch beantragte Bayern, im Verein mit Darmstadt, das sich
ja überhaupt bei diesem beklagenswerten Abschwächungsgeschäft
in der Rolle einer leitenden Macht zu gefallen schien, den Weg=
fall des Bundesgerichts, obgleich Darmstadt früher für das=
selbe gestimmt hatte. Man konnte aus diesem Abfall entnehmen,
wessen man sich in Bezug auf die so ruhmredig verkündeten land=
ständischen Verheißungen von seiten der Kleinstaaten zu versehen
habe. Ebenso bestand Bayern im Verein mit Darmstadt darauf,
daß die in der Österreichisch=Preußischen Vorlage und in der
neuen Redaktion derselben den Mediatisierten vorbehaltenen „Curiat=
stimmen in dem Pleno" beseitigt würden. Darmstadt rechtfertigte
dies damit, daß es „eine Anomalie" sei, wenn „Mediatisierte
wieder unmittelbare Bundesglieder werden und zu Anteil an Be=
stimmungen der Bundesakte sich berechtigt halten könnten"; es sei
„unmöglich", daß sie zugleich „in den Bundeslanden mittelbar und
auf der Bundesversammlung unmittelbar sein könnten," das
„widerspreche allen Grundsätzen der Staatseinheit"; gegen „An=
teil der Mediatisierten an den Beratungen des Bundes müsse
man sich verwahren" (Klüber 2, 362, 447, 468, 475, 500).
Und in einer bei Klüber (zu S. 362) fehlenden, im Berliner
Archiv zum Teil erhaltenen Beilage äußert Darmstadt: Es sei
eine „allen metapolitischen Grundsätzen widerstrebende Idee," daß

„Subordinierte mit ihren Oberen auf einer Linie und als Mit-
paciscenten erscheinen sollen". Kurhessen, das in der Rheinbund-
zeit als Nichteristenz keine Mediatisierungsgeschäfte hatte machen
können, votierte entgegengesetzt: „Freilich scheine es eine Anomalie,
daß Fürsten, welche ihre Selbständigkeit verloren haben, in einer
Versammlung souveräner Fürsten Sitz und Stimme haben sollen;
indessen fand dieses schon in der ehemaligen Reichsverfassung
statt" (ebend. S. 446).

Die Beratung am 3. Juni umfaßte zwar alle 20 Artikel;
aber manches blieb noch unentschieden, während die wichtigsten
der angegriffenen Punkte, wie Bundesgericht und Curiatstimmen
der Mediatisierten, noch aufrecht erhalten wurden; und nichts
bürgte dafür, daß nicht in der nächsten Sitzung, die auf den
anderen Tag, Sonntag den 4. Juni, 8 Uhr abends angesetzt
wurde (ebend. 503), ein neuer Erguß von Anträgen und Bedenklichkeiten sich aufthat. Da entschlossen sich die Preußischen
Bevollmächtigten dem Fürsten Metternich gegenüber zu dem folgenden Memorandum, das, von Humboldts Hand verfaßt, im
Berliner Archiv Nr. 87 vorliegt *).

„Die Beratungen über den in der gestrigen Sitzung vorgelegten Entwurf sind so weit gediehen, daß es nicht scheint, daß
eine weitere Erörterung des Inhalts der einzelnen Artikel nötig
sei. Ein großer Teil derselben ist übereinstimmend angenommen
worden, und bei den übrigen, nach dem Sinne, der sich in der
Verhandlung im Ganzen aussprach, abzufassen, [?] hat sich nicht
sowohl ein wesentlicher, die Vereinigung verhindernder Widerspruch, als vielmehr nur Verschiedenheit der Ansicht oder Mangel
an hinreichender Instruktion zum Beitritt gezeigt. Die Gesinnungen, die von allen Bevollmächtigten ohne Ausnahme ausgesprochen worden sind, beweisen überdies die allgemeine bestimmte Absicht, in den Bund einzugehen und denselben sobald

---

*) Der Titel von Nr. 87 lautet: „Propositions pruss. faites dans la
supposition que la Bavière n'accéderait que plus tard au pacte fédératif,
et changées après par son accession." Das folgende Memorandum ist
jedoch, wie man gleich sehen wird, allgemeinerer Natur. Das fehlende Datum
ergiebt sich aus dem Zusammenhange.

als immer möglich zu schließen. Es stehen daher diesem seit dem
Anfang des Kongresses lebhaft gewünschten Abschluß nicht wahr=
haft verhindernde, sondern — und auch dies nur von einigen
Seiten — mehr bloß aufhaltende Schwierigkeiten entgegen.

Zugleich ist die Notwendigkeit, wirklich zum Abschluß zu
gelangen, in die Augen fallend. Den Kongreß auseinandergehen
lassen, und dessen Schlußakte abfassen, ohne ihr die Hauptgrund=
gesetze des Deutschen Bundes einzuverleiben, würde nichts anderes
heißen, als der lebhaften Erwartung Deutschlands nicht ent=
sprechen, das Gebäude, welches die Ruhe und Unabhängigkeit
des gemeinschaftlichen Vaterlandes und das politische Gleich=
gewicht Europas sichern soll, ohne eine seiner notwendigsten
Stützen lassen, in einen neuen Krieg Ungewißheit über die wich=
tigsten politischen Verhältnisse, geteilte Meinungen, wenige Er=
wartungen und Besorgnisse hinübertragen. Durchdrungen von
dieser Überzeugung sehen sich daher der Österreichische und Preußi=
sche Hof veranlaßt, Folgendes als ihre beiderseitige feste und un=
widerrufliche Meinung zu erklären:

1. daß die Beratung über den Inhalt der einzelnen Artikel
des Entwurfs zum Bundesvertrag, wie er in der gestrigen
Sitzung vorgelegt worden ist, für geschlossen angesehen werden
muß, und in der heutigen nur noch in der Redaktion Verände=
rungen beigebracht werden können;

2. daß Österreich und Preußen diesen Entwurf in allen
seinen Punkten annehmen und zu unterzeichnen bereit sind;

3. daß, insofern der Mangel an hinreichenden Instruktionen
bei den Bevollmächtigten einiger Staaten eine gleichzeitige Unter=
zeichnung des Bundesvertrags noch jetzt unmöglich machen sollte,
Österreich und Preußen diejenigen Bevollmächtigten, welche den
von ihnen angenommenen Entwurf gleich unterzeichnen zu können
glauben, hierzu noch in der heutigen Sitzung in der Hoffnung
einladen, daß der Beitritt der übrigen werde in der möglichst
kurzen Frist gleichfalls erfolgen können."

Zugleich entwarf Humboldt eine Einleitung zu dem Bundes=
vertrage, welche von der Voraussetzung ausging, daß „einige
der Bevollmächtigten" demselben noch nicht beigetreten wären,

namentlich die Bayrischen, während die Württembergischen ihre
Beteiligung von vornherein aufgegeben hatten, der Badensche die
seinige seit dem 1. Juni. Da es anders kam, war diese Ein=
leitung allerdings nicht verwendbar.

Das Memorandum der Preußischen Bevollmächtigten hatte
offenbar am 4. Juni Verhandlungen mit Metternich und die
Verschiebung der nächsten Sitzung auf den 5. Juni zur Folge.
Metternich schien auch vollkommen gleicher Meinung zu sein wie
Hardenberg und Humboldt. Daher das ohne Zweifel verabredete
Verfahren in der gedachten Sitzung. Metternich gab „Namens
Sr. Maj. des Kaisers von Österreich eine Erklärung zu Protokoll,
daß . . . die Österreichischen Bevollmächtigten nun verlangen
müßten, die Bundesakte noch vor Schließung des Kongresses
unter den Schutz der europäischen Mächte gestellt zu sehen, und
daß sie bereit seien, den Inhalt der in dem letzten Protokoll auf=
geführten Artikel als die Grundlage des Bundes anzunehmen".
Er fügte hinzu, daß „die Beschleunigung des Abschlusses durch
die Umstände dringend notwendig geworden", und — mit einem
Anflug von Ironie — daß „an dem Beitritt der Fürsten und
freien Städte um so weniger zu zweifeln sei, als sie sich er=
innern würden, wie dringend sie bei dem Österreichischen und
Preußischen Hofe darauf ihre Anträge gerichtet hätten, daß vor
Ende des Kongresses der Deutsche Bund festgestellt werden möge".

Sofort wurde zur Abstimmung geschritten. Preußen stimmte
natürlich dem Österreichischen Votum zu, und ebenso die übrigen
Staaten mit folgenden Ausnahmen: Nassau erklärte: es trete bei,
wenn alle beitreten (ebend. 514, 557); Darmstadt: wegen einiger
Punkte müßte es sich das Protokoll noch offen halten; Sachsen:
es könne aus Mangel hinreichender Instruktion in Betracht einiger
Punkte noch nicht unbedingt beitreten, und weil der Beitritt
sämtlicher Fürsten die Voraussetzung sei; Bayern: es sei ge=
nötigt, seinen definitiven Beitritt noch vorzubehalten. Württem=
berg und Baden fehlten.

Auf Bayerns Beitritt, der denjenigen Sachsens, Württem=
bergs und Badens nach sich ziehen mußte, legte Metternich na=
türlich das größte Gewicht. Er bewirkte daher, daß man die

definitiven Instruktionen Bayerns abwartete, die dann auch zeitig
genug eintrafen, um noch eine Sitzung am 8. Juni der Einigung
zu widmen. Bayern beantragte eine Reihe unbedeutender und
minder wesentlicher Abänderungen, die keine Schwierigkeiten mach=
ten; vor allem aber, zur höchsten Befriedigung Darmstadts, den
Wegfall des Bundesgerichts, d. h. das größte Opfer, das
nach den bisherigen Abschwächungen überhaupt noch gebracht
werden konnte. Wohl traten für das Bundesgericht noch einmal
Österreich und Preußen ein, sowie auch namentlich Hannover,
Sachsen, Kurhessen, Mecklenburg, Holstein=Oldenburg, die sämt=
lichen herzoglich Sächsischen Länder und Lübeck: dennoch wurde
zur „Bewirkung einer Vereinigung" eine Umgestaltung des Art. 11
im Sinne Bayerns und mit ihr der Wegfall des Bundesgerichts
beschlossen. Außerdem wurde auch auf Bayerns Antrag der
Art. 16, die Bestimmungen über die katholische und evangelische
Kirche, ganz gestrichen, unter der Beschönigung, daß „dieser Ar=
tikel, so wie er da liege, schwer zu fassen sei, in nähere Bestim=
mungen hineinzugehen aber manche Bedenklichkeiten habe". (Klüber
S. 535).

Am 10. Juni wurde die Bundesurkunde von den Bevoll=
mächtigten aller Staaten, mit Ausnahme Württembergs und
Badens, unterzeichnet. Die beiden Fehlenden hielten es nun
doch für geraten, nachträglich durch Accessionserklärungen dem
Bunde beizutreten. Daß die Preußischen und Hannoverschen
Bevollmächtigten in amtlichen Erklärungen ihr schmerzliches Be=
dauern ausdrückten über den kläglichen Ausfall des Verfassungs=
werkes, ist allbekannt (s. z. B. Klüber 524, 556). War auch
ein erbliches Kaisertum damals unerreichbar, eine straffere Cen=
tralisation würde jedenfalls bei wirklich opferbereiter Gesinnung
erreichbar gewesen sein; statt dessen trat ein Bund ins Leben,
der von vornherein unverkennbar phthisische Anlagen in sich trug.

Anhang*).

Auszug aus der Korrespondenz des Hildburghausen'schen Bevollmächtigten Geh.-Rat Freiherrn von Baumbach, sowie seines Sekretärs G. Erdmann, mit dem Hildburghausen'schen Ministerialvorstand Geh.-Rat K. E. Schmid.

Erdmann an Schmid, Wien, 12. Okt. 1814. Gleich nach meiner Ankunft machte ich meinem Freund Pilat bekannt, daß E. H. ein Exemplar Ihrer Schrift [Deutschlands Wiedergeburt] für den Fürsten von Metternich mir mitgegeben ... Das Buch cirkuliert bereits hier ... Wie ich eben erfahre — ich komme halb 6 Uhr abends von Pilats — hat es der Fürst Metternich mit großer Freude empfangen ... Mich freut es innig, in Wien so oft und vielfältig und mit allgemeiner Teilnahme von Ihrem Buche reden zu hören ...

Baumbach an Schmid, 12. Okt. 1814. Ihrer Wiedergeburt wird überall mit dem lautesten Beifall erwähnt; selbst diejenigen, denen es nicht recht ist, daß Sie Preußen so großen Einfluß zugedacht haben — und deren giebt es einige — stimmen im übrigen jenem Lobe bei ... Da Ihre dort aufgestellten Vorschläge so allgemein gut aufgenommen worden sind und wirklich Aufsehen erregt haben, so sollten Sie hiernach auch noch eine deutsche Konstitution skizzieren und solche einsenden ... Zu Humbold habe ich noch nicht anders als per carte gelangen können. Erhalten wir eine Kreisverfassung und in dieser ein Appellationsgericht, so denke ich, Sie finden bei diesem eine Ihnen mehr zusagende Anstellung. Aber Sie sollten im Ernst eine Konstitutionsskizze entwerfen und solche dem Herzog von Weimar

---

*) [Das durch eckige Klammern im Text dieses Anhangs Eingeschlossene rührt von W. A. Schmidt.]

senden. Deswegen habe ich Ihnen auch schon heute das Harden=
bergsche Projekt und die Weimarsche Kreisidee — diese noch ganz
nude et crude — mitgeteilt. Aus beiden werden Sie sich leicht
zusammensetzen, wo am Ende das Ding hinaus soll ... Unser
gnädigster Erbprinz mag froh sein, die Reise hierher nicht gemacht
zu haben. Die Fürstlichkeiten seines Ranges genießen jetzt bei
dem hiesigen Hofe gar keine Vorzüge, werden wenigstens nicht
vor= und zu den Monarchenfesten gezogen, und treiben sich in
dem großen Haufen herum ...

B. an Sch. 23. Okt. 14. Zu H. v. Minckwitz hat Hum=
bold gesagt: „Ihre Höfe sind in dem glücklichen Fall, daß sie
nichts einbüßen werden, aber auch nichts gewinnen wollen."

B. an Sch. 12. Nov. Humbold habe ich wieder zweimal
vergeblich aufgesucht *). Er ist wie das böse Gewissen. Jetzt,
mein Freund, rate ich aber vor allen Dingen zum ruhigen Ab=
warten der Früchte, die dieser Kongreß bringen wird. Siegt
das Unrecht, so ist es höchst wahrscheinlich, daß recht bald wieder
losgeschlagen wird und dann erst ein wahrer Teufels=Spektakel
angeht ... Stein hat Ihr Buch wirklich mehreren Bevollmäch=
tigten empfohlen und geäußert, daß solches vor allen übrigen am
meisten zu benutzen sein würde. Bis jetzt ist im Rat der Fünfer
noch nichts fertig gebracht worden, — und ich bin überzeugt, daß
Sie an meiner Stelle, auf dem Grund Ihres Buches, von Stein
oder Hardenberg oder sonst einem der Mächtigen gewiß aufge=
fordert wären, ebenfalls zu skizzieren. Mit Verlangen sehe ich
Ihrem Konstitutions=Entwurf entgegen und habe mir für dessen
Introduktion im Fürstenrat schon den Plan entworfen.

B. an Sch. 19. Nov. Gotha scheint zu der Thüringer
Kreisformation gar keine Lust zu haben. Meiningen hingegen
ist mit uns dafür. Deswegen lassen wir die Sache auch nicht
sitzen ...

26. Nov. Auf die Mitteilung Ihres Konstitutions=Entwurfs
hoffe ich noch immer ...

Zwischen 26. Nov. u. 7. Dez. Die ersten 3 Kapitel

---

*) Schon vorher verschiedene Male vergeblich.

Jhres Konstitutions-Entwurfs sind heute in den Händen des Her-
zogs von Coburg.

Um den 7. Dezember 14. Jhr Konstitutions-Entwurf
ist vom Coburgensi mit der größten Teilnahme gelesen und von
diesem gewiß manche Jdee weiter gebracht worden. Jch habe
ihn vorgestern zurückbegehrt, um ihn H. v. Gagern mitzuteilen.
Coburgensis verlangt aber eine Abschrift. Jn den letzten drei
Wochen hat man von dem Organisationsgeschäft gar nichts gehört, und in den letzten acht Tagen kaum noch daran geglaubt.
Was wird aus der jetzigen Krisis werden, mein verehrter Freund?
ich glaube nicht an Krieg, aber auch nicht mehr an eine haltbare
deutsche Verfassung . . . Mit dem Herzog von Weimar, dessen
Diener G[ersdorff] in der Sächsischen Sache einen ganz eigenen
Weg gehen zu wollen schien, habe ich seit länger als 14 Tagen
nicht zusammenkommen mögen, aber auch nicht können . . . Die
Note vom 16. [November], die in patria so wenig Glück
gemacht, nennen wir unser Schmuck- und Ehrenkleid, mit dem
wir gedenken vor Gott zu bestehen.

17. Dezember. Die Anfrage, ob Sie den Konstitutions-
Entwurf drucken lassen dürfen, haben Sie mir früher nicht übertragen, mein Freund. Jch habe deswegen auch noch nicht danach gefragt. Aber respondeo aus mir heraus: wer kann, wer
wird es Jhnen wehren? Zachariä ist pro more der erste Vor-
schläger gewesen und hat gewiß nirgends angefragt, obgleich er
zur Herausgabe seiner seichten Penseen Erlaubnis hätte haben
sollen. Jch will mit Gagern, der jetzt Jhre ersten Kapitel hat,
darüber reden. Wüßte man überhaupt, ob noch konstituiert
werden soll, oder vielmehr, glaubte man noch daran: so hätte
ich Coburgensem schon gebeten, Jhre Jdeen in die erste Schmiede
zu fördern. Er steht mit Genz und den Österreichischen Schaffern
in Verbindung. Seit mehreren Wochen herrscht aber eine tötende
Stille. Auf die Note vom 16. November haben wir den 17. Dezember noch keine Antwort.

Um den 23. Dez. Jst es wahr, wie der Fürst von Weil-
burg von daher gehört haben will, daß man in Hildburghausen
mit Einführung einer deutschen Nationaltracht beschäftigt ist, und

wie schaut sie casu quo aus? ... Sehnlich wünsche ich, daß die Giftmischerei hier vorbei und ich in meiner Heimat wäre.

31. Dez. Viel Freude hat mir Ihr Schreiben vom 21. dieses gemacht, obgleich Sie mit den mir darin vertrauten Ansichten hier bei vielen kein Glück machen würden. Deswegen ist es mir denn auch lieb, daß dieser Brief dem Anschein nach ganz un=versehrt hier angelangt ist *) ... Das traurige Bild, welches Ihr Schreiben vom 21. entwirft, ist leider großenteils wahr und das Anschauen der Wirklichkeit hier beugt Aller Gemüther. Glauben Sie aber doch ja nicht, daß die Mehrheit von einem blinden Eifer gegen Pr[eußen] ergriffen sei. Wäre Sachsens Occupation dem Recht, welches selbst Pr[eußen] anerkennen, gemäß, so würde sie vielen recht sein. Was Preußen jetzt manche Stimme zuführt, ist, daß man nun ziemlich genau weiß, wie es induziert worden ist, so zu wollen, weil es an dem Gelingen nicht zweifeln können. Man stößt bei der andern Seite auf manchen Widerspruch ... Ihre Konstitutionsskizze hat G[agern], der gegen die öffentliche Be=kanntmachung nichts zu erinnern gefunden, mit Vergnügen ge=lesen. Jetzt ist sie in den Händen des Hr. H[erzogs] von W[ei=mar] ... Ich habe ernstlich daran gedacht, in diesem Monat zurückzukehren; es ist mir aber von meinen sächsischen Freunden sowie vom Prinzen George und vom Herzog von Coburg be=stimmt widerraten worden, vom letztern mit dem Zusatz: daß den deutschen Fürsten und deren Bevollmächtigten nächstens Vorschläge mitgeteilt werden würden und jetzt noch keiner seinen Posten ver=lassen dürfe ... Ich bin so müde und abgespannt, daß ich das alte Jahr mit einem zeitigen Bettsprung beschließen werde.

7. Januar 1815. Alexander soll gesagt haben: La Saxe commence à m'ennuyer! Ich glaube, daß mehrere so denken. Noch immer drehen sich die Verhandlungen in steter Wechsel=wirkung um die Fragen: wie viel soll von Polen, wie viel von Sachsen abgetreten werden? Über die deutschen Angelegenheiten herrscht noch immer ein tiefes Stillschweigen. Werden Österreich

---

*) Man hatte Österreich und namentlich Bayern im Verdacht, das Brief=geheimnis nicht zu achten.

und Preußen einig, wie man glaubt, daß sie es zu werden trachten, so wird vielleicht — einige besorgen es — das System der Parralisirung [? wohl Parallisierung für Ab= oder Aus= wechselung, nicht Parallelisierung] — ein neues Wort der Diplo= matie — bis zur Paralysirung (Lähmung) für die kleineren Gewalten, zur Ausübung gebracht und wir bekommen dann doch noch ein Norden und ein Süden, an welche sich die übrigen Körperlein mit mehr oder weniger Resignation anschmiegen müssen. Es sollen zwar wieder zwei neue Konstitutions = Entwürfe für Deutschland existieren*); aber man erfährt nichts von ihrem Inhalt, noch davon, wie und wann sie mitgetheilt werden sollen. So wie jetzt Haß, Neid, Mißgunst, Mißtrauen, kurz alle Leiden= schaften, mit welchen Satanas die Ebenbilder Gottes ausstaffiert, hier und dort, bald mehr bald weniger in Bewegung zu sein scheinen, und die meisten, nicht achtend das Ganze, bloß an sich und darauf denken, wie sie sich die male parta, besonders den freien Schwung der Zuchtrute über die Völker zu sichern vermögen — weiß man nicht, was man wünschen und ob man nicht, statt nach einem Dalberg, nach einem Herrmann fragen soll. Vorgestern sprach ich den Herzog von Weimar auf einem Ball. Er sagte mir, daß er Ihre Skizze mit Vergnügen gelesen habe. Von allem, was dort vorgeschlagen worden, müsse hier aber erst noch die Rede sein. Sie sehen daraus, daß Sie nicht zu spät gekommen sind und Ihre Ideen noch benützt werden können, wenn man fremden guten Rat hören will. Einige glauben, daß hier für Deutschlands Verfassung bloß noch Grundlinien gezogen und die Details auf den Bundestag verwiesen werden würden. Das hat man indessen schon lange gesagt und ich glaube an nichts mehr, bis ich es mit Augen sehe. Eine Abschrift Ihres Entwurfs ist in den Händen des Herzogs von Coburg und ich vermute, daß dieser ihn Stein mitgetheilt hat. Gagern hat sich noch nicht ausführlich darüber geäußert, bloß im allgemeinen, daß er viel Gutes darin gefunden und der Stil vortrefflich sei.

---

*) Das sind die beiden Humboldtschen von Stein revibierten Dezember= Entwürfe.

Die Administration aller schiffbaren Flüsse wird wohl am wenig=
sten Beifall finden und auch schwer auszuführen sein. Ich wünschte,
Sie hätten die Reichskasse mit einer allgemeinen Reichspostregie
fundiert, wie Gruner vorgeschlagen. Sollten Sie Ihre Vorschläge
drucken lassen — wie ich glaube, daß Sie es, um vielen ein
angenehmes Geschenk zu machen, thun sollten — so würde ich
jenen, die Bildung einer Reichskasse betreffend, dahin abändern
und vielleicht bloß den Rheinzoll mit dahin weisen. Leider fürchte
ich aber, daß tauben Ohren gepredigt wird, und dergleichen nicht
in den Kram der Köche am Feuer taugt. Die Verdorbenheit
der Menschenrasse bewährt sich überall, in Hildburghausen wie
in Wien. Was Sie dort auf unserem kleinen Reste wahrnehmen,
würden Sie auch hier auf dem großen finden. Deswegen wappne
sich jeder mit Geduld, wenn er sein Leben nicht verkümmern
will. So wenig reizend das Bild ist, welches mir Ihre ver=
traulichen Zeilen von H. entwerfen, so finde ich mich doch durch
die Wahrnehmungen hier und durch das, was vom ganzen Ge=
schlecht gilt, in dem Mut gestärkt, von dem glänzenden Müßig=
gang hier je eher je lieber auf den schmalen Dornenpfad dort
zurückzukehren und darauf zu wandeln, so lange es die Sohlen
aushalten ... Wenn ich bedenke, was ich für die 3000 fl., welche
jetzt ziemlich zum Teufel sind — und ich behaupte, von allen
der beste Wirt zu sein — habe thun können, und wie wenig
sämtliche Vollmachtsinhaber meinesgleichen auch noch künftig wer=
den auszurichten vermögen: so möchte ich jedesmal sogleich das
Bündel schnüren, um noch auf dem Frost nach Hause zu kommen,
und die meisten denken und wünschen ebenso. Aber keiner ge=
traut sich doch den Anfang zu machen, und [Jeder] denkt,
daß nun ausgehalten sein müsse, zumal da das Ende von einer
Woche zur andern angekündigt wird, und immer noch ein
Zeitpunkt kommen könne, wo es unangenehm sein würde, ihn
nach so langem vergeblichen Warten nicht abgewartet zu haben ...
Jetzt ist von einer Verbindung der nicht=königlichen deutschen
Lande die Rede *), von der ich wahrscheinlich erst mit nächster

---

*) S. Klüber 1, 2, 48 ff. Pertz 4, 308.

Poſt nähere Auskunft werde geben können ... Sie beweiſt die
Furcht vor dem Paralyſiren ... Gagern, bei dem ich dieſen
Mittag gegeſſen, rät, den Entwurf je eher je lieber drucken zu
laſſen; auch iſt er wegen der Flüſſe Ihrer, nicht meiner Meinung.
10. u. 11. Januar 15. Ich habe bemerkt, daß Gagern
den Druck Ihrer Konſtitutions-Vorſchläge wünſcht, dazu ratet.
Erſcheint das zweite Bändchen zur Wiedergeburt — ich dächte,
Sie blieben bei dieſem ſo ganz paſſenden Titel — bald, ſo
will ich, was jene Vorſchläge anlangt, die darin aufgenommen
werden ſollen, nur auf eins noch aufmerkſam machen. Wie Sie
jene Skizze entwarfen, ſtand es mit Sachſen allerdings ſchlecht,
und deſſen Vereinigung mit Preußen wurde als gewiß betrachtet.
Deswegen ließen Sie Friedrich Auguſt nicht mehr in der Reihe
der Könige auftreten. Jetzt ſteht es aber mit ihm und der
Dynaſtie beſſer, und es iſt nicht zu bezweifeln, daß nicht bloß
ein noyau, ſondern ⅘ von Sachſen dem König bleiben, und
dieſer daher dignitatem regiam fernerhin behaupten könne. Sie
müſſen ihm deswegen, wird die Skizze gedruckt, ebenfalls eine
Rolle anweiſen ... Ende dieſes oder Anfang k. M. hoffen die
meiſten auf Erlöſung ... Ihren Entwurf habe ich heute Stein
in die Hände geſpielt. Es ſind große Dinge damit vor, i. e.
ich habe mit einem Vertrauten den Plan, ihn gerade jetzt
mehreren Männern von Einfluß vorreiten zu laſſen.

25. Jan. 15. Sämtliche Herzogliche Häuſer — einige nur
lauter als die andern — haben den Wunſch geäußert, daß das
Königreich Sachſen erhalten werde. Was dieſe gewünſcht, haben
die Mächtigeren verlangt. Jetzt drehen ſich die Unterhandlungen
um die Frage, wie viel Land und Leute der König von Sachſen
wieder erhalten, und wo er es erhalten ſoll. Iſt der König damit
zufrieden und kann er es ſein, und werden die Rechte der Herzöge
auf die neue Beſitzung transferiert, ſo müſſen ſich letztere wohl
dabei beruhigen, und können überhaupt nicht eher eine Partie
ergreifen, bis die Sächſiſche Angelegenheit klar und offenkundig
entſchieden iſt. Weimar und Coburg haben erklärt, daß ſie von
Sachſen nichts annehmen würden. Auch ſie behalten ſich ihre
Rechte vor. Wie könnten wir anders, jetzt anders? Ebenſowenig

ift sich Hoffnung zu machen, daß die Herzöge von Sachsen —
mit Ausnahme von Weimar — von den übrigen disponiblen
Landen etwas erhalten werden; wenigstens ist noch nicht Zeit und
Stunde, und alles noch zu sehr in Finsternis gehüllt, um den Wunsch
laut werden zu lassen. Bei Wrede und Humbold habe ich hin=
gehorcht, aber keinen tröstlichen Bescheid erhalten . . . Stein habe
ich Ihre Skizze durch Zabel von Würzburg — ein Ehrenmann,
Ihnen bekannt und mit Stein in vertraulichem Verhältnis —
vorgelegt, und zwar deswegen, weil ich vier= bis fünfmal ver=
geblich an seiner Thür gewesen war . . . Durch Zabel weiß ich,
daß er Bemerkungen dazu stellen will und auf den Herrn Ver=
fasser zu spekulieren scheint . . . Jetzt weiß ich nun, daß er für
die Rheinländischen Provinzen Pläne mit Ihnen vorhat . . . Die
Gegend kann wohl reizen, aber die Menschen, zum Teil nur halb
deutsch, und jetzt durch das Provisorium und die demagogischen
Lehren des Rhein. Merkurs aufs Äußerste gebracht, könnten das
Paradies leicht in eine Hölle verwandeln . . . Humbold hat mir
die Skizze mit einem sehr höflichen Billet wieder geschickt, und
dabei nur bemerkt, daß dieser Plan, den er mit Vergnügen ge=
lesen, bei der jetzigen Lage der Dinge schwerlich zur Ausführung
werde zu bringen sein. Vorigen Sonnabend, wo ich bei dem
Kronprinzen von Bayern speiste, sagte er mir, daß er sich Ihr
Buch gekauft habe und es gern lese. Ich versprach ihm die
Skizze, die ich diesen Morgen gebracht. Er hatte das Blatt des
Rhein. Merkurs vor sich, worin ihm Görres — wirklich ein
Bengel ohne alle Scheu — vorwirft, daß er lauer worden sei,
und fragte mich, ob ich diese Anschuldigung wohl verdiene . . . .
Es naht die vierte Stunde, welche die Bevollmächtigten der
deutschen Fürsten und freien Städte zur gemeinschaftlichen Tafel
ruft . . .

21. Febr. 15. Meinen sowie aller der Wartenden Miß=
mut über die abermalige Enttäuschung*) habe ich in
meiner letzten Epistel vom vorigen Sonnabend ausgehaucht. Er

---

*) Die Folgenlosigkeit der Kollektivnote vom 2. Februar. Als die erste
Enttäuschung ist die Erfolglosigkeit der Kollektivnote vom 16. Nov. 1814
gedacht.

ist gewiß gerecht; denn seit acht Tagen ist gar nicht mehr die
Rede davon, wa n n die deutschen Angelegenheiten, i. e. die alle
interessierende Organisation, vorgenommen werden sollen. Noch
immer handelt sich's von Grenzberichtigungen der großen Staaten.
[Im weiteren Verlauf heißt es mit Bezug auf die inzwischen auf=
gegebene Abdikationsidee des Erbprinzen von Hildburghausen:]
Prinzessin Luise hat ihrem Bruder (dem Erbprinzen) vor einigen
Wochen einen recht verständigen Abmahnungsbrief geschrieben, und
als Abmahnungsgrund u. a. auch gesagt: die Sache errege in
Wien allgemeine Sensation. Dies mag in Hildburghausen die
Vorstellung geweckt haben, daß hier das ganze Corps diplomatique
davon spreche. Dem ist aber gänzlich nicht so, und wird ja hier
und da davon geredet — was ich nicht weiß — so ist es sehr
begreiflich. Es ist eine nicht selten zu bemerkende ganz sonder=
bare Prätension der Fürstenkinder, daß man, wenn sie Albern=
heiten begangen, solche mit der größten Diskretion behandeln
solle. Von Dienern können sie es allenfalls erwarten, aber was
kümmern sich andre um ihren Ruf, zumal jetzt, wo nicht das
Blütenalter der Fürstenwürde gefeiert wird und alles — mitunter
wirklich ungescheut und frech — auf sie loshackt. Sollte sich
der Prinz etwa gegen Sie darüber beklagen, so können Sie ihm
versichern, daß ich von niemand, außer von nahen Verwandten,
davon hätte sprechen hören, daß diese es aber uno ore miß=
billigten .... Kommt es in loco tertio*) zu dem wahren
deutschen Bundes= und Schöpfungstag, so ist Erffa's und mein
Wunsch, daß Sie für Meiningen und Hildburghausen hingehen ...
Gersdorff hat sich durch seine Abmahnungen von einem Schritt
für Sachsen viel Schaden gethan. Gern schnürte ich, wie Sie
wünschen, mein Bündel zur Abreise. Aber sagen Sie selbst, kann
ich, ohne bestimmt zurückgerufen zu werden, schicklich abtreten,
der erste — vielleicht einzige, der nach dem langen a nicht auch
das b abwartete. An Vergrößerungen und Entschädigungen, von
welchen dieser und jener in Hildburghausen geträumt haben mag,
ist nicht mehr zu denken. Dieses specielle Interesse ist abgethan.

---

*) d. i. nach der ersten und der „abermaligen Enttäuschung".

Aber Weimar will Erfurt, will Fulba — und Glück zu, wird alle freuen — es will aber auch, hat wenigstens gewollt, eine Direktorialgewalt über die übrigen. Dagegen sind wir noch nicht ganz sicher. Deswegen müssen die Lauer= posten noch immer besetzt bleiben. Recht füglich könnte mein Wehramt Erffa oder Minckwitz mit übertragen werden; aber würde es, wenn ich ginge, nicht heißen: Hilbburghausen hat etwas angefangen, was es nicht durchsetzen kann? Ich versichere Ihnen aber ehrlich, daß ich recht gern und freudig zurückeile, wenn Sie einen Prätext finden, weswegen mich Serenissimus schicklich zurückruft.

7. März 15. Es ist allgemeine Sage, daß die der Post anvertrauten Briefe nicht nur hier gelesen werden, sondern ihnen diese Ehre auch noch gewisser im Bayrischen widerführe ... Be= eilen Sie doch den Abbruck Ihres Konstitutions=Entwurfes so viel als möglich, und schicken Sie ihn dann sogleich hierher an Stein, Stadion, Hardenberg 2c., oder wenigstens an die Buch= händler. Das Werk geht gewiß reißend ab und kann, wäre es auch bloß wegen der Kaiseridee*), noch viel nutzen.

11. März. Den großen Nutzen hat mir der hiesige Auf= enthalt gewährt, daß ich Unvollkommenheit und Unvernunft jetzt überall einheimisch und zu Hause glaube, und daß die einmal gewohnte, wenn sie nicht gar zu arg ist, immer die, erträglichste bleibt. Was mir heute befohlen worden [offenbar die Betreibung von Vergrößerungsplänen, troß der Erklärung vom 21. Febr.], das Schreiben an den K[önig] von P[reußen] 2c., scheint bloß durch H. v. R. angeregt, und klappt gar nicht auf meine An= fragen. Ohne den Moment zu verschlafen, werde ich mir die Sache noch wohl überlegen. Es ist in diesen Tagen allerhand zu bedenken, ehe man die bisherige leidende Rolle verläßt, zumal da ich nach allen Umständen und Zeichen fest daran glaube, daß außer Weimar niemand etwas bekommt, und alles Handeln und Drehen und Wenden mit lieblicher Rede und Gebärde nichts hilft. Ehe man sich Preußen mit seinen Wünschen zur Rede

---

*) Diese war eben damals definitiv abgethan.

stellt, muß man doch mit der Gothaischen Linie darüber einig sein, und wegen der Successionsprinzipien Weimar wenigstens vorher darum begrüßt haben. Nach Ausweis einiger Protokolle habe ich mit Gersdorff schon längst darüber gesprochen und ihn gerade nicht abgeneigt gefunden. Gersdorff riet aber, die Sache jetzt nicht zur Sprache zu bringen, weil dadurch der Schenkgeber der 50000 Seelen erst auf die Idee gebracht werden könne, dem dono eine Allodialqualität zu verleihen.

18. März. Gegen das Anschließen an Preußen quoad militaria werden sich die übrigen Saxones gewaltig sträuben, weil sie darin das Grab der Landesherrlichkeit sehen. Ich fürchte, sie werden aber alle diesen Weg gehen müssen. Die Werke der Militär-Comité sind noch gar nicht bekannt, und ehe sich der Herzog zu etwas verbindlich erklärt, muß man klar sehen können ... Stein ist noch hier und scheint auch bleiben zu wollen. Gestern mittag habe ich mit ihm und vielen andern bei Gagern gespeist, wo er sehr hold und liebenswürdig war ... Der Himmel gebe nur, daß die Auftritte in Frankreich schnell vorübergehen und die Bestie bald ihren Lohn erhält, damit wir Ruhe und zum Erholen Zeit behalten ... Mit Sorge erwarte ich jeden Tag, daß an Aufstellung von Kontingent, Landwehr und Landsturm erinnert wird. Was für Anstalten, um das Ungeheuer zu erwischen, sind dann in Hildburghausen getroffen worden?

22. März. Über das Kommando über die sächsischen und übrigen deutschen Kontingente ist noch nichts angeordnet. Preußens Absicht soll sein, sie unter ihre [seine] Armee zu verteilen, eine Absicht, gegen welche — insofern sie nicht aus den freien Beschlüssen des Bundes hervorgeht — von den Meisten Erinnerung geschehen wird ... Von Minckwitz und von Erffa sind nun durch höchste Reskripte ihrer Höfe angewiesen, wegen der sächsischen Erbrechte Vorstellung zu thun und allein zu gehen, wenn wider Erwarten die übrigen herzoglichen Höfe den Schritt nicht mitthun wollten. Beide haben indessen im Wechsel die Überzeugung erlangt, daß Schweigen besser sein würde, und da wegen des Königs von Sachsen dilatorischer Erklärung die Sache nicht pressiert, so ist es möglich, daß sie eine abgeänderte Instruktion erhalten. Durch

dieses Instruktionswesen ... wird hier, bei der charmantesten Einigkeit zwischen den Deputierten, das Zusammengreifen und Anziehen vereitelt ... Die Armee der Verbündeten — und quoad Germaniam erst noch besser zu Verbündenden — wird zu einer Million und fünfzigtausend Mann angeschlagen. Damit soll der kleine Mann von Elba bekriegt werden.

8. April 15. Mir stehen alle rote Haare zu Berge, verehrtester Freund, wenn ich daran denke, welcher Jammer und welche Not über uns hereinbrechen wird, wenn, wie es nun gar keinem Zweifel mehr unterliegt, das Kontingent — und zwar doppelt und dreifach — gestellt, und das über und neben uns wegziehende Kriegsvolk gefüttert werden muß. Das doppelt und dreifach — diese Donnerworte sind noch nicht offiziell ausgesprochen; aber Humbold sagte mir gestern: es würden, bei den Anstrengungen die alle machen müßten — das alte Lied, und, setze ich hinzu, weil man die kleinen Fürsten fertigmachen will — vom Hundert 3 Mann, 1 zum Aktivdienst, 1 zur Landwehr und 1 zur Reserve, verlangt werden ... Vom Landsturm ist bei den Preußen gar nicht die Rede mehr. Geh. Rat von Hoffmann sagte mir vor etwa 10—12 Tagen: man habe in Preußen die Ansichten hierüber sehr geändert .... Wo soll aber das Geld, wo sollen die Mittel herkommen, fremdes Kriegs- und eigenes Bettelvolk zu ernähren? Die Zukunft liegt schwärzer vor mir als je. Die Nemesis ist schrecklich erwacht.

15. April. Der Minister von Stein ist vor ein paar Tagen von einer Treppe auf den Kopf gefallen, und wird, sehr unzufrieden und verstimmt, auf seine Güter reisen, sobald der aufgefallene Kopf geheilt ist. Der Ihnen zugedachten Entführung, um Sie in seiner neuen Welt am Rhein anzustellen, hat er neulich wieder gegen einen meiner Bekannten erwähnt .... Einige bezweifeln, daß Bayern an der prorogierten sogenannten Bundesversammlung Anteil nehmen werde. Kommt sie zustande, so hoffe ich, daß die herzoglichen Häuser sich dahin vereinigen werden, nur einen Mann für alle, aber einen tüchtigen, dort aufzustellen.

24. April. Hätten die beiden Mächte, die künftig in Teutschland walten werden, gleich zu Anfang des Kongresses ihre

Absicht wegen Konsolidierung der Militärgewalten ausgeführt, wie
es ohne Bayern und Württemberg denn auch wohl geschehen
sein würde: so hätten die kleinen Herren, deren Resignation da=
mals groß war, sich das Ding eher gefallen laffen als jetzt, wo
ihnen der Kamm wieder mehr gewachsen ist, und wir hätten
dann, obgleich auf der einen Seite wesentlichen Verlust von
Souveränitätsrechten, doch auch auf der andern wesentlichen Ge=
winn durch Sicherheit gegen deren Mißbrauch und Spielereien,
wie sie hie und da noch immer fortgetrieben werden. So soll
es aber durch die Not, durch verlangte Anstrengungen, wie sie
in der Geschichte der kleinen deutschen Völker= und Fürstenstämme
noch gar nicht dagewesen sind, dahin gebracht werden, daß die
kleinen Herren auf das, was sie und ihre Lande nicht aushalten
können, verzichten. Wer leidet bei diesem Scheidungsprozeß? die
Unterthanen. Und was wäre das klügste? Sich in Zeiten und
noch bei Kräften jener Vorrechte, eine eigene Heeresmacht zu
halten, zu begeben. Keiner will aber damit den Anfang machen,
teils weil man es nicht einsieht oder noch immer zuviel hofft,
teils weil man sich für die (vor den) übrigen kleinen Herren
fürchtet, die alle auf einen solchen Vorgänger loshacken würden.

Gegen die Mitte Mai. Die Sächsische Sache ist dem
Abschluß, der vielleicht noch in dieser Woche erfolgt *), nahe...
In der deutschen Sache soll auch noch etwas zusammengeflickt
werden. Allgemein ist Verstimmung und Niedergeschlagenheit,
und keiner weiß sich zu sagen, ob dieser neue Kriegsgang, selbst
beim glücklichsten Vorschreiten, der Weg zur Ruhe sein könne
und werde.

17. Mai. Gestern habe ich auch Stein Ihren Wunsch nach
einer Anstellung in Neupreußen vorgetragen und empfohlen, und
er hat sich gern dazu verstanden, mit Harbenberg darüber zu
sprechen. Vom Erfolg soll ich Nachricht erhalten. Die Achtung,
mit welcher er von Ihnen sprach, läßt mich erwarten, daß er
gern für Sie handelt. Unsers Altensteins erwähnte er mit der
größten Achtung. Ich sagte Stein von Ihrem jetzigen littera=

---

*) Am 18. Mai.

rischen Vorhaben *). Er billigte es, meinte aber, ein Schrift=
steller von Ihrer Haltung bedürfe des Rates nicht, über Dinge,
die noch nicht fertig wären, nicht zu früh in die Welt hineinzu=
schreiben. Gegen die Mitteilung der von mir zusammengestellten
Piecen weiß ich gar nichts zu erinnern. Gagern, dem ich Ihre
Idee mitgeteilt, wünscht Sie näher kennen zu lernen. Er billigt
die Tendenz, meint aber auch, daß er es wohlgethan glaube, die
ohnedem nahe Entwicklung mehr abzuwarten. Er sagte mir, daß
er mit etwas ähnlichem umgehe, aber sich freuen würde, wenn
mehrere dasselbe Ziel — Erhaltung der Ruhe, Minderung der
öffentlichen Unzufriedenheit — verfolgten. Fast werden Ihnen die
Tageserscheinungen und Regierungssorgen die Zeit dazu nicht lassen.

23. Mai. Was sagen Sie dazu, daß man die kleinen
deutschen Lande so schändlich behandelt? Es ist kaum zu begreifen.

27. Mai. Die Preußen i. e. Humbold, Harbenberg und
Boyen wissen teils durch mich, teils durch die durchlauchtigste
Fürstin, daß unser gnädigster Herr von Haus aus den Wunsch
gehegt habe und noch hege, sein Kontingent mit den Preußen
gehen zu lassen.

Erdmann an Schmid, 31. Mai 15. Der Herr Geh.
Rat von Baumbach befindet sich in der wichtigen dritten Sitzung
über die deutschen Angelegenheiten**) . . . Das anliegende hier
sogenannte Extrablatt ward hier aufverkauft.

Baumbach an Schmid, 10. Juni 1815. In der Staats=
kanzlei. (Meldung) daß der Vertrag soeben vollzogen werden soll,
daß Bayern in der letzten Konferenz beigetreten ist und Würt=
temberg heute beitreten wird.

(Das von Erdmann beigelegte poetische Extrablatt ist eine
wesentlich partikularistisch=kleinstaatliche Persiflage der Resultate
des Fünfercomités, und zwar speciell in der zusammenfassenden
Form des preußischen Entwurfes vom 1. Mai 1815 in 14 Para=

---

*) Offenbar ist damit die Herausgabe der Zeitschrift „Der Deutsche
Bund" gemeint, die wirklich ausgeführt ward; das erste Heft erschien noch
1815.

**) Die beiden ersten Sitzungen mit allen Bevollmächtigten der ver-
einigten Fürsten und freien Städte fanden am 29. und 30. Mai statt.

graphen *). Derselbe, mitgeteilt bei Klüber 2, 298 ff. enthielt noch bei weitem mehr Vorzüge, wie die schließlich obsiegenden österreichischen Gegenentwürfe, namentlich ein viel größeres Maß an Centralisation. Aber eben deshalb setzte die kleinstaatliche Politik alles baran, ben Inhalt bis zu bem schließlichen Resultate abzuschwächen, bem wir in ber enbgiltigen Bundesakte begegnen. Wir lassen hier ben ganzen Text folgen.)

Deutsche Konstitution
in 14 Paragraphen.

§ 1. Wir beutschen Könige thun hiermit kunb,
Daß Wir nach langem bebenklichen Kreisen
Entbunben worben von einem Bunb,
Unb soll ber Bunb ber Deutsche heißen.
Wir lieben das centrale Eine;
Wer irgenb norb= unb morb=beutsch ist,
Der stehet mit in bem Vereine,
Demnächst auch ber sübbeutsche Christ;
Doch meinen wir vorzüglich Preußen.

§ 2. Die Fürsten, Städte, arm unb reich,
Des Bundes Glieder sinb sich gleich;
Doch soll bem Rate ber Vollziehung
Was jeber hat, so Lanb als Leute,
Zum Dank ber leitenben Bemühung
Stets offen stehn zu Nuß unb Beute.

§ 3. Daß sicher auch im steten Gleise
Sich jeber fortbewegen kann,
So teilen Deutschlanb wir in Kreise,
Unb Direktoren stehn voran,
Die jeben Kreis so wohl regieren,
Daß es mit Dank bie Untern spüren.

---

*) [Nach Ilse: Geschichte ber beutschen Bunbesversammlung 1, 40 war Friebrich Schlegel ber Verfasser; übrigens hält Ilse bafür, bas Spottgebicht richte sich gegen „bie zwölf Artikel". Er bruckt es zum Teil ab, jeboch mit einigen Varianten, z. B. § 1: „Daß wir nach langem Zweifelscheißen | Beschlossen haben einen Bunb."]

§ 4. Die Einheit ewig festzuklammern,
So teilt der Bund sich in zwei Kammern.
Es werden die der mindern Stufen
Zusammen dann und wann berufen,
Damit sie dort vernehmen können,
Was Jene oben ihnen gönnen,
Die was im Kreis erst sie beschäftigt,
Dann als Vollziehungsrat bekräftigt.

§ 5. Die Kriegesmacht, die in das Feld
Ein jeder für die Freiheit stellt,
Soll um des Vorteils zu genießen
Sich an das Heer des Starken schließen.
Wie glücklich ist der kleine Staat,
Der so sich angeschlossen hat!
Es folgt ihm Preis und hoher Segen:
Er darf das ganze Heer verpflegen.

§ 6. Weil nun von der Gerechtigkeit
Viel Redens ist auf dieser Erden,
Und es an Klagen nie gebricht,
Soll dermaleinst errichtet werden,
Vor Ablauf dieser irdischen Zeit,
Ein unparteiisch Bundsgericht.

§ 7. Es sollen der Lande Stände auch
Nach löblich altem deutschen Brauch
In jedem Staat das Recht besitzen,
Zusammen auf der Bank zu schwitzen,
Das was geschehen soll zu vernehmen,
Ist es geschehen, sich zu bequemen,
Zu dem, was ihnen vorgeschlagen,
Bestätigend ihr Ja zu sagen.

§ 8. Nachdem Wir nun auch weit und breit
Die Vaterländer all befreit
Und schwimmen in dem Geist der Zeit,
So sollen fortan die Gedanken
Frei sein von allem Zoll und Schranken,

Gedruckt in alle Welt hinfliegen
Und keinem Zwang mehr unterliegen.

§ 9. Gegen den Nachdruck insgemein
Soll ein Gesetz verfasset werden,
Ihn zu vertilgen von der Erden.
Und könnt' es aber doch nicht sein,
Daß Wir abhülfen den Beschwerden,
So lassen Wir's beim Alten sein.

§ 10. Den Fürsten, die vermittelt sind,
Aus ihrem alten Recht vertrieben,
Sind Wir in Gnaden wohlgesinnt
Zu allem Trost geneigt geblieben.
So weit die Umständ' es erlauben,
Und ohn' uns selber zu berauben,
Woll'n Wir dies Beileid ihnen zeigen,
Hernachmals aber hierob schweigen.

§ 11. Ein jeder kann im Deutschen Bund
Gott preisen wie ihm steht der Mund,
Wenn uns die Gelder nur verbleiben,
Mag frei die Religion man treiben.

§ 12. Es soll die Kirch' in Deutschland auch
So viel als möglich allgemein
Und gleichsam fast katholisch sein —
So ist des Volkes alter Brauch —
Bis einst erneut die Wunderzeit
Im Tugendbund die Christenheit.

§ 13. Weil Thurn und Taxis einst gehört
Des Kaisers Post und Hörnerschall,
So blasen fürder lieb und wert
Zu Ehren dem verlornen Reich
Ein Trauerlied die Hörner all'
Auf jeder Post im Bundesreich.

§ 14. Wenn dies die Deutschen ratifizieren,
Woll'n Wir so fürder praktizieren.